市政协十二届委员会主席李秀奇

市政协十二届委员会副主席岳喜忠

市政协十二届委员会副主席王薇

市政协十二届委员会副主席朱专兴

市政协十二届委员会副主席舒安娜

市政协十二届委员会副主席牛西岭

市政协十二届委员会副主席陈西川

市政协十二届委员会副主席党普选

市政协十二届委员会副主席张冬平

市政协十二届委员会副主席李新有

市政协十二届委员会副主席张民服

市政协十二届委员会秘书长张桂兰

编纂说明

一、《郑州政协年鉴》是由郑州市政协主办、郑州市政协调研室承办的地方政协综合年鉴。该鉴旨在按年度全面系统地记载郑州政协发展的主要情况，为机关、企事业单位等组织了解郑州政协提供丰富翔实的地情资料。本版年鉴是2010年创刊，并将连续出版的年鉴。

二、为方便读者检索，《郑州政协年鉴》特在正文前设置目录。

三、2010年《郑州政协年鉴》共设八篇，分别是：特载，十二届一次全会，十二届一、二、三、四次常委会，特色工作，部门工作概况，大事记，县(市)区政协2009年工作总结，委员风采。另有附录五篇。全书除文字内容外，还收录了反映领导活动、部门工作、重要成绩等方面的彩色图片。

四、《郑州政协年鉴》所辑录的内容由市政协机关各部门和郑州市各县(市)区政协组织提供，资料真实可靠。

五、《郑州政协年鉴》在组稿、编纂、印刷、发行过程中得到各有关部门和领导的大力支持，资料收集和初稿撰写人员付出了艰辛努力，在此一并谢忱。本版《郑州政协年鉴》中的疏漏和错误之处，敬请专家和读者批评指正。

郑州政协年鉴编纂委员会

图书在版编目(CIP)数据

2010年郑州政协年鉴 / 政协郑州市委员会编. -- 北京:
中国文史出版社, 2011.4
ISBN 978-7-5034-2935-4

Ⅰ. ①2… Ⅱ. ①政… Ⅲ. ①中国人民政治协商会议
—地方委员会—郑州市—2010—年鉴 Ⅳ.
①D628.611-54

中国版本图书馆CIP数据核字(2011)第046885号

责任编辑:刘 夏
封面设计:刘瑞丰

出版发行:中国文史出版社
网　　址:www.wenshipress.com
社　　址:北京市西城区太平桥大街23号　邮编:100811
电　　话:010-66173572　66168268　66192736(发行部)
传　　真:010-66192703
印　　装:郑州利军文化传播有限公司
经　　销:全国新华书店
开　　本:889mm×1194mm　1/16
印　　张:20　　字数:398千字
版　　次:2011年4月北京第1版
印　　次:2011年4月第1次印刷
定　　价:300元

---

xuyan

序　言

邓小平同志指出:“编辑出版年鉴很有必要。这是国家的需要,四化建设的需要。”

在郑州市政协编辑年鉴,这还是第一次。

把走过的足迹收集起来,给从事过政协工作的人留下记忆,给继承政协事业的人提供借鉴,给致力探索政协创新政协工作的人启迪创意,这就是编纂《郑州政协年鉴》的主旨和用心所在。

《郑州政协年鉴(2010)》是一部全面反映我市新一届政协开局之年工作的年度综合性史册,是社会各界了解政协、认识政协的权威性资料。

《年鉴》是历史的记录、信息的总汇。一年一鉴,把方方面面的建设成就和发展情况记述下来,存史教化、鉴往知今。希望市政协各部门和各县(市)区政协,以此为镜,总结过去、把握现在、创新未来,推动郑州经济社会的跨越式发展作出更大的贡献。

目 录

第一篇:特 载

第二篇:十二届一次全会

领导讲话

大会发言

第三篇:十二届一、二、三、四次常委会

主席讲话

大会发言

(十二届三次常委会)

（十二届四次常委会）

情况报告

第四篇：特色工作

第五篇：部门工作概况

第六篇：大事记

第七篇：县(市)区政协 2009 年工作总结

第八篇：委员风采

杨保成委员:做一所对学生最负责任的新型大学

张志勇委员:执着中求发展 拼搏中竞风流

崔振兴委员:耕耘精彩人生 播撒职教辉煌

师贵鑫委员:一切为了师生的发展

郑科健委员:耕耘在希望的田野上

王凤兰委员:让每一位学生成才 让每一位教师成长

李文凡委员:帮助他人 成就自己

陈新安委员:创业路上 汗水与荣誉并行

刘华兴委员:榜样的力量

马喜德委员:用科技成就企业未来

王保卿委员:为企业发展尽职尽责

张晓龙委员:充满激情的创业者

汪得勇委员:把印刷行业做到极致

第一篇：

特　载

在庆祝中国人民政治协商会议成立60周年大会上的讲话

胡锦涛

同志们，朋友们：

今天，我们在这里隆重集会，庆祝中国人民政治协商会议成立 6 0 周年。首先，我代表中共中央，向中国人民政治协商会议成立 6 0 周年，表示热烈的祝贺！向共同致力于中国特色社会主义事业、为人民政协事业作出突出贡献的各民主党派和无党派人士、各人民团体和各族各界人士，表示崇高的敬意！向香港特别行政区同胞、澳门特别行政区同胞、台湾同胞和海外侨胞，表示诚挚的问候！

中国人民政治协商会议是中国人民爱国统一战线的组织，是中国共产党领导的多党合作和政治协商的重要机构，是我国政治生活中发扬社会主义民主的重要形式。中国人民政治协商会议是中国共产党把马克思列宁主义统一战线理论、政党理论、社会主义民主政治理论同中国具体实践相结合的伟大创造，是中国共产党同各民主党派和无党派人士、各人民团体和各族各界人士风雨同舟、团结奋斗的伟大成果。

60 年来，人民政协走过了不平凡历程，取得了巨大成就。人民政协事业的 60 年，是同人民共和国一起成长的 60

年，是同全国各族人民为实现国家富强、人民幸福、祖国统一而奋斗一道前行的60年。

中国人民政治协商会议是同新中国一起诞生的。上世纪40年代末，中国进入了决定自身前途命运的历史关头，中国共产党团结带领全国各族人民为争取民族独立、人民解放、建立新中国进行着最后的决战。我们党深刻认识到，要夺取中国人民革命事业胜利，必须最大限度扩大政治联盟，团结一切可以团结的力量。在毛泽东同志正确领导下，我们党同各民主党派和无党派人士、各人民团体和各族各界人士建立了广泛的统一战线，为夺取新民主主义革命胜利提供了重要力量支持。随着中国人民革命取得全面胜利，建立人民当家作主的全国政权、带领全国各族人民建设新生活的历史重任提到了我们党面前。1948年4月30日，中共中央发布“五一口号”，提出“各民主党派、各人民团体、各社会贤达迅速召开政治协商会议，讨论并实现召集人民代表大会，成立民主联合政府。”这一正确主张立即得到各民主党派和无党派人士、各人民团体和各族各界人士响应和拥护。“五一口号”的发布成为创立人民政协、建立新中国的动员令。

1949年9月，中国人民政治协商会议第一届全体会议隆重召开，标志着人民政协正式成立。这次会议代表全国各族人民意志，代行全国人民代表大会职权，通过了具有临时宪法性质的《中国人民政治协商会议共同纲领》和《中国人民政治协商会议组织法》、《中华人民共和国中央人民政府组织法》，作出了关于中华人民共和国国都、国旗、国歌、纪年4个重要决议，选举产生了中国人民政治协商会议全国委员会和中华人民共和国中央人民政府委员会，宣告了中华人民共和国的成立。中华人民共和国的成立，实现了我国从几千年封建专制制度向人民民主制度的历史性跨越，开辟了中国历史新纪元。人民政协的成立，标志着中国共产党领导的多党合作和政治协商制度的确立。从此，人民政协在我国政治生活中发挥着不可替代的作用，为恢复和发展国民经济、巩固新生人民政权、推动各项社会改革，促进社会主义革命和建设、促进改革开放和社会主义现代化建设作出了重大贡献。

人民政协成立60年来，中国共产党始终高度重视和积极支持人民政协工作，坚持把人民政协事业发展纳入党和国家事业发展总体布局，推动人民政协事业不断发展壮大。以毛泽东同志为核心的中国共产党第一代中央领导集体，就人民政协的共同政治基础、中国共产党对统一战线和人民政协的领导、人民政协的性质和任务及工作方针提出一系列独创性的重要思想，明确阐述了人民代表大会成立后人民政协长期存在的必要性及其在国家政治生活中的地位和作用。毛泽东同志提出了中国共产党同各民主党派长期共存、互相监督的方针，确立了社会主义条件下我国多党合作的基本格局。这一时期，人民政协作为统一战线组织和民主协商机构，在完成社会主义改造、推动各种社会力量为实现党和国家总任务而奋斗、活跃国家政治生活、调整统一战线内部关系、扩大国际交往方面发挥了重要作用。

1978年中共十一届三中全会以后，以邓小平同志为核心的中国共产党第二代中央领导集体明确提出新时期统一战线和人民政协的性质和任务，确立了中国共产党同各民主党派长期共存、互相监督、肝胆相照、荣辱与共的方针，人民政协事业进入新的发展时期。邓小平同志明确指出：“人民政协是发扬人民民主、联系各方面人民群众的一个重要组织。中国的社会主义现代化建设事业，继续需要政协就有关国家的大政方针、政治生活和四个现代化建设中的各项社会经济问题，进行协商、讨论，实行互相监督，发挥对宪法和法律实施的监督作用。”人民政协的性质和作用被庄严载入宪法。这一时期，人民政协坚持以经济建设为中心，在协助拨乱反正、落实统一战线政策、实现“一国两制”构想、开展人民外交等方面做了大量工作，开创了人民政协事业新局面。

1989年中共十三届四中全会以后，以江泽民同志为核心的中国共产党第三代中央领导集体，着眼于党和国家事业发展全局，把中国共产党领导的多党合作和政治协商制度确立为我国的一项基本政治制度，并通过修改宪法规定这项基本政治制度将长期存在和发展。中共中央明确新形势下政协工作的方针政策和原则，支持人民政协履行政治协商、民主监督、参政议政职能，推动人民政协履行职能各项工作走向制度化、规范化、程序化，推动人民政协事业取得新的长足发展。这一时期，人民政协适应国内外形势发展变化和中国特色社会主义事业发展要求，在促进社会主义物质文明、政治文明、精神文明建设等方面发挥了积极建言、广献良策的作用，在畅通党和政府同各界人士的联系、协调各方面关系等方面发挥了凝聚人心、汇聚力量的作用，在实现香港和澳门顺利回归祖国、促进祖国和平统一中发挥了独特作用。

中共十六大以来，中共中央在新的历史起点上继续把人民政协事业推向前进。中共中央从全面建设小康社会、加快推进社会主义现代化的新要求出发，先后颁发《关于进一步加强中国共产党领导的多党合作和政治协商制度建设的意见》、《关于加强人民政协工作的意见》、《关于巩固和壮大新世纪新阶段统一战线的意见》等与人民政协事业发展密切相关的重要文件，为新世纪新阶段人民政协事业发展提供了理论基础、政策依据、制度保障。中共十七大从发展社会主义民主政治、建设社会主义政治文明的战略高度，对加强和改进人民政协工作作出全面部署，要求人民政协推动制度创新和工作创新，更加奋发有为地履行好自身职能。这一时期，人民政协积极投身科学发展实践，为推进全面建设小康社会进程，为战胜历史罕见的特大自然灾害，为应对国际金融危机冲击、保持经济平稳较快发展，为促进社会和谐稳定，为推进“一国两制”实践和祖国和平统一，为维护世界和平、促进共同发展，作出了重要贡献，发挥着越来越重要的作用。

60年来，人民政协事业深深植根于党和人民建设社会主义的伟大实践，融汇于实现中华民族伟大复兴的历史进程，为国家、为民族、为人民建立了不朽业绩。回顾历史，展望未来，人民政协事业创造了辉煌的过去，也必将创造出更加璀璨的未来！

此时此刻，我们更加深切地缅怀毛泽东同志、周恩来同志、邓小平同志、邓颖超同志、李先念同志等老一辈人民政协事业的伟大开拓者和卓越领导人。我们永远铭记所有为人民共和国建设和人民政协事业发展作出贡献的人们。他们的宝贵精神和历史功绩将永远激励我们在中国特色社会主义道路上继续把人民政协事业推向前进！

同志们、朋友们！

经过60年的实践，人民政协积累了丰富经验，形成了优良传统，为我们继续推进人民政协事业提供了重要启示。

——必须坚持把人民政协事业作为中国特色社会主义事业的重要组成部分，放在党和国家事业发展全局中部署和推进。中国特色社会主义事业是全国各族人民在中国共产党领导下创造自己美好生活的事业。人民政协的命运始终与党和人民事业紧密相联。我们要始终着眼于坚持和发展中国特色社会主义，更加自觉地坚持党关于人民政协的一系列方针政策，支持人民政协依照章程独立负责、协调一致地履行职能、开展工作，更好发挥在党和国家工作全局中的重要作用。围绕中心、服务大局是人民政协履行职能必须始终遵循的重要原则。人民政协要自觉围绕党和国家中心工作开展工作，自觉围绕党和国家决策部署谋划工作，始终做到同党和国家方向一致、目标一致、工作一致，为党和国家各项工作顺利开展作出贡献。

——必须坚持发挥人民政协作为中国共产党领导的多党合作和政治协商的重要机构作用，不断巩固和发展我国多党合作的政治格局。中国共产党领导的多党合作和政治协商制度作为我国的一项基本政治制度，是符合我国国情、具有鲜明中国特色的社会主义新型政党制度，能够在中国特色社会主义共同目标下把中国共产党领导和多党派合作有机结合起来，实现广泛参与和集中领导的统一、社会进步和国家稳定的统一、充满活力和富有效率的统一。人民政协对促进参加政协各党派和无党派人士团结合作，充分发挥各民主党派和无党派人士作用，推动党和国家决策科学化、民主化，改善中国共产党领导和加强各民主党派建设，巩固坚持和发展中国特色社会主义的共同政治基础具有重要作用。只有认真贯彻中国共产党同各民主党派长期共存、互相监督、肝胆相照、荣辱与共的方针，才能把中国共产党领导的多党合作和政治协商制度坚持好、完善好、发展好。

——必须坚持发挥人民政协作为大团结大联合组织的作用，不断为中华民族伟大复兴增添新力量。实现中华民族伟大复兴，必须紧紧依靠全国各族人民、紧紧依靠全体中华儿女。统一战线是中国共产党不断夺取革命、建设、改革事业胜利的重要法宝，也是实现祖国完全统一和中华民族伟大复兴的重要法宝。人民政协作为中国共产党领导的各党派、各团体、各民族、各阶层、各界人士大团结大联合的组织，是党和政府联系群众、团结各界的重要桥梁和纽带，是中华民族强大凝聚力的重要实现形式。要坚定不移支持人民政协高举爱国主义、社会主义旗帜，按照团结和民主两大主题履行职能、发挥优势，充分调动各方面积极性和主动性、广泛凝聚各方面智慧和力量，共同为实现党和国家奋斗目标而不懈努力。

——必须坚持以改革创新精神推进人民政协事业，永葆人民政协生机活力。中国特色社会主义事业需要一代又一代人继往开来、接力奋斗，人民政协事业也需要随着中国特色社会主义事业发展而发展。人民政协事业发展壮大是我们党不断着眼于新实践新发展、不断进行探索和创新的结果。只有牢牢把握时代脉搏，始终保持蓬勃朝气，不断推进人民政协理论创新、制度创新、工作创新，人民政协事业才能保持旺盛活力，在坚持和发展中国特色社会主义中发挥更大作用。

同志们、朋友们！

60年前，毛泽东同志在中国人民政治协商会议第一届全体会议上庄严宣告：“我们的民族将从此列入爱好和平自由的世界各民族的大家庭，以勇敢而勤劳的姿态工作着，创造自己的文明和幸福，同时也促进世界的和平和自由。我们的民族将再也不是一个被人侮辱的民族了，我们已经站起来了。”“我们将以一个具有高度文化的民族出现于世界。”60年来，中国共产党团结带领全国各族人民以自强不息、一往无前的进取精神，团结奋斗、艰苦创业、锐意进取，战胜各种艰难险阻，取得了举世瞩目的建设成就。我国相继实现了从半殖民地半封建社会到民族独立、人民当家作主新社会的历史性转变，从新民主主义革命到社会主义革命和建设的历史性转变，从高度集中的计划经济体制到充满活力的社会主义市场经济体制、从封闭半封闭到全方位开放的历史性转变，综合国力大幅跃升，人民生活明显改善，国际地位显著提高，彻底改变了旧中国积贫积弱、一穷二白的落后面貌。我们这个拥有5000多年悠久历史、为人类文明进步作出重大贡献的古老民族以崭新的面貌屹立在世界东方，我们伟大的祖国正在朝着建设富强民主文明和谐的社会主义现代化国家的宏伟目标阔步前进。

当前，我国正处在改革发展的关键阶段，机遇前所未有，挑战也前所未有，机遇大于挑战。当今世界正处在大发展大变革大调整之中，世界多极化、经济全球化深入发展，科技进步日新月异，国际金融危机影响深远，综合国力竞争更趋激烈，不稳定不确定因素增多。经过新中国成立以来特别是改革开放以来不懈努力，我国发展已经站在新的历史起点上，但仍处于并将长期处于社会主义初级阶段的基本国情没有变，人民日益增长的物质文化需要同落后的社会生产之间的矛盾这一社会主要矛盾没有变，同时我国发展呈现一系列新的阶段性特征、面临一系列新情况新问题。我国改革开放和社会主义现代化建设任务繁重，应对国际金融危机冲击、保持经济平稳较快发展任务繁重，推动科学发展、促进社会和谐任务繁重，保障和改善民生、维护社会稳定任务繁重。我们必须继续抓住和用好重要战略机遇期，全面推进经济建设、政治建设、文化建设、社会建设以及生态文明建设，全面建设小康社会、加快推进社会主义现代化、发展中国特色社会主义。

为了完成我们肩负的崇高使命，必须充分调动全民族的积极性、主动性、创造性，把各方面智慧和力量凝聚到党和国家事业中来。这就要求我们以保证人民当家作主为根本，以增强党和国家活力、调动人民积极性为目标，扩大社会主义民主，建设社会主义法治国家，发展社会主义政治文明。在这个伟大实践中，人民政协应该也完全可以发挥更大作用。

历史充分证明，人民政协这一中国特色政治组织和民主形式，是我国社会主义民主政治建设的伟大创造，既顺应世界民主发展潮流，又体现中国共产党和中国人民的政治智慧，具有强大生命力和远大前程，值得我们倍加珍惜、长期坚持。在新的历史条件下，人民政协要高举中国特色社会主义伟大旗帜，以邓小平理论和“三个代表”重要思想为指导，深入贯彻落实科学发展观，继承和发扬人民政协优良传统和宝贵经验，牢牢把握团结和民主两大主题，紧紧围绕党和国家工作大局，继续扎实有效地履行好政治协商、民主监督、参政议政职能，切实发挥好协调关系、汇聚力量、建言献策、服务大局的重要作用，为推进改革开放和社会主义现代化建设、推进祖国和平统一大业、维护世界和平与促进共同发展作出新的贡献。

第一，继续走中国特色社会主义政治发展道路。一个国家选择什么样的政治发展道路，是由这个国家的国情和国家性质决定的。中国特色社会主义政治发展道路是中国共产党领导中国人民在长期实践中走出的一条符合我国国情、顺应时代潮流，能够实现坚持党的领导、人民当家作主、依法治国有机统一，能够为国家富强、民族振兴、人民幸福、社会和谐提供根本政治保证的政治发展道路。人民政协要坚持走中国特色社会主义政治发展道路，不断夯实参加人民政协各党派、各团体、各民族、各阶层、各界人士团结奋斗的共同思想基础；坚定不移坚持中国共产党对人民政协的领导，紧紧围绕党的重大决策和工作部署履行职能、开展工作，确保党的路线方针政策在人民政协得到全面贯彻落实；充分发挥人民政协在扩大公民有序政治参与中的重要渠道和平台作用，广泛吸收各党派、各团体、各民族、各阶层、各界人士参与国事。人民通过选举、投票行使权利和人民内部各方面在重大决策之前进行充分协商，尽可能就共同性问题取得一致意见，是我国社会主义民主的两种重要形式。坚持通过充分协商增进共识、凝聚力量，对坚持党的领导、人民当家作主、依法治国有机统一，对发展我国社会主义民主政治、充分调动各方面坚持和发展中国特色社会主义的积极性和主动性，具有十分重要的意义。发展社会主义民主政治需要借鉴人类政治文明有益成果，但绝不照搬西方政治制度模式。人民政协要积极引导和推动参加人民政协各党派、各团体、各民族、各阶层、各界人士不断增进对中国特色社会主义的政治认同和思想认同，不断增强走中国特色社会主义政治发展道路的自觉性和坚定性。

第二，继续把推动科学发展作为履行职能的第一要务。人民政协人才荟萃、智力密集，能够为推动科学发展提供强大智力支持、奠定坚实群众基础。人民政协要深入学习领会科学发展观的科学内涵、精神实质、根本要求，切实把政协各参加单位和广大政协委员的思想和行动统一到中共中央决策部署上来，把积极性、主动性、创造性引导到推动科学发展上来，共同为转变发展方式、破解发展难题献计出力，形成推动科学发展的强大合力。要牢牢抓住经济建设这个中心，坚持聚精会神搞建设、一心一意谋发展，注重研究国外经济环境变化和国内经济运行新情况新问题，注意选择具有综合性、全局性、前瞻性的重大课题开展专题调研和协商议政活动，多想科学发展大事，多谋科学发展大计，努力为实现以人为本、全面协调可持续的科学发展建睿智之言、献务实之策。

第三，继续在促进社会和谐中发挥重要作用。在经济体制深刻变革、社会结构深刻变动、利益格局深刻调整、思想观念深刻变化的新形势下，人民政协要坚持把发扬民主、增进团结、协调关系、化解矛盾作为履行职能的重要着力点，努力为促进政党关系、民族关系、宗教关系、阶层关系、海内外同胞关系的和谐发挥积极作用。要坚持民主协商、平等议事、求同存异、体谅包容的原则，搞好中国共产党同各民主党派和无党派人士在人民政协的合作共事，支持各民主党派和无党派人士参与国家重大方针政策讨论协商及履行职责各项活动，维护和促进民主团结、生动活泼的政党关系。要认真贯彻党的民族政策和宗教政策，充分发挥民族、宗教界代表人士在人民政协中的作用，协助党和政府做好民族工作和宗教工作，促进民族团结、宗教和睦、社会稳定。要关注不同阶层利益诉求，协助党和政府妥善处理好各方面利益关系，团结和鼓励各阶层人士共同致力于中国特色社会主义事业。要坚持以人为本，倾听群众呼声，关心群众疾苦，围绕群众普遍关心的民生问题开展调查研究，反映社情民意，积极建言献策，促进实现全体人民学有所教、劳有所得、病有所医、老有所养、住有所居，推动形成社会和谐人人有责、和谐社会人人共享的生动局面。要高举爱国主义旗帜，广泛团结归侨侨眷和海外侨胞，密切同留学人员的联系，支持他们关心和参与祖国现代化建设与和平统一大业，增进海外华侨华人特别是新一代华侨华人对我国的了解和认同，增强中华民族凝聚力和向心力。要高举和平、发展、合作旗帜，贯彻独立自主的和平外交政策，弘扬民主、和睦、协作、共赢精神，按照国家外交总体部署和目标，加强同各国人民的友好往来，努力为推动建设持久和平、共同繁荣的和谐世界作出新的贡献。

第四，继续为推进祖国和平统一大业贡献力量。人民政协要贯彻中共中央对台工作方针政策，坚持一个中国原则，牢牢把握两岸关系和平发展的主题，充分发挥自身优势和作用，积极拓展同台湾岛内有关党派团体、社会组织、各界人士的联系和沟通，推动两岸交流合作向更广领域拓展，使两岸同胞联系更广泛、感情更融洽、合作更深化，推动两岸关系在新的起点上向前发展。要坚定不移贯彻“一国两制”、“港人治港”、“澳人治澳”、高度自治的方针，积极推动内地同香港、澳门的交流合作，加强同香港和澳门政团、社团及代表人士的联系，支持港澳委员在香港、澳门社会政治事务中发挥积极作用，鼓励他们为香港、澳门长期繁荣稳定和国家发展献计出力，不断发展壮大爱国爱港、爱国爱澳力量。要坚定不移维护祖国统一，坚定不移维护国家主权、安全、领土完整，坚决反对一切分裂势力和分裂行径。

第五，继续加强人民政协自身建设。人民政协要坚持解放思想、实事求是、与时俱进，弘扬求真务实精神，大兴求真务实之风，主动适应新形势新任务的要求，按照宪法和政协章程的规定，不断加强自身各项建设。要注重发挥人民政协界别优势，扩大人民政协团结面和包容性，切实发挥政协界别作为扩大社会各界有序政治参与的重要渠道作用，积极探索开展界别活动新方法新途径，充分调动各界别参政议政积极性。要注重加强政协委员队伍建设，完善委员推选制度，优化委员构成，强化委员学习培训、提高委员整体素质，尊重委员首创精神、维护委员民主权利，鼓励和引导广大委员深入实际、走向基层、贴近群众，在报效国家、服务人民实践中施展才华、建功立业。各级政协委员要切实发挥在本职工作中的带头作用、政协工作中的主体作用、界别群众中的代表作用，自觉树立和展示政协委员良好形象。要切实发挥好政协专门委员会作用，提高专门委员会组成人员政治和业务素质，积极探索专门委员会工作新思路新方式，切实增强工作活力和成效。要加强政协机关建设，着力提高全局观念、服务意识，增强政务性服务能力和统筹协调能力，为人民政协有效履行职能、顺利开展工作提供有力保障。

同志们、朋友们！

加强和改善对人民政协的领导，推动人民政协卓有成效地开展工作，充分发挥人民政协在国家政治生活中的作用，是中国共产党加强和改善党的领导的重要内容，对提高党的执政能力、巩固党的执政地位具有重要意义。各级党委要从发展社会主义民主、推动科学发展、促进社会和谐的战略高度，进一步提高对人民政协工作重要性的认识，进一步加强和改善对人民政协的领导，保证中央关于加强人民政协工作各项方针政策落到实处，更好运用人民政协这一政治组织和民主形式为实现党的总目标总任务服务。

开展政治协商、民主监督、参政议政是人民政协的主要职能。各级党委要按照党的十七大作出的战略部署，切实支持人民政协围绕团结和民主两大主题履行职能，积极推进政治协商、民主监督、参政议政制度建设。要增强开展政治协商的自觉性和主动性，规范协商内容，丰富协商形式和层次，切实把政治协商纳入决策程序。要积极探索和完善民主监督机制，畅通民主监督渠道，建立健全制度，寓民主监督于政协委员提案、进行视察、参与工作检查等活动之中，提高民主监督质量和成效。要积极采纳人民政协提出的真知灼见，真正使人民政协参政议政成为充分反映民意、广泛集中民智、切实改进工作、提高党的执政能力的有效方式和重要途径。

各级党委要善于通过人民政协中的党组织和党员干部贯彻党的理论和路线方针政策，贯彻党委的重大决策和工作部署。要关心支持政协党组工作，定期听取政协党组工作汇报，及时研究并统筹解决政协工作中的重大问题。要着眼于统一战线和人民政协事业长远发展，充分发挥政协党组在政协委员队伍建设中的作用。各级政协党组要坚定不移贯彻党的基本理论、基本路线、基本纲领、基本经验，坚定不移贯彻执行党关于人民政协的方针政策，把党的重大决策和工作部署贯彻到人民政协全部工作中去，使党的主张成为各民主党派和无党派人士、各人民团体和各族各界人士的广泛共识。要重视发挥政协委员中的共产党员和政协机关中的共产党员作用，使他们真正成为合作共事的模范、发扬民主的模范、求真务实的模范、廉洁奉公的模范。各级党委要重视人民政协理论建设，发挥各级人民政协理论研究会作用，切实把人民政协理论研究纳入马克思主义理论研究和建设工程，纳入我国哲学社会科学总体发展规划。要把人民政协理论列入各级党校、行政学院、干部学院、社会主义学院的教学计划，加大对领导干部有关统一战线和人民政协理论知识培训力度。要广泛宣传中国共产党领导的多党合作和政治协商制度，宣传人民政协性质、地位、作用以及人民政协履行职能情况，形成有利于人民政协事业发展的良好社会氛围。

各级人民政协组织的干部是做好政协工作的重要组织保证。各级党委要统筹政协领导班子和同级党政领导班子配备，把政治坚定、作风民主、年富力强、热心和熟悉政协工作的同志充实到政协领导班子中去。要关心政协干部成长和进步，把政协干部培养选拔使用纳入干部队伍建设总体规划，推进政协组织和党委、政府之间的干部交流，充分调动政协干部工作积极性、主动性、创造性，努力培养造就一支政治坚定、作风优良、学识丰富、业务熟练的高素质政协干部队伍。

同志们、朋友们！

人民政协 6 0 年的伟大历程已经载入人民共和国的光辉史册，人民政协事业更新更美的图画正等待我们去描绘。让我们更加紧密地团结起来，高举中国特色社会主义伟大旗帜，坚持和完善中国共产党领导的多党合作和政治协商制度，巩固和壮大最广泛的爱国统一战线，为夺取全面建设小康社会新胜利、开创中国特色社会主义事业新局面、谱写中华民族伟大复兴新篇章而共同奋斗！

在中国特色社会主义道路上不断完善和发展中国共产党领导的多党合作和政治协商制度

贾庆林

中共十七届四中全会明确提出了加强和改进党的建设的总体要求、目标任务和重要举措，进一步强调了多党合作和人民政协事业在党的工作中的重要地位和作用，对于加强党对统一战线的领导、推进多党合作和人民政协事业发展，具有重大意义。胡锦涛同志在庆祝中国人民政治协商会议成立60周年大会上的重要讲话，全面回顾了人民政协60年来的光辉历程，高度评价了人民政协在我国社会主义革命和建设、改革开放进程中作出的重大贡献，科学总结了人民政协事业积累的宝贵经验，明确提出了新形势下开展人民政协工作的方针原则和工作要求，是指导多党合作和人民政协事业发展的纲领性文献。我们要认真学习贯彻中共十七届四中全会精神和胡锦涛同志重要讲话精神，按照中共中央关于新形势下加强和改进党的建设、推动多党合作和人民政协事业发展的新部署新要求，进一步探索和把握新形势下多党合作和人民政协事业发展的特点和规律，不断开创多党合作和人民政协事业新局面。

一、中国共产党领导的多党合作和政治协商制度是中国社会政治发展的必然选择

一个国家实行什么样的政党制度，从根本上说取决于这个国家的社会性质和根本制度，同时与其特定的社会历史条件、政治经济状况、民族文化传统密不可分。现代意义上的我国政党政治形成于上世纪初。在中国人民反帝反封建斗争的伟大进程中，经过一代又一代中国人长期艰苦探索和奋斗，确立了中国共产党领导的多党合作和政治协商制度。

众所周知，1840年鸦片战争以后，中国逐渐沦为半殖民地半封建社会。为争取民族独立和民主自由，无数仁人志士奋起抗争，努力寻求救国救民的道路。20世纪初，中国民主革命的伟大先行者孙中山先生，发动和领导了具有资产阶级民主革命性质的辛亥革命，推翻了统治中国几千年的君主专制制度。中华民国成立后，仿效西方国家实行议会政治和多党制。相对于封建专制统治，这是一个历史进步。但由于旧中国的社会性质未得到根本改变，各政党脱离人民群众，并且彼此争斗、相互攻讦、内耗不止，结果被帝国主义和封建统治势力所利用，这种仿效西方的议会政治和多党制最终归于失败。孙中山先生在总结这个历史教训时曾明确指出："中国的社会既然是和欧美的不同，所以管理社会的政治自然也是和欧美不同，不能完全仿效欧美。"

1921年，在马克思列宁主义同中国工人运动相结合的进程中，中国共产党应运而生。从此，领导反帝反封建的革命斗争、争取民族独立和人民解放、实现振兴中华的伟大使命，历史地落到了中国共产党的身上。中国革命进入了崭新的发展阶段。中国共产党成立后不久，就提出建立民主联合战线，促成了第一次国共合作，取得了北伐战争的胜利。但由于国民党反动派背叛革命，第一次国共合作破裂。此后，国民党反动派建立了代表大地主大资产阶级利益的南京政权，实行一党专政的独裁统治。抗战爆发后，迫于国内外压力，国民党政府表面上允许中国共产党和其他党派存在，但仍顽固坚持一党专政。抗战胜利后，国民党拒绝中国共产党提出的建立民主联合政府的政治主张，公然撕毁停战协定和政协协议，悍然发动全面内战，打击和迫害民主进步力量，导致政治上的孤立、经济上的崩溃和军事上的溃败。正如毛泽东同志指出的，"不论是对于过去历史上说，对于当前任务上说，对于中国社会性质上说，所谓一党主义都是没有根据的，都是做不到的。"

中国共产党是中国工人阶级的先锋队，同时是中国人民和中华民族的先锋队。中国共产党的领导地位，是由中国共产党的性质和宗旨决定的，是在长期斗争实践中逐步形成的，是历史的选择、人民的选择。在带领人民进行新民主主义革命的伟大斗争中，中国共产党深刻总结中外历史上政党政治的经验教训，科学分析我国的社会性质和阶级状况，把马克思主义基本原理同中国革命的具体实践结合起来，建立了广泛的统一战线，开启了具有中国特色的多党合作政治的实践。大革命时期和抗日战争时期，中国共产党先后两次同国民党进行合作，特别是不断加强与各民主党派和无党派人士的团结合作，共同致力于反对帝国主义、封建主义和官僚资本主义的新民主主义革命。1948年4月30日，中共中央发布"五一口号"，立即得到各民主党派和无党派人士、各人民团体和各族各界人士积极响应和拥护。"五一口号"的发布成为创立人民政协、建立新中国的动员令。1949年9月，中国人民政治协商会议第一届全体会议隆重召开，标志着人民政协正式成立，标志着中国共产党领导的多党合作和政治协商制度的确立。

新中国成立以后，中国共产党同各民主党派和无党派人士的合作关系进入了一个新的历史阶段，中国共产党领导的多党合作和政治协商制度得到进一步巩固和发展。当时，有的民主党派认为民主革命完成了，没有必要继续存在下去，可以宣布解散。针对这种情况，中共中央及时做工作，支持民主党派和无党派人士继续发挥作用，表现出极高的政治智慧和政治远见。1954年第一届全国人民代表大会召开后，毛泽东同志明确指出，人大的代表性当然很大，但不能包括所有的方面，政协仍有存在的必要。1956年社会主义改造基本完成后，民族资产阶级和上层小资产阶级及其知识分子逐步改造为社会主义劳动者的一部分，民主党派的社会基础发生了根本变化，面临着是否继续存在的问题。毛泽东同志提出了中国共产党同民主党派长期共存、互相监督的方针，从根本上解决了民主党派的发展前途问题，确立了社会主义条件下我国多党合作的基本格局。

改革开放以来，中国共产党带领全国各族人民开辟了中国特色社会主义道路，中国共产党领导的多党合作和政治协商制度的特点和优势得到进一步发挥。1978年中共十一届三中全会以后，以邓小平同志为核心的中国共产党第二代中央领导集体，明确提出新时期统一战线和人民政协的性质和任务，确立了中国共产党同各民主党派长期共存、互相监督、肝胆相照、荣辱与共的方针，并以党的决议形式肯定了中国共产党领导的多党合作和政治协商制度在我国社会主义政治制度建设中的重要地位。邓小平同志明确指出："在中国共产党的领导下，实行多党派的合作，这是我国具体历史条件和现实条件所决定的，也是我国政治制度中的一个特点和优点。"人民政协的性质和作用被庄严载入宪法，为人民政协履行职能、开展工作提供了坚实的宪法保障。1989年中共十三届四中全会以后，以江泽民同志为核心的中国共产党第三代中央领导集体，深刻总结苏联解体、东欧剧变的惨痛教训，强调中国的政局要稳定，首先要稳定多党合作这个格局，明确中国共产党领导的多党合作和政治协商制度是我国的一项基本政治制度，并将这一制度写入党章、载入宪法、纳入中国共产党在社会主义初级阶段的基本纲领。中共十六大以来，以胡锦涛同志为总书记的中共中央，着眼坚持走中国特色社会主义政治发展道路，着力推进多党合作和政治协商的制度化、规范化、程序化，先后颁发了《关于进一步加强中国共产党领导的多党合作和政治协商制度建设的意见》、《关于加强人民政协工作的意见》、《关于巩固和壮大新世纪新阶段统一

战线的意见》等重要文件，进一步丰富和完善了政治协商、民主监督、参政议政的内容与形式，充分发挥民主党派和无党派人士的优势作用，支持民主党派加强自身建设，使我国和谐的政党关系进一步巩固发展，多党合作和政治协商焕发出蓬勃生机。

实践证明，中国共产党领导的多党合作和政治协商制度是中国近现代历史发展的必然选择，是马克思列宁主义统一战线理论、政党理论、社会主义民主政治理论同中国具体实践相结合的伟大创造，是中国共产党同各民主党派和无党派人士、各人民团体和各族各界人士风雨同舟、团结奋斗的伟大成果。坚持中国特色社会主义，必须坚持中国共产党领导的多党合作和政治协商制度，充分发挥人民政协的独特优势，巩固和发展中国共产党同各民主党派民主团结、生动活泼的良好政治关系。

二、中国共产党领导的多党合作和政治协商制度是符合我国国情、具有鲜明中国特色的社会主义新型政党制度

中国共产党领导的多党合作和政治协商制度，植根于中华民族生存和发展的深厚土壤，产生于中国共产党同各民主党派和无党派人士团结奋斗的风雨征程，发展于建设中国特色社会主义的伟大实践，具有鲜明的中国特色和中国气派。

*第一，在政党关系上，坚持共产党领导、多党派合作。*政党关系是一个国家极为重要的政治关系。什么样的政党关系，取决于所实行的政党制度的性质和类型，反映着一个国家的基本政治面貌。西方两党制和多党制以不同政治利益集团通过选举和竞争掌握权力为基本特点。这决定了其政党之间必然要为争取选民、上台执政而相互争权夺利、彼此排斥倾轧。实行一党制的国家大多不允许其他政党存在和发展。中国共产党领导的多党合作和政治协商制度，既不同于西方两党制和多党制那种你上我下的权力争夺型的政党关系，也不同于一党制那种权力垄断型的政党关系，而是一种民主协商、肝胆相照的崭新的合作型政党关系。各民主党派和无党派人士自觉接受中国共产党领导，与中国共产党亲密合作，共同致力于中国的革命、建设和改革事业。正如江泽民同志所指出的，“这既避免了多党竞争、相互倾轧造成的政治动荡，又避免了一党专制、缺少监督导致的种种弊端。我国政党制度的巨大优势就在这里，同国外一党制和多党制的根本区别也在这里。”

*第二，在政权运作方式上，坚持共产党执政、多党派参政。*政党制度与一个国家的政权性质和运作方式密切相关，与各政党在国家政治生活中的地位和作用紧密相联。在实行西方两党制和多党制的国家里，几百年来形成的政权运作方式是各政党轮流执政，只有执政党才能主导国家行政权力，在野党或反对党一般不能直接参与政府对国家事务的管理。在实行一党制的国家里，由于一党独揽国家权力，缺少必要的监督，往往容易导致政治专制和体制僵化。中国是一个社会主义国家，中国共产党作为执政党，依法长期执政，这是宪法确定的。中国共产党真诚同党外人士合作共事，充分听取各民主党派和无党派人士的意见和建议，自觉接受他们的民主监督，努力实现科学执政、民主执政、依法执政。各民主党派作为致力于中国特色社会主义事业的参政党，参加国家政权，参与国家大政方针和国家领导人选的协商，参与国家事务的管理，参与国家方针政策、法律法规的制定和执行，在国家社会政治生活中发挥着重要作用。

*第三，在协调利益关系上，坚持维护国家和人民的根本利益、照顾同盟者的具体利益。*政党制度的一个重要功能，就是反映、协调和整合利益诉求。实行西方两党制和多党制的国家，由于各党派不可调和的利益冲突，无论哪个政党上台执政，都不可能代表全体人民的意愿和利益。在我国，中国共产党始终代表最广大人民的根本利益，民主党派和无党派人士反映和代表各自所联系群众的具体利益和要求，都把建设富强民主文明和谐的社会主义现代化国家作为最大政治共识。同时，在同民主党派和无党派人士合作中，中国共产党始终坚持照顾同盟者的具体利益，通过制定方针政策、法律法规和相应措施，保障他们及所联系群众的权益，并通过民主协商最广泛地听取社会各方面的意见愿望，最大限度地满足社会各方面的利益诉求。

*第四，在民主形式上，坚持充分协商、广泛参与。*在西方两党制和多党制下，各政党为了赢得更多的选票，一般也会适当考虑普通民众的意愿，但归根到底是受垄断资本利益集团左右的。中国共产党领导的多党合作和政治协商制度以合作、参与、协商为基本精神，以团结、民主、和谐为本质属性，是中国共产党和中国人民在民主形式方面的伟大创造。中国共产党同各民主党派和无党派人士就事关国计民生的重大问题进行协商，在人民政协同各民主党派和各界代表人士广泛协商，能够在中国特色社会主义共同目标下把中国共产党领导和多党派合作有机结合起来，实现广泛参与和集中领导的统一、社会进步和国家稳定的统一、充满活力和富有效率的统一，体现了我国社会主义政治制度和政党制度的特点和优势。

三、中国共产党领导的多党合作和政治协商制度为我国社会主义现代化建设作出了重要贡献

新中国成立60年来，我国社会面貌发生了历史性转变，综合国力大幅跃升，人民生活明显改善，国际地位显著提高，中华民族巍然屹立于世界民族之林。这得益于中国共产党的领导，得益于社会主义制度的优越性，得益于走中国特色社会主义道路，同时也与我们始终坚持中国共产党领导的多党合作和政治协商制度密不可分。这一制度在促进我国革命、建设和改革事业，全面建设小康社会，实现中华民族伟大复兴的历史进程中发挥了不可替代的作用。

*第一，服从服务大局、广泛凝聚力量，为党和国家事业发展提供强有力支持。*新中国成立后，围绕土地改革、抗美援

朝、“三反”“五反”和社会主义改造等，各民主党派和无党派人士积极响应中国共产党号召，同全国人民一道，为恢复和发展国民经济、巩固新生人民政权、推动各项社会改革，促进社会主义革命和建设，发挥了积极作用。改革开放以来，各民主党派和无党派人士充分履行参政议政、民主监督职能，紧紧围绕经济建设这个中心，就深化经济体制改革、西部大开发、三峡工程建设、南水北调工程、长江三角洲开发、京九铁路及沿线地区开发、耕地保护、区域协调发展、发挥港澳台侨人士作用等事关国计民生的重大问题，积极开展考察调研，提出真知灼见，促进了党和政府决策科学化、民主化。中共十六大以来，各民主党派和无党派人士就修改宪法、构建社会主义和谐社会、建设社会主义新农村、青藏铁路沿线发展、实施可持续发展战略、应对国际金融危机冲击等重大问题，向中共中央、国务院提出了大量有价值的意见和建议，得到高度重视，许多被采纳，转化为政策措施。特别是去年四川汶川特大地震发生后，民主党派中央、全国工商联领导人和无党派人士到灾区进行慰问考察，积极为解决抗震救灾面临的最重要最紧迫问题建言献策。各民主党派和无党派人士还着眼促进城乡区域协调发展，深入革命老区、民族地区、边疆地区、贫困地区和中西部地区推动实施智力支边、“温暖工程”等活动，开展职业培训、兴教办学、捐资救灾、扶危济困等公益事业，产生了良好的经济社会效益。

第二，充分发扬民主、扩大有序参与，推动社会主义民主政治发展。各民主党派和无党派人士广泛参加人大、政府、政协，同中国共产党合作共事，是我国政治体制的一个鲜明特色。新中国第一届中央人民政府，6位副主席中有3位是民主人士，15位政务委员中有9位是民主人士，4位政务院副总理中有2位是民主人士，还有14位民主人士担任正部长，充分体现了多党合作的特点。此后，虽然形势发生了很大变化，但中国共产党同党外人士在人大、政府、政协和司法机关的合作共事被长期固定下来，形成了制度。目前，民主党派成员和无党派人士共有18万多人当选为各级人大代表，35万多人担任各级政协委员，3.2万人担任县处级以上领导职务，30个省区市政府有党外副省长、副主席、副市长。越来越多的党外干部还担任了各级政府部门正职，在各自领导岗位上发挥了重要作用。同时，中国共产党在重大决策之前和决策执行过程中，坚持同各民主党派和无党派人士充分协商，坚持在人民政协同各党派团体和各族各界人士广泛协商，也是我国社会主义民主的一大特色。目前，无论是党和国家的重大方针政策、国家领导人选的酝酿、重要会议及通过的文件决定、宪法和重要法律的修改，还是国民经济和社会发展的中长期规划、政府工作报告的出台，中共中央都要与各民主党派中央和无党派人士进行协商，广集民智、广求良策。仅中共十六大以来，中共中央、国务院召开和委托有关部门召开的协商会、座谈会、情况通报会等就有140多次。

第三，积极协调关系、努力化解矛盾，维护社会和谐稳定。政局稳定是社会稳定的重要前提，政党关系和谐是社会和谐的重要保障。新中国成立以来，无论面临什么样的复杂形势和艰巨任务，各民主党派和无党派人士始终同中国共产党保持政治方向一致、根本利益一致、奋斗目标一致，互相支持、互相帮助、互相监督，形成了稳定的政党格局。特别是面对国际敌对势力把政党制度作为西化、分化我国的重要突破口，各民主党派和无党派人士始终立场坚定、旗帜鲜明，坚持和发扬同中国共产党风雨同舟、患难与共的优良传统，加强对各自成员的思想政治引导，深入开展走中国特色社会主义政治发展道路主题教育活动，坚决抵御各种错误思潮的影响，不断巩固同中国共产党团结合作的共同思想政治基础。同时，各民主党派和无党派人士积极代表和反映各自成员及所联系群众的意见、愿望、诉求，引导他们正确认识改革发展中利益关系的变化，协助党和政府做好沟通思想、理顺情绪的工作，及时消除影响社会稳定的各种因素，为社会主义现代化建设营造了安定团结的社会环境。人民政协作为中国共产党领导的各党派、各团体、各民族、各阶层、各界人士大团结大联合的组织，以民主协商的形式积极协调社会各方面的关系，反映社情民意，化解矛盾、扩大共识，在促进社会和谐稳定中发挥了重要作用。

第四，高举两面旗帜、加强团结联谊，促进祖国和平统一大业。人民政协和各民主党派、无党派人士在港澳同胞、台湾同胞和海外侨胞中具有广泛的联系和影响，是维护和促进祖国统一的重要力量。长期以来，人民政协和各民主党派、无党派人士始终高举爱国主义、社会主义旗帜，积极开展各种形式的团结联谊活动，加强同港澳委员和各界人士的联系，宣传中央对港澳的方针政策，引导港澳委员团结广大爱国爱港、爱国爱澳人士，坚持“一国两制”、“港人治港”、“澳人治澳”、高度自治的方针，为促进港澳回归、保持港澳繁荣稳定作出重要贡献。积极开展对台湾人民的工作，大力宣传“和平统一、一国两制”的基本方针，促进两岸经济、科技、文化、卫生、体育等领域的交流合作和人员往来，协助党和政府做好争取台湾民心的工作，增进台湾同胞对中华民族和中华文化的认同感和归属感。大力开展反“独”促统活动，通过召开座谈会、发表声明等方式，表达中华儿女坚决反对“台独”、期盼祖国早日完成统一大业的强烈愿望。加强与海外华侨华人的联系，弘扬中华优秀文化传统，宣传中国特色社会主义事业的伟大成就，介绍我国政治制度和政党制度的独特优势，增强了海外同胞的民族认同感和自豪感。

四、在新的历史起点上把多党合作和人民政协事业推向前进

当今世界正处在大发展大变革大调整时期。我国正处在进一步发展的重要战略机遇期，在新的历史起点上向前迈进，多党合作和人民政协事业面临着新的发展机遇。我们要坚持长期共存、互相监督、肝胆相照、荣辱与共的方针，总结运用和丰富发展多党合作和政治协商的宝贵经验，不断推进理论创新、制度创新和工作创新，进一步把中国共产党领导的多党合作和政治协商制度坚持好、完善好，把这一制度的优势和作用运用好、发挥好。

第一，进一步巩固多党合作的思想政治基础。中共十七届四中全会提出，要把建设马克思主义学习型政党作为重大而紧迫的战略任务抓紧抓好。各民主党派作为同中国共产党通力合作的参政党，人民政协作为中国共产党领导的多党合作和政治协商的重要机构，也必须把加强学习作为一项政治任务、作为一个长期工程、作为一种优良作风，贯穿于履行职能和自身建设的各个方面。要紧密结合我国国情和时代特征大力推进理论创新，为推进马克思主义中国化、时代化、大众化作出贡献。要坚持用中国特色社会主义理论体系武装头脑，结合深入学习贯彻科学发展观、中国特色社会主义主题学习教育活动，不断增进对中国特色社会主义的政治认同和思想认同，不断增强走中国特色社会主义政治发展道路的自觉性和坚定性。要坚持用社会主义核心价值体系引领社会思潮，引导政协委员和各民主党派成员坚定建设中国特色社会主义的理想信念，弘扬以爱国主义为核心的民族精神和以改革创新为核心的时代精神，切实培养高尚道德情操和健康生活情趣，保持昂扬奋发的精神状态。要组织政协委员和各民主党派成员、无党派人士认真学习党和国家的重大方针政策，学习统一战线理论、多党合作理论和人民政协理论，学习履行职责必需的各方面知识，不断提高综合素质，努力使各级政协组织和民主党派组织成为学习型组织、各级领导班子成为学习型领导班子。

第二，进一步增强人民政协和各民主党派服务大局的能力。人民政协和各民主党派只有自觉围绕党和国家中心工作开展工作，自觉围绕党和国家决策部署谋划工作，才能更好地履行自己的使命，体现自身的价值。要继续把推动科学发展作为履行职能的第一要务，切实把思想和行动统一到服务科学发展上来，把积极性、主动性、创造性引导到推动科学发展上来，共同为转变发展方式、破解发展难题献计出力，形成推动科学发展的强大合力。要密切关注国际金融危机对世界经济的影响，注重研究国外经济环境变化和国内经济运行新情况新问题，着重围绕扩大内需、结构调整、自主创新、节能减排、改善民生、“三农”工作等，深入开展考察调研和协商议政活动，不断提高谋长远之计、建睿智之言、献务实之策的本领。要坚持以人为本，把实现好、维护好、发展好最广大人民的根本利益作为多党合作和政治协商的出发点和落脚点，充分反映社情民意，积极提出意见和建议，推动全体人民共享改革发展的成果。要着眼维护社会和谐稳定，注意发现和及时反映苗头性、倾向性的问题，协助党和政府做好理顺情绪、协调关系、化解矛盾的工作，解决好新形势下的人民内部矛盾。要毫不动摇地坚持党的民族政策和宗教政策，引导广大政协委员和各民主党派成员积极参与和支持民族团结宣传教育和民族团结进步创建活动，坚决抵御国内外敌对势力的渗透破坏活动，维护民族团结、宗教和睦，为全面建设小康社会营造安定祥和的环境。要继续推进祖国和平统一大业，运用各种资源，开辟各种渠道，积极拓展同台湾岛内有关党派团体、社会组织、各界人士的联系和沟通，推动两岸交流合作向更广领域拓展，使两岸同胞联系更广泛、感情更融洽、合作更深化，推动两岸关系在新的起点上向前发展。

第三，进一步完善我国社会主义民主的形式。胡锦涛同志在庆祝人民政协成立60周年大会上的讲话中明确指出：“人民通过选举、投票行使权利和人民内部各方面在重大决策之前进行充分协商，尽可能就共同性问题取得一致意见，是我国社会主义民主的两种重要形式。”人民代表大会制度是我国的根本政治制度，是人民掌握国家政权、行使权力的根本途径和最好形式。中国共产党领导的多党合作和政治协商制度是我国的一项基本政治制度，是人民内部各方面在重大决策之前进行充分协商的重要途径和制度保障。实现两种民主形式的有机结合，是社会主义民主的特点和优势所在，也是发展社会主义民主政治的重要内容。人民政协要牢牢把握团结和民主两大主题，继续扎实有效地履行好政治协商、民主监督、参政议政职能，广泛吸收各党派、各团体、各民族、各阶层、各界人士参与国事，不断拓展社会主义民主的广度和深度。要大力发扬民主的作风，坚持求同存异、体谅包容和团结—批评—团结的方针，使各党派团体和各族各界人士愿意讲实话、说真话，形成既有集中又有民主，既有纪律又有自由，既有统一意志又有个人心情舒畅、生动活泼的政治局面。要坚持平等相待、民主协商，从各个层次、各个领域扩大公民有序政治参与，使人民群众的知情权、参与权、表达权、监督权得到更好保障，使社会各方面的愿望和要求得到更好实现，充分体现社会主义民主的广泛性和真实性。

第四，进一步提高多党合作和政治协商的科学化水平。中共十七届四中全会提出了提高党的建设科学化水平这个重大命题和重大任务，这是对马克思主义执政党建设规律的新认识，也对加强中国共产党领导的多党合作和政治协商制度建设提出了新的更高要求。坚持和完善中国共产党领导的多党合作和政治协商制度，巩固和发展人民政协事业，必须把不断推进制度化、规范化、程序化统一于提高科学化水平之中，努力在以科学理论为指导、以科学制度作保障、以科学方法来推进上下功夫。以科学理论为指导，就是要坚持运用马克思主义的立场、观点、方法，准确把握推动科学发展、促进社会和谐对多党合作和政治协商提出的新要求，认真总结多党合作和政治协商实践中积累的新经验，积极借鉴人类政治文明的有益成果，大力加强中国特色政党制度理论和人民政协理论建设，发挥各级人民政协理论研究会的作用，切实把人民政协理论研究纳入马克思主义理论研究和建设工程，纳入我国哲学社会科学总体发展规划，继续推进理论创新。以科学制度作保障，就是要切实加强制度建设，不断健全多党合作和政治协商的运行机制，完善中国共产党同各民主党派和无党派人士合作共事机制，完善人民政协的各项制度，进一步发挥各民主党派在人民政协中的作用，深化各民主党派在人民政协中的合作，努力形成参政党建设和人民政协自身建设科学规范的制度体系。以科学方法来推进，就是要继承和发展多党合作和政治协商长期实践中积累的成功做法，把民主协商、求同存异、联谊交友、教育引导、照顾利益等方式方法运用好，同时积极探索运用现代管理学、组织学、心理学等科学方法，特别是充分运用信息网络技术，不断增强工作的时代性和实效性。

多党合作和人民政协的光辉业绩已经载入史册，更加美好的未来需要我们继续团结奋斗。我们要更加紧密地团结在以胡锦涛同志为总书记的中共中央周围，坚持以马克思列宁主义、毛泽东思想、邓小平理论和"三个代表"重要思想为指导，深入贯彻落实科学发展观，同心同德、和衷共济、锐意进取，不断谱写多党合作和人民政协事业的新篇章，为夺取全面建设小康社会新胜利、开创中国特色社会主义新局面作出新的更大的贡献。

（本文是贾庆林同志2009年10月13日在中国人民政治协商会议成立60周年理论研讨会上的讲话，发表时略有删节。）

第二篇：

十二届一次全会

领导讲话

在市政协十二届一次会议开幕会上的讲话

王文超

各位委员、同志们:

政协郑州市第十二届委员会第一次会议隆重开幕了。这是全市人民政治生活中的一件大事,是在全市上下深入贯彻落实党的十七大和省委八届九次全会、市委九届十四次全会精神,积极应对挑战、推进跨越发展的关键时期召开的一次重要会议,也必将是一次凝聚人心、鼓舞斗志的大会,民主团结、群策群力的大会,共谋跨越、促进和谐的大会。在此,我代表中共郑州市委,向大会的胜利召开表示热烈的祝贺!向全体政协委员和与会同志致以诚挚的问候!

过去的五年,全市上下高举中国特色社会主义伟大旗帜,以邓小平理论和"三个代表"重要思想为指导,深入贯彻落实科学发展观,全面贯彻落实党的十六大、十七大精神,大力实施跨越式发展战略,同心同德,开拓进取,全市经济社会实现跨越式发展。综合实力显著增强,城乡面貌发生巨大变化,民生得到明显改善,民主法制建设有序推进,精神文明建设和党的建设不断加强,社会大局和谐稳定,人民群众安居乐业。全市主要经济指标实现二年或三年翻一番，在全国大中城市和省会城市中的位次不断前移，在国内外的美誉度和影响力不断增强，跨入“世界特色魅力城市200强”行列，居“中国城市竞争力排行榜”第18位。可以自豪地说，这五年是郑州历史上发展最快、变化最大、人民群众得实惠最多的重要时期之一。这些成绩的取得，是全市人民团结拼搏、共同奋斗的结果，也与全市各级政协组织、广大政协委员和各民主党派、工商联、人民团体、各界人士的积极参政议政、团结协作、亲历亲为密不可分。

过去的五年，十一届市政协牢牢把握团结和民主两大主题，紧紧围绕市委、市政府的中心工作和全市跨越式发展大局，团结带领各级政协组织和广大政协委员切实履行政治协商、民主监督、参政议政职能，有力地促进了全市决策的民主化、科学化和民主政治建设。牢牢抓住事关全市长远发展的重大问题和人民群众关心的热点难点问题，深入调查研究，积极建言献策，提出了很多有价值的意见和建议。充分利用会议、提案、视察等形式，认真履行民主监督职能，促进了全市各项事业发展和党风政风建设。切实加强同各党派、各团体、各界别的团结合作，主动做好理顺情绪、化解矛盾、促进和谐工作，巩固和扩大了最广泛的爱国统一战线，维护和发展了民主团结、安定和谐的大好局面。广泛开展多层次、多渠道的对外交往联谊活动，在引进项目、资金、技术、人才等方面发挥了桥梁纽带作用。坚持制度创新，建立一系列行之有效的工作制度，较好地实现了政治协商有方、民主监督有力、参政议政有为的目标。对于十一届市政协卓有成效的工作和为全市经济社会跨越式发展做出的重要贡献，市委是肯定的，社会是赞许的，群众是公认的。在此，我代表中共郑州市委，向十一届市政协领导班子、各位政协委员和各民主党派、工商联、人民团体和无党派人士，表示衷心的感谢和崇高的敬意！

各位委员、同志们，党中央、国务院非常关注郑州的发展，胡锦涛总书记、吴邦国委员长和温家宝总理等中央领导同志多次视察郑州，对郑州的发展给予充分肯定，提出了殷切希望。省委、省政府历来高度重视郑州的发展，提出“中原崛起看郑州”、增强郑州“六个力”、成为“四个领跑者”等要求，要求郑州率先实现跨越式发展，在中原崛起乃至中部崛起中发挥龙头带动作用。在今年的省“两会”上，省委、省政府做出规划建设大郑东新区的战略部署，目标是着力打造中原城市群发展的核心区、河南省经济社会发展的核心增长极。我们责任重大、使命光荣、任重道远。目前，2006年-2008年的跨越式发展三年行动计划已圆满完成，跨越式发展新三年行动计划正在抓紧启动。去年召开的市委九届九次全会，按照党的十七大精神和科学发展观的要求，顺应形势发展和城市发展规律，研究谋划了郑州新的发展定位，提出要经过10-15年的不懈奋斗，把郑州建设成为现代化、国际化、信息化和生态型、创新型城市。不久前，市委九届十四次全会审议通过了《郑州现代化、国际化、信息化和生态型、创新型城市建设纲要》，进一步明确了“三化两型”城市建设的指导思想、奋斗目标、发展步骤、工作重点和推进举措。规划建设大郑东新区、推进跨越式发展新三年行动计划、建设“三化两型”城市，为郑州的发展勾划了蓝图、指明了方向。应对世界金融危机的冲击、力保经济平稳较快发展，是今年工作的首要任务。面对新的形势和任务，需要全市各级各部门和广大干部群众团结拼搏、开拓进取，需要人民政协这支重要力量积极参与、同舟共济。在此，我代表中共郑州市委，对新一届政协的工作提几点希望。

一是希望新一届政协围绕中心、服务大局，在推进跨越式发展中成就新作为

实施跨越式发展战略是我们贯彻落实党的十七大精神和科学发展观的重大行动，是应对区域经济激烈竞争、增强综合实力的重大举措，是改善民生、造福百姓的必然选择，是我们始终都不能动摇的工作大局。目前，我们已经形成了跨越式发展的强劲态势，具备了实现新跨越的坚实基础，我们没有理由不顺势而上，追求新的跨越。服从服务于跨越式发展这个大局，是人民政协义不容辞的责任。新一届政协一定要坚持以科学发展观为指导，把推动科学发展、跨越发展作为履行职责的第一要务，在共谋发展上与市委、市政府保持同步，切实做到政治协商从跨越式发展着眼，民主监督为跨越式发展助力，参政议政为跨越式发展服务。要始终认清形势，保持清醒头脑，坚定必胜信心，加强对形势的关注和研究，及时提出对策建议，发挥联系广泛的优势，积极帮助市委、市政府做好宣传引导工作，为广大群众解疑释惑、澄清认识，使中央和省委、市委对形势的正确判断成为社会各界的共识，把中央和省委、市委的科学决策转化为社会各界的实际行动。要围绕产业结构优化、发展方式转变、体制机制创新、城市建设管理、新农村建设、社会事业发展、就业和社会保障、生态建设等事关全局的重大问题，加强调查研究，掌握实际情况，为市委、政府建言献策。要通过视察重点项目、承担重要事项、监督发展环境、牵线搭桥招商引资等方式，直接为跨越式发展出力。要充分发挥政协人才荟萃的优势，鼓励政协委员以干事创业为重，在本职岗位上各展所长、建功立业，为跨越式发展多做贡献。要做跨越式发展的坚定支持者，进一步增强推进跨越式发展的大局意识、使命意识和责任意识，多说有利于跨越式发展的话，多做有利于跨越式发展的事，在全社会营造聚精会神搞建设、一心一意谋跨越的浓厚氛围。

二是希望新一届政协发扬民主、增进团结，在促进社会和谐上取得新成效

人民政协是最广泛的爱国统一战线组织，在加强团结、凝聚人心方面优势独特，是构建和谐社会的重要力量。新一届政协要牢牢把握团结和民主两大主题，切实做好联系人、团结人、凝聚人的工作，最大限度地把不同党派、不同信仰、不同民族、不同界别之间的人们团结起来、联合起来，把全市人民的意志和力量汇集起来，融入科学发展、跨越发展的共

同事业。要把发扬民主贯穿于政协工作的全过程，始终不渝地坚持“长期共存、互相监督、肝胆相照、荣辱与共”的方针，保持和促进政党关系和谐、民族关系和谐、宗教关系和谐、海内外同胞关系和谐及各阶层关系和谐，努力开创知无不言、言无不尽、融洽和谐、生动活泼的政治局面。要更加关注社会发展问题，更加关注民生问题，积极协助市委、市政府做好沟通思想、协调关系、化解矛盾、理顺情绪的工作，引导各族各界群众正确看待前进中的困难和问题，正确处理各种利益关系。要经常深入基层、深入群众，真实了解民情，充分反映民意，广泛集中民智，使政协反映社情民意的工作得到不断拓展和深化。广大政协委员要切实履行好自身的职责与义务，带头加强思想道德建设，带头传播先进文化，带头参与群众性精神文明创建活动，以自己的实际行动助推和谐社会建设进程。

三是希望新一届政协与时俱进、开拓创新，在提高履职水平上做出新探索

跨越式发展的新形势，建设“三化两型”城市的新目标，人民群众对全面小康社会的新期待，给政协工作提出了新的更高的要求。新一届政协要按照体现时代性、把握规律性、富于创造性的原则，主动顺应形势发展变化，认真把握时代前进脉搏，切实按照人民群众愿望，创造性地开展工作，不断提高政治协商、民主监督、参政议政的水平。政治协商方面，要对事关全市经济社会发展全局的重大问题，积极主动地参与协商，使协商的内容有新的充实、形式有新的发展、成果有新的提高。民主监督方面，要敢于监督、善于监督，通过政协提案、委员视察、民主评议、反映社情民意等渠道，对市委、市政府决策部署的落实情况进行监督，对群众反映强烈的热点问题进行监督，对机关作风、服务效能、廉洁从政等方面的工作进行监督，积极探索民主监督同法律监督、行政监督、舆论监督相结合的新途径、新办法，进一步增强民主监督的实效。参政议政方面，要充分利用政协人才荟萃、智力密集的优势，选择具有战略性、全局性、前瞻性的课题，深入开展调查研究，确保建言立论的针对性、可行性和预见性，使履职能力和水平再上新台阶。

四是希望新一届政协完善自我、提升素质，在加强自身建设上得到新提高

政协组织要更加有效地履行职责，必须认真抓好自身建设这项基础性工作。要切实加强理论学习，深入学习中国特色社会主义理论，学习党的十七大精神，学习政协理论知识和市场经济、科技、管理等各方面知识，不断提高履职素质与工作能力。要切实加强政协领导班子和政协机关干部队伍建设，政协党组要充分发挥核心领导作用，始终保持政协工作的政治方向；政协机关要把构筑委员发挥作用的平台作为一项长期的工作来抓，为委员参政议政创造良好条件。要不断完善政协工作运行机制，进一步健全与政协章程相配套的各项规章制度，推进政协工作的制度化、规范化和程序化建设。广大政协委员要倍加珍惜政协委员的称号，倍加珍惜人民给予的荣誉，更加认清自身担负的职责，进一步强化修养、提高素质、提升能力，在我市经济社会跨越式发展的生动实践中发挥更大的作用。

加强和改进党对政协工作的领导，是政协履行职能、开展工作的根本保证，也是提高党的执政能力和执政水平的重要环节。全市各级党委要高度重视新时期新形势下的政协工作，做到思想认识到位、组织领导到位、制度落实到位、工作支持到位，努力促进社会主义民主政治进程。要把政协工作纳入党委工作的总体部署，支持政协依照章程独立负责、协调一致地开展工作。要认真落实“三在前”、“三在先”的要求，把政治协商纳入党委、政府的决策程序。认真倾听来自政协的批评与建议，自觉接受政协的民主监督，支持政协开展视察、调研等活动。各级党政领导要坚持出席政协重要会议和活动，亲自阅批和督办落实政协报送的建议案、提案、社情民意和专题报告，主动与各族各界人士交流情况、沟通感情、广交朋友。政协党组要坚决贯彻党委的决策和部署，主动向党委提出加强政协工作的意见和建议。要关心政协干部的成长，通盘考虑政协干部的培养、选拔、交流和使用，保持政协机关的活力。要加强对政协工作的宣传，为政协开展活动创造舆论氛围。全市各级各部门都要积极支持政协工作，努力形成推动政协事业持续发展的整体合力。

各位委员、同志们，时代赋予政协组织崇高使命，人民寄予政协工作殷切期望。让我们更加紧密地团结在以胡锦涛同志为总书记的中共中央周围，高举中国特色社会主义伟大旗帜，坚持以邓小平理论和“三个代表”重要思想为指导，深入贯彻落实科学发展观，同心同德，和衷共济，为实现郑州经济社会跨越式发展，加快建设现代化、国际化、信息化和生态型、创新型城市而努力奋斗！

最后，预祝大会圆满成功！

中国人民政治协商会议郑州市第十一届委员会常务委员会工作报告

李秀奇

各位委员、各位同志：

我受中国人民政治协商会议郑州市第十一届委员会常务委员会的委托，向大会作工作报告，请各位委员审议，并请列席会议的同志提出意见。

过去五年工作的回顾

过去的五年，是我市改革开放和现代化建设事业取得巨大成就的五年，也是我市人民政协事业蓬勃发展的五年。五年来，十一届市政协在中共郑州市委的领导下，坚持以邓小平理论和"三个代表"重要思想为指导，深入贯彻落实科学发展观，高举社会主义和爱国主义伟大旗帜，牢牢把握团结和民主两大主题，团结和依靠政协各参加单位和广大政协委员，紧紧围绕全市中心工作，切实履行政治协商、民主监督、参政议政职能，为促进我市经济社会跨越式发展作出了重要贡献。

一、认真履行职能，为推动郑州发展贡献力量

坚持把促进发展作为履行职能的第一要务，紧紧围绕全市经济社会发展中的重大问题和人民群众普遍关心的热点、难点问题，开展调查研究，进行协商议政，积极建言献策，为推动我市经济社会又好又快发展方面发挥了重要作用。

协商议政成效显著。五年来，紧扣党政决策所需，通过全体会议、常委会议、主席会议、专门委员会会议等多种形式，广泛开展协商议政，提出了大量富有建设性的意见建议。如市政协七次常委会议研究讨论了城市文化建设问题，形成了《关于进一步加强我市城市文化建设的研究报告》，提出制定古都郑州保护条例、把城市小游园建成展示郑州历史文化的景观园地、对少林寺无形资产进行保护、加强基层文化阵地建设、吸纳民间资本发展文化产业等5项具体建议，得到市委、市政府的高度重视，省委常委、市委书记王文超批示："报告很好，请有关部门在制定文化发展规划时认真采纳。"九次常委会议对郑州市国民经济和社会发展第十一个五年规划进行的专题协商，委员们提出了上百条有份量、有价值的意见建议，使我市"十一五"规划的制定具有了更加广泛的社会基础和群众基础。此外，针对建设社会主义新农村、提高科技自主创新能力、解决民生问题、促进生态文明建设等常委会议题形成的60多份专题报告，对市委、市政府完善相关政策、推动中心工作产生了重要作用，有力促进了决策的科学化、民主化。

调研视察成果丰硕。五年来，先后围绕郑东新区建设、嵩山历史建筑群"申遗"、为民十件实事办理、土地资源保护、无公害农产品基地建设、节日市场食品供应、村委换届选举、台资企业投资环境等工作，组织委员进行了500多次视察，提出了2500多条意见建议。同时，精心选择全市经济社会发展中具有战略性、全局性、前瞻性的课题，组织委员开展专题调研，许多意见建议都被市委、市政府采纳。如关于加快我市工业化进程，建设先进制造业基地的调研报告中提出的六点意见建议，在市政府当年出台的《郑州市今后一个时期工业发展的思路》中得到体现；关于合理利用黄河水资源，促进郑州经济和社会可持续发展的调查与建议，受到市政府主要领导的高度重视，成立了引黄领导小组；关于大力发展农村沼气，建设生态家园的建议，被市政府纳入2005年我市十件实事之一。

提案工作活跃有序。坚持以提高提案质量为基础，以增强提案办理实效为目标，不断完善提案工作，形成了政协领导督办、提案委员会主办、相关单位承办、专门委员会协办和委员参办的多层次工作格局。通过面对面协商、评议承办单位、实地视察、现场办理、舆论宣传、表彰先进等办法，使提案质量和办理质量不断提高。五年来收到提案3868件，审查立案3660件，已全部办复完毕，促使一大批人民群众关心的热点、难点问题得到了妥善解决。特别是市政协领导督办的《加快城郊失地农民就业安置》、《延长公交运行时间，增加公交开行密度》、《城市小区规划不可随意变更》等提案，社会反响强烈。其中《关于退休职工医疗保险问题》的提案报送市政府后，市领导高度重视，承办单位认真落实，市财政专门拨款5000万元，使98家国有企业4.3万名退休人员享受到了大病统筹医疗保险待遇。郑州市的这一做法得到国家劳动保障部的充分肯定，并两次在全国会议上给予表扬。《关于进一步完善我市城镇医疗保险体制建设》的建议案，市政府认真吸收采纳，及时出台了《郑州市新农合农民实行'一证通'就诊办法》和《郑州市城镇居民基本医疗保险实施细则》，促使我市"全民医保"全面铺开。

民主监督形式多样。积极探索民主监督新形式，组织全国、省、市、县(市)区四级政协委员对我市对外开放工作和城市建设与管理工作进行了民主评议，形成专题调研报告25篇，提出意见建议2765条，对提高我市城市建设与管理水平，优化发展环境起到了积极的推动作用；先后推荐50多名委员担任司法机关和政府部门的特邀监督员，对有关部门及其工作人员履行职责、遵纪守法、为政清廉等方面的情况进行经常性监督，有力促进了职能部门的作风转变；在总结与市经济广播电台成功联办《我为郑州发展献良策》专题广播节目的基础上，尝试与市电视台联办《周末面对面》大型谈话类节目，组织委员参与"绿城对话"、"百姓有约"等节目，就菜篮子工程、青少年思想道德教育、大学生就业等群众关心的问题展开讨论，使许多问题得到了有效解决，深受市民群众的欢迎。

二、创新活动载体，为发挥政协优势搭建平台

充分发挥人民政协人才荟萃、联系广泛、位置超脱的优势，积极探索做好政协工作的新思路、新途径、新方法，拓宽了履行职能的领域。

成功举办构建和谐社会高层论坛。为更好地推进和谐社会建设，2005年我们精心筹划并举办了"构建和谐社会·建设和谐郑州"高层论坛，邀请萧灼基、徐显明、郑功成等全国著名专家学者到会发表演讲，从不同角度、不同层面对如何构建和谐社会、建设和谐郑州进行理论研讨，得到了市委、市政府和社会各界的广泛好评。省委常委、市委书记王文超全程参与了论坛主题报告会，并给予高度评价，认为此次高层论坛"将极大的促进郑州构建和谐社会的理论研究和实践探索，对郑州加快发展、科学发展、和谐发展必将产生积极的影响"。

倡导建立中原城市群政协主席联席会议制度。为积极响应中央提出的中部崛起战略，2006年倡议建立了中原城市群政协主席联席会议制度。在已经召开的三次联席会议上，我们立足郑州实际，在深入调研的基础上，分别围绕打造中原城市群90分钟都市交通圈、建立中原城市群旅游共同体和推进中原城市群居民同城待遇等问题提出了许多针对性和可操作性较强的意见建议。作为中原城市群政协主席联席会议的延伸，我们还积极参与郑—许产业带发展座谈会，就郑州市与许昌市如何实现交通、产业对接提出意见建议。联席会议这种参政议政形式，受到了省委、省政府、市委、市政府领导的充分肯定。

深入开展"争先创优"活动。为进一步探索新形势下发挥委员主体作用的方法和途径，2005年，我们在全市各级政协和委员中开展了"我为郑州发展做贡献、献良策"争先创优活动，引导广大委员围绕中心谋发展，立足本职做贡献，助学济困献爱心。2007年，经过层层遴选，组成了"我是一名政协委员"专题报告团，在全市政协系统巡回演讲，用委员的先进事

迹教育人、感召人、鼓舞人，极大地激发了委员干事创业的热情，主体作用得到了进一步发挥。据不完全统计，活动开展三年来，委员共参加调研视察活动2300余次，提出意见建议6000余条，撰写提案8041份；参与或直接引进域外资金205亿元，纳税47.5亿元；组织和参与社会公益活动2800余次，捐助现金及物品价值近10亿元；有1611人(次)受到省、市、县(市)区三级表彰。

创新设立“委员信箱”。为了进一步畅通反映社情民意的渠道，2005年，我们选择在10名政治素质高、参政议政能力强、热心服务群众的市政协委员居住的社区设立了“委员信箱”，广泛收集社情民意。在试点工作取得经验的基础上，于2006年将委员信箱的数量由10个增加到了50个，并进一步规范了信箱工作，形成了意见的收集、整理和反馈等一整套规则。据统计，“委员信箱”设立以来，共收到群众反映的社情民意700多条，内容涉及都市村庄改造、城市交通管理、残疾人就业和贫困家庭救助等诸多方面的社会问题。经过多方努力，许多问题得到有效解决，为党委、政府与人民群众之间架起了“连心桥”。如关于《设立黄河沿线旅游公交环线的建议》经省政协报送省委、省政府后，省委书记徐光春等领导同志先后作出批示，要求“城市和城际公交的发展应考虑休闲旅游的需要”。

三级联动助推创建全国文明城市工作。创建全国文明城市是去年我市的重大工作之一。为全力配合市委、市政府做好此项工作，市政协作出了开展“为创建全国文明城市做贡献”活动的决定。活动中，注重发挥政协整体优势，形成了市政协总揽协调，区政协前沿指挥，街道政协工委一线作战的“创文”联动格局，迅速掀起了为创建全国文明城市做贡献的活动热潮。为把活动引向深入，又相继开展了“千名政协委员进万家”宣传走访活动，组织住郑的1000多名全国、省、市、区四级政协委员，走进社区，走进家庭，宣传“创文”工作，倾听民声民意。组织委员对“创文”工作进行的暗访情况报送市委、市政府后，省委常委、市委书记王文超给予了充分肯定，市长赵建才专门批示：“市政协组织的委员暗访很好，很全面，也很客观，问题反映充分。目前存在的许多薄弱环节，还需认真查摆，着力抓好整改。”对“创文”工作起到了积极的促进作用。

三、坚持团结民主，为构建和谐社会凝心聚力

凝聚各方力量，坚持广开言路，促进各党派团体和各族各界人士的广泛团结，巩固和发展新时期的爱国统一战线，在建设和谐郑州等方面作出了积极努力。

重视发挥各民主党派、工商联和无党派人士在政协中的作用。认真贯彻落实《中共中央关于进一步加强中国共产党领导的多党合作和政治协商制度建设的意见》，积极促进参加人民政协的各民主党派、工商联和无党派人士的团结合作，在政协的各种会议上，努力营造民主和谐、合作共事的政治氛围，为各民主党派、工商联和无党派人士发表意见主张创造条件。坚持定期向他们通报工作，主动征求他们对政协工作的意见建议，及时帮助他们协调和解决工作中的困难与问题。重要调研视察、重点提案督办、重大活动都邀请各民主党派、工商联和无党派人士参加，为他们知情明政、议政建言搭建平台。

努力促进民族团结、宗教和睦。加强与少数民族和宗教界代表人士的联系，主动参加少数民族和宗教界的重大节日及活动，利用传统节日走访民族宗教界政协委员和知名人士，积极宣传党和政府的民族宗教政策，认真听取他们的意见和要求，积极帮助他们解决实际困难。重视发挥少数民族和宗教界委员的作用，组织他们对我市少数民族经济发展、清真食品生产销售及经营管理情况、少林寺整修工程等工作进行视察，努力促进民族团结、宗教和睦，巩固和扩大社会多样化条件下的大团结、大联合。

广泛开展对外联谊交流活动。充分利用政协组织联系广泛、代表性强的优势，积极拓展对外交流合作新领域，大力宣传中国共产党领导的多党合作和政治协商制度，宣传郑州的对外开放政策和投资环境；采取举办中秋联谊活动、新年茶话会、接待海外友人、台商座谈会等形式，广泛开展团结联谊工作，增进同各界人士的团结与合作；积极参与组织黄帝故里拜祖大典活动，为扩大郑州对外开放、促进祖国和平统一贡献力量；全力配合全国、省政协开展有关调研视察活动；热情接待各兄弟市政协来郑参观学习；认真组织住郑省政协委员进行异地视察。五年来，共接待全国、省政协来郑调研视察和外地政协来郑参观考察团组1300多批，12000余人次。

四、注重扩大影响，为提升政协形象营造氛围

为营造全社会关心支持政协工作的浓厚氛围，配合政协中心工作，精心策划了一系列舆论宣传活动，政协形象得到了进一步提升。

宣传工作再上新台阶。积极协调中央和地方新闻媒体对我市政协工作进行深入全面的报道，宣传工作呈现出主流媒体用稿多，重要活动报道密度大，刊发稿件质量高等特点。五年来，共在市级以上媒体发表各类稿件2000多篇，其中中央级媒体300多篇，省级媒体450多篇；编辑出版《郑州政协》杂志30期，交流范围扩大到全国上百个城市。另外，还与《郑州日报》合作开辟了《政协之声》专栏，大力宣传报道政协工作和委员风采，先后围绕“庆祝人民政协成立55周年”、“纪念改革开放30周年、郑州解放60周年”等重大纪念日，开展了政协知识竞赛、文艺晚会、专题学习座谈、书画展等活动，政协社会影响力得到进一步扩大。

理论研究富有成效。2006年，我们与河南省社科联共同举办了“中原崛起论坛·政协工作专论”理论研讨会，从履行政协职能的不同侧面、不同角度对政协事业发展进行了深入研讨，对推动全市政协理论研究深入开展，提高政协工作水平，产生了积极影响。2007年我们又抓住省政协理论研究会成立和第一次理论研讨会的机遇，积极组织理论研究活动，向会议提交了10多篇具有思想深度和理论高度的论文，并在研讨会上作了《关于人民政协在我国民主政治建设中地位和作用》的大会发言，受到了与会代表的广泛好评。去年，在市委的大力支持下，首次将人民政协理论列入市委党校教学

计划，进一步加强了对政协理论的学习、教育和宣传工作。

文史工作更加活跃。遵循文史资料“三坚持”工作原则，坚持解放思想、实事求是，坚持统一战线和“三亲”特色，坚持服务大局，五年来，市政协共征集各方面史料 248 万字、图片 660 多幅；并以纪念抗日战争胜利 60 周年、郑州名人故居、政协委员纪实、郑州环卫和邮政百年史话、知青生活、裴李岗文化发现与发掘等为主要内容，编辑出版了 5 辑、6 册《郑州文史资料》，有效地发挥了政协文史资料“存史、资政、团结、育人”的社会功能。

五、加强自身建设，为做好政协工作提供保障

认真贯彻《中共中央关于加强人民政协工作的意见》精神，以加强政协履职能力为目标，以学习提高、工作创新、健全制度为重点，不断推进自身建设，有力保证了政协各项工作的顺利开展。

切实加强制度建设。依照政协章程，重新修订了《政协郑州市第十一届委员会工作规则》、《政协郑州市第十一届委员会专门委员会通则》、《郑州市政协提案工作条例》，出台了《关于办理政协提案的意见》，建立健全了《进一步做好民主党派、工商联提案工作的暂行办法》和《关于优秀提案评选表彰的试行办法》等规章制度，形成了一整套适合政协工作特点的制度体系和工作运行机制，为政协履行职能提供了制度保障。

切实加强委员队伍建设。通过举办常委、委员培训班，常委学习报告会和界别小组学习会等多种形式，认真学习马列主义、毛泽东思想、邓小平理论、“三个代表”重要思想和科学发展观，学习中共十六大、十七大和省市委重要会议精神，学习《中共中央关于加强人民政协工作的意见》以及政协统战理论知识。先后组织政协常委和政协机关干部赴北戴河全国政协培训中心、上海交通大学、井冈山行政学院进行集中培训，使广大政协工作者的整体素质得到进一步提升。坚持政协领导、各专门委员会联系走访委员制度和委员活动日制度，加强交流，沟通思想，活跃气氛，丰富生活，增强了政协组织的凝聚力和吸引力。进一步规范了委员管理和考评工作，建立了委员述职机制，有效地调动了委员参政议政的积极性。

切实加强机关建设。大力推进以构建和谐机关为主题的“五型”(学习型、创新型、服务型、节约型、廉洁型)机关建设，倡导树立六种意识(核心意识、中心意识、团结意识、勤政意识、服务意识、学习意识)，积极开展六项活动(“五型”机关创建活动、视察活动、调研活动、谈心交心活动、文体活动、联谊交友活动)，政协机关干部的服务能力和工作水平进一步提高。按照市委的统一部署，市政协机关认真开展了保持共产党员先进性教育活动、“讲正气、树新风”活动、解放思想大讨论活动和深入学习实践科学发展观活动，机关干部的理论水平和政治把握能力明显提高，机关作风明显改善。加大干部培养、选拔、轮岗力度，进一步优化了干部队伍结构。积极开展群众性的精神文明创建活动，政协机关在连续多年保持“省级文明单位”荣誉称号的同时，还荣获了省“五一劳动奖状”。

各位委员，五年来，十一届市政协在历届政协工作的基础上，与时俱进、开拓创新，取得了新的成绩，在我市经济社会和政治生活中发挥了积极作用。市政协所取得的成绩是中共郑州市委正确领导的结果，是市人大、市政府和有关部门大力支持的结果，是全市各级政协积极配合的结果，是政协各参加单位、广大政协委员共同努力的结果。在此，我谨代表市政协十一届委员会向所有关心和支持政协工作的各级领导、各位委员以及各族各界人士，表示衷心的感谢和诚挚的敬意！

在充分肯定成绩的同时，我们也清醒地看到，对照中共十七大精神和科学发展观的要求，与新形势下人民政协所肩负的使命相比，政协工作中还存在着一些差距和不足。主要表现在履行职能的能力和水平有待进一步提高，特别是如何进一步搞好政治协商，促进党政科学民主决策；如何进一步有效实行民主监督，促进党政部门作风转变；如何进一步搞好参政议政，提高建言献策的质量和水平；如何把人民政协的独特优势转化为构建和谐社会的强大力量等等。这些都需要引起我们的高度重视，并在今后的工作实践中认真研究解决。

过去五年工作的体会

十一届市政协的五年，是解放思想、开拓进取的五年，是和衷共济、共创大业的五年，是团结协作、维护稳定的五年。回顾五年的工作，我们主要有以下几点经验和体会：

坚持党的领导，是做好人民政协工作的根本保证。只有坚持自觉接受党的领导，政协工作才有地位；只有坚持自觉服从服务于党的中心工作，政协工作才有方向；只有坚持自觉维护党的权威，政协工作才有力量；只有坚持自觉完成党交办的各项任务，政协工作才有作为。

服务发展大局，是做好人民政协工作的基本原则。只有坚持把发挥政协职能作用与服务党政中心工作有机结合起来，在重要决策上搞好协商，在重大行动上搞好协调，在奋斗目标上搞好协同，在具体工作上搞好协作，政协工作才能不断创造新业绩，迈上新台阶。

突出两大主题，是做好人民政协工作的力量源泉。只有始终突出团结、民主两大主题，才能充分发挥政协委员的主体作用、专委会的基础作用、界别的桥梁纽带作用，在求同存异、团结合作的基础上，齐心协力做好协调关系、化解矛盾、理顺情绪、维护稳定的工作。

坚持履职为民，是做好人民政协工作的本质要求。只有坚持履职为民的宗旨，把为党分忧与为民解忧紧密结合，才能彰显政协工作的自身价值；只有坚持以人为本的理念，倾听群众呼声、关心群众疾苦、反映群众需求，做到情为民所系、言为民所建、利为民所谋，才能真正赢得人民群众的衷心拥护。

不断开拓创新，是做好人民政协工作的不竭动力。只有坚持从实际出发，既继承和发扬历届政协的优良传统，又敢

于解放思想，勇于开拓创新，积极探索履行职能的新思路、新方法、新机制，人民政协才能在继承中发展，在发展中创新。

加强自身建设，是做好人民政协工作的重要保障。只有坚持在加强自身建设上狠下功夫，积极探索发挥各党派、界别、委员和政协机关作用的有效途径，努力推进政协工作的制度化、规范化和程序化建设，才能不断提高履行职能的能力和水平，不辱使命、不负重托，把我市人民政协事业继续推向前进。

今后五年工作的建议

各位委员：未来的五年，是全市人民深入学习实践科学发展观、向着全面建设小康社会阔步前进的五年。跨越式发展的新形势，"三化两型"城市建设的新任务，人民群众求富求强的新期待，给政协工作提出了新的更高的要求。新一届市政协要高举中国特色社会主义伟大旗帜，以邓小平理论和"三个代表"重要思想为指导，用科学发展观统领政协工作全局，认真学习贯彻中共十七大、十七届三中全会、中央经济工作会议和省市委会议精神，在省政协的关心指导和中共郑州市委的坚强领导下，高举爱国主义和社会主义旗帜，牢牢把握团结和民主两大主题，动员全市广大政协委员、政协各参加单位和各族各界人士，围绕中心、服务大局，突出特点、发挥优势，用新的理念谋划政协工作，用新的思路引领政协工作，用新的机制推动政协工作，切实履行政治协商、民主监督、参政议政职能，为促进我市经济社会发展实现新跨越，建设现代化、国际化、信息化和生态型、创新型的国家区域性中心城市做出新的更大贡献。为此，我们向政协郑州市第十二届委员会建议：

一、贯穿一条主线

即贯穿科学发展观这条主线。科学发展观是马克思主义中国化的最新成果，是发展中国特色社会主义必须坚持和贯彻的重大战略思想，也是人民政协事业在新的历史条件下不断发展的行动指南。新一届市政协要以深入学习实践科学发展观活动为契机，站在全局和战略的高度，全面系统地学习实践科学发展观，深刻认识科学发展观的科学内涵、精神实质和根本要求，坚持用科学发展观改造主观世界，使科学发展观真正内化为我们的世界观和方法论，转化为我们的自觉行动和行为准则。要坚持把学习实践科学发展观与政协履行职能的实践紧密结合起来、与促进各党派团体和各族各界人士的团结合作结合起来、与加强政协的自身建设结合起来，着力转变不适应、不符合科学发展要求的思想观念，着力解决政协履行职能过程中影响和制约服务科学发展的突出问题，着力构建有利于政协服务科学发展的体制机制，切实把科学发展观贯穿于政协履行职能的全过程、落实到政协工作的各个环节，使政协的各项工作更加符合科学发展观的要求。

二、突出两大主题

团结和民主是人民政协工作的两大主题，也是人民政协性质的集中体现。新一届市政协要牢牢把握团结和民主两大主题，积极探索突出两大主题的新途径、新方法，切实把团结和民主的精神体现在政协的全部工作之中，推动人民政协创造新的业绩，作出新的贡献。要广泛团结一切可以团结的力量，调动一切可以调动的积极因素，协助党委、政府处理好政党、民族、宗教、新社会阶层和海内外同胞等重大关系。坚持求同存异、体谅包容、遇事多商量的原则，既尊重多数人的共同愿望，又照顾少数人的合理要求，努力营造团结活泼、宽松和谐的民主氛围。加强各界别委员与政协组织之间和政府机构之间的联系，促进以利益协调为核心的协商和对话机制的建立，综合反映各界别的意见建议，协助党和政府协调好社会各界群众之间的利益关系。充分发挥政协联系面广、包容性强的优势，立足经济体制深刻转型，社会结构深刻变化，利益格局深刻调整，思想观念深刻演进的现实，及时反映人民群众最关心、最现实、最直接的切身利益问题，促进不同信仰、不同界别人们团结合作，使一切进步力量在共同的政治基础上紧密团结起来，为促进我市经济社会又好又快发展提供强大的力量支持。

三、履行三项职能

政治协商、民主监督、参政议政是人民政协的三项主要职能。新一届市政协要认真把握时代前进脉搏，切实掌握人民群众愿望，正确分析当前国际金融危机加剧、国内经济形势严峻的现实和我市经济社会发展现状，创造性地开展工作，不断提高履行职能的水平。在政治协商方面，要按照全体会议整体协商、常委会议专题协商、主席会议重点协商、专门委员会对口协商的议事格局，围绕"把郑州建设成现代化、国际化、信息化和生态型、创新型的国家区域性中心城市"的战略目标，科学选题，协商讨论，提出具有前瞻性、战略性和建设性的意见建议，为市委、市政府科学决策、民主决策提供参考和依据。在民主监督方面，要以贯彻落实党的各项路线方针政策和市委、市政府的重大决策为重点，以促进党政机关转变工作作风、优化发展环境为目的，以提案、建议案、视察、民主评议和反映社情民意等形式，加强经常性监督，有针对性地提出批评意见，帮助有关部门改进工作，提高行政效能。在参政议政方面，要围绕扩大内需、优化产业结构、节能减排和生态建设、农村体制改革、大郑东新区建设、城市规划与管理、扩大就业、安全生产等重大问题，有组织、有计划地开展调研视察，进一步拓宽参政议政范围，丰富参政议政内容，创新参政议政形式，使作用得到更好地发挥。

四、发挥四个作用

一是充分发挥人民政协在经济建设中的助推作用。人民政协群英荟萃，是推动经济建设的重要力量。要集中精力、汇集智力，按照市委提出的"强化枢纽地位、优化工业结构、建设商贸都市、发展现代农业"的要求，围绕"扩内需、保增长、调结构、促转型、重民生"的基本任务，积极主动地为党委、政府出主意、想办法、提建议，切实当好党委、政府应对挑战、推动科学发展的"智囊团"、"思想库"。要充分发挥政协联系广泛、渠道畅通的优势，多做优化环境、引资引智、牵线搭桥的工作。要有针对性地引导和发动有实力、有实业、有影响、有关系的政协委员和社会各界人士，兴办实业、推动创业、增加就业，积极投身经济建设主战场上，为我市经济社会实现新跨越增添新的力量，为政协组织增添新的光彩。二是充分发挥人民政协在构建和谐社会中的凝心聚力作用。人民政协作为最广泛的爱国统一战线组织，在构建和谐社会中具有独特的优势和不可替代的作用。要把凝聚人心、凝聚智慧、凝聚力量的工作贯穿政协工作的全过程，努力营造精诚团结，合作共事的氛围；营造广交朋友，深交朋友的氛围；营造广纳群言、直谏真言的氛围；营造同心同德、共谋发展的氛围，协助党委、政府做好协调关系、化解矛盾、理顺情绪，凝聚人心、鼓舞士气的工作，切实维护改革发展稳定的大局，促进社会和谐，人民安居乐业。三是充分发挥人民政协在民主政治建设中的民主监督作用。民主监督是我国社会主义监督体系的重要组成部分，在推进社会主义民主政治建设中具有十分重要的作用。要突出监督重点，紧紧围绕党委、政府政策措施的贯彻落实，有计划有组织地开展民主监督，推动各项政策措施不折不扣地落到实处，使监督工作贴近时代、贴近中心、贴近群众。要主动加强与党委、人大、政府和新闻媒体的联系，使民主监督与党委监督、人大监督、政府监督、司法监督、舆论监督等衔接好结合好，不断拓展民主监督的渠道。四是充分发挥人民政协在参政议政中的建言献策作用。建言献策，是人民政协履行参政议政职能的集中体现。要把建言献策的重点放在对经济社会发展趋势和全局的把握上，放在对构建社会主义和谐社会，加快推进社会主义现代化建设的思考上，放在对党委、政府关注的大事、要事和群众关心的热点、难点问题的研究上，以关注民生、履职为民为出发点，以围绕中心、服务大局为着力点，以讲求实效、解决问题为落脚点，深入调查研究，开展咨询论证，推进党委、政府决策的科学化民主化，增强决策的针对性指导性。

五、抓好五项建设

一是着力抓好思想建设。要坚持把思想建设摆在人民政协各项建设的首位，发扬自我学习、自我教育的优良传统，认真组织广大政协委员和政协机关干部深入学习邓小平理论、“三个代表”重要思想和科学发展观，学习党的各项路线方针政策，学习人民政协理论和统一战线知识。进一步夯实参加人民政协的各党派团体各族各界人士在正确道路上团结奋斗的共同思想基础，筑牢抵御西方两党制、多党制、两院制和三权鼎立等各种错误思想干扰的防线，不断增强走中国特色社会主义政治发展道路的自觉性和坚定性。二是着力抓好队伍建设。要高度重视政协委员队伍建设，通过报告会、研讨会、座谈会和培训班等形式，组织开展政协理论和相关知识的学习培训，提高委员队伍的综合素质。进一步拓宽委员知情明政渠道，创新履职形式，丰富活动内容，扩大议政空间。进一步完善委员活动日、联系走访委员等制度，沟通信息、联络感情、增进友谊。进一步完善委员述职和评先奖优机制，激发委员发挥主体作用的光荣感、责任感和使命感。要高度重视政协机关干部队伍建设，加强业务培训、实践锻炼、岗位轮换的工作力度，教育和引导政协机关干部牢固树立核心意识、中心意识、服务意识、团结意识、勤政意识、学习意识，努力建设一支政治坚定、作风优良、学识丰富、业务熟练的高素质政协干部队伍。三是着力抓好制度建设。要按照中共十七大提出的要求，主动适应社会主义民主政治建设的新形势，进一步规范履行职能的内容、形式和程序，逐步形成完备的制度体系，使制度覆盖政协工作的各个领域。注意总结实践中的成功经验，通过概括提炼上升为制度规定，尤其要在政协履行职能的知情环节、沟通环节和反馈环节上建立有效制度，形成科学合理、协调有序的长效运行机制。四是着力抓好作风建设。要大力弘扬理论联系实际的马克思主义学风，紧密结合工作和思想实际加强学习，努力在解放思想上有新突破，在推动工作上有新进展，在党性修养上有新增强，在精神境界上有新提升。要大力弘扬求真务实精神，大兴求真务实之风，深入基层，深入群众，体察群众疾苦，倾听群众呼声，反映群众意愿，真心实意地为人民群众做好事、办实事、解难事，切实树立新时期人民政协的良好社会形象。五是着力抓好理论建设。要坚持以马克思列宁主义、毛泽东思想、邓小平理论、“三个代表”重要思想和科学发展观为指导，着眼于研究新时期政协工作中带有方向性和全局性的重大问题，着眼于对具体工作的理性分析和提炼，着眼于理论研究成果指导工作实践，解放思想、实事求是、与时俱进，积极开展理论研究，努力形成理论创新与工作创新的互动，使政协的各项工作真正体现时代性、把握规律性、富于创造性。

六、夯实六个基础

一是始终坚持党的领导，自觉维护核心，努力夯实促进跨越式发展、构建和谐郑州的政治基础。坚持中国共产党对人民政协的领导，是坚持党对社会主义事业领导核心地位的必然要求，也是人民政协在实现党和国家奋斗目标的宏伟事业中真正有所作为的根本保证。要从讲政治的高度，从巩固执政党执政基础的高度，从加强执政党执政能力建设的高度，更加自觉地坚持和服从党的领导，自觉维护党的权威，保证党的各项决策部署在政协工作中全面贯彻落实，把党的主张和意图转化为全体委员及所联系群众的共同意志和自觉行动。要在工作思路上找准切入点，在工作内容上找准融入点，在工作节奏上找准共振点，坚持以党委、政府决策定方向，按党委、政府工作重点定目标，从政协自身优势尽职责，在急党政之所急，帮党政之所需，尽政协之所能上下功夫，确保政协工作高站位、不越位、不缺位、做到位，从而推进党委、政府的中心工作顺利实施和完成。二是牢固树立科学发展观，主动服务中心，努力夯实促进跨越式发展、构建和谐郑州的经济基础。围绕中心、服务大局是人民政协履行职能必须遵循的基本原则。要牢固树立科学发展观，把促进科学发展作为履行职能的第一要务，紧扣中心，服务大局，始终把履行职能的重点放在事关我市经济社会发展的重大问题和关键环节上，放在丰富科学发展的思路和措施、形成科学发展的机制体制、转变经济发展方式上，组织广大委员深入开展宏观性、战略性、前瞻性的调查研究，广泛进行高层次、跨学科、多方面的咨询论证，积极协助党委、政府以战略的眼光谋划发展，以全局的意识统筹发展，以科学的态度抓好发展。三是突出团结民主主题，广泛凝聚人心，努力夯实促进跨越式发展、构建和谐郑州的社会基础。团结民主不仅是人民政协的本质特征和优良传统，更是人民政协的组织优势和政治优势。面对当前我国社会结构和统一战线内部出现的新情况、新变化，要始终坚持"长期共存、互相监督、肝胆相照、荣辱与共"的方针和"求同存异，体谅包容"的原则，进一步改进工作方法，健全工作机制，延伸工作触角，拓宽工作领域，不断促进政党关系、民族关系、宗教关系、阶层关系、海内外同胞关系的和谐。大力促进各党派之间的团结合作，充分发挥他们在参政议政中的重要作用。认真贯彻落实党的民族政策，积极协助党委政府做好民族工作，不断巩固和发展平等、团结、互助、和谐的民族关系。努力维护宗教和睦，积极引导宗教与社会主义社会相适应，努力促进不同信仰的群众和谐相处。不断研究统一战线内部构成的变化，注重团结和引导在社会变革中出现的新的社会阶层，鼓励他们为促进经济发展、改善人民生活和增加社会财富多贡献智慧和力量。切实加强与港澳台同胞和海外侨胞的联系，广邀朋友、宣传郑州，为扩大郑州对外开放、促进祖国和平统一贡献力量。四是密切关注民生民情，切实反映民心，努力夯实促进跨越式发展，构建和谐郑州的群众基础。实现好、维护好、发展好最广大人民群众的根本利益，是人民政协一切工作的出发点和落脚点。要进一步强化"人民政协为人民"的理念，始终把关注民生、保障民生、改善民生作为履行职能的重要内容。要积极反映民意，竭力畅通社情民意反映渠道，提高政协工作的社会参与度，使社会各阶层和不同利益群体的利益诉求在政协这个舞台上能够得到充分表达，各种利益关系通过政协渠道能够得到及时疏通和妥善处理。要深刻理解群众利益无小事的深刻内涵，密切关注民生，时刻把群众的安危冷暖挂在心上，尤其要关注和维护困难群众和弱势群体的利益，使他们共享改革发展成果。要高度重视改革发展进程中出现的各种矛盾和问题，紧紧围绕人民群众普遍关心、盼望解决的热点、难点问题积极履行职能，积极协助党委、政府做好暖人心、稳人心、得人心的工作，努力维护安定团结、和谐民主的政治氛围。五是大力推进"三化"建设，注重建章立制，努力夯实为促进跨越式发展、构建和谐郑州服务的保障基础。加强人民政协履行职能的"三化"建设，是提高政协工作水平和质量的重要保障。要正确认识和把握新时期人民政协工作的特点和规律，积极探索提高政协履行职能的新思路、新形式、新方法，进一步建立健全与政协章程相适应、与实际工作相符合的各项规章制度，使政协的会议、视察、调研、提案等方面的工作制度更加健全，使政协全体会议、常委会议、主席会议等多层次的政治协商更加规范，使政协的例会监督、视察监督、提案监督、评议监督、特邀监督员监督等民主监督方式更加完善，使反映社情民意、建言献策、参政议政的渠道更加畅通，不断推进政协履行职能的制度化、规范化、程序化。六是全面加强自身建设，不断增强责任心，努力夯实为促进跨越式发展、构建和谐郑州服务的组织基础。促进党派合作、体现界别特点、发挥委员主体作用和搞好机关建设是中共中央对人民政协自身建设提出的新要求。要充分发挥各民主党派、工商联和无党派人士在人民政协的作用，主动邀请他们参加政协组织的各项活动，对他们提出的提案要重点办理，反映的社情民意要重点报送，提出的意见建议要重点研究，积极为他们参政议政创造条件、搭建平台，努力形成调研活动统筹、资源信息共享、咨询论证合力的良好工作机制。要切实发挥专委会的基础作用，开展有界别特点的学习研讨、专题调研、参观考察等活动。积极探索发挥界别作用的方法和途径，不断丰富界别活动形式，完善界别活动机制，努力使人民政协的界别活动更加经常、更加规范、更加有效。要尊重和依法保护政协委员的知情权、参政权、表达权和监督权，注重拓展委员知情明政的渠道，积极为政协委员履行职能创造有利条件。以构建和谐机关为载体，促进"五型"机关建设，全面提升政协干部队伍的素质、提升为委员履职服务的质量，提升政协机关的工作效率，真正把政协机关建成政协委员之家。

各位委员、同志们，万众一心铸伟业，众志成城谱华章。今天的郑州正从新的历史起点出发，迈上更加壮丽的征途，人民政协承担的任务更加艰巨，肩负的使命更加光荣。让我们更加紧密地团结在以胡锦涛同志为总书记的中共中央周围，高举中国特色社会主义伟大旗帜，以邓小平理论和"三个代表"重要思想为指导，深入贯彻落实科学发展观，倍加珍惜大好机遇，倍加珍惜广阔舞台，倍加珍惜委员权利，倍加珍惜社会荣誉，在中共郑州市委的正确领导下，以更加开阔的眼界，更加昂扬的精神，更加扎实的工作，为把郑州建设成为现代化、国际化、信息化和生态型、创新型的国家区域性中心城市作出新贡献，共同谱写人民政协事业发展的新篇章，奋力开创人民政协工作的新局面！

中国人民政治协商会议
郑州市第十一届委员会常务委员会
提案工作报告

朱专兴

各位委员、各位同志：

我受政协郑州市第十一届委员会常务委员会的委托，向大会报告五年来的提案工作，请审议，并请列席会议的同志提出意见。

一

市政协十一届一次会议以来，广大政协委员、政协各参加单位和政协各专门委员会，深入贯彻落实科学发展观，牢牢把握团结和民主两大主题，紧紧围绕我市经济社会跨越式发展的奋斗目标和人民群众最关心、最直接、最现实的利益问题，积极运用提案形式建言献策，从不同角度提出了大量具有全局性、前瞻性、可行性的意见建议，体现了政协特色和时代气息。五年来，共提交提案3868件，经审查立案3660件。其中，委员提案3477件，各民主党派、人民团体和政协专门委员会的集体提案183件。截至2008年12月20日，提案已全部办复，提案反映的许多问题已经解决、许多工作取得了阶段性进展。有的建议被吸纳到相关的法规、政策、文件之中，有的建议成为党委、政府制定政策、规划的依据，有的建议虽然暂时未被采纳，但承办单位通过多种方式与提案者沟通协商，增进了理解，达成了共识。

（一）围绕中心，为经济建设谋振兴之策

许多提案围绕落实科学发展观、转变经济发展方式、建设社会主义新农村、深化国有企业改革、发展非公有制经济、提高城市管理水平等内容，积极建言献策。关于提升我市制造业水平的建议，以深入的调研和深邃的思考，提出了推进创建自主品牌战略、制定相关规划、加强产业支撑、推动资源整合等建议，已在市委、市政府跨越式发展三年行动计划中体现。关于打造“总部经济”、提升郑州首位度的提案，市委、市政府予以采纳，制定了鼓励大型企业和知名企业总部迁入郑州的优惠政策。关于加大扶持力度，推进创汇农业快速发展的提案，市政府认真研究，设立市级出口创汇农业发展基金，支持外向型农业的发展。关于保护黄河湿地的集体提案，市政府高度重视，黄河湿地保护工作快速启动。关于城市小区规划不可随意变更的提案，市规划局局长在提案现场办理会上，当场表示采纳，全面实行城市规划公示制度。

（二）发挥优势，为文化建设献发展之计

为推动我市各项社会事业的全面发展，提案者对提高科技创新能力、深化教育体制改革、加快发展文化事业和文化产业、推进城乡医疗体制改革等问题，提出了许多有价值的建议。关于大力发展高新技术企业的提案，我市在制定相关规划、政策时已采纳。针对解决我市入学难问题的提案，市政府决定在2005年新建25所中小学，受到社会各界的广泛赞誉。关于郑州商城遗址的保护问题，委员多次提出提案，引起了市委、市政府的高度重视，并认真采纳，经过市政协的多次视察和督办，提案对确认郑州古都地位、建设郑州历史文化名城起到了积极作用。关于向全社会免费开放市内博物院馆等场所的提案，市文化局积极落实，从2004年5月份开始逐步免费开放，这项工作比全国提前了4年。关于群众体育设施建设问题的提案，市政府决定加大投资力度，连续三年建设健身工程150个，使广大市民健身娱乐更加便利。

（三）关注民生，为社会建设建和谐之言

提案从社会生活的不同层面，关注热点问题，反映了大量的社情民意。关于解决退休职工医疗保险问题的提案，市政府领导高度重视，承办单位认真落实，市财政拿出5000万元，使98家国有企业4.3万名退休人员享受大病统筹医疗保险待遇，这一做法受到劳动保障部的充分肯定。关于尽快解决我市老归侨生活补贴和医疗保险问题的提案，市政府认真对待，在摸清底数后，决定由市财政专项经费解决，此举解除了我市老归侨的后顾之忧。关于推出覆盖全市的免费婚检服务的提案，市政府予以采纳，2009年在全省率先实行免费婚检。关于重视老龄化问题，建立社区、家庭养老一体化的提案，市政府已开展试点，居家养老在金水区全面推广。关于加快完善农村社会保障体系的提案，市政府采取切实有效的措施，提高农村低保标准，新建、扩建农村敬老院，提高农村五保户集中供养率，使我市广大农民享受到了改革开放的成果。

五年来，市委、市政府高度重视政协提案工作，主要领导同志多次作出重要批示。2004年，市政府专题召开市长办公会议研究提案工作，时任市长的王文超同志明确指出：凡是代表市政府答复意见的承办单位，单位主要领导要亲自过问，办理完结后，要首先向主管市长汇报，主管市长审定后要及时答复委员。市委办公厅、市政府办公厅还专门下发了关于办理政协提案的意见，强调要在解决实际问题上下功夫，有力地推动了提案办理工作。提案承办单位进一步加强领导，完善制度，把办理政协提案与改进部门工作紧密结合，采取座谈、调研、上门走访等多种方式与提案者进行沟通协商，跟踪解决提案中涉及的问题，办理效果更加明显。

二

五年来，市政协常委会始终贯彻“围绕中心、服务大局、提高质量、讲求实效”的提案工作方针，在提高提案质量、办理质量和服务质量上下功夫，着力开展了以下工作：

（一）注重引导，提案质量稳步提高

市政协常委会把提高质量作为一项重要的基础性工作，常抓不懈，采取切实可行措施，促进提案质量的提高。

积极引导激励，抓好提案征集。通过举行政情通报会、报告会、座谈会、专题讲座、设立参政议政咨询服务台等活动，创造条件，使委员知实情、明形势，开阔视野、拓宽思路。在每年政协全会之前，通过印发《致委员的一封信》、《提案参考目录》、《提案点评》等形式，引导委员想大事、早调研，充分利用提案形式参政议政。为进一步引导委员树立质量意识和精品意识，激发委员的荣誉感和责任感，每年对优秀提案进行评比和表彰。五年来，175件提案受到表彰，起到了良好的导向作用。

广泛听取民意，扩大提案来源。为了使提案更加贴近民生、反映民意、集中民智。从2007年开始，在全会召开之前，都要举行征集提案线索新闻发布会，向市民公开征集提案线索。广大市民踊跃参与，每年收到提案线索在500条以上，提案委员会进行认真分析、归纳整理，将提案参考选题及时发至全体委员和政协各参加单位，使其提出的提案更具针对性和代表性。

重视集体提案，带动整体提高。政协各参加单位和政协各专门委员会提出的集体提案，是集体智慧的结晶，具有选题准、立意高、调研透、操作性强的特点，是提高提案质量的突破口。为此，常委会高度重视和关注集体提案，把征集、办理集体提案作为重点。一是研究出台《关于进一步做好民主党派、工商联集体提案的意见》。二是积极促使调研成果、大会发言转化为提案。五年来，共有42件前瞻性和综合性强的调研报告、大会发言修改后转为提案。三是对集体提案实行“三个倾斜”。即重点提案向集体提案倾斜，表彰优秀提案向集体提案倾斜，督办提案向集体提案倾斜，鼓励相关单位多提集体提案。

（二）狠抓督办，办理实效不断增强

加大督办力度是促进提案办理的重要举措。常委会针对提案办理工作中出现的新情况、新问题，不断创新工作方法和方式，使提案办理质量不断提高。

坚持围绕中心抓提案落实。对市委、市政府重大决策部署和中心工作，广大政协委员都高度关注，并形成了大量提案。在每年年中或岁末，市政协组织全国、省、市三级政协委员对我市的重点工作和重点工程进行专题视察，了解情况，督促进展，提出意见建议。五年来，对市委、市政府承诺的十件实事、八项重点工程以及创建文明城市等进行了视察，并形成视察报告，为市委、市政府科学决策、民主决策提供参考。

坚持领导督办重点提案。我们每年精心选择10件左右分量重、内容好、价值高、操作性强的提案，作为重点提案。采取市政府领导与市政协领导相结合、界别督办与委员督办相结合、视察与现场办案相结合的方法进行督办，扩大了参与面，提高了影响力。五年来，关于提升我市制造业水平、加快汽车工业发展、推广新型墙材、商城遗址保护、发展大公交、整治街头小广告、遏制"菜篮子"污染、须水河治理等重点提案的办理都取得了明显效果。

坚持现场办理热点提案。在每年全会期间，都要召开提案现场办理会，市长或分管副市长带领相关部门的主要负责同志到会，对人民群众关心、关注的热点问题，提办双方一问一答，并对办理情况现场打分。2008年，现场办理会的实况商都网进行了直播，网民踊跃跟贴。提案现场办理增加了政协工作的开放度，扩大了政协工作的社会影响和公民的有序政治参与。五年来，有关推广使用太阳能、设立黄河沿线旅游公交环线、食品安全、取缔黑诊所、看病难看病贵、教育均衡发展、居家养老、关注低收入群体等提案现场办理，引起了新闻媒体的广泛关注和政协委员的好评。

坚持高层次办理难点提案。我市实行市长接待委员活动日，是市政府采纳政协委员建议而进行的一项制度创新。我们充分利用这一平台，组织委员将社会公众关心的热点、难点问题的提案与市政府领导直接见面，不仅提高办理层次，强化办理效果，而且彰显了政协委员踊跃参政、履职为民的风采。目前，市长接待委员活动日已成为市领导听取委员意见、改进工作、实行科学决策的重要渠道。《中国政协》杂志全面报道了郑州市市长与政协委员约见制度。

(三)积极创新，服务质量逐步提升

提高提案工作服务质量和水平，是提升提案质量和办理质量的重要保障。常委会重视发挥提案委员会的桥梁和纽带作用，要求提案委员会增强服务意识，把服务贯穿于提案工作全过程，实现由"收发"型向综合协调型转变。

总结推广经验，提升整体水平。五年来，市政协先后召开三次全市提案工作座谈会。紧密联系我市政协提案工作实际，认真研究如何提高提案质量、办理质量和服务质量等问题，编印了《政协提案工作研讨文集》和《撰写政协提案研讨文集》，有力推动了提案工作的发展。

利用提案资源，反映社情民意。建议案是提案的最高形式。为充分发挥提案作用，每年选出对全局工作有指导性的提案，经过进一步调研修改转化为建议案。如，关于进一步完善我市城镇医疗保险体制建设的建议案，市政府高度重视，采纳建议，在全市启动实施城镇居民基本医疗保险制度。同时，遴选一批重要提案编印《提案摘编》、《提案快报》、《提案精选》等，直接送达市领导，使一些问题得到快捷高效的解决。

健全各项制度，推进"三化"建设。在认真总结经验的基础上，把提案工作的好做法加以总结，转化为新的工作制度。十一届政协以来，修订完善了《郑州市政协提案工作条例》和《关于评选表彰优秀提案的办法》，研究出台了《关于进一步做好民主党派、工商联集体提案工作的意见》和《关于办理政协提案的意见》，使提案工作进一步走向制度化、规范化和程序化。从十一届市政协一次会议开始，在郑州市政协公众网开辟了"提案管理系统"，拓展了提案网上递交、查询、打印等功能，提高了提案工作信息化服务水平。

加大宣传力度，扩大提案影响。由市政协提案委员会主办的《我为郑州发展献良策》专题广播节目，已走过14年的历程。五年来，专题节目继承传统，不断创新，在内容上注重"两个突出"，即：突出全市工作大局和政协中心工作，突出人民群众关心的热点、难点问题；在参加人员上注重"两个扩大"，即：扩大政协委员的参与面，扩大承办单位的参与面。五年来，共播出299期，参与节目的政协委员600余人(次)、市直单位75个(次)。我们充分运用报刊、广播、电视、网络等传媒，大力宣传重点提案办理落实情况和提案被采纳后产生的实际效果等。先后在《人民政协报》、《中国政协》杂志及省、市媒体上发稿300多篇。

十一届市政协提案工作在历届政协工作的基础上迈上了新台阶，取得了新成绩，这是市委、市政府和社会各界大力支持的结果，是广大政协委员、政协各参加单位和政协各专门委员会辛勤努力的结果。在此，我代表市政协十一届常委会向关心、支持和参与政协提案工作的政协委员、各民主党派、人民团体和社会各界表示最衷心的感谢！

在肯定提案工作成绩的同时，也必须清醒地看到，我们的工作与时代发展新要求，与广大政协委员新期待，还存在着不小的差距。主要表现在：对提案工作是人民政协一项全局性工作的认识有待进一步提高；提案质量及办理质量有待进一步提升；提案的交办、办理反馈机制有待进一步完善。这些问题，我们要高度重视，在今后的工作中认真解决。

三

市政协十一届的提案工作在实践中不断探索，不断总结，不断创新，不断发展。回顾过去，我们有以下几点体会：

(一)围绕中心、服务大局是做好提案工作的原则

政协提案工作只有围绕全市发展的大目标，立足全市建设的大格局，提案工作才能有所作为；只有围绕中心谋划工作，紧贴中心开展工作，才能体现提案自身的价值和意义；只有围绕贯彻落实科学发展观，积极主动地建言献策，才能得到党委、政府的高度重视，才能在跨越式发展的进程中创造新业绩、做出新贡献。

(二)发挥优势、形成合力是做好提案工作的关键

提案工作是一项复杂的系统工程。只有充分调动各方积极性，整合各方力量，充分发挥各民主党派、各人民团体、各

界别的组织优势，发挥政协各专门委员会的专业优势，发挥政协委员的人才优势，形成合力，才能进一步提升提案工作的整体水平，才能使提案真正成为政协履行政治协商、民主监督、参政议政职能的重要载体。

（三）注重质量、讲求实效是做好提案工作的根本

质量是提案工作的生命。提案质量是提案工作的基础，办理质量是提案工作的关键，服务质量是提案工作的保障。三者紧密联系、互相依托、共同促进。只有提案者增强责任感，承办单位注重办理实效性，政协提案委提供优质高效服务，才能形成全面推动提案工作整体质量提高的良好局面。

（四）求真务实、不断创新是做好提案工作的动力

提案工作是人民政协一项传统性的工作，已初步形成了一套规范的制度和工作方法。要推动提案工作不断向前发展，必须坚持在继承中创新，在创新中发展。针对新情况、新问题，只有不断创新工作方式和工作方法，总结新经验，才能使政协提案工作永葆生机和活力。

四

做好新一届市政协提案工作，责任重大，使命光荣。我们必须以邓小平理论和"三个代表"重要思想为指导，以科学发展观为统领，坚持"围绕中心，服务大局，提高质量，讲求实效"的方针，把解决人民群众最关心、最直接、最现实的切身利益问题作为出发点和落脚点，以更加开阔的视野，更加扎实的作风，更加有力的措施，努力开创提案工作新局面。为此建议：

（一）增强学习意识，进一步深化认识

我们要认真学习中共十七大精神，全面贯彻科学发展观，充分认识新时期提案工作在履行政治协商、民主监督、参政议政职能中的重要作用，进一步增强做好提案工作的责任感、使命感和光荣感，创新思路、改进工作，把思想认识统一到中央对国内外经济形势的分析判断和决策部署上来，把各方面的积极性、主动性、创造性引导到推动科学发展、促进社会和谐上来，把智慧和力量集聚到解决广大人民群众最关心、最直接、最现实利益问题的对策上来，更好地发挥提案在坚持科学发展，促进社会和谐中的积极作用。

（二）增强责任意识，不断提高提案质量

我们要坚持以质量求发展，多搞务实调研，多谋发展良策，多献可行之计，努力多出精品提案。提案委员会要继续严把立案关，并对每年立案提案的质量状况进行分析研究，不断改进立案审查工作。要积极宣传质量高、社会效果好的提案，引导和鼓励委员多写一些针对性和操作性强的提案，在确保提案质量的基础上，促进办理质量的进一步提高。

（三）增强全局意识，充分发挥整体功能

我们要牢固树立全局意识，强化对提案工作的领导，充分发挥提案工作的整体功能。要加强同广大政协委员、政协各参加单位的联系和沟通，加强与提案承办单位和市委、市政府督查机构的协作配合，充分调动方方面面的力量，共同研究解决问题。各专门委员会要积极参与提案工作，协助督办有关提案。通过各方共同努力，形成整体推进、协调高效、规范有序的提案工作新机制。

（四）增强创新意识，努力开创工作新局面

我们要进一步强化创新意识，以增强提案办理实效为目标，研究新形势下提案工作新的特点和内在规律，积极开拓创新，不断为提案工作注入新的生机和活力。结合自身实际，不断总结经验，积极探索提案工作新方法、新途径、新机制。要建立重点提案督办机制和提案办理质量的评价监督机制，用制度创新推动工作创新，使提案工作更加有条不紊、规范有序、富有成效。

各位委员、各位同志，回顾十一届市政协的提案工作，我们满怀喜悦；展望新一届政协提案工作，我们任重道远。新形势新任务，对人民政协的提案工作提出了新要求，也提供了更为广阔的舞台，困难和挑战考验着我们，责任和使命激励着我们。我们坚信，在中共郑州市委的坚强领导下，只要我们坚定信心、迎难而上，锐意进取、共克时艰，充分发挥协调关系、汇聚力量，建言献策、服务大局的作用，把挑战转化为机遇，把压力转化为动力，一定能够谱写出提案工作新篇章，一定能够在我市建设现代化、国际化、信息化和生态型、创新型的国家区域性中心城市进程中做出新贡献，以优异成绩迎接新中国和人民政协成立60周年！

在市政协十二届一次会议闭幕会上的讲话

李秀奇

各位委员、同志们：

政协郑州市第十二届委员会第一次会议，经过全体委员和与会同志的共同努力，圆满完成了各项议程，今天就要胜利闭幕了。这次大会是在全市人民深入学习贯彻中共十七大、十七届三中全会精神，深入学习实践科学发展观的背景下召开的一次重要会议，也是在我市人民政协事业立足新起点、迈向新征程的重要时期召开的一次重要会议。中共郑州市委、市政府对大会高度重视，省委常委、市委书记王文超同志对做好新一届政协工作提出了殷切希望。几天来，委员们以饱满的政治热情和强烈的责任感，认真听取并审议通过了十一届市政协常委会工作报告、提案工作报告和有关决议，选举产生了新一届政协领导班子和常务委员会。列席了市十三届人大一次会议，认真听取并讨论了赵建才市长所作的政府工作报告和其它重要报告。大家围绕我市经济建设、政治建设、文化建设、社会建设和政协工作中的重要问题，广泛协商讨论、积极建言献策，提出了许多真知灼见。会议开得隆重热烈，富有成效，自始至终洋溢着坦陈己见、畅所欲言的浓厚氛围，充分体现了人民政协平等议事、民主协商的特点，全面展示了新一届政协委员情系发展、不辱使命的崭新风貌。这是一次高举旗帜、继往开来的大会，这是一次凝聚力量、共谋发展的大会，这是一次民主求实、团结鼓劲的大会，它对于动员全市各族各界人士，万众一心，群策群力，实现思想大解放、力量大融合、经济大发展、社会大和谐，共同谱写我市改革开放和现代化建设事业新篇章，具有重要意义。在此，我代表十二届市政协常务委员会向中共郑州市委对大会的正确领导与高度重视，向市人大、市政府及各职能部门的大力支持与密切配合，向各位政协委员的辛勤劳动与团结协作致以崇高的敬意和衷心的感谢！向为会议辛勤服务的全体工作人员、新闻工作者、公安干警、武警官兵，以及黄河饭店、天河大酒店、青少年宫的全体员工表示衷心的感谢！并向在十一届市政协期间因年龄原因退出领导岗位的杨惠琴主席，祖松臣书记，武国瑞、田涛、薛定海、李西海、张万一副主席和刚刚退下来的邓庆洲副主席，孙景国秘书长为推进政协工作所做出的突出贡献致以崇高的敬意和衷心的感谢！

各位委员、同志们：好风凭借力，乘势展宏图。政协郑州市第十二届委员会任期的五年，正处于我市顺利实施跨越式发展新三年行动计划，率先全面建成更高水平小康社会，全面规划建设大郑东新区和加快实现“三化两型”城市建设目标的关键时期。对此，我们一定要做到：

一、一定要把“两会”精神贯彻好落实好

要充分认识“两会”的重大意义。学习好、领会好、理解好、落实好“两会”提出的各项目标任务和王书记的重要讲话精神，宣传和动员全市各族各界人士团结奋进，以更新的姿态投入到建设“三化两型”城市的生动实践中去，掀起抢抓机遇、加快发展的新热潮，形成加油鼓劲、争先创优的工作局面，促进我市经济社会又好又快发展。

要充分认识当前形势的严峻挑战。这次“两会”是在我们面临全球性金融危机严峻考验的重要时刻召开的，它必将进一步增强全市上下应对金融危机的信心和勇气，激发广大干部群众跨越崛起的强烈愿望和干事创业的饱满热情。我们要把思想统一到中共中央和省市委对形势的分析判断上来，把中央和省市委的科学决策转化为社会各界的实际行动。加强对形势发展演变的关注和研究，帮助党委、政府在逆境中发现和培育有利因素，集中精力、汇集智力，积极主动地为党委、政府出主意、想办法、提建议，当好党委、政府应对金融危机、推动科学发展的“智囊团”、“思想库”。

要充分认识人民政协肩负的神圣使命。围绕中心、服务

大局，团结一切积极力量，调动一切积极因素，为促进发展竭智尽力，是新一届人民政协所肩负的神圣使命和崇高责任。我们要自觉把人民政协事业统一于发展中国特色社会主义的伟大事业之中，树立强烈的使命感责任感，以高昂的热情和加倍的努力，致力发展、关注民生、奉献社会，在推动经济社会全面发展中建功立业，在履行政协职能中尽职尽责。

二、一定要把党的领导坚持好维护好

要坚定不移地贯彻党的路线方针政策。用中国特色社会主义理论指导政协工作，努力把党的重大决策和重要工作部署贯彻到政协的全部工作中去，使党的主张成为各民主党派、人民团体和社会各界人士的广泛共识，确保政协工作与党委、政府同心、同向、同音、同步、同力。

要坚定不移地维护党的执政地位和权威。坚持中国共产党的领导是人民政协工作的政治原则，是多党合作和政治协商的基础和前提。在任何时候和任何情况下，我们都必须从讲政治的高度，自觉地坚持和服从党的领导，维护党的权威，在事关政治方向和根本原则问题上立场坚定、旗帜鲜明。坚持党的领导，服从服务大局，确保人民政协事业始终在党的坚强领导下阔步前进。

要坚定不移地加强政协领导班子和队伍建设。加强政协领导班子建设，努力把政协领导班子建设成为团结和谐、民主求实、清正廉洁、锐意创新、富有活力的坚强领导集体。要加强委员队伍建设，努力使广大委员成为中国特色社会主义共同理想的坚定信仰者、科学发展观的积极促进者、跨越式发展的直接参与者、社会和谐的忠实维护者。要加强政协机关干部队伍建设，努力造就一支政治坚定、作风优良、学识丰富、业务熟练的高素质政协工作干部队伍。

三、一定要把今年的工作任务安排好组织好

今年是十二届市政协的开局之年，做好今年的各项工作，具有非常重要的意义。对此，我们要按照市政协十二届一次会议的总体部署和今年工作要点的具体安排，精心组织，狠抓落实，起好步、开好头。要切实细化分解好今年的各项目标，要切实组织实施好今年的各项任务，要切实落实完成好今年的各项工作，不论是政协的各种会议，还是各项调研视察活动，都要坚持高标准、严要求。分管主席要加强领导，专委会主任要牵头负责，各位委员要积极参与，用创新的思维推进各项工作，力争出特色、出亮点、出成效。

各位委员、同志们：风正时济，自当破浪扬帆；任重道远，更需策马扬鞭。我们要务必珍惜当前来之不易的大好形势，务必珍惜党和人民赋予我们的重要使命，务必珍惜政协工作已经取得的宝贵经验，在中共郑州市委的坚强领导下，坚定正确的政治方向，同心同德，克难攻坚，抓住机遇，乘势而上，为把郑州建设成为“三化两型”城市，尽智竭力、献计献策，建功立业、共铸辉煌！

大会发言

实行12年义务教育
分享社会发展成果

民革郑州市委员会

我市早已普及了从小学到初中的9年制义务教育，9年制义务教育只是基于当时我国社会经济发展水平的实际状况而制定的最低标准，而非最终的奋斗目标。改革开放30年来，郑州市经济飞速发展，政府财力日益雄厚，已经具备了实行12年义务教育的经济基础。根据郑州市统计局统计，2008年郑州市生产总值(GDP)达3004亿元，在直辖市以外的全国城市中名列第18位，在全国26个省会城市中名列第8位，财政收入将达260亿元，完全具备了实行12年制义务教育的条件。

实行免费义务教育在当前已经成为一种全球性的趋势。据亚洲开发银行报告，全球190多个国家和地区中有170多个已经实现了免费义务教育。除发达国家外，亚洲绝大部分国家，包括我们视之为穷国、落后国家的老挝、柬埔寨、孟加拉国、尼泊尔等国都实行了免费义务教育。古巴即使在最困难的时候，仍然实行12年义务教育，学校不仅不收学杂费，还免费提供食宿和校服。我国一些发达地区和城市在这方面已走在了前列：珠海市从2007年秋季起对本市户籍的中小学生实行12年免费教育，9年义务教育阶段学费、书杂费全免，高中教育阶段免学费；江苏省要在2009年底提出12年义务教育的具体实施方案，北京市和广东省也提出了力争在2010年实现12年制义务教育的奋斗目标。

实行12年义务教育不仅是一项着眼于未来的战略工程，在当前国际经济危机正对我国经济带来越来越严重影响的大环境下，加大义务教育力度无疑也具有十分重要的现实意义。第一，实行12年义务教育有助于减轻老百姓负担，刺激消费，拉动内需。内需不足是我国经济发展的一大软肋，促内需是2008年中央经济工作会议提出的三大工作目标之一。由于九十年代错误的市场化导向，政府在教育、医疗等应加大支出、承担责任的领域投入不足，致使老百姓在教育方面负担过于沉重。以我市高中阶段教育为例，只有20%-30%的学生为不收费生，其余的学生都要支付将近2万元的择校费。2万元对大部分的家庭都是一笔沉重的经济负担，甚至可能剥夺了许多贫困家庭学生改变自己命运的机会。如果实行从小学到高中的义务教育，许多家庭在教育方面的负担大为降低，花钱的积极性提高了，将教育方面的支出投入其他消费，所产生的拉动经济增长的效果远比发消费券、退税等措施更直接、也更有效。第二，实行12年义务教育有助于全面实施素质教育，促进义务教育均衡发展，提高义务教育质量。实行从小学到高中的义务教育，将一定程度地改变目前应试教育畸形发展的局面，减轻学生、家长和学校的升学压力，为全面实施素质教育创造宽松的环境，同时打破少数重点学校对教育资源的不公平占有，使政府能合理调配师资力量，促进义务教育的均衡发展，提高义务教育的质量。第三，实行12年义务教育有助于延缓就业压力，降低乃至消除教育不公带来的社会不公。12年义务教育将提高整体国民素质，同时延缓当前部分就业压力；对农村和城市低收入家庭的孩子而言，更是提供了改变命运的机会。要缩小收入差距，首先就应当缩小教育差距，保证下一代接受尽可能平等的教育。

"十年树木，百年树人"。教育能够改变国民素质、增强社会和谐度及凝聚力，但教育又是一项投入高、回报周期长的事业。发展教育事业既不能指望在一、两届政府任期内就见成效，也不如基础设施投资能快速拉动GDP的增长，因此不少政府对发展教育事业积极性不高、重视程度不够、投入不足。21世纪是知识经济时代，国与国之间的竞争归根到底是人才的竞争。发展教育事业必须秉持"为民族育百年英才、为国家铸万世基业"的信念，而不应计较一时之政绩或个人的得失。中华民族历来尊师重教，党的十七大明确提出，要优先发展教育，建设人力资源强国。这是我们党在新的历史阶段为进一步实施科教兴国战略和人才强国战略提出的重大战略目标。

郑州市作为河南省的省会，不仅应成为经济发展的领头羊，更应成为教育方面的首善之市。为此，我们建议市政府应尽快将实行12年义务教育纳入郑州市发展规划，制定出具体的实施方案和时间表，压缩不必要的支出，加大财政投入力度，加强师资力量的培养和准备，尽快实行12年义务教育，在为国家未来发展培养人才的同时，也使广大市民能够分享改革开放的丰硕成果。

充分发挥期货市场功能
做大做强郑州农业

民进郑州市委员会

农业是国民经济发展的基础，我市的多种农产品及其加工制品更是在国内外享有很高的知名度，农业因此成为我市经济发展的支柱产业，我们必须把农业做大做强。而要做大做强郑州农业，就需要培育新的增长点。

作为国务院批准的第一家期货市场试点单位，郑州商品交易所无疑为我市提供了一个非常宝贵的资源或者说是“财富”。这主要表现为：郑州期货市场的发展，有利于我市优化种植结构，增加农民收入，推进社会主义新农村建设；有利于我市农业企业转换经营机制和经营方式，规避市场风险，改善经营效益，提升市场竞争力；有利于我市完善市场体系，发展大流通，开拓大市场，争取国际大宗农产品的定价权，成为有国际影响力的价格发现中心和定价中心；有利于我市培育和发展一批技术含量高、产业链条长、带动能力强的农产品加工项目，建设优质农产品加工基地，拓展新型农业产业化和工业化道路，催生现代化农业生产方式和增长方式，推动农业生产方式的根本性变革。

由此出发，我们应将期货市场建设纳入战略层面，大力推动郑州商品交易所的发展，把期货市场的“文章”做足做好，促进我市农业做大做强。

客观分析，尽管郑州期货市场在促进我市农业发展中发挥了重要作用，但还存在很多问题：

首先，交易主体少，资产规模小，结构不合理，制约了交易规模的放大，不利于提高市场的流动性，也不利于公开、公平、公正交易环境的形成。

其次，市场基础薄弱，上市品种少，结构比较单一，合约设计未能最大限度地贴近现货市场的需要。

第三，期货经营机构相对弱小，公司治理结构和内控机制不规范，核心竞争力不突出。

第四，期货市场价格发现功能的发挥及其对现货市场的实际作用不明显，套期保值的功能发挥仍受到很大限制。

第五，“郑州价格”还远没有在国际大宗农产品定价体系中建立应有的地位。

有鉴于此，我们必须对郑州期货市场在我市农业发展中的重要作用有深刻的认识，并对其发展中所存在的问题给予高度重视，抓住国际金融危机给郑州期货市场发展带来的重大历史机遇，以科学发展观为指导，采取得力措施，积极推动郑州商品交易所迈上新台阶，充分发挥期货市场引领郑州农业发展的功能。我们建议：

第一，加大产品创新力度。目前，郑州商品交易所上市交易的期货合约有小麦、棉花、白糖、菜籽油、绿豆等。下一步，要在做深、做细、做厚现有品种，稳步增大市场规模和影响力的同时，积极做好花生、生猪、活牛等农产品期货品种的开发工作，在条件成熟时推出，扩大农产品期货市场的覆盖面。另一方面，要加快交易方式创新，逐步推出农产品期权交易、农产品指数期货、农产品期货期权，不断深化已上市品种的培育，完善市场运行机制，拓展期货市场的功能。

第二，发展壮大期货经营机构。要优化市场环境，丰富期货经营机构的业务模式和赢利途径，完善期货经营机构的法人治理结构，加强风险控制机制建设，引导期货经营机构提高服务水平和研发能力，形成企业的核心竞争力。要将引进战略投资者与“走出去”结合起来，壮大资本实力，提升行业地位，积极参与国际竞争。

第三，做好投资者培育。一方面，积极推进以机构投资者为期货市场交易主体的市场建设，放开资金准入限制，设立期货投资基金，允许证券投资基金按一定比例进入期货市场，建立健全各类机构投资者参与期货交易的制度安排。另一方面，要调整信贷、税收政策，提高现货企业参与套期保值的积极性。

第四，加强市场监管。全力贯彻“公开、公平、公正”的原则，修正交易规则，完善市场监控体系，确保市场的平稳运行。合理配置监管资源，强化功能监管和事前监管，加大对投资者的保护力度，严厉查处违法违规行为。

第五，积极培养高级专业人才。加强对期货市场与投资理论、政策及市场信息等的研究，加大期货市场高级专业人才的培养力度，解决制约我市期货业发展的人才瓶颈问题。

妥善解决城中村改造矛盾
促进社会稳定和谐发展

民建郑州市委员会

当前，由于国际经济形势急剧变化带来的影响，我市城中村改造工作遇到了许多新问题，一些潜伏的矛盾开始显现甚至爆发，如果处理不好，会影响到我市经济社会的和谐与稳定。

一、我市城中村改造的进展情况

我市从2003年启动城中村改造工程。截至目前，我市共批准建成区以内95个村(组)(含144个自然村)实施城中村改造，其中44个村(组)(含65个自然村)已拿到国有土地使用证，完成并批准了30个村（组）(含45个自然村）的安置基数审核；批复了25个村(组)(含40个自然村）的控规编审；有15个村(组)(含30个自然村)已完成土地拍卖、挂牌出让，总面积6085.6亩；已实施拆迁42个村(组)(含59个自然村)，总拆迁面积1291.7万m²；有32个村(组)(含51个自然村)已开工建设安置房，竣工或在建安置房面积731.7万m²；回迁93.5万m²，回迁1829户；在建商品房面积650.9万m²，在建廉租房面积22.3万m²，在建医院、学校等非盈利性用房面积1.2万m²。目前，总投入资金166.1亿元，预计总投资约420亿元。

二、我市城中村改造中遇到的突出问题

(一)市场化的运作模式遇到瓶颈。受我市财力的制约，在城中村改造中我们采用的是开发商介入的模式。即通过给开发商提供一定的优惠，由开发商投入建设资金，负责建设相应配套安置房及其公益设施，在剩余土地上进行商业房地产经营。这种运作模式在前段时间之所以能维持，重要原因在于房地产市场持续升温。2008年下半年房地产由热转冷，许多开发商无法从这种模式当中获得相应的回报，不再愿意介入城中村改造项目，使得由开发商投入资金的商业化运作模式由盛转衰，难以持续下去。

(二)"一村一策"的灵活措施夭折。由于国家对城中村改造尚无统一规范要求，各地都在不断探索。我市在前期的城中村改造过程中采取了比较灵活的"一村一策"的措施，比如西史赵村、燕庄村、关虎屯村的改造工作均取得了较好的效果。随着国家严格控制土地使用与转让措施规定的不断出台，"一村一策"的模式不再具有可操作性，使部分已开工的城中村改造项目陷入困境。

(三)部分改造项目回迁逾期，社会不稳定因素增加。由于社会宏观环境的变化，有关政策的不衔接、不配套及其他原因，部分已进入改造程序项目(例如金水区的白庙、姚寨等项目)出现开发商更替、开发商撤离等问题，导致工程进度停滞，村民回迁受阻。为此政府部门不得不接手这些项目，并为此付出巨额逾期回迁补偿费用。

(四)补偿公益设施欠账问题难以协调。在以往城市化快速发展过程当中，由于公益设施(例如学校、医院、公共绿地、垃圾中转站、停车位及其他服务设施等)欠账很多，造成教育、卫生、城建、规划等职能部门之间及其与开发商、拆迁村民、周边居民的意见及利益关系很难协调一致，使得很多城中村改造项目陷入重重矛盾之中。

(五)新的城中村正在快速滋生蔓延。随着城市建设的快速发展与城市框架拉大，原来的郊区已成为事实上的城区，原来的城乡结合部逐渐成为闹市区。由于这些地方的大片土地依然保持着集体土地属性，特别是其中包含有大量的农民宅基地，因此在这些区域内又迅速形成新的城中村，成为违章建筑成群、治安条件恶化、环境脏乱差、管理困难的地带。长此以往，我市完成城中村改造任务，实现城中村改造的目标将变得遥遥无期。

三、妥善解决城中村改造矛盾、促进社会稳定和谐发展

(一)充分认识城中村改造的艰巨性与长期性，以动态发展的眼光制定我市城中村改造工作规划。根据目前我市城中村的布点以及已开始改造项目的进展状况，三年内基本完成城中村改造的目标难以实现。特别是在新的城中村不断滋生、不断蔓延和房地产市场尚未回暖的情况下，更要看到此项工作的艰巨性和长期性。因此建议市政府组织有关部门完善城中村改造规划，制定切实可行的近期、中期乃至长期目标，积极稳妥地推进城中村改造。特别是土地所有权、土地属性转换工作宜早不宜迟，

而这项工作又与原农业人口的户籍改革联系在一起，对此要大胆探索，走出适合我市市情的路子。实事求是，稳步推进城中村改造工作、成熟一个、改造一个，避免在实际工作中出现急功近利的倾向。

（二）加强组织领导，健全工作机构。鉴于城中村改造工作的长期性和艰巨性，市委市政府在加强对这项工作领导的同时，还需要进一步加强我市城中村改造的领导力量和工作队伍。借鉴兄弟省会城市，如昆明市和西安市的成功经验，根据我市的实际情况，打造一只业务精干，综合素质高，通晓国家有关政策，人员构成相对固定的队伍，这是推进我市城中村改造各项工作的必要条件。

（三）妥善处理“烂尾”的城中村改造项目。对于已陷入困境的城中村改造项目，要调动一切力量妥善做好善后工作，避免由此引发社会不安定因素。由政府接手其中部分项目是一个应急措施，应在现有政策许可的条件下，充分调动一切积极因素，尽最大力量尽快解决好这个问题。

（四）完善有关地方政策规定的协调性与一致性。城中村改造不同于一般的房地产开发，其中许多工作的政策性很强，因此保持有关地方政策的协调性与一致性是吸引开发企业介入城中村改造的必要条件。在当前房地产市场趋冷的形势下，开发商必然要求更加有利的政策。我市一个时期以来出台的有关政策虽然起到了一定作用，但还不足以支撑开发商的信心，仍有进一步完善的必要。

（五）城市发展建设规划要为城中村改造创造有利条件。城中村城市发展建设的死角，也是城市化进程中各种社会问题、各种矛盾转移与积累的地区。而现在的城中村改造要求其承接以往公益设施建设欠账的重任，既不合理、也不现实。解决以往公益设施建设欠账问题，要着眼于全局，抓住近期国家修改土地利用规划的契机，统筹解决好历史上公益设施建设问题。

（六）多渠道解决好融资问题，缓解开发企业资金困境。鉴于目前介入城中村改造的开发企业资金普遍陷入困境，为避免由此产生连锁反应，导致更多的“烂尾”项目出现，要积极探索城中村改造的多种融资渠道与融资模式。政府有关部门在此其间要积极发挥好引导与协调作用，如充分发挥担保基金的导向作用，加强金融机构、房地产企业、担保机构三方的沟通和协调，引导企业组建行业协会等行业组织，构建共同承担市场风险、互助共生共赢的运行机制等，以走出目前城中村改造融资面临的困境。

关于缓解中小企业融资难问题的建议

市政协经济委员会

2008年10月份以来，由美国次贷危机引发的全球金融危机愈演愈烈，对我国实体经济的影响越来越大，对我市民营中小企业的良性发展造成很大冲击，其中融资难是当前困扰民营企业发展的重要问题。

一、基本情况

据有关部门统计，截止2008年底，我市有民营中小企业6万家，其中除当年正常注销1171家企业外，倒闭企业400多家，停产企业1200多家，半停产企业近3000家，近15%民营企业的正常生产经营受到影响，有20%左右的中小企业不能正常生产经营处于“硬撑”局面，10%的企业出现亏损。上述亏损、半停产、停产和倒闭企业中有80%是因筹集不到流动资金而陷入困境的。部分形势和实力较好的企业目前也有不同程度的资金紧张。企业在资金周转方面遇到了前所未有的困难，越来越多的企业存在资金链断裂的隐患。融资难成为当前中小企业、包括大型民营企业走出困境的最大障碍。2008年7月，郑州市统计局公布了对全市50家重点房地产企业上半年开发与销售经营情况的专项调查，上半年资金来源充裕的企业比重仅为6%，情况一般的企业为70%，资金来源紧张的企业为24%。2008年，受房地产调控政策、房地产贷款政策以及企业信贷规模紧缩和成本支出加大的影响，房地产企业银行贷款难度、融资难度进一步加大。同时，2008年房地产市场的持续低迷，导致了多数企业经营收入及现金流运行较预期出现较大差距，普遍出现了资金紧张现象，更有少数房地产企业面临资金链断裂的危险，出现生存危机。如果问题继续发展，将出现因开发项目资金链紧绷甚至断裂而导致的开发项目停滞、烂尾楼盘大量出现、开发企业破产、社会矛盾增加等严重问题，拖累全市经济发展和社会稳定。

二、民营企业融资方面存在的主要问题及原因分析

民营企业融资难究其原因，从体制上看，当前仍然不同程度地存在着对民营企业的歧视现象，其贷款手续之繁杂，抵押条件之苛刻，对抵押品要求之严，远远超过国有企业，使不少民营企业在无可奈何的情况下不得不去贷款时，也往往要花费很多的时间，白白错过了宝贵的商机。从制度上看，一是我市民营企业信用担保体系和信用评价体系不健全。当前，我国许多大中城市注册登记的担保机构均在200家以上，杭州有216家，宁波有248家，温州有254家。而我市各种类型担保公司仅有68家，注册资本金总额23亿元，符合银行合作条件的只有18家（由于银行只给5000万元以上的担保机构合作）。目前我市担保体系建设力度不够，缺乏对担保机构的有效管理和激励手段，缺乏风险补偿机制。同时我市中小企业社会化服务体系建设较为滞后，组织形式主体单一，层级不全，服务覆盖面窄，服务手段缺乏。二是各商业银行从自身经济利益考虑，往往集中力量抓大客户，而对额度小，频率高的民营企业贷款缺少兴趣。目前，我国资本市场整体发育不够充分，民营企业融资主要靠银行贷款、民间借贷，通过发行债券、股票等直接融资还相当困难。从民营企业自身来看，民营企业一般规模较小，偿债能力弱；加上经营管理相对落后、财务制度不够健全，财产抵押实力不足，信用基础相对缺乏，加大了银行的放贷风险。由于银行融资困难，目前部分企业高息从民间集资，甚至挺而走险借高利贷以渡难关，加大了企业风险。

此外，财政支持力度不够，也是造成民营企业贷款难的因素之一。对照沿海地市设立中小企业发展专项资金的额度，我市专项资金规模太小，对全市6万家民营企业来说，杯水车薪，捉襟见肘，不能满足全市民营经济发展需要。

目前我市民营经济已经占到全市GDP的60%多，成为推动经济社会跨越式发展的主力军。当前，民营中小企业所遇到的资金困难问题，单靠企业自身是无法解决的，政府各级组织和部门都应加强对中小企业的指导和协调，及时调整和完善相关政策，努力解决中小企业发展中的突出问题。在当前经济形势下，扶持处于“强位弱势”的民营中小企业渡过难关健康发展，对于促进经济增长、增加财政收入、扩大城乡就业，维护社会稳定都具有十分重要的意义。

三、拓宽融资渠道，缓解民营企业融资难问题

（一）加大协调支持力度。协调金融机构适应国家适度宽松的货币政策，加大对民营中小企业的信贷支持力度。落实好已出台的金融支持政策，放宽对企业的贷款，在总量和增量指标上，单列中小企业信贷指标，促使中小企业信贷投放增速不小于或高于全部贷款增速；简化贷款程序，降低贷款门槛，缩短审批时限；单独安排信贷规模，重点安排符合产业和环保政策，有市场、有效益、有发展前景的企业流动资金需求；对暂时无法按时偿还贷款的成长性较好、讲信用的企业，适当放宽还贷时间。

（二）健全中小企业信用担保体系。参照沿海地市经验，依据《国务院办公厅转发发展改革委等部门关于加强中小企业信用担保体系建设意见的通知》（国办发〔2006〕90号）、《河南省人民政府关于加快全省中小企业信用担保体系建设的若干意见》（豫政〔2006〕62号），抓紧出台《郑州市人民政府关于加快全市中小企业信用担保体系建设的若干意见》。同时尽快成立郑州市中小企业信用担保中心，作为全市政策性、区域性的再担保机构，发挥好现有担保机构的作用。设立全市中小企业信用担保行业发展资金，建立对担保机构的管理激励机制和风险补偿机制，引导担保机构降低担保费率，提高对中小企业的融资担保服务水平。要充分利用省财政注入8亿元和各地配套资金增大的机遇，加快市县两级担保机构的建设，构建以政策性、商业性担保机构为主体和互助性担保机构为补充，担保机构和再担保机构配套协作，有较强融资担保能力、覆盖全市中小企业的信用担保体系。

（三）搭建银企交流平台。通过召开银企洽谈会，组织驻郑银行走进重点产业集群活动，现场介绍融资服务的新政策、新措施和新的金融产品，筛选企业积极参与发行集合债券进行融资等形式，促进银企沟通与了解，引导金融机构创新金融业务，开发适合民营企业特点的业务，拓宽融资渠道。并尽快妥善解决部分民营企业用地“证照不全”问题，解决企业担保难题。

（四）加大财政扶持力度。增加郑州市中小企业发展专项资金额度，督促各县（市）区政府在本级财政预算中安排扶持中小企业发展专项资金，建立中小企业创业投资发展基金，重点支持创业期科技型、创新型、成长型中小企业。政府有关部门投放的扶持基金应保证科学合理的落实到一些行业的龙头企业的项目上，尤其是要惠及一些优势民营企业，发挥政府基金的最大效益，多渠道解决企业资金困难。

促进郑州市农村土地经营权流转加快土地适度规模经营的调查与建议

农工党郑州市委员会

中共十七大和十七届三中全会都明确提出：坚持农村基本经营制度，稳定和完善土地承包关系，按照依法自愿有偿原则，健全土地承包经营权流转市场，有条件的地方可以发展多种形式的适度规模经营。为进一步促进郑州市农村土地经营权流转，加快土地适度规模经营，农工党郑州市委组织有关人员，对我市农村土地承包经营权流转情况进行了调研，现报告如下：

一、郑州市农村土地流转的基本情况及特点

通过对各县、乡、村调研统计，截止2008年6月底，郑州市农村土地流转面积为12.96万亩，占全市耕地总面积的2.9%。全市流转出土地的农户数为3.7万户，占总户数的3.8%，签订土地流转合同2.79万份，合同签订率为75.4%。目前，郑州市土地流转呈现以下几个特点：

（一）土地流转规模不断扩大，流转形式以出租和转包为主。2007年全市农村土地流转面积比2005年的7.7万亩增加了5.26万亩，两年增长了68.3%，土地流转率比2005年的1.7%增加了1.2个百分点。土地流转涉及转包、转让、互换、出租、入股等多种形式，其中以出租和转包为主要形式，分别占总流转面积的59.4%和23.9%。

（二）土地流转期限逐渐以长期为主。2005年土地流转期限10年以上的面积有3.6万亩，占流转面积的56%；2007年土地流转期限10年以上有8.22万亩，占流转面积的63.4%，比2005年高出7.4个百分点。流转期限越长，说明土地流转受让方对土地的投资越有信心，更有利于农业经营，有利于消除经营中的短期行为，有利于提高土地的产出率。

（三）通过乡村组织牵头流转土地所占比重不断增加。2005年流转途径中通过乡村两级组织流转土地的面积只有3.32万亩，占流转面积的44%，而2007年在流转途径中乡村两级组织流转土地的面积已达到6.96万亩，占流转面积的54%，比2005年高出10个百分点。说明农户间自发流转的面积在萎缩，作为流转中介组织的乡村在促进土地流转中发挥的作用越来越明显。

二、郑州市农村土地流转存在的问题

尽管郑州市近几年农村土地流转速度在加快，流转面积在不断增加，但是土地流转仍然存在很多问题，与经济发达地区相比还有很大差距。

（一）土地流转规模不大，土地流转率低。据调查，郑州市目前土地流转率仅为2.9%，还不及全省4.8%的平均水平，土地规模经营率则更低。我省许昌市土地流转率已达到9.4%，浙江省宁波市土地流转率已高达41.2%，而郑州市土地流转率最低的中牟县，仅有1.67%。可见郑州市无论是土地流转规模，还是流转率和省内、省外发展较好的地区相比都有很大的差距。

（二）土地流转的市场需求不足。由于农业收益比较低，投资回收周期比较长，农业开发又面临市场和自然双重风险，加之政府相关的扶持政策不足。因此，郑州市开展种植、养殖的大型农业企业还比较少，投资农业开发的还不多，种养能手因资金问题不能扩大经营规模，导致了缺乏对土地流转的市场需求。

（三）配套措施不到位，农民对土地流转有疑虑。郑州市农村二三产业还不够发达，农村劳力不能和城市居民享有同等的就业机会，农村社保制度还不健全，保障水平低、覆盖面窄、参保门槛高，个人拥有的承包地是其生活的根本保障。受传统小农经济思想影响，再加上个别基层干部认识不到位，对土地流转的政策宣传不足，农民往往不愿意担着风险将土地流转出去。

（四）政府财政对土地流转的支持不足。土地流转需要政府合理引导，平顶山舞钢市2008年支持土地流转的财政奖补资金达到1000万元。山东省枣庄滕州市从2007年起，政府财政每年列支一定的专项资金用于土地流转和土地纠纷仲裁工作经费。浙江省义乌市政府也决定2008年至2010年，财政每年安排1000万元资金专项用于土地流转奖励。而郑州市县级以上政府财政还没有设立土地流转专项资金。

（五）指导和管理土地流转工作的机构不健全。传统的农村土地流转由农经管理部门负责，机构改革后，部分县（市）绝大多数乡（镇）农经管理部门已名存实亡，无法正常开展土地流转指导

和管理工作，造成土地流转监管不力，流转情况底数不清，流转纠纷无人受理。目前农村土地流转基本上处于放任盲目、无章无序的状态。

（六）土地流转操作程序不规范，存在有违反政策现象。农村土地流转的操作程序很不规范，流转手续不完善，甚至出现违规违法现象。如有的土地流转不登记，不按规定进行审核批准；有的地方村组集体土地和"四荒地"未经群众大会或群众代表大会通过，村组干部擅自作主进行流转；有的地方把不同意流转的农户视为"钉子户"，采取强硬措施强制流转，严重地损害了农民利益。

三、加快郑州市农村土地流转的建议

（一）加大发展农业产业力度，促进农村土地流转。一是要培育和发展农业企业。鼓励现有的农业企业利用流转的土地进一步扩大经营规模。制定优惠政策，培育和发展新的农业企业，如发展高效农业园区、旅游观光农业、特色种养、林果等。二是鼓励农村种养大户和村组干部带头发展规模经营。鼓励农村种田能手、养殖大户、农村经纪人、村组干部利用自身在生产、技术、销售等方面的优势，扩大经营规模，围绕当地优势特色产品，带头组织农民把土地集中起来，发展"一村一品"特色产业，促进土地流转。三是鼓励多类经营主体参与土地流转。鼓励各类工商企业、农业科研机构、社会能人、城镇居民等带项目、带技术、带资金到农村与农民联合兴办农业企业，或者与农民以不同形式进行联合，发展规模经营，促进土地流转。四是大力发展农民专业合作组织，促进土地流转。积极发展农村土地流转合作社，支持其连片开发经营农民流转的土地。城市工商企业或者其他组织和个人可以参与农村土地流转合作社。鼓励各类种养合作社、农机合作社集中农民的土地，开展规模经营。

（二）鼓励农民积极自愿流转承包地。一是要加快农村劳动力转移。大力扶持发展农村二三产业，促进农村劳动力转移，使农民放弃种植少量的承包地，促进土地流转；搞好小城镇建设，制定优惠政策，凡是举家迁入小城镇落户的农民，在建房、购房、经商、税收等方面享受优惠待遇，以吸引农民入住小城镇，促使农民既离土又离村，加快土地流转。二是搞好宣传教育，引导农民自愿主动流转土地。采取典型示范的方式，广泛宣传农村土地流转政策，改变农民陈旧思想观念，教育、引导农民流转土地。尤其是对因外出务工、进城经商等原因造成土地撂荒的农户，以及缺少劳动力、土地经营粗放的农户，更要做好思想工作。三是多措并举，激励农民自愿流转土地。建立农村低保、养老保险、医疗保险等社会保障制度，解决农民的后顾之忧，促使农民放心流转土地；要对自愿流转土地的农民在非农就业、兴办企业、信贷支持等方面给予照顾、支持或帮助。

（三）加大财政扶持力度，完善土地流转支持保障措施。一是政府财政每年在有关土地收入分配用于支农的资金中安排一定额度，设置土地流转专项资金，用于奖励那些利用流转土地开展规模经营的各类经营主体。二是政府财政要补贴农业规模经营中的基础设施建设和高新技术推广。经营业主进行水、电、路等农业基础设施建设，或使用高新种养技术、推广新品种，政府财政应按总投资额的一定比例给予财政补贴。三是政府财政要拿出专项资金支持各类农业经营主体开展农业保险，以降低因灾害所受的损失。

（四）加强指导和管理，规范土地流转行为。一是市、县、乡三级农村经营管理机构要加强对土地流转的规范管理，加强对本辖区内农村土地流转的监督检查，发现违法违规流转土地的，依法查处，切实维护各方的权益。二是要建立村级土地流转服务站，代表村集体按照操作规程，做好土地流转信息收集、土地流转条件的审核、承包经营权确认、流转情况登记备案、土地流转合同备案与上报等工作。三是要积极开展土地承包纠纷仲裁工作，成立县级农村土地承包纠纷仲裁委员会，建立仲裁庭，负责农村土地承包纠纷仲裁工作，切实维护好农民的土地承包权益。

（五）建立健全农村土地流转市场，充分发挥中介服务组织的作用。在条件具备的地方，依托农村经营管理机构及时建立县、乡两级农村土地流转服务中心，全面开展土地流转合同鉴证、供求信息登记、信息发布、流转意向双方联络、流转价格竞拍、土地评估、政策咨询、纠纷调解等服务工作。同时，还要建立土地流转动态管理台账，加强土地流转情况登记备案和档案管理，使土地流转进入有序的市场化轨道。

郑州市区交通存在的主要问题及建议

市政协委员 闫 琪

随着我市社会经济建设的强劲发展，机动车辆呈现迅猛增长之势，由于道路建设滞后于机动车辆的快速增长，加之郑州市市区道路特别是中心城区受铁路交织十字分割的影响，路网结构改造难度大，道路密度不够，造成郑州市市区局部区域和部分道路经常出现严重的交通拥堵。

一、存在问题

（一）单中心城市结构导致交通量在中心区过度聚集

郑州城市中心区人口、经济、建筑高度密集并逐次向外递减，是典型的单中心向心式土地利用形态。这种单中心城市结构必然导致中心区的城市功能高度集中。中心区包含了行政、办公、文化、商业、商务、教育、居住等几乎所有的职能，但郑州中心城区的空间资源非常有限，两者之间的冲突导致中心区高密度、高强度开发。这种单一中心的城市空间结构和城市功能在中心区的过度集中，导致交通流在中心区高度聚集，向心型交通所具有的不均衡性加重，并超过同期中心区道路交通可以承受的能力。

（二）市区路网结构不合理

1、路网等级结构不合理，造成道路系统功能紊乱

长期以来在道路网规划建设中，城市只重视快速路和主干道网规划建设，忽视城市次干道和支路网的规划建设，导致城市道路网等级级配不尽合理。国内外城市交通建设经验表明，从快速路至支路，路网合理的级配结构应为“金字塔”形，而我市路网结构同国标差异很大，却为“倒三角”、“纺锤”形，我国“十五”交通规划要求路网的级配比例为1∶2∶3∶7，国内外普遍推荐为1∶2∶3∶8，即越是等级低的道路其路网密度越高。而2006年，郑州市路网总长度1228 km，快速路、主干道、次干道、支路（含街坊）分别为165、427、220、416(115)km，使得城市道路系统缺少层次，普遍缺少支路或次干路。

路网级配不合理，导致城市道路交通功能的紊乱。交通生成点与干路系统缺乏过渡性连接设施，城市交通集中在几条贯通性干路，不仅不利于机非分流系统的形成，也不利于不同出行距离交通的相互分离，更不利于不同类别道路系统交通功能的发挥。最典型的是金水路、花园路等城市主干道，吸引着大量的交通流，高峰时段流量居高不下，沿线相交支路交通非常不畅。

2、路网节点不畅，路段与交叉口通行能力不匹配

道路交叉口内由于车流转向引起车流之间的冲突、交汇、分流等车流运动行为，使交叉口的交通特征比较复杂。交叉口的交通运行状态直接关系到城市交通网络的运行状况，路段发生交通拥挤基本是路口发生交通拥挤引起的，由于我市城市道路设计缺乏交通工程理论的指导，交叉口红线、车道数与路段基本上完全一样，只有个别路口进行了拓宽。比如文化路与东风路交叉口，路口与路段路幅一致，路口渠化非常困难，路口车道数不能够增加，加上两条主干道流量较大，路口通行能力较弱，造成路口经常发生交通拥挤现象。

3、静态交通不能适应交通需求

目前，我市市区机动车已达61万辆，按照公安部、建设部《城市道路交通管理评价指标体系(2007年版)》，百辆汽车停车位需要达到35-45个的标准计算，市区需要24万多个泊车位，可是市区现有泊车位仅为10.36万个，缺口达14万多个。车多、位少、缺口大是造成停车难、停放乱，影响市区道路畅通和城市整体形象。

二、建议

（一）加快完善环路功能

城市环路是城市的骨架，起到向外疏散和连接相关道路的作用，环路是否畅通，直接影响到路网的运行效能，为确保环路发挥预期效能，建议：

一是拆除北三环路机非绿化带，由现在的双向6车道变为双向10车道，提高北三环路的通行能力；

二是将二环路辐射道路连通三环路。将桐柏路南北与三环路相连，建造经三路立交桥，与北环路立交桥连为一体；

三是解决城东路、经三路在金水路的互通问题；

四是加快北四环的建设，完善市区周边环道网络。

（二）重视非机动车道、人行道的建设

我市非机动车道、人行道建设相对

滞后，大量的非机动车道被占用或者修建不连续，高高低低、起伏不平，树木、线杆占用有效通行路面等现象比比皆是。建议机动车道的建设与非机动车道的建设并重，切实保证非机动车道的畅通，从而实现真正的机非分离，确保交通流中占主流的非机动车、行人的通行权利，从而改善整个路网系统的出行状况，提高路口、路段通行效率。

(三)改善路口节点交通运行状况，提高路网运行效率

理论计算和实际应用均表明，如果对一个城市路网所有干道交叉口都进行渠化，该路网容量指标至少可提高30%以上，甚至可达53.5-65.5%。可见，交叉口渠化对经济还不十分宽裕、人口密集、寸土寸金的郑州市而言，其意义非同小可。所以必须高度重视交叉口渠化改造，通过增加交叉口的车道数来弥补时间资源的损失，从而提高交叉口的通行能力。这样可以最大限度地发挥既有道路设施的潜能。

(四)加强静态交通管理力度

我建议2009年规划建设13处社会公共停车场。主要是在纬三路经六路附近，纬五路、经五路口附近，经三路、纬五路口附近，文化路、黄河路口附近，火车站广场地区，银基商贸城周边，二七路、太康路口附近，大学路、建设路口附近，人民路、管城后街口附近，大同路、德化街口附近，互助路、百花路口附近，东风路、文化路口附近，花园路、农业路口附近。同时，建议对擅自占用、挪用配置停车场的现象进行整治，对未按照规划修建的限期修建，对修建停车位不够的限期补充，对规划修建的挪为它用的限期恢复使用。

加强知识产权保护 为我市经济健康发展保驾护航

市政协委员 王 锋

在郑州发展知识经济、实现跨越式发展的战略目标中，知识产权保护问题已经成为亟待解决的重大课题，更是企业参与市场竞争不能回避的一个问题。无数的经验和教训证明，如果企业在发展中不能拥有一定的知识产权，企业很可能会处于一种非常脆弱或不安全的状况中。因此强化知识产权保护意识，学会用各种手段增加知识产权拥有量促其转化，对提高企业的竞争能力和科技实力，将是非常重要的。

一、我市知识产权保护状况

2007 年 5 月，郑州市被列为国家知识产权示范城市创建市以来，我市在知识产权保护方面进行了大量、细致、有益的工作，同时也得到了各企事业单位的积极响应。

首先，郑州市知识产权局利用各种形式积极开展了知识产权宣传活动，增强群众的知识产权保护意识。成立了以知识产权局、公安局、商务局为成员的专项行动小组，完善了执法联动机制，加大了执法力度。2008 年全年累计核查专利商品五千余件，查处假冒他人、冒充专利案件 56 件，受理专利侵权纠纷 17 件，结案 15 件；查处了一些有影响力的知识产权保护案件，开展了代号“雷雨”、“天网”的知识产权专项执法行动。其三，召集有关知识产权方面的专家、管理单位、重点企业的领导等参与座谈，就我市目前知识产权管理与保护工作中面临的困境及亟需解决的问题进行探讨。这些有针对性活动的蓬勃开展、形成了良好的氛围和声势，促进了我市高新技术企业产业优势的形成和投资环境的优化，对提高城市综合竞争能力发挥了重要作用。

二、我市知识产权保护存在的问题

近年来，我市知识产权保护工作有了长足的进步。但是，由于各方面的原因，我市知识产权保护工作仍然与社会的发展及要求存在一定的差距，主要问题有以下几点：

（一）全民知识产权保护的法律意识有待进一步提高。近期我多次走访了我市盗版图书、音像制品比较集中的一些地方，发现问题依然严重。盗版图书、盗版软件随处可见并颇受青睐。我国软件产业自上个世纪 80 年代起步，始终以年平均 20%～30%的速度递增，递增速度远小于社会需求。由于大量盗版软件层出不穷，一方面，对已形成的软件产业造成很严重的负面影响，极大地挫伤了专利权人、著作权人的创新积极性，破坏了正常的竞争环境和市场秩序。另一方面，其危害性还表现在对外的知识产权纠纷等。所以，我们必须给予认真对待。

（二）企业知识产权保护水平仍然较低。大部分企业单位管理人员与技术人员基本上没有接受过系统的教育或者培训，缺乏相对专业的法律知识，缺乏对知识产权有效的保护。大部分企业单位没有完整的与企事业发展相适应的专利、商标战略规划，商标的利用还基本上是一个企业一个商标，等级商标、防御商标数量少。

（三）知识产权拥有量不够理想。从调查情况看，我市企业专利数量上升较快，但同发达地区相比仍然存在着较大的差距，总的数量不高，具有一定水平的重大科技创新项目比较少。另外我市还存在注册商标的数量偏少，尤其受到特殊保护的中国驰名商标、中国重点商标的数量偏少的现状。

（四）政府对知识产权保护工作的力度还需加强。与兄弟省市相比，地方法规和政策还需进一步完善，政府对企业科技创新的支持力度还需加大，相应服务体系的建设还需进一步加快。近年来，我市科技投入虽大幅增长，但与周边城市和发达城市比，增速仍然较慢。2007 年，武汉市科技三项经费投入占市本级财政预算 2.8%，合肥 1.6%，太原 1.3%，郑州、长沙均低于 1.2%，与深圳（5%）、厦门（5%）等发达城市相比差距更大。此外，不少城市还设立科技自主创新专项资金。如 2007 年沈阳、合肥分别设立 8 亿、2 亿元自主创新专项资金，用于加强自主创新和高新技术产业发展。

三、为保护知识产权我们应采取的措施

知识产权作为推动城市发展不可缺少的重要支撑，我们必须采取强有力的措施加以提高和保护。

（一）进一步转变观念，强化知识产

权保护意识。各级各部门及企业单位应当真正地转变观念，从思想上、政策上重视企业知识产权保护工作，认识到具有强大技术创新能力是企业能够成功参与市场竞争的决定因素，而拥有一定的享有自主知识产权的知识成果是这一决定因素的核心内容。同时，深入开展知识产权法律知识的宣传与教育，将知识产权法律教育工作纳入普法教育规划之中，以提高企业各类人员的素质。

（二）增强企业自主创新能力，提高企业在国际上的知识产权竞争能力。企业不能健康、快速发展从根本上说是缺乏技术创新，产品技术含量低、原材料消耗大、效益低，从而缺乏竞争力的结果。因此，我们要意识到知识产权的重要性，加大对技术研发的投入。政府还应积极推动企业间，企业与科研机构、高校间的联合开发，改善企业的技术结构和产品结构，实实在在地提高企业的经济效益。

（三）健全知识产权保护体系，加大保护知识产权的执法力度，净化市场竞争的环境。我们必须充分认识新形势下加强知识产权工作的重要性，将知识产权战略作为我市的一个重要发展战略，进一步加强政府对知识产权工作的管理，进一步加大执法力度。突出查处专利侵权行为，狠抓广告宣传中的专利产品法律状态认定，清理整顿技术贸易领域专利技术，进一步规范商品流通领域专利商品。同时加强与工商、版权局的配合，有效地遏制知识产权违法行为，有力地维护消费者的合法权益，为我市经济发展营造良好的环境。

（四）完善相关法律法规，加大资金投入力度，鼓励、扶持企业进行技术创新成果的保护和转化。政府一方面应加快政策的制定和完善，为企业知识产权保护、技术创新提供法律和政策支持。另一方面，政府要利用各种手段，加大知识产权保护资金投入，首先，应尽快设立知识产权保护专项基金；其次，应充分利用科技三项经费、各种基金对重点项目进行支持和引导。当然从长远的角度，应当逐步地建立起以政府为导向、企业为主体、银行为后盾的科技投入体系。

关于进一步加强我市农村生态环境保护工作的建议

市政协委员 王 利

农村生态环境保护工作事关全市广大农民的切身利益，事关全市人民的福祉，事关郑州市的可持续发展。加强农村环境保护是建设生态文明的必然要求，改变农村环保落后状况是统筹城乡发展的重要任务，解决危害农民群众健康的环境问题是改善和保障民生的迫切需要。

一、我市农村生态环境保护工作取得的成效

我市农村生态环境保护工作起步于2003年。几年来，我市以科学发展观和构建和谐社会理念为指导，以创建国家环保模范城市为载体，统筹兼顾城市和农村环保工作，深入开展生态创建活动，努力改善城乡人居环境，饮用水源地水质达标率达到100%，河流水质逐年改善，生态恶化的趋势得到一定程度的扭转。

（一）科学规划，农村生态环境保护工作格局初步形成。近几年来，我市以“协调发展、互惠共赢、统筹规划、分步实施、突出重点、全面推进”为基本原则，组织编制了《郑州市生态功能区划和生态环境保护规划》、《郑州市农村小康环保行动计划》、《郑州市村庄环境整治规划》、《郑州市农村环境污染防治规划（2008-2020）》等一系列规划，进一步明确我市农村生态保护工作目标和重点任务。严格落实目标管理责任制，将农村生态环境保护工作纳入政府环保目标管理体系。建立激励机制，在全省率先实施了《郑州市农作物秸秆禁烧及综合利用考核奖惩办法》、《郑州市生态创建考核办法》，共兑现生态创建奖励资金123.2万元，秸秆禁烧奖励资金545.26万元，对秸秆焚烧的县市区实施财政罚款422万元，基本杜绝了农作物秸秆大面积焚烧现象，各地各部门的使命感和责任感明显增强，工作积极性明显提高，农村生态环保工作格局基本形成。

（二）以创促治，农村环境综合整治逐步推开。大力推动生态创建工作，我市已创建市级“生态文明村”73个，省级“生态文明村”21个，省级“环境优美小城镇”5个。惠济区荣获“国家级生态示范区”称号，登封市国家级生态示范区创建任务通过省级验收。巩义市生态市创建正在实施，中牟县和惠济区启动生态县（区）创建工作。还有一批乡镇、村正在开展创建工作。通过生态创建工作的深入开展，我市农村环境综合整治工作取得显著成效，一批村镇实现了“村收集、镇（乡）中转、县（市）处理”的垃圾处理模式，铺设了污水管网，建设了生活污水集中处理设施，农民群众环保意识显著增强。

（三）典型示范，畜禽养殖污染治理模式基本建立。针对畜禽养殖企业不同类型、规模和特点，我市积极培育污染治理示范工程，探索建立了形式多样的治理方式，推广立体养殖模式。郑州市天园农业生态循环有限公司、郑州裕康实业有限公司等一批示范工程建成，全市建设大中型沼气工程65处。这些示范工程利用畜禽粪便生产沼气，用于沼气发电或作为清洁能源供民用，沼液、沼渣用于制作有机肥，变废为宝、化害为利，实现了养殖废弃物的资源化和无害化。

（四）源头控制，生态类项目得到有效监管。我市严格执行环境影响评价制度和环保“三同时”制度，不断规范生态类建设项目管理，严把建设项目审批关，对不符合国家法律和产业政策规定的20余个项目坚决拒批；发改、煤炭管理、国土、环保等有关部门开展联合执法检查，将煤矿、铝土矿等重点行业依法纳入环境监管轨道。

二、存在问题

虽然我市农村生态环境保护工作取得了一定的成绩，但还存在一些困难和问题，主要表现在：

一是一些地方缺乏正确的认识。一些地方和部门认为农村地区经济欠发达，存在“先发展、后治理”的错误观念。少数地方甚至为了追求短期的经济利益，滥采滥挖，盲目开发利用自然资源，给生态环境带来严重破坏。

二是村镇建设发展缺乏科学规划。村镇建设中缺乏配套的环保基础设施，生活污水未经处理随意排放，生活垃圾简易堆放，无序开发现象仍然存在，工业区与居民区混杂。畜禽养殖粪便污水随意排放，甚至威胁到农村饮水安全。

三是部门协调配合不够。目前，我市环保、农业、畜牧、建设、国土、水利、林业等政府部门在农村生态环境保护方面各有一部分职能，存在条块分割、

政出多门、机制不顺、成效不高等问题，缺少部门协调联动的工作机制，没有形成合力。

四是资金投入严重不足。长期以来，我市农村环境污染防治和生态保护资金投入不足，历史欠帐较多，投入渠道单一，加之基层政府财力不足，无法保障农村环保基础设施的建设和管理，导致污染防治和生态恢复等工作难以全面开展。

五是农村环保机构不健全。绝大多数乡镇没有设立环保机构和专职环保人员，各县(市)、区环保局负责农村环保的工作人员也很有限，远远不能满足日益繁重的农村环保工作的需要。

三、建议

(一)将农村环境保护落实到各项规划。一是将农村环境保护理念体现在各项规划中，做到规划在先，保护为重，强化监管，有序开发，避免为地区、部门利益而争资金上项目的无序开发和盲目竞争，杜绝高污染、高消耗、低效率的项目开工建设，消除不符合农村环保政策和规划、任意破坏农村环境的各种开发建设行为；二是督促指导各乡镇制定农村环境保护规划，规模较大、污染排放较为集中的村庄制定村庄建设和环境整治规划，以科学的规划引领村镇建设和发展。

(二)加强农村环保基础设施建设。按照以城带乡、梯次推进的要求，开展农村生活污水处理。在城市周边的村镇，要建设较为完善的污水管网，将农村污水纳入城市污水处理厂集中处理；距城区较远的，要建立污水集中处理设施，村一级可采用"生态湿地"等资金投入小、运行简单的治理方式。按照因地制宜、集中处置的要求，全面推进农村生活垃圾收集处理。在平原地区建立乡镇垃圾中转站和村庄垃圾收集设施，全面推广"村收、镇运、县处理"的城乡一体化生活垃圾处理模式；在山区实行"统一收集、就地分拣、综合利用、无害化处置"。在两年内建立一批效果良好、形式多样农村生活污水和生活垃圾处理示范工程。

(三)深入开展污染治理和生态恢复工作。合理确定畜禽养殖规模，科学指导畜禽养殖业合理规划布局。对新、改、扩建的规模化畜禽养殖场要严格执行环评和"三同时"制度，对现有规模化畜禽养殖场进行限期治污改造，确保达标排放。划定畜禽养殖禁养区和限养区，在饮用水源保护区等敏感区域内禁止新建、扩建养殖场，已建成的要按照饮用水源地保护法律法规要求，实施搬迁或限期治理。大力发展农业循环经济，推广先进技术，优先发展生态农业，对农作物秸秆、畜禽粪便等进行综合利用，积极发展沼气等生物质能源。要探索矿山开发生态补偿机制，切实抓好生态保护和恢复工作的落实，做到"文明开发、生态开发"。

(四)建立农村环境保护协调联动机制。一是将农村环保纳入乡镇一级领导干部政绩考核体系。建立包括环境质量、污染治理、生态保护指标在内的、体现可持续发展目标的新的考核体系和激励机制。二是加强部门协作，形成联动机制。建立农村环保联席会议制度，定期研究解决重大问题，建立信息共享平台，组织联合检查，加大执法力度，完善工作机制，推动农村环保工作的顺利开展。三是以生态创建和建设社会主义新农村为抓手，积极推进农村环境污染问题的解决。推动村庄环境的综合整治，促进农村经济良性发展，提高农民生活质量。

(五)加大对农村环境保护的资金投入。要研究建立多元化的投融资方式，有效加大资金投入，保障农村环保基础设施建设。在畜禽养殖污染治理、矿山生态恢复、农村生态创建等重点领域，建立专项奖补资金，发挥经济杠杆的调节作用，提高政府和企业环保积极性，确保农村污染防治和生态保护工作的顺利开展。

关于加强科技自主创新体系建设的建议

市政协委员 赵学庆

进入本世纪以来,我市科技事业有了长足发展,科技实力明显增强,自主创新能力大幅度提升,科技对经济增长的支撑作用日益显著。在国家强力推进科技自主创新战略的背景下,郑州要建设"三化两型"城市,必须更加紧密地依靠科技的发展,依靠自主创新能力,依靠科技的支撑和引领能力。因此,应更加重视科技进步和自主创新,进一步加强科技自主创新体系建设,加大对科技的投入力度,提高自主创新的经济效应,让科技在郑州经济和社会发展进程中发挥更大、更有效的作用。

一、科技自主创新体系建设主要成效

进入本世纪以来,我市从实施工业2662、农业5212创新计划入手,开始强力推进科技创新工作。2006年,市委、市政府启动实施科技自主创新工程,从此自主创新工作驶入了快车道。主要成效体现在六个方面。

一是高新技术产业迅猛发展。2008年,全市实现高新技术产业总产值预计1350亿元,高新技术产业增加值预计410亿元,较上年增长均在26.8%以上,全市科技进步贡献率预计达到53%。科技部、财政部、国家税务总局联合发布新的《高新技术企业认定管理办法》后,全市首批被认定48家高新技术企业。形成了以电子信息、生物医药、光机电一体化、新材料等四大产业为主导、以专业园区为依托的产业发展格局,在经济总量、发展速度、产业结构等方面成为全市经济增长的新亮点。

二是专利申请量快速增长。全市全年专利申请5700件,其中发明专利1425件,分别较去年增长9.3%和51.1%。授权专利3600件,其中发明专利230件,分别较去年增长57.8%和19.1%;全市专利技术年产值125亿元,专利技术新增产值36亿元。

三是科技创新成果大量涌现。2008年,市本级产生科技成果70项。其中市科技进步奖一等奖6项,二等奖60项,三等奖4项。全市获省级科技进步奖27项,其中二等奖10项,三等奖17项。推荐4人为2008年度郑州市科学技术特别贡献奖候选人,报市政府表彰奖励。列入科技自主创新工程的29家企业拥有核心技术产品78项,市场占有率52%以上,创造112项行业知名品牌。

四是企业自主创新水平快速提高。培育壮大了郑州威科姆、大方桥梁、汉威电子等一批龙头企业,拥有一批核心技术、专利技术、专有技术和优势技术。威科姆公司的北斗卫星定位技术,大方桥梁公司的大型轮胎式搬运机,思达高科的电能计量产品,辉煌科技的铁路运营调度指挥系统,华晶公司的大型金刚石压机,生物工程和制药方面的艾滋病诊断检测试剂,以及宇通客车、郑纺机和郑煤机主导产品等,都是全国一流的高新技术产品。河南海力特机电公司等5家企业跻身全国最具成长性科技型中小企业100强;郑州超硬材料产业园成为国家火炬计划特色产业基地。

五是技术集聚和辐射能力大幅度增强。2008年,全市技术交易成交额33亿元,较去年增长17.9%。全市技术交易网络覆盖12个县(市)区和高新区、经开区。建立技术交易合同登记网站19个,成为全国技术交易联盟八大成员之一。

六是创新条件显著改善。广大企业纷纷采取优惠措施,提高科技人才比重。全市100家重点高新技术企业研发和技术人员达到33%以上,其中威科姆公司高达86%。全市所有科技创新投入中,80%以上来自企业。科技自主创新工程29家企业在政府科技经费引导下,累计投入1.2亿元,建立市级以上研发中心56家,研发投入占当年销售收入均在5%以上。

二、存在问题和制约因素

近年来,我市科技创新工作发展很快,对我市经济社会发展起到了较好的引领、推动、支撑和服务作用。但是,横向对比,仍然存在不容忽视的问题、困难和挑战。

一是科技实力提高较快,但创新资源相对不足。全市拥有各类专业技术人员44万人,科技人力资源相对充裕,平均文化素质较高,在全国属比例较高的城市,与西安(43万人)、武汉(45万人)基本持平;全市拥有大专院校48所,低于武汉(82所)。我市拥有国家级工程技术研究中心和重点实验室8个,省级8个、市级22个,企业技术中心39个,而西安仅国家级就有77个,武汉18个,合肥15个。我市创新资源相对不足。

2007年，我市科技创新人才9.2万人，骨干人才3.5万人，每万人拥有量仅46人，占全市专业技术人员比例7.95%，总量不足，骨干人才少，创新团体没有形成规模。特别是能取得重大创新成果的尖子人才实为缺乏。

二是高新技术产业发展较快，但龙头企业偏少。目前我市高新技术企业的规模在省内有一定优势，但比不上省外发展较快的兄弟城市（如深圳，拥有像华为这样的大个头企业）。在我市，即使有像宇通、中铝河南分公司这样的高新技术企业，但其对相关产业的带动能力和辐射能力也不够强大。还有，我市高新技术产业规模虽然已突破千亿，也只是达到深圳2000年的水平，而且在工业中占的份额还比较低。

三是科技投入逐年增加，但投入规模相对偏小。2008年，市本级科技投入已突破亿元，比2000年增长近五倍，但还比不上深圳2000年的水平。2006年，武汉市科技经费占本级财政预算的比例已达到2.85%，合肥1.5%，太原1.3%，深圳、厦门则高达5%，而我市目前仅为1.25%。此外，不少城市如沈阳、合肥分别设立8亿元、2亿元自主创新专项资金，而我市尚未设立。

四是专利申请增长较快，但发明专利相对偏少。2008年，我市专利申请（5700件）中，发明专利（1425件）仅占25%左右，申请量总数和发明专利申请数量均低于南京（6793/3360）、济南（8223/1678）、武汉（8125/1733）等城市，与石家庄大致持平。

五是科技成果大量涌现，但转化速率相对缓慢。目前，我市科技成果转化的中间环节比较薄弱，科技中介服务体系仍然不够健全，其作用发挥得还不够好。科技成果转化实施过程中技术权益保障及奖励分配机制不够完善，向现实生产力的转化力度较弱，产学研结合的成果还不够显著。

三、大力加强自主创新的建议

当前，我市"三化两型"城市建设、加快创新型城市建设、跨越式发展等，都对科技工作提出了新的、更高的要求；而科技工作本身也要在应对经济危机的新形势下，思考和提出新的发展思路和措施。为此建议：

（一）加大自主创新战略的实施力度。建议市委、市政府研究出台进一步实施自主创新战略的政策措施，确定创新型城市建设的具体考核指标，纳入县（市）区和各委局党政领导干部的考核、评价、用人体系，推动自主创新战略的实施向纵深发展，从而让科技更好、更有效地承载郑州跨越发展的梦想。

（二）扩大自主创新工程的项目和发展规模。目前自主创新工程仅有29家企业的50个项目，建议在新一轮跨越式发展的规划中，把自主创新工程的企业和项目规模扩大一倍，把有发展前景的好项目都纳入进来，分级分类实施，巩固、放大自主创新工程的实施效应。

（三）进一步增加对自主创新的投入。借鉴外地经验，设立自主创新专项资金，纳入年度财政预算，全额用于自主创新工程的实施。同时，科技部门要在调动企业和社会增加科技创新投入方面下大功夫，把金融机构积极性调动起来，真正建立起全社会、多元化的科技投入体系，这样才能保障科技自主创新工作取得更大成效，从而对经济社会发展形成更为强大的支撑作用，从而使经济社会发展更有后劲。

（四）出台地方法规为自主创新保驾护航。尽快制定出台《郑州市专利保护和促进条例》。

（五）提高中小型企业社会融资的手段和能力。现在很多中小企业（我市高新企业大部分是中小型企业）缺乏有效和及时的社会融资途径和能力。特别是在经济危机的情况下，中小企业的资金环境更为窘迫。这是制约企业发展的一个重要因素。这方面，北京、上海、深圳等地都有较好的经验可以借鉴。

（六）构建创新人才体系。目前，能够引领科技创新的领军人才尤为缺乏，创新人才队伍结构有待进一步提升。建议以实施"333"创新型科技人才工程为重点，即以国家、省、市重点科研院所为依托，以重大科技攻关项目为载体，着力培养创新型科技领军人才和创新型科技团队，到2011年，培养造就30名科技创新领军人才，30个创新团队和一支3000人左右的创新型科技骨干人才队伍。通过构建创新人才体系，占领科技人才制高点，为科技创新和我市经济社会发展提供智力支撑。

关于再造郑州非公经济新优势推进机制的建议

郑州市工商联

近几年来，在市委、市政府的正确领导下，我市各级、各部门解放思想，强化措施，使非公经济得到了健康、稳定、快速发展。近期市工商联对全市非公经济进行了一次专题调研，总结了经验，分析了问题，提出了对策，现将调研情况汇报如下：

一、五大特点□

（一）总量快速增长，增幅出现回落。2008年，全市非公经济累计完成增加值1874亿元，同比增长22%，占GDP比重达到62%；完成产值4752亿元，同比增长33%；完成销售(营业)收入4460亿元，同比增长30%；累计实现利润466亿元，同比增长28%。民营经济组织达到310937户(家)，注册资金总额达887亿元，其中企业71368家，个体工商户239569户；从业人员155万人。我市非公经济总量增长势头强劲，运行态势良好。但是受到国际金融危机和国内经济持续下滑的影响，2008年我市非公经济增长速度首次出现回落，与2007年相比下降近5个百分点，但仍比我市GDP增长速度高出近7个百分点。

（二）民营工业经济带动作用继续增强。2008年，我市民营工业经济继续保持强劲增长，对全市工业经济的带动作用继续增强，民营规模以上工业完成增加值861亿元，约占全市规模以上工业增加值70%，同比增长27%，对全市工业增长的贡献率将达72%，拉动规模以上工业增长约15个百分点，成为全市工业生产发展的主力军。

（三）民间投资继续支撑全市城镇固定资产投资的继续增长。2008年，我市民间投资完成投资1023亿元，增长32%，但较去年同期下降约20个百分点，占城镇固定资产投资的比重为76%，对投资的贡献率达到65%。从民间投资运行情况来看，我市民间投资虽然增速有所降低，但仍延续了近几年来的高速态势，投资规模进一步扩大，投资结构呈现积极变化，国家宏观调控政策得到较好落实，投资运行态势基本正常。

（四）非公经济上缴税金平稳增长，对社会贡献加大。2008年，我市非公经济累计上缴税金283亿元，较2007年增收50亿元，同比增长21%，占全市税收总额74%，其中，上缴国税172亿元，同比增长22%，占国税入库税金的68%，是公有制经济的2.3倍，上缴地税111亿元，同比增长20%，占地税入库税金的84%，同比增长2个百分点，是公有制经济的5.3倍。民营经济税收的平稳快速增长，对我市地方财政收入的贡献进一步加大，为我市经济、城市、文化、医疗、社会福利等各项事业的全面发展提供有力保证。

（五）非公经济继续支撑着消费品市场的繁荣。2008年，我市民营经济累计完成社会消费品零售额950亿元，同比增长21%，占全市社会消费品零售总额79.5%，其中，餐饮业零售额完成160亿元，批零贸易业零售额完成580亿元，其它行业完成210亿元。所占比重趋于稳定，继续支撑着整个消费品市场繁荣发展。

二、五个问题

（一）思想观念有待提高。与浙江、江苏、广东等南方非公经济发达的省份相比，社会各界及政府部门对非公经济的地位和作用的认识还不够充分，思想不够解放，缺乏创新理念和思维，并由此导致非公经济的发展环境不够宽松，发展氛围有待进一步营造和优化。一些地方没有很好落实非公有制经济发展政策，也缺少积极有效的帮扶措施，特别是一些领导干部对帮扶私营企业发展还心存疑虑，思想观念和具体行动上没有真正做到一视同仁。社会就业观念比较陈旧，也造成个体私营企业人才短缺，经营管理水平不高，影响非公有制经济的发展。

（二）政策体系尚不健全。当前，与国有经济和外资经济相比，非公经济发展的政策性障碍尚未完全消除，非公经济在市场准入、部分垄断行业以及公益性领域进入上仍存在限制，市政府的鼓励和扶持非公经济发展的各项配套政策体系还不完善，公平、健康的市场环境还需进一步营造，看得见、进不去的“玻璃门”现象尚未完全消除。同时，非公有制经济利用市场配置资源的政策环境尚未形成，鼓励和支持非公有制经济人才的政策尚未配套，职工的劳动社会保障政策不完善，相关政策和投资经营信息渠道不够畅通，个体私营经济发展缺乏吸引力，发展后劲不足。

（三）结构性矛盾依然存在。受制于整体经济发展环境的影响，加之对短期效益的追求，非公经济的产业及行业布局不平衡状况依然存在。目前，国内很多发达地区的非公经济产业结构呈现“231”格局，即以第二产业为主，第三产业次之，第一产业最低。郑州市非公经济虽然也开始出现这样的结构趋势，但仍主要从事第三产业，尤其是批发零售业和餐饮服务业，占总量的70%左右，从事二产的10%左右，从事一产的占2%。第三产业中高端服务业所占比重较低，而从事第一产业和第二产业的企业相对较少，从事高新技术的企业所占份额更小。就其产品结构来看，劳动密集型和低附加值产品所占比例较大，技术、资本密集型产品及外向型产品相对较少。

（四）资金短缺问题依然困扰非公经济的发展。调查发现，认为制约民营企业发展的主要因素依次为资金、人才、技术，所占比重分别为39.8%、30.8%、20.6%，这说明融资难是制约民营经济发展的最大障碍。造成融资难的主要因素，一是金融服务滞后。现行银行体制不适应民营经济快速发展的需求，一方面银行有大量的资金贷不出去，拆借到其它地区使用，另一方面，多数民营企业面临贷款困难。二是信用担保体系建设滞后。中小企业贷款担保机构少，与之相适应的中小企业信用评价体系、诚信体系建设不健全，不能为民营企业贷款提供担保服务。三是企业自身条件欠缺。不少民营企业财务管理比较混乱，信誉度低，可供抵（质）押的资产少，部分企业规模小，产品科技含量低，缺乏进行融资的基本条件。

（五）自主创新能力偏低。在全市7.1万多家非公企业中，高新技术企业仅有890余家，占总数的1.23%，拥有高新技术产品1700多项，中国驰名商标8个，国家免检产品10个，上市企业17家。主要存在三大问题：一是缺乏核心技术，绝大多数行业处于产业链条的低端，自主知识产权品牌少，缺乏竞争实力，抗风险能力弱。二是产业集中度低，行业缺乏大的龙头企业，骨干企业，市场控制力弱。三是技术创新意识不强。

三、五项建议□

（一）树立科学发展观，大力发展循环经济。按照市委、市政府提出的“三化两型”（即加快建设现代化、国际化、信息化和生态型、创新型城市）的要求，坚持资源开发与节约并重，把节约放在首位的方针，按照减量化、再利用、资源化的原则，以提高资源生产率和降低废弃物排放为核心，以节能和资源综合利用为重点，加快循环经济发展。引导企业做好资源的高效利用、综合利用和再生利用，提高资源的利用效率。鼓励企业循环式清洁生产、建设绿色工厂。加强对有色金属、煤炭、石化、化工、建材、纺织、轻工等重点行业的能源、原材料、水等资源消耗管理，实现能量的梯级利用、资源的高效利用和循环利用，努力提高资源的产出效益。

（二）建立健全推进企业科技进步新体系，提高企业核心竞争力。一是制度创新。以建立和完善现代企业制度为目标，推动企业经营模式和运行机制的改革，进一步理顺政企关系，建立管理、监督、营运体系和机制，引导民营企业进行规范的公司制改革，完善法人治理结构，建立健全监督和约束机制。二是管理创新。引进先进的管理理念、管理方法，建立科学的决策机制，逐步健全生产、质量、财务、人力资源等管理制度，使更多的民营企业转变为企业文化先进、战略目标明确、管理方法得当、运行状态良好的先进企业。三是技术创新。建立以企业为主体、市场为导向、产学研结合的技术创新体系，促进先进、适用、成熟技术的引进、开发和产业化，全面提升技术创新能力。加快建立民营企业技术创新服务和促进机构，引导和鼓励民营企业积极参与技术创新。利用政府资金，引导、带动风险资本和各类社会资金支持民营企业的技术创新。

（三）引导产业集聚，逐步实施民企高起点发展新战略。民营经济要努力实现量与质的突破，关键要立足高起点，实现“三个转变”：一是由注重数量向质量并举、重点提高质量转变。鼓励有条件的个体工商户创办私营企业，鼓励有条件的私营业户向“高、大、外”（高技术、大规模、外向型）发展，促使其上规模、上档次、上水平。二是由单体分散向群体集中发展转变。重点发展专业村、产业镇和经济园区，实行集约经营。三是由传统家庭经营方式向现代化经营方式转变。鼓励个体私营业户与国有、集体企业开展多种形式的联合与合作，促使其向现代化企业转变。引导和支持民营企业、中小企业产业集聚，促进产业集群、特色经济发展。

（四）完善对外联络机制，拓宽民企发展空间。一是加强共赢合作机制。积极组织民营企业参与国际贸易，开拓国际市场。通过引进管理技术、人员培训、信息交流和产品展览等方式，与国外政府和国际组织建立合作关系，促进对外经济技术合作。二是加快“走出去”步伐。鼓励成长性好、市场潜力大、具有较强竞争能力的企业在境外建立资源开发型、技术开发型、贸易型实体以及技术研发机构，开展境外加工贸易业务，带动和扩大设备、技术和产品出口。三是加大“引进来”力度。多渠道、多形式吸收外商投资，切实改善投资环境，把引进外资和引进技术、引进智力紧密结合起来，着力提高招商引资水平，扩大利用外资规模，大力发展三资企业。

（五）提高服务能力，再造非公经济发展新环境。一是构建全社会网络化信息服务平台。全面掌握国内外民营企业发展的趋势和动向，密切关注民营企业发展中面临的形势和存在的问题，充分利用计算机网络等先进信息手段，全方位、多触角收集和发布各种信息，为民营企业发展提供快速、准确、及时的信息和政策导向。二是健全拓宽企业融资新机制。努力构建起以市、县政府政策性担保机构为龙头，商业性担保和民间互助性担保为两翼，多层次担保、联保、互保的全市中小企业信用担保体系；引导、推动市场化商业担保和企业（民间）互助担保机构扩展业务，增强服务功能，为中小企业提供多形式的担保服务项目。三是建立健全全市非公有制经济发展联席会议机制。由市政府领导，市工商联牵头，市直有关部门以及各行业（异地）商会参与，定期通报全市非公有制经济发展情况，研究分析全市非公有制经济发展的新情况、新问题，及时向市委、市政府反映社情民意，提出发展非公有制经济的意见和建议，通过发挥商会作用，从而达到“三个一”的效果，即：抓一个商会促进一个行业的发展，抓一个商会形成一个招商体系，抓一个商会形成一个支柱产业。

关于建立科技成果转化促进机制提升科技创新能力的建议

九三学社郑州市委员会

为充分发挥我市科技资源优势，大力提升科技创新服务能力，推进科技成果转化，进一步探索推进自主创新与科技成果转化的新途径，建立和完善我市科技成果转化促进机制，九三学社郑州市委对我市提高自主创新能力和科技成果转化情况进行了调查研究。

一、郑州市科技成果转化工作基本情况

科技成果转化是科技工作的重要组成部分，是促进经济、社会发展的关键环节。近年来，我市科技成果转化工作得到了政府、大专院校、科研院所、企业界等各方面的重视，科技成果转化工作取得了显著成效。

（一）我市出台了若干促进科技成果转化政策。近年来，我市制定出台和修订完善了一些科技政策。如《中共郑州市委、郑州市人民政府关于加强技术创新，发展高科技，实现产业化的意见》；修订了《郑州市科学技术奖励办法》，奖励在推动科技进步与创新工作中做出突出贡献的科技人员，有效的促进科技成果转化。

（二）建立了一批科技研发、转化平台。近年来，我市在汽车、电子、耐火材料、纺织、食品等优势产业领域建立了8个高新技术开发和成果转化平台，50个产学研基地，12个农业产业化示范基地，拥有一批工程技术研究中心（其中国家级8个、省级54个、市级70个）、重点实验室（其中省级20个、市级14个）和企业技术中心36个，提升了装备水平，改善了科研和开发条件，有效提升了科技自主创新能力，促进了科技成果转化。

（三）搭建了自主知识产权服务平台。我市专利申请量增加较快，授权专利从2000年的880件增加到2007年的2282件，高于全国和全省平均水平，增幅居全省首位；为激发企业申报专利的积极性，市科技局从2006年起设立专项资金，对全部专利申请实施资助，2007年专项经费增加到了200万元。

（四）实施了一批科技成果转化项目。围绕工业、农业和社会发展等领域，实施了一批星火计划、火炬计划、高新技术产业化重点项目。2007年高新技术企业和高新技术产品分别达到1052家、2013项，完成了400余项农业技术攻关课题，培育出一批农作物新品种，许多农产品获得国家认证，培育了20个科技型农业龙头企业。

（五）涌现了一批优秀科技成果。2001～2007年，郑州地区共取得各类科技成果3613项，其中获得国家级科学技术奖15项，获得省科技进步奖933项，获得市级科技进步奖507项；我市设立了科学技术特别贡献奖，已评选三届，重奖6人。通过科技奖励，较大程度促进了科技成果转化。

（六）建立了技术转移平台。为了充分发挥技术市场的主渠道作用，促进技术转移，2004年建立了郑州技术交易网，2008年全面完成了全市技术交易网络体系建设，实现区域科技资源共享。

（七）成立了科技成果转化（交易）服务中心。为整合全市科技资源，提升科技服务能力，我市成立了科技成果转化（交易）服务中心，以企业技术需求为导向，以推动科技成果向现实生产力转化为目标，整合全市科技资源，发布科技成果转化信息，为技术供需双方搭建一个综合性平台。

二、我市科技成果转化中存在的问题

虽然我市科技成果转化工作取得了一定的成绩和经验，但与先进地市相比仍然存在较大的差距，从我市自身来看，区域之间发展也不平衡，主要表现在以下几方面：

（一）促进科技成果转化的政策有待完善。目前，郑州市在鼓励和支持科技成果转化方面的政策还不够完善等诸多因素，在一定程度上制约了科技成果转化。

（二）缺乏必要的科技成果转化资金。科技成果转化是一种经济行为，需要资金支撑。一般而言，科学研究、成果转化和产业化三个阶段的经费投入比为1∶10∶100，资金投入的多少往往是科技成果转化成功与否的关键。科技成果转化的资金主要来自政府拨款、自筹资金和融资三个方面，但目前这三个

方面都存在问题。

(三)企业进行科技成果转化的内动力不足。企业的价值取向,与科技成果转化的高风险之间存在矛盾,制约了企业成为真正意义上的高新技术成果转化主体。主要反映在两个方面,一方面,企业科技成果仅仅在解决生产实际问题上下工夫,缺乏深入后续研究。另一方面,企业尚未真正成为科技创新的主体。

(四)科研与生产脱节的现象依然存在。大专院校和科研单位是产生科技成果特别是高新技术成果的源头,我市高等学校和科研单位众多,科技成果与论文数量在全省居首位,但是能够满足我市企业需求的科技成果却不多。大专院校、科研单位进行科研主要是以学术价值和自身学术地位为导向,缺乏市场信息和企业的参与,不能真正解决企业生产实际中的难题,导致项目与市场需求脱钩。

(五)人才问题制约了科技成果转化。科技成果转化需要大量既在科研上有所成就,同时又了解市场、具有经营能力的复合型人才。但是,现有人才数量、质量无法满足科技创新、成果转化的需要,技术人员总量偏少、结构不合理、年龄结构断层等问题,科技创新和企业管理方面的学科带头人尤为缺乏,各类人才流失问题没有得到遏制,科技成果转化优惠激励政策难以兑现,不足以营造科技兴企、科技兴市的良好氛围。

(六)科技中介服务体系不够健全。近年来,企业科技成果正逐步上升,企业正处于由技术创新非主体向主体转变的时期。但具备原创性技术开发能力的企业并不多,其所需技术只能通过技术市场交易获得,虽然近年来科技中介机构有了迅速发展,但其市场经营行为不够规范,有效的评估咨询服务体系尚未形成。

三、建议

(一)市政府出台科技成果转化政策。《中华人民共和国促进科技成果转化法》颁发以来,湖北、安徽、北京、上海、重庆以及武汉、长沙、青岛等省、市已相继出台此类法规,有效的促进当地科技成果的转化。因此,建议我市出台《郑州市促进科技成果转化办法》,以促进科技进步与自主创新,促进科研与生产的有机结合,促进科技成果转化。

(二)制定有关人才培养和发展科技中介服务体系的政策。制定有关政策,着力加强科技人才的培养和引进工作,进一步健全和完善科技中介服务体系,鼓励企业与大专院校、科研院所相结合,大力发展高新技术产业,大力发展技术市场等科技中介服务机构,强化政府对科技成果转化的引领和促进作用。

(三)设立科技成果转化专项资金。为促进科技成果向现实生产力转化,形成产业规模,提升我市自主创新能力和产业竞争力,发挥政府在科技成果转化中的调控作用,借鉴上海、北京、天津、杭州、苏州、宁波、青岛等地经验,建议设立科技成果转化专项资金,每年额度1000万元,每年按照一定比例递增,大力扶持和促进科技成果转化,充分发挥转化资金的引导作用,紧紧围绕我市经济建设和社会发展的需要,为我市实现跨越式发展做出更大的贡献。

扩大公共财政覆盖农村范围 推进我市新农村建设跨越式发展

民盟郑州市委员会

社会主义新农村建设是一项惠及广大农民群众的民心工程，也是一项涉及方方面面的系统工程，更是一项需要长期不懈奋斗的攻坚工程。中共中央十七届三中全会《关于推进农村改革发展若干重大问题的决定》进一步明确了建设社会主义新农村的战略地位。而加大各级财政对农业和农村的支持力度，扩大公共财政覆盖农村的范围，强化政府对农村的公共服务，则是实现社会主义新农村建设跨越式发展的重要保障。

一、郑州市公共财政支持新农村建设取得显著成效

近年来，中央财政对“三农”的投入不断增加，2006年是3397亿元，2007年达到4000多亿元，2008年近6000亿元，一系列强农惠农政策大大加快了农村社会事业发展，农民从中得到了实惠。我市按照中央和省、市要求，加强了城乡统筹，加大了对“三农”投入力度，2007年市财政用于“三农”的总支出达到36.6亿元，增长32.7%，促进了农业增效、农民增收、农村稳定，推进了我市社会主义新农村建设。

(一)现代农业稳步发展。按照发展高效生态农业战略目标，我市各级财政不断加大投入，农业综合生产能力得到提升。一是农业基础设施建设逐步完善。2007年农田新增有效灌溉面积3.9千公顷；新增节水灌溉面积4.4千公顷。年末全市农业机械总动力431.7万千瓦，比上年末增长2.1%；农用拖拉机和农用运输车分别为11.5万台和11.1万辆，分别增长1.4%和1.0%；农村用电量37.7亿千瓦时，比上年增长15.2%；标准化畜牧、水产规模养殖场建设也得到稳步推进。全年粮食总产量达到171.1万吨，比上年增长3.8%。二是农业直补政策给农民带来实惠。完善和细化了种粮直补、良种补贴、绿肥补贴、农机补贴、农业保险补贴、扶持生猪生产和奶业生产等各项补贴政策，调动了农民的生产积极性。2007年共发放种粮补贴、良种补贴、农资综合直补等各项资金1.9亿元，农民的生产积极性进一步提高。三是农业组织化程度得到提高。通过加大对农业产业化经营、农民专业合作社建设的财政扶持力度，培育出一批现代农业生产经营主体。2007年全市已有农业产业化经营组织959个，已认定市级以上的重点龙头企业达到216家，其中省级44家，国家级4家；销售收入500万元以上的龙头企业有213家，1亿元以上的有41家，带动农户总数达138.6万户；新发展农民专业合作社101个，总数达到423个，合作社社员总数达到3.92万户，带动农户数达到8.25万户，其中有国家级试点示范专业合作社2个，市级示范合作社70个。

(二)农村社会事业发展迅速。均衡城乡义务教育投入，完善农村义务教育经费区县统筹机制，农村教育事业投入继续加大，在全省率先免除农村义务教育阶段学生的课本费和作业本费，2007年拨付“两免一补”资金1.6亿元；为全市农村义务教育阶段中小学更新配备课桌椅21.96万套。不断完善农村卫生医疗体系，农村新型合作医疗制度全面推行，截止2007年参合人数达到382万人，参合率达到95.5%。同时，市、县两级投入9000万元完成了乡镇卫生院建设改造任务，配置了X光机、心电图仪等一批重点医疗设备。新建改建敬老院28所，农村五保户集中供养率提高到41%。

(三)农民收入持续增长。随着各级政府支农惠农政策力度不断加大，实施专业农民培训项目，加快农民向非农就业转移，农村就业再就业工作成效明显，2007年实现农村劳动力转移就业12.7万人，对农村劳动力进行引导性培训13.2万人次。2007年我市农村居民人均纯收入6594元，比上年增长18.6%；农村居民人均生活消费支出3916元，同比增长19.1%，而且拥有财产性收入的农村家庭明显增多。

(四)农村居民生活条件不断改善，新农村建设稳步推进。农村生产生活条件不断改善。2007年全年解决36.1万人的安全饮水问题；新建集雨水窖1万个；新增农村沼气用户5万户；改扩建农村公路1056公里；解决和巩固脱贫人口温饱问题1万人。新农村建设稳步推进。“百村示范，千村整治”工程进展顺利。104个示范村全部制定了产业发展规划，94个村制定了村庄建设规划；99个村建立新农村建设村民理事会；20个重点示范村建设成效显著并顺利通过验收。

二、进一步发挥公共财政

在社会主义新农村建设中支持保障作用的几点建议

近几年，我市各级政府公共财政支持保障社会主义新农村建设的力度不断加大，成效明显。但总体看，农村公共服务还相对缺乏，仍然存在一些机制性、体制性问题：一是公共财政对“三农”的投入总量和比例仍然不高；二是城乡二元结构还未消除，农村社会事业发展还相对“短腿”，城乡社会事业教育资源均衡化、公共服务一体化还有待进一步推进；三是农业基础设施相对薄弱，农村基础设施建设滞后，农业抵御自然风险能力有待进一步提升；四是城乡居民收入差距仍在扩大，城乡收入差距从2003年的4690元扩大到2007年的7490元，差距平均每年增加15%，农民收入持续增长难度大。因此，扩大公共财政覆盖农村范围，进一步发挥公共财政对社会主义新农村建设的支持和保障作用，仍将是一项长期的任务。为此，建议如下：

（一）进一步加大公共财政对“三农”投入力度。要切实贯彻落实党的十七届三中全会《中共中央关于推进农村改革发展若干重大问题的决定》、中央一号文件精神，进一步完善公共财政保障机制，在基础设施建设重大项目和政府实事项目安排上，继续向农村地区倾斜。同时要更好地发挥财政部门筹集、分配、管理资金职能和财政政策宏观调控作用，把加大财政投入与创新投入机制相结合，与有关部门紧密配合，建立起以工补农、以城带乡的长效机制。

（二）进一步整合规范公共财政支农资金。要解决公共财政支农资金条线分割、难以形成合力问题，进一步加大资金整合力度，科学合理地确定农业投资扶持政策，明确农业投资方向，重点对农业基础设施、科技进步、农业产业化、农产品安全监管、农村社会事业和社会保障等领域增加投入，不断优化投资结构，着力提高资金分配的公正性，真正把资金分配到最急需的地方和项目上，努力解决农民最关心、最直接、最现实的生产生活问题，确保各项支农惠农补贴政策落实到位，确保公共财政资金在社会主义新农村建设中的使用效能。

（三）进一步加强公共财政支农资金监管。要按照《预算法》、《会计法》、《农业法》以及其他有关法律、法规的规定，加强对公共财政支农资金的监管，更好地发挥财政支农资金使用效率。一是规范资金的分配办法和支出行为，并充分利用以奖代补、先建后补等有效的激励引导手段，不断完善支农资金分配管理办法；二是规范预算管理，严格预算编制，强化预算的约束作用，提高预算的执行效果；三是加强财政部门和相关行业部门之间的分工协作，明确各自的监管责任，推进项目实施责任制，强化资金用途监管，共同做好支农资金的监管工作，确保支农资金安全、规范、有效运行。

（四）进一步发挥公共财政支农资金的引导、辐射作用。要通过发挥公共财政支农资金的引导、辐射作用，吸引各类社会资金包括外资、国资、民营资本等参与投资建设社会主义新农村，引导农业企业和农民增加对农业的投入，不断拓展农业投融资渠道，发挥政府投资“四两拨千斤”的作用。要加快农村金融体制的改革和创新，加大农业金融机构支持“三农”的力度，积极培育小额信贷组织，探索建立农村信贷担保机制，完善政策性农业保险发展模式，逐步建立适应农村多层次多元化需求的农村金融体系，营造各种社会力量投身社会主义新农村建设的浓厚氛围，力促我市社会主义新农村建设实现跨越式发展。

第三篇：

十二届一、二、三、四次常委会

主席讲话

在市政协十二届一次常委会议上的讲话

李秀奇

各位常委、同志们：

本次会议是十二届市政协成立之后召开的第一次常委会议。会议按照政协章程规定，根据秘书长的提名，任命了十二届市政协副秘书长，审议通过了关于设置十二届市政协专门委员会的决定，任命了各专门委员会主任、副主任，为十二届市政协开好局、起好步提供了重要的组织保证。

为确保顺利完成市政协十二届一次会议确定的各项任务，我们要发挥好四个作用，即：发挥好政协常委会的组织领导作用、专委会的基础作用、委员的主体作用和政协机关的服务作用，下面，围绕这四个作用我讲几点意见。

一、充分发挥政协常委会的组织领导作用

政协常委会是全体委员会议闭会期间主持政协工作的领导和决策机构，负有召集全体会议、制定工作计划、协商重大会务、审议重要报告、组织实现政协章程规定的任务等职责。这就需要常委会切实负起组织领导责任，努力在三个方面下功夫。一是要在提高履职实效上下功夫。胡锦涛总书记强调："人民政协只有围绕国家发展的大目标，立足整个国家建设的大格局，才能有所作为，多作贡献。"市政协常委会作为人民政协履行职能的组织者、谋划者，必须把围绕中心、服务大局作为各项工作的重中之重，用战略的思维思考大事，用民主的作风讨论大事，用科学的方法谋划大事，用务实的行动办好大事。只有紧紧围绕市委、市政府的重大决策和各个时期的中心工作，想大事、议大事、谋大事，突出重点，关注热点，破解难点，善于抓主要矛盾，抓重点领域，才能使政治协商、民主监督、参政议政活动服从和服务于党政决策的需要，人民政协才能大有可为、大有作为。二是要在开好常委会议上下功夫。要精心选择常委会议中心议题，把协商议政、建言献策的重点放在关系经济社会发展全局的课题上，放在制约经济社会科学发展的重点、难点问题上，认真组织各级政协组织，各民主党派、工商联，以及广大委员开展视察调研活动，要在全面掌握情况、深入咨询论证的基础上进行协商讨论，提出更多富有前瞻性、科学性、可行性和可操作性的意见建议。同时，在实践中积极探索开好会议的新形式、新方法和增强履职效果的新思路、新机制。三是要在加强常委会建设上下功夫。常委会由主席、副主席、秘书长和常务委员组成，常委会组成人员要认真执行政协章程和常委会的有关规定、决议，积极参加常委会活动，加强同各方面人士的联系，及时反映群众的意见和要求，共同努力把十二届市政协常委会建设成为一个团结民主、务实创新的领导集体，建设成为一个能够有效组织委员履行职能、不断推动政协工作向前发展的领导集体。

二、充分发挥专委会的基础作用

政协各专委会是在常委会和主席会议领导下联系委员、组织委员开展经常性活动的常设机构，是把政协委员个体优势转化为政协工作整体优势的有效载体。做好专委会工作，一是要树立大局意识、全局观念，自觉把专委会工作放到政协工作全局中加以部署。紧紧围绕市委、市政府确定的各项目标任务，紧紧围绕主席会议、常委会议确定的中心工作，精心选题、深入实践、认真调研，及时反映不同界别和群体的意见

建议，努力提出现实性针对性强的对策建议，为推动科学发展、促进社会和谐贡献智慧和力量。二是要坚持民主协商、平等议事，更好地促进各方面的团结合作。市政协各专委会的成员，来自不同岗位、不同职业，代表不同的利益群体。专委会的工作也是各有职责、各有侧重，但都是政协整体工作不可分割的组成部分。要把民主协商、平等议事的要求贯彻到开展工作的各个环节，落实到履行职能的整个过程，加强与各党派团体的合作，促进各界别间的交流，加强专委会内部的协作，做好与党政部门的沟通，充分调动各方面的积极性、主动性，不断增强专委会工作的合力。三是要注重发挥优势、讲求质量，更好地提高专题调研的实效。专委会汇集了各方面的优秀人才，是政协开展调查研究的主要参与者和承担者。要坚持“突出重点、注重精品、量力而行”的原则，努力在选准课题、深入调研、抓好成果转化上下功夫，要充分发挥大专院校、科研院所和专家委员在调研过程中的作用，努力推出一批有高度、有深度、有力度的调研报告，使提出的意见建议言之有物、言之有据、言之有理、言之有度，积极推动市委、市政府的科学决策、民主决策。

刚刚任命的专委会主任、副主任，大多数长期担任领导职务，具有扎实的理论功底和丰富的实践经验。希望各位主任、副主任尽快适应新的岗位，进入新的角色，明确新的职责，创造新的业绩，团结带领专委会成员，扎实认真的做好本专委会的各项工作。

三、充分发挥委员的主体作用

政协委员是人民政协工作的主体。政协工作的实力在委员，活力在委员，潜力也在委员。这次市政协换届，新委员占60%以上，新的形势、新的任务对新一届政协委员提出新的更高要求，我们要积极探索有效地发挥委员主体作用的新途径、新形式、新方法。一是要在提高委员履职水平上有新作为。要不断创新学习形式，完善学习制度，丰富学习内容，增强学习效果。积极组织委员集中学习、实地参观、外出考察和视察调研等，努力为委员知情参政创造环境、提供条件，不断提高委员们的政治素养、理论素养、道德素养、文化素养、业务素养，不断增强委员们履行政治协商、民主监督、参政议政的能力。二是要在加强委员管理上有新规范。要根据时代特点和政协工作的实际，对委员活动、履行职责、树立和维护委员形象以及保障委员的民主权利等进一步细化、量化和具体化；认真总结委员通报、委员表彰、委员述职等工作经验，进一步建立健全委员的管理、考核和激励机制。坚持和完善政协领导、专委会主任走访委员制度，切实关心委员们的工作和生活，鼓励和支持他们在各自的岗位上建功立业。三是要在丰富委员活动载体上有新举措。充分考虑委员的特点和优势，注重发挥界别的群体作用，针对不同的层次和内容，积极创造丰富多彩的活动载体，搭建更多富有特色的活动平台，同时不断拓宽委员活动的渠道，创新委员活动的途径，丰富活动内容，活跃活动形式，通过各项活动增强委员凝聚力，提高政协影响力。

四、充分发挥政协机关的服务作用

政协机关是政协常委会的综合办事机构，承担着为主席会议和常委会服务、为专门委员会服务、为政协委员履行职能服务等多种职责。政协机关的服务水平、服务质量如何，直接影响着政协工作的全局。一是要注重发挥秘书长班子的协调作用。秘书长和各位副秘书长在常委会和办公厅、专委会之间起着承上启下的作用，既是主席会议和常委会的重要参谋和助手，也是贯彻落实主席会议和常委会各项决议、决定的组织者、实施者。秘书长班子要认清自己的责任，按照各自的分工，积极主动、认真负责、创造性地开展工作。努力形成全体会议、常委会议、主席会议、秘书长会议、专门委员会会议互为补充、相得益彰的参政议政格局。二是要注重提高机关干部的服务水平。政协机关的干部在做好本职工作的同时还肩负着增进团结、广泛联谊的使命。要加大机关的学习培训力度，进一步提高机关干部的政治素质和理论水平，进一步增强做好政协工作的责任感和自豪感。要提高超前服务、主动服务的意识和能力，增强做好工作的预见性、主动性。加强协调沟通、促进团结合作，进一步提高机关的办文、办会、办事、政务服务、会务服务、事务服务的整体水平。三是要注重加强政协机关的自身建设。积极推进以思想建设为核心、以组织建设为基础，以作风建设为关键、以制度建设为保证的机关自身建设，创新工作机制、完善激励机制，进一步加强政协机关的“三化”建设，积极开展和谐机关的创建活动，努力造就一支政治坚定、作风优良、学识丰富、业务熟练的高素质干部队伍，努力做到工作要有新面貌，机关要创新局面。

各位常委、同志们：

今后的五年，是我市加快现代化、国际化、信息化和生态型、创新型城市建设的重要时期，是全面规划建设大郑东新区的关键时期，也是人民政协事业不断发展壮大的重要时期，站在新的历史起点上，责任重大、使命光荣，让我们在中共郑州市委的领导下，解放思想、坚定信心、同心同德、真抓实干，为推动我市政协工作的新进展，为促进我市经济社会发展的新跨越做出新的积极贡献。

谢谢大家！

在市政协十二届三次常委会议上的讲话

李秀奇

各位常委、同志们：

这次常委会议，是在市委、市政府提出的七大举措和十二项具体措施初见成效、全市经济运行逐步回暖，发展趋势逐渐良好的重要时段召开的。会议期间，听取了市政府关于我市"扩内需，保增长"情况的通报，市政协经济委员会、市工商联等13个单位作了专题发言，各位常委围绕这一主题畅所欲言、坦陈己见，提出了许多很好的意见建议，形成了一批高质量的参政议政成果。另外，会议还审议通过了市政协专委会兼职副主任名单和全体会议、常委会议工作规则等一批规章制度。经过大家的共同努力，我们圆满完成了本次常委会议预定的各项议程，达到了预期目的。下面，借今天这个机会，我想再讲三点意见。

一、我们围绕扩内需、保增长所做的一系列工作，进一步彰显了政协组织和政协委员在应对金融危机中的重要作用

这次由美国次贷危机引发的国际金融危机是自上世纪三十年以来最严重的一次，对世界经济的影响可以说是"百年一遇、地动山摇"。2008年下半年以来，为应对日趋严峻的金融危机的影响，中共中央、国务院作出了"进一步扩大内需、促进经济平稳较快增长"的重大决策，能否在这场经济发展的攻坚战中，充分发挥好人民政协围绕中心、服务大局的重要作用，对于各级政协组织同样是一场重大考验。为此，在今年年初，市政协经过慎重考虑，明确提出了在扩内需、保增长方面，要认真唱好"三部曲"、充分发挥"三个作用"的工作思路。实践证明，我们开展的一系列活动，为促进我市经济社会平稳较快发展发挥了积极的作用，取得了显著的社会效果。

（一）围绕"扩内需、保增长"，开展调研视察，唱好"建言献策"第一部曲。从4月份开始，我们围绕中央、省市委有关"扩内需、保增长"政策在我市的贯彻落实情况，由各位主席带队，各专门委员会和部分委员参加，组成4个专题调研组，通过实地考察、听取介绍、座谈交流等形式，对有关问题进行了认真的调研视察，形成的《郑州市政协关于"扩内需、保增长"政策落实情况的调研报告》，从经济发展、社会就业、教育、社会保障、医疗卫生、家电下乡、沼气建设、保障性住房建设、污染减排等9个方面对我市"扩内需、保增长"政策落实情况进行了梳理汇总，指出了7个方面存在的问题，提出了8条前瞻性较强的意见建议，引起市委、市政府的高度重视，省委常委、市委书记王文超批示："报告很好。请市政府把建议意见研究采纳，把需要协调解决的具体问题做出安排"。赵建才市长批示："报告很好。围绕中心抓落实，形成合力抓推进，保持跨越式发展的良好态势。报告提出的几个具体问题可批转相关指挥部予以协调"。

（二）围绕"扩内需、保增长"，发挥企业委员作用，唱好"参与推动"第二部曲。在500多名市级政协委员中，企业家委员就有253名，发挥好他们的作用，对促进我市经济发展，解决就业将起到巨大的推动作用。为了充分调动广大政协委员特别是从事实业的委员的积极性、主动性和创造性，为"扩内需、保增长"履职建功，贡献力量。市政协先后举办了"民营企业如何应对金融危机"政情交流会和委员培训会，邀请赵建才市长和政府有关部门为委员作经济形势报告，为委员了解市情，更好地参政议政提供条件。同时，组织200多名企业家委员专题召开应对金融危机座谈会，选择18位委员典型发言，畅谈了积极应对金融危机所采取的措施和取得的效果，并就如何寻找发展机遇，促进全市经济社会平稳较快的发展提出了很多好的意见建议，在委员中和社会上产生了积极的反响。

（三）围绕"扩内需、保增长"，联系分包重点项目，唱好"协调服务"第三部曲。政协组织是"委员之家"，为委员企业服务，不仅是政协工作属性的要求，更是政协组织参与"扩内需、保增长"中心工作的具体体现。为此，从5月份开

始,我们在政协机关中开展了市政协领导和专委会联系委员企业项目活动,将在建的50家委员企业中的60个重点项目逐个分解到每一位主席、秘书长和专委会主任身上,要求建立走访情况档案,对委员企业进行动态联系,随时协调解决企业遇到的困难和问题。一个月来,市政协有关领导干部主动深入到所联系的企业,进行全面走访和摸底调查,帮助协调解决企业在项目投资融资、工程建设、手续办理、生产经营中遇到的具体困难和问题,较好发挥了人民政协服务委员、服务社会、服务经济发展的积极作用。6月18日,我们又召开专题汇报会,认真听取政协领导干部深入委员企业调研的情况汇报,归纳整理出企业在资金、土地、环境、规划等方面存在的问题,为我们下一步有针对性的解决问题,更好地为委员所在企业服务奠定了基础。

二、加大力度,迎难而上,促进我市经济平稳较快增长

综合本次常委会上发言和讨论的情况,归纳起来,大致有以下六个方面的建议。

(一)全力以赴做好项目工作。项目是经济工作的生命线,也是郑州响应、策应、呼应、接应国家宏观调控政策的主抓手。各级各部门要进一步研究国家和省扩大内需的各项政策,强化项目论证、储备,及时捕捉信息,努力做好前期工作,努力争取更多更大的项目和资金。同时,抓好成熟项目的开工建设和在建项目的及时投产,做到争取一批、开工一批、建成一批。

(二)千方百计培育消费热点。要大力发展农村金融、保险、教育、医疗等公共服务业,加快建设城乡统筹、全面覆盖的社会保障制度,激发农民消费热情,增强农民消费信心。加快廉租房和经济适用房建设,满足中低收入群体的基本住房需求。在巩固住房、汽车、通信、商贸等传统消费热点的同时,积极培育旅游、文化、健身、信息等新的消费热点。

(三)积极主动拓展国际市场。要把扩大外贸出口摆在重要位置,加大出口创新项目、创新平台、创新基地建设力度,全力开拓新兴市场,通过新兴市场的增长来弥补传统市场的下降,借助市场多元化减小金融危机的影响,努力扩大外贸出口。要扶持出口企业通过科技研发、技术创新、品牌建设,积极参与产业链上游的国际竞争,推进产业升级、产品更新,提高产品质量和市场信誉度,努力打造"郑州造"名牌名品,全面提升我市的外贸出口国际竞争力。

(四)招商引资推动产业升级。经济大萧条的时期,往往是产业大转移的时期;经济低潮的时期,往往是投资高潮的时期;经济下滑的时期,往往是大上项目的时期。要主动上门走访、拜访、回访海内外客商,及时捕捉招商信息,抓住招商线索,开展高频率、密集型招商。要把延伸产业链、提高配套水平作为重点,注重引进产业链长、带动力强,影响力大、辐射面广的基地型、龙头型企业。要拓宽招商引资领域,鼓励和吸引国内外资本投向基础设施、园区建设、产业发展、社会事业等多个领域。要抓住资本、产业转移的契机,加大结构调整力度,调优结构、调强产业、调高效益,推进产业高端化,从根本上提高产业的抗风险能力、国际竞争能力、可持续发展能力和对经济社会发展的支撑力。

(五)鼎力支持企业健康发展。要把工业摆在优先发展的位置,把企业摆在优先支持的位置,与企业心心相印、守望相助,同舟共济、共渡难关。加强对工业经济和企业运行的监测分析和保障协调,特别是要强化对重点地区、重点行业以及重点企业运行态势的研究分析,抓住影响企业发展的关键问题、难点问题,制定切实有效的应对措施,帮助企业想方设法搞技改、调结构,降成本、挖潜力,抓改革、增效益,提质量、保市场,保持全市经济平稳运行。加大对企业特别是中小企业的扶持力度,促进中小企业快速成长。加大金融支持力度,加强中小企业融资担保、信用和服务平台建设,加快利用资本市场融资步伐,解决中小企业融资难的问题。

(六)始终坚持保障和改善民生。要把保障和改善民生放在更加突出的位置,切实解决好群众最关心、最真接、最现实的利益问题。要将更多的财力用于提供和民众生活密切相关的公共产品和公共服务,统筹城乡协调发展,大力发展文化教育、医疗卫生和社会保障等社会事业,积极推进公共服务均等化,让全体市民共享改革发展成果。加快完善公共就业服务体系,健全面向全体劳动者的就业援助制度,完善市场就业机制,促进城乡劳动者平等就业、素质就业、稳定就业。要建立统筹城乡的多层次社会保障体系,推进城镇居民的医疗保险扩面工作,调整城市低保标准,探索建立农村养老保险制度,提高农村新型合作医疗保障水平,努力实现农村最低生活保障应保尽保。

三、牢记使命,再接再厉,更好地发挥政协组织和政协委员在围绕中心、服务大局中的职能作用

非常时期,要求我们必须以非常的精神、非常的责任、非常的措施、非常的作风,继续带领广大政协委员,围绕中心,服务大局,积极协助市委、市政府全力以赴保增长,千方百计保民生,同心协力保稳定,确保今年全市各项工作目标的顺利实现。

(一)要把"助发展"作为履行职能的第一要务。当前,我市的经济正处于转型升级、实现发展方式转变的重要时期,受国际金融危机影响,既面临难得的机遇,也面临重大的挑战。在这样的大环境下,我们必须切实把助推科学发展作为履行职能的第一要务,想发展大局、议发展大事、谋发展大计。

一是要做助推发展的"谋划者"。全市各级政协要更加自觉地把探索攻坚克难的办法、实现保增长促发展的目标作为参政议政的中心课题,高度关注抓项目、调结构、促消费、扩内需等保增长、促发展的重大措施的实施情况,积极建言献策,注重立论的超前性、论据的科学性、建议的可操作性,协助党委、政府丰富发展思路、破解发展难题、拓宽发展空间,努力为保持经济平稳较快增长奉献聪明才智,当好党委、政府的"参谋部"和"智囊团"。

二是要做助推发展的"参与者"。政

协委员是"政协人",也是"社会人",兼有履行好委员职责和做好本职工作的双重责任。广大政协委员要把宏观议大事与微观办实事结合起来,把诚恳谏言与兴邦创业结合起来,把助推发展与参与发展结合起来,把履行政协职能与树立实干形象结合起来,努力在议大事、聚民力、促团结、谋发展上,身体力行、带头示范、冲锋在前,充分体现政协委员的作用和价值。尤其是企业界的委员要勇于面对金融危机,在迎接挑战中抓住机遇,在突破困境中寻求发展。要注重发挥专家、学者委员的智力优势,帮助企业研究应对金融危机的发展战略和管理策略,为企业搞好咨询服务。在政府职能部门工作的政协委员,要进一步强化服务意识,多为企业发展办好事、办实事,为他们创造更好的外部环境。

三是要做助推发展的"宣传者"。要充分发挥政协联系广泛的优势,通过组织专题座谈会、经贸洽谈会、海外联谊会等载体,加强同境内外有关人士的联系和交流,广泛宣传郑州、推介郑州、展示郑州,为项目建设找信息、为客商落户牵红线、为企业发展当保姆。要充分发挥政协委员位置超脱的优势,帮助党委、政府做好宣传引导工作,使中央和省、市委对形势的正确判断成为社会各界的共识,把中央和省、市委的科学决策转化为社会各界的实际行动。

(二)要把"惠民生"作为履行职能的迫切任务。金融危机、经济衰退,受影响最大的是老百姓,特别是困难群众、弱势群体和低收入阶层。全市各级政协要进一步强化"人民政协为人民"的理念,把关注民生、改善民生、保障民生作为政协履行职能的核心任务,切实协助党委、政府解决好群众最关心、最直接、最现实的利益问题,努力让人民群众共享改革发展的成果。

一是要做关注民生的"有心人"。坚持调研为民,紧紧抓住群众最关心的求学、求业、求医、求居等热点难点问题,深入基层,真实了解民情,准确反映民意。坚持提案为民,紧紧围绕社会保障、社会服务、社会管理、社会稳定等民生工程撰写提案,推动落实。坚持视察为民,紧紧围绕党政部门为民办实事的有关工作,精心组织视察,认真听取和收集来自不同角度、不同视点的意见,推动民生问题的解决。

二是要做保障民生的"知心人"。充分发挥设在社区的"委员之家"和"委员信箱"的作用,深入实际,深入群众,认真听取群众的呼声和要求,把群众最想办的事情摸准,把群众最困难的事情搞清,充分了解和及时反映群众的所需所盼所想,秉笔直书,仗义执言,表达群众利益诉求,促进党委、政府决策更加科学民主,努力让党委、政府的决策与老百姓的期待更吻合,切实维护群众的利益。

三是要做改善民生的"热心人"。主动帮助基层和群众协调解决各种困难和问题。教科文卫界别的委员要组织好科技、文化、卫生"三下乡"活动。工商联、经济界别的委员要积极发挥民营经济的"领头羊"作用,充分发挥企业和自身优势,在扶贫帮困、捐资助学、吸纳下岗职工等工作中多做贡献。其他界别的委员也要争做为群众办事的热心人,八仙过海,各显神通,尽心尽力为群众办好事办实事。

(三)要把"促和谐"作为履行职能的重要任务。今年是新中国成立六十周年,我们国家大事多、要事多、敏感节点集中。各级政协组织一定要牢牢把握团结与民主两大主题,充分发挥联系群众、沟通各界的桥梁纽带作用,在维护社会稳定、促进社会和谐方面有所作为。

一是要发挥"缓冲器"作用。各级政协和广大委员要利用"亦官亦民"的特殊身份,在疏理群众情绪、化解不稳定因素方面,勇于担当群众与党和政府之间的"缓冲器"。要善于说服群众、善于引领群众、善于宣传群众。主动向各界群众宣传党和政府的惠民政策、宣传积极应对金融危机的正确主张、宣传我们所面临困难的暂时性,增强战胜困难的信心和勇气。面对群众的怨言和怨气,政协委员要主动给予关心,做好解释、说服和疏导工作,让群众心服气顺。

二是要发挥"主渠道"作用。民意畅达则社会和谐。反映社情民意是政协的重要职能,也是政协委员的职责。全市有2000多名政协委员,分布于社会各界,有着广泛的社会触角。我们要主动深入社会各界搜集民意信息,在加工提炼的基础上,通过提案、信息、书信、发言等形式,积极、主动、真实、快捷地反映给各级党委和政府。

三是要发挥"预警器"作用。各级政协组织和广大政协委员要进一步增强对群体性事件信息的敏感性,对获取的社会信息和民意信息要进行综合性分析,力求从一般性信息中发现潜在的群体性事件的蛛丝马迹,对已有明显苗头的群体性事件信息要及时反馈,为党委和政府化解矛盾、平息事态、维护稳定争取时间和主动。

各位常委、同志们:政协委员是政协工作的主体。政协一切工作的开展,一切成就的取得,都离不开委员的智慧和创造。每一位政协常委和委员,都要以"创建委员之家,树立委员形象"活动为契机,主动作为、求真务实、勇于探索,树立学习型、民主型、务实型、创新型和奉献型的形象,以更加旺盛的斗志,更加扎实的作风,创造更加突出的业绩,为我市积极应对金融危机、促进经济平稳较快增长作出新的更大的贡献!

在市政协十二届四次常委会议上的讲话

李秀奇

各位常委、同志们：

一天多来，常委们视察了新郑市社会主义新农村建设情况，听取了郑州市政府关于我市农村改革发展情况的通报，市政协农业委员会、民盟郑州市委等13个单位作了专题发言。在分组讨论中，广大常委们围绕农村改革发展主题畅所欲言、坦陈己见，又提出了许多很好的意见和建议。会后，市政协办公厅要认真归纳整理，及时呈报市委、市政府做决策参考。下面，借今天这个机会，我想再强调三点意见。

一、着眼全局，面向未来，深刻认识推进我市农村改革发展的重大意义

农业是安天下、稳民心的战略产业，农业丰则基础强，农民富则国家盛，农村稳则社会安。当前，我市已全面进入以工促农、以城带乡的发展阶段，正处于加快改造传统农业、走中国特色农业现代化道路的关键时刻，步入了加速破除城乡二元结构、形成城乡经济社会发展一体化新格局的重要时期。在这一新的形势下做好“三农”工作，就必须进一步把思想统一到中共十七届三中全会的精神上来，深刻认识推进农村改革发展的重要性和紧迫性。

(一)推进农村改革发展，是深入贯彻落实科学发展观的本质要求。加强“三农”工作，是加快社会主义现代化建设的重大任务。科学发展观的第一要义是发展，我们要在新的起点上继续推进经济社会发展，就一刻也不能放松农业农村的发展。科学发展观的核心是以人为本，我们要真正落实“以人为本”的要求，就必须把增加农民收入、提高农民素质作为一项重要任务，让广大农民群众共享改革发展和社会进步的成果。科学发展观的基本要求是全面协调可持续，根本方法是统筹兼顾，我们要实现经济社会的全面协调可持续发展，就必须致力于促进产业之间、城乡之间的相互联系、相互依存、相互支持和相互促进，使城乡生产能力不断增强、经济结构不断优化、环境水平不断提高、区域联系更加紧密。

(二)推进农村改革发展，是全面实现我市经济社会跨越式发展的题中之义。党的十七届三中全会强调，实现全面建设小康社会的宏伟目标，最艰巨最繁重的任务在农村，最广泛最深厚的基础也在农村。作为一个农业大省的省会城市，要实现经济社会跨越式发展，在中原崛起中发挥龙头作用，就必须始终坚持工农并举，以工哺农、以工促农，推动一、二、三产业协调发展和城乡一体化发展，使跨越式发展的过程成为农村经济不断发展、农民生活水平逐步提高、农村不同利益群体普遍受益的过程，成为推动农业农村工作再上新台阶的过程。

(三)推进农村改革发展，是有效解决“三农”发展面临诸多难题的必由之路。同30年前相比，虽然当前我们推进农村改革发展的起点更高、基础更好、条件更为有利，但人民群众对改革发展的期盼和要求也变得更高，改革触及的领域也更加深广，面临的问题和矛盾也更加复杂。诸如农民持续增收压力加大、农业产业化水平不高、农村公共事业发展相对滞后、农村社会保障制度尚未健全、农村发展资金紧缺等等。面对这些问题，我们只有坚持不断地深化改革，扎扎实实地推进发展，才能从根本上解决这些问题和矛盾，建立健全以工促农、以城带乡的长效机制，形成城乡经济社会发展一体化的崭新格局。

二、突出重点，把握关键，扎实做好我市农村改革发展的各项工作

综合本次常委会上发言和讨论的情况，归纳起来，大家的建议主要有以下六个方面。

(一)以农民增收为核心，着力拓展农民增收渠道。一是抓就业促增收。就业是民生之本。要着重做好返乡农民工再就业和青年农民、被征地农民和低收入群众的就业创业工作。要根据劳动力的市场需求，大力开发公益性岗位，就近就地安置就业困难人员。要整合和完善现有的各项扶持农民创业的政策措

施，在用地、收费、信息、工商登记、纳税服务等方面，降低创业门槛，为农民工返乡创业提供更大支持。二抓项目促增收。要进一步加大财政支农力度，加快实施村庄整治、低收入农户奔小康、特色农业产业转型升级、土地资源开发等项目，以项目带动农民增收。三是抓帮扶促增收。要不断完善机关部门、企业和干部联系帮扶低收入农户的制度，促进结对帮扶工作的经常化。积极鼓励和引导农村能人、工商企业、社会各界人士与贫困村结亲、与低收入户结对。各级党委、政府要不折不扣地把中央、省、市出台的各项支农惠农政策落到实处，把“真金白银”送到农民手里，让农民真正得到实惠。

（二）以现代农业为目标，着力加快农业转型升级。一是树立现代农业理念。就是要树立用现代物质条件装备农业、用现代科学技术改造农业、用现代产业体系提升农业、用现代经营形式推进农业、用培养新型农民发展农业的理念，提高农业水利化、机械化和信息化水平，提高土地产出率、资源利用率和农业劳动生产率，提高农业素质、效益和竞争力。二是发展现代农业产业。要加快推进现代农业示范基地建设，科学编制现代高效农业示范基地建设规划，明确建设的定位、布局、规模和主攻方向及标准。同时，积极培育花卉、石榴等特色农产品基地建设，大力开展特色专业示范村建设，努力构建“一乡一业、一村一品”的特色农业发展格局。三是培育现代农业组织。要依照多样化、多元化、多层次发展的方针，着力培育一批品牌响、规模大、带动力强的农业龙头企业。积极引导农业企业、农技人员、农村集体经济组织发挥各自优势，联合农民建立生产型、流通型、服务型专业合作社，提高农民专业合作社规范运行的水平，着力培育组织健全、服务周到，与农户利益共享、风险共担的示范性合作组织。

（三）以基础建设为抓手，着力改善农村人居环境。一是加快农村基础设施建设。加大公共财政对农村覆盖的范围，以财政转移支付为投入主体，逐步改善农村公共设施和公共事业薄弱的现状。同时，要充分利用国家的扶持政策，千方百计激活民间资金，以项目建设为依托，推进农村基础设施建设。二是完善农村环保设施建设。突出以污水治理、卫生改厕、村道硬化和垃圾集中处理“四项工程”为重点，加强污水管网和处理设施建设，建立农村环保体系，实现“户分类、村收集、镇运输、县处理”的垃圾收集处理和资源化综合利用体系。三是开展农村新社区建设。以生态环境、基础设施、社会事业、公共服务、精神文明和基层民主建设为主要内容，积极开展农村新社区建设，逐步把一批中心村建设成为村容村貌洁净、人居环境优美、基础设施配套、公共服务完备、农民生活幸福的农村新社区。

（四）以改善民生为根本，着力推进城乡公共服务均等化。一是健全农村社会保障体系。从农民需求迫切的社会养老、合作医疗和最低生活保障这三项制度入手，注重搞好城乡社会保障制度的有效衔接，加快建立统一、规范的农村社会保障体系。二是推进基本公共服务均等化。加快发展农村教育事业，逐步改善农村办学条件，进一步促进城乡教育均衡发展。加快县（市）、乡镇、村三级公共卫生体系和卫生服务网络建设，优化医疗卫生服务资源配置。加强乡镇文化站和村文化室建设，广泛开展“送文化”下乡活动，繁荣农村文化事业。三是创新农村社会管理体制。在发达国家的广大农村，都是通过大量的社会组织和经济组织来提供公共服务和实现社会管理的，政府只起到一个宏观制定政策、提供资助和进行规范的作用。因此，在推进农村社会管理体制改革的进程中，我们也要改变以往那种一切由政府包办的传统方式，积极培育专业经济合作组织和社会组织，通过它们提供大量的社会公共服务，满足农民的物质文化需求。农村的情况千差万别，我们的社会管理改革也应立足于农村实际需要，有针对性地制定方案。允许“一村一品”，不搞“一刀切”，只要能解决农村发展的实际问题，哪种形式好就采取哪种形式。

（五）以制度创新为重点，着力增强农村改革发展活力。一是创新土地流转机制。按照“农业生产在集约上做文章”的思路，完善土地流转合同、登记、备案制度，积极鼓励土地承包经营权流转，大力推进规模生产和集约经营。探索建立土地流转的激励机制，对转让承包土地的农民优先安排转产转业技能培训、优先介绍劳动就业，同时对土地流转、农业招商引资工作做得好的地区实行奖励。二是创新强农惠农投入机制。进一步落实农业直接补贴政策，扩大农机、良种补贴范围，提高补贴标准；抓紧出台农民专业合作社补贴农业生产、农业基础建设项目的办法，拓宽农业补贴的支出渠道；完善“以奖代补”制度，提高财政支农绩效；研究制定相关政策，鼓励龙头企业做大做强、吸引外地农业企业落户郑州、引导社会资金投入农业。三是创新农村集体经济经营管理机制。继续做好农村集体经济组织证明书的发放及相关配套工作，明确农村集体资产的经营管理主体及所有权归属。进一步深化农村股份合作制改革，推进农村集体经济股份固化工作。完善农村财务公开和民主管理制度，加强对农村集体经济的财务审计。四是创新科学管理方式。强化工作责任，进一步明确涉农部门的职能，严格考核，对重点工作实行问责制。财政支农资金管理制度，要按照政策导向和集中力量办大事的原则，充分体现财政的公共属性，切实发挥好“四两拨千斤”的作用；大力推行项目化管理，努力提高财政支农资金的使用效率；完善农业生产安全管理制度，加强应急队伍建设，完善应急处置预案，切实抓好农业的安全生产工作。

（六）以平安建设为支撑，着力为农村改革发展创造良好环境。一是大力开展农村普法工作。广泛开展法制宣传教育，增强群众的法律意识，引导农民以理性合法的方式表达利益诉求，依法行使权利、履行义务。完善群众工作网络，拓宽农村社情民意表达渠道，健全农村矛盾纠纷预防、排查、调处工作机制，切实维护农民群众的合法权益。二是严厉打击涉农犯罪活动。开展形式多样的农村基层平安创建活动，及时排查整治治安混乱地区和突出治安问题，依法打击黑恶势力犯罪、严重暴力犯罪、多发性侵财犯罪、破坏农村环境资源及制假售假等违法犯罪活动。完善农村治安防控体系，推进群防群治，建立农村应急管理体制，提高突发事件的应急处理能力。三是切实加强民族团结和宗教和睦。依法管理民族和宗教事务，反对和制止利用民族、宗教、宗族势力干预农村公共事务，积极防范和坚决打击境内外敌对势力对农村的渗透破坏活动。

三、汇聚众智，再接再厉，充分发挥人民政协在推进农村改革发展中的积极作用

围绕农村改革发展工作的献计出力，不是通过开一次常委会议就可以“毕其功于一役”的，它是一项长期艰巨的任务。全市各级政协要继续履行好三项职能，不断为推进我市农村的改革发展贡献力量。

（一）深入调研，为推进农村改革发展建言献策。推进农村改革发展是涉及面广、系统性强的庞大工程，其中的许多课题，需要我们深入调研，把握规律，提出系统科学的解决办法。全市各级政协要结合实际，继续有重点地选择一些课题，集中力量深入进行调查研究，及时与政府有关部门沟通情况、互通信息、共同研讨，在分析、综合、提炼上下功夫，力争提出更多有价值、有份量的意见建议，为党委和政府决策提供参考依据。

（二）化解矛盾，为推进农村改革发展排忧解难。构建和谐农村，建设平安农村、法制农村和民主农村是农村改革的重要内容之一。当前，我国各个阶层利益多元化，各个阶层的利益取向不同，要求、愿望和追求也不同。广大政协委员要坚持深入农村、深入群众、深入实际，查实情、访农意，特别对带有苗头性、倾向性的问题一定要摸清摸透，用数据说话，用事实论理，做好协调关系、化解矛盾、理顺情绪、维护稳定的工作，积极为彰显社会公平正义和创造良好的社会环境尽心尽职。

（三）发挥优势，为推进农村改革发展凝心聚力。政协组织中有许多农业方面的专家学者和农民企业家，在推进农村改革发展中具有独特的优势，应当也完全可以大有作为。希望这些委员充分发挥各自优势，积极参与农村建设，积极协助农村引进资金、技术、人才，积极调动多方资源投入农业开发。及时了解和反映农村改革发展中的热点、难点问题，认真撰写提案、社情民意，协助党政有关部门解决好农民生产生活中的实际困难和问题，让农民得到更多的实惠，切实维护好、实现好、发展好广大农民群众的根本利益。

各位常委、同志们，9月15日至18日，中共十七届四中全会在京召开，会议听取和讨论了胡锦涛受中央政治局委托所作的工作报告，审议通过了《中共中央关于加强和改进新形势下党的建设若干重大问题的决定》。9月20日，首都各界代表在全国政协礼堂隆重集会，庆祝中国人民政治协商会议成立60周年，胡锦涛总书记出席大会并发表了重要讲话。近期，中共郑州市委将会对会议精神的贯彻落实做出具体安排。希望各级政协组织和广大政协常委，要高度重视，先行一步，带头把学习好宣传好贯彻好落实好四中全会精神和胡总书记的重要讲话，作为当前和今后一个时期的重要任务抓紧抓好。按照胡总书记要求的那样，一是继续走中国特色社会主义政治发展道路。不断夯实参加人民政协各党派、各团体、各民族、各阶层、各界人士团结奋斗的共同思想基础，紧紧围绕党的重大决策和工作部署履行职能、开展工作，确保党的路线方针政策在人民政协得到全面贯彻落实。二是继续把推动科学发展作为履行职能的第一要务。切实把政协各参加单位和广大政协委员的思想和行动统一到中共中央的决策部署上来，把积极性、主动性、创造性引导到推动科学发展上来，共同为转变发展方式、破解发展难题献计出力，努力为实现以人为本、全面协调可持续的科学发展建睿智之言、献务实之策。三是继续在促进社会和谐中发挥重要作用。在经济体制深刻变革、社会结构深刻变动、利益格局深刻调整、思想观念深刻变化的新形势下，人民政协要坚持把发扬民主、增进团结、协调关系、化解矛盾作为履行职能的重要着力点，努力为促进政党关系、民族关系、宗教关系、阶层关系、海内外同胞关系的和谐发挥积极作用。四是继续为推进祖国和平统一大业贡献力量。充分发挥自身优势和作用，积极推动两岸交流合作，使两岸同胞联系更广泛、感情更融洽、合作更深化。五是继续加强人民政协的自身建设。切实发挥政协委员在本职工作中的带头作用、政协工作中的主体作用、界别群众中的代表作用，自觉树立和展示政协委员的良好形象。

最后向参加会议的各位常委、各位同志以及全市广大政协委员和政协工作者致以最美好的“双节”祝愿。祝大家身体健康、工作顺利、阖家欢乐、万事如意！

谢谢大家！

大会发言

十二届三次常委会

关于应对国际金融危机促进郑州经济平稳较快发展的建议

市政协经济委员会

根据2009年工作安排，市政协组织专委会、各民主党派、工商联，围绕我市“扩内需、保增长”情况开展了调研活动。现将情况报告如下：

一、调研活动的开展情况

这次调研活动，是为了认真贯彻中央、省、市关于“扩内需、保增长”政策措施，全面落实科学发展观，积极应对国际金融危机，促进郑州经济平稳较快发展，加快推进我市“三化两型”城市建设建言献策。

市政协领导对这次调研活动非常重视，召开会议研究调研方案和调研参考题目、进行动员部署。在调研第一阶段，制定下发了《市政协关于开展促进“扩内需、保增长”政策落实情况调研视察活动的实施意见》，成立4个专题调研组，分别由李秀奇主席和各位副主席带队、各专委会和部分委员参加，通过实地考察、座谈交流等形式，详细了解“扩内需、保增长”政策在我市的贯彻落实情况。

在调研第二阶段，12个专题调研组围绕纺织服装业、旅游业、创意产业、现代物流业等行业以及关系民生的劳动就业、农村医疗卫生服务体系等，采取深入企业了解情况、走访座谈、听取汇报等方式展开广泛深入的调研。

在各调研组开展调研活动的同时，市政协组织对全市200多名委员所在企业生产经营情况和项目建设情况进行调查，召开了市政协企业界委员应对金融危机座谈会，企业界委员相互交流应对国际金融危机冲击、带领企业危中求机遇促发展的经验。根据对200多名委员所在企业的调查摸底，今年有重大新建、续建或扩建项目60个，投资总额近389亿元，涉及企业界委员50名。为充分发挥政协优势，促进“扩内需、保增长”政策有效落实，促进委员所在企业更好发展，开展了市政协领导联系委员活动，采取每位领导和机关干部分包企业，帮助委员所在企业协调解决项目投融资、项目建设、生产经营等方面存在的困难和问题。

在这次“扩内需保增长”系列活动中，市政协各专委会、各民主党派和工商联共开展调研视察活动50余次，走访单位90多家，听取108个部门和企业情况汇报，召开各类座谈会20多次，了解情况、分析问题、总结经验、研究对策。通过组织开展一系列活动，征集到调研报告13份，提出意见建议67条。

二、我市“扩内需、保增长”工作取得阶段性成果

今年以来，随着国际金融危机的进一步蔓延，全市经济发展遇到了前所未有的困难和挑战。面对严峻的经济发展形势，全市上下紧急行动，认真贯彻落实“扩内需、保增长”的政策措施，齐心破危局、全力谋发展，努力遏制经济下滑的态势，全市经济运行逐步回暖，发展趋势趋向良好，“战危机、保增长”工作取得了初步成效。

（一）制定政策，扶持企业走出困境。今年以来，针对经济运行中出现的新情况、新问题，市委、市政府解放思想，果断决策，克难创新，相继研究出台了一系列应对金融危机、促进经济平稳较快增长的政策措施，涉及到综合类、工业类、房地产、金融类、农业类、扩大就业类等多达近60份。这些政策措施，具有很强的针对性和时效性，对我市各行业在困难形势下树立信心，战危机保增长起到了积极作用。特别是今年二季度，针对严峻的经济形势，市委、市政府把“战危机、保增长”作为压倒一切的中心工作，迅速召开各类会议进行动员部署，提出决战二季度的目标，加大督导

检查力度，特殊时期采取非常举措，扶持企业渡过难关，确保预定经济目标顺利实现。

（二）建立机制，服务企业成效明显。一是建立了“扩内需、保增长”组织机构。成立了以市委市政府主要领导为组长、市属有关部门负责同志为成员的“扩内需、保增长”工作领导小组，责任明确、措施细化，发现问题及时解决。二是扎实开展企业服务年活动。制定了《郑州市开展企业服务年活动实施方案》，确定了全市重点服务企业，帮助企业和项目解决发展难题。认真解决重点企业反映问题535个，尚有469个问题正在协调解决之中。三是组织企业进行产销对接，完成合作签约额度246亿元。四是落实涉企税费优惠政策，办理企业出口退税8.1亿元。五是加快组建中小企业信用担保体系，切实帮助企业解决融资难题。

（三）效应初现，全市经济企稳回升。随着“战危机、保增长”工作的强力推进，随着一揽子政策措施的有效落实，全市经济企稳回升，部分行业出现了积极变化。

1. 工业生产持续回升。今年1-5月，我市规模以上工业增速分别为-7.7%、-4.2%、-1.0%、3.1%、5.3%；1-5月累计完成工业增加值463亿元，同比下降1.5%，但是4月和5月的增速环比实现正增长。

2. 城镇固定资产投资稳步增长。今年2-5月城镇固定资产投资当月增速分别为26.3%、29.1%、31%、36.8%。1-5月份，城镇固定资产投资累计完成671.7亿元，同比增长31.6%。

3. 房地产市场趋于好转。保障性住房建设进度加快，商品房销售开始升温、销售价格趋于合理。截止3月底，房地产增速较前两个月提高7.6%，出现了商品房销售面积和销售额双双大幅增长的良好势态，同比增长31.5%和37.9%。5月份，商品房销售面积同比增长62.2%，销售金额同比增长73.3%。

4. 扩大消费政策取得积极成效。今年以来，在物价降幅扩大的情况下，全市社会消费品零售总额继续保持稳定增长，1-5月份累计完成581亿元，同比增长18%，增幅高于全国和全省平均水平。第一，家电下乡拉动农村消费。全市销售家电下乡产品67239台件，实现销售额1亿元。其中，54839台家电产品得到财政补贴，补贴总额度为1030.8万元。第二，旅游消费再创新高。1-5月，全市接待国内游客1441.6万人次，同比增长14.8%；国内旅游收入达到136.9亿元人民币，同比增长13%；接待入境游客11.1万人次，同比增长7.2%；外汇收入4357.8万美元，同比增长7.6%；旅游总收入达到139.6亿元，同比增长13%。

三、我市“扩内需、保增长”面临的严峻形势与存在问题

当前，我市经济运行虽然出现回升态势，但部分行业仍未摆脱困境，需求不足的问题没有得到根本解决，回升的基础比较薄弱。无论是目前面临的形势和任务，还是与中部一些省会城市相比，我市都存在着明显的差距和许多亟待解决的问题。

（一）当前面临的严峻形势

1. 企稳回升的基础不稳固。工业增速处于较低水平。5月份，我市规模以上工业增速5.3%，低于全省平均增速6.3个百分点；重点行业下行趋势还未得到根本遏制。电解铝、钢铁、耐材、建材等主导产品价格虽有回升，但需求仍然严重不足，价格回升的基础不牢固，企业盈利水平明显下降；企业经济效益指标持续下滑。截止5月底，全市企业亏损户数已达218家，同比增长22.5%，亏损22亿元，同比增长87.8%。

2. 经济增速差距更加明显。今年一季度，我市地区生产总值增速4.4%，较去年同期回落10.1个百分点，低于全国1.7个百分点，低于全省2.2个百分点，在全省18个地市中增速居16位，与增速排名第一的周口市相差6.7个百分点。1-4月份，规模以上工业增速与中部六省会城市相比，分别低武汉、南昌、长沙、合肥13.3%、15%、16%和27.8%，略高于太原，位居倒数第二。

3. 区域竞争压力进一步加大。就我市而言，相对于东部地区，在产业基础、市场环境方面不占优势；相对于西部地区，在资源、能源以及要素成本方面不占优势；相对于中部地区，又没有合肥、南昌和长沙承接长三角和珠三角产业转移的地利之便，加上全市优势产业大多集中在产业链的前段和价值链的低端，资源、原材料工业比重大，决定了国际金融危机对我市经济的冲击走得慢、影响深。

（二）存在的主要问题

（1）战危机的思想认识存在差距。危机是普遍的，困难是客观的，机遇是共享的。面对大的宏观环境变化，各地企业遭遇相同，而我市受的影响特别大。主要是我们在思想上、认识上存在差距。自去年全球金融危机爆发以来，我市职能部门转变工作作风，创新工作机制，提高办事效率，采取多种形式为企业服务。但是，一些部门对金融危机影响的严重性认识不足，对当前面临困难的严重性、形势的严峻性、任务的艰巨性认识不足，对可能受到的冲击估计过低，缺乏危机感和紧迫感；思想上、行动上准备不足，应对危机反应不快、能力不强，落实政策措施不力、工作不细不实。

许多企业反映，这次“战危机、保增长”过程中，“两头热中间凉”现象相当普遍。市委市政府领导高度重视，提出要解放思想，用创造性工作破瓶颈、解难题。企业家们更是急切盼望当前经济形势下能够增强机关服务功能，简化办事程序，提高工作效率，抓住机遇加快发展。调研中我们感到我市绝大多数职能部门都紧紧围绕保增长勤奋奉献着，但是还存在一些不协调现象：一是“潜规则”仍有市场，表现为划地为牢的部门利益或上下左右不沟通、不及时沟通，办事拖拉，手续繁琐、审批周期较长。二是缺乏强有力的综合协调部门和较强的服务意识，部分部门和单位只讲客观，不讲主观，不作为与乱作为时有发生。税务部门为了增加财政收入，加大了税收的征收检查力度，这本无可厚非。但是在当前经济形势的大环境下，税务部门严查企业前几年的缴费情况，让企业家们不但感受不到政府的关怀温暖，而且是雪上加霜。更有个别税务部门为了完成征收任务，向企业预征税

收。

(2)产业结构性矛盾集中暴露。2008年，郑州市规模以上工业增加值占全市GDP的49.4%，其中资源能源类产值占工业增加值的52%，高技术产业占工业增加值的2.52%。资源型初级产业比重大，是我市工业的主要特点。这些产业能耗高、产业链条短，高附加值和深加工产品少。在这次国际金融危机影响的冲击下，我市产业结构不合理的矛盾集中暴露。

(3) 企业竞争力不强问题更加凸显。我市大多数民营企业规模小，优质大规模民营企业更少，全市规模以上民营企业仅占企业总数的6.5%。企业自主创新能力不强，产品科技含量低，产业链条短，知名品牌少，市场品牌效应低，产品类同且处于价值链的底端，对市场的掌控能力较差，抵御风险能力较弱。在需求不足、市场竞争激烈时，企业竞争力不强的问题更加突出。

(4)企业融资困难亟待解决。据有关部门统计，全市85%以上的民营中小企业存在较大的资金缺口。全市亏损、半停产、停产和倒闭的民营中小企业中有80%因筹集不到流动资金而陷入困境。虽然国家出台了金融支持政策，放宽对企业的贷款限制。但这些政策的操作性不强，地方配套措施又不健全，民营中小企业普遍感受不到这些优惠政策给企业带来的好处。今年1--5月份，尽管金融机构贷款投放规模逐月放大，但从贷款结构看，新增贷款集中流向大企业、大项目，民营中小企业无人问津，存在着冷热不均、国进民退的现象。

(5)家电下乡工作尚需完善。一是产品档次偏低，种类少，不能满足不同层次的消费需求，限制了部分农民群众对原有家电产品的更新换代。二是补贴程序繁琐。家电下乡产品一直采用“事后补贴”的方式，需要层层审核，手续十分复杂，花费时间较长。三是产品质量与售后服务成为群众购买的后顾之忧。农民担心售后服务不完善，家电坏了没人修，更担心超过国家规定的免费保修期后，因过高的维修费用而修不起。这在很大程度上制约了群众购买家电下乡产品的积极性。

四、关于促进我市经济平稳较快发展的建议

当前，国际金融危机仍在蔓延和深化，世界经济形势依然复杂严峻。对此，我们要有清醒的认识，对困难要有足够的估计。同时，我们也要看到，国际经济环境恶化和国家宏观经济政策相应的调整，对郑州发展既是严峻的挑战，也是难得的发展机遇。为促进郑州经济平稳较快发展，提出以下建议：

(一)因时而动，增强紧迫感使命感。形势复杂多变，机遇转瞬即逝。忧则兴，预则立。我们一定要增强忧患意识，增强应对危机的紧迫感和使命感，工作方式、有关程序尽可能适应战危机保增长的需要。要创造性地突破局部环节的羁绊，前瞻而行，逆势而起，掌握主动权，注重从变化的形势中捕捉和把握难得发展机遇，在逆境中发现和培育积极因素，齐心协力，共克时艰，在挑战中谋求更大发展。

(二)顺势而为，加快调整产业结构。目前中央出台的一系列政策措施，都将加快结构调整和发展方式转变作为保增长的主攻方向。我们要抓住国家产业结构调整的战略机遇，加快我市产业结构调整步伐，按照关联度最大、成长性最好、竞争力最强的原则，建立我市现代产业体系。一要立足郑州实际，尽快制定出台郑州市产业结构调整规划和近期目标，构建战略产业支撑，促进产业结构调整和优化升级。二要对产业结构调整目标进行量化和分解，落实目标责任制，与领导干部政绩挂钩，加大考核力度，在抓产业结构调整上下功夫。三要抓住沿海产业向内地转移的机遇，创造承接产业转移的环境和条件，吸纳更多的符合我市产业发展规划的企业落户郑州。四要大力推动实施、规范发展产业园区和产业集群，加大对产业集群龙头企业的支持力度，提高产业的抗风险能力。

(三)激发活力，推动企业自主创新。从调研情况看，危机冲击下经营情况比较好的企业，都是自主创新能力比较强的企业。提高企业自主创新能力，激发企业活力，是提高企业核心竞争力、发展壮大企业的关键。一要加大对自主创新和产业升级的支持力度，不断提高我市产业技术水平和产品市场竞争力。二要健全企业科技创新投入机制，引导企业加快与国内外科研单位建立战略同盟，组织实施重大科技专项研究，加快形成以科技进步和创新为基础的竞争优势。三要引导企业顺应产业集聚的优势，向产业积聚和集群化方向发展，向产业链上下游延伸，通过产业链的整合提高企业利润，增强企业活力。

(四)优化环境，助推民营经济发展。当前，我市民营中小企业遇到的困难和问题是多年来未有的，有些困难和问题单靠企业自身是无法解决的。我们要进一步优化发展环境，加大支持力度，助推民营企业健康发展。一要切实抓好有关政策的落实。对照省委、省政府新出台的政策，及时补充完善现有措施，做好各项政策之间的衔接，确保各项优惠政策能够真正得到落实。二要切实解决企业资金困难问题。落实好已出台的金融支持政策，放宽对企业的贷款限制。协调金融机构加大对民营中小企业的信贷支持力度，积极搭建投融资平台，促进银企合作。三要切实减轻企业负担。全面清理涉企收费项目，依法减免针对企业的行政事业性收费，进一步规范收费行为。四要推进企业战略整合，鼓励企业通过重组、兼并、合作、引进战略投资者等方式做大做强。

(五)多措并举，努力扩大消费需求。作为保增长的根本途径，扩大内需，解决市场需求不足是应对危机的关键。一要充分挖掘本地市场。有关部门和企业要充分利用本地资源，积极开展产销衔接、企业协作等大型活动，在价格、质量基本相当的情况下，鼓励优先采购本地产品。二要积极开拓国内外市场。支持推动市内企业举办各种活动寻找商机，构建并扩大国内市场体系。同时，支持企业“走出去”，鼓励企业开展对外投资、工程承包和劳务合作，积极扩大国际市场。三要努力做好家电下乡工作。扩大家电下乡和农机购置补贴品种，完善农村售后服务网点建设，简化兑现手续，调动农民消费的积极性。四要积极培育消费热点。设法增强居民消费意

愿，扩大消费需要，培育消费热点，着力满足广大人民群众“住、游、娱、购”等方面日益增长的消费需求。

(六)统筹发展，加快城乡一体化进程。城乡一体化是增加农民收入，启动农村市场，扩大内需的重要途径。近年来，郑州经济的快速发展已为推进城乡一体化提供了较好的经济基础。我们要加大改革力度，抓住机遇，在承包土地的使用权流转、宅基地置换、活跃农村金融市场等方面进行积极探索，依托我市资源优势，加快农村生态环境建设，积极开拓农村市场，扩大农村内需。要加大农村公共投入力度，不断完善农村社会保障，使农村巨大的消费潜力转化为现实购买力；要切实增加农民收入，为有效扩大农村内需提供源头活水。

加快创意产业发展 促进我市经济增长

市政协社会和法制委员会

根据市政协十二届三次常委会议要求，围绕“扩内需、保增长、调结构、促转型、重民生”的主题，我们组织部分委员和专家就创意产业及相关问题进行了调研。本次调研采取座谈、听取情况介绍、实地察看、查阅相关文件、资料等方式进行。现将调研组对加快郑州创意产业发展的几个主要观点汇报如下：

一、创意产业发展情况

创意产业，是一种涵盖面很宽、新兴的朝阳产业，学术界定义很多，分歧亦很多，但我们可以理解为：主要是由创意推动的产业。例如上海年销售额达到26亿元的建筑设计园，上海游戏软件设计园、旅游纪念品设计中心、以聚集区模式出现的上海戏剧大道等，我市在建的信息创意产业园、郑州的国家动漫产业基地等均可定义为创意产业。

经济学家认为，创意是推动经济成长的原动力。经过二十多年的孕育孵化，创意产业已经从理念跨入了创造巨大经济效益的快车道，它创造的财富已经大大超过制造业，成为世界经济增长的主要动力。据专家估算，2000年全球创意经济约创造了8万亿美元，而世界第一大经济体美国2008年的GDP才有14.33万亿美元。创意对产出的巨大倍增作用也令人瞩目，如著名的澳大利亚大堡礁营销案例：昆士兰旅游局用一个“全球最佳工作”的创意，投入170万美元，获得了超过1.1亿美元的公关效应，得到的回报竟是投入的64.71倍。目前，国际上多数大城市在实现工业化以后都把发展创意产业作为催化经济增长的重要战略举措，创意产业正以锐不可当之势在各大城市崛起。为推动创意产业的发展，1997年英国首相布莱尔推动成立了“创意产业特别工作组”并亲任组长。伦敦市长指出，从经济角度讲，创意产业是伦敦第二大产业部门，产出和就业量仅次于金融与商业服务业。国内，北京提出要成为中国的创意产业之都；上海、重庆、广州、南京、深圳、成都、杭州、宁波、长沙、武汉等地的决策层都对创意产业给予了高度重视，纷纷依托各自的人才、区位及资源优势，制定了相应的发展战略。

创意产业是智力、知识高度密集的产业，涉及行业种类繁多，就业容量大，就业形式灵活多样，特别适合大学生、研究生等高学历人员的就业和创业。创意产业具有的高渗透性、带动性和辐射性，对于激发全民创新意识、改善社会就业结构和提高劳动力素质、建设“三化两型”城市、转变经济增长方式、引领产业向高端发展、实现产业结构升级具有重要的推动作用。创意产业同时还有附加值高、发展潜力大、资源环境友好等特点，是理想的经济增长新途径。

二、我市创意产业发展现状和面临的问题

（一）创意产业处于起步阶段。与上海、杭州、广州等城市创意产业的蓬勃发展相比，我市存在着较大差距。2007年，金水区政府率先制定了《创意产业发展规划》，首次提出在该区发展工艺品设计、建筑设计、软件设计、服装设计、广告和动漫创作等创意产业，但到目前为止在该区产生较大影响的只有动漫。此后，惠济区政府也做出规定，对引进的动漫、软件企业，按照国家政策给予税费、认证、关税、人才引进等多项优惠。2008年6月，国家动漫产业基地在郑州授牌。年底，市政府出台了《扶持动漫产业发展的意见》，决定设立动漫产业发展专项资金5000万元，主要用于对动漫产业的奖励、资助、贴息等。12月，拟投资120亿元的郑州信息创意产业园在惠济区奠基。但总体上看，我市的创意产业尚处于起步阶段。

（二）发展创意产业的战略定位不明。现在，北京、上海、重庆、杭州等地都把创意产业作为一个新兴的支柱产业，建立了创意产业发展领导小组，确立了发展的近期目标和长远规划，积极推动创意产业的发展，提高自己的综合竞争力。到目前为止，我市无论是理论界还是决策部门对创意产业都未开展过系统深入的研究探讨，未见到出台市一级的创意产业发展规划，无法确定创意产

业在我市未来产业结构调整和城市功能完善中的战略定位，这对我市创意产业的发展是极为不利的。

（三）缺乏相关的政策支持和配套措施。为了培育和发展本地的创意产业，不少省市近年来出台了一系列相关的政策和措施。如由政府牵头，建立创意产业发展基金，同时在投融资、税收、进出口、人才培训等方面对创意产业的发展予以适当的优惠或政策扶持等。从国际经验来看，创意产业的发展离不开政府的大力扶持和支持。但由于种种原因，我市目前还缺乏一个全面、系统的政策支持体系来推动创意产业的发展。

（四）地域特色和传统文化优势没有充分发挥利用。创意产业向传统产业的渗透不足，没有产生“共生效应”。以旅游纪念品为例，人称旅游纪念品是城市的名片，应当是典雅华丽、精巧便携、富有地域特色，能让人铭记于心，有收藏与鉴赏价值的产品。而我市极具特色的旅游资源伴随的却是设计落伍、缺乏地方特色、粗制滥造的旅游纪念品，使全国乃至海外的游客感觉到郑州无物可购。急需发挥创意的渗透、带动作用，发掘地域文化的特色，使我市旅游产品、旅游产业的层次、品位有一个大幅度的提高。

三、我市加快发展创意产业所具有的优势

（一）深厚的文化支撑。郑州及周边地区有着数千年的文化积淀。这里有中华民族的精神图腾，像河洛文化、黄帝文化、大禹治水、周公辅政、愚公移山等等；这里曾是夏、商、周、唐、宋等二十余个朝代的定都之地，百余位帝王在这里运筹帷幄、经略天下；这里发生过举世闻名的牧野之战、鸿沟之战、官渡之战；这里有风靡世界的太极拳、少林拳；这里还是世界华人姓氏的主要起源地。这些具有独特性和唯一性的基础性资源，是我们发展创意产业的宝贵财富和有力支撑，为我市创意产业的发展提供了无穷无尽的、为世界大华人圈广泛认同而地方色彩浓厚的文化题材。

（二）强大的智力支撑。河南有100所教育部认可的高校，聚集着大量优秀的专家学者，年毕业生数十万，在他们的就业取向中，省会郑州有着不可比拟的优势；河南还有大量国家级的研究机构和研究人员。这些都为创意产业的发展提供了智力条件。随着郑州居住环境、人文环境的改善和辐射力的增强，将吸引国内外更多的优秀人才来郑创业。

（三）良好的环境支撑。郑州是一个历史悠久的古城、又是一个快速发展的新城。大量的城市移民使郑州形成了海纳百川、兼收并蓄、不守旧、不排外的多元文化氛围。郑州是九州通衢，铁路、高速公路、省道、国道四通八达、密如蛛网，国际机场距市区仅有几十公里，人员流动性大、交流机会多、思想碰撞的几率高，新思维、新文化接纳程度高。正在形成的信息中心、物流中心，使新出现的创意产品扩散容易、流通容易。郑州还是中原城市群的核心城市，拥有通往周边城市的城际高速和城际公交。这些都为创意产业的发展提供了良好的环境平台。

（四）宝贵的后发优势。前车之覆，后车之鉴，处于起步状态的郑州创意产业，可以充分借鉴其他城市的发展经验和汲取教训，少走弯路。

例如各地都在投入数以亿计的巨资，大力发展创意产业园区。上海却发现当地建设了各种规模的创意产业园近80个，但其产值还不到全市创意产业产值的十分之一。他们总结，仅仅依靠创意产业园区的建设来发展创意产业是有很大局限性的。2008年，创意产业界出现了一种新理论，认为当前发展创意经济面临的主要问题是，脱胎于“以物为本”的传统经济生产关系，已经不适应当前“以人为本”的创意经济生产力发展的要求。提出只有形成一种创意生态系统才能推动创意产业继续快速发展。

这些宝贵的经验教训，这些新观点、新理论，对我市创意产业的健康发展具有重要的指导意义。

四、几点建议

（一）成立创意产业发展领导小组。创意产业涵盖宽泛，是一项综合性强、能够影响全市产业结构布局、容易引起投资冲动的高附加值产业。创意产业发展的各个环节，需要有政策、资源、产权保护、资金、宣传、税收等方面的支持，这需要一个强有力的领导机构，来进行规范、协调。

我们建议借鉴外地的成功经验，成立由市长或书记任组长、各相关部门负责人任成员的创意产业发展领导小组。通过例会制度，对全市创意产业发展的重大问题进行协调和决策，以形成促进创意产业发展的共识和合力，实现创意产业有序、快速发展。

（二）制定郑州创意产业发展的总体规划。高瞻远瞩的总体规划，将给我们带来一个清晰的发展思路，拟定阶段性工作重心和社会资源的投入重点，指导全市行动，规划发展特色，避免四处开花、克隆雷同。要确保规划的高起点和权威性，所有局部的规划，都必须以全局性的总体规划为依据，要坚决制止无序竞争、避免产业发展的同质化，减少资源的无效投入。

（三）加大知识产权保护力度。保护知识产权是创意产业发展与生存的关键。与传统产业的产品相比，创意产业的产品极易被侵害，这种高风险的特征决定，要发展创意产业，必须要加大对产权的保护力度，特别是产业链两端的产权保护。如果失去产权保护，这些产品任意被复制、使用，创意产业的发展将丧失基础。

（四）加快创意产业高端人才的培养和引进。无论国家之间的竞争，还是产业之间的竞争，归根到底是人才的竞争。对于以创造力为核心的创意产业来说，这一点更加突出。要把大力引进和培养创意产业人才摆放在重要的位置上，吸引一批海内外从事创意产业的优秀人才，特别是那些既有深厚传统文化底蕴同时又具有宽阔国际视野的海外留学人才来我市创业。我们要关注、引进产业链顶端的创意人才，同时，还必须关注、引进在产业链末端的、能够将创意作品产业化的经营的人才。

（五）建立郑州创意产品交易中心。创意产业价值链上的关键环节是内容和渠道，我市发展创意产业具有内容方

面的优势，但要想获得核心竞争力，还必须紧紧抓住另一个关键环节——渠道。

创意产业是一个利润丰厚的大蛋糕，2007年，仅上海一地的创意产业产值就达到了2900亿元。近年来，北京、东莞、宁波、深圳等城市均出现了定期举办的“创意市集”，北京、柳州、佛山、南平等地都在打算创办自己的创意产品交易中心，南平市甚至在网上公布了自己的项目计划、合作方式、效益分析。我市升达学院在2007年举办了“创意地摊”，轻工学院2008年举办的“创意郑州”中含有产品交易，今年1月份在市购书中心出现的郑州市第一届创意市集，4个月内就举办了三届。

随着创意产业的快速发展，社会对建立固定创意产品交易场所的要求越来越强烈，郑州有成为创意产品交易中心的条件，便捷的交通，居中的地理位置，现代商贸城的城市形象，良好的接待条件，均是郑州的优势。中国创意产业的发展需要创意产品交易中心，郑州有条件建立一个现代化的创意产品交易中心。

关于打造“中国裤业之都”的建议

市工商联

五年前，在郑州市委、市政府的正确领导下，郑州的服装业，特别是裤业生产，以在北京人民大会堂举办的“中国女裤看郑州”新闻发布会为标志，吹响了郑州裤业强势发展的号角。经过几年的迅猛发展，实现了从“贴牌生产”到“自创品牌”再到“争创品牌”的转变，奠定了中国裤业生产基地、“豫派服饰”在我国的地位。在目前应对国际金融危机的形势下，要拉动内需，保增长、保民生、保稳定，更需要大力支持纺织服装业的发展。我们经过调研、分析，对我市进一步加快打造“中国裤业之都”步伐提出建议。

一、郑州服装业发展现状

目前，我市服装产业拥有生产企业2000多家，从业人数30万人，规模以上企业800家，拥有自主品牌1500个，女裤年销量2亿多条，占到全国总量的50%以上，男裤年销量6000万条，占到全国总量的17%，年产值达160亿元，出口创汇5250万美元。服装流通企业超过2万家，其中批发商占85%，从事流通业30多万人，年销售额达500亿元。郑州市拥有银基商贸城等13家大型服装批发市场，营业面积近100万平方米。2005年郑州市服装产销量比2004年增长51.37%，比全国平均高出了34.6%。2006年、2007年又连续以超过30%的年增长率快速发展。现在，郑州已发展成为全国第六大服装生产基地，也是全国最大的商贸城和服装集散地，郑州裤业价格已成为全国指导价。从“中国女裤看郑州”，到打造“中国裤业之都”是郑州服装业发展壮大的必然选择。

二、目前郑州服装业存在的问题

（一）缺少产业发展规划。纺织服装业是河南经济发展的支柱产业，郑州市“十一五”发展规划纲要中也明确提出要把纺织服装行业作为郑州市六大支柱产业之一，但是目前河南省以及郑州市还没有出台关于支持服装产业发展的具体规划和政策法规，这和郑州乃至河南服装业在全国的地位和发展状况很不匹配。

（二）发展快而不强。我市服装业虽然出现了连续五年平均增长率为40%的水平，远远高于同期GDP增长速度。但是，整体水平不高，在产品结构上中低档产品所占比重大，高附加值产品占的比重小。服装企业单元规模偏小，大多是几十万、几百万、几千万的企业，超亿元的只有2家，服装业工业增加值仅占全市规模以上工业增加值13%左右。

（三）产品多而不名。目前郑州女裤虽然企业数量庞大，郑州服装产量达到5亿件（套），较上年增长41%，郑州裤业在设计理念、款式创新、面料选用、生产工艺、市场营销和品牌塑造等方面逐步接近国内领先水平。目前，郑州服装企业经营注册商标约有几千个，有数个品牌获得省市名优和著名商标，在中部地区家喻户晓，获河南知名名牌有：梦舒雅、娅丽达、逸阳、黑贝、渡森、五朵云等，知名度不断提高，“打造中国裤业之都”已初显端倪。但是由于郑州服装的整体品牌战略的实施力度不够，广告宣传投入不足，明星代言相对薄弱，全国知名品牌不多，至今尚无荣获“中国名牌”和“中国驰名商标”的品牌，以致郑州女裤始终徘徊于中低端产品水平，产品附加值低，品牌效应弱，仅靠批发市场和自营、连锁经营店销售，大商场却难以见到，处于一个“制造大市”、“品牌小市”的尴尬局面。

（四）产业链短而不长。我市现已形成五大生产集群，中原区的郑州纺织产业园、二七区的服装工业园区、新郑市的女装工业园区、新密市的男裤产业园区、荥阳市的纺织工业园各具特色，呈现出勃勃生机。但是，作为我国中部地区的服装大省，我们的产业链还不够完善，纺织生产能力还不够强大，印染整理成为薄弱环节，辅料配套能力不强，服装生产品种较为单一，行业的组织程度低，企业管理水平低，交易成本高，没有形成较完整的产业链条。

（五）环境好而不优。近几年，我市从改革体制、机制和制度入手，开展优化经济发展环境工作，催生了对外开放和经济发展的活力，外商投资领域不断扩展，外资来源遍及40多个国家和地区。日本日产、荷兰菲利浦、美国杜邦及可口可乐等10多家世界500强企业来郑投资。但是，我们的经济发展环境在广度、深度、力度和效果上，与沿海城市和发达地区相比还有较大差距，与我市跨越式发展的形势不相适应，还存在着政策环境不太优化、政务环境不容乐观、行政效率不高、监督作用发挥不够、环境和责任意识不强、个别职能部门重复检查和重复收费等问题。

（六）资金匮乏和人才缺失制约下一轮发展。目前我市服装企业主要缺乏设计总监、营销总监、优秀设计师、打版师等中、高级人才。而我市吸引优秀人才进入服装领域的机制建设乏力，已成为制约郑州服装业做大做强的重要因素之一。加之许多企业资金困难，科研经费不足，产品研发能力有限，做不到研发一代、储备一代、生产一代，使得企业可持续发展速度减缓。

三、关于支持郑州服装业发展的建议

（一）加强领导，规划高起点。一是成立郑州市服装业发展领导小组，由市委、市政府领导担任组长，相关部门为组成单位，吸收服装商会、行业协会参加，领导小组办公室设在市经委和市工商联（合署办公），负责制定产业规划和优惠政策，出台加快服装产业发展的意见，协调解决服装业发展中的重大问题。二是高标准制定郑州服装业发展规划。根据郑州市总体规划，结合郑州服装业发展实际情况，以裤业为龙头，突破行政区划的限制，拓展地域和产业发展空间，高起点规划，高标准建设，高效能管理。加速产业升级改造，建成研发创新能力强、产业集聚规模大、专业化协作水平高、产业配套完善，集生产、设计、营销、信息为一体的全国裤业产销基地和品牌服装加工基地。三是设立郑州服装业发展专项扶持发展资金，每年由市财政安排专项资金用于评选奖励活动、人才培养、展览扶助、产业宣传等。

（二）塑造品牌，提升竞争力。一是实施整体品牌战略，成立市纺织服装业推进名牌战略领导小组，积极推进实施“培育、发展、宣传、保护”名牌战略，引导企业以质量创名牌，以名牌拓市场，加快推进服装产业转型升级，实现从“贴牌生产”到“自创品牌”再到“争创品牌”的转变。二是积极培育名牌企业，推出一批技术含量高、附加值高、影响力大、市场占有率高的知名产品，每年排出2—5个品牌，进行重点指导、培育、孵化，力争培养多个中国驰名商标、中国名牌、省著名商标、省名牌等，三是成立由政府经济管理部门、服装商会（协会）、专家组成的郑州服装业评审委员会，两年进行一次“郑州市十大服装品牌”、“郑州市十强服装企业”、“郑州市十佳服装设计师”、“郑州市十大裤业品牌”等评选活动，对获得十大品牌的产品，授予“郑州市名牌产品”称号。四是用郑州服装业发展专项扶持资金对获得中国驰名商标、中国名牌产品和省著名商标、名牌产品的企业给予重奖。

（三）集聚组团，完善产业链。一是积极调整产业布局。发挥郑州区域服装流通中心的优势，积极承接产业转移，以现有服装产业分布为基础，形成以郑州市区为核心，新密曲梁服装工业园和郑汴产业带为两翼的产业布局。二是用市场配置资源，合理运用产业要素。把分散发展的单体企业按产业链、产品链集中起来，进驻服装工业园，实现园区化发展。从延伸产业链入手，进行结构调整和提高专业化协作，把制衣、辅料生产、产品包装、科研、产品展示销售等产业进行整合，形成产业高度集聚、产品紧密关联、品牌产品和明星企业集中的产业集群，从而达到一定的技术规模和经济规模。三是以服装工业园建设为突破口，大力培育资本、劳动力、技术和信息等要素市场，积极推行市场主导、政府推动的发展模式，扩大郑州市中原区郑州纺织工业园、二七区郑州女裤工业园、新密曲梁男裤工业园、新郑女装工业园规模，吸纳大量企业入驻；规划荥阳服装工业园、金水服装工业园、中牟服装工业园，增强服装企业发展后劲。四是打造“郑州裤业集群”。政府相关部门免费对郑州生产的裤子进行统一的质量检测，凡是通过质量认证的裤子，一律打上“郑州裤业”标识，扩大其影响力。同时，确保生产质量，将企业品牌与“郑州裤业”紧密相连，形成抱团打天下。在全国服装界形成南有“杭州”（以女装为主），北有“郑州”（以裤业为主）的新格局。

（四）注重宣传，提高知名度。一是组团参加全国和地方服装服饰博览会，采取“组团参展、承包专区”形式，统一规划展位布置，树立“郑州裤业”良好形象，展示区域品牌，为本地服装业宣传造势。二是每年举办一次中部纺织服装博览会，推介郑州纺织服装企业和产品。三是政府加大推力，加强郑州服装业整体形象塑造，协调组织面向全国、挺进国家级媒体的广告宣传，联合组织明星代言，形成和做响“郑州服装区域品牌”和“郑州裤业品牌”，强化整体出击能力，显现区域竞争优势。在全国各种大型文化活动中对郑州服装业进行形象宣传，提高区域品牌效应。在机场、入市口、市区繁华地段设置服装品牌宣传栏，突出宣传“中国女裤看郑州”、“打造中国裤业之都”和郑州服装品牌。

（五）牵线搭桥，破解融资难。我市服装业发展前景良好，但资金紧缺成为发展瓶颈，政府应加大支持力度，协调解决个性问题，并做好牵线搭桥，加强银企联系，探讨企业资本组合、帮助企业融资。要制定相应政策，支持和规范民间融资等多种形式的中小企业融资方式，健全为中小企业融资的社会担保体系。建议商业银行加大对中小企业的融资力度，针对中小企业贷款“少、急、频”的特点，构建全新的信贷管理理念和机制，出台新型贷款品种。商业银行还应扩大抵押贷款范围，以借款人经营活动所形成现金流量和个人信用为基础，以其已有可抵押资产和未来融资项下形成资产和权益进行抵、质押，推动中小企业信贷业务的开展。

（六）优化环境，助推新发展。在支持服装业发展、打造中国女裤之都的进程中，政府职能部门要创造适宜服装产业发展的良好环境。一是进一步减少和调整行政审批事项，解决审批职能交叉、权责脱节和多头审批等问题，优化审批流程，规范审批程序，提高行政审批效率和监管水平。二是大力推行政务公开。按照“公开是原则，不公开是例外”的原则，提高政府政策和行政行为的透明度。三是加强创造创业环境建设。积极改善基础设施、要素供给、生态环境、人居环境等硬环境和政务、法制、人文等软环境。

积极策应产业转移
应对金融危机挑战

民革郑州市委员会

近年来，由于金融危机与产业升级，使得全球特别是沿海发达地区的制造业、服务业向内陆地区转移进一步加速，我们面临着第四轮产业转移的机遇。如何借助产业转移带来的有利条件，充分发挥承接境外、域外产业转移在推动自主创新、产业升级、区域协调发展等方面的积极作用，加速实现郑州市产业结构调整，应对金融危机带来的挑战，化危为机，实现我市经济的跨越式发展，是摆在我们面前的一项紧迫任务。

一、我市面临的机遇与产业承接的现状

产业承接包括产业转移承接、产业链聚集吸引、服务外包承接等内容。根据有关部门测算，到2010年，仅广东、上海、浙江、福建四省市需要转出的产业产值就将达到1.4万亿人民币左右。这次产业转移有两个鲜明的特征，一是产业链整体转移和企业抱团转移，二是产业转移已形成了一些相对稳定的合作区域与体系。

近年来，郑州市从上到下已经认识到承接产业转移的重要性，为此做了大量工作。最近几年郑州市承接产业转移一直呈现较大幅度的增长。据不完全统计，2008年郑州市实际利用外资13亿美元，同比增长30%，引进内资430亿元人民币，同比增长26.8%。其中省外域内资金250亿元人民币，同比增长31%。这中间的很大一部分资金是以产业转移的形式引进的。

以规划指导、政策、资金支持、产业聚集等标准衡量，高新区、经济技术开发区属于第一梯队，出口加工区、郑州港区、郑东新区属于第二梯队。散布于周边县(市)区的工业园区属于第三梯队。

二、外地的经验与我们存在的主要问题

在本轮的产业转移中，中西部各省、市都摩拳擦掌、志在必得。湖北省在2009年5月召开的“承接产业转移扩大开放工作”会议上，省长李鸿忠强调，全省上下抢抓机遇，以承接国际资本和沿海产业转移为重点，努力开创对内对外开放工作新局面；武汉市政府推出打造中心城区和远城区两个千亿板块，加快承接产业转移的步伐。武汉6个远城区省级经济开发区主要承接规模较大、用地较多的工业投资项目，作为武汉工业经济发展新的增长点。2008年9月，成都市出台了包括汽车产业集群、航空航天产业集群、冶金建材产业集群、电子信息产业集群在内的成都市重点产业集群规划、工业重点产业投资指南。合理规划产业空间安排，积极引导产业转移布局，以期达到承接国内外业产业转移的目标。

目前，郑州市与外地纷纷出台前瞻性的产业规划指导与相关的政策措施相比较，还存在者较大的差距与诸多需要进一步解决的问题。

*一是观念尚需进一步改进。*尽管有抢抓产业转移的机遇意识，但对产业承接的认知基本上仍处于招商引资的初级阶段，未能领会产业承接的丰富内涵与新形势下的巨大变化。对承接国内外显现的新一轮产业转移浪潮的特点认识不足。

*二是政出多门。*除了郑州市制定的政策之外，各开发区分别制定各自的政策措施，以牺牲环境和长远发展等为代价，注重短期效益，相互之间恶性竞争，使得本地有限的政策资源、人力资源、自然资源优势沦为廉价的筹码，严重影响我市产业承接工作的长期可持续发展。

*三是产业聚集效应不明显。*郑州市尚未提出全市整体有机统一的产业聚集规划与指导，使得各开发区、工业园区之间仍在以自我为中心，重复沿用各自的招商引资模式，严重影响了有发展潜力的产业聚集区域的形成壮大，减缓了吸引产业转移聚集效应的形成。

*四是宣传、发布形势单一，信息传递渠道不畅。*郑州市对产业承接的推进工作，基本上以招商引资会议、招商引资论坛等形式进行，都属于阶段性的工作，忽视建立长期有效的承接产业转移的公共服务平台。网站信息等可持续的宣传发布渠道信息量分散，缺乏统一、权威的信息发布渠道。

三、政策建议

这一次新一轮国际产业转移的黄金周期只有3至5年，国内东部地区大规模的产业转移估计5年左右完成。赵建才市长在市委九届十一次全体会议上指出，应对全球金融危机，郑州面临着的机遇更大，有可能成为最佳的产业转移承接地。时不我待，我们要尽快出台相关政策，搭建有效承接产业转移的平台，引导产业集聚，在新一轮对外开放中实现我市经济跨越式发展。

（一）紧紧抓住产业转移浪潮的难得机遇，将产业承接工作的认识提高到战略高度。作为落实科学发展观、推进我市三化两型工作的具体措施之一，结合郑州新区规划，将其纳入我市社会经济发展的重大战略措施之中。建立高层次的领导体制与机制，组织有关部门与人员持续关注、研究国内外产业转移、产业承接的动向与问题，不断提出相衔接的政策建议，使该项工作持续不断的向前推进。

（二）建立统一、有效的承接产业转移的规划指导与政策支撑体系。我市应尽快出台有关规划，明确全市范围内的产业承接的区域分工、层次、产业区域聚集分布指南，防止低水平重复建设。提出对未来在承接产业转移发展项目上财政、土地、人才、物流等方面进一步支持政策。设立承接产业转移的专项资金，用于扶持承接转移的人才培养、产业政策指导等公共服务平台建设，组织开展承接产业转移的持续专项活动。

（三）构建承接产业转移园区和平台。采用多种方式建立产业资源整合的承接平台，通过规划整合专门的产业承接园区，引导产业链整体转移与聚集，吸引上下游产业入驻，以加速形成产业集群效应。对以产业链形式转移并形成聚集效应的，应给予相应的政策和资金扶持。在吸引产业转移过程中，应紧紧围绕区域的优势产业以及资源特点，以承接产业转移为契机，将优势产业进一步做大做强。

（四）高度重视境外、域外第三产业转移的产业承接工作。充分发挥我市人力资源优势，把发展服务外包作为我市承接产业转移，调整产业结构的突破口。大力发展附加值高、资源能源消耗低、环境污染少的服务外包产业，努力改变我市粗放型工业增长过快带来资源能源制约和环境承载问题，加速提升第三产业在我市产业结构中的比例。

（五）积极参与区域合作。首先在中部地区省市之间已有的合作形式之上，探讨建立中部省市之间与长三角、珠三角、闽台大区域之间的产业承接合作机制，有效解决中部区域产业承接的联动发展问题。其次在中原城市群之间建立产业承接的分工合作体制与机制，建立资源共享的产业承接平台，尽量避免无序竞争。

（六）建立承接产业转移的统一信息发布官方渠道。充分利用互联网的优势，建立多语种的我市承接产业转移的权威网站。将我市承接产业转移的政策进行集中梳理，形成有机统一的产业承接政策并进行集中发布，避免出现各部门、各区域政策之间的落差甚至矛盾、抵触现象。

关于我市旅游业发展的调查与建议

市政协港澳台侨和外事委员会

为进一步加快我市旅游业发展，培育新的经济增长点，近期，港澳台侨和外事委员会就我市旅游业发展情况进行了深入调研。委员们先后实地察看了巩义市杜甫故里景区建设工地、康百万庄园改造项目、伊洛河景观带建设情况、新密市打虎亭汉墓、古县衙景区和中原区、惠济区城郊休闲游等情况。6月3日，市政协主席李秀奇、副主席王薇又带领委员们到黄河风景名胜区郑州黄河国家地质博物馆、花园口村农家乐、丰乐农庄等景区调研。现将调研情况报告如下：

一、我市旅游业基本情况及发展现状

在市委、市政府的领导和全市旅游部门的共同努力下，我市旅游行业规模由小到大，由弱变强，实现了由事业型向产业型的转变。目前，我市拥有156处自然和历史文化旅游景点，近百处新兴的工农业旅游点。其中国家5A级景区1个、4A级景区6个、3A级景区8个；全国工农业旅游示范点11个。全市有旅行社200余家，旅游车船近600台，旅游星级饭店近百家，旅游教育培训机构40余个，拥有旅游直接从业者10万余人。

近几年，我市各级领导高度重视旅游工作，先后于2004年、2005年两次召开全市旅游产业发展大会，作出了《关于进一步加快旅游业发展的决定》、制订了《关于加快旅游业发展的实施办法》，成立了郑州市旅游发展委员会；2007年，又出台了《旅行社奖励暂行办法》，极大地调动了旅游经营单位加快发展的积极性。为加强旅游宣传促销工作，市委、市政府将每年旅游宣传促销经费增加到1000万元，为我市旅游业的全面发展发挥了重要的支撑作用。近两年，全市旅游建设投资30多亿元，各县（市）区也加强对主要景区的深度开发，总计投资达15亿元之多。通过不断加强管理，塑造旅游精品，大力加强宣传推介等工作，我市旅游业发展迅速，取得了喜人成绩，2004-2007年，旅游接待人数和旅游收入连年保持20%以上的增幅。2008年，我市共接待国内旅游人数3510.7万人次，同比增长20.61%；实现旅游收入334.19亿元，同比增长20.1%；接待入境游人数29.15万人次，同比增长11.31%；实现外汇收入1.1214亿美元，同比增长11.8%。旅游总收入341.82亿元，同比增长19.62%。

今年，为了克服金融危机的不利影响，我市旅游部门积极贯彻国家、省、市委"扩内需、保增长"的战略部署，采取策划旅游节庆活动、开展旅游市场营销、提升旅游景区品质、发放旅游消费券等措施，刺激旅游消费，推动旅游经济快速发展。4月份，我市向社会发送了涉及全市95家旅游经营单位的旅游优惠券100万套，优惠面值总额约30亿元。从今年"五一"小长假的旅游情况看，优惠券大派送活动促进旅游消费的作用已初步显现，三天假期我市共接待游客306.07万人次，同比增长14.68%；实现旅游收入19.25亿元人民币，同比增长16.2%。

二、我市旅游业发展中存在的问题

经过多年不懈的努力，我市旅游业已形成了良好的发展态势，但仍然存在一些制约旅游业进一步发展的问题。

（一）认识不到位，对发展旅游业重视程度不够

虽然市委、市政府把旅游业作为支柱产业之一来定位，但是大力发展旅游业还没有引起各县（市）区和各有关部门的高度重视，从我市发展现状看，有的县（市）区对发展旅游业认识还不到位，至今没有制定本地旅游发展总体规划，虽然拥有丰富的旅游资源，但却没有充分、合理、有序的开发利用。同时，部分县（市）区旅游管理组织机构不健全，除登封市、新郑市、中牟县、惠济区外，其余均没有专设旅游管理部门，在综合的管理部门中，也仅有1人负责旅游工作，难以适应旅游业快速发展的工作需要。

（二）资金投入不足，不能适应旅游业发展的需要

旅游是一个大投入、大产出的产业。发展旅游业，如果离开资金支持，再丰富的人文和自然资源都成了无源之水。近年来，市政府对旅游业的发展越

来越重视，旅游专项经费也有了一定的增长，但是与全国旅游先进城市相比，还有相当大的差距。如杭州市每年旅游专项经费达6000万，比我们高出六倍。当然，这也与城市开放度和旅游发展水平有关，但资金投入不足仍是制约旅游发展的关键问题。同时，目前，我市旅游业投资渠道单一，大多景区投资开发仅靠政府投入，没有形成全社会多渠道投融资机制。

（三）基础配套设施不完善，与旅游业发展的要求不相称

一是旅游交通道路不通畅。从市区到城郊各景区以及各景区之间交通设施建设滞后，如：通往黄河沿岸旅游景区的江山路北段、通往二七区樱桃沟的侯张线、荆刘线公路等道路狭窄、路况较差，节假日期间经常出现严重的堵塞现象。二是旅游道路标识系统不完善。通往景区的道路沿途缺少明确、醒目的交通指示牌，使许多自驾车出游者感到十分不便。三是缺少方便快捷的公共交通网络。目前，我市通往城郊各旅游景区及连接各景区之间的公交线路较少，旅游专线公交车仅有游 1、游 2 两条线路，远远不能满足市民出游的需求。四是旅游住宿档次较低、服务水平不高。目前全市高档次旅游宾馆数量较少，全市五星级酒店仅有寥寥几家，难以满足不同层次游客的需求。中、低档酒店也存在服务水平不高的问题，影响和制约了旅游业的发展。五是迫切需要建立游客服务中心。随着旅游需求的日益增加，便捷的旅游信息咨询、票务代理、导游服务、出行车辆等需求越来越大，但我市至今没有一家游客服务中心，使许多市民和外来游客的短途、近郊游需求无法得到满足，丢失了大量的潜在游客。

（四）协调不力，影响和制约旅游业发展

发展旅游业，涉及社会诸多行业。由于旅游部门职责权限有限，致使一些看似简单的问题却长时间得不到解决。如黄河大堤花园口景区设卡收费问题，给游客带来极大不便，严重影响和制约了黄河沿岸旅游业的整体发展。因黄河大堤沿线分属惠金河务局、花园口旅游区等多个部门管辖，虽经相关部门多次积极协调，但至今未有结果。再如，在通往旅游景区和城郊休闲游的道路上设立交通指示牌的问题，因涉及交通、市政、园林、执法等多个部门，多头审批、多头管理，造成一些道路旅游指示牌设了拔、拔了设，始终没有得到很好的解决。

三、加快我市旅游业发展的建议

随着经济和社会的不断发展，旅游需求有增无减，且日益普遍化，居民的消费将更多地向旅游消费倾斜。在受金融危机影响，经济发展形势不景气的情况下，旅游业仍保持了良好的发展态势，因此，大力发展旅游业已成为抢抓发展机遇，推动经济增长的必然选择。我们建议：

（一）提高思想认识，为加快旅游业发展奠定基础

旅游业是一个能够拉动内需、带动众多产业发展的综合性产业。据“世界旅游组织”测算，旅游业直接收入 1 元钱，相关行业可增收 4.3 元钱，旅游业就业 1 名人员，社会可新增 5 个就业机会，旅游业在经济社会发展中的作用和地位日益增强。在前不久召开的全省旅游产业发展大会上，省委、省政府确立了“旅游立省”的战略，为我们进一步做大做强旅游业指明了目标。因此，各级政府、各部门要进一步强化对发展旅游业的认识，以科学发展观指导和统领旅游业发展，切实把旅游业的发展作为调整产业结构，促进第三产业发展，培育新的经济增长点的重要战略来抓紧抓好，把加快旅游业发展摆上重要议事日程。各县（市）区要尽快结合本地实际制订旅游产业发展总体规划，整合旅游资源，培育旅游精品，形成旅游的核心竞争力和整体效益。各县（市）区要设立独立的旅游管理部门，为大力发展旅游业提供组织保证。

（二）加大投入力度，为加快旅游业发展提供资金支持

旅游业的发展，仅靠政府投资是远远不够的，必须建立起“政府主导、社会参与、市场运作、规范管理”的筹资机制。一是继续加大政府投资力度，建立旅游发展专项基金，为旅游规划、宣传促销、配套设施建设、特色旅游商品开发、旅游公益性支出等提供强有力的资金保证。同时，积极争取省旅游发展引导资金，对重点旅游项目建设予以扶持。二是加大对旅游企业的金融支持，将旅游企业纳入我市中小企业贷款担保范围，每年为旅游企业安排一定规模的担保额度，为旅游企业提供贷款担保支持。三是制定相关政策和措施，建立多渠道投融资机制，吸引外资和民营经济参与旅游资源的开发建设。

（三）加强基础设施建设，为加快旅游业发展创造条件

基础设施建设是旅游业发展的前提条件，一是要尽快拓宽改造市区通往城郊各主要景区的道路，确保市民出游的道路畅通。二是尽快在全市主要道路规划建设旅游交通标识系统，合理布局、统一制作、规范安装，实现全市无障碍旅游；三是尽快开通环城旅游景区（点）的公共交通线路，形成方便快捷的旅游交通网络，方便游客特别是散客能顺畅抵达景区；四是出台相关奖励政策，鼓励旅游宾馆（酒店）进一步加大内部基础设施建设，提升服务档次和水平，为旅游业的发展提供保障；五是尽快规划建设一所集旅游信息咨询、线路安排、房间预订、票务服务等功能于一体的游客服务中心，为广大市民和外来游客出游提供全方位的服务平台。

（四）完善协调机制，为加快旅游业发展营造良好环境

要充分发挥旅游发展委员会的作用，定期召开会议，及时协调解决旅游业发展过程中涉及到各相关部门职权和利益的各种困难和问题，形成有效的协调处理机制。建议市旅游发展委员会尽快协调黄河水利管理部门，解决好取消花园口景区收费问题。各县（市）区及各有关部门要认真落实省委、省政府的“旅游立省”战略，树立大旅游的观念和一盘棋的思想，打破地方和部门利益局限，把发展旅游经济作为本部门义不容辞的责任，相互支持，密切配合，形成加快旅游业发展的合力，全力推进我市旅游业持续、稳定发展，使我市旅游业在“扩内需、促消费、保增长”中发挥更加重要的作用。

世界金融危机对郑州市农业产业化龙头企业影响的调查

农工党郑州市委员会

世界金融危机的爆发和扩散，对我国实体经济的影响日益加深。郑州市和全国其它城市一样，大部分农业产业化龙头企业也受到了不同程度的冲击，尤其是对加工出口的外向型企业影响尤甚。为了帮助农业产业化龙头企业克服金融危机的影响，农工党郑州市委对郑州市部分农业产业化龙头企业的生产经营情况进行了调研，现报告如下：

一、金融危机对农业产业化龙头企业的主要影响

（一）企业生产增速持续回落。由于受金融危机的影响，国际和国内市场消费需求不断减弱，市场大幅萎缩，造成我市部分农业产业化龙头企业的产品销售难度加大，生产增速持续回落，部分企业不得不压缩生产规模、少数企业被迫停产、转产。如郑州增保食品有限公司，2008年一季度生产出口芦笋罐头272吨，2009年一季度出口芦笋罐头169吨，同比下降37.87%。以生产出口蜂产品为主的河南华益食品有限公司，2009年以来，与2008年同期相比，生产出口产品数量减少了60%左右。

（二）企业经济效益大幅下降。由于市场需求趋淡，订单出货放缓，农产品加工企业的产品价格一再下滑。与此同时，粮食等原材料价格上涨、劳动力成本增加，使得生产成本不断提高，原本微利经营的农产品加工企业利润空间再次收缩，许多企业举步维艰，甚至出现了“一生产就亏本，不生产就丢市场”的“两难”局面。据统计，今年一季度，我市部分农业龙头企业销售额和利润与去年同期相比都有不同程度的下降，个别企业下降40%以上。如郑州增保食品有限公司生产的芦笋罐头，出口价格从2007年16000元/吨降低到2008年的11000元/吨，今年一季度，由于价格一直在低位徘徊，出口额只有137万元，收入同比下降56.92%；中牟喜万年食品有限公司生产的蒜片，每吨价格从20多万元下降到5万元，大大低于生产成本价，造成企业严重亏损，生产处于停滞状态。

（三）企业融资难度进一步加大。随着金融危机影响的加深，不少中小企业遇到销售难、资金回笼难的问题，生产流动资金严重不足，经营陷入困境。调查中发现，融资难是目前困扰大部分农产品加工企业的“瓶颈”性难题。由于受到资金的制约，一些已开工的项目，不能如期竣工；竣工投产的项目因流动资金不足不能生产，影响了项目效益。如郑州恒大实业有限公司投资的微生物肥料生产项目，项目的市场前景非常好，但由于受到资金的制约，迟迟不能开工生产。郑州帅龙红枣食品有限公司产品供不应求，但由于流动资金不足，无法进一步扩大生产规模。

（四）基地农户收入明显下滑。作为农业产业化经营的利益共同体，危机对龙头企业的影响也传递到了基地农户。龙头企业发展受阻，履行订单能力下降，致使农产品订单收购量减少，影响了基地农产品销售量；龙头企业加工产品平均价格下滑，农产品收购价格也出现了不同程度的下降，影响了基地农产品销售价格；龙头企业用工总量下降，一些企业通过裁员、降低工资等手段来降低企业生产成本，影响了农民的工资性收入。据调查，我市重点龙头企业08年农产品收购总额、支付工资总额与07年基本持平，但08年10月份以后开始回落，09年一季度同比分别下降了12%和16%，这在一定程度上影响了农业增效、农民增收和农村经济的发展。

二、几点建议

（一）加大政策落实和资金扶持力度。一是要落实好国家、省、市对农业产业化龙头企业优惠政策，特别是要落实好所得税优惠政策，切实减轻企业负担。二是要利用国家“扩内需、保增长”的有利时机，帮助企业申报有关项目，争取上级支持，使好的项目尽快建成投产。三是扩大农业产业化龙头企业贷款贴息规模，使我市农业产业化龙头企业贷款贴息由现有1800万元增加到3000万元。

（二）搭建龙头企业融资平台。目前，我市大多数龙头企业发展愿望强烈，应对危机积极主动，但受到资金瓶颈的制约，既影响了企业的发展，也影响了农业增效、农民增收和农村经济的

发展。因此，在国家“扩内需、保增长”的宏观环境下，各级政府要通过为农业龙头企业提供信用担保、召开银企洽谈会等形式，在龙头企业与银行之间搭建一个融资平台，使龙头企业能够顺利融资，保持其应对危机、稳步发展的合理信贷规模。

（三）减少出口农产品行政收费。由于出口企业在此次金融危机中受到的冲击较大，当前，企业既要想方设法保住市场，又要稳定原料基地，还要留住熟练技术工人，企业运转压力较大，资金困难，利润微薄甚至亏损。因此，建议对出口农产品检测费用实行补贴，简化检验程序、推行绿色通道、快速验放等措施，降低企业出口成本。各级农业质检部门要主动为出口企业提供各种有效的服务，特别是检测方面，市县两级能不收费的不收费，能少收的少收费。

（四）鼓励龙头企业建立科技研发机构，强化企业自主创新能力。引导农业产业化龙头企业加快技术改造和科技创新步伐，积极引进、研发和推广新品种、新技术、新工艺、新装备，不断提高产品的竞争力，加强企业对农户的科技示范及技术培训作用，促进生产基地的标准化生产。鼓励有条件的农业产业化龙头企业组建自己的研发机构或与高等院校、科研院所合作共建研发机构，构建农业科技创新的主体，加速科技成果转化，逐步发展成为拥有自主知识产权、创新能力强的现代农业企业或企业集团，增强企业应对国际金融危机的能力。

（五）加强农产品生产基地建设。鼓励农产品生产基地实行规模化、标准化生产，创建知名品牌，提高市场竞争力。支持龙头企业建立自己稳定的原料生产基地，积极引导农民专业合作社为农产品加工企业建设基地，鼓励企业采用国际标准，推动农业生产方式与国际接轨，提高产品附加值，对实行标准化生产的农产品生产基地给予一定的资金奖励。

（六）加强行业协会和合作组织建设，促进企业交流与合作。认真抓好行业协会、农民合作社等专业经济合作组织建设，加强规范管理，维护各方的合法权益，使其遵守市场规则，架起企业、农户和市场之间的桥梁，增强企业之间的合作与交流，学习、借鉴外地企业、行业发展的先进技术、先进经验，促进企业技术、资金、信息等资源共享，壮大企业应对危机的能力，促进企业发展、农业增效、农民增收和农村经济的发展。

提高居民收入 拉动消费增长 促进经济平稳较快发展

民建郑州市委员会

目前，全球性金融危机正在对我国经济产生着广泛而深远的影响。如何应对危机、保持增长，促进经济平稳较快发展，已成为各级政府面临的一项重大课题。在当前宏观经济形势下，提高居民收入、拉动消费增长是拉动内需、促进我市经济平稳较快发展的有效措施，也是我市继续实现跨越式发展、加快建设"三化两型"城市的重要保障。

一、我市当前居民收入及消费水平的现状及特点

（一）消费品市场稳步增长。一季度全市社会消费品零售总额实现了高速增长，一季度共完成343.6亿元，同比增长18.2%；其中批发零售贸易业及住宿餐饮业占据较大比重，分别占到了82.6%、15.8%。

（二）居民消费价格继续回落。一季度我市物价水平总体稳定，居民消费价格指数为99.3%，比去年同期下降0.7个百分点，在全国36个大中城市中位于第22位。

（三）城乡居民收入进一步提高。我市城乡居民收入进一步提高，一季度我市城镇居民人均可支配收入达到了4537元，增长9.2%；在岗职工平均工资6645元，同比增长16.3%；农民人均现金收入2336元，增长8.3%。

（四）城镇居民消费增长稳定，生活消费水平有所提高。2008年我市城镇居民人均消费性支出达到9700元，比2007年增长11.3%；其中食品消费支出3371元，同比增长11.9%；衣着支出1312元，同比增长12.4%；居住方面的支出大幅增长，人均支出974元，增长20.5%，家庭设备用品及服务支出629元，同比增长5.3%；医疗保健消费支出816元，增长4.3%；交通通讯消费支出1139元，增长19.8%；娱乐教育及文化服务消费支出1139元，增长2.5%；杂项商品与服务消费支出320元，增长12.8%。八大类商品中食品、衣着、交通通讯和娱乐教育及文化服务占消费性支出比重较大，居住、交通通讯、杂项商品与服务和衣着消费支出增长较快。2008年我市城市居民生活恩格尔系数为34.75%，比2007年下降了0.35个百分点；我市城市居民平均消费倾向为0.617，比2007年下降了0.02个百分点。以上数据表明：随着我市居民收入的进一步提高，城镇居民消费增长比较稳定，消费水平和生活质量都有所提高，但整体消费水平以及消费的质量和层次还不够高；居民消费倾向有明显下降，这对我市扩大内需、增加消费会产生不利影响，因此，应采取积极措施，不断拓宽消费领域，挖掘消费市场潜力，将居民消费的"潜在需求"转化为"有效需求"。

二、拉动内需、扩大消费方面存在的主要问题及原因分析

长期以来，我市经济主要靠投资拉动，而消费所占的比重及贡献率均较小。长期的"重投资、轻消费"导致了内需不畅，经济发展过分依赖投资及外部需求，增大了经济发展的不确定性风险，内需不振已成为制约我市经济发展的重大障碍。扩大内需、拉动消费已成为当前确保经济可持续发展的重要前提。

具体分析存在以下几个制约因素：

（一）居民收入水平仍然较低，缺乏足够的消费能力。近年来，我市居民收入虽然逐年提高，但总体收入水平仍然偏低，落后于全国平均水平，整体水平在全国省会城市中仍居后列。一季度我市城镇居民人均可支配收入低于全国平均水平1个百分点；在岗职工平均工资低于全国平均水平3个百分点；另外，从城乡收入水平看，城乡之间差距仍然较大，高收入与低收入群体消费差距较大也制约了消费的增长。高收入群体已处于消费饱和状态，而多数中低收入群体受收入水平的限制，很大程度上抑制了居民的消费能力，无法实现消费规模的迅速扩大。

（二）社会保障机制不健全，影响了居民的消费预期。住房、教育、医疗仍是居民沉重的经济负担。随着社会竞争越来越激烈，巨大的生活压力使人们对未来收入和消费的不确定性因素担忧加大，有所顾虑，不敢消费，严重抑制了群众的购买力和消费能力。比如住房：目前，受到经济危机影响，房地产市场尽

管有所降温，但一季度商品房销售均价仍达到了4457元/㎡，超出了居民的实际购买能力。教育性支出在家庭消费中所占比重呈逐年攀升之势，多数家长望子成龙，从幼儿园、小学开始就不惜花费高额择校费使孩子接受更好教育，聘请教师或参加各种培训班补习班。按照目前高校收费标准，加上必要的食宿等费用，平均每个大学生每年花费在万元以上，4年大学费用大约在6万元左右。一个家庭培养一个孩子到大学毕业，平均花费在12万至15万之间，相当于一个城镇职工近9年的纯收入和一个农民近18年的纯收入。医疗方面，城镇职工基本医疗保险中个人负担比例在医疗总费用中仍然较高，一旦得了大病重病，就会背上沉重的经济和精神负担。在农村，因病致贫、因病返贫的现象更是屡见不鲜。

（三）消费环境较差，居民消费缺乏安全感。有些生产经营者诚信度低，假冒伪劣甚至有毒有害商品屡见不鲜；以次充好、价格欺诈等行为也时有发生，使消费者的正当权益受到侵害，消费安全感不足。政府又缺乏行之有效地惩治措施和约束能力，使有消费能力的居民也不敢放心地消费。

（四）传统、保守的消费观念也制约了居民消费的增长。受到传统消费观念的影响，量入为出、勤俭持家，重储蓄、轻消费，尤其对待大额、高层次消费十分谨慎，对信贷消费等新型消费缺乏了解和信心，也在一定程度上影响了居民的消费增长。

三、关于扩大内需、拉动消费的几点建议

（一）稳步增加城乡居民收入，提高居民的实际消费能力。影响消费的因素有很多，如收入、物价水平、商品质量、消费心理等，但收入仍是最主要的影响因素。居民收入水平的提高是消费结构升级和消费规模扩大的直接动因，因此应建立稳定有效的收入增长机制，调整政府、企业与劳动者之间的收入分配关系，努力提高居民收入尤其是企事业单位一线职工的收入，以提高居民的实际消费能力；对于农村居民，应加大对农业的投入力度，继续提高粮食最低收购价格和各项补贴来增加农民收入；对城镇居民，应建立工资监督机制和农民工、企业职工工资正常调整和支付机制，提高企业职工工资和离退休人员基本养老金水平；加大对低收入家庭的补贴和救助力度；同时要切实落实住房货币补贴政策，建立住房货币补贴动态调整机制。

（二）完善社会保障制度，解除居民消费的后顾之忧。要进一步完善城市居民医疗、养老、失业保障体系，减少城市居民的因病致贫现象，减轻子女的养老负担。二是要进一步扩大社会保险的覆盖面，提高个体、私营等非公有制企业的社会保险参保率，妥善解决关闭破产企业、退休人员的医疗保障问题，并争取在有条件的农村地区尽快建立起社会保障制度。三是要下大力气解决好“看病贵”和“上学难”的问题，改善居民消费预期，解除居民消费的后顾之忧。四是要实施更加灵活的就业政策，切实提高公共服务水平。

（三）建立健全市场监管的长效机制，提供良好的消费环境。一是加大对食品、美容、药品等重点行业及垄断行业的监管力度和整治打击力度，创建公平有序的市场秩序，从源头上杜绝并有效地防止有毒、有害、假冒伪劣产品的生产和销售，维护消费者的利益。二是要加快建立惩罚性损害赔偿制度，建立生产经营者责任制，切实维护广大居民的正当权益，让消费者增强消费信心。三是要不断完善商业网点规划布局，建立健全社区商业网点及农村商业零售网点建设，给居民提供安全整洁、物美价廉的购物场所，满足不同收入群体的消费需求。目前我市社区商业还缺乏科学规划和政策引导，基本上处于盲目、自发、混乱的状态，农村商业网点建设刚刚起步，应抓紧制定措施，促使社区商业网点及农村商业零售网点得到快速发展。

（四）积极拓展新的消费热点，培育新的经济增长点。一是要合理引导消费需求，大力培育新的消费热点，拓展消费空间，不断提高消费的层次和质量。二是要大力促进汽车、住房、高档电子产品等大宗消费。着力稳定房地产市场，进一步调整住房供应结构，开发建设中低价位普通商品房，加快保障性安居工程建设，发放补贴、落实货币补贴政策，加快发展二手房市场和住房租赁市场，力促房地产业尽快“回暖”。三是要大力发展会展业、文化旅游业，搞活假日经济和会展经济，并积极培育文化、旅游、休闲、健身、信息等新兴消费热点。四是要积极开拓农村消费市场，努力扩大农村消费。进一步扩大“家电下乡”和“万村千乡工程”的成果，有效保护和激发农民的消费热情；加强农村基础设施建设，建立健全农村市场的商业网点，全面搞活农村市场流通。

（五）正确引导居民消费观念，提倡现代消费理念。一是要大力宣传、正确引导居民消费观念转变，培养人们形成积极的适度消费观念，引导居民消费观转变和消费模式升级。二是不断扩大消费信贷，拓宽信贷消费领域，培育信贷消费市场，推动改进信贷消费服务，为居民提供良好的信贷消费服务和环境。

关于农村卫生服务体系建设的调查与建议

市政协教科文卫体委员会

为加快我市农村卫生服务体系建设，提高农民群众的医疗卫生健康水平。5月下旬，王薇副主席带领教育、科技、文化、卫生界别的政协委员，深入我市农村乡镇卫生院（所），对我市农村卫生服务体系建设进行了调研。现将调研情况报告如下：

一、农村卫生服务体系建设的现状

近年来，我市的农村医疗卫生工作在市委、市政府的领导下，坚持科学发展观，坚持为民办实事，切实加强了以新型农村合作医疗为中心的农村卫生服务体系建设。目前，我市共有96所乡镇卫生院，3664张床位，职工总数4219人，其中卫生技术人员3641人；在全市2333个行政村中，共有2675所村卫生所，乡村医生4569人。农村医疗卫生工作取得了显著成绩，为保障我市农村群众的身心健康发挥了重要作用。

（一）农村医疗卫生基础设施建设逐步增强。一是加强了乡镇卫生院基础设施建设。2003年至2008年，我市各级财政共投资2.149亿元用于乡镇卫生院基础设施建设及设备购置。全市完成了78所乡镇卫生院基础设施改造，建设了5所示范乡镇卫生院；二是稳步推进标准化村卫生所建设项目。2008年我市按照"规划、布局、外观、标识"四统一的标准新（改）建了318所标准化村卫生所。今年我市加大财政投入，将再新（改）建1000所标准化村卫生所。

（二）新型农村合作医疗制度改革步伐快。我市的新型农村合作医疗工作在各级政府和卫生行政部门的高度重视和积极有效的工作下取得了成效。2006年我市实现了农村合作医疗制度全覆盖，方便了农村群众的就医。近年来，我市还先后出台了《郑州市新型农村合作医疗定点医疗机构管理办法》，推行了特殊病种大额门诊医疗费用补偿制度和住院直补制度，实施了乡镇卫生院新农合医疗证"一证通"就诊办法，推动了我市新型农村合作医疗制度健康、有序运行。新型农村合作医疗制度的日趋完善和保障水平的逐年提高，使广大参合农民得到了实实在在的好处。

（三）农村医务人员培训工作逐步加强。为了提高农村卫生技术人员的业务水平和新农合管理的服务质量。近年来，我市对农村乡镇卫生院（所）的医务人员加强了业务技能的培训工作，同时对全市乡村医生进行了中医药专项技能、妇幼保健、计划免疫等基础知识和技能的培训。2008年全市有2286名乡村医生参加了专业技能培训，并收到了良好的效果。通过制度化培训，基层医务人员队伍的整体素质和服务能力得到了进一步的提高。

（四）城乡医疗卫生一体化建设初显成效。为了统筹城乡卫生资源，我市在金水区进行了城乡医疗卫生一体化改革试点，初步实现了农民小病不出村，常见病和慢性病不出乡，使辖区卫生资源配置更趋合理，取得了良好的成效。我市城乡医疗卫生工作一体化的工作做法受到了上级领导和群众的认可，这些工作的开展，对于我市以县（区）级医疗机构为龙头、乡镇卫生院为骨干、村卫生所为基础的农村卫生服务体系的建设发挥着积极作用。

二、存在的主要困难和问题

我市农村卫生服务体系建设虽然取得了一定成绩，但由于对农村医疗卫生事业的发展长期投入不足，乡镇卫生院（所）的服务能力与广大农民群众日益增长的医疗卫生需求之间尚有很大差距，还存在一些较为突出的困难和问题。

（一）对农村卫生服务体系建设的认识不高。近年来，我市深入贯彻中央、国务院《关于深化医药卫生体制改革的意见》和《关于进一步加强农村卫生工作的决定》等有关政策，积极推进农村医疗卫生服务体系建设。但是一些部门和领导在贯彻执行有关政策的过程中，仍然存在认识不到位，还没有真正站在加强农村医疗卫生事业的发展是实践"三个代表"重要思想和实践科学发展观的高度，没有充分认识到农村卫生服务体系建设对于提高农村群众健康水平、加快社会主义新农村建设的重要意义。

(二)农村卫生服务体系建设投入不足。一是我市各级财政对农村医疗卫生事业投入不足,我市农村医疗卫生事业的人均财政投入与发达地区相比还有一定差距;二是目前实行乡镇医疗卫生机构归县级政府管理后,对农村医疗卫生事业的补助主要由县级政府承担,但是个别县(市、区)资金投入不够到位。国家对乡镇卫生院的财政补助范围、补助内容虽已确定,但是还缺乏可操作性的补助办法,对农村卫生投入存在不十分重视;三是新农合缺少长效的筹资增长机制,没有把新农合的筹资增长制度化,长效的筹资增长机制还没有建立起来,影响着新型农村合作医疗工作更好地开展。

(三)乡镇卫生院的基础设施建设标准不高。近几年,我市乡镇卫生院虽然进行了升级改造,整体面貌和服务能力较以前有了很大程度的改善和提高。但是,升级改造只是在原有陈旧房屋设施的基础上进行修缮和改扩建,与标准化乡镇卫生院的建设还有差距。目前,乡镇卫生院的医疗设备功能还比较滞后,乡镇卫生院仍然以黑白B超和普通X光机为主要医疗设备。新建的示范卫生院,虽然在规划布局等方面比较科学,但由于医疗设备配备资金的不足,医疗设备还存在不足和功能滞后等情况。乡镇卫生院基础设施的滞后,制约着乡镇卫生院服务能力的进一步提升。

(四)农村卫生院(所)医疗技术力量薄弱。一是新农合医务人员配备不足。目前我市参合农民已达400多万,而县(市)、乡两级新农合经办机构编制共计350名,部分乡级经办机构还没有编制,工作由乡镇卫生院承担,影响着新农合工作的健康发展;二是农村医护人员队伍不稳,人才匮乏。由于基层卫生工作生活条件差,工资待遇不高,大中专毕业生难引进、留不住;三是农村医护人员队伍学历层次低,知识更新慢,业务水平普遍不高。全市村卫生所的4654名卫生技术人员中,执业医师仅占0.67%,助理执业医师占1.16%,远远低于市区医疗卫生机构的医师比例,难以适应农村群众日益增长的健康保健需求。农村医疗卫生人才匮乏,发展后劲不足成为一个急待解决的问题。

(五)农村卫生院(所)的管理水平不高。一是医务管理工作水平较低。农村乡镇卫生院(所)在不同程度上普遍存在流程不科学、诊疗效率较低、医护人员任职资格把关不严、医疗操作规程有失标准、档案管理不规范等诸多医务管理问题;二是新农合管理工作能力不强,随着参合率和保障水平的逐年提高,新农合管理经办机构对定点医疗机构监督、信息分析等方面管理能力的不足日渐明显。

三、加快农村卫生服务体系建设的意见和建议

(一)进一步提高对加快农村卫生服务体系建设重大意义的认识。农村卫生服务体系建设涉及基本民生问题,是统筹城乡经济社会协调发展、建设社会主义新农村和全面建设小康社会的一项重大任务,是一项民心工程、责任工程、系统工程。特别是在当前贯彻落实中央“扩内需、保增长”政策的形势下,农村卫生服务体系建设将对提高农村群众医疗健康水平、保障农民群众切身利益、维持农村社会稳定,有着非常重要的意义。各级政府和有关部门应该站在贯彻落实科学发展观、贯彻“一扩三保”政策的高度,进一步深化对加快农村卫生服务体系建设重要意义的认识;二是要加大宣传力度,进一步深入宣传党和政府加强农村医疗卫生工作的方针政策,提高全社会对进一步搞好农村卫生工作的认识。

(二)建立农村医疗卫生投入机制。由于对农村医疗卫生事业的长期投入不足,目前农村卫生服务体系整体建设水平与广大农民群众的现实需求存在较大差距。建议各级政府一是要把农村医疗卫生的基础设施建设列入建设规划,加大建设力度;二是要把农村卫生服务体系建设资金列入财政预算,给予有力的资金支持,确保建设资金及时足额到位,实现我市2009年确定的“新建1000所标准化村卫生所,为1318所村卫生所配备医疗设备,为全市96所乡镇卫生院配备急救车辆”的建设目标;三是要增加投入,逐步提高和改善农村医疗卫生人员的生活水平。

(三)加强乡镇卫生院基础设施建设。各级政府部门要切实加强乡镇卫生院基础设施建设和基本医疗设备配备,按照布局合理、功能适宜、规模适度的原则,加大乡镇卫生院基础设施建设的力度。力争尽早使我市乡镇卫生院业务用房达到国家颁布的《乡镇卫生院建设标准》,进一步提高乡镇卫生院的综合服务能力。特别是在农村人口基数大的乡镇,要参照综合性医院标准,重点建设一批甲类卫生院,不断满足农村群众的医疗卫生需求。

(四)切实抓好农村医务人员的队伍建设。农村医务人员队伍整体业务能力的提高将会有效提高乡镇卫生院医疗卫生诊治水平,是农民群众就医安全可靠的重要保证。一是要及时研究解决农村医务人员的配备问题;二是要继续加强农村医护人员的制度化培训,提高医护人员队伍的执业医(护)师资格比例,大力开展城乡医疗机构的对口协作,加强城乡医护人员的交流工作,整体提升农村医护人员队伍的执业能力和医疗水平;三是要逐步建立城市与农村之间卫生人才流动渠道,不断加强农村与城市卫生人才市场、综合医疗卫生机构、高等医学院校的密切联系,并通过改善农村医护人员的工作和生活条件,营造拴心留人的环境,促进卫生人才向农村流转。

(五)进一步提高农村卫生院(所)的管理水平。通过培训增强农村卫生院(所)领导的管理素质,建立健全诊疗流程管理、医护人员管理、药品管理、病房管理、卫生防疫等管理制度,积极探索创新适合农村卫生院(所)的管理模式,强化管理标准,提高管理水平。特别是要防止因陋就简行为,杜绝因条件落后不严格规范医疗操作程序、不严把医护人员任职资格关等管理漏洞,积极预防医疗事故和疫情传播,不断提高医务管理水平,进而逐步提升农村卫生院(所)的医疗卫生服务和管理水平。

以国家创新型科技园区建设为契机 加快构建自主创新体系 拉动我市经济快速增长

九三学社郑州市委员会

建设创新型科技园区是国家科技部为落实中共中央国务院建设创新型国家和实现自主创新战略目标而做出的重大战略部署。2009年3月26日郑州高新区进入首批四个国家创新型科技园区建设行列，标志着郑州高新区创新能力建设和创新发展思路得到了国家的肯定，成为郑州市推动科学发展的重要平台和国家创新体系的重要支撑和区域中枢，将有力地支撑郑州市"三化两型"城市建设，化解全球金融危机对我市的冲击。九三学社郑州市委组织部分成员到我市科技企业进行调研，与市高新技术调研组进行了座谈。通过调研我们认为，当前危机虽然严峻，但也可以明显感到国家的应对措施之密集、对科技创新之重视，危机既是挑战也包含着机遇。

一、推进创新型科技园区建设的优势和机遇

（一）国家政策支持力度大。国家科技部、省政府均有鼓励创新的政策措施，为我市创新型科技园区建设营造了较好的战略环境。科技部支持创新型科技园区承担国家大项目；省重大科技专项优先在郑州高新区安排。2009年市政府工作报告中也明确提出，为应对国际金融危机要加快构建自主创新体系，并于2009年4月11日出台了《关于发挥科技支撑作用促进主导产业发展的意见》。

（二）高新技术产业发展较快，产业雏形初步形成。2008年，全市实现高新技术产业总产值1350亿元，增加值410亿元，科技进步贡献率达53%。高新区初步形成了电子信息、新型仪器仪表、新材料、生物制药及新能源环保产业五大产业集聚区。

（三）创新平台初步搭建。市委市政府通过实施科技自主创新工程，加强研发中心建设，提升企业自主创新能力，加强了自主创新体系建设；通过设立十个重大科技专项，推动产业发展和科技创新；另外，如创新人才建设工程、加大产学研结合、建设科技企业孵化器、实施知识产权保护、设立专项经费构建科技服务平台、支持高新区建设国家创新型科技园区建设等，使得我市科技创新平台初步搭建。

（四）经济危机为科技创新带来新的机遇。一是危机使企业的创新需求更加主动。高附加价值、低资源消耗、高效率、低成本的产品和技术将更受青睐。危机面前只要具有自主知识产权和自有品牌产品的，基本都无大的风险，企业业绩不降反升，如郑州大方桥梁有限公司；二是危机使企业创新成本大大降低。无论是人员薪资、设备价格、制造费用等都会有明显下降，可以用更低的成本获取更加优质的创新资源；三是危机使创新资源得以在全球范围加速流动。受危机影响，更多的跨国公司为集中资源、降低成本实行外包，这将给中国企业带来新的市场资源。同时，国外先进技术、成果、人才、科研机构也将向外寻求发展空间，国际间优质创新资源的互动明显增强。

二、面临的挑战

当然，危机也不可避免地给科技创新带来严峻挑战：

（一）市场需求萎缩可能影响创新产品供给。当前国内外市场对投资品和消费品的需求出现下滑，由此高品质、高技术含量、高价格特征的创新型产品的市场销路也将缩窄，开辟新市场的难度有所加大，新产品开发及市场推广将放缓。

（二）资金全面趋紧可能影响创新经费投入。金融危机使资金供给普遍紧张。同时，企业盈利水平下降，直接导致研发经费不足。创新风险放大，降低了投资主体对创新成功率和收益率的预期。银行、社会资本对创新创业的观望情绪明显增强，企业的创新活动会受到抑制。

三、对策建议

为应对当前危机，党中央国务院采

取积极的财政政策和适度宽松的货币政策，并启动了扩大内需、促进增长的十项措施。我市要以建国家创新型科技园区为契机，创新发展，打造郑州科技新城，促进增长方式转变。为此建议：

（一）整合创新资源，夯实加快高新技术产业发展的公共基础平台。引导重大创新资源向郑州高新区集中，强化郑州高新区的区域创新中枢地位。抓住中科院"十一五"调整院所布局的契机，鼓励国家级科研院所、国内知名高等院校在郑州建立研发机构，重点保障并优先安排其建设用地；加大政府投入力度，集中力量建设以河南省大学科技园为核心十大园区建设和科技孵化器等一批科技公共服务平台。另外，为快速拉近高新区与主城区的距离，实现人流物流快速交换，建议轨道交通1#线二期提前实施，把高新区与郑东新区快速联系起来，使技术中心与金融服务中心紧密联系，落实我市创新型科技园区7年建设方案的要求。

（二）加快完善高新技术产业发展的多元化投融资体系。一是要强化政府投入的导向作用，加大财政投入力度，到2015年，市本级产业技术研究与开发经费投入占GDP的比例达到5%。二是要强化企业自助。科技型企业的研发投入应不低于当年销售收入的3%；高新技术企业的研发投入应高于当年销售收入的5%，生物工程及制药、软件企业研发投入应达到当年销售收入的10%以上。对于达到投入比例的企业，政府科技资源给予重点倾斜。三是要做到银企联动。鼓励银行、证券、保险、风投等金融机构加强对创新型企业的金融服务支持。健全支持高新技术企业发展的信用担保体系、知识产权抵押、企业土地抵押贷款机制。积极推荐和协助有实力、成长性强的高新技术企业，在国内的主板和中小企业板，以及香港二板市场和其他境外证券市场上市。

（三）切实加强科技创新人才队伍建设。一是要大力引进加快推进科技自主创新和高新技术产业发展的创新型科技人才。利用危机中国内外人才成本降低的机会，大力引进我市主导产业急需的高级人才，对国家级学术带头人、获得国家科学技术奖项目的主要完成人、拥有自主知识产权的重大科技成果研发人员，酌情给予资助。二是要强化创新型人才的培养和使用。以国家、省、市科技项目为依托，实施"333"创新型科技人才工程，到2011年，培养造就30名科技创新领军人才，300个创新团队和3000人左右的创新型科技骨干人才队伍。对民营科技企业引进的大中专毕业生人才落户政策与国有企事业单位一样对待。

（四）大力培育主导产业并进行信息化改造。要大力培植电子信息、新材料、生物制药、新型仪器仪表、新能源及节能环保五大主导产业。加大用信息技术改造传统产业的力度，提升传统产业设计、管理能力，增强竞争力，形成和发展优势产业群，实施信息化带动工业化。积极发展信息服务业，加强信息技术在现代服务业的应用，运用信息技术大力发展现代物流业，促进物流业的现代化。推广应用电子商务技术，实现服务社会化、信息网络化、管理智能化，推动城市数字化建设。积极鼓励生产制造企业改造现有业务流程，推进业务外包，提高核心竞争力，加快从生产加工环节向自主研发、品牌营销等服务环节延伸，提高产品附加值和资源配置效率，最终提高产业现代化水平和国际竞争力。大力培育骨干企业，使获得国家省市重大科技专项支持的郑州煤机、郑州宇通、郑州日产尽早超百亿规模。

（五）实施扶持高新技术产业发展的财税优惠政策和政府采购政策。应借鉴浙江等先进省、市经验，制订并实施加快推进科技自主创新和高新技术产业发展的财税优惠政策。推动企业加大自主创新投入，允许企业按当年实际发生技术开发费用的150%抵扣当年应纳税所得额。实施扶持加快推进科技自主创新和高新技术产业发展的政府采购政策。制定政府采购技术标准和目录，对本市高新技术企业开发的符合政府采购技术标准和目录的产品，实施政府首购政策和订购制度。

（六）加快科技成果转化工作。加快科技成果转化是应对国际金融危机的有效举措。市政府应尽快出台科技成果转化细则，并设立科技成果产业化专项资金，以促进科技进步与自主创新，促进科技成果转化。使科技优势转化为经济优势。

科学发展是指南，自主创新是核心。以郑州高新区国家创新型科技园区建设为契机，通过大力推动，郑州将由此进入国家创新型城市行列，实现市委"三化两型"城市建设的宏伟蓝图，实现经济发展方式的根本转变，化解当前经济危机，真正做到又好又快发展。

关于促进我市大学毕业生就业的思考和建议

民盟郑州市委员会

改革开放三十多年来，随着国家对高等教育投入的加大和高校招生规模的不断扩大，以及在当前全球金融危机的背景下，大学生就业难已经成为了全社会关注的焦点问题。切实解决大学生就业问题，关系到千家万户群众的切身利益，是落实科学发展观、促进社会稳定、构建和谐社会的重要举措。5月份以来，民盟调研组走访了我市的部分企业和人才交流市场，对我市大学生的就业现状进行了调研。现将情况报告如下：

一、当前我市大学毕业生面临的就业形势

当前，我市大学毕业生就业工作进入了一个新时期，既拥有良好的发展机遇，又面临着巨大的压力。

从机遇看，主要有以下两点：一是全国上下都十分重视就业工作。6月3日由温家宝总理主持召开的国务院常务会议研究部署了进一步加强就业工作的措施，其中明确指出要继续抓好高校毕业生等重点群体就业。我市《关于进一步做好城乡就业推动全民创业工作的意见》明确提出要把高校毕业生就业放在就业工作的首位，这些充分体现了全国上下对大学毕业生就业工作的高度重视。二是就业政策环境更加宽松有利。我市近日出台了《关于做好2009年普通高校毕业生就业工作的意见》，提出了大学生服务基层满两年，考核优秀单位空岗可入编；到基层就业或入伍，政府补偿学费、代偿助学贷款；大学生自主创业，工商注册资本可分期缴付；大学生报到后择业期延长到3年等政策措施，为大学毕业生就业创造了多种有利条件。

从挑战看，主要是大学生数量供大于求，而且逐年加剧。2008年度，郑州有近20万的高校毕业生，实际就业率不足70%。就业市场上出现了大面积投递简历，数次面试依然无法找到工作的现象。很多大学生，毕业即意味着失业；一部分就业的大学毕业生甚至还不如农民工工资多，而且某些岗位出现了“零工资”现象。2009年预计郑州将要毕业20多万大学生，在目前全球金融危机背景下，就业形势将更是不容乐观，而且会十分严峻。

二、大学生就业难的原因分析

（一）金融危机给当前大学毕业生就业带来不利影响。目前的金融危机对实体经济带来较大冲击，我市一批中小企业特别是纺织服装、食品加工、加工制造等劳动密集企业相继停产倒闭，导致有5万多名工人下岗。同时，由于外省市企业的倒闭而出现的外出务工人员回流现象，使我市本来有限的工作岗位更加紧张，致使大学生就业形势更为严峻。

（二）粗放型经济发展方式未能为高素质人才提供足够的就业岗位。当前，我市粗放型经济增长方式未能根本改变。而粗放型经济增长方式的核心在于过分追求GDP，设备相对落后，操作工艺简单，低素质人才即可满足需要，不是依靠加大人力资本投入来实现经济增长，导致了高素质人才特别是大学毕业生就业困难。

（三）用工制度不健全导致大学生不愿意到非正规部门及农村就业。目前，我市的私营和个体经济占了国民经济的半壁江山，由于缺乏健全的用工制度、合理的工资和福利形成机制以及社会保障制度，部分大学毕业生不愿意到此类企业就业，也是导致大学生就业难的一个原因。

（四）高等教育发展不科学，是导致大学毕业生就业困难的客观因素。具体表现在：一是高等院校过度扩招。由于各大院校连年扩大招生规模，致使高等教育的发展进入大众化阶段，人才供求由卖方市场转入买方市场。二是高等教育的学科结构和培养模式不尽合理。高校的专业设置不够合理，一些社会奇缺专业比如地铁交通、会展、文化产业等毕业生匮乏，而诸如法学等一些社会需求相对饱和的专业几乎每个本科院校都相继开设，并且在校生人数连年增长。三是与市场需求相脱节的课程设置，陈旧的教学内容，未根本改变的应试教育等诸多因素，影响了大学生就业能力的提高。

（五）部分大学毕业生素质不高，竞

争能力不强，就业观念落后是导致其就业困难的重要因素。一是人文素养差，知识面狭窄。二是实践能力差，创新能力弱。很多大学仍将重点放在知识的传授方面，课程繁重，学生实践机会少。三是专业知识掌握不牢，对就业知识了解较少、准备不充分。四是许多大学毕业生就业观念落后，宁可待业也不愿从事简单劳动，不愿意到艰苦地区和基层单位就业，加剧了这部分毕业生的就业难度。

（六）就业岗位的总体供需矛盾是大学生就业难的主要原因。当前城镇新增劳动力就业、下岗失业工再就业、新生代农民工转移“三峰叠加”，而新增岗位有限，从而导致大学生就业困难。

三、关于促进我市大学毕业生就业的几点建议

（一）进一步提高认识，努力破解金融危机形势下的大学毕业生就业困境。大学毕业生就业问题不单是个人问题，而且是社会问题。目前的高等教育属于高消费教育，一般家庭对大学生进行了高投入，都希望得到相应回报，而获得就业岗位是最基本的要求。如果高投入没有得到最低要求的回报，将导致大学毕业生个人及其家庭对社会的不满，影响社会稳定和社会和谐以及其他问题。因此，各级政府要正确认识做好大学毕业生就业工作的重要性，全面贯彻并确保国家和省、市相关政策措施的落实，把促进大学毕业生就业做为就业工作的重中之重，为实现我市的“保增长，保民生，保稳定”目标奠定坚实基础。

（二）加快转变经济发展方式，推动产业结构优化升级。一是要坚持把增强自主创新能力作为调整产业结构、转变经济发展方式的中心环节，提高科技对GDP的贡献率。只有摆脱对投资与低成本劳动力的依赖，真正提高人力资本在经济发展方式中的投入，才有可能从根本上解决大学毕业生就业困难的问题。二是大力发展个体、私营经济，并完善其用工制度。要积极为个体、私营经济的发展创造良好的环境。比如：减少行政审批程序、提高行政审批效率、减少税赋、提供贷款支持等，帮助企业稳定和扩大就业。同时，要加强个体、私营企业的用工监管，严肃查处企业用工中的违法行为，切实维护职工的合法权益。三是统筹城乡发展，推进社会主义新农村建设，将进城务工人员吸引在广大新农村和小城镇建设中，缓解就业压力，为大学生就业创造更加有利的条件。

（三）进一步强化就业指导，搭建高校毕业生就业交流平台。一是根据新形势下高校毕业生求职特点，加大对大学生的就业培训。经过培训可以让大学生更清晰的认识到自身情况，切合实际的求职。二是引导大学生转变就业观念，要务实择业。要教育大学生充分认识到就业形势的严峻，以及对薪酬标准的理性认识。要能放下身架，做好自身的定位，踏踏实实地找工作。三是要加强大学毕业生的德育，使他们树立劳动光荣的道德意识。

（四）开展公共就业服务专项活动，为高校毕业生就业创造条件。继续组织各级公共就业服务机构开展“民营企业招聘周”和“大中专技校毕业生就业服务月”等活动，在专项活动期间，集中开展政策咨询、就业指导、职业培训和创业培训。同时，要落实高校毕业生失业登记实名制度，开展有针对性的就业援助服务。通过辖区内未就业高校毕业生实名失业登记制度，建立专门台帐，实施动态管理。

（五）以创业促进就业，引导鼓励高校毕业生自主创业。将高校毕业生创业，纳入全民创业促就业系列活动，加强创业引导和扶持。对有创业愿望的高校毕业生，提供创业培训；对自主创业、从事个体经营的大学生提供小额担保贷款。

（六）多策并举，加大宣传，形成全社会齐抓共管促进大学生就业的良好局面。一方面要营造良好的舆论氛围，大力宣传已经成功创业的大学毕业生典型，鼓励和促进大学生自主创业实现就业。另一方面要引导全社会关注大学生就业问题，积极为大学生就业营造良好的社会氛围。比如：组织我市人大代表和政协委员中的企业家以及社会上的优秀企业家，响应政府号召，不减薪，不裁员，努力想办法扩大就业，给大学毕业生提供工作岗位。同时，政府可根据情况，针对招聘应届毕业生的企业，对企业进行按招收毕业生人数进行补助，来缓解企业压力。对于表现优秀的企业，可以在贷款政策上适当倾斜等等。总之，促进大学毕业生充分就业，需要全社会的共同努力，只要各个部门、社会群体通力合作，密切配合，破解大学生就业难题的春天一定会到来。

加快沼气建设步伐 促进农村经济发展

市政协农业委员会

国务院将农村沼气作为进一步扩大内需的措施之一，既是拉动消费、促进发展的有效办法，也是改善农村居民生活，促进新农村建设，实现民生改善和经济发展的双赢的新举措。发展农村沼气，可以引导地方和社会资金投入农村基础设施建设，带动水泥、钢铁等相关行业的发展，引导农村劳动力就地就近就业。为了认真贯彻中央经济工作会议精神，全面落实科学发展观，积极应对国际金融危机，根据政协工作安排，郑州市政协农业委员会对我市农村沼气建设工作进行了调研，现就调研情况汇报如下：

一、我市农村沼气建设基本情况

近年来，党中央、国务院对农村沼气建设给予了高度重视。连续几年中央农村工作会议把农村沼气建设作为全面建设农村小康社会、改善农村生产生活条件的六小工程之一，要求加快建设。每年的"中央一号"文件都对农村沼气建设做出具体要求，中央投资也逐年加大，自2002年起，国家设立农村沼气国债项目，每年国债资金用于农村沼气建设达10个亿，每户中央补助资金800元，要求地方按照中央资金的20%进行配套，并且从2002年的10个亿逐年递增投资额度，到2008年中央安排国债资金26个亿，第四季度为扩内需、保增长又追加投资30亿元，补助标准也从800元/户，提高到1200元/户。河南省委、省政府自2006年起，把农村沼气建设列入为民办十件实事之一，每年在省财政农业专项资金中安排1000万元用于沼气服务体系建设补助，2008年对户用沼气按照350元/户的标准予以补助，对大中型沼气工程按照每带动一户补助2000元进行扶持。

为认真贯彻落实中央、省委关于农村沼气建设的精神，全力推进农村沼气建设，郑州市委、市政府自2005年起，连续四年把农村沼气建设列入市委、市政府为民办"十件实事"之一，还把农村沼气建设列入跨越式发展"三年行动"计划，要求2009-2011年，全市新增沼气用户9万户，大中型沼气工程180处，新建沼气服务网点300个。这一目标的完成可以体现四个方面的重要作用：一是拉动内需。加强沼气建设可带动地方投入和群众自筹资金，增加水泥、砖、钢材、农用车等用量。我市对农村沼气建设财政投入逐年增加，从2005年的500万元、2006年的1150万元、2007年的1600万元，增加到2008年的1915万元。从2004年起，我市开始申报沼气国债项目，新密市是我市第一个实施沼气国债项目的县（市），截止2008年底，共实施13个农村沼气国债项目，项目累计总投资6565.14万元，其中：中央补助资金1926.172万元，地方配套769.17万元，农户自筹3870.25万元。二是促进就业。我市自2005年来累计发展沼气用户15万多户，需大量技术工人，仅此一项可为当地解决农民技工就业岗位万余个。三是促进农民增收节支。我市地方财政投入与国债项目累计投资11.7亿余元，可为农户节约燃料、化肥等直接支出4.5亿元。四是改善环境。通过沼气建设，实现了农村生活环境干净整洁、村容村貌优美靓丽、农业生产绿色环保，大幅度提高了农产品质量和安全水平。同时也带动了农业结构的调整，促进了农业增效、农民增收，促进了新农村建设。

二、我市沼气建设存在的问题

沼气建设目前已成为农村经济发展、拉动内需的推动器，但在调研中，我们也发现还存在着一些突出的问题急待解决。

*一是基层专业技术力量较为薄弱，服务体系不够健全。*加强农村沼气服务体系建设，是确保沼气池正常使用并充分发挥效益的重要基础，事关沼气事业持续健康发展大局，是当前农村沼气发展中的一项重要工作。要建立一套适应我市目前沼气发展的技术服务体系网络，必须坚持按照"政府引导、多元参与、方式多样"和"服务专业化、管理物业化"的原则，将沼气服务体系建设与沼气发展协调推进，逐步建立以市、县（市）、区服务中心为依托，区域服务站为支撑，村级服务网点为抓手的沼气服

务体系，为沼气农户提供优质、规范、高效、安全的服务，巩固沼气建设成果。各类服务组织要有服务场所、人员、设备、配件，村级服务网点至少要具备进出料设备、检测设备或维修工具。在当前各类服务组织还不能从为农民提供服务中实现自主经营，自负盈亏的时期，势必需要政府投入一定的财政资金加以引导。而我市包括县(市)财政，尽管从2005年起，每年财政投入的沼气建设专项资金逐年递增，但在沼气技术服务体系方面的投入还是空白。

二是资金投入不足、工作经费欠缺。虽然我市财政投入逐年增加，但资金投入仍然不足。尤其是县(市)财政配套资金缺口较大。尽管市级财政每年拿出专项资金对沼气建设给以扶持，但各(县)市区级财政的投入力度还很有限，同时由于建池原材料价格及施工费用的上涨，财政补助资金占农户建池总投入的比例随之降低，致使农户自筹部分明显加大，进而造成财政资金与沼气建设工作实际需求的差距，严重影响了农民群众发展沼气的积极性。另外，农村沼气作为农村的一项公益性基础设施建设，这项“民心工程”所面向的是千家万户及众多养殖企业，管护点多面广，任务十分繁重，需要进行经常性的宣传、技术培训、技术指导和监督检查等，而这些工作的开展势必要以一定的工作经费作保障。但是一些地方的业务技术部门连最基本的开展宣传、技术培训、下乡指导检查的工作经费都难以保证，而有的地方甚至连起码的工作条件都不具备，影响了工作的正常开展。

三是部分市(县)沼气普及率已较高，继续推进难度较大。前几年沼气建设发展较快，部分市(县)沼气普及率已较高。如沼气建设全市领先的中牟县，政府连续六年把沼气建设列入政府实事目标强力推进，全县总农户数15.5万户，适宜建沼气农户数8.3万户，现已累计建成沼气池50482座，占适宜建池农户的61%。另外，随着外出务工人员增多、集中养殖推广、沼气原料不足、天然气普及等因素影响，继续推进(特别是单户用池)难度较大。

三、对我市沼气建设发展的意见和建议

(一)要进一步提高认识，切实加强领导。充分认识到农村沼气是促进农民增收、发展循环农业、改善农村环境的一项公益性基础设施建设，是一项民心工程、德政工程。加强领导，从管理机制、资金投入、服务体系等方面下功夫，确保沼气建设稳步发展。

(二)争取国债项目，加大投资力度，落实补助标准。目前我市每建设一个户用沼气池平均需要2500元左右，国债项目沼气池可获得国家补助1200元，省补助350元，市、县两级各补助500元，基本满足建设需要，因此需要进一步加大国债项目申请力度。非国债项目沼气池建设因没有国家1200元补助，建议参照农业部国债项目每户1200元的新补助标准，提高我市现行户用沼气市级补助标准。同时，各级政府一定要重视沼气建设，督促配套资金及时到位。

(三)完善管理机制，切实加强服务体系建设。加强农村沼气服务体系建设，是确保沼气池正常使用并充分发挥效益的重要基础，事关沼气事业持续健康发展大局，是当前农村沼气发展中的一项重要工作。要逐步建立健全以县级服务站为龙头、乡镇服务组织为支点、村级服务网点为单元、农民沼气服务人员为基础的沼气技术服务体系，努力实现专业化施工、物业化管理、社会化服务和市场化运作的发展机制。在服务体系建设上，国家对村级服务网点建设资金标准为7万元，国债项目投资为3.5万元，建议我市一方面积极申请国债项目，一方面提高村级服务网点补助标准，保证服务体系建设需要。

(四)因地制宜，灵活多样，分类指导。在今后的沼气建设中，不再硬分建池任务。目前，我市农村户用沼气经过连续四年的大力推广，已经达到了相当规模，全市户用沼气累计达17万多座。而应把工作重点放在提高老池的使用率和沼液沼渣的综合利用上。户用沼气建设要坚持集中连片，以村为单位整体推进原则发展。要发展大中型沼气工程，加强大型沼气池建设，要合理开发利用资源，保护生态环境，带动地区经济发展，改善生产生活条件，形成规模，特别是在近郊地区，实现沼气的企业化供应应是今后沼气建设的重点。

(五)技术创新，积极推广秸秆等新型沼气原料的研发和应用。要不断创新技术模式，深入研究沼气产业化发展模式、生态家园建设集成配套技术模式、规模化养殖场沼气工程循环经济模式。积极开展农村沼气新产品、新工艺、新技术、新材料的研发，加强技术试验示范与推广，增加科技含量，提高建设水平。目前，畜禽养殖大都进入养殖场(小区)，散养户减少，粪源紧缺，户用沼气发展受到一定程度的限制。秸秆沼气技术作为一项农村能源替代新技术，不仅拓宽了农村秸秆资源利用的途径，而且打破了沼气建设对畜禽饲养的依赖性。据专家测算，一口8立方米左右的沼气池，一次加20公斤的粉碎秸秆，产生的沼气可满足3-5口家庭连续用上半月时间，而直接成本不足一元，产沼气后的沼渣还可以作庄稼肥料，可谓一举多得。在市财政将在今年的农村沼气建设专项资金中安排部分经费用于秸秆沼气技术的试验示范补助的政策下，各县(市)、区要借鉴外地秸秆沼气的先进经验和成熟技术，结合当地实际，大力发展秸秆沼气，实现“没有饲养业、照样用沼气”的目标。

(六)搞好规划，注重综合利用，统筹协调发展。要把沼气建设与社会主义新农村建设结合起来，与环境整治、村镇规划、污水治理、创建生态文明村等相结合，统筹安排，科学规划，搞好配套建设，扩大综合利用范围。开展沼气、沼渣、沼液综合利用，充分发挥其综合效益，实现经济发展中废弃物的减量化、无害化和资源化。

建设“三化两型城市”应加强郑州市城区立体绿化工作

民进郑州市委员会

市政协十二届三次常委会议“扩内需、保增长、调结构、促转型、重民生”的议题，突出了以人为本、科学发展观的发展的精神。我们就我市建设三化两型城市，发展城区立体绿化工作展开调研，现报告如下：

一、发展城区立体绿化的意义。

全世界治理污染，大都经历了三步曲，一是工厂迁出市区，二是煤改气，三是城市建筑大面积的植被化，即对屋顶、阳台、墙体、硬地面、立交桥进行绿化，这种建筑绿化，称之为立体绿化。立体绿化分为垂直绿化和屋顶绿化。屋顶绿化可以广泛地理解为在各类古今建筑物、构筑物、城围、桥梁(立交桥)等的屋顶、露台、天台、阳台或大型人工假山山体上进行造园、种植树木花卉的统称。屋顶绿化的重要意义在于增加城市绿地面积，改善城市高楼大厦林立、众多道路的硬质铺装而取代的自然土地和植物的现状；改善日趋恶化的人类生存环境空间；改善过度砍伐自然森林，各种废气污染而形成的城市热岛效应，减少沙尘暴等对人类的危害；开拓人类绿化空间，建造田园城市，改善人民的居住条件，提高生活质量，以及对美化城市环境，改善生态效应。它是平面绿化向纵深发展的新出路；是城市循环经济的新资源；是一个看的见，摸的着的生态修复工程；是节能减排行之有效的好办法；是一个人人都能参与，自己解放自己的绿色文明、生态文明行动，符合中央提出的构建环境友好型、资源节约型和谐社会的精神。

一些先进国家正提倡建筑与环境间要成为一个有机统一体，其中立体绿化就成为重要的指标之一。屋顶和墙壁的绿化在盛夏高温时可使室内温度下降2℃至4℃，可节约空调耗电量20%至40%。经测算，垂直绿化相当于地面绿化效益的60%。屋顶绿化每增加1000万平方米，可以使绿地每年滞尘量增加96吨，全年吸收二氧化硫量增加2吨，大大改善大气质量。随着城市的发展，大量的基础设施建设往往会与绿化用地发生矛盾。尤其是旧城改造，用地更是困难重重。立体绿化节约土地资源，是建设节约型园林的主要绿化形式。在我市城区拥挤地段，如果能用绿色植物把屋顶、墙面、阳台、平台等都包装起来，不但补偿了因建筑占用的绿地，更能取得良好的环境效果。如果墙面和屋顶有层“绿皮”，既能吸收大气污染物、增湿、滞尘、降噪，还能使城市的炎夏变得凉爽舒适。

二、国外、国内立体绿化的现状

西方发达国家在20世纪60年代以后，相继建造各类规模的屋顶花园和屋顶绿化工程。如美国华盛顿水门饭店屋顶花园、美国标准石油公司屋顶花园、美国DT&T公司屋顶花园、英国爱尔兰人寿中心屋顶花园，加拿大温哥华凯泽资源大楼屋顶花园、德国霍亚市牙科诊所屋顶花园，香港太古城天台花园、香港葵芳花园住宅楼天台花园等。这些与建筑设计统一建在屋顶的花园，多数是在大型公共建筑和居住建筑的屋顶或天台，向天空展开。也有建在室内成为建筑内部共享空间的；有游览性的，也有仅能观赏，游人不能入内的屋顶绿化；有的不仅在平屋顶上修建，还在坡屋顶上修造草场式绿化屋顶。日本东京规定，凡是新建建筑物占地面积超过1000平方米者，屋顶必须有20%为绿色植物覆盖，否则要被处以罚款。目前，该市屋顶绿化率已经达到14%。德国进一步更新楼房造型及其结构，将楼房建成阶梯式或金字塔式的住宅群，当人们布置起各种形式的屋顶花园后，远看如半壁花山，近看又似斑斓峡谷，俯视则如同一条五彩缤纷的巨型地毯，令人心旷神怡。加拿大的设计师、建筑师和园艺师们打破传统的分工，同心合力，别出心裁，在一座18层的办公大厦中，采用轻型多孔材料，建成了一个集假山、瀑布、水池、草坪、花坛等多种景致于一体的盆景式“空中花园”。法国巴黎一幢幢高楼大厦的平顶上，栽种着各种树木与花卉，人造草坪、圆形拱顶小屋，夏天在“空中花园”避暑，冬日则在用白雪装点的圆形拱顶内欢度良宵。此外，在英国、俄罗斯、意大利、澳大利亚、瑞士等国的大城市，也都有千姿百态、风格各异、风景绮丽的屋顶花园。

我国自上世纪 60 年代起，才开始研究屋顶花园和屋顶绿化的建造技术。随着我国改革开放的进程，旅游事业得到空前的发展。为了改善城市生态环境，增加城镇的人均绿地面积等的需要，屋顶花园、屋顶绿化、屋顶养花才真正进入城市的建设规划、设计和建造范围。

从 1983 年长城饭店建成北方地区第一座屋顶花园至今，北京一直在尝试采用新技术进行屋顶绿化；国内其他省（市）屋顶绿化建设始于上世纪 60 年代。随着国内经济建设的突飞猛进，人居环境和生活质量的评价日益受到重视。例如重庆、上海、深圳、杭州、长沙等国内各大城市，屋顶绿化自发地以各种形式展开；上海市静安区人民政府 2002 年 6 月 1 日发布了《关于上海市静安区屋顶绿化实施意见（试行）的通知》，提出从 2002 年起，凡列入当年屋顶绿化实施的项目，每完成 1 平方米奖励 10 元。上海市绿化管理局 2002 年 11 月发布了《关于组织编制屋顶绿化三年实施计划的通知》；广东省深圳市人民政府于 1999 年 11 月发布了《深圳市屋顶美化绿化实施办法》，并制定全市屋顶美化绿化的规划和实施办法，组织全市屋顶美化绿化工作的检查、督促和考评。广东省于 2000 年发布了《关于我省城市屋顶美化和防护（防盗）网、空调器及室外管道规范装设的意见》，提出各市可参照深圳市的做法，结合本地实际，提出建筑物屋顶美化绿化的措施；四川省已于 1994 年颁布地方标准《蓄水覆土种植屋面工程技术规范》。四川省成都市 2005 年全面实施屋顶绿化方案，力争在今年年底达到人均屋顶绿化面积 0.5 平方米。2005 年 3 月成都市特别规定：成都市五城区及各县范围内新开工的楼房，凡是 12 层楼以下，40 米高度以下的中高层和多层、低层非坡屋顶建筑必须按要求实施屋顶绿化。凡成都市范围内建筑竣工时间在近 20 年以内、产权明晰、满足房屋建筑安全要求的建筑均应根据条件实施屋顶绿化。屋顶绿化经费采取“以奖代补”的政策，并由市、区、社区三级组织开展“优秀屋顶花园”等评选活动。

三、对加强我市城区立体绿化工作的建议

我市在城区立体绿化方面的工作与国内先进城市有较大的差距，为加快我市“三化、两型城市”建设，必须加强城区立体绿化工作。

（一）建议市政府相关职能部门尽快出台有关我市立体绿化的政策。国内许多城市在立体绿化方面已经出台了相关的政策，我市可借鉴外地的先进经验结合我市建设“三化、两型城市”的实际情况制定出我市屋顶绿化的实施办法。

（二）将立体绿化作为一个重要的产业进行扶持。立体绿化不久的将来会发展成一支庞大的产业，能扩大社会就业，又能拉动三农、支持三农、服务社会、造福人类的朝阳产业。因此，政府要鼓励支持立体绿化工程企业的发展，培育新的经济增长极。

十二届四次常委会

关于郑州物流业发展的调查与建议

市政协社会和法制委员会

近年来，郑州商贸流通发展迅猛，国内外大型商贸流通企业先后入驻郑州，一批大型专业批发市场不断壮大，大市场、大流通格局逐渐形成，商贸流通的发展同时也带动了物流业的快速发展。

一、郑州发展物流的优势

郑州是全国重要的交通和通信枢纽，京广和陇海铁路、京珠和连霍高速公路、107和310国道在此交汇，拥有亚洲最大的铁路编组站郑州北站和全国最大的铁路零担货物中转站郑州东站，以公路、铁路、航空为主的立体化综合运输体系已经形成。2007年货物运输量达3.3亿吨，货物周转量达371亿吨，综合运输能力不断提高，已成为全国重要的货物集散地。

随着物流业的快速发展，国家对物流业逐步加大了扶持力度。2009年3月，国务院通过《物流行业调整和振兴规划》，将其列入十大产业振兴规划，把物流业列入拉动内需的关键环节。

二、郑州市物流类型、现状及与国内国际的差距

(一)郑州市物流类型及现状

在我国，物流的定义为：“物品从供应地到接收地的实体流动过程，根据实际需要，将运输、储存、装卸、搬运、包装、流通加工、配送、信息处理等基本功能实施有机结合。”而在我们郑州，物流水平并没有达到“物流定义”的水平，郑州的物流主要分为两块：仓储和运输。

1、仓储型

郑州上规模的仓储企业近70家，主要分布在郑州市的东南、西北和西部地区。其中东南部紧邻国家交通大动脉107国道、310国道，便于公路货物集散，有62.5%的仓储企业分布于此；西北部通过北环路直接与107国道、连霍高速公路相连，是市区向北方的主要出口，且西北部拥有3个火车货运车站(海棠寺车站、南阳寨车站和郑州北站)，有25%的仓储企业分布于此。总体分布如下：

东南部：这里是全市仓库的集中地，主要的仓储企业有郑州中储物资流通中心、省糖烟酒南仓、郑百文仓库、省商业储运公司、省军区供应站仓库(对外仓储)、省公路局仓库等；西北部：这里是全市仓库的又一个重要集中地，主要有郑州中储南阳寨仓库、市商业储运公司、物华化工仓库、中国外运久凌仓库等；西区：主要有4个仓库，位置比较松散，即：郑州铁路局材料厂仓库、郑州煤炭仓库、郑州纺织仓库和郑州西站。

现有仓储设施中，大部分属于保管型仓库，只有极少数的仓库可以从事一些简单的供应物流和销售物流业务。物流公司功能也比较简单，主要利用租赁的库房从事运输、配送业务。

2、运输型

首先是铁路运输。郑州铁路分局地处京广、陇海两大路网干线交汇处，辖内共有京广、陇海、京九、新焦、太焦、新荷六大干线以及新密、汤鹤、安李三条支线。管辖营业线路13条，营业线路长度1177.5公里，线路总延长3960.6公里，共计有货运营业站92个。辖内共计有货场76个，仓库173栋，货场站地面积90959平方米。郑州北站作为亚洲最大的编组站，已建成现车管理系统(YIS)，编组作业全部实现自动化，主要担负京广、陇海四个方向货物列车和郑州枢纽地区小运转列车的到发、改编作业以及专用线、段管线车辆取送任务，日均办理车数15000辆左右，居全国首位。郑州东站是以零担货物中转作业为主，综合办理整车、零担、集装箱货物发送、到达、中转业务的特等货运站，是新亚欧大陆桥国内最大的集装箱货场之一，也是国家内陆省份首家铁路货运一类口岸。

其次是汽车运输。郑州市的日常物流运输以公路运输为主，据调查了解，目前郑州市大大小小的物流有3000多家，其中在工商部门注册的有2000多家，规模大小不一，主要有以全国业务为主导的国有物流公司，如：中邮物流、中铁快运等；以省内业务为主导的大中型物流公司，如：长通、豫鑫、正和、金象等；以及以专线货运为主的货运部，还有一些规模相对较小的信息部。郑州市的汽车运输企业，目前还都只具备单一运输功能，没有其他物流服务。

物流公司没有仓库且以个体和私营企业为主，运输企业基本分布在郑州市的东南部，经营内容主要是货运，少数企业经营货代、配载业务。

郑州目前的物流业刚刚起步，企业规模小、业务零散，大都仍是单一形式的运输企业、仓储企业，缺乏有机的组合。物流企业信息化程度普遍低，缺乏通用或专业的信息平台，90%的企业尚未实现信息化管理；专业化程度低，缺少物流专用设备。而我国沿海城市由于物流业起步较早，物流运作体系基本稳定，与沿海发达城市相比，郑州物流效率低、成本高，基础配套设施差，兼容性差，物流技术装备水平低，标准化建设落后，管理体制与机制方面存在障碍。

(二)国际物流发展层次案例

在日本，第三方物流占到70%以上。电子商务高度发达的今天，国外物流企业普遍拥有先进的物流设备、物流技术及管理水平。如日本大阪市的手原株式会社仓储式物流中心，建有大型自动化高层货架及立体仓库、托盘、集装箱、销售网点扫描仪(POS)条形码(BARCODE)、电子数据交换系统、地理信息系统等物流装备技术，在商品入库直到出库的整个过程中使用数字化管理，使装卸、搬运、拣货等过程实现信息化、自动化、网络化、智能化、柔性化。

(三)国内先进物流企业集团的发展状况

1、海尔物流的发展现状

海尔物流率先提出了三个JIT(Just in time)的管理，即JIT采购、JIT原材料配送、JIT成品分拨物流。同时，海尔物流又创新性地提出了“一流三网”的管理模式，即以定单信息流为中心，全球供应链资源网络、全球配送资源网络和计算机信息网络同步流动，为定单信息流的增值提供支持。通过他们，海尔物流形成了直接面对市场的、完整的以信息流支撑的物流、商流、资金流的同步流程体系，获得了基于时间的竞争优势，达到以最低的物流总成本向客户提供最大的附加价值服务。2003年，海尔物流成功地向物流企业进行了转变。目前海尔第三方物流服务领域正迅速拓展至工业、食品业、制造业等多个行业，并开始提供第四方物流服务，帮助客户规划、实施和执行供应链的程序，为制造业、航空业等领域的企业提供物流增值服务，物流业务已成为海尔新的经济增长点。

2、宝供物流企业集团的发展现状

宝供物流企业集团是国内第一家将工业化管理标准应用于物流服务系统的企业，也是国内第一家建立物流网络信息系统的企业，拥有一流的质量保证体系和全程的信息服务优势。同时宝供大力推行“量身定做，一体化运作、个性化服务”模式，建立强大的、遍布全面的物流运作网络，将仓储、运输、包装、配送等物流服务广泛集成，为客户提供“门到门”的一体化综合服务以及其他增值型服务，全面扩充物流服务领域，目前，宝供已成为40多家跨国公司和十多家大型企业的战略联盟伙伴。

(四)郑州物流与国内国际物流的差距

通过对国际物流强国日本物流和拥有国内先进水平的海尔物流、宝供的认识，我们不难从中看出我们郑州物流的弱小。郑州物流就如我们上面所提，目前仅处于一个仓储、运输、代理方面，而达不到一定信息化、现代化的水平。物流设备陈旧，物流管理落后，只能在很有限的区域内做一些简单的货物配送业务，再加上物流市场不规范，经常出现货物丢失，货运公司和代收的货款一起人间蒸发。郑州物流要想发展，想朝着国内一流物流迈进，就需要解决目前郑州物流行业的诸多问题，然后本着现代化、信息化的方向，发展郑州物流。

三、郑州物流发展目前存在的问题

(一)物流管理体制改革尚需进一步深化、物流资源有待进一步“整合”。我市物流业状况仍然是分散的或者称多元的管理方式，涉及到铁道部门、交通部门、贸易部门等专业部门和发改委、经贸委等综合部门。各部门之间分工又有交叉，造成了物流行业管理中存在的条块分割、部门分割现象等问题时有出现，多数物流建设项目是属于供应能力的扩张，而不是整合和提升原有供应能力，低水平的重复较多，个别项目贪大求全能力过剩，造成物流资源的浪费。从网络平台看，信息平台未能实现共建共享，制约了物流业的发展，处于各自为政的状态，社会信息流不够畅通。这无疑给以信息流为灵魂的现代物流业造成障碍。

(二)我市物流企业实力弱、规模小，缺乏必要的竞争实力。物流企业组织规模较小是我省物流业的普遍现象，目前从事物流服务的企业，包括传统的运输、储运等流通企业和新型的专业化物流企业，规模和实力都还比较小，网络化的经营组织尚未形成。

(三)物流企业的经营管理水平、服务质量有待提高。首先，服务方式和手段比较原始和单一。目前多数从事物流服务的企业只能简单地提供运输（送货）和仓储服务，而在流通加工、物流信息服务、库存管理、物流成本控制等物流增值服务方面，尤其在物流方案设计以及全程物流服务等更高层次的服务方面还没有展开。其次，物流企业经营管理水平较低，服务质量有待进一步提高，多数从事物流服务的企业缺乏必要的服务规范和内部管理规程，经营管理粗放，很难提供规范化的物流服务。在物流过程中，部分企业难以做到在预定时间送货，并经常出现断货、对客户的响应不及时等问题，严重影响了物流行业的整体发展。在争取货源方面不是以服务质量进行竞争，而是单纯依靠打价格战，为此大部分物流企业效益不佳，盈利能力低。

四、对郑州物流发展的建议

“工欲善其事，必先利其器”。郑州必须有一批具有核心竞争力的物流。物流核心竞争力主要由交通条件、物流人才、综合服务环境、相关政策、技术条件、企业服务水平、经济环境等多种要件构成。鉴于物流业自身发展现状，郑州物流须在物流人才、综合服务环境、相关政策等方面大下工夫。

(一)加强物流业的统筹规划和综合协调、加快现代物流业网络体系建设。鉴于目前物流业多头管理局面，各级政府要抓紧时间成立现代物流业发展综合管理部门，统一规划、协调、管理现代物流业发展的有关事宜；进一步发挥物流行业协会作为企业与政府间以及同行业内不同企业间的桥梁纽带作用，增强物流协会的行业服务、行业自律以及维护行业合法权益的职能，以保障我市物流业快速、健康、有序地发展。

(二)推进物流的标准化建设。有关部门要从人力、物力、财力上支持统计部门制定科学的现代物流业统计方案。统计部门要抓紧时间制定物流业指标体系和统计口径，将物流业作为一个专门的行业进行独立的统计及分析，及时为社会提供物流信息，为政府物流决策提供依据。技术监督部门加快物流技术标准化体系建设，积极贯彻国家现有物流标准。

(三)建立物流人才培养体系，加大物流人才储备，提高知识水平和管理能力。要针对未来物流业发展趋势对人才需求，从三方面加强人才培育。一是培养宏观管理层次人才，如政府机构制定政策、规划人才，包括教学、科研等方面的人才，以提高政府物流管理水平；二是培养物流企业管理人才，这是提高物流企业管理水平的关键；三是提高员工素质。培养方法可以多样化，可以是高校培养，可以是企业、高校联合办学，可以是委托办学，将高层次的物流人才教育制度和多元化的物流职业资格认证制度有机结合，形成多层次的物流人才教育培训体系。有关高等院校也要适应物流产业化发展的需要，为物流现代化培养高素质的复合型人才。

(四)加强合作，搭建企业间的沟通平台。一是加强与国内先进省份和国际物流企业合作，借鉴国内外物流信息系统和物流管理的先进技术和经验，对国内国际先进物流供应链技术加以转移，提高我省物流业的科技含量。二是加强生产企业与流通企业的合作，物流合理化的中心思想是综合考虑生产、库存、运输、销售等全过程，以最快的速度对市场的变化做出反应，将物流各个部门、各个阶段综合起来加以推进。只有这样才会进一步提高的物流服务质量，不断提高物流业务水平。

(五)加大力度规范物流企业。政府加大力度规范物流企业，在郑州树立物流企业典范，取缔不够“物流”头衔的小货运部及在经营中恶意扰乱物流市场的货运部，防止物流企业“蒸发”。

(六)物流园区做到充分利用。目前的物流园区比如澳柯玛物流园区、香江物流园区等虽然规划比较大，政府对之期望也比较高，但是到目前仍然没有起到一些物流园区的作用，只是“圈地”，不如让其他一些因地域限制而不能发展的物流企业进驻，共同发展。

深化农村改革
增加农民收入

市政协农业委员会

为深入贯彻落实《中共中央关于推进农村改革发展若干重大问题的决定》，促进我市农村经济社会又好又快发展，近期，农业委员会在李秀奇主席及各位副主席的带领下就我市如何深化农村改革，促进农民增收问题进行了深入调研，现将调研情况报告如下：

一、我市农民收入基本情况

（一）农民人均纯收入基本情况

2004年以来，市委、市政府制定的一系列强农惠农政策，对农民增收起到了重要作用，扭转了1998-2003年六年之久的农民收入增长低迷徘徊的局面，我市农民人均纯收入由1997年的2336元和2003年的3631元上升到了2008年的7548元，人均纯收入增长率从2004年之后持续保持两位数增长。尤其是2003年以来，农民人均纯收入增长了1.1倍，年均递增15.8%，增长速度高于同期城镇居民人均可支配收入的增速，比全省平均水平高了1个百分点，比全国平均水平高了3.1个百分点。但与其他大中城市比较，我市农民人均纯收入还是偏低。

（二）农民人均纯收入结构分析

1、家庭经营收入仍是农民收入的主要来源。随着我市农村产业结构的进一步调整和优化、农牧科技投入的增加，农民从一、二、三产业中得到的收入明显增加。2003-2008年，我市农民人均家庭经营纯收入由1758元增长到3507元，增长了99.5%，虽然占总纯收入的比重由2003年的48.4%下降到2008年的46.5%，但仍是农民收入的主要来源，而第一产业收入在总收入中仍占有主导地位，始终保持着稳步发展的态势。

2、工资性收入成为农民增收的重要来源。2008年，我市农村居民人均工资性收入达到3268元，比2003年的1454元增加1814元，占农民人均纯收入的比重由2003年的40.0%上升到2008年的43.3%，对农民增收的贡献率由40.6%上升到51.4%，已成为我市农民增收的重要支柱。

3、财产性和转移性收入成为农民收入新的增长点。近年来，随着我市城市化进程的加快，农村土地征用补偿和房屋出租增多，参加入股投资人数也开始增加，农民获得的财产性收入不断增长。同时，随着国家先后出台的粮食直补、良种补贴、农机具购置补贴和农资综合直补等一系列优惠政策，带动了农民转移性收入的增加。2003-2008年，农民人均财产性和转移性纯收入由419元增加到772元，增加了353元，增长了84.2%。

4.农民负担大幅减轻。近年来，市委、市政府相继出台了一系列农村税费改革政策，减轻了农民的负担，对农民收入的增加起到了一定作用。2003-2008年，农民人均税费支出已由63元减少到19元。与此同时，通过推行农村义务教育“两免一补”和建立新型农村合作医疗制度等措施，对农民人均纯收入的提高起到了直接或间接的作用。

5、农民市场意识增强，现金收入增长较快。农民人均纯收入包含现金纯收入和实物纯收入两部分，其中现金纯收入比重的大小是衡量商品率高低的重要标志。5年以来，我市农民的市场经济意识不断增强，农民现金纯收入增长较快，由2003年的3229元提高到2008年的6949元，占纯收入的比重由2003年的88.9%上升到2008年的92.1%，充分说明农民市场参与能力的增强，这必将推动农民收入增长方式的转变，从而带动现金收入的提高和增收步伐的加快。

二、制约农民增收的主要问题

从我市农民收入状况分析中，我们感到，要促进农民增收，必须进一步深化农村改革，以下问题亟待解决：

（一）土地制度改革需要进一步推进。我市农村土地流转率低，规模经营效益不显著。截止2008年底，我市家庭承包耕地总面积385.26万亩，其中流转面积为33.06万亩，流转率达8.6%。就各县（市）区来看，巩义市土地流转率最高，为27.84%；最低的是中牟县，仅为3.55%。尽管近两年我市土地流转面积增长较快，但规模依然较小，流转率低于我省的信阳市（13.5%）和许昌市（9.4%），与流转率较高的浙江省宁波市（41.2%）相比，更是相去甚远。土地流转率低，适度规模经营的效益就不显著，就不能把农民从土地中解放出来，这就在一定程度上限制了农村劳动力转移，从而影响了农民增收。养殖业也是如此，尽管我市的规模养殖业发展很快，但小型规模饲养户依然是主体，防疫条件差，养殖技术落后，粗放经营较普遍，经常造成农户增产不增收。

（二）农业产业结构调整需要进一步深化。近年来，全市农民出售农产品收入占第一产业收入的比重均在50%左右徘徊，农产品综合商品率仍较低，农业产业链有待于进一步拉长。除农产品的生产和销售以外，附加值较高的农产品加工也是产业链条中的重要环节。拿畜产品来说，发达国家畜产品精深加工比例达80%以上，而我市的精深加工比例只有25%左右；发达国家畜产品加工业产值与畜牧业产值之比为2～4:1，而我市目前还不到1:1。

（三）农业生产成本偏高。受国际原油等原料价格上涨的影响，我国农业生产资料价格近几年也大幅提高，加上水电、机械耕作等费用的逐年上涨，增加了农业生产成本，消减了各项补贴惠农政策给农民带来的实惠，阻碍了农民增收。以种植“小麦－玉米”（一年两熟）为例，2008年，我省玉米亩总产值642.52元（主产品产量440.70公斤），总成本406.34元。2009年，我省小麦亩总产值710.67元（主产品产量404.20公斤），总成本545.37元，由此可见，我市农户种植“小麦－玉米”每亩地年净利润仅401.48元，农民作为理性经济人，其生产积极性势必受挫。

（四）农村劳动力转移工作有待进一步加强。深化农村土地制度改革，大力发展现代集约化农业生产，必然导致大量的农村剩余劳动力，而有效地引导帮助农村剩余劳动力就业就成了社会稳定，农民增收的关键所在。农民观念相对落后，存在小富即安、小成则满心理，缺乏开拓精神和市场风险意识。同时职业技能水平偏低，无法适应国内产业升级和结构调整的需要，多数农民只能从事技术含量低的工作，直接影响了其转移就业和工资收入水平。以2009年上半年为例，全市农民转移就业77829人。其中高中学历11261人，仅占总数的14.5%；初中学历57411人，占总数的73.8%；小学学历及以下9157人，占总数的11.7%。从工作类别方面看，从事第一产业10895人，占总数的14%；从事第二产业27736人，占总数的35.6%；从事第三产业39198人，占总数的50.4%，主要分布在建筑安装、采矿搬运、制造加工、餐馆娱乐、家政服务、纺织服装等行业，在人力资源市场上缺乏竞争能力，也影响就业后的稳定性。据调查推算，2009年上半年我市农村劳动力人数比上年同期增长了3.5%，但外出务工的劳动力人数比上年同期下降了2.8%，有许多以前在外打工的农民今年只是在家附近打些零工，无法或者不敢外出打工。

三、关于深化农村改革，促进农民增收的对策和建议

（一）加快土地流转，促进规模经营。加快土地流转，有利于形成规模经营，促进农村劳动力转移，增加农民收入，对规模经营、集约经营，促进现代农业畜牧业发展具有重大意义。一要培育和发展农业龙头企业，鼓励农村种养大户和村组干部带头发展规模经营，鼓励多类经营主体参与土地流转；大力发展农民专业合作组织，提高农民组织化程度，促进农村土地流转。二要加大财政扶持力度，完善土地流转支持保障措施。加大对参与土地流转的各类经营主体的财政扶持力度；从财政上支持土地流转工作的开展，确保业务职能部门开展土地流转指导、服务和管理的工作经费。三要加强指导和管理，规范土地流转行为。业务职能部门要认真履行职责，确保土地流转规范有序；积极开展土地承包纠纷仲裁工作，确保农村社会稳定。四要建立健全农村土地流转市场，充分发挥中介服务组织的作用。既要建立农村土地流转有形市场，还要健全土地流转信息服务网络，建立促进土地流转的长效机制。

（二）要大力发展劳务经济，多渠道引导农民就业。土地流转的动力在于离开农村、离开土地的农民不需要耕种土地，而转向城市或者工业，农村劳动力转移的数量决定了流转土地的数量。加强农村劳动力转移，首先要转变外出务工农民培训工作指导观念，要把提高我市农民工的整体技能水平，不断增强其岗位竞争能力，步入中高薪层次，切实增加工资性收入作为农民务工培训工作的重点和发展方向。我市现行的培训补贴标准只能保障进行基本的、初级的培训，培训层次低，就业工种的技术含量就低，工资收入必然偏低，必须通过观念改革，调整培训工作战略思路，从而提高农村劳动力就业层次，增加务工收入。其次，要通过机构改革加强信息服务，积极发展各种劳动中介组织，健全进城务工农民的劳动合同管理，维护农民工的合法权益。第三，要通过制度改革提供各种优惠政策，对农民进行引导扶持，鼓励农民自主创业，吸纳当地富余劳动力，让村里能人带头，带领大家共同致富。

（三）推进农村产业结构调整，提高农业比较效益。一是抓好农村一、二、三产业结构调整，重点发展二三产业。实施农产品加工企业带动战略，提高农产品的附加值，重点在肉制品精深加工和乳制品产业上率先实现突破。充分发挥龙头企业的辐射带动作用，扶持发展农民专业合作组织和中介服务组织，提高农民组织化程度，建立龙头企业与农户（基地）紧密联结、互利双赢的运营机制。二是抓好种植业结构调整，挖掘种植业增收潜力。加快发展以高科技农业、观光休闲农业和生态绿色农业为标志、以园艺设施化为主要手段的高效农业，提高土地产出率和农业比较效益。三是抓好农林牧渔业结构的调整，加快发展畜牧业、水产业、林业，培养农业新的经济增长点。制定扶持政策，对养殖、育林等风险高、生产期长的行业提供保险；推动畜禽养殖小区的标准化生产、规范化建设，加快畜禽养殖方式的转变；调整淡水养殖的结构，提高高档水产品的比重。四是借助生态旅游区品牌，充分利用优势农业资源，建设绿色、

有氧、亲近自然的旅游胜地，提高农业生产的生态效益和经济效益。

（四）加强宏观调控，降低生产成本。降低成本是农民增收的重要因素，一要积极探索农业生产资料连锁经营的新路子，尽可能减少流通环节，逐步以电子商务、物流配送、连锁超市等现代流通方式取代传统的经营模式，降低流通成本；二要加强农资市场监管，对优质农资生产企业给予补贴或税收等政策上的优惠，同时严厉打击制造、销售假冒伪劣产品、哄抬价格的不法厂商，规范市场行为；三要加大农资商品淡季储备力度，以调节旺季供应的零售价格，确保农民利益不受损害；四要引导农民大力发展节水灌溉新技术，减少浪费，对于农业合作组织的农业生产用水用电，要以农业用途而非工业用途进行计价收费。

（五）落实惠农政策，加大扶持力度。要全面贯彻落实党的十七届三中全会精神和中央、省、市各项惠农政策，实施"工业反哺农业，城市支持农村"的方针，逐步建立农民稳定增收的长效机制。加大政府对农村基础设施建设和农田水利建设的投入，改善农村生活和农业生产条件，缩小城乡差距。继续深化农村各项改革，巩固农村税费改革成果，严格执行农民补贴、补偿、减负政策，严防农民负担反弹；进一步加大对农村收费款项的监管力度，杜绝伤农、坑农事件，保护农民合法权益，促进农民增收。逐步建立农业发展、农村繁荣、农民增收的良好自然社会环境。

大力发展农产品加工业 推进我市农业产业化发展

民盟郑州市委员会

大力发展农产品加工业是农业结构战略性调整的重要导向，是促进农民就业和增收的重要途径，也是推进农业产业化和繁荣农村经济的必由之路。7月份以来，在市农业局等部门的配合下，民盟调研组对我市农产品加工业发展情况进行了调研，现将情况报告以下：

一、我市农产品加工业发展现状

（一）主导行业发展迅猛。经过近年来的发展，我市速冻食品、方便面、面粉、啤酒等加工业发展迅猛，成为我市农产品加工业的主导行业。比如速冻食品行业的三全、思念、笑脸、云鹤等近30家企业，国内市场占有率超50%，2008年产量约50万吨；方便面行业的白象、天方、统一等16家企业，区域总产量全国第一，2008年加工量80亿包；面粉加工行业的金苑、海嘉、三一、博大、雪燕等规模以上企业22家，2008年生产面粉136万吨；啤酒行业，以金星、奥克为主体，2008年产量220万吨。

（二）企业实力显著增强。三全、思念公司的饺子、汤圆、粽子等速冻食品的产销量分居全国速冻食品行业第一、第二位，且三全、思念公司已分别在上海证券交易所和海外成功上市；金星集团啤酒产销量达120万吨，连续5年居全国第四位；挂面生产企业博大公司和枣制品生产企业奥星公司产量均居全国同行业第一位；方便面生产企业白象集团和天方集团产量分别位居全国同行业第三位和第十二位；金苑面业拥有全国最大的生产线，日加工小麦2600吨。

（三）企业科技创新能力日益提升。近年来，我市积极引导龙头企业加快科技创新和成果转化，鼓励和支持龙头企业自建研发机构，或与高等院校、科研院所开展联合攻关，重点开发具有自主知识产权的新品种、新产品、新技术，提高自主创新能力和核心竞争力。目前，我市龙头企业自主创新能力稳步提升。如河南大陆农牧技术有限公司的“香之初”万头猪场和屠宰加工厂建设项目，通过营养调控、环境影响等手段，产生出“能找回童年时代的猪肉香味”的风味猪。此项目为国内独家，行业首创。

（四）品牌建设成效明显。全市现有农产品名优品牌80多个，其中国家级名牌5个，省部级名牌27个，市级名优产品40多个，获国家绿色食品认证的8个。比如：“三全”、“思念”速冻食品、“金星”啤酒等均被认定为“中国名牌产品”；“金苑”面粉为“全国名优产品”；2004年，“思念”品牌入选“中国500最具价值品牌”，综合排行第260名，为中国速冻行业第一品牌，价值评估为27.29亿元。

（五）产业集群初具规模。市区北部以三全、思念为主体的速冻食品工业园，产品市场占有率达到50%以上，是全国重要的速冻食品加工基地；以新郑薛店为主体，机场加工区、孟庄镇为补充的中原食品工业园区，集中了白象集团、统一集团、正林集团、四季胖哥公司、润田饮料等近百家食品加工企业，该园区2008年销售收入超过78亿元。马寨食品园区以东方集团的食品机械加工为龙头，集中了方便面、小食品、速冻食品等生产企业。河南紫鼎实业有限公司拟在管城回族区金岱工贸园区建立大型的绿色食品及清真食品加工基地，项目建成后将成为我市规模最大、品种最全的农贸加工物流中心之一。

二、我市农产品加工业发展存在的问题

近年来，我市农产品加工业虽然发展势头迅猛，取得显著成效，但仍存在以下问题和不足：

（一）龙头企业集群发展缓慢，规模相对较小。由于农业企业发展的投入大、收效慢、效益低和部分人的轻农意识，我市龙头企业集群发展速度相对缓慢，农业产业化龙头企业中真正上规模、上水平的比较少。2008年全市加工型龙头企业销售收入只有253.5亿元，销售收入最高的企业才刚刚突破50亿元，而漯河市仅双汇集团的年销售额就已达到了400亿元。可见，我市龙头企业集群在规模上、质量上都存在较大差距。

（二）龙头企业的科技投资少，科技

力量薄弱，产品开发受到限制。由于安于现状，风险意识和拓展意识不强等原因，我市农业企业的科技投入与工业企业相比有较大差距，大多数龙头企业没有建立研发机构，科技力量薄弱的问题突出。从加工产品的深度和广度上看，低价初级产品和粗加工产品多，高价深加工产品少；普通产品多，名特优和高档产品少；传统产品多，创新产品少。这必然在一定程度上制约龙头企业的长远发展以及我市农业产业化经营水平的提高。

（三）龙头企业与农户的利益联结有待于进一步紧密。由于企业追求利益最大化的本质，部分龙头企业并没有真正树立带动农户增收的意识，致使我市龙头企业与农民的利益联结还不够紧密。2009年上半年，我市加工型农业龙头企业完成销售收入135亿元，实现净利润6.8亿元，上缴税金4.9亿元，带动农户115.6万户，每万元销售收入近带动0.85户农户。虽然我市从2008年起安排500万元资金，对带动能力强的示范型龙头企业给予奖励，但受奖励资金和名额限制，只能优中选优，对部分企业进行奖励，导致企业带动农户增收的积极性不能被充分挖掘和调动起来，因此需要进一步强化政策引导，鼓励龙头企业助农增收。

（四）农产品加工业国际竞争能力较弱，缺乏国际竞争优势。由于技术、产品质量、品质、品种、营销管理水平较低，我市农产品加工业国际竞争能力较弱，缺乏国际竞争优势，再加上人民币升值和金融危机等因素，近几年农产品加工业出口处于徘徊状态。2009年上半年全市农业产业化经营龙头企业共完成销售收入162亿元，出口创汇3879万美元，是销售收入的1.63%。其中加工型农业龙头企业完成销售收入135亿元，出口创汇2634万美元，是销售收入的1.33%。

三、关于大力发展我市农产品加工业的几点建议

（一）加强政策引导，加大扶持力度，培育产业集群。坚持树立“专家策划，业主经营，政府引导，部门服务”的工作理念，采取有效的措施来引导我市农业产业化健康、科学发展。一是放手发展民营经济，引导民营经济积极参与到农业产业化经营中来，使二者有机地结合起来，相互促进，相得益彰；二是引导农业龙头企业树立“立足农业、富裕农民、繁荣农村、服务社会”的经营理念，积极带动农民致富；三是引导农业龙头企业更新观念，提高经营管理水平，不断增强市场竞争力；四是进一步提高农业产业化龙头企业贷款贴息额度，扶持龙头企业做大做强，尽快催生出一批跨地区、跨行业和具有核心竞争力的农业产业化龙头企业集群。

（二）完善龙头企业与农户之间的利益联结机制。通过对龙头企业与农民的双重引导，实现更加紧密的利益联结机制。一是引导更多龙头企业结合市场需求、农民愿望和自身实际，积极探索与农户建立起行之有效的利益联结模式，切实发挥龙头带动作用，让农民更多地分享农业产业化经营的成果。二要鼓励龙头企业在农村投资兴办各类公用事业，参与新农村建设，对做出贡献的龙头企业，各级各部门要大力宣传，给予重点扶持，增强龙头企业服务社会的责任感；同时强化农民主体地位，提高市场化意识。三是加强对农民市场经济知识和合同法律知识的培训，增强农民参与市场竞争的能力，提高农民诚信守法的经营意识，建立诚信的市场交易机制。

（三）培养龙头企业，依靠科技，延长产业链条，建立适应加工业发展的科技创新体系和供给体系。一是坚持以企业为科技创新的主体。要鼓励农产品加工企业与科研院、所形成产、学、研相结合的科研开发体系，采取对企业经费扶持、奖励、补贴等系列制度，改变只管投入、不问结果的支持方式。二是加大政府对农产品加工业科技发展的财政支持力度，设立农产品加工业专项基金，改变重农产品生产科技、轻加工科技的作法。三是积极引进高素质、高质量的人才，建立以企业家和科技人员组成的人才体系，开展职工技能培训。

（四）制订严格质量标准体系和卫生标准，建立和完善农产品的检测检疫体系，培育国际竞争力。科学完善的农产品质量标准体系和检验检测体系的健全，既是增强国际竞争力，扩大出口创汇的关键，也是行业发展的必然趋势。一要借鉴国外制定农产品质量安全标准的经验，尽快形成和完善包括质量标准、检测标准、技术规程和管理规范体系在内的农产品加工质量标准体系，逐步建立标明产品的产地、质量、标准的等级标识制度。二要建立对世界有关标准组织动态跟踪的制度，鼓励和积极采用国外先进标准，逐步形成一套既符合我市市情又能与国际接轨的农产品质量标准体系，提高我市农产品及加工品的质量安全水平，真正做到用标准组织农产品生产，规范农产品市场，评价农产品质量，指导农产品消费，保障农产品进出口贸易和引导名特优新农产品开发研究，为提高我市农产品加工业的国际竞争力，提高农业整体素质和效益，大力推进农业产业化服务。

关于我市农村生态环境保护情况的调研报告

市政协人口资源环境委员会

为进一步促进我市农村生态环境建设，自6月份以来，我们在市政协副主席党普选的带领下，通过座谈、走访、实地考察等形式，对我市农村生态环境保护工作进行了初步调研。现将有关情况报告如下：

一、我市在农村生态环境保护方面采取的主要措施及成效

近年来，我市认真实施农村小康环保行动计划，以生态创建为载体，以改善农村环境质量、维护农民群众环境权益为中心，结合社会主义新农村建设，开展了大量的工作，农村生态环境保护工作取得了一定的成效。

（一）创建工作不断推进。五年来，我市先后制定并实施了《郑州市生态功能区划和生态环境保护规划》、《郑州市农村小康环保行动计划》、《郑州市农作物秸秆禁烧及综合利用考核奖惩办法》等一系列生态保护规划、配套政策措施，有力促进了各项目标任务的圆满完成，保护了农村环境。在全省率先出台《郑州市生态创建考核办法》（郑政〔2007〕19号），建立较为系统的生态创建考核机制和激励机制。目前，我市已创建1个“国家级环境优美小城镇”，4个“省级环境优美小城镇”、21个“省级生态文明村”、73个“市级生态文明村”。

（二）环保基础设施逐步完善。经过各级努力，目前，全市完成农村改厕23万户，累计发展户用沼气18.73万座，建成垃圾中转站400余座，近百个村铺设了污水管网。全市已建设大中型沼气工程106处，生物垫料法养殖场40余个，综合利用畜禽粪污，形成了“养—沼—林”、“养—沼—渔”等生态循环的产业链条，实现了环境效益与经济效益的共赢。全市生物防治应用面积达到14万亩，降低了农药施用量。2005年以来，全市开展测土配方1090万亩，施配方肥300万亩，完成有机肥积造和施用4750万方，减少了化肥对环境的污染。全市各级财政共投入资金3亿多元，用于农村饮水工程建设，为近80万人口解决了农村饮水安全问题。

（三）监管力度明显增强。2006年以来，我市严把建设项目审批关，严格执行环境影响评价制度，对不符合国家环保法律、法规和产业政策的20余个项目，坚决予以拒批，从源头控制污染。加强矿产资源开发监管和林业生态建设，全市166个煤矿资源整合项目全部按期完成环评审批；治理废弃采矿区218万平方米，平整恢复土地2171亩；恢复林地636亩，完成退耕还林40073.3公顷。启动了中央和省级生态公益林效益补偿制度，每年安排补偿基金377.2万元，补偿面积90.77万亩，有效地保护了森林资源。

二、我市农村生态环境存在的突出问题及原因

目前，我市优美乡镇仅占乡镇总数的4.3%，生态文明村占总数的3.1%，与其他同等发展规模和水平的城市相比，我市生态创建工作尚有差距，农村环境还存在一些突出问题。主要有：

（一）工矿企业“三废”的排放。我市的工矿企业规模普遍偏小，增长方式粗放，效益差，污染重，83%集中在农村地区，且进入工业集聚区的不到40%，工业聚集度低，规划不合理，造成污染防治困难。各类矿山企业开发粗放，造成生态破坏，治理恢复难。据对我市监测点多年的土壤数据分析，土壤中铅含量有上升趋势，总金属含量处于富集状态，如不加以控制，将带来土壤环境质量的恶化。

（二）畜禽养殖业产生的大量粪便。我市农村畜禽养殖分布较广，数量较多，对农村环境污染较为广泛。我市90%以上的规模化养殖场未做环境影响评价，80%以上的养殖场缺乏必要的污染治理设施和污染防治措施，污染物处理较为随意，粪污综合利用率为60%左右。

（三）农药、化肥、地膜等农用资料的滥用。为了提高产量，增加收益，农民大量使用农药、化肥、地膜等农用资料。由于缺乏科学指导，农民滥用农药化肥，对农村环境造成了一定的影响。据有关方面统计，我市的农药使用水平是国家级生态示范区考核指标的两倍，化

肥施用远远超过发达国家所规定的标准上线，地膜残留量也比较高。长此以往，将会造成土质性能变差，土壤污染和生态破坏。

（四）生活污水和垃圾的随意排放。目前我市农村有专人收集的生活垃圾占总垃圾量的40%，污水集中处理率仅为6%左右，80%以上的村户使用旱厕，卫生厕所普及率仅为18%。相当一部分村镇生活污水未经处理，生活垃圾未经收集，随意堆放。

从调查的情况看，影响农村生态环境的主要原因：一是环保意识淡漠。目前，在我市基层领导中，重视经济效益，忽视社会效益；重视当前，忽视长远；重视本届政绩，忽视下届民生问题的现象仍然突出。广大农民群众环保意识比较淡漠，对科学、安全、文明的生活生产方式不予重视，污染防治和废物综合利用没有落实在日常生活与生产中。广大农民群众环保意识比较淡漠，对科学、安全、文明的生活生产方式不予重视，污染防治和废物综合利用没有落实在日常生活与生产中，广大农民群众环保意识比较淡漠，对科学、安全、文明的生活生产方式不予重视，污染防治和废物综合利用没有落实在日常生活与生产中。二是资金投入严重不足。由于资金投入上的“城市偏向”，城乡基础设施建设不能同步，农村道路、交通、医疗卫生建设相对落后于城市，乡村道路标准低，环卫、市政设施建设大大落后于城市，公厕、垃圾中转站数量不足。城乡结合部的道路、雨污水管网等设施衔接不畅。三是农村规划缺失。由于农村规划严重缺失，城乡社会发展和生态文明建设规划统筹不够，导致无序开发，分散建设，有相当多的村庄存在私搭乱建，住宅区和小作坊混杂一起。

四是管理体制落后。致使农村生态环境监管不到位，大多数乡镇没有设立环保机构和专职环保人员，造成工作落实难，责任追究难。十多个涉农部门，缺乏统一领导和综合协调，存在多头管理、职能交叉现象，造成责任不明，各项用于改变农村环境的政策和资金未能发挥有效的作用。

三、关于加强农村生态环境建设的意见和建议

（一）加强宣传，不断增强各级环保意识。党的十七届三中全会报告明确提出了2020年农村改革发展基本目标任务，把“资源节约型、环境友好型农业生产体系基本形成，农村人居和生态环境明显改善，可持续发展能力不断增强”作为其重要内容。这就要求我们各级政府高度重视农村环境保护工作，树立生态保护是当前的重大民生问题理念。在促进经济社会发展过程中，切实落实科学发展观，不断增强环保意识，树立生态优先理念，促进经济、社会可持续发展。加大对农民群众的宣传教育力度，有效利用农村各种宣传媒介，采取农民群众喜闻乐见的宣传方式，使宣传工作“进村、入户、入场（厂）”。通过宣传教育，不断增强广大农民群众的环保意识，不断改变生产生活方式，为优化农村经济结构和保护好农村环境奠定基础。

（二）科学规划，完善农村环境保护基础体系。在农村生态环境保护方面，一是重视生态规划，从全局上控制污染。农村生态环境保护是实现我市生态型城市建设的重要方面，应着眼生态建设大局，组织科研人员做好农村生态规划。搞好中心村镇规划和建设，发挥好其经济发展和环境保护的带动作用。二是搞好工业园区的环境规划，从局部上治理污染。把环境规划纳入工业园区的整体规划，引导工业入园、养殖入区，打造并完善循环产业链条，实现经济效益和生态保护的双赢。三是完善环保设施建设规划，从源头上防治污染。在所有具备条件的村镇规划建设垃圾和污水收集处理设施，逐步实现“户分类、村收集、镇运输、县处理”的垃圾收集处理和资源化综合利用体系。

（三）突出重点，解决影响农村生态环境的现实问题。针对当前农村环境存在的突出问题，应积极开展综合治理工作。以生态县（市）、环境优美小城镇、生态文明村建设为目标，充分利用农村生态环境治理的奖惩机制，深入开展专项整治工作，不断扩大农村环保成果。依法执行环境影响评价和“三同时”等环境管理制度；用较短时间解决好农民群众的安全饮水问题；提高农村卫生厕所的普及力度；积极开展农村垃圾专项清理工作，对农村地区多年积累的垃圾进行清理并科学处理；开展农村污染源普查和整治工作；组织人员对土壤进行监测，制定土壤修复治理方案；开展生态修复工作，完善并落实生态补偿机制，按照“谁破坏、谁治理”的原则，追究相关部门、人员的责任，使农村生态得到较好地修复。

（四）多措并举，不断提高农村生态环境保护工作水平。在环境保护方面，政策应适当向农村地区倾斜，确保农村环保制度、人员、资金落实到位。明确责任单位和责任人，解决农村环保无人管的问题。一是完善农村环保机制。各县（市）区要建立相关部门的联席会议制度，由主要领导召集定期研究部署重点工作，协调解决有关环境方面的重大问题。二是建立和完善农村环境监测体系。三是加大农村环保资金投入。不断加大政府对农村环境保护工作的资金投入力度，广泛吸纳社会资金，逐步建立政府、企业、社会多元化投入机制，切实解决农村环保资金投入不足的问题。四是积极探索农村生态保护新模式。加强与科研院所的联系，在科研开发、成果转化、技术推广和应用等方面开展合作。并借鉴外地经验，不断探索适合我市农村特点的治污模式、生态模式和环境管理模式等。五是不断积聚农村环保力量。发挥好农民群众在农村环保中的主力作用，加大政府在农村环境保护工作中的主导作用，充分发挥当地企业的资金、技术优势，同时还要发挥好当前的大学生“村官”在保护农村环境中的示范带动作用。

积极推进城乡一体化社会保障体系建设努力构建和谐郑州

民建郑州市委员会

建立和完善城乡一体化的社会保障体系，是全面建设小康社会的必然要求，是解决城乡二元结构矛盾的重要环节，是应对郑州市人口老龄化挑战的需要，也是构建和谐社会的基本要求。

一、我市城乡一体化社会保障体系建设现状

（一）郑州市农业人口概况及发展趋势

目前，全市共有2263个村，665个社区，全市农村人口约350万。其中，16周岁至59周岁的农村居民约280万人，年满60周岁以上的农村居民约56万人。同时，我市未来15年人口老龄化程度将迅速加快，预计2023年我市老年城乡居民将达到153万人。同时，随着我市城镇化进程加快，大量劳动年龄段人员转移到城镇就业工作，农村劳动年龄人员迅速减少，预计只有257万人，劳动年龄段与老年城乡居民比例下降到1.68:1，大量出现"两个年轻人养四个老人一个孩子"即"2+4+1"家庭养老模式，15年后，人口老龄化和农村城镇化、工业化将给社会、家庭带来巨大压力，因此加快推进统筹城乡社会保障体系建设迫在眉睫。

（二）郑州市农业人口社会保障工作进展情况

1、养老保险。2008年7月1日，《郑州市城乡居民基本养老保险办法（试行）》开始实施，2008年9月1日城乡居民基本养老保险工作在全市全面推开。截至2009年7月底，全市参保登记37万余人，其中缴费人数26万余人，征收城乡居民基本养老保险基金14.4亿元，享受养老待遇30余万人（含只享受高龄老人生活补助的人员）。

2、医疗保险。市政府于2007年1月29日出台《郑州市城镇居民基本医疗保险办法（试行）》郑政[2007]4号）文件，从2007年2月1日开始在全国率先实施由政府补贴为主的城镇居民基本医疗保险。目前我市职工基本医疗保险、居民基本医疗保险（参保范围包括失地农民、来郑州工作的农民工和在校大学生）、新型农村合作医疗制度已经覆盖到我市所有人群，初步实现了人人享有基本医疗保障的目标。截止到2009年6月底，全市居民参保人数已突破100万人，有3.5万多人享受到医疗保险住院待遇，最高报销医疗费可达6万元。

除此以外，还有诸如特殊群体保障体系、工伤保险、下岗失业保险（主要是针对农民的）也在积极探索与推进之中。

二、存在的主要问题

（一）农村社会保障体系的建设依然大幅度滞后于城市。改革开放后的30多年里，城市居民由过去的单位保障制变成了多层次社会保障制，形式变了，但水平和层次都得到了发展和提高。而农民的生活水平虽然也有了大幅度提高，但在享受社会保障方面却倒退了，城乡社会保障的不平衡不仅没有改变，反而进一步增大。

（二）农村社会保障体系运作效率较低。目前从国家制定有关政策及我市制定的各项配套措施看，政策基本可覆盖所有人群，但实际参保人数要远低于政策覆盖人群数量。其原因是多方面的，如对国家的社会保障政策还不够了解，过多顾及眼前利益，人口流动性较强等。这使得国家及我市制定的有关社会保障的惠民政策在实施过程中打了一定折扣。另外，专门机构不健全、专业人员不足、农保管理机构经费困难、机构队伍不稳等原因，也使得农村的社会保障体系运作效率较低，影响农保工作的正常运转。

（三）农村土地养老保障不断弱化。我国农民的养老保障曾经世代以土地为中心。随着我国工业化和城市化进程的不断加快，农民拥有土地的数量也以前所未有的速度递减。目前，郑州市近郊大多数地区人均耕地面积不足1亩，已经接近或低于联合国测算的、土地对人类生存最低保障警戒线0.8亩。农作物播种面积的不断减少，加大了农业生产继续增长的难度。加上我国农业天生弱质和农业劳动生产率依然低下，生产经营中的自然风险与市场风险非常巨大，绝对收益越来越低的趋势没有根本改变。在这种情况下，有限的土地越来越难以承载农民的养老需要。

(四)农村社会保障资金缺口较大。这是我市农村社会保障存在的主要问题。我国政府用于社会保障的财政支出本来就有限，又主要用于城市居民的社会保障(占全国人口80%的农民，其社会保障费用支出仅占总数的11%)。贫困问题一直是农村的主要问题。传统的农村社会救济只限于特定人群，如“五保户”和“三无”对象，救助对象非常有限，而且救济水平也相当低，难以从根本上解决农民的生活难问题。

(五)农民的失业风险正在产生并加剧。耕地的减少和生产效率的提高，使农村产生大量的剩余劳动力，有的转入第二、第三产业，也有的在家待业，甚至出现了完全脱离土地的农民和家庭，这些脱离了传统农业的农民，同城镇在岗职工和下岗职工一样，也迫切需要社会保障。这就使得一方面土地的保障功能在不断弱化，而另一方面，因为农村低保制度的不健全，农民也不愿意放弃土地的保障功能。现阶段对广大农民来说，土地既是农业最基本的生产资料，又是仅有的生存保障手段。

三、有关建议与对策

(一)加强农村社会保障法制建设，使农村社会保障有法可依。健全制度，是积极推进城乡一体化保险体系建设的前提条件，郑州市有关部门要根据国家的相关规定积极完善制度建设，充分利用我市的立法资源，出台必要措施、条例等等，特别是要注意协调好已有的各项政策措施，避免相关政策规定在执行过程中相互掣肘，与之同时，建立健全农村社会保障的法律监督和实施机制也是推进农村社会法制建设的必然要求。

(二)改革保险基金筹资方式，建立政府、集体和农户共同负担的多元筹资机制。目前，世界各国社会保障收入来源于政府预算拨款、社会保障税(费)、社会保障基金的投资收益以及各种形式的捐款。有鉴于此。解决我国社会保障基金严重不足的问题，引入集体与农户共同参与的多元筹资机制就显得势在必行。农民作为社会保障的受益主体理应负担其间的一部分费用，这在一定的层面上也体现了社会公平的原则。但是考虑到农民大多为低收入群体，建立在多元筹资机制基础上的社会保障水平应采取逐步推进的方式进行。而且，政府应在其间扮演双重角色，即应该在这种进程中发挥参与者和推进者的作用，切实让农民通过社会保障的改善感受到国家经济迅速发展的成果。

(三)改革社会保障体系的初始财力保障要到位。城乡居民基本养老保险工作的启动，得到了市委、市政府的大力支持，财力上给予了很大的倾斜，但要使郑州市纳入国家新型农村养老保险试点城市，政府按参保人数的政府补贴必须按时足额到位、不能空挂。建议将政府这一部分补贴列入年度财政预算，并直接划入居民统筹基金账户，以确保此项工作的顺利开展。

(四)加强对农村社会养老保险基金的管理。针对当前农村社会养老保险基金管理成本高，增值渠道窄，运营不够规范的情况，建议从三个方面规范基金管理，提高基金收益率。

第一，建立分级运营机制。目前基金实行县级运营，层次低，规模小，管理成本高，风险大。运营中万一出现亏损，难以补救。因此，应建立省、县两级运营，分账管理的模式。通过减少管理机构、降低成本、增大基金规模等方式增强基金抗风险能力。可以借鉴北京、上海、福建、山西等省市的做法，将部分农保基金集中到省级统一管理和运营，成立省农保基金管理中心，专事农保基金的管理和运营业务。

第二，出台基金运营优惠政策，拓宽基金运营渠道。农村养老保险基金应参照执行保险公司与商业银行大额协议存款的优惠政策；中央发行国债时明确一定的农村社会养老保险基金优惠量；政府特许农村社会养老保险基金投资一些风险小、收益高的基础设施建设项目，以确保基金保值增值。

第三，加大基金监管力度。可设立由各级政府组建的基金管理委员会和由缴费人、受益人和社会公益组织共同组成的非官方监督机构相结合的政府、社会、事业经办机构之间相互监督、相互制约、全面监督的养老保险监管的机构。此外，要完善审计、监察、财政等有关部门联合组成的外部监督制度，以保证基金安全。

(五)妥善处理历史遗留问题。建议目前由民政部门所属管理“老农保”的机构、人员尽快移交劳动保障部门管理。我省“老农保”的管理原由民政部门负责，我市若纳入新型农村养老保险启动试点，“老农保”问题劳动部门必须接收，并与“新农保”衔接，原先农保待遇可直接加入养老待遇上，缴费余额部分直接记入个人账户；对60岁以上人员参加郑州市居民养老保险直接提高待遇，此项资金由市和县(区)两级财政各承担50%。

(六)解决农保管理经费不足的问题，加强机构队伍建设。农村社会养老保险是社会保障体系的重要组成部分，政府有责任保障农保管理机构的经费供给，和城镇社会保障管理机构享有同等的待遇。应借鉴山西等省的做法，将省、市、县、乡四级农保管理机构的行政经费全部纳入同级财政预算，稳定机构队伍，确保工作高效运转。同时加强农村养老保险的队伍建设，对现有的农村社会保险人员进行系统培训，提高保险人员的思想素质、政策水平和实务操作能力，以其良好的形象赢得社会的支持和赞同。

繁荣农村文化 提高农民素质

市政协文史资料委员会

加强农村文化建设，是全面建设小康社会的内在要求，是贯彻落实科学发展观、构建社会主义和谐社会的重要内容，是建设社会主义新农村、满足广大农民群众精神文化需求的有效途径，对于促进农村经济发展和社会进步，实现农村物质文明、政治文明和精神文明的协调发展，具有重大意义。为进一步推进我市农村基层文化建设，让文化更好地服务于群众，满足人民群众日益增长的精神文化生活需求，按照市政协主席会议、常委会议要求，8月11日，我们组织无党派界别的政协委员在党普选副主席的带领下，对我市农村文化建设情况进行了专题调研。现将调研情况报告如下：

一、我市农村文化建设的情况

近年来，市委、市政府高度重视农村文化建设，从农民精神文化需求和基层文化工作的实际出发，切实推进农村文化建设，县、乡（镇）、村三级公共文化服务体系建设得到进一步推进，有力促进了公益性文化事业的发展，人民群众的精神文化生活水平有了新的提高，农村文化建设得到了进一步的加强。主要表现在：一是各级党委、政府对加强农村文化建设的认识不断提高。按照中共中央办公厅、国务院办公厅《关于进一步加强农村文化建设的意见》要求，出台了《关于加强农村文化建设的实施意见》和《建设社会主义新农村纲要》，把农村文化建设摆上党委、政府工作的议事日程，纳入经济和社会发展规划、新农村建设的重要内容，确保农村经济、政治、文化协调发展。二是农村文化基础设施不断完善。我市借助文化强省、文化强市的发展契机，加大资金争取和投入力度，农村文化基础设施得到不断完善。截止目前，全市有图书馆12座、博物馆18家、群众艺术馆文化馆13家、达标乡镇综合文化站30个、达标村级文化大院726个、未成年人校外活动场所48个、政府命名的示范社区文化活动中心100个、政府扶持的特色文化队伍100支。为人民群众开展各种文化活动，接受文化艺术教育，提高自身的科学文化素养搭建了一个良好平台，为全市社会文化事业的全面建设与繁荣起到了很好的示范推动作用。三是实施文化信息资源共享工程，群众业余文化生活逐步丰富。为实现文化信息资源共享，最大限度地提高文化资源的利用率，新建了郑州市和新郑市文化信息共享工程郑州市支中心；完成了430个行政村文化信息共享工程基层服务点升级改造；策划推出了“郑州市农村图书室直通车项目”建设方案，建立和完善乡、村基层图书馆（室）服务网络体系；开展文化“三下乡”活动，大力推进农村电影放映“2131工程”，开通了流动舞台车，组织文艺演出团队深入农村，利用广场等文化阵地举办各类文艺展演活动；加强民间文化交流，结合节庆日以及地方民俗，开展内容丰富、形式多样、风格独特的群众文艺汇演，为农民提供一个自我展示、自我教育的平台。四是农村文化队伍素质有所提高。我市先后举办了20期免费培训班，对全市2280名基层文化专干进行了轮训，还请省、市有关专家授课，提高学员的职业道德和职业技能素质，培养了一批活跃在农民艺术团体和社区文艺表演队的骨干力量。五是农村非物质文化遗产得到了发掘保护。先后成立了“郑州市非物质文化遗产保护工作领导小组”、“郑州市非物质文化遗产保护中心”，引导农民保护、挖掘农村已有的、独特的历史文化遗产和民俗文化资源，打造富有乡土历史、乡土知识、乡土情节的地域文化，提升农村文化建设的品位。截止目前，全市有国家级非物质文化遗产5项、省级非物质文化遗产26项、市级非物质文化遗产82项。全市普查到79547条非物质文化遗产线索，调查立项有价值项目5000余项。

二、我市农村文化建设中存在的困难和问题

（一）对农村文化工作重视不够。尽管近年来从中央到地方各级党委政府对文化工作越来越重视，资金投入力度也越来越大。但相对于其它行业来说，对文化工作的重视度还不够。特别是乡镇以下仍有重经济轻文化的思想，认为经济出成绩出效益，办文化只有投入，

没有产出，因而对宣传、贯彻、落实文化建设的相关政策不够积极主动。有的群众和基层干部对“大文化”的理解仍很肤浅，认为文化建设就是组织演演戏，扭扭秧歌等，没有认识到文化在“三个文明”建设中不可忽视的重要作用。

（二）基层文化管理体制不健全。乡镇工作纷繁复杂，部分乡镇人员交叉使用现象普遍，原文化站工作人员编制被挪用，造成许多乡镇无文化专干、无文化阵地、无文化活动经费等问题，即使有些乡镇配有文化专干，但在实际工作中，他们随时都可能被抽调，大部分时间和精力都被用在了镇政府的其他日常行政事务中，文化工作被搁置一旁，无暇顾及。村级文化大院的管理尚未纳入基层文化管理体系。

（三）对公共文化事业经费投入不足，经费缺口较大。近年来，各级党委、政府对文化建设的经费投入总体逐年增加，但因投入的资金有限，与国家的要求和实际的需求还有很大差距，在一定程度上影响了农村文化工作更好更快的开展。如图书馆由于购书经费不足，图书种类少、更新慢，远远满足不了读者需求。乡镇文化站建设因资金不足，导致文化站的建设施工缓慢，部分项目不能按时完工。村级文化大院的运行经费无保障，全市各级政府财政都未将此列入正常财政预算，致使文化大院的服务和开展不能正常化。同时，因各村的经济状况不同，各村村委对村级文化大院的重视程度也有差异，导致对文化大院的投资参差不齐，有的村级文化大院已达标并通过省级验收，有的文化大院尚在起步当中。据调查，目前我市多数乡镇文化站办公用房紧张，设施设备简陋，乡镇综合文化活动功能不全，器材欠缺，藏书量少。农村文化基础设施建设的任务仍十分繁重。

（四）专业技术人才短缺。由于机制和体制的不完善，致使长期以来，我市不少乡镇文化站没有专职专业技术人才，人才引进难度大。现有工作人员素质有待加强，人才流通渠道不畅通，严重制约了正常文艺活动的开展。农村原有的文化人才逐渐“老化”，新时代的“乡土人才”培育严重滞后。特别是近几年，忽视了对民间传人的保护和培育，具有特色文化的人才有青黄不接的现象，村级组织的文艺骨干显得更为缺乏。如今年举行的全省民间音乐舞蹈大赛，郑州市作为省会城市，各县（市）区没有一个新创、独创的节目报名，其根本原因就是缺乏专业创作人才。

（五）非物质文化遗产保护重视不够。非物质文化遗产保护工作存在缺编制、缺经费和相应保护措施、保障制度、保障人员等。目前，郑州市市直和各县（市）区都没有将非物质文化遗产保护工作经费列入财政预算。因为缺少经费，普查中发现的一大批有希望冲击国家级、省级非物质文化遗产保护名录的项目不能进一步进行挖掘整理。同时，因为宣传力度不够，一般群众对其重要性认识不够，不仅不会主动参与保护，甚至还会随意损毁，就非物质性文化遗产保护而言，有不少民间艺术，对已接受现代文明的年轻一代来说，缺乏吸引力，学习传承发展的人越来越少，失传的危险性很大。

三、进一步加强我市农村文化建设的几点建议

（一）高度重视农村文化建设。要认真贯彻中央、省委、省政府关于加强农村文化建设的指示要求，把农村文化建设列入重要议事日程，纳入经济和社会发展总体规划，纳入扶贫攻坚计划，纳入新农村建设标准。要实行农村文化建设目标责任制，把农村文化工作列入创建精神文明县（市）区、文明村镇等相关评价体系。督促各有关职能部门不断完善政策措施，各负其责，齐抓共管，形成合力，确保农村文化建设各项目标任务的实现。

（二）加快农村公共文化服务体系建设。政府应加强乡村文化设施建设，要依照中央、河南省的做法，出台郑州市《关于进一步加强公共文化服务体系建设的实施意见》，以加强对农村公共文化服务体系建设的指导。要坚持以政府为主导，以乡镇为依托，以村为重点，以农户为对象，发展县、乡镇、村文化设施和文化活动场所，构建农村公共文化服务网络。要继续在全市开展县（市）区示范图书馆、文化馆、乡镇文化站、村文化大院创建活动。要继续实施农村电影数字化放映“2131”工程，加大专项资金投入，丰富农村电影片源；要扶持县（市）级文化信息资源共享工程支中心建设，建立健全市、县相关组织机构和工作机构，加快农村文化信息资源共享工程建设。

（三）加大农村文化建设资金投入力度。按照国家有关文件要求，扩大公共财政覆盖农村的范围，不断提高用于乡镇和村文化建设的比例，确保公益性文化基础设施和群众文化活动等资金需求。特别是对农村相对落后的文化设施，要有计划、有步骤地进行改造，逐步建成以城区为中心、乡镇为依托、村为基础的具有基础设施和基本功能的三级文化网络。要逐步将乡镇文化站、村级文化大院的运转经费、活动经费纳入正常财政预算。要积极落实国家已出台的文化经济政策，采取奖励、补助、贴息等方式，鼓励社会各方面力量投资兴办农村文化事业。设立农村文化专项资金，用于支持农村文化设施建设、农村非物质文化遗产保护、文化信息资源共享工程和文化下乡等经常化工作。

（四）加强农村文化队伍建设。要采取有效措施，努力建设一支结构合理、稳定的农村文化队伍。根据相关法律法规的规定，对农村文化事业单位的人员实行从业资格制度，制定农村文化队伍培训计划，加强农村文化队伍的教育培训，逐步提高队伍的整体素质。积极培养农民文化骨干，充分发挥民间艺人、文化能人在活跃农村文化生活、传承发展民族民间文化方面的作用，巩固农村文化建设的群众基础。

（五）加强非物质文化遗产保护开发。在全市农村开展非物质文化遗产大普查，建立农村非物质文化遗产项目数据库，健全农村非物质文化遗产保护机构，各级政府应像重视物质文化遗产（文物）保护那样，重视非物质文化遗产保护，加大投入，纳入财政预算。要加强对非物质文化遗产发掘和保护的宣传力度，培养群众的保护意识。要加强对民间手工艺、地方小戏、民风民俗等非物质文化遗产的抢救，特别是做好传承人的保护工作，鼓励有兴趣、有爱好的年轻人学习传承，大力弘扬地方文化。

关于郑州市城乡一体化建设情况的调查与建议

市政协经济委员会

统筹城乡发展、促进城乡一体化建设是全面建设小康社会，开创中国特色社会主义事业新局面的一项重大战略任务，对于推动科学发展、实现共同富裕、促进社会和谐，具有十分重要的意义。根据市政协第三季度调研活动安排，在市政协副主席牛西岭带领下，我们委员会组织委员开展了调研活动。现将有关调研情况汇报如下：

一、郑州市推进城乡一体化取得的成效

党的十七大提出，要“统筹城乡发展，建立以工促农、以城带乡长效机制，形成城乡经济社会发展一体化新格局”。近几年来，郑州市委、市政府高度重视城乡统筹工作，出台了一系列政策措施，加大了投入力度，积极破除城乡二元结构，努力缩小城乡差别，城乡一体化工作取得了明显成效。

（一）坚持以城带乡，实现跨越发展，促进城乡一体化建设。我市坚持以科学发展观统领经济社会发展全局，以建设全国区域性中心城市、全国重要的现代物流中心和全国区域性金融中心为目标，以结构调整和产业优化升级为主线，以实施跨越式发展战略为抓手，以重大发展项目为支撑，解放思想，拉高标杆，开拓进取，扎实工作，经济社会实现了又好又快跨越式发展，为加快推进城乡一体化提供了根本保障。

（二）坚持工业主导，突出特色，促进城乡产业发展一体化。不断巩固工业主导地位，大力发展园区经济，努力培育特色品牌，继续加快工业化进程，以六大产业发展组团和三大产业带为目标的县域产业空间布局初步形成，城乡产业发展一体化顺利推进。支持骨干主导企业做大做强。着力抓好企业产业结构调整，对县域经济带动作用大的骨干支柱企业，坚持依靠量的扩张做大、依靠质的提升做强，逐步提高市场竞争力。产业园区建设步伐加快。抓规划，营造发展布局；抓建设，打造投资平台；抓引导，促进产业集聚，产业园区建设工程取得明显成效，综合承载功能不断增强。品牌特色不断发展创新。发展县域特色经济，实现了“县县有特色、县县有品牌”，在稳固新郑大枣，中牟大蒜，荥阳阀门，巩义电缆，新密耐材，登封武术等传统特色产业的同时，少林汽车、“好想你”枣业、“雁鸣湖”饮食节、黄帝拜祖大典、《禅宗少林》音乐大典等一大批特色产业和知名品牌相继涌现，带动了相关产业快速发展。

（三）坚持发展现代农业，优化生态环境，促进社会主义新农村建设。按照生产发展、生活宽裕、乡风文明、村容整洁、管理民主的要求，进一步解放和发展农村生产力，积极推进现代农业发展，社会主义新农村建设扎实推进。现代农业发展成效显著。按照构建都市型、近郊型和远郊型三大农业圈层的总体思路，优化农业区域布局，调整种养结构，现代农业的质量和效益日益显现。农业生产条件明显改善。以农业机械化为重点，以财政鼓励政策为引导，不断提高农业装备水平，生产条件明显得到改善。

（四）坚持加大投入，完善功能，促进城乡基础设施建设一体化。按照优化生产力和人口布局的要求，不断加大投入力度，城乡基础设施和公共服务设施持续完善，综合功能日趋健全，城乡环境逐步优化，自我发展能力得到增强。半小时经济圈初步形成。加快出入市口道路的建设力度，进一步提高了到各县（市）的通行能力，卫星城市与中心城区的一体化进程加快，资源要素共享、功能产业互补的发展态势正在形成，半小时经济圈基本构成。卫星城和小城镇建设不断深入。加大城镇规划和建设力度，吸引开发商参与县城改造和建设，基础设施不断完善，综合功能不断提高。新郑市垃圾处理场一、二期建成投运，巩义、新密、登封、中牟等4个在建的县（市）垃圾处理场基本建成，顺利实现省政府提出的县县建成垃圾处理场的目标任务。

（五）坚持深化改革，扩大开放，增强城乡一体化发展的活力和动力。继续坚持以深化改革为动力，积极探索解决统筹城乡发展过程中的矛盾和问题；全面提高对外开放的质量和水平，在开放型经济发展和加快建设经济强县上取得新突破。城乡统一的户籍制度初步形

成。改革户籍制度，全面取消农业和非农业户口性质划分，按实际居住地登记为“居民户口”，促进了人力、智力、资金等生产要素的优化配置和有序流动，相关配套政策正在不断建立和逐步完善。农村民主管理机制不断健全。深化村务公开和民主管理，完善村民自治制度，规范村级民主决策程序，农村村民自治、民主管理和基层法制建设逐步走向规范化、制度化。土地流转稳步进行。在稳定以家庭承包经营、统分结合的双层经营体制基础上，按照依法、自愿、有偿的原则，积极推进土地向规模集中，土地承包经营权向大户集中，努力发挥土地的最大效益。投融资体制改革取得新突破。积极开展投融资体制改革，注重搭建城乡投融资平台，初步形成了政府引导、市场运作、社会参与的多元化投资机制，有效地促进了经济发展。新郑市组建了城市经营开发公司、建设投资公司、兴农综合公司和交通建设投资公司等融资平台，有效缓解了重点工程建设难题；同时还在全省率先组建了农村合作银行。

二、存在的主要问题和困难

近几年来，郑州市在推进城乡一体化方面做了大量工作，进行了很多有益的探索，取得了明显的成效，但还存在不少困难和问题。主要表现在六个方面：

（一）工作重视程度不够。目前，在城乡一体化过程中存在两头热中间凉的现象。部分单位和领导思想重视不够、工作推进力度不够。主要表现在：一是对城乡一体化的认识不到位，对解决“三农”问题的复杂性、迫切性和艰巨性认识不足，工作积极性主动性不高；二是在解决城乡一体化问题上思想不够解放，有畏难情绪；三是没有专门的组织协调机构，难以开展城乡一体化的调查研究、规划制定、组织实施和督查落实等工作；四是各部门之间没有形成合力，齐抓共管的氛围不浓。

（二）城乡规划滞后。长期以来，由于农村规划严重缺失，城市规划比较滞后，导致无序开发，分散建设。主要表现在：一是城市经济和农村经济发展上各自为政、自成体系，部门之间、乡镇之间协调性差；二是城乡一体化规划、区域性布局规划等规划的编制进展缓慢，缺乏必要的规划控制手段；三是城乡社会发展和生态文明建设规划统筹不够；四是城乡总体规划、土地总体利用规划和国民经济社会发展规划的相互衔接不够。

（三）体制机制有障碍。众所周知，“城乡分治、一国两策”是引发“三农”问题的重要根源。目前，我市已全面取消农业和非农业户口性质划分，城乡统一的户籍制度已初步形成。但是由于体制机制的原因，仍存在一些影响一体化的问题。一是一元化户口、二元化管理的现象依然存在，与户籍制度改革直接相关联的配套政策尚未跟上。二是农民工、被征地农民在城乡之间、区域之间的社会保障转接机制缺乏，没有实现市域内保障随人口迁移自动接续；三是城镇管理体制落后。四是公共资源配置不均衡。农村卫生资源相对不足，城乡教育资源配置不够合理。

（四）基础设施不完备。由于资金投入上的“城市偏向”和缺乏统一规划，城乡基础设施建设不能同步，农村道路、交通、通讯建设相对落后于城市，难以满足经济社会发展的需求。一是乡村道路标准低，环卫、市政设施建设大大落后于城市，公厕、垃圾中转站数量不足，缺少污水处理、街头游园等公共设施；二是村容村貌有待进一步改观。有相当多的村庄存在私搭乱建、房屋设施质量低、垃圾成堆现象，与城市形成较大反差；三是城乡结合部的道路、雨污水管网等设施衔接不畅。

（五）资金渠道单一。一是小城镇基础设施建设筹资渠道窄，普遍存在“银行投得少、向上争得少、市场筹得少”的现象，加之县乡政府财力困难，单纯依靠财政资金进行基础设施、小城镇建设的局面难以为继；二是现行农村金融体制严重制约农村经济发展，农村贷款主要来源农村信用社，而其他商业银行只到农村吸收存款，基本不给农民贷款，农民自己已有的资金，也有相当的一部分流入城市银行，没有用在农业发展上。资金渠道单一和资金短缺已成为制约城乡一体化发展的一大“瓶颈”。

（六）公共资源配置不均衡。一是农村卫生资源相对不足。卫生预防保健网络不健全，卫生人才匮乏，技术力量薄弱，医疗设施与城市差距依然较大，农民看病难的问题仍较为普遍；二是城乡教育资源配置不合理。与城区教育资源相比，农村学校普遍存在投入不足、师资匮乏的问题，优质教育资源向城区集中，城乡差距进一步拉大。

三、几点建议

城乡一体化发展是全面建设更高水平小康社会的重大任务，为了进一步加快郑州市城乡一体化发展步伐，提出以下建议。

（一）建立健全机构，加强组织领导。党的十七大提出，要“统筹城乡发展，建立以工促农、以城带乡长效机制，形成城乡经济社会发展一体化新格局”。因此我们建议：建立健全机构。借鉴全国“统筹城乡综合配套改革试验区”成都市的做法，省一级成立推进城乡一体化工作领导小组，加强指导和协调。市、县、乡（镇）要建立健全强有力的推进城乡一体化工作的领导机构和工作机构，进一步加强领导、落实政策、强化措施，切实担当起组织实施本地区推进城乡一体化工作的重任。

（二）改革规划体制，统筹城乡规划。《城乡规划法》已于2008年1月1日起施行，城乡规划步入一体化的新时代。我们建议：以实施《城乡规划法》为契机，组织专家编制覆盖全省的城乡一体化规划；通过修编省级土地利用总体规划和省域城镇体系规划，完善城市群空间发展战略规划、城市总体规划、县（市）域总体规划、乡（镇）域规划，实现城乡规划一张图、建设一盘棋、管理一张网，逐步形成比较完善的城乡规划编制体系和城乡一体的空间规划管制体系。

（三）破除制度障碍，加强政策支持，增强发展活力。在市场经济条件下，政府对城乡一体化的合理、有意识引导有助于在统筹城乡发展过程中增进城乡之间的互动，缩短城乡一体化过程。

我们应继续坚持以深化改革为动力，积极探索解决统筹城乡发展过程中的矛盾和问题，建议加强政策支持。研究出台公共财政、就业社保、教育培训和医疗救助等方面的配套政策，构建统筹城乡一体化发展的政策支撑体系。各级财政每年要安排一定比例的经费，用于城乡一体化专项工作和乡镇基础设施建设，在此基础上逐年增加所占比例。

（四）加大资金投入，完善基础设施，增强发展动力。为更大程度地发挥市场在配置资源中的基础性作用，建议推进投（融）资体制改革，规范和完善市场化配置资源机制。一是减少市场准入限制，着力降低市场门槛，为鼓励更多的投资者参与城乡建设提供制度保障。二是建立健全农业农村资源的市场化配置机制。组建市级政策性的现代农业发展投资公司和市级小城镇建设投资公司，多渠道增加对“三农”的投入。三是建立政府引导、市场运作的投融资平台。充分发挥政府投入对启动社会投资的杠杆作用，大量吸引民间资金参与城乡建设，依靠社会化多元投入，保证城乡一体化的顺利推进。

（五）确立产业支撑，壮大县域经济，增强发展实力。从我国农村人口外出流动打工的分布上看，大约有60%的人口集中在县级市以上的城市中，有40%集中在小城镇。这说明，小城镇在吸收非农就业人口和推动城市化进程中处于重要地位。发展小城镇，是转移农村剩余劳动力的重要途径。要巩固小城镇建设成果，必须靠产业发展来支撑，大力发展县域经济。建议：第一，制定小城镇发展劳动密集型产业的优惠政策，吸引在大中城市发展成本较高的劳动密集型产业到小城镇开辟新天地。第二，支持骨干主导企业做大做强。着力抓好企业产业结构调整，对县域经济带动作用大的骨干支柱企业，坚持依靠量的扩张做大、依靠质的提升做强，逐步提高市场竞争力。第三，加大城镇规划和建设力度，吸引开发商参与县城改造和建设，不断完善基础设施，不断提高综合功能。

（六）转变管理职能，从制度上推进我市农村全面改革。中国农村的行政管理体制，改革开放后实行行政村建制，同时实行村民自治制度。这种管理体制应当说是与计划经济相适应的管理体制。但是，改革开放以来，特别是国家实行社会主义市场经济体制以来，农村管理体制陈旧，远远不能适应市场经济发展的要求。所以深化农村改革、推动农村发展的任务相当艰巨。河南作为一个农业大省，农村改革尤其要进一步深化。主要是：推进乡（镇）机构改革，建立高效运作的镇级行政管理机制；转变乡（镇）管理职能，为农村提供更多公共产品和公共服务；深化农村财税体制改革，建立健全金融支农服务平台；探索破解集体建设用地流转难题，建立完善被征地农民补偿机制和安置办法。

加强农村科普工作 提高农民科学素质

市政协教科文卫体委员会

为加强我市农村科学普及工作，提高广大农民群众的科学文化素质，8月中旬，王薇副主席带领教育、科技、文化、卫生界别的政协委员，深入我市县（区）农村专业技术协会和科普示范基地，对我市农村科学普及工作进行了调研。现将调研情况报告如下：

一、我市农村科普工作的现状

近年来，在市委、市政府的领导下，我市的农村科学普及工作紧紧围绕建设社会主义新农村的目标任务，大力开展农民科学技术教育、培训和科普宣传，并取得了可喜的成效。我市把开展农村科普工作作为促进农业增效、农民增收、提高农民科学素质的重要手段，不断创新工作模式，通过组织实施"科普惠农兴村计划"，"送科技下乡"等扎实有效的活动，为提高我市广大农民群众的科学文化素质，为新农村建设作出了积极贡献。

（一）农村科普工作基层建设得到加强。自2007年以来，我市在全市实施了科普活动站、科普宣传栏的建设和科普宣传员的配备工作。目前在全市69个乡（镇）建立了科普活动站，746个行政村建成了科普宣传栏，在609个行政村确定了科普宣传员，争取中国科协为我市个别行政村配备了科普大篷车。

（二）农村科普宣传工作发挥着积极作用。为了推广普及科学知识，我市各级科协组织因地制宜地通过电视、电话、网络、报纸、杂志、手机等多种媒体加大科普宣传力度，扩大科普工作在时间和空间上的覆盖面，推动农村科学普及工作。如荥阳市科协编印了《荥阳科普》报纸、开通了"149科普服务热线"、手机科普知识短信，为农民群众长期发放科普资料，解疑答惑，宣传农业知识，普及科学常识，提高农民种养植技能，提升农民科学素养。

（三）"科普惠农兴村计划"发展迅速。近几年，我市在农村实施了"科普惠农兴村计划"，推动了农村科学文化普及工作。"科普惠农兴村计划"的实施，有效整合了农村科普资源，为农村搭建了社会化、经常化的科普服务平台，推动了农村科普工作的深入开展。为满足农民群众对于科技兴农的迫切需求，2007年以来市科协、市委组织部等35个单位联合成立了由125名专家组成的新农村建设驻村帮扶工作科教文卫服务团，有针对性地向市直驻村工作队和工作队所驻村提供科技信息服务、开展科技培训。同时我市还组织成立了由49个团体会员单位组成的科普志愿者协会，各会员单位结合社会主义新农村建设任务，每年组织开展集中性的主题科普志愿服务活动，深入农村开展科普服务，提高农民群众的科学文化素质，促进农村经济社会的全面发展。

（四）农村科普活动丰富多彩。近年来，在全国科普日期间，我市通过大型科普宣传活动，向农民群众集中大规模宣传科普知识，各县（市）区科协组织大型活动、科普文艺演出等向广大农民宣传科普知识，弘扬科学精神。同时我市每年通过开展组织农技专家下乡、发放科技书籍资料、播放科技录像、举办实用技术培训班和科技大集等多种形式的"送科技下乡"活动，加大了科普宣传和技术培训力度。

（五）创建全国科普示范县（市）区活动取得好成果。我市所辖的新密、巩义、荥阳、中牟、登封、惠济等6县（市）区已创建成为全国科普示范县（市）区。各创建县（市）区以争创科普示范县为契机，通过广播、电视、报刊等各种媒体，广泛深入地宣传创建科普示范县的重要意义，让科学发展观、科学精神、科学的生产生活方式深入人心，形成人人关心科普、热爱科普、支持科普事业的良好氛围。各创建县（市）区根据创建标准要求，积极争取财政支持，争取社会各界捐助科普事业，使科普专项经费增加，拓宽科普经费筹措渠道，为农村科普发展提供有力的经费支撑；同时各县（市）区还强化了组织建设，在保证乡镇科协组织建立健全的基础上，继续加强学会组织建设，为农村科普工作发展提供了组织保障。

二、存在的困难和主要问题

我市农村的科普工作虽然取得了

较为显著的成绩，但随着科技进步的发展，农民群众面临的科学新理念、新难题与日俱增，农民科学素质的提高是一个循序渐进的过程，只有及时对我市农村科普工作进行针对性地加强和完善，才能满足广大农民群众日益增长的科学文化需求。

（一）对农村科普工作重要性的认识程度不高。开展农民科学技术教育、培训和科普宣传，努力培养有文化、懂科技、会经营的社会主义新型农民，全面提高农民的整体素质是新农村建设的重要目标和任务。农村科普工作任务重、涉及面广，涉及到宣传、科技、农业、财政、人事和劳动、教育、广电等诸多部门的协同配合。在贯彻落实《全民科学素质行动计划纲要》和《河南省农民科学素质行动实施工作方案》等有关政策的过程中，有些部门和领导仍然存在认识不到位，还没有真正站在实践科学发展观、站在统筹城乡经济社会全面、协调、可持续发展和构建社会主义和谐社会的高度，还没有充分认识到提高农民科学素质对于加快社会主义新农村建设的重要意义。

（二）农村科普经费投入不足。一个地区的科技创新产出高，相应的科普投入也比较高，中国科普研究所发布的《2008中国科普报告》披露，我国人均科普专项经费为1．18元，北京、浙江、江苏、广东和上海等发达城市和省人均科普经费达到2元以上，而我市农村人均科普经费却不足1元。虽然我市整体加大了对农村经济建设和社会发展的支持力度，但是农村科普经费所占比重小，无法满足农村经济社会发展对科普的需要，影响和制约着各项农村科普工作的发展。农村科普基础设施还十分落后，科普宣传栏还无法保证全面及时更新；科普活动站等农村科普教育阵地还不能及时有效运转；专家讲座等农村实用技术培训工作还不能经常有效地开展；电视、报纸、网络、手机等科普宣传阵地还需要大量的资金投入，以保障农村科普工作的正常开展。

（三）乡镇基层科普组织力量薄弱。乡镇是开展农村科普工作最直接、最具体的基层组织。但是我市还有部分乡镇的科协组织处于无编制、无专职人员、无工作经费的“三无”状态。由于无经费支持，深入到行政村的农村科普宣传员队伍也未能有效地建立起来。

（四）缺乏有效的农村科普工作考核机制。由于我市农村科普工作尚未纳入县市、乡镇政府的目标考核，各县市（区）农村科普工作没有明确的硬性考核指标。考核机制的缺失，导致目前难以形成各级政府高度重视、多方协作，共同推动农村科普工作、提高农民科学文化素质的工作局面。

三、加强农村科普工作的意见建议

科学普及工作不仅是经济社会发展的必然要求，也是深入贯彻落实科学发展观，实现人的全面发展、构建社会主义和谐社会的客观需要。搞好农村科普工作，还是推动我市农村产业结构调整、促进农村经济发展、培养社会主义新型农民，促进新农村建设的现实要求。

（一）要进一步提高对于加强农村科普工作重要意义的认识。加强农村科普工作、提高农民科学文化素质是推动农村物质文明、精神文明、政治文明建设的基础工作，是帮助广大农民树立科学发展观和现代意识、提高广大农民科学生产和生活能力的根本途径。各级政府和有关部门应该站在贯彻落实科学发展观、加快社会主义新农村建设的高度，进一步深化对加强农村科普工作，提高农民科学文化素质重要意义的认识。

（二）要进一步加大农村科普经费的投入。长期以来我市的科普经费人均投入偏低，用于农村科普方面的专项经费与实际需求存在较大差距。各县市科协的科普经费标准各不相同，但也同样存在经费短缺的问题。建议我市按照市委关于加强科协工作的意见精神，以人均科普经费不低于1元的标准逐年加大对农村科普专项经费的投入，以保障农村各项科普工作的顺利开展。

（三）要进一步加强对“科普惠农兴村计划”的支持力度。通过加大科普惠农投入，提高惠农奖补资金额度，扩大奖补数量，进一步培育、表彰农村专业技术协会、农村科普示范基地，扩大其数量、提高其质量。通过奖补措施，充分改善现有农村专业技术协会、农村科普示范基地的科普设施，提高其科普服务能力，发挥这些科普示范效果好、辐射带动能力强的农技协会和农村科普示范基地的作用，通过他们的示范、引导、培训、辐射，带动更多的农民群众掌握科技致富的本领。建议增设“农村科普奖”，采取项目申报制，经专家评审，奖补优秀农村科普项目，同时继续挖掘其他新的长效工作载体，动员社会各界力量，扎实推动新科技在农村的传播和推广。

（四）要进一步加强农村科普队伍建设。一方面要明确乡镇科普工作专干，确保科普活动站能够面向乡镇农民群众经常性地进行科普知识的培训和传播，另一方面要建立遍布各行政村的由懂农业生产技术、热心农村科普工作、具备科普宣传能力的人员担任的科普宣传员队伍，并给予适当的工作补助，形成相对稳定的专职科普工作者队伍。积极建立农村实用人才库和农业专家人才库，形成能服务于农业生产和技术传播的兼职科普工作者队伍，为农村科普工作提供人才和智力保障。

（五）要进一步健立和完善农村科普工作考核机制。根据国务院颁发的《全民科学素质行动计划纲要》精神，全民科学素质工作的方针是“政府推动、全民参与、提高素质、促进和谐”。农民是全民科学素质工作的四大重点人群之一，因此政府推动必然是农村科普工作蓬勃发展的有力保障。建议将农村科普工作纳入各级政府年度工作目标考核中，明确各相关单位和各级科协组织的工作任务，督促开展农村实用技术培训、科学生活常识等科普知识的宣传教育工作。

（六）要进一步加强农村科普工作的宣传力度。开展形式多样、行之有效的科普宣传教育活动，是帮助农民群众树立讲科学、爱科学、学科学、用科学的风气，增强农村科普工作的针对性、新颖性、实效性的有效途径。一是要加快农村科普宣传栏的建设进程。目前我市的科普宣传栏只占行政村的60%，建议每个行政村都要在人群密集、活动集中的地方建设科普宣传栏，保障科普宣传的覆盖面，力争使100%的行政村都建有科普宣传栏。同时加强对科普宣传栏的管理、维护和更新工作，配备和聘请懂技术、会科普的科普专业宣传员，真正发挥科普宣传栏和科普宣传员的作用，搞好经常性的农村科普工作。二是要构筑良好的科普视听环境。随着经济社会的进步，电话、电视、网络等媒体已深入农村，在农民拥有这些通讯设施的条件下，应进一步加大经费投入，充分发挥报纸、广播、电视、网络、热线电话、手机短信等多种科普宣传阵地的作用，加大农村科普宣传力度。

对我市民族村新农村建设的调查与思考

市政协民族和宗教委员会

按照市政协三季度常委会工作安排，民族和宗教委员会在牛西岭副主席的带领下，对我市三个民族村新农村建设情况进行了全面细致的了解，通过听汇报、看村貌、与群众座谈等形式对我市民族村新农村建设情况有了基本了解。总的感到，我市民族村新农村建设工作在市委、市政府的高度重视下，在全市各兄弟民族的关怀支持下，通过市民委扎实有效的工作，使民族村发生了很大的变化，现报告如下：

一、我市民族村新农村建设基本情况

我市现有少数民族人口13.9万人，约占全市总人口的1.9%。其中，少数民族农业人口54962人，占全市少数民族人口的39.4%，少数民族人口在100人以上的民族村有67个，人口在500人以上的民族村有34个。民族村受历史、地理、自然资源等诸多因素影响，自身条件存在较大差异，经济发展状况普遍低于全市平均水平，截至2008年底，全市少数民族农民人均纯收入6864元。为积极推进社会主义新农村建设，郑州市自2006年3月起实施社会主义新农村建设工程，我市惠济区花园口镇京水村、中牟县大孟镇万胜村、荥阳市金寨回族乡北楚楼村、新密市来集镇李堂村被列为2009年市级新农村建设示范村。通过近几年的努力，使民族村发生了很大的变化，其主要标志是：村容村貌大改观。被列为2009年市级新农村建设的4个示范村普遍建起了水泥道路，安装了路灯，建起了游园等，彻底改变了过去到处是垃圾，雨天是泥坑，晴天尘土飞扬的生活环境。群众的致富热情空前高涨。几个民族村的支部书记都向我们介绍说，现在群众是想致富，急着致富，一家赛一家，一个赛一个，恐怕自己过不好。找活干，忙挣钱的人多了，搓麻将、闲逛的人少了。农民真正过上了好日子。截至2008年底，民族村人均收入达到了6864元，走进几个民族村，老百姓都洋溢着幸福的笑脸，他(她)们自豪地说：现在的日子跟城里没啥区别了。

二、民族村新农村建设的主要做法与成效

（一）积极开展“民族团结模范村”创建活动，为民族村新农村建设营造良好社会氛围。近几年，市民委在民族村开展了“创建民族团结模范村”活动，并作为推动我市民族村新农村建设的有效载体在全市推广，全市67个民族村全部与周边200多个汉族村签订了民族团结友好协议，建立了70多个民族团结促进会，其中有5个民族村作为创建活动先进单位受到省政府的表彰。

（二）积极争取少数民族发展资金，为全市民族村新农村建设再添活力。2007—2008年，市民委组织调研先后对全市民族聚居村基础设施情况进行了多次专门调研，先后从民族经济扶持发展项目库中筛选出扶持项目数20个，上报至省民委及有关单位。通过向省民委积极争取和与有关单位的协调沟通，两年来累计争取落实省级发展资金共计290万元，项目涵盖安全饮水、电力改造、打井配套、道路修建等，项目的实施使民族村村容村貌得到有效改观，群众出行更加便利，生产生活水平得到进一步提升，为民族村新农村发展再添活力。

（三）广泛发动社会力量，大力开展对民族村结对帮扶活动。

2007—2008年，市政府开展了市民委23个委员单位对23个民族村为期两年的结对帮扶活动。活动中，各委员单位经常深入民族村，调查研究，制定方案，解决了一大批交通、水利、电力、文教、体卫等与少数民族群众生产生活密切相关的实际困难和问题。共落实少数民族帮扶项目51个，投放资金584.037万元，为少数民族群众办实事48件，为困难群众发放慰问金、物资价值约20万元。结对帮扶工作在社会上产生了很大的影响，受到了广大少数民族群众的广泛赞誉，有力地促进了我市少数民族和少数民族聚居地区经济社会发展。

（四）大力开展实用技术培训，不断增强少数民族致富创业的能力。2007—2009年，市民委先后指导、协助各县(市)区为少数民族群众举办养殖、种

植、园艺、机修、烹饪等实用技术培训班近60期，培训人员累计达1.1万人次，并积极推荐少数民族贫困村“两委”负责人和青年村民参加市民委委员单位组织举办的劳动就业、科技养殖、果树栽培、农业种植各类科技培训班，通过培训，进一步开阔了广大少数民族干部群众的眼界，拓宽了就业渠道，增强了其致富创业的能力。

三、民族村在新农村建设中遇到的困难

（一）少数民族收入增长较为缓慢。近年来，民族村人均纯收入一直处在低水平上徘徊，年平均增长率低于同期当地经济增长速度。农民收入虽然逐年增多，但城乡居民收入差距逐渐扩大的趋势并未得到根本改变。少数民族增收渠道不多、收入增速缓慢依然是制约我市民族村新农村建设的最为突出的矛盾。

（二）民族村基础设施相对滞后。民族村基础设施的投入不足，导致民族村基础设施相对薄弱。虽然近年来在各级党委、政府的关注和支持下，通过民族部门的积极争取，拨付了一定的资金用于民族村交通、水利、电力、道路等基础设施建设，并建立卫生院、文化大院，但村民在日常生产生活、就医用药、教育文化等方面与城镇相比依然存在差距。

（三）民族村新农村建设中基金缺口较大。2006年-2008年市新农村建设指挥部按照示范村建设标准，每个村补助200万元，2009年实行了按每户市县两级各补助2400元，这样就使相对比较大的村出现资金不够用的问题。仅以中牟县大孟镇万胜村为例，该村有150户，620口人，补助约72万元，而实际用了200万元，资金缺口达130多万元。

四、几点思考

（一）必须在拓宽民族村农民增收渠道上想点子，想方设法促进农民持续增收。目前，民族村农民增收情况总的说是好的，但很多潜在的因素影响和制约着民族村的增收和发展。如中牟县南仁村5600口人，17000亩土地（其中15000亩河滩地），现在主要以生产粘土砖为主，但随着国家取消粘土砖的政策，势必对该村经济发展产生一定影响。因此，要千方百计拓宽农民增收渠道，加大民族村剩余劳动力的转移力度，开展定向培训和订单培训，促使劳动力尽快就业。同时切实保护好务工农民的合法权益，积极为外出务工农民提供政策咨询和信息服务。挖掘农业内部的增产增收潜力。积极推进民族村农业产业结构的调整，大力发展精品农业、生态农业和特色农业，提高科技对农业的支持带动力度，提升农产品的附加值和市场竞争力，使少数民族在农业产业链的延伸中获得更多的收入。

（二）加大对民族村新农村建设的扶持力度。民族村由于基础差、底子薄，特别是交通、水利、电力、道路公共基础设施建设比较滞后，仅靠自身力量难以达到新农村建设的标准。因此，在新农村建设中应加大对民族村的扶持力度，政府建设资金向民族村倾斜一点，兄弟民族支援一点，少数民族兄弟自身筹集一点，把民族村建设成一流的示范村，让民族村真正感受到党和政府的温暖。

（三）在切实提高民族村“两委”班子“双带”能力上下功夫。新农村建设仅仅靠上级拨付点资金，轰轰隆隆建设一下是远远不够的，必须立足于农村的实际，依靠群众的智慧和力量，使新农村建设经久不衰。从我们调查的情况看，目前民族村“两委”班子投身民族村建设的积极性是好的，“两委”班子成员主动垫付资金用于新农村建设，荥阳金寨后楚楼村目前政府没有拨付一分钱，但他们已经干了400多万元工程，均是“两委”班子成员和工程队垫付的。但同时我们也感到在民族村还或多或少的存在着“背靠大树好乘凉”的思想，觉得从上面拨钱比自己挣钱来得快，在新农村建设中不能很好的发挥主观能动性，缺乏自己的事情自己干的信心和决心。因此要使民族村新农村建设很好地发展，就必须在提高民族村“两委”班子“双带”能力上下功夫。一是选好带头人。切实把能够带头致富、带领群众共同致富的能人选进班子，使他们成为民族村新农村建设中的“领头雁”。二是加强引导。要教育“两委”班子成员立足现有实际，挖掘潜力，在发展农业科技中敢当先锋，在带领群众致富的路上敢于创新，使他们主动挑起民族村新农村建设的重担。三是注重总结交流。要适时组织“两委”班子成员走出去，开阔视野，取长补短，让他们真正成为民族村新农村建设的主人，使民族村新农村建设走上良性循环、健康发展之路。

关于我市花卉种植产业发展的调查与建议

市政协城市建设委员会

围绕市政协十二届四次常委会议“关于农村改革发展”的中心议题，我们城建委在党普选副主席的带领下，对我市花卉种植产业情况进行了专题调研。现将情况报告如下：

一、我市花卉种植产业的发展状况

随着社会的发展和时代的进步，人们对生活环境和生活质量的要求越来越高，从而刺激了花卉消费、带动了花卉产业的持续快速发展，使之成为当今农业产业中的朝阳产业。郑州市委、市政府高度重视花卉产业在农业发展和农民增收中的突出作用，把它作为农业结构调整中的一项重要内容，并列为郑州市农业六大支柱产业之一，给予重点扶持和发展。各县(市)区也充分发挥当地区位优势和资源优势，制定出台各项优惠政策，扶持和鼓励花卉苗木种植。目前，我市花卉产业已逐步形成了生产经销两旺、花卉和绿化苗木平衡发展的新的产业格局，呈现出良好的发展态势。

(一)*种植面积大幅增加*。据不完全统计，目前我市花卉种植面积达7.58万亩（设施栽培面积67万平方米），比上世纪90年代初的不足2000亩，增加37.9倍。累计完成销售收入4.07亿元。室内观赏花卉、租摆花卉、绿化苗木生产面积、规模逐步扩大，组培技术应用较快，鲜切花生产达到了一定规模。

(二)*规模化生产基地逐步形成*。目前，全市有花卉企业近600家，其中种植面积超过50亩以上的大中型企业有150余家，花卉从业人员8000余人。在这些企业的带动下，周边农户也纷纷加入到花卉生产的行列中，规模逐步扩大。我市的花卉生产正由零星点片的分散经营向集中连片、较大规模的基地化方向发展，基本形成了以金水区和中原区为主、相对集中的东西两大花卉苗木生产基地。河南鸿宝集团在金水区投资6000万元连片开发3600多亩，形成了一个融园林绿化、名优花木生产繁育和研究以及生态观光为一体的产业群体。郑州绿城花卉苗木中心在中原区集中连片发展种植基地，面积达3000多亩，带动花卉生产的大小企业近20家。这些基地、企业的建设，陆续成为我市花卉生产的示范窗口，同时也带动了周边甚至整个郑州市花卉产业的健康发展。

(三)*有效的市场流通体系初步完善*。我市的花卉产业在经历了几个发展阶段以后，市场流通体系得到初步完善，批发、零售市场空前发展。目前，全市拥有大小各异的花卉批零市场9个、入驻商户1500多家，拥有鲜花店400余家，年交易额近10亿元，郑州市已经成为我国中原地区重要的花卉产品集散地，在南花北调、东花西运的两大流通链条中占有十分重要的地位，郑州陈砦花卉市场。是是目前全国最大的室内花卉交易市场，其商品销往周边各大中城市以及西北和华北几个主要省份。2008年交易额达到6.8亿元，成为同行业中年交易额最高的花卉市场之一。

二、我市花卉种植产业发展中存在的主要问题

郑州市花卉产业在近年来的发展中成绩斐然，但就整体发展水平看，与发达省会城市相比还存在较大差距，在快速发展的过程中，一些问题和矛盾也随之凸显表现出来，并逐步成为制约其发展的关键。主要表现在：一是生产规模依然偏小，且种植分散，缺乏应对大市场的能力，不利于知名度的提高；二是科技含量低，长远发展战略不明晰，导致产品品种老化、档次不高，市场竞争力较弱；三是缺乏地方名牌和特色，发展后劲不足；四是市场管理机制不健全、企业间的无序竞争影响了全市花卉了产业的健康发展。

三、进一步加快发展我市花卉种植产业的建议

我市花卉产业已基本上完成了生产资料、资本、技术、人才、信息等原始积累，为今后参与国际竞争、适应国际市场奠定了基础。城市发展进程的加快以及人们对生活环境要求的提高，为大力发展花卉苗木生产提供了良好的机遇。同时，我市良好的市场发育、优越的城市区位，也不断吸引着省外商户纷纷来郑投资从事花卉生产经营。

为确保我市花卉产业健康持续稳定发展，我们建议：

(一)加强政策扶持和引导，促进产业可持续发展。各级政府应通过政策调控，合理调整生产区域布局，尽快扩大基地规模，改善当前基地小、散、乱的局面，以尽快实现基地的区域化、规模化、专业化生产。在抓好基地建设的同时，搞好产业的综合开发，进一步协调好花卉业同观光农业的关系，切实走好花卉业和观光农业相结合的路子，增加花卉作为农产品的附加值，通过观光农业的建设和宣传，扩大花卉产品的知名度，带动产业的发展。要制定优惠鼓励政策，扩大融资渠道，吸引多种经济成分和外来资金投入花卉生产，大力培育和发展龙头企业，提高其出口创汇能力。

(二)强化行业管理，充分发挥郑州市花卉协会的行业管理职能，推动产业健康发展。科学研究行业发展趋势，正确引导花卉基地建设和市场体系建设，广泛开展形式多样的花事活动，积极推动花卉产业的快速发展。加强市场管理和行业内部协作，规范市场经营行为，限制或避免不正当竞争行为，切实保护生产经营者的利益。要引导企业加强内部管理，培养和引进高素质的科技人才和管理人才，确定自身的市场定位，不断提高企业的市场竞争力。

(三)加大科技投入，提高产品科技含量。各级政府应积极实施科教兴农战略，加快花卉科技服务体系建设，加大科技普及力度。以推广普及实用生产技术为切入点，大力开展科普教育和技术培训，努力提高花农的科技意识和创新意识，全面提高他们的生产管理水平和整体素质。

生产者要根据市场需求，优化品种结构，充分挖掘自身的资源优势，积极稳步地发展新、特、优花卉品种，努力打造地产名牌，扩大优势产品生产规模，积极推进标准化生产，提高产品质量和档次，培育自己的拳头产品和特色的品牌，增强产品的市场竞争力。

科研、推广部门要加强花卉生产技术开发和推广工作，建立完善的良种繁育和技术推广体系，提高花卉产业的科技含量，要把花卉新品种引进、选育和新的应用技术研究作为重点，加大科技成果的推广力度，促进科技成果的转化。

(四)加强市场体系和信息体系建设，搞活市场流通。加强以批发市场、零售市场为基础的市场网络体系建设，引导和扶持企业积极采用连锁经营、直销、网上交易等现代交易方式，拓宽销售渠道。加强花卉信息的开发和利用，促进花卉产业的信息化，以信息化促进产业化。大力培育和扶持中介组织，支持花农建立联合体、专业合作组织等，壮大农民经纪人队伍，提高花农的组织化程度，促进产业发展。加快建立与完善花卉供求及市场价格预测系统，疏畅市场流通渠道，减少花卉生产的盲目性。加强产品包装、贮藏、运输各环节的管理，促进配套产品的发展。

加大扶持力度 促进我市农民专业合作社健康发展

民革郑州市委员会

随着我国社会主义新农村建设的不断推进，农村一家一户的分散经营严重制约了农业产业化、规模化、市场化和标准化的发展，农民抵御自然灾害和化解市场风险的能力受到越来越频繁的考验，农民增收遇到了瓶颈限制。世界范围的合作社实践已经证明，合作社是分散的农户参与市场竞争最合适的组织形式，是农民增收的最佳途径。研究资料显示，现代农业合作社运动经过165年的发展，已经遍布世界200多个国家和地区。农业合作社已占全球各类合作社总数的36%。在发达国家，几乎所有的农民都参加了专业合作社。有的农民还同时参加几个不同的合作社。合作社成员普遍分享到了合作社提供的科技、信息、生产资料以及加工增值、交易返还等多项服务和实惠。在许多国家，合作社销售的产品占有一半以上的市场份额。仅以荷兰为例，该国家的面积相当于5个郑州市的面积多一些，而其中耕地面积仅占国土面积的0.8%，人均耕地低于我国平均水平，但荷兰却是个农业"大国"。十几年来，荷兰农产品出口一直在世界上数一数二，可与美国比肩。如果将鲜花和海产品出口计算在内，荷兰将大大超过美国。在荷兰，98%的农户加入了合作社，其主管农业的官员在总结经验时，不无感慨地讲，荷兰农业取得的骄人成绩与农民之间的合作是密不可分的。郑州市也是一个农业人口比例过半的"农业大市"，而2008年我市第一产业占GDP的比重仅为3.2%，我市农业的落后状况可见一斑。但这同时也说明，我市农业经济的发展空间十分广阔。近年来，在中共郑州市市委、市政府的领导下，我市农民专业合作社呈现出加速发展的良好势头。

一、我市农民专业合作社的现状

从2005年我市开始大力推进农民专业合作社的发展以来，当年合作社总数达到162个，2007年6月达到了345个，2009年6月更是增加到了551个。合作社的设立类型主要有能人大户领办型、龙头企业带动型等。合作社几乎涉及了农业生产的产前、产中、产后各个环节，包括了种植、养殖、农机、加工和仓储等领域。截止目前，全市合作社的社员已达到4.9万，带动农户10.2万户。一些农户已经分享到了合作社发展所带来的实惠，看到了继续发展的光明前景，从而产生了加大投资的旺盛热情。如荥阳联合养猪专业合作社今年已投资60万元购进种猪并引进环保养猪技术，接下来还要筹资500万元兴建示范场；管城众富养鸡专业合作社今年计划投资100万元建设一个占地17亩的标准化养殖小区，养殖规模将达到4万只肉鸡，目前已投入50万元；二七区的香王香椿合作社投入80万元建设香椿加工厂等。

二、我市农民专业合作社存在的问题

由于大多数农民专业合作社尚处于起步阶段，无论从外部环境还是内部机制来看都存在一些问题，主要有：

（一）对发展农民专业合作社的重要性认识不够。不少干部和农民对《农民专业合作社法》还不了解，对法律和政策的理解还有偏差，对发展农民专业合作社的意义认识还不足，相当数量的农民对兴办农民专业合作社的积极性不高。全市有27%的乡镇在合作社建设上还是空白。

（二）对农民专业合作社的扶持政策落实不到位。虽然《中华人民共和国农民专业合作社法》和《中华人民共和国农民专业合作社登记管理条例》已正式实施，我市2006年也出台了《郑州市人民政府关于加快农民专业合作社的意见》，但是由于没有具体的配套政策和实施办法，再加上有些职能部门服务意识差，对支持合作社发展不积极、不主动，致使有关政策落实不到位，合作社发展缺乏强有力的政策支持。虽然市级财政从2005年起每年安排100万元资金用于扶持农民专业合作社发展，但是资金扶持标准仅是其他一些城市的几分之一。县(市)区、乡镇也没有把扶持农民专业合作社资金列入财政预算，尽管有些县(市)区采取了一些资金奖励补贴政策，但资金数额太少并且随意性太大，发挥的作用有限，这与我市目前的合作社发展水平和要求不相适应。

(三)农民专业合作社内部运行管理不规范。农民专业合作社存在着"重赢利，轻服务；重分配，轻积累"的现象；有的农民专业合作社存在打着带动农民增收致富的幌子，目的是享受税费优惠、获取国家的扶持发展基金和贴息贷款；有的龙头企业直接与本社农民签订收购合同，形成农民专业合作社成员之间的交易，与农民专业合作社自身利益联系不密切，无法实现按成员与合作社交易量返还利润，助农增收效果不明显；有的农民专业合作社产权不明晰，财会制度和利益分配制度不健全。

(四)农民专业合作社规模小、层次低、自我发展能力弱。我市的农民专业合作社目前的规模都比较小，平均每个合作社成员不足100个；合作社的发展层次比较低，绝大多数合作社还处在为成员集中购买、供应生产资料，提供一般的技术培训、技术指导和信息服务；合作社的发展能力弱。目前，我市的农民专业合作社尚处于初级发展阶段，合作社本身没有形成积累，成员的资金也很有限，合作社和成员到银行贷款条件多、门槛高、贷款难。合作社扩大再生产受制于资金匮乏。

三、加强我市农民专业合作社建设的建议

(一)加大宣传力度，使广大干部群众充分认识大力发展农民专业合作社的意义。2009年6月，农业部、司法部、全国普及法律常识办公室联合发布的《关于进一步加强农民专业合作社法宣传工作的意见》明确提出，从2009年起，每年7月的第一个星期六为"农民专业合作社法律宣传日"。全国各地要认真贯彻落实《意见》精神，积极开展"宣传日"活动，切实加强《农民专业合作社法》宣传工作。因此，我们要通过各种媒体、采取多种形式宣传党的十七届三中全会精神和《农民专业合作社法》的基本制度。要宣传示范合作社的成功经验，用合作社成员增收的实例激发农民加入合作社的积极性，用合作社的美好前景吸引社会力量参与合作社的发展，营造全社会支持合作社健康发展的良好舆论环境和工作氛围。

(二)搞好合作社培训工作。国外发展农业合作经济的成功经验告诉我们，对农业技术的研究和推广、对农户的教育和培训都是政府不可推卸的职责，也是政府对农业合作经济发展最大的投入和支持。视察中，合作社表达了渴望得到技术、营销、管理、防疫、财务和法律等培训的迫切心情。但是，目前，由于管理部门一缺人员，二缺专项经费，三缺交通工具，培训工作无法开展。培训工作跟不上，严重制约了我市农民专业合作社的发展壮大。因此，建议各级政府安排专门机构或部门负责培训工作，并将培训经费列入预算，严禁随意减少和挪用。

(三)认真落实《合作社法》规定的扶持政策。一是项目扶持，有关部门的农业产业化、农田基本建设、农业科技入户工程、农技推广、农业标准化、农村信息网络、农业综合开发等建设项目，要向合作社倾斜，要委托和安排有条件的合作社实施，探索以合作社为载体落实项目资金和农业扶持资金的新途径。二是财政扶持，政府财政应增加资金，支持农民专业合作社开展信息、培训、农产品质量标准与认证、农业生产基础设施建设、市场营销和技术推广等服务。三是金融扶持，采取如下措施帮助农民专业合作社解决目前融资难的问题：1、政府应该设立专业担保公司为农民专业合作社贷款提供担保服务。2、保单质押进行贷款。种植业和养殖业面临的自然风险和市场风险都很大，政府要通过贴补保费的方式引导农户办理保险，而农户的保单则可以质押贷款。3、政府主管部门配合搞好合作社的信用评级，按照金融机构"先授信、后用信"的放贷程序，发展农村信用社与农民专业合作社之间的信用合作。4、鼓励建设村镇银行和小额贷款公司，拓展银农合作新渠道。

(四)改善合作社外部环境。制定用地、用电、运输和行政事业性收费减免等相关优惠政策。对合作社生产经营用地，要在符合土地利用总体规划的前提下，依法优先安排用地指标。合作社创办养殖小区和从事农产品收购、初加工等用地的，可依法申请使用集体农用地和原有的建设用地。对合作社从事种植、养殖生产用电执行农业生产电价标准。公安交管部门要建立鲜活农产品"绿色通道"，并优先办理相关手续。财政、技术监督等有关部门要研究制定免除对合作社收取诸如残疾人安置基金、技术代码证工本费等行政事业性收费的政策。

(五)以推进规范化建设为契机，促使农民专业合作社"强身健体"。引导农民专业合作社妥善处理能人大户、龙头企业等领办者与其他社员之间在民主管理权力、利润分配、优惠政策分享等方面的关系；指导农民专业合作社在发展的同时适度积累，政府扶持资金也要与合作社的积累和投入挂钩；鼓励一切有志于农民专业合作社发展的科技人员、大学生到农村领办合作社。

农民专业合作社特殊的治理结构和运行方式，能够真正地保证党和国家的"三农"政策落到实处，能够真正保证各项惠农措施惠及到农户、农民。因此，我们希望有关部门能够在市委、市政府的领导下，进一步加大扶持力度，促进我市农民专业合作社健康发展，为推进我市社会主义新农村建设做出应有的贡献！

关于加强我市农民培训工作的建议

民进郑州市委员会

为深入贯彻党的十七大精神，加快培育一大批有文化、懂技术、会经营的新型农民，为发展现代农业、推进社会主义新农村建设提供人才保证和技术支撑，近期我们组织开展了农民教育培训工作专题调研。通过实地走访，深入调查，召开多层次、多种形式的座谈会，较为全面地了解和掌握了我市农民教育培训工作的基本情况。现报告如下：

一、我市农民教育培训工作的现状

近年来，市委、市政府高度重视农民教育培训工作，以政府文件形式先后出台了《2004～2010年农民工培训规划》、《2005～2007年郑州市农民职业技能培训和农业科技教育培训规划》、《2006～2010年郑州市新农村建设示范村农业技术培训规划》等农民教育培训的规划和指导意见，以市农业局为牵头单位的职责部门，多形式、多渠道组织农业科研、技术推广和农业广播学校开展农村劳动力转移就业培训和农业专业技能培训，培养了大批有文化、懂技术、善经营、会管理的新型农民，有效提升了我市农业的技术含量，推动了农业标准化生产，促进了现代农业发展。“九五”时期以来，我市农业部门重点推进的“新型农民科技培训工程”、“科技入户工程”完成培训4.1万人；“绿色证书”工程培训完成30.2万人；“科技下乡”和“科普宣传”指导服务210余万人次；农村劳动力转移培训“阳光工程”完成引导性培训10.2万人，技能培训5.8万人，转移就业4.7万人。通过培训，获得农民技术职称的有2737人（高级农民技师60人，农民技师555人，农民技术员2122人）；获得绿色证书的有5万人，基本满足了我市新农村建设对农业人才的需求。

二、我市农民教育培训工作面临的主要问题

（一）政府投入资金不足，资金政策扶持力度不够。 发展农民教育培训工作，提高农民素质，是一项公益性事业，开展农民技术培训本身就是一件难事，就是免费培训有的也很难组织。科技人员下乡对农民进行技术培训需要印发资料，科技人员就餐，交通等都需要资金补助。如果没有政府投入，农民培训工作是很难开展好的。从多年来我市对农业科技教育投入经费上来看，除了2007年、2008年农村劳动力转移培训“阳光工程”工作市级财政配套140万元外，其他方面基本没有投入，目前我市农民教育培训经费主要靠承担的国家、河南省农民科技教育培训项目和各级农业部门提取的工作经费。据初步测算，我市农业教育培训资金缺口达3500万元。诸如重大的农业科技成果项目推广、农村实用人才培养等资金投入均很少或没有。多年来我市的农业行业职业技能开发工作、农民教育培训、农业转基因生物安全、植物新品种保护以及外来有害物种防治等工作发展缓慢。公益性的农民教育培训事业缺少了资金投入，实际工作开展举步维艰，提高农民素质更是无从谈起。

（二）农民教育培训资源条块分割，缺乏统一组织。 我市农民教育培训机构缺乏统一组织，各自为政、培训资源分散、业务交叉重叠，导致农民教育培训工作发展不平衡，运行机制不协调，资源利用不充分，制度不完善，多元化、多层次的培训体系机制不健全、氛围不浓厚，已经不能适应现代农业发展和新农村建设的需要。如郑州市农业局系统现有4个农业科技教育培训专职机构，他们是河南省农业广播电视学校郑州市分校（郑州市农民科技教育培训中心）；郑州市农业机械化学校；郑州市农业科技教育中心；郑州市蔬菜科技服务中心，上述4个机构，有的单位有业务渠道，但缺乏办学场所；有的单位有办学场所，但业务渠道不畅；有的单位职能单一，业务量小，难以扩充发展。这种各自为政、财政供给形式不一、培训资源分散、业务交叉重叠的组织架构，导致农民培训效率较低，效果较差。目前四个单位承担的项目或任务均很少，仅开展农村实用人才中专学历教育、农业机械化技术教育培训、“致富早班车”、“科技下乡”等工作，几乎都没有直接承担国家、省、市下达的农民科技教育培训项目，诸如“农村劳动力转移培训‘阳光

工程’”、“新型农民科技教育工程”、“科技入户示范工程”、“绿色证书工程”、“农业实用人才培训”等，农业管理干部培训、农业企业经营管理人员培训和农业专业技术人员知识更新培训工作也几乎没有开展，农业职业技能鉴定工作严重滞后。全市统一调配衔接农业科技教育培训资源、统筹发展农业科技教育工作的难度较大，难以适应新时期工作发展的需要。

三、加强农民教育培训工作的建议

（一）设立专项资金，健全多元化的投入机制。开展农民科技教育培训，是一项政府行为，没有经费仅靠农业部门的支持，是很难持久的。各级财政应根据自己的财力情况和当地村民科技文化素质的发展需要，安排和逐步提高对农民科技教育培训经费的支持力度，将此项经费列入同级财政预算，主要用于：一是实用人才培养工程。每年培训培养种养业能手1000名、科技带头人100名、农村经纪人和专业合作组织领办人500名。二是奖励工程。设立“中原农民精英奖”100名；设立新农村实用人才培训多元化体系建设引导资金，对在新农村实用人才培训工作中做出突出成绩的有关单位、培训机构、专业化组织、龙头企业等采取以奖代补的形式给予扶持和鼓励。三是技术服务补贴，主要用于编制、印刷教材，主导专业技术及培训内容的遴选，项目监管、宣传、调研，建立市级人才库和实用人才交流等费用。各级财政要加大对农民科技教育培训工作的投入力度，随财力增长情况逐年增加。除财政专项资金外，应拓宽投入渠道，鼓励社会各界力量和民间资本进入农民教育培训和农村实用人才开发领域，建立起政府、社会、单位和个人共同投入的人才开发机制。

（二）建立整合组织，加强协调管理。成立郑州市农民教育培训工作领导小组，统筹规划全市农民教育培训工作，研究农民教育培训工作中的重大问题并协调职能部门开展农民教育培训工作。郑州市农民教育培训工作领导小组办公室设在市农业局，由市农业局牵头，联合多部门参加，整合现有培训资源，依托郑州市农民科技教育培训中心，统一承担培训工作，形成一个部门牵头、多个部门参与，务实创新的农民教育培训工作发展新机制。各县（市）、区、乡（镇）也要成立相应的组织开展工作。

1、整合培训资源，实现资源共享。农民教育培训工作，要在市领导小组的统一领导下，明确对实施培训的组织、计划、项目、基地、教材、师资、资金、考核等八个方面的内容整合，由农民教育培训工作办公室统一实施，分解任务并落实责任，出台监管细则，切实加强规范管理。如统一下达培训计划任务，严格项目资金管理，择优确定培训机构，统一调配专兼职教师，统一进行检查、督导和考核验收等，确保高标准、高质量完成培训任务。培训资源整合后形成八个统一，即：统一组织协调培训工作；统一制定培训实施计划；统一调配使用教学资源；统一调度师资力量；统一编辑出版教材；统一调拨使用培训资金；统一召开培训业务会议；统一考核评比表彰先进。

2、坚持整合原则、健全各项机制。经过培训资源整合后，坚持实行统一管理，集中培训，成果资源共享的原则，各有关部门不能擅自组织农民培训，同时要健全完善农民教育培训工作机制。

(1)健全统一协调、分工负责、相互协作的工作机制。由农民教育培训工作办公室负责日常工作，依托农民科技教育培训中心具体组织实施，形成统一组织、统一协调、各职能部门通力合作、各负其责、齐抓共管的工作运行机制。要建立农民教育培训工作联席会议制度。一是综合协调培训工作，二是研究解决培训工作中的重大问题；三是编制培训计划，四是审定经费预算使用计划，统筹规划制定相关政策，联席会议由领导小组主持，原则上每季度一次，具体会议有关事项由领导小组办公室组织实施。

(2)加强培训工作制度建设和监督管理。农民教育培训工作要有制度、有措施。要建立培训台帐制度、教学管理制度、学员档案信息制度、季报告制度、项目资金管理制度、考核验收制度等。实际工作中，项目的实施到结束必须经过规划、执行、督导、检查、验收和评估等环节。各级农民教育培训工作领导小组要逐级落实责任，加强项目监管。日常组织检查与督导以县区为主，市进行抽查，年底验收主要采取县区自查、市审核验收的办法进行。监督检查包括现场查看、随机抽查、入户调查等方法。重点对培训完成情况、制度建设情况、台帐建立情况、辐射带动和发展产业情况等进行综合检查。

促进郑州市农村土地经营权流转加快土地适度规模经营的调查与建议

农工党郑州市委员会

中共十七大和十七届三中全会都明确提出：坚持农村基本经营制度，稳定和完善土地承包关系，按照依法自愿有偿原则，健全土地承包经营权流转市场，有条件的地方可以发展多种形式的适度规模经营。为进一步促进郑州市农村土地经营权流转，加快土地适度规模经营，农工党郑州市委组织有关人员，对我市农村土地承包经营权流转情况进行了调研，现报告如下：

一、郑州市农村土地流转的基本情况及特点

通过对各县、乡、村调研统计，截止2008年6月底，郑州市农村土地流转面积为12.96万亩，占全市耕地总面积的2.9%。全市流转出土地的农户数为3.7万户占总户数的3.8%，签订土地流转合同2.79万份，合同签订率为75.4%。目前，郑州市土地流转呈现以下几个特点：

（一）土地流转规模不断扩大，流转形式以出租和转包为主。2007年全市农村土地流转面积比2005年的7.7万亩增加了5.26万亩，两年增长了68.3%，土地流转率比2005年的1.7%增加了1.2个百分点。土地流转涉及转包、转让、互换、出租、入股等多种形式，其中以出租和转包为主要形式，分别占总流转面积的59.4%和23.9%。

（二）土地流转期限逐渐以长期为主。2005年土地流转期限10年以上的面积有3.6万亩，占流转面积的56%；2007年土地流转期限10年以上有8.22万亩，占流转面积的63.4%，比2005年高出7.4个百分点。流转期限越长，说明土地流转受让方对土地的投资越有信心，更有利于农业经营，有利于消除经营中的短期行为，有利于提高土地的产出率。

（三）通过乡村组织牵头流转土地所占比重不断增加。2005年流转途径中通过乡村两级组织流转土地的面积只有3.32万亩，占流转面积的44%，而2007年在流转途径中乡村两级组织流转土地的面积已达到6.96万亩，占流转面积的54%，比2005年高出10个百分点。说明农户间自发流转的面积在萎缩，作为流转中介组织的乡村在促进土地流转中发挥的作用越来越明显。

二、郑州市农村土地流转存在的问题

尽管郑州市近几年农村土地流转速度在加快，流转面积在不断增加，但是土地流转仍然存在很多问题，和经济发达地区相比还有很大差距。

（一）土地流转规模不大，土地流转率低。据调查，郑州市目前土地流转率仅为2.9%，还不及全省4.8%的平均水平，土地规模经营率则更低。我省许昌市土地流转率已达到9.4%，浙江省宁波市土地流转率已高达41.2%，而郑州市土地流转率最低的中牟县，仅有1.67%。可见郑州市无论是土地流转规模，还是流转率和省内、省外发展较好的地区相比都有很大的差距。

（二）土地流转的市场需求不足。由于农业收益比较低，投资回收周期比较长，农业开发又面临市场和自然双重风险，加之政府相关的扶持政策不足。因此，郑州市开展种植、养殖的大型农业企业还比较少，投资农业开发的还不多，种养能手因资金问题不能扩大经营规模，导致了缺乏对土地流转的市场需求。

（三）配套措施不到位，农民对土地流转有疑虑。郑州市农村二三产业还不够发达，农村劳力不能和城市居民享有同等的就业机会，农村社保制度还不健全，保障水平低、覆盖面窄、参保门槛高，个人拥有的承包地是其生活的根本保障。受传统小农经济思想影响，再加上个别基层干部认识不到位，对土地流转的政策宣传不足，农民往往不愿意担着风险将土地流转出去。

（四）政府财政对土地流转的支持不足。土地流转需要政府合理引导，平顶山舞钢市2008年支持土地流转的财政奖补资金达到1000万元。山东省枣庄滕州市从2007年起，政府财政每年列支一定的专项资金用于土地流转和土地纠纷仲裁工作经费。浙江省义乌市政府也决定2008年至2010年，财政每年安排1000万元资金专项用于土地流转奖励。而郑州市县级以上政府财政还

没有设立土地流转专项资金。

（五）指导和管理土地流转工作的机构不健全。传统的农村土地流转由农经管理部门负责，机构改革后，部分县（市）绝大多数乡（镇）农经管理部门已名存实亡，无法正常开展土地流转指导和管理工作，造成土地流转监管不力，流转情况底数不清，流转纠纷无人受理。目前农村土地流转基本上处于放任盲目、无章无序的状态。

（六）土地流转操作程序不规范，存在有违反政策现象。农村土地流转的操作程序很不规范，流转手续不完善，甚至出现违规违法现象。如有的土地流转不登记，不按规定进行审核批准；有的地方村组集体土地和“四荒地”未经群众大会或群众代表大会通过，村组干部擅自作主进行流转；有的地方把不同意流转的农户视为“钉子户”，采取强硬措施强制流转，严重地损害了农民利益。

三、加快郑州市农村土地流转的建议

（一）加大发展农业产业力度，促进农村土地流转。一是要培育和发展农业企业。鼓励现有的农业企业利用流转的土地进一步扩大经营规模。制定优惠政策，培育和发展新的农业企业，如发展高效农业园区、旅游观光农业、特色种养、林果等。二是鼓励农村种养大户和村组干部带头发展规模经营。鼓励农村种田能手、养殖大户、农村经纪人、村组干部利用自身在生产、技术、销售等方面的优势，扩大经营规模，围绕当地优势特色产品，带头组织农民把土地集中起来，发展“一村一品”特色产业，促进土地流转。三是鼓励多类经营主体参与土地流转。鼓励各类工商企业、农业科研机构、社会能人、城镇居民等带项目、带技术、带资金到农村与农民联合兴办农业企业，或者与农民以不同形式进行联合，发展规模经营，促进土地流转。四是大力发展农民专业合作组织，促进土地流转。积极发展农村土地流转合作社，支持其连片开发经营农民流转的土地。城市工商企业或者其他组织和个人可以参与农村土地流转合作社。鼓励各类种养合作社、农机合作社集中农民的土地，开展规模经营。

（二）鼓励农民积极自愿流转承包地。一是要加快农村劳动力转移。大力扶持发展农村二三产业，促进农村劳动力转移，使农民放弃种植少量的承包地，促进土地流转；搞好小城镇建设，制定优惠政策，凡是举家迁入小城镇落户的农民，在建房、购房、经商、税收等方面享受优惠待遇，以吸引农民入住小城镇，促使农民既离土又离村，加快土地流转。二是搞好宣传教育，引导农民自愿主动流转土地。采取典型示范的方式，广泛宣传农村土地流转政策，改变农民陈旧思想观念，教育、引导农民流转土地。尤其是对因外出务工、进城经商等原因造成土地撂荒的农户，以及缺少劳动力、土地经营粗放的农户，更要做好思想工作。三是多措并举，激励农民自愿流转土地。建立农村低保、养老保险、医疗保险等社会保障制度，解决农民的后顾之忧，促使农民放心流转土地；要对自愿流转土地的农民在非农就业、兴办企业、信贷支持等方面给予照顾、支持或帮助。

（三）加大财政扶持力度，完善土地流转支持保障措施。一是政府财政每年在有关土地收入分配用于支农的资金中安排一定额度，设置土地流转专项资金，用于奖励那些利用流转土地开展规模经营的各类经营主体。二是政府财政要补贴农业规模经营中的基础设施建设和高新技术推广。经营业主进行水、电、路等农业基础设施建设，或使用高新种养技术、推广新品种，政府财政应按总投资额的一定比例给予财政补贴。三是政府财政要拿出专项资金支持各类农业经营主体开展农业保险，以降低因灾害所受的损失。

（四）加强指导和管理，规范土地流转行为。一是市、县、乡三级农村经营管理机构要加强对土地流转的规范管理，加强对本辖区内农村土地流转的监督检查，发现违法违规流转土地的，依法查处，切实维护各方的权益。二是要建立村级土地流转服务站，代表村集体按照操作规程，做好土地流转信息收集、土地流转条件的审核、承包经营权确认、流转情况登记备案、土地流转合同备案与上报等工作。三是要积极开展土地承包纠纷仲裁工作，成立县级农村土地承包纠纷仲裁委员会，建立仲裁庭，负责农村土地承包纠纷仲裁工作，切实维护好农民的土地承包权益。

（五）建立健全农村土地流转市场，充分发挥中介服务组织的作用。在条件具备的地方，依托农村经营管理机构及时建立县、乡两级农村土地流转服务中心，全面开展土地流转合同鉴证、供求信息登记、信息发布、流转意向双方联络、流转价格竞拍、土地评估、政策咨询、纠纷调解等服务工作。同时，还要建立土地流转动态管理台账，加强土地流转情况登记备案和档案管理，使土地流转进入有序的市场化轨道。

郑州市蔬菜产业发展的调查与建议

农工党郑州市委员会

蔬菜是人们生活中不可或缺的重要食品，又是一种高效经济作物，发展蔬菜生产、丰富市民的菜篮子，既是保障市场有效供给、维护社会和谐稳定的需要，也是提高农业效益、增加农民收入的重要途径。针对近年来我市蔬菜生产徘徊不前，自给率不适应郑州市城市发展需求的实际，农工党郑州市委组织有关人员，对我市蔬菜生产现状进行了调研，现报告如下：

一、郑州市蔬菜生产现状

郑州市蔬菜生产经过近二十年的发展，截止2008年底，全年播种面积120.30万亩，蔬菜总产243.40万吨，产值约22.75亿万元，占农业种植业总产值的35.0 %，占农业总产值的18.0 %。蔬菜产业已经成为郑州市农业和农村经济的一个支柱性产业，在全市现代农业发展中占有十分重要的地位。

郑州市蔬菜产区分布相对比较集中，县区间差异较大。主要分布在中牟县、荥阳市、新郑市和惠济区，2008年四个县(市)区的蔬菜播种面积达到96.33万亩，总产量188.26万吨，分别占全市的82.6%和81.1%，是我市主要的外销菜基地。郑州市现有保护地蔬菜生产面积11.09万亩，其中拥有日光温室15000余座，面积1.15万亩；大中棚面积4.02万亩；小拱棚面积5.92万亩。日光温室生产主要集中在中牟县、荥阳市和惠济区。

目前，郑州市已经形成了一批规模化无公害蔬菜生产基地。如：中牟大蒜基地、荥阳大葱基地、新郑莲藕基地、中牟和荥阳的反季节设施蔬菜生产基地等。截止2008年底，郑州市已通过“三品”认证的蔬菜品牌达到79个，其中有机蔬菜产品7个、绿色蔬菜产品24个、无公害蔬菜产品48个。通过认定的无公害蔬菜生产基地65个，面积达到51.5万亩，占菜田总面积的58%。

二、郑州市蔬菜产业发展存在的问题

(一)生产结构不合理。目前郑州市叶菜类和葱蒜类种植面积较大，占蔬菜年播种面积的45%以上；茄果类、瓜类和豆类等鲜细菜面积相对较小，仅占蔬菜年播种面积的8%，远不能满足人们的消费需求。据对刘庄、毛庄、陈砦、高砦四大蔬菜批发市场的调查显示，夏秋季我市自产蔬菜的上市量占郑州市场同期蔬菜销售总量的23%左右，而冬春季只占同期蔬菜总销售量的9%左右，冬春季节自产蔬菜的供应能力明显低于夏秋季节，反季节菜供应能力不足。

(二)保护地生产面积偏小，设施结构老化。目前，郑州市设施生产面积只有9.62万亩，其中，日光温室面积只占菜田面积的1.35%，大棚面积只占菜田面积的2.81%，二者相加所占比重也只有4.16%，这就导致本地冬春蔬菜供应能力严重不足，元旦、春节蔬菜供应主要依靠外来菜。此外，温室结构也存在着明显的不合理性，目前郑州市所存有的日光温室90%以上是上世纪九十年代建成投入生产的，由于受到资金、技术和认识上的限制，所建温室的结构不够科学，不能够满足多品种多茬口的生产需求，直接影响了效益的提升和菜农发展温室生产的积极性。

(三)产出能力仍显不足。目前，郑州市的蔬菜生产规模和总产水平在全省排名第8位，与先进地区相比还有很大差距，特别是单产水平亟待提高。据统计调查，郑州市目前蔬菜单产水平在2400公斤左右，低于河南省2462公斤的平均水平。从人均占有量来看，2008年全市年人均蔬菜占有量为383.6公斤，低于全国蔬菜人均占有量450公斤。因此，无论从哪个角度讲，郑州市目前的蔬菜生产水平与城市发展和城镇居民生活的需求都是不相适应的，仍然不能满足城市快速发展和人民群众生活水平日益提高对蔬菜产品的需求。

(四)新菜田开发力度不够。郑州市现有菜田面积83.4万亩，占全市耕地面积的18.8%。且其中大多数属于季节性菜田，常年菜田只占菜田总面积的37.9%。同时，随着郑州市建成区面积的不断扩大，城市近郊菜田锐减，而远郊新菜田的开发发展缓慢。2002－2008年七年间郑州市蔬菜播种面积没有明显增长，始终在115万亩左右徘徊。

（五）经营模式分散，不利于市场竞争。据统计，郑州市共有蔬菜专业合作社 90 个，共有社员 6983 个，蔬菜生产面积 2.1 万亩，占全市蔬菜年播种面积的 1.8%。整体而言，我市蔬菜生产仍然处于分散经营的状态，这种小农经营的组织形式，严重阻碍了标准化生产的推进，在与大市场的对接过程中，菜农处于劣势地位。

三、几点建议

（一）深入调研，搞好规划。随着城市框架的不断拉大，发展速度的不断加快，郑州市近郊菜田面积在不断的减少，开发远郊菜田、主产区向郊县外移已成为郑州市蔬菜产业进一步发展的必然选择，如何明确郑州市今后一个时期蔬菜产业的发展方向和定位、合理确定优势产区和布局已成为摆在我们面前一个重要问题。因此，要在广泛深入调研的基础上，尽快编制一部符合郑州市蔬菜产业发展的近期和中期发展规划。

（二）成立专业机构，建立完善的技术服务体系。蔬菜生产是一门技术性很强的农业活动，对生产者的技术素质要求很高，特别是在科技飞速发展、经济市场化程度不断提高的今天，加强蔬菜新品种、新技术的研发、引进与推广，帮助菜农正确地分析和把握市场动态，显得尤为重要。因此，建议郑州市应尽快设立“郑州市蔬菜技术服务指导中心”，各县（市）区也要在原菜办或园艺站的基础上，稳定机构，增加人员，确保技术服务及时到位和市场信息服务的准确有效。

（三）制定优惠政策，引导和鼓励产业快速发展。蔬菜生产是一个高投入、高产出的产业，而现代蔬菜生产对生产设施和生产投入提出了更高的要求。要满足品种丰富、四季长青、优质营养、安全健康的市场需求，就必须加大科技的投入和必要的设施装备投入，增强生产能力。因此，建议郑州市应尽快制定出台鼓励蔬菜产业发展的优惠政策，采取以奖代补、贷款贴息、农资补贴等形式，对蔬菜生产企业和菜农进行补贴，增强生产者的信心和决心，提高他们的投入能力，加快设施蔬菜生产的步伐，不断提高生产效益。

（四）强力推进设施生产，稳步扩大生产规模。保护地设施生产是实现蔬菜生产高效益的有效途径，是保障蔬菜产品四季均衡供应、满足消费需求的重要手段。要想全面提高我市蔬菜产业的综合能力，就必须大力发展以节能日光温室为主的保护地生产，优化蔬菜产业内部的种植结构和生产方式，增强产品上市期的控制力，减少市场风险。2008 年 7 月农业部下发了《关于促进设施农业发展的意见》，要求把设施农业发展作为一项重要工作摆上工作日程，制定优惠扶持政策，鼓励发展。郑州市应借此东风，继续出台相应的扶持政策，加快蔬菜产业的发展。

（五）大力发展专业合作组织，提高产业发展的组织化程度。应大力发展蔬菜专业合作社等农民经济合作组织，不断提高产业发展的组织化程度，加快技术普及、推进标准化生产，形成规模经营，增强我市菜农驾驭市场的能力。

情况通报

关于郑州市政协十二届二次常委会议的情况报告

中共政协郑州市委员会党组

中共郑州市委：

3月31日，市政协召开了十二届二次常委会议。现将会议的主要情况报告如下：

一、会议基本情况

按照议程，市政协十二届二次常委会议听取了全国政协委员、市政协副主席、市九三学社主委舒安娜同志传达的全国人大十一届二次会议和全国政协十一届二次会议精神，学习讨论了我市“三化两型”城市建设纲要。常委们围绕全国“两会”精神和我市“三化两型”城市建设纲要，畅所欲言、坦陈己见，提出了很多有价值的意见和建议。

李秀奇主席在会议闭幕时做了重要讲话。他指出，十一届全国人大二次会议和全国政协十一届二次会议，是在我国经济社会发展面临诸多压力和挑战，全党全国各族人民积极应对国际金融危机的冲击，努力保持经济平稳较快发展的形势下召开的一次重要会议，是全面贯彻落实党的十七大和十七届三中全会精神，高举中国特色社会主义伟大旗帜，深入贯彻落实科学发展观的一次重要会议。这次会议对于进一步动员和激励全国各族人民在以胡锦涛同志为总书记的党中央正确领导下，坚定信心、振奋精神、团结奋斗、克难攻坚，夺取改革开放和社会主义现代化建设新胜利，以优异成绩迎接新中国成立60周年，具有十分重要的意义。深入学习和贯彻落实好“两会”精神是当前摆在我们面前紧迫而重要的政治任务，全市各级政协组织和政协委员要把学习贯彻“两会”精神作为一项统领全局、带动全局、推进全局的重要工作，摆在突出位置，要把学习贯彻全国“两会”精神与学习实践科学发展观结合起来，坚持用科学发展观指导政协工作，要把学习贯彻全国“两会”精神与学习贯彻我市“两会”精神结合起来，坚持围绕中心，服务大局，要把学习贯彻全国“两会”精神与切实履行政协职能结合起来，坚持用理论创新推动工作创新。

在“三化两型”城市建设方面，李秀奇主席要求，要充分认识我市“三化两型”城市建设的重要意义，准确把握我市“三化两型”城市建设的主要任务，充分发挥政协人才荟萃，智力密集，联系广泛，代表性强的优势，积极投身我市“三化两型”城市建设的重大实践，为“三化两型”城市建设多做凝聚人心的工作，为“三化两型”城市建设多做建言献策的工作，为“三化两型”城市建设多做招商引资工作。

针对今年的政协工作，李秀奇主席强调，2009年是全市人民深入学习实践科学发展观，实施跨越式发展新三年行动计划的第一年，也是十二届政协的开局之年。我们还将迎来建国六十周年，人民政协成立六十周年。做好开局之年政协的各项工作，意义十分重大。我们要在三个方面狠下功夫，即在提高履行政协职能水平上狠下功夫，在突出特色、打造精品上狠下功夫，在推进政协“三化”建设上狠下功夫。最后，李秀奇主席希望大家始终保持奋发有为的精神状态，继续发扬求真务实的工作作风，团结进取，开拓创新，切实履行职责，带领全体委员为促进我市经济社会发展实现新跨越，早日把我市建设成现代化国际化信息化和生态型创新型城市做出新的更大的贡献。

市政协副主席王薇、朱专兴、舒安娜、牛西岭、陈西川、党普选、张东平、李新有、张民服，秘书长张桂兰出席会议。各县(市)区政协主席、市政协机关副县级以上干部列席了会议。

二、关于我市“三化两型”城市建设纲要的意见和建议

常委们在讨论中一致认为，《郑州现代化国际化信息化和生态型创新型

城市建设纲要(2009～2020)》是市委全面把握党的十七大精神,积极顺应新形势、新任务,顺应经济发展和城市发展规律，研究确立的郑州城市发展新目标、新定位。这一重大战略符合郑州发展实际，符合全市广大干部群众的愿望,符合科学发展观的要求。同时,常委们针对如何更好地开展“三化两型”城市建设工作提出了一些意见和建议,归纳整理如下:

1、要加大“三化两型”城市建设的宣传力度,奠定广泛的社会基础和群众基础,通过组织系列内容丰富、形式多样、富有实效的群众性活动,向公众大力宣传“三化两型”城市建设的重要意义,进一步提高全社会的责任意识和参与意识。

2、“三化两型”城市建设应该有一个明确的标准,建议成立相应的领导小组,制定详细的指标体系和配套政策。

3、在城市规划方面,要有科学的态度和战略的眼光,城市化建设可与大郑东新区发展统筹规划。

4、在城市建设中应综合考虑配套设施的建设。

5、资金问题、土地问题是制约城市发展的瓶颈,希望政府进一步加大土地规划和资金投入,同时加大黄河滩区的改造力度。

6、城市信息化建设工作需要资金与人才，要靠政府统筹才可以顺利实现。

7、要加强区域科技创新体系建设，突出重点领域，加快高新技术产业发展,优化创新环境。

8、要加强项目建设,积极推动科技成果转化,做好项目的开发、储备和管理工作。把项目作为科技与经济之间的连接载体,以项目开发推动科技优势转化为经济优势。

9、要加大科技投入,吸引人才,加快创新型人才的培养。

10、生态型城市建设不能只局限于城市，农村的生态建设也要给予关注，要合理利用农业资源,使农业经济与农村生态环境体系和谐、稳定、健康发展。

关于郑州市政协十二届三次常委会议的情况报告

中共政协郑州市委员会党组

中共郑州市委：

7月2日，市政协召开了十二届三次常委会议。现将会议的主要情况报告如下：

一、会议基本情况

这次常委会议的主要议题是围绕"扩内需、保增长"进行专题议政。会议听取了市委常委、市政府常务副市长胡荃关于我市"扩内需，保增长"情况的通报；听取了市政协经济委员会、市工商联等13个单位所作的专题发言；会议还审议通过了政协郑州市委员会全体会议工作规则、常务委员会工作规则、专门委员会工作通则、提案工作条例、关于加强市政协委员管理的规定和对政协委员实施考核的办法6项规章制度。各位常委围绕会议主题畅所欲言、坦陈己见，提出了许多很好的意见建议，形成了一批高质量的参政议政成果。会议圆满完成了本次常委会议预定的各项议程，达到了预期目的。

市政协主席李秀奇在会议闭幕时做了重要讲话。他指出，为应对金融危机的影响，充分发挥好人民政协围绕中心、服务大局的重要作用，在今年年初，市政协就扩内需、保增长方面，明确提出了要充分发挥"三个作用"、认真唱好"三部曲"的工作思路，即围绕"扩内需、保增长"，开展调研视察，唱好"建言献策"第一部曲；围绕"扩内需、保增长"，发挥企业委员作用，唱好"参与推动"第二部曲；围绕"扩内需、保增长"，联系分包重点项目，唱好"协调服务"第三部曲。实践证明，我们开展的一系列活动，为促进我市经济社会平稳较快发展发挥了积极的作用，取得了显著的社会效果。非常时期，要求我们必须以非常的精神、非常的责任、非常的措施、非常的作风，继续带领广大政协委员，围绕中心，服务大局，积极协助市委、市政府全力以赴保增长，千方百计保民生，同心协力保稳定，确保今年全市各项工作目标顺利实现。

李秀奇主席强调，每一位政协常委和委员，都要以"创建委员之家，树立委员形象"活动为契机，主动作为、求真务实、勇于探索，树立学习型、民主型、务实型、创新型和奉献型的形象，以更加旺盛的斗志，更加扎实的作风，创造更加突出的业绩，为我市积极应对金融危机、促进经济平稳较快增长作出新的更大的贡献！

市政协副主席王薇、朱专兴、舒安娜、牛西岭、陈西川、党普选、张冬平、李新有、张民服，秘书长张桂兰出席会议。市政府办公厅、市发改委、市建委、市经委、市财政局、市土地局、市规划局、市环保局、市审计局、市房管局、市商务局、市物价局、市旅游局、市中小企业局、市国税局、市地税局、市优化办、市金融办、市中小企业担保有限公司等单位负责同志列席了会议。

二、对我市积极应对金融危机的意见建议。

针对如何积极应对金融危机，更好地促进我市经济平稳较快增长，常委们提出了一些意见和建议，归纳起来，大致有以下七个方面：

(一)全力以赴做好项目工作。项目是经济工作的生命线，也是郑州响应、策应、呼应、接应国家宏观调控政策的主抓手。各级各部门要进一步研究国家和省扩大内需的各项政策，强化项目论证、储备，及时捕捉信息，努力做好前期工作，努力争取更多更大的项目和资金。同时，抓好成熟项目的开工建设和在建项目的及时投产，做到争取一批、开工一批、建成一批。

(二)千方百计培育消费热点。要大力发展农村金融、保险、教育、医疗等公共服务业，加快建设城乡统筹、全面覆盖的社会保障制度，激发农民消费热情，增强农民消费信心。加快廉租房和经济适用房建设，满足中低收入群体的基本住房需求。在巩固住房、汽车、通信、商贸等传统消费热点的同时，积极培育旅游、创意产业、文化、健身、信息等新的消费热点。

(三)积极主动拓展国际市场。要把扩大外贸出口摆在重要位置，加大出口创新项目、创新平台、创新基地建设力度，全力开拓新兴市场，通过新兴市场的增长来弥补传统市场的下降，借助市场多元化减小金融危机的影响，努力扩大外贸出口。要扶持出口企业通过科技研发、技术创新、品牌建设，积极参与产业链上游的国际竞争，推进产业升级、产品更新，提高产品质量和市场信誉度，努力打造“郑州造”名牌名品，全面提升我市的外贸出口国际竞争力。

（四）招商引资推动产业升级。经济大萧条的时期，往往是产业大转移的时期；经济低潮的时期，往往是投资高潮的时期；经济下滑的时期，往往是大上项目的时期。要主动上门走访、拜访、回访海内外客商，及时捕捉招商信息，抓住招商线索，开展高频率、密集型招商。要把延伸产业链、提高配套水平作为重点，注重引进产业链长、带动力强，影响力大、辐射面广的基地型、龙头型企业。要拓宽招商引资领域，鼓励和吸引国内外资本投向基础设施、园区建设、产业发展、社会事业等多个领域。要抓住资本、产业转移的契机，加大结构调整力度，调优结构、调强产业、调高效益，推进产业高端化，从根本上提高产业的抗风险能力、国际竞争能力、可持续发展能力和对经济社会发展的支撑力。

（五）鼎力支持企业健康发展。要把工业摆在优先发展的位置，把企业摆在优先支持的位置，与企业心心相印、守望相助，同舟共济、共渡难关。加强对工业经济和企业运行的监测分析和保障协调，特别是要强化对重点地区、重点行业以及重点企业运行态势的研究分析，抓住影响企业发展的关键问题、难点问题，制定切实有效的应对措施，帮助企业想方设法搞技改、调结构，降成本、挖潜力，抓改革、增效益，提质量、保市场，保持全市经济平稳运行。加大对企业特别是中小企业的扶持力度，促进中小企业快速成长。加大金融支持力度，加强中小企业融资担保、信用和服务平台建设，加快利用资本市场融资步伐，解决中小企业融资难的问题。

（六）始终坚持保障和改善民生。要把保障和改善民生放在更加突出的位置，切实解决好群众最关心、最真接、最现实的利益问题。要将更多的财力用于提供和民众生活密切相关的公共产品和公共服务，统筹城乡协调发展，大力发展文化教育、医疗卫生和社会保障等社会事业，积极推进公共服务均等化，让全体市民共享改革发展成果。加快完善公共就业服务体系，健全面向全体劳动者的就业援助制度，完善市场就业机制，促进城乡劳动者平等就业、素质就业、稳定就业。要建立统筹城乡的多层次社会保障体系，推进城镇居民的医疗保险扩面工作，调整城市低保标准，探索建立农村养老保险制度，提高农村新型合作医疗保障水平，努力实现农村最低生活保障应保尽保。

（七）进一步优化经济发展环境。提高政府各职能部门的办事效率，简化审批程序，废除一批不适应经济发展的政策法规。加强约束，规范行为，增强服务意识，进一步提高政府职能部门应对金融危机的紧迫感、使命感及工作人员的综合素质。

关于郑州市政协十二届四次常委会议的情况报告

中共政协郑州市委员会党组

中共郑州市委：

9月23-24日，市政协召开了十二届四次常委会议。现将有关情况报告如下：

一、会议概况

本次常委会议的主题是围绕“农村改革发展”进行专题议政。按照会议议程，常委们视察了新郑市农村改革发展情况，听取了郑州市政府副市长王跃华关于我市贯彻中共十七届三中全会，推进农村改革发展情况的通报；听取并交流了市政协农业委员会、民盟郑州市委等13个单位的大会发言和书面发言；协商通过了市政协有关专门委员会主任、副主任名单，同意朱建国同志任城市建设委员会主任，李建云同志任提案委员会副主任（正县级）。常委们围绕会议主题，讨论热烈，发言踊跃，提出了很多有价值的意见建议，达到了预期的目的。

会上，市政协主席李秀奇做了重要讲话。他指出，农业是安天下、稳民心的战略产业，农业丰则基础强，农民富则国家盛，农村稳则社会安。当前，我市已全面进入以工促农、以城带乡的发展阶段，正处于加快改造传统农业、走中国特色农业现代化道路的关键时刻，步入了加速破除城乡二元结构、形成城乡经济社会发展一体化新格局的重要时期。推进农村改革发展，是深入贯彻落实科学发展观的本质要求，是全面实现我市经济社会跨越式发展的题中之义，是有效解决“三农”发展面临诸多难题的必由之路。同时，李主席指出，围绕农村改革发展工作的献计出力，是一项长期艰巨的任务，全市各级政协要继续履行好三项职能，要深入调研，为推进农村改革发展建言献策；要化解矛盾，为推进农村改革发展排忧解难；要发挥优势，为推进农村改革发展凝心聚力，不断为推进我市农村的改革发展贡献力量。最后，李主席还就我市各级政协组织学习好、宣传好、贯彻好、落实好中共十七届四中全会精神、胡锦涛总书记在庆祝中国人民政治协商会议成立60周年大会上重要讲话精神作出了部署安排。

市政协副主席岳喜忠、王薇、朱专兴、舒安娜、牛西岭、陈西川、党普选、张冬平、李新有、张民服，秘书长张桂兰出席会议。市人大常委会副主任王平应邀出席会议，市政府办公厅、市委组织部、市科协、市发改委、市民委、市农开办、市民政局、市劳动和社会保障局、市环保局、市农业局、市畜牧局、市文化局、市统计局、市供销社等单位负责同志，各县（市）区政协主席、市政协机关副县级以上干部列席了会议。

二、对进一步推进农村改革发展的意见与建议

综合本次常委会上发言和讨论的情况，归纳起来，大家的建议主要有以下六个方面。

（一）以农民增收为核心，着力拓展农民增收渠道。一是抓就业促增收。就业是民生之本。要着重做好返乡农民工再就业和青年农民、被征地农民和低收入群众的就业创业工作。要根据劳动力的市场需求，大力开发公益性岗位，就近就地安置就业困难人员。要整合和完善现有的各项扶持农民创业的政策措施，在用地、收费、信息、工商登记、纳税服务等方面，降低创业门槛，为农民工返乡创业提供更大支持。二抓项目促增收。要进一步加大财政支农力度，加快实施村庄整治、低收入农户奔小康、特色农业产业转型升级、土地资源开发等项目，以项目带动农民增收。三是抓帮扶促增收。要不断完善机关部门、企业和干部联系帮扶低收入农户的制度，促进结对帮扶工作的经常化。积极鼓励和引导农村能人、工商企业、社会各界人士与贫困村结亲、与低收入户结对。各级党委、政府要不折不扣地把中央、省、市出台的各项支农惠农政策落到实处，把“真金白银”送到农民手里，让农民真正得到实惠。

（二）以现代农业为目标，着力加快农业转型升级。一是树立现代农业理念。就是要树立用现代物质条件装备农业、用现代科学技术改造农业、用现代产业体系提升农业、用现代经营形式推进农业、用培养新型农民发展农业的理念，提高农业水利化、机械化和信息化水平，提高土地产出率、资源利用率和

农业劳动生产率，提高农业素质、效益和竞争力。二是发展现代农业产业。要加快推进现代农业示范基地建设，科学编制现代高效农业示范基地建设规划，明确建设的定位、布局、规模和主攻方向及标准。同时，积极培育花卉、石榴等特色农产品基地建设，大力开展特色专业示范村建设，努力构建"一乡一业、一村一品"的特色农业发展格局。三是培育现代农业组织。要依照多样化、多元化、多层次发展的方针，着力培育一批品牌响、规模大、带动力强的农业龙头企业。积极引导农业企业、农技人员、农村集体经济组织发挥各自优势，联合农民建立生产型、流通型、服务型专业合作社，提高农民专业合作社规范运行的水平，着力培育组织健全、服务周到，与农户利益共享、风险共担的示范性合作组织。

（三）以基础建设为抓手，着力改善农村人居环境。一是加快农村基础设施建设。加大公共财政对农村覆盖的范围，以财政转移支付为投入主体，逐步改善农村公共设施和公共事业薄弱的现状。同时，要充分利用国家的扶持政策，千方百计激活民间资金，以项目建设为依托，推进农村基础设施建设。二是完善农村环保设施建设。突出以污水治理、卫生改厕、村道硬化和垃圾集中处理"四项工程"为重点，加强污水管网和处理设施建设，建立农村环保体系，实现"户分类、村收集、镇运输、县处理"的垃圾收集处理和资源化综合利用体系。三是开展农村新社区建设。以生态环境、基础设施、社会事业、公共服务、精神文明和基层民主建设为主要内容，积极开展农村新社区建设，逐步把一批中心村建设成为村容村貌洁净、人居环境优美、基础设施配套、公共服务完备、农民生活幸福的农村新社区。

（四）以改善民生为根本，着力推进城乡公共服务均等化。一是健全农村社会保障体系。从农民需求迫切的社会养老、合作医疗和最低生活保障这三项制度入手，注重搞好城乡社会保障制度的有效衔接，加快建立统一、规范的农村社会保障体系。二是推进基本公共服务均等化。加快发展农村教育事业，逐步改善农村办学条件，进一步促进城乡教育均衡发展。加快县（市）、乡镇、村三级公共卫生体系和卫生服务网络建设，优化医疗卫生服务资源配置。加强乡镇文化站和村文化室建设，广泛开展"送文化"下乡活动，繁荣农村文化事业。三是创新农村社会管理体制。在发达国家的广大农村，都是通过大量的社会组织和经济组织来提供公共服务和实现社会管理的，政府只起到一个宏观制定政策、提供资助和进行规范的作用。因此，在推进农村社会管理体制改革的进程中，我们也要改变以往那种一切由政府包办的传统方式，积极培育专业经济合作组织和社会组织，通过它们提供大量的社会公共服务，满足农民的物质文化需求。农村的情况千差万别，我们的社会管理改革也应立足于农村实际需要，有针对性地制定方案。允许"一村一品"，不搞"一刀切"，只要能解决农村发展的实际问题，哪种形式好就采取哪种形式。

（五）以制度创新为重点，着力增强农村改革发展活力。一是创新土地流转机制。按照"农业生产在集约上做文章"的思路，完善土地流转合同、登记、备案制度，积极鼓励土地承包经营权流转，大力推进规模生产和集约经营。探索建立土地流转的激励机制，对转让承包土地的农民优先安排转产转业技能培训、优先介绍劳动就业，同时对土地流转、农业招商引资工作做得好的地区实行奖励。二是创新强农惠农投入机制。进一步落实农业直接补贴政策，扩大农机、良种补贴范围，提高补贴标准；抓紧出台农民专业合作社补贴农业生产、农业基础建设项目的办法，拓宽农业补贴的支出渠道；完善"以奖代补"制度，提高财政支农绩效；研究制定相关政策，鼓励龙头企业做大做强、吸引外地农业企业落户郑州、引导社会资金投入农业。三是创新农村集体经济经营管理机制。继续做好农村集体经济组织证明书的发放及相关配套工作，明确农村集体资产的经营管理主体及所有权归属。进一步深化农村股份合作制改革，推进农村集体经济股份固化工作。完善农村财务公开和民主管理制度，加强对农村集体经济的财务审计。四是创新科学管理方式。强化工作责任，进一步明确涉农部门的职能，严格考核，对重点工作实行问责制。财政支农资金管理制度，要按照政策导向和集中力量办大事的原则，充分体现财政的公共属性，切实发挥好"四两拨千斤"的作用；大力推行项目化管理，努力提高财政支农资金的使用效率；完善农业生产安全管理制度，加强应急队伍建设，完善应急处置预案，切实抓好农业的安全生产工作。

（六）以平安建设为支撑，着力为农村改革发展创造良好环境。一是大力开展农村普法工作。广泛开展法制宣传教育，增强群众的法律意识，引导农民以理性合法的方式表达利益诉求，依法行使权利、履行义务。完善群众工作网络，拓宽农村社情民意表达渠道，健全农村矛盾纠纷预防、排查、调处工作机制，切实维护农民群众的合法权益。二是严厉打击涉农犯罪活动。开展形式多样的农村基层平安创建活动，及时排查整治治安混乱地区和突出治安问题，依法打击黑恶势力犯罪、严重暴力犯罪、多发性侵财犯罪、破坏农村环境资源及制假售假等违法犯罪活动。完善农村治安防控体系，推进群防群治，建立农村应急管理体制，提高突发事件的应急处理能力。三是切实加强民族团结和宗教和睦。依法管理民族和宗教事务，反对和制止利用民族、宗教、宗族势力干预农村公共事务，积极防范和坚决打击境内外敌对势力对农村的渗透破坏活动。

第四篇：

特 色 工 作

战危机 保增长 政协奏响“三部曲”

武建玲

在经济发展的变奏曲中，政协组织如何发挥人才荟萃、联系广泛的优势，为奏响和谐优美的科学发展之曲贡献力量。今年以来，市政协围绕我市“战危机、保增长”的中心工作，全力奏好建言献策、参与推动、协调服务“三部曲”，为我市“战危机、保增长”作出了积极贡献。

建言献策

今年以来，受国际金融危机影响，我市经济社会发展遇到了前所未有的困难和挑战。在这场“战危机、保增长”的艰苦战役中市政协该做些什么？

为应对日趋严峻的金融危机的影响，去年下半年以来党中央、国务院作出了进一步扩大内需、促进经济平稳较快增长的重大决策，并出台了刺激经济增长的10项政策措施。省市也及时出台了相关配套政策。这些政策在我市是否得到落实，对于我市能否尽快扭转经济下滑势头具有重要作用。

市政协领导决定围绕这一问题做文章。今年4月份，由各位主席、副主席带队，市政协各专门委员会和部分委员兵分四路，对国家、省、市“扩内需、保增长”政策在我市的贯彻落实情况进行视察，并将其作为今年第二季度市政协常委会议的议题，开展专题议政。

活动中，4个专题调研组共组织调研视察10次，走访单位50个，召开座谈会11个，听取了88个部门和企业的情况汇报及介绍，形成了《郑州市政协关于“扩内需、保增长”政策落实情况的调研报告》，从经济发展、社会就业、社会保障、医疗卫生、节能减排等9个方面对我市“扩内需、保增长”政策落实情况进行梳理汇总，指出了7个方面存在的问题，并提出了简化办事程序、拓宽企业融资渠道、大力倡导全民创业、加大投入完善政策等八条建议，引起市委、市政府的高度重视。

参与推动

今年是市政协的换届之年，新一届500多名市级政协委员中，企业界委员就有253名。发挥好他们的作用，对促进我市经济平稳较快发展将起到巨大的推动作用。

为调动广大政协委员特别是从事实业的委员的积极性、主动性和创造性，为“战危机、保增长”贡献力量，市政协先后举办了“民营企业如何应对金融危机”政情交流会、企业界委员应对金融危机座谈会等活动，邀请市政府有关部门负责人为委员作经济形势报告，为企业界委员交流搭建了经验的平台。

在经营中，不少企业界委员善于把握金融危机的“危”中之“机”，推动企业发展。“面对金融危机，我们依靠技术创新和自主品牌，提升企业的核心竞争力；利用国家拉动内需的机遇，积极争取政府支持，如工业结构调整贴息、基本建设国债等。截至8月底，我们的订单同比增长30%，产值增加了40%。”市政协委员、郑州大方桥梁机械有限公司总经理张志华告诉记者。面对金融危机，河南阿五美食有限公司等委员企业郑重承诺“不减薪、不裁员”，表现了委员的社会责任感，在社会上产生了积极影响。

协调服务

政协组织是“委员之家”。为委员企业搞好服务，不仅是政协工作属性的要求，更是政协组织参与“战危机、保增长”中心工作的具体体现。

从5月份开始，市政协在政协机关中开展了市政协领导联系委员企业项目活动，将在建的50家委员企业中的60个重点项目逐个分解到市政协县级以上领导干部身上，并建立了走访情况档案，对委员企业进行动态联系，随时协调解决企业遇到的困难和问题。

市政协主席李秀奇冒着酷暑，分别于6月1日和7月3日来到航海东路交易中心和浙商河南总部基地建设工地，了解自己联系的两家委员企业的项目进展情况，并积极协调解决项目建设中遇到的实际问题。市政协其他有关领导干部也主动深入所联系企业，了解企业在项目投资融资、工程建设、生产经营中遇到的问题，通过上门走访、实地考察，发现存在困难的委员企业31家，项目40个，遇到的问题55个。在市政协领导和有关部门积极协调下，其中45个问题得到了圆满解决，其它10个动态问题也得到了有效协调，较好地发挥了人民政协服务委员、服务社会、服务经济发展的积极作用。

开展“创树”活动
发挥主体作用

《郑州政协》编辑部

政协委员是政协工作的主体。充分发挥委员作用，是搞好政协工作的关键。为了发挥好委员作用，市政协经过认真调研，在总结经验的基础上，在全市开展了“创建委员之家、树立委员形象”活动，旨在为各级政协委员履行职能搭建平台，进一步发挥其在经济建设中的助推作用，在构建和谐社会中的凝心聚力作用，在民主政治建设中的民主监督作用，在参政议政中的建言献策作用。

抓基层 用典型来引导

根深才能叶茂，本固方可枝荣。市政协主席李秀奇说，“我们要把‘委员之家’建设的重点放在基层，让履职的触角延伸到群众中去，让更多的委员能够在社区和乡村中倾听呼声，化解难题，促进和谐，用实实在在的行动赢得群众的信赖和尊重。”

作为市政协创建“委员之家”试点单位，中原区政协在建设过程中着重选址在社区。注重发挥“四个作用”，一是发挥政协机关的督促作用，二是发挥镇、街道办事处的保障作用，三是发挥政协工委的主导作用，四是发挥委员的促进作用，争取党政支持，协调各方关系，解决创建“委员之家”过程中的场所、经费、设施等问题，先后建成了林山寨、建设路、三官庙等委员之家。管城区政协则把各街道政协工委原有的委员活动室改造升级成为“委员之家”，同时向有条件的社区延伸成立“委员之家”。中原区和管城区创建委员之家的做法为我市全面推开创建委员之家活动积累了宝贵经验。

4月9日，市政协主席李秀奇带队，先后到中原区政协、管城区政协调研“委员之家”建设情况，认为委员之家在我市全面推广的条件已经成熟，决定4月29日召开动员大会，在全市各级政协组织中开展“创建委员之家，树立为原委员形象”活动，并发出了“致全市广大政协委员的一封信”，号召广大政协委员努力做学习型、民主型、务实型、创新型、奉献型委员。全市各级政协组织经过实地观摩中原区政协和管城区政协委员之家创建情况，并通过座谈交流，进一步统一了大家思想认识，就是要把“委员之家”建成学习之家、民主之家、履职之家、温暖之家和联谊之家，充分发挥委员在我市政治、经济、文化建设中的参谋助手作用。各级政协组织和广大政协委员在创建中高度重视、认真研究，成立了创建领导小组，制定了创建工作方案，定期研究和解决创建活动中存在的困难和问题，积极探索创建活动的方式方法，因地制宜地开展创建工作，截至年底，全市建成各具特色的“委员之家”109个。

抓载体 用活动求实效

开展各项活动是委员之家的生机和活力所在。李秀奇主席在讲话中指出，各级政协组织要不断丰富“委员之家”的活动内容，不断探索创新活动形式，逐步将“委员之家”建成委员知情明政的看台、建言献策的讲台、展示爱心的舞台。

管城区东大街街道组织委员开展“三个一”活动，即帮扶一户贫困家庭、扶持一家困难企业、为辖区科学发展提出一条计策，使委员发挥作用更具实效；美景社区“委员之家”开展委员接访活动，倾听群众的意见、建议，切实为广大群众排忧解难；港湾社区“委员之家”组织开展了“政协委员论坛”，让委员与群众面对面交流意见、建议及想法；石化社区“委员之家”发挥委员特长，利用社区教室为群众传授食品安全、烹饪技巧、园艺栽培等科普知识，受到社区群众的称赞。

中原区建设路街道工委以委员之家为平台多次组织委员参加提案和社情民意培训会、座谈会；三官庙街道工委借委员之家成功举办“群众课堂”活动，由区政协委员侯宏章发挥自身优势，为社区居民讲解道路交通安全知识；林山寨街道工委则借委员之家，实行“政协委员接待日”，将工委18名政协委员分成4组，坚持每周三上午安排一组委员在委员之家接待居民群众，了解民意，倾听民声。

巩义市政协将委员之家建在镇文化站上，一室多用、资源共享，既开辟了委员之家建设的新途径，又拓宽了委员联系群众的渠道；新密市政协将“创建委员之家，树立委员形象”活动和本市开展的“三联三促一争创”活动(即主席联系常委、常委联系委员、委员联系群众,促工作、促发展、促和谐,争创优秀政协委员)相结合的举措,赋予了委员之家新的生命和活力。

金水区政协通过委员之家,组织委员学习培训 61 次,开展调研、视察、讨论等活动 422 次,举办社会公益活动 19 次,举办联谊活动 64 次。惠济区政协建家以来,共组织委员学习 51 次,开展调研、视察活动 21 次,召开专题议政会议 9 次,撰写调研文章 196 篇;扶贫济困、助教帮民捐资 103 万元,吸纳安置劳动力 6577 人;委员们收集和反映社情民意 114 条。

抓规范 用制度作保障

市政协主席李秀奇在“创树”活动动员大会上强调,“加强制度建设是创树活动顺利开展的根本保证,要高度重视制度建设,建立和完善学习制度、工作制度、会议制度和激励约束制度等,形成长效机制,确保活动深入持久地开展下去。”

我们在创建“委员之家”活动中,始终把制度建设作为的一项重要工作。在试点阶段中,我们加强工作指导,深入到“委员之家”,和创建单位一起研究工作,总结经验,形成了一些好的工作规范。比如,林山寨街道政协工委在“委员之家”创建中,建立了委员工作联系站,将委员分组开展活动,把每周三定为接待群众日,面对面倾听群众心声,一对一开展排忧解难等,《人民政协报》和省市新闻媒体均作了报道。再如,建设路街道政协工委以每月 15 号为委员集中活动日,既组织学习交流,又深入社区,倾听民声,反映民意,释疑解惑,化解矛盾。又如代书胡同建立了“一档四簿”(委员档案、学习登记簿、活动登记簿、好人好事登记簿、参政议政登记簿),记录委员学习、活动、参政议政、服务群众和反映社情民意信息等情况,既作为委员积极履职的体现,也展示了委员建功立业的风采。

在活动推广阶段中,市政协总结试点经验,按照实用性、可操作性和普遍性的原则,制定出台了《关于在全市开展“创建委员之家,树立委员形象”活动的实施意见》,提出了“五有”的标准,一是每个“委员之家”要有负责人或召集人,负责组织所在辖区各级政协委员开展活动;二是要有场所,面积原则上不低于四十平方米;三是要有设施,每个“委员之家”要统一标牌、统一悬挂政协徽章和委员公示栏,配备桌椅、电脑、书柜等办公设备,有条件的还可增设电视、棋牌、健身器材等娱乐设施;四是要有制度,每个“委员之家”要建立健全委员学习制度、委员收集和反映社情民意制度、委员联系社区制度、委员履职档案等各项规章制度;五是要有活动,每个“委员之家”要牢固树立为政协委员服务、为社会和群众服务的理念,定期组织辖区委员开展形式多样、内容丰富的学习活动、界别活动、履职活动和文体活动。“五有”标准进一步规范了全市的创建活动。

2009 年,是“创树”活动的起步之年,随着活动的深入开展,必将进一步激发各级政协组织和广大政协委员投身科学发展、服务和谐发展的生动实践中来,为郑州经济社会跨越式发展作出新的贡献。

交流与合作的新起点

——“2009 郑州·旅游产业发展论坛”唱响绿城

朱选举

金秋十月，瓜果飘香。2009 年的十月注定要在郑州旅游产业发展历程中留下精彩而浓重的一笔，有来自全国 55 个城市的政协主席、旅游局长及国际著名旅游专家学者齐聚绿城郑州，共商旅游发展大计，为我市旅游产业发展建言献策，在社会各界引起了强烈反响。

旅游业作为新兴的朝阳产业，具有“一业兴百业旺”的特点，它在经济发展中的重要地位和作用日益显现，大力发展旅游业已成为抢抓发展机遇，推动经济增长的重要选择。近年来，郑州凭借着举世闻名的名胜古迹，气势磅礴的名山大河，历史悠久的文化古都，雄伟壮观的古代建筑，丰富多彩的旅游资源，在全国唱响了郑州游的名牌，全市旅游业形成了良好的发展态势。但与全国其他重点旅游城市相比，郑州的旅游市场还存在一些制约旅游业进一步发展的问题。为更好的促进我市旅游产业的大发展，郑州市按照省委、省政府“旅游立省”的发展要求，提出了“旅游强市”的战略目标，为郑州旅游产业今后更好的发展指明了方向。

为深入贯彻省委、省政府“旅游立省”战略部署，积极推进我市“旅游强市”发展战略，深入探讨我市旅游产业发展的新思路、新途径和新方法，进一步宣传郑州、推介郑州、营销郑州，积极为我市“战危机、扩内需、保增长”献计出力，郑州市政协决定举办“2009 郑州·旅游产业发展论坛”，以期通过举办旅游论坛活动的方式，借他山之石，把专家和学者有针对性、可行性、前瞻性的意见和建议加以升华和提炼，进一步拓展发展思路、拓宽发展渠道，为我市旅游产业发展做些工作。

为了开好论坛，郑州市政协前期认真开展调研，并认真做好嘉宾邀请工作。10 月 18 日至 21 日，由市政协主办、市旅游局承办的“2009 郑州·旅游产业发展论坛”在嵩山饭店隆重召开。开幕式上，著名旅游经济和管理专家、中国社会科学院研究员魏小安，世界旅游组织成员、国内旅游营销专家徐汎，国务院发展研究中心研究员、博士刘锋，日籍知名旅游开发与规划专家德村志诚等 4 名国内外知名旅游专家，分别围绕新时期中国旅游发展大趋势、旅游目的地建设、旅游市场营销研究和精品景区打造等当前旅游业界的热点课题，作了高水平的专题报告。昆明、杭州、郑州等城市介绍了各自发展旅游业的经验，省市很多领导也亲临会场认真聆听专家演讲。

本次旅游产业发展论坛是一次规格较高、影响较大的旅游盛会。出席本次论坛会议的专家层次高，学术性强，代表了当前中国旅游界理论探索前沿的发展方向，他们的讲座理念新、视野宽、针对性强，受到参会人员的一致好评。参会的城市规格高，这次参会的 52 个城市中，有直辖市 1 个，副省级城市 12 个，其它省会城市 13 个，重点旅游城市 11 个。论坛期间，安排了与会嘉宾考察了郑州市登封少林寺、康百万庄园、新郑黄帝故里等旅游景区，考察了郑东新区建设情况，观看了《禅宗少林·音乐大典》、河南地方戏曲，并参加了黄帝故里拜祖仪式，使与会代表亲身感受了古老中原的风采神韵和现代郑州的蓬勃生机。论坛期间，杭州、昆明、南昌、广州等 12 个城市与郑州市签订了旅游合作协议，进一步加强了旅游区域合作。这次论坛活动不仅大力宣传和推介了郑州的旅游资源，而且也彰显了郑州历史文化的魅力；不仅加强了郑州与全国各地的沟通交流合作，也是政协发挥作用、履行职能、创新工作载体的有益尝试，南京市政协主席缪合林深有感触地说，“郑州市政协能够紧紧围绕中心，服务大局，以政协之力举办一次全国性的大型会议，这对于政协工作来说，是一次了不起的创新。”

实现联动发展 共促中原崛起

王爱芳

实施中原城市群发展战略是河南省委、省政府积极应对日趋激烈的区域竞争，统筹区域而作出的做大战略部署。2009年省政府提出要完善中原城市群规划，构建“一极两圈三层”城乡统筹发展新格局。

郑州作为中原城市群的核心城市，和许昌市在总体实力、产业发展水平和各类生产要素的集聚能力方面互补性强，优势明显。两市产业分工合理，汽车及零部配件、装备制造、纺织、服饰、食品等产业的上下游配套能力较强，联动发展的要素充分。中原崛起的战略机遇、中原城市群的发展诉求，使郑州许昌两地空间、产业对接，实现两市经济联动发展成为必然。今年8月5日，由省政协主办、郑州市政协承办的推动郑许经济联动发展座谈会在郑州隆重召开。省政协主席王全书，省委常委、郑州市委书记王文超，副省长张大卫，省政协副主席靳绥东，郑州市市长赵建才，郑州市政协主席李秀奇等领导出席了座谈会，来自省直及郑州市、许昌市各相关部门近200名同志参会。

为开好这次座谈会，确保取得成效，会前我们做了大量的准备工作。起草了“推进郑许经济联动发展”座谈会筹备方案，对前期调研活动进行安排部署，围绕两市产业对接、空间对接，实现产业聚集、制定产业发展规划分成两个调研小组，分别在市政协副主席牛西岭、党普选带领下，进行了深入调研活动，形成了《关于推进郑许经济联动发展的建议》的调研报告。在充分调研的基础上，经与许昌市政协沟通协商，起草了《关于推动郑许经济联动发展座谈会汇报提纲》，提出了需要解决的一些具体问题。省政协非常重视，就提出的问题与相关的省直有关单位进行沟通，争取会前对一些问题达成共识。

经过精心筹备，2009年8月5日，座谈会如期在郑州召开。会议上，郑州市政协主席李秀奇和省发改委、省国土资源厅、省交通厅、省工业和信息化厅、郑州市发改委、许昌市发改委负责同志先后从不同角度对郑许经济联动发展发表了意见，王文超、张大卫听取讨论发言并就郑许经济联动发展问题提出指导意见。王文超表示，就当前来讲，郑州市主要是抓好几件事情：一是郑许之间的快速通道建设要抓紧实施；二是为郑许两市的产业对接积极谋划；三是立足郑州市作为河南高等教育聚集区的优势，为兄弟城市多输送人才；四是为许昌的发展提供更多物流、客流方面的服务。副省长张大卫指出，当前，郑许之间已经出现了互动发展的良好态势，在今后联动发展过程中，要科学制订协调联动的发展规划和空间规划，珍惜并充分高效利用通道资源和土地资源，进一步强化产业链接，积极突破行政区划瓶颈，推进城乡统筹，不断调整产业结构，促进经济转型，实现可持续发展。在听取大家的发言后，省政协主席王全书发表讲话。他强调，实施中原城市群战略是省委、省政府的重大决策。郑许两市互为一体、联动发展，有利于郑州进一步发挥“极化效应”，有利于两市整合资源，降低发展成本，形成发展合力。积极推动郑许经济联动发展，符合省委、省政府提出的中原城市群“一极两圈三层”的发展思路。他指出，郑许经济联动发展是一项系统工程，涉及面广、关联性强，工作量大，只有强力推进，狠抓落实，才能迈出实质性步伐。

座谈会后，省政协将专题议政情况报送省委、省政府后，省委原书记徐光春、省长郭庚茂作出批示，要求相关部门积极推进、落实。常务副省长李克组织省发展和改革委、工业和信息化厅、财政厅、交通运输厅、旅游局等部门就郑许联动发展有关问题展开调研，提出具体落实意见。随后，省政府又召集省直有关部门专题研究落实政协的意见和建议。近日，河南省政府制定了《关于落实省委省政府主要领导在〈关于报送郑许经济联动发展座谈会专题议政情况〉上批示的报告》。在政协建议的促进下，在各方的共同努力下，郑许经济联动发展有序进行。在加快两市交通基础设施建设方面，河南省已与铁道部达成共识，双方各出资50%合作建设郑许城际铁路。目前郑州市区至新郑机场段报告已获审批，计划在年底前开工建设。新郑机场至许昌段计划2010年开工。郑州、许昌两市的城际公交已开通。郑许旅游大环线的规划建设正在开展。新郑机场至许昌的免费旅客班车已经开通。两市电信、金融同城化服务也在积极开展。通过借鉴郑汴电信同城的经验和做法，采取资费套餐方式降低郑许两市间通信长途费、两市固定电话统一区号、取消两市间使用银行卡取现收取异地交易手续费等措施正在推进两市的资源共享和服务通联。在产业对接方面，推动两市经济发展的政策正在制定和完善。郑许土地规划工作获得了国务院的批准。国土资源管理部门已经对郑许间的基本农田按照总体规划要求进行了调整。随着土地规划修编工作的完成，郑许之间在产业链接、重大项目建设以及在将来的土地保障上，将会出现非常有利的局面，很多重大布局和招商引资工作可以得到有效的土地资源保障。郑许之间的产业布局正在按照联动发展的方向展开，形成了组团片区这一符合城市发展规律的布局态势，为将来建设复合型城市群奠定了良好基础。

在数学运算中，1+1=2。而在城市群发展大格局中，“1+1”却大于2。发达国家和先进地区的经验一再证明，城市群经济产生了巨大的规模效应、集聚效应、辐射效应、互动效应、带动效应、倍增效应，成为引领和支撑区域经济发展的核心力量。今后，在各级各相关部门的共同努力下，加快推进郑许经济联动发展，必将创造出“1+1>2”的聚合效应，在郑许之间隆起城市经济发展的新高地，加快实现中原崛起的步伐。

举办庆祝活动 喜迎人民政协成立60周年

郜东辉

2009年是中华人民共和国和中国人民政治协商会议成立60周年，也是十二届市政协的开局之年。组织开展好庆祝活动，是新一届市政协今年的一项重要工作。市政协精心策划了一系列主题突出、特色鲜明、丰富多彩的庆祝活动。通过这些活动的深入开展，全面回顾了人民政协与全国人民携手前进、与共和国共同成长的光辉历程，认真总结了坚持和完善中国共产党领导的多党合作和政治协商制度的宝贵经验，生动展示了中国特色社会主义政党制度的巨大优越性，大力营造了全社会关心和支持政协工作的浓厚氛围。

成功举办庆祝人民政协成立60周年理论研讨会。为了进一步深化人民政协的理论研究，把握政协工作的特点和规律，用新的理论推动政协工作新的实践，更好地为我市全面建设小康社会伟大事业献计出力，郑州市政协携手《人民政协报》社共同举办了庆祝人民政协成立60周年理论研讨会。会前，市政协广泛征集了54篇论文，并汇编成册。8月6日，会议在黄河饭店召开。市委常委、市委统战部部长王林贺应邀出席会议，并发表了热情洋溢的致辞。人民政协报社社长郐旦生围绕新世纪新阶段人民政协如何更好地履行职能、发挥作用作了重要讲话。4位作者代表进行了大会发言，从履行政协职能的不同侧面、不同角度深入研讨了人民政协事业发展的一系列理论和实践问题。市政协主席李秀奇结合我市政协实际，对进一步加强人民政协理论研究工作作出具体部署。通过此次研讨会，集中展示了我市各级政协近年来所取得的理论研究成果，充分发挥了理论研究在促进政协工作创新中的指导和引领作用。

隆重召开纪念人民政协成立60周年座谈会。9月18日，我们在市政协机关召开座谈会，邀请部分往届市政协老领导、市各民主党派、工商联负责人、政协委员代表和市直有关单位负责人等，座谈交流，畅叙结缘政协、投身统一战线的光荣与收获。市政协主席李秀奇全面回顾了我市政协60年来，特别是改革开放31年来所取得的辉煌成就，总结了市政协在实践中积累的有益经验，指出了今后政协的工作重点。市委副书记马懿参加会议并发表重要讲话，代表中共郑州市委对做好我市政协工作提出了殷切希望，并强调要继续加强党对政协工作的领导，为做好新时期政协工作提供切实保证。

精心组织书画笔会。9月17日，市政协举行了庆祝人民政协成立60周年书画笔会。省政协副主席靳绥东、市政协主席李秀奇与龚柯、唐玉润、黄居正等20多名省会知名书画家一起，挥毫泼墨，以书画寄情怀、以笔墨书春秋。一幅幅书画作品，或苍劲古朴，或清淡明快，或沉稳厚重，或稚拙天真，都抒发了作者对祖国繁荣富强的由衷赞美和对人民政协的美好祝福，讴歌了中国共产党领导的多党合作和政治协商制度的丰硕成果，宣传了我市经济社会发展取得的巨大成就。

认真开展“5个100”活动。即：编印《中共中央领导人关于政协工作的100条精辟论述》一书，作为学习材料发给市政协委员、县市区主要领导同志和政协机关干部，方便广大党员干部、政协委员和政协工作者更好地学习掌握党中央关于加强人民政协工作的一系列重要精神；精选100件精品提案，在《郑州政协》专版刊登，扩大政协提案工作的影响，引起委员们对提案工作的关注；表彰100名热爱政协工作，履职尽责、事迹突出的各级优秀政协委员，激励更多的政协委员切实履行委员职责、在各条战线上做出新贡献；面向社会征集100首歌颂中国人民政治协商会议制度、歌颂政协组织和政协委员先进事迹的诗词歌赋，大力营造推进政协工作的文化氛围；面向各级政协委员征集100条改进政协工作的意见建议，通过虚心纳谏、查摆问题、制定整改措施，进一步提高了政协履行职能的质量和水平。

第五篇：

部门工作概况

2009 年
办公厅工作概况

为适应新时期、新形势、新任务的要求，政协机关坚持以加强学习为基础，以建章立制为保障，以创新活动为载体，以提高服务水平为目的，不断推进政协机关理论创新、制度创新和工作创新。一是大力学习弘扬焦裕禄精神，深入开展“讲、树、促”活动。今年上半年，我们按照市委的统一部署，在政协机关开展了学习弘扬焦裕禄精神和“讲党性修养、树良好作风、促科学发展”教育活动。通过学习提高、检查评议、整改建制三个阶段的扎实工作，政协机关广大党员干部普遍受到了一次深刻的思想政治教育，党性修养、整体素质有了明显提升，宗旨意识、政治意识、大局意识、责任意识得到了进一步提高，党组织的凝聚力、战斗力也得到了进一步增强。二是全面开展“制度建设年”活动。我们结合换届工作和新时期新形势的要求，对照学习实践科学发展观活动中群众的意见建议，通过广泛征求意见，建立修订完善了 56 项规章制度，使政协工作的各个方面和主要环节都做到了有章可循，积极推进了政协工作的“三化”建设。三是不断加大机关干部的提拔、交流、任用。根据干部任用条例，今年以来，政协机关共有 47 名干部进行了任职交流，其中 28 名干部被提拔重用，19 名干部进行了岗位交流，2 名科级干部调入，进一步调动了机关干部工作热情和积极性。四是积极开展丰富多彩的机关文体活动。在“三八”妇女节，组织了机关女干部外出参观考察和读书活动；建党 88 周年纪念日，举办了“爱我中华”主题综艺活动；为活跃机关文化生活，在机关成立了摄影、篮球、乒乓球、书画、文艺、暴走等文体活动小组。为进一步提高同志们的体育锻炼意识，进一步增强机关凝聚力和工作活力，我们举办了政协机关、各民主党派、工商联机关运动会；市政协代表队经过努力奋斗还荣获了全市庆祝建国 60 周年合唱比赛一等奖；另外，我们还认真落实老干部相关政策，每年两次向老干部通报工作和组织活动。通过这些活动的积极开展，充分展示了机关干部职工的良好精神风貌；五是进一步加强学习交流。一年来，热情接待了全国政协，各省、自治区、直辖市政协及各地市政协来郑考察团 305 余批，3108 人次，向他们展示了我市的良好风貌和现代化建设成就。我们还组织各专门委员会和有关部门负责人赴安阳、焦作学习考察如何充分发挥民主党派中政协委员作用、服务委员年活动的先进经验。六是扎实推进机关干部培训工作。今年，组织了机关干部参加了北戴河全协培训中心培训班和市委党校干部培训班，举办了党课教育、消防讲座，更新了知识体系，提高了工作业务水平。同时按照市委的统一要求，在政协机关开展了读书竞赛活动，在机关营造了浓厚的学习氛围，七是认真做好服务保障。通过认真谋划、合理安排，及时保障了市政协重要活动、各次会议顺利进行。对于机关干部非常关心的食堂、住房等问题，在深入调研和协商的基础上，取得了很好的进展。机关电子化档案工作通过了省一级标准认证，老干部工作得到了上级检查的好评。八是社请民意信息工作不断加强。今年共编发《政协信息》56 期，《建言献策》6 期，《社情民意快报》28 期，其中有 26 期被省政协专报有关领导批阅，省政协主席王全书先后作出两次重要批示。社请民意信息工作在全省政协系统评比中名列第一。八是宣传工作亮点纷呈。今年的政协宣传工作，呈现了宣传层次高、报道密度大、稿件质量高的特点，进一步扩大了我市政协的社会影响。一年来，共在市级以上报纸、电台、电视台、杂志、网站刊发新闻稿件 409 篇，其中市级 334 篇，省级 35 篇，国家级 40 篇。其中《促解民生难题，助推科学发展，郑州市政协常委会议展现新活力》、《围绕“扩内需、保增长”政策落实情况开展系列调研视察——政协之力、郑州之利》均以头版头条在人民政协报上报道，其中《政协之力、郑州之利》荣获了 2009 年省委、省政府好新闻、好稿件二等奖，市政协荣获河南省政协宣传工作先进单位。今年我们还编发了《郑州政协》6 期，征集到文史资料和稿件 120 篇、58.57 万余字，为编辑出版纪念新中国成立和人民政协成立 60 周年的《郑州文史资料 30 辑》、《风雨同舟》、《创业之路》等文史资料奠定了良好基础。

2009年 调研室工作概况

2009年是市十二届政协的开局之年。今年,调研室在市政协常委会议和主席会议的领导下,以邓小平理论和“三个代表”重要思想为指导,用科学发展观统领工作全局,紧紧围绕市政协中心工作,牢固树立全心全意为政协领导、政协委员、政协机关服务的理念,团结进取,开拓创新,求真务实,较好地完成了全年的各项工作任务。

一、今年工作情况

今年,调研室按照年初签订的工作目标,加强领导,认真组织,狠抓落实,各项工作取得明显成效。

(一)抓好学习工作,切实提高队伍的政治业务素质

我们立足于思想理论素养和工作水平的提高,坚持把学习作为一项重要任务,摆在突出位置抓紧抓好,取得了明显成效。一是组织全体人员积极参加学习实践科学发展观和“讲党性修养、树良好作风、促科学发展”主题教育活动,自学新时期中共中央关于政协、统战工作的一系列方针政策和社会、经济、文化、科技等知识。二是坚持精读《人民政协报》、《中国政协》、《协商论坛》等政策性、理论性较强的报刊杂志,及时学习领会中央、省、市各级领导关于加强政协工作的新思想、新理论、新要求。三是积极参加机关组织的各项学习活动。选派金武同志参加了市委党校青干班的学习,郜东辉同志参加了北戴河全国政协培训班的业务培训,乔磊同志参加了河南省委党校2009年秋季主体班的学习。

(二)抓好文稿起草工作,切实提高文字材料质量

我们不断加强学习,苦练内功,在力求把握政协工作全局的基础上,努力提高文字材料写作水平。一是精心起草了市政协十二届一次全会常委会工作报告和主席在闭幕会上的讲话。去年年末,我们根据全会筹备工作要求,专门成立了报告起草小组。在全面收集政协工作信息、学习研究历届报告和兄弟政协报告的基础上,列出起草提纲,确定报告基本框架。又经征求各方面意见建议,数易其稿,最终完成了常委会工作报告。在全会闭幕前夕,又加班加点完成了主席在闭幕会上的讲话稿。二是圆满完成了市政协领导在市政协十二届三、四次常委会上讲话的文稿起草工作。在常委会议召开之前,我们跟随各调研组,深入实地调查研究,力求掌握大量的第一手资料,同时,我们还积极查阅报纸杂志、浏览网络,广泛收集相关信息,尽可能地把所掌握的素材融会贯通其中,确保撰写出的文稿内容言之有理、言之有物、更具针对性和指导性。三是积极配合“创建委员之家,树立委员形象”工作的开展。四月份,我们在李主席的带领下,深入中原区、管城区政协建设的“委员之家”试点进行调研,及时总结经验,探索工作规律,起草了《关于在全市开展“创建委员之家、树立委员形象”活动的实施意见》和动员大会讲话稿,有力地配合了创树工作的开展。四是创新工作形式。为探索发挥调研室在服务主席决策中的参谋助手作用,改版原有的《政协工作参考》为《主席参阅》,将全国政协、地方政协及我市基层工作中带有创新性的举措整理成文,供主席们在研究工作时参考。全年共编印《主席参阅》6期,其中第3期报道的《金水区政协“课题咨询论证制度”值得借鉴》和第6期报道的《中原区政协出台创建“委员之家”活动细则》受到李主席的高度重视,并做出重要批示。五是认真完成领导临时交办的各项文稿工作。四月份,为迎接贾庆林主席视察郑州,精心起草了《郑州市政协简要情况汇报》。十月份,精心起草了《在省政协十届九次常委会议上的发言》和《党的生活》杂志社征文,大力宣传我市政协工作取得的骄人成绩。

(三)抓好宣传工作,切实提高政协的社会认知度

2009年,我们进一步加大宣传工作力度,立足政协、面向社会,宣传中国共党领导的多党合作和政治协商制度,宣传全市各级政协为郑州跨越式发展做出的新贡献。截至12月10日,共保障市政协举办的各类活动107次,协调各新闻媒体参加政协活动428人次,在市级以上报纸、电台、电视台、杂志、网络上共发新闻稿409条,(其中:市级334篇、省级35篇、国家级40篇)。通过宣传,较好地反映了市政协履行职能取得的社会成效,充分展示了郑州政协的良

好形象，提高了政协的社会认知度。2009年10月，在河南省政协召开的全省人民政协宣传工作座谈会上，郑州市政协被评为河南省政协宣传工作先进单位，并作典型发言。

（四）抓好编辑部工作，切实提高《郑州政协》办刊水平

《郑州政协》编辑部围绕市政协中心工作，精心策划，严把质量关，在办刊形式、栏目设置、图片报导等方面进行了积极探索改进。一是对栏目设置作了调整。增设了“委员课堂”、“政协论坛”等栏目，把“党派团体”、“县区工作”合并为“刊中读报”，其中“委员课堂”栏目强调了知识性和权威性，得到了很多领导和广大政协委员的高度关注。二是对市政协的亮点工作、重点工作作专题报道，第2期的全会内容、第3期的委员之家内容、第4期常委会和郑许联动发展内容、第5期常委会和旅游论坛等内容，报道全面、翔实、生动，注重宣传工作过程和取得的实效，增强和扩大了政协工作的影响，得到了市政协领导和有关部门的充分肯定。三是加强和各县市区政协、各民主党派、工商联及广大政协委员的联系，每期杂志编辑前，我们主动向各县市区政协、各民主党派、工商联约稿，征求他们意见，反映他们的特色工作、亮点工作。针对政协委员在政协活动中的精彩发言，采取多种形式报道，达到了宣传政协委员、联系政协委员的目的。以上措施，激发了广大政协委员和各级政协组织踊跃投稿，真正为广大政协委员和各民主党派、各界人士搭建了建言立论的平台，提供了反映社情民意的渠道，宣传了政协委员和社会知名人士。截止目前，共完成编辑印发《郑州政协》杂志6期，修改、编排稿件100余万字，编排图片350多张，寄送杂志2万多份，为宣传全市各级政协、政协组织和政协委员作出了积极贡献。

（五）抓好研讨会筹备工作，切实提高政协理论研究水平

今年是新中国成立60周年，也是人民政协成立60周年。由调研室承办的政协理论研讨会是市政协庆祝人民政协成立60周年系列活动之一，为办好这次理论研讨会，我们一是主动与人民政协报社联系，并决定与人民政协报社联合举办，邀请人民政协报社社长郧旦生到会讲述近年来全国政协理论的研究成果和研究趋势，提高了研讨会的水平和层次；二是广泛动员，深入发动，向全市各级政协委员、部分专家学者、政协组织和政协各参加单位发出征集论文的通知，经过3个月的紧张准备，本次会议共收到论文54篇。会上，部分论文作者代表就把政治协商纳入决策程序、完善民主监督机制、提高政协参政实效、发挥委员主体作用等人民政协事业发展中面临的一系列理论和实践问题进行了深入研讨交流；三是组织调研室各部门在时间紧、任务重的情况下，对征集到的论文进行认真校对、修改，编辑印发了《庆祝人民政协成立60周年理论研讨会论文集》，论文集精美的排版印刷质量得到了与会领导和同志们充分肯定。李主席在研讨会总结讲话中对理论研讨会筹备工作作了高度评价。

二、明年的工作打算

2010年，调研室将围绕市政协中心工作，在继续搞好政协理论的学习和研究的同时，认真做好以下几个方面的工作：一是做好常委会报告的起草工作；二是做好市政协领导在第二季度和第三季度常委会议上讲话的起草工作；三是做好全会的宣传报道工作；四是做好全年政协重大活动的宣传报道工作；五是做好《郑州政协》全年6期的编辑印发工作；六是完成领导交办的其他工作。

2009 年
提案委员会工作概况

一年来，提案委员会在市政协常委会议、主席会议的正确领导下，深入贯彻落实科学发展观，坚持“围绕中心、服务大局、提高质量、讲求实效”的提案工作方针，解放思想，不断创新，努力推进提案工作更加富有特色，更加富有成效，始终充满活力。

一、2009 年提案及办理情况

政协十二届一次会议以来，全体市政协委员、政协各参加单位、政协各专门委员会，在中共十七大精神的指引下，高举中国特色社会主义伟大旗帜，深入贯彻落实科学发展观，紧紧围绕党委和政府的中心工作，结合经济社会发展中的重大问题以及难点、热点问题，积极通过提案建言献策。一年来，共提交提案 626 件，审查立案 592 件。其中，委员提案 557 件，各民主党派、人民团体和政协专门委员会的集体提案 35 件。总体来看，提案内容丰富，反映情况真实，研究分析深入，所提建议有较强的针对性和建设性，更加具有决策参考价值。截至 2009 年 12 月 31 日，提案已全部办复。从整体办理情况看，已经解决或采纳的占 18.35%，列入计划拟解决或拟采纳的占 56.42%。对一些前瞻性较强的提案，承办单位深入研究，积极推进办理工作。对一些难以采纳落实的提案，承办单位实事求是的向提案者说明了情况。政协提案为推动经济发展、促进社会和谐发挥了积极作用。

二、2009 年提案工作回顾

创新是推动提案工作不断进步的动力与源泉。我们必须解放思想谋发展，敢为人先求突破，顺应时代发展潮流，与时俱进，推进政协提案工作的新发展。

一是抓理论创新。加强对提案工作的理论研究，深化理论对实践的引领作用。2009 年召开了全市政协提案工作座谈会。市政协主席李秀奇、副主席岳喜忠出席会议并作了重要讲话。会议传达了全省政协第五次提案工作座谈会精神，围绕如何更好地适应新形势和新任务的要求，提升我市各级政协提案工作水平，相互交流了经验和体会，分析了提案工作中出现的新情况、新问题，对提案工作进行深层次的研究和探讨，努力把握提案工作的规律性，不断通过理论创新推动提案工作向前发展。

二是抓制度创新。推进提案工作制度创新，把行之有效的做法及时用制度的形式加以固定，深化工作创新成果。以市政协开展“制度建设年”活动为契机，研究出台了《重点提案产生办法和督办规定》，使重点提案从选题标准、产生程序到督办视察等各个环节明晰、规范。积极探索和建立科学的提案办理评价机制，出台了《提案办理工作评价办法》，增强提案办理工作的科学性和透明度，在提案工作的制度化、规范化、程序化建设方面迈出了新步伐。此外，不断提高办公自动化水平。在完善网上提案办公系统的基础上，首次在征集提案的通知中明确要求，提交提案采取网上提交和“U 盘”提交两种形式，原则上不接收手写稿，从客观上杜绝了撰写提案的随意性。2009 年通过网上提交和“U 盘”提交的提案占 99%以上，切实提高了提案质量和工作效率。

三是抓工作创新。通过工作创新，促进新发展，为提案工作理论和制度创新提供新鲜经验和客观依据。一是不断加大政府协办力度。在市政协领导领衔督办重点提案工作中，邀请市政府分管市长参与督办。9-10 月份，由市政协主席李秀奇和各位副主席带队，分六个组进行督办。共召开座谈会 6 次，视察相关单位 18 个，参加委员 60 余人次，形成了《关于市政协领导领衔督办重点提案的报告》，有效推动了重点提案的办理落实。协同市政府督查室，开展了公开办理 50 件政协提案活动，邀请新闻媒体跟踪报道提案办理情况。借助市长接待委员活动日这一平台，选择事关全局、办理过程复杂，且难度较大的提案，请市政府领导组织办理，加大了办理落实的力度。二是加大对委员不满意提案的促办力度。对于火车站周边地区占道经营等委员表示不满意，而承办单位经过努力有条件落实的提案，提案委召开协调会，采取现场办案的方法，推动承办单位与提案者加强沟通协商，促进提案落实。三是加强《郑州政协提案快报》报送工作。围绕社会关注的中小企业发展、大学生就业、中小学生灾难逃生教

育、市政建设等热点问题，编发了12期《郑州政协提案快报》，直接报送市领导和相关部门，让提案办理进入市领导决策层面，为市委、市政府科学决策提供依据，以期推动提案落实，发挥更大作用。四是关注民生确定建议案。建议案是提案的最高形式。为促进我市教育事业的发展，在委员提案所提建议的基础上，组织市发改委、财政局、教育局、劳动和社会保障局等部门，多方考察，深入调研，提出了《关于我市实行高中段免费教育的建议案》，得到了市政府的高度重视和关注。五是组织三级政协委员视察。组织三级政协委员视察是加强民主监督、提高提案针对性的有效方式。12月中下旬，开展了三级政协委员视察跨越式发展十项工程活动。视察分10个组，由市政协主席、副主席带队，驻郑的全国、省政协委员和市政协委员参加，采取座谈、实地察看、无陪同视察等形式，深入开展调查研究。共召开各类座谈会16个，实地察看建设项目43个，形成了《关于十项工程建设情况的视察报告》，归纳整理出意见和建议42条，为市委、市政府科学决策提供参考。

四是抓服务创新。首先是为委员撰写提案做好服务。十二届一次会议召开前夕，通过广播、电视、报纸、门户网站等媒体，发布向广大群众征集提案线索的消息。共收集到线索500余条，在认真分析的基础上，归纳整理出59个参考选题，及时发至全体委员和政协各参加单位。并在反映线索的群众中遴选10名代表参加全会开幕会，增强了政协组织与人民群众的互动，展示了政协开放为民的形象。委员们根据提案线索，形成了解决中小企业融资难、提高居民消费能力、开创大学生村官工作新局面等一批高质量提案。二是评选表彰优秀提案。采取有效激励措施，鼓励委员提高提案质量。在年底开展优秀提案评选表彰活动，按照调研基础、问题深度、解决方案、办理情况等标准，评选表彰一批优秀提案。通过典型带动，逐步提高委员撰写提案的水平。三是认真开展了人民政协成立以来优秀提案回顾工作。以庆祝人民政协成立60周年为契机，对我市政协自成立以来的提案进行认真全面地回顾，从中遴选出100件对我市经济社会发展具有重要推动作用的提案，在有关媒体进行公开报道，宣传提案作用。四是不断丰富专题广播节目内容。“我为郑州发展献良策”专题广播节目是宣传政协工作的一个窗口。节目每星期五早上7:20固定在郑州人民广播电台播出，2009年共播出52期。我们充分发挥节目作用，突出宣传了市政协创建委员之家、“扩内需、保增长”活动、常委会专题议政等中心工作。还就甲流防治、集中供暖、交通拥堵等人民群众关心的热点问题，邀请从事相关领域的委员走进直播间，与听众交流沟通，为委员履行职能搭建平台。

三、2010年提案工作打算

在新的一年里，提案工作要按照科学发展观的要求，坚持提案工作方针，继续发扬改革创新精神，在提高提案工作的整体质量和水平上下功夫。

一是狠抓提案质量。进一步规范提案审查工作，严格按照《提案工作条例》的立案条件审查提案，把好立案关、文字关、分办关，探索律师界的委员参与提案审查的方式方法，使提案更加合乎法律的规范，更加具有可操作性。

二是注重平时提案。加强平时提案的征集和办理工作，提高提案的时效性和针对性。视情况将政协会议发言、调研报告等转化为提案。

三是增强办理实效。按照《政协郑州市委员会关于政协提案办理工作评价办法》，探索有效载体和形式，对承办单位提案办理工作进行科学评价，促进提案的采纳和落实。

四是完善工作机制。充分发挥政协专委会及界别的作用，促进提案工作与委员视察、专题调研、大会发言、反映社情民意等工作的有机结合，增强提案工作合力，健全提案工作的长效机制。

2009年经济委员会工作概况

2009年是十二届市政协的开局之年。一年来,经济委员会在市政协常委会和主席会议的领导下,认真贯彻党的十七大、十七届三中、四中全会和中央经济工作会议精神,坚持以科学发展观为指导,紧紧围绕市委、市政府中心工作和市政协工作大局,认真履行职能,组织调研活动3次,视察活动4次,承办专题会议4次,较好地完成了全年工作任务。现将主要工作总结如下:

一、围绕中心,积极组织参政议政活动

今年以来,随着国际金融危机的进一步蔓延,全市经济发展遇到了前所未有的困难和挑战。面对严峻的经济形势,市委、市政府及时提出了"战危机、保增长"的中心任务。围绕中心、服务大局是人民政协工作的出发点和落脚点,我们经济委员会围绕"战危机、保增长"这一中心工作,积极行动,组织开展了一系列活动。

(一)为民营企业如何应对金融危机建言。一是开展调研活动。为了解和掌握全球金融危机爆发以来,我市民营企业生产经营情况,客观分析我市民营企业面临的挑战和机遇,积极寻求帮助企业战胜危机、走出困境的有效对策,2月初,我们深入20多家企业进行调研,起草了《关于民营企业应对金融危机的调查与建议》,提出了拓宽融资渠道、缓解民营企业融资难,优化发展环境减轻企业负担,加快调整经济结构增强企业发展活力,坚定信心强化管理提高自主创新能力,搭建平台推动企业间互助合作等5条建议,以政协《建言献策》形式上报市委、市政府。二是承办"民营企业如何应对金融危机"政情交流会。3月份承办了"民营企业如何应对金融危机"政情交流会,郑州市中小企业发展局通报了全市民营经济发展状况及当前应对金融危机所采取的措施,7名政协委员针对目前企业或行业存在的主要问题,分别从民营企业融资、中小企业贷款担保、支持本土化企业发展、强化企业管理提高诚信度、政府部门提高服务意识等方面做了发言。

(二)围绕"扩内需、保增长"政策落实情况组织视察活动。4月份,我们组织对郑州市"扩内需、保增长"政策落实情况进行视察。起草了《郑州市政协关于开展促进"扩内需、保增长"政策落实情况调研视察活动的实施意见》,组成4个专题组,通过实地考察、听取部门介绍、座谈交流等形式,详细了解"扩内需、保增长"政策在我市的贯彻落实情况以及存在的问题。本次视察活动情况经梳理汇总,提出8条前瞻性较强的建议,得到了市委、市政府领导充分肯定。

(三)为加快郑州纺织服装业发展献策。国际金融危机的蔓延为我市纺织服装业的发展提供了难得机遇,为进一步加快郑州纺织服装业的发展,5月份我们与市工商联联合调研,起草了《关于加快发展郑州纺织服装业的建议》的调研报告,提出加快制定郑州服装业发展规划、加强对郑州服装产业的政策支持、进一步优化郑州服装业的发展环境、提升郑州服装品牌的知名度和加大郑州服装业的推介与宣传力度等5条建议。

(四)召开市政协企业界委员应对金融危机座谈会。为了充分发挥企业界政协委员作用,为郑州经济发展出实招解难题,去年5月中旬,我们组织召开了市政协企业界委员应对金融危机座谈会。座谈会上,11位委员进行了口头发言,另有7名委员做了书面发言。大家围绕各自企业或行业的具体情况,畅谈了应对国际金融危机所采取的措施和取得的效果,交流应对国际金融危机、带领企业危中求机遇促发展的经验,提振了广大企业界委员战胜困难的信心。

(五)组织开展"扩内需、保增长"市政协领导联系委员活动。为进一步促进中央、省、市关于"扩内需、保增长"相关政策的贯彻落实,市政协在县级以上领导干部中开展了"扩内需、保增长"政协领导联系委员活动。5月27日,我们召开了"扩内需、保增长"市政协领导联系委员活动座谈会,来自企业的9位委员汇报了所在企业在建项目的进展情况,项目推进过程中遇到的困难和问题。根据市政协《关于开展"扩内需、保增长"市政协领导联系委员活动的通知》要求,会后,我们深入企业进行调研,分析企业所面临的困难问题,主动为企业的项目建设、生产经营出谋划

策，积极协调各级政府和有关职能部门帮助解决项目推进中遇到的各类问题。政协领导和部门联系委员企业50家，项目60个。统计情况显示：活动开展以来市政协领导和有关部门采取上门走访、机关接访、实地考察、召集座谈会、协调会等形式与委员和有关部门沟通联系238次，解决问题45个。

二、精心谋划，认真筹备专题议政常委会议

根据2009年市政协工作安排，去年第2季度常委会议的主题是围绕“扩内需保增长”进行专题议政，这次常委会议由经济委员会承办。从4月份开始，我们着手开始筹备，制定了《郑州市政协关于十二届三次常委会议筹备工作的方案》，拟定调研参考题目，对活动进行总体安排。接着组织开展各项活动，一是召开了由市政协各专委会、民主党派和工商联参加的会议，对调研活动进行部署。二是制定调研活动方案。三是精心组织调研活动。在市政协领导的带领下，我们深入企业、厂矿进行了广泛深入的调研，了解企业的生产经营情况，召开相关职能部门、行业协会、企业家座谈会，听取汇报和情况介绍。在深入调研的基础上，我们把了解到的情况进行整理分析汇总，起草了《关于应对国际金融危机，促进郑州经济平稳较快发展的建议》。此外，我们还承担了这次会议其它12份调研报告的征集、编校等工作。7月初，市政协十二届三次常委会议召开。由于选题恰当，调研深入，准备充分，会议取得了较好成效。

三、服务大局，切实履行民主监督职能

*一是发挥政协提案的民主监督作用。*认真撰写政协提案。省政协十一届二次会议期间，起草《关于推进郑许经济联动发展的建议》委员联名提案，该提案被省政协列为去年的一号提案进行督办。市政协十二届一次会议期间，起草了《关于缓解中小企业融资难问题的建议》集体提案，该提案被列为市政协重点提案由领导领衔督办。我们积极参与督办提案，与市中小企业局多次沟通，提出办理意见。

*二是组织委员围绕热点问题进行视察。*去年，我们先后组织了四次视察活动，分别围绕我市在建重点项目建设情况、扶优扶强工程开展情况、郑州市粮食生产和绿色中原集团现代农业项目进行了视察，有力推动相关工作的顺利开展。

四、积极建言，助推郑许经济联动发展

去年，围绕筹办推动郑许经济联动发展座谈会，会前我们做了大量的准备工作。起草了“推进郑许经济联动发展座谈会”筹备方案，对前期调研活动进行安排部署。围绕两市产业对接、空间对接，实现产业聚集、制定产业发展规划分成两个调研小组开展调研活动，形成了《关于推进郑许经济联动发展的建议》。经与许昌市政协沟通协商，起草《关于推动郑许经济联动发展座谈会汇报提纲》，提出了希望通过这次会议解决的一些具体问题。省政协对《汇报提纲》非常重视，对提出的问题进行分解，与涉及的省直单位进行沟通，争取会前对一些问题达成共识。

经过精心筹备，2009年8月5日，座谈会如期在郑州召开。省政协主席王全书，省委常委、郑州市委书记王文超，副省长张大卫，省政协副主席靳绥东，郑州市市长赵建才，郑州市政协主席李秀奇等领导出席了座谈会，来自省直及郑州市、许昌市各相关部门近200名同志参会。会议上，郑州市政协主席李秀奇和省发改委、省国土资源厅、省交通厅、省工业和信息化厅、郑州市发改委、许昌市发改委负责同志先后从不同角度对郑许经济联动发展发表了意见。座谈会后，由省政协将专题议政情况成文报送省委、省政府，省委原书记徐光春、省长郭庚茂作出批示，要求相关部门积极推进、落实。常务副省长李克收到批示后，立即组织省发展和改革委、工业和信息化厅、财政厅、交通运输厅、旅游局等部门展开调研，提出具体落实意见。随后，省政府又召集省直有关部门专题研究落实和推进政协的意见和建议，各相关部门提出了具体落实意见。近日，河南省政府制定了《关于落实省委省政府主要领导在〈关于报送郑许经济联动发展座谈会专题议政情况〉上批示的报告》，座谈会提出的许多建议已经或正在得到落实，郑许经济联动发展有了突破性进展。

2009年
农业委员会工作概况

2009年适逢中国人民政治协商会议成立60周年。60年来,在全国各级政协组织的共同努力下,人民政协事业取得了长足的发展。一年来,郑州市政协农业委员会在市政协常委会、主席会议的领导下,认真贯彻"三个代表"重要思想,牢固树立科学发展观,积极应对金融危机,把拉动内需、促进发展作为履行职能的第一要务,坚持以经济建设为中心,围绕中心,服务大局,积极开展各种调研、视察活动,不断提高工作水平,以求真务实的态度,较好地发挥了政治协商、民主监督和参政议政的职能作用,为我市经济建设和社会发展做出了应有的贡献。

一、2009年工作回顾

2009年,郑州市政协农业委员会在市政协主席会议、常委会议的领导下,认真贯彻"三个代表"重要思想,牢固树立科学发展观,积极应对金融危机,把拉动内需、促进发展作为履行职能的第一要务,坚持以经济建设为中心,围绕中心,服务大局,积极开展各种调研、视察活动,不断提高工作水平,以求真务实的态度,较好地发挥了政治协商、民主监督和参政议政的职能作用,为我市经济建设和社会发展做出了应有的贡献。

(一)认真组织视察。视察是人民政协履行职能的重要形式和有效手段,是人民政协最具特色和社会影响力的活动之一。2009年,郑州市政协农业委员会按照工作目标和市政协工作安排,共组织了五次大型视察活动。4月15日,农业委员会与社会和法制委员会共同组织了关于"扩内需、保增长"视察活动,分别就我市家电下乡工作和农村沼气建设情况开展了视察,两次视察活动受到了领导的重视,陈西川副主席、李新有副主席和朱润生副秘书长亲自参加了视察,郑州市商务局和郑州市农业局的主管领导陪同视察。5月7日,郑州市政协农业委员会部分委员和全体工作人员在李新有副主席带领下,针对我市生态林业建设情况和绿博会准备情况进行了视察。6月4日,农业委员会组织委员针对我市2009年防汛工作进行视察,这次视察受到郑州市政协领导和郑州市政府高度重视,郑州市政协主席李秀奇同志亲自带队,副主席岳喜忠、陈西川、党普选、张冬平、张民服和副秘书长谭哲、朱润生、崔平、李素坤参加了视察,郑州市人民政府王跃华副市长全程陪同,李秀奇主席在座谈中对我市防汛工作做出了重要指示,视察取得了良好效果。10月13日,郑州市政协陈西川副主席带领农业委员会部分委员针对我市中低产田改造情况进行了专题视察。每次视察情况均在郑州市电视台和《郑州日报》上报道,很好地宣传了政协工作,在社会上树立了郑州市政协的良好形象。

(二)深入开展调研。专题调研是人民政协参政议政的重要方式。二季度,市政协农业委员会围绕"扩内需、保增长"工作主题,扎扎实实开展调研工作,针对我市农村沼气建设情况深入开展调查研究,形成题为《加强沼气建设、促进农村发展》的专题调研报告1份,针对存在的3个方面的问题,提出了6条切实可行的意见和建议。三季度,郑州市农业委员会承办了政协郑州市第十二届委员会常务委员会第四次会议,并承担了大会主题报告。经过三个月的调研和视察,我委员会撰写了题为《深化农村改革、增加农民收入》的调研报告,针对存在的5个方面的问题,提出了6条切实可行的意见和建议,得到了领导的高度重视和肯定。

(三)积极撰写提案。委员提案是政协委员参政议政,建言献策的重要途径。换届以来,新一届政协委员积极撰写提案,并本着重质量、重可行性的原则共提交提案21份,都得到了立案并在积极办理中。

(四)承办第三季度常委会议。按照市政协主席会议、常委会议要求,郑州市政协第十二届四次常委会议由农业委员会负责承办,会议主题是围绕我市农村改革发展进行专题议政。接到任务后,农业委员会一方面认真组织会议参加单位调研活动,另一方面深入开展主题报告的调研。7月7日政协办公厅和农业委员会组织召开了各调研单位筹备会议,明确了调研活动具体时间安排和调研要求,并对具体调研活动中的细节进行了安排和部署。本次常委会议共有七个专委会和六个民主党派参加,共选题十四个。确定题目后,各调研单位积极开展调研活动,农业委员会和政协办公厅为各调研单位做好了联络协调工作。农业委员会本次常委会议主题报告题目为《深化农村改革、增加农民收入》。自调研活动开展以来,农业委员会深入基层展开调研,积极与相关局委联系,通过走访基层、开展座谈等多种形式组织调研。7月下旬,农业委员会先后两次召开调研会议,由郑州市农业局、统计局、畜牧局、劳动和社会保障局、郑州市供销社分管领导和负责同志及农业局各处、室、站负责人参加,就调研题目的核心问题进行了深入的研究和探讨,并明确了调研活动的具体安排和内容要求。8月13日,在深入分析各局委资料的同时,农业委员会结合走访委员活动,深入巩义市米河镇汇龙村,对该村农民收入及增收情况进行了实地考察,掌握了第一手资料。8月25、26日,农业委员会组织由郑州市政协主席李秀奇带队的专题调研。委员们先后调研了惠济区花园口乡劳动力转移服务中心和花园口村劳动力转移服务站工作情况,荥阳市王村镇西大村设施农业生产情况,新郑市雏鹰公司15万头生猪示范园区生产情况、东升养鸡合作社生产情况和佳利奶牛养殖小区生产情况,并召开座谈会听取了郑州市农业局关于我市现代农业发展情况的汇报,郑州市劳动局关于我市农村劳动力转移工作情况的汇报,郑州市畜牧局关于我市畜牧业发展情况的汇报以及荥阳市、新郑市农业工作情况的汇报。副主席岳喜忠、王薇、陈西川、党普选,秘书长张桂兰和副秘书长谭哲、朱润生、崔平、汤燕参加了调研。

(五)做好走访企业工作。上半年农业委员会根据市政协"扩内需、保增长"联系走访委员活动要求,及时深入委员企业,了解项目建设情况,与张之鹏常委联系先后到郑州市创意产业开发有限公司、郑州市毛庄绿园实业有限公司走访。实地了解企业困难,为企业发展建言献策。

(六)为领导视察、走访委员企业做好联络工作。2月12日,郑州市政协陈西川副主席带领农业委员会全体干部,在市水利局、市农业局的陪同下到登封市查看抗旱浇麦情况。上半年,协助陈西川副主席、李新有副主席和朱润生副秘书长作好走访郑州市鸿源鸭业养殖有限公司、郑州市建海置业有限公司、郑州花楼现代农业科技园和河南新郑奥星实业有限公司正进行的四个项目建设情况的联络工作,并对项目需求认真进行了记录和上报。下半年,按照郑州市政协总体安排,农业委员会作好了领导联系慰问常委工作的组织安排,共协助领导走访常委13名。

(七)加强交流学习。2009年4月,郑州市政协农业委员会在陈西川副主席的带领下,赴陕西杨凌农业高新技术产业示范区针对该区现代农业建设情况进行了考察学习,参观了西北农林科技大学农业博览园和杨凌新天地农业科技示范园,并在中科院水土保持研究所实地参观了人工降雨实验室,通过参观和学习对现代农业的发展以及科技对农业的带动作用有了新的认识。5月份,农业委员会主管领导陈西川副主席和周可义主任参加了市委市政府新农村建设考察团,到成都、重庆针对当地新农村建设情况进行了交流考察,收到了良好效果。

(八)完成其他工作。4月份认真完成了三月三拜祖大典的接待工作,5月22日协助做好了河南省政协调研工作,陪同河南省政协农业委员会针对我市农村土地流转问题和粮食丰收问题开展调研,圆满完成了接待任务。9月份,配合作好了绿博会邀展工作和郑州市政协旅游论坛邀请工作。

二、主要工作体会

(一)领导重视是搞好专委会工作的前提。农业委员会的各项活动都请分管主席亲自带队,参与活动的全过程,进而保证了各项任务的完成。尤其在核心工作上,如农业委员会组织的防汛视察,涉及到城市汛期安全,是群众关心的热点问题,我们邀请了郑州市政协主席和全体副主席、秘书长和副秘书长参加,活动影响巨大,效果显著,受到群众和相关局委的高度赞扬。

(二)理论学习是政协工作开展的基础。抓好委员的学习和教育,努力提高自身素质和议政水平,是做好政协工作的基础。2009年是郑州市政协的换界之年,要使新委员尽快适应新的形势和任务,完成历史所赋予的光荣职责,尽快进入角色,找准位置,多思考一些宏观性、前瞻性的问题,多提一些有见地的意见和建议,就必须加强学习。因此,我们注意加强政协委员政治、业务方面的学习,尤其是统战理论的学习,使其明确工作的指导思想,提高政治和业务素质,搞好参政议政和民主监督。

(三)有深度有影响的调研报告是政协工作的成果形式。发展是中国共产党员执政兴国的第一要务,也是人民政协履行职能的第一要务。我们坚持把调研和视察作为履行职能的基本功来抓,努力使协商议题贴近社会经济发展特别是"社会主义新农村建设"的重点,在群众要求办、政府支持办、政协可以办的热点、难点问题上下功夫,为促进党委、政府的科学决策和社会经济的快速发展,发挥了积极作用。

(四)政协委员是政协工作的主体。政协工作的主体是委员,政协的优势也在委员。政协形象的好坏、作用的大小,很大程度上取决于政协委员作用的发挥。因此,我们注意利用各种形式,拓展委员参政议政空间,创新活动载体,为委员在政协舞台上尽其谋、竭其力、扬其长、展其智创造条件。切实关心政协委员的学习、工作、生活,帮助他们解决实际困难和问题。加强与委员的联系、交流和沟通,增强委员的归属感和政协的凝聚力。我们制订了委员管理办法,为委员工作开展制订了相应的奖励办法和评价体系,最大限度地激发委员的创新热情。委员们普遍反映委员会服务加强了,工作更加活跃了。

(五)政府核心工作是政协工作的中心。政协开展参政议政活动必须有重点、有核心,而我们一切工作的重点和核心就是政府的核心工作。2009年,郑州市农业工作的一个重点就是第二届中国绿化博览会的组织筹备工作。郑州市政协农业委员会积极参与其中,协助陈西川副主席承担了中南邀展团邀展工作,不辞辛劳,在20天的时间内长途奔赴,完成了5个省11个城市的邀请任务,为政府核心工作的开展出力献计,受到政府领导的高度赞扬。

人民政协蓬勃发展,政协事业大有可为。新时期,新形势,郑州市政协农业委员会将会继续围绕市委、政府中心工作,为省会社会经济发展作出新的巨大的贡献。

2009年
人口资源环境委员会工作概况

一年来，在市政协常委会议和主席会议的领导下，人口资源环境委员会按照年初制定的工作目标，充分发挥委员主体作用，积极开展各项活动，认真履行政协职能，较好地完成了年度工作任务。现将主要工作报告如下：

一、做好“四个结合”，不断提高学习成效

加强理论学习是提高政协参政议政能力的重要途径。我们把增强学习能力，提高理论水平做为干好政协工作的前提，科学安排，精心组织，增强了学习的实际效果。

一是把机关工作人员学习与政协提出的“五型”机关建设结合起来。我们结合政协提出的建立“学习型、创新型、服务型、节约型、廉洁型”机关的目标要求，制定了委员会学习计划，认真组织学习党的理论、路线、方针、政策，学习政协章程和党的统一战线理论等，通过学习，不断提高委员会工作水平。

二是把委员学习与政协开展的“创建委员之家、树立委员形象”活动结合起来。按照政协组织的“创、树”活动要求，我们把委员学习做为委员会工作的重要内容，结合委员会特点，为委员制定了学习计划，明确了学习内容和学习目标，增强了委员参政能力。

三是把学习与实践科学发展观和“讲、树、促”教育活动结合起来。在全省大力弘扬焦裕禄精神，开展“讲、树、促”教育活动中，我们认真学习了胡锦涛总书记在中央纪委三次全会上的重要讲话和十七届四中全会精神，学习领会省、市委领导的讲话，积极参加机关组织的各项活动，认真撰写心得体会。通过学习讨论，统一了思想认识，增强干事创业的积极性。

四是把学习内容与委员会工作结合起来。按照年度工作计划，我们安排了具体学习内容，定期通过电子信箱向委员转发学习资料，并利用委员视察、调研、联谊等活动，组织委员学习人口、资源、环境相关法规政策，提高了委员会履行职能水平。

二、加强自身建设，为履行职能奠定基础

委员是政协工作的主体，委员会是政协履行职能的基础，我们高度重视委员会建设和委员作用的发挥，不断完善制度，为委员履职提供服务保障。

一是邀请有关委员参与委员会工作。为使委员会工作顺利开展，我们高度重视委员会的人员组成，及时召开主任会议，根据委员会职能和委员特点，听取多方意见建议，确立了委员会的组成原则，从所联系的特邀界别中精心挑选出11名委员，协调其他委员会和民主党派，选出与我委工作结合紧密的9名委员，组建了由25人组成的委员会。

二是完善委员会工作制度。制度是保障工作顺利开展的前提，在委员会成立之初，我们在总结上届工作的基础上，不断完善各项工作制度。修订和完善委员会工作简则；结合政协及委员会工作特点，制定了年度工作计划及实施目标；建立委员会联系制度，制定切实可行的联系办法，加强与委员及相关局委的沟通与联系。

三是建立委员活动小组。为了使委员在做好本职工作的基础上，更好地开展视察、调研和联谊，发挥委员履职的积极性，我们积极创造条件，搭建平台。精心制做了委员通信录，及时下发《关于郑州市政协人口资源环境委员会组成人员及特邀界别委员分组活动的通知》，根据委员工作性质及所在区域，对所联系的委员分成六个活动小组，明确责任人，较好地发挥了委员作用。

三、突出重点，积极服务中心工作

我们始终贯彻“围绕中心，服务大局”的工作思路，把党委、政府的中心工作做为我们履职的重点，提出可行的意见建议。

（一）开展农村生态环境保护调研。十二届四次常委会议，围绕农村改革进行专题议政。我们结合工作实际和调研主题，组织委员利用两个多月的时间，对我市农村生态环境建设进行专题调研，先后多次深入乡镇、农村广泛收集信息，掌握了基本情况，并召开委员座谈会，多方征求意见建议，撰写出《优化农村环境建设改善农村生态状况和人居环境》的调研报告。此报告作为常委会议的发言材料，指出了我市农村环境

存在工矿企业"三废"、畜禽养殖业的粪便和生活污水、垃圾未能科学排放，农用资料的滥用几个重要问题，并分析出环保意识淡漠，资金投入严重不足，农村规划缺失，管理体制落后几个主要原因，同时提出加强宣传，不断增强各级环保意识；科学规划，完善农村环境保护基础体系；突出重点，解决影响农村生态环境的现实问题；多措并举，不断提高农村生态环境保护工作水平的意见建议。

（二）视察医疗废弃物处置工作。防控全球甲型H1N1流感传播是今年我市的一项重要工作内容，为有效防治医疗废弃物传播疾病，我们对我市医疗废弃物处置工作进行了视察，提出健全和完善医疗垃圾处置体系，积极做好废弃物处置应急预案；积极应对未来发展趋势，提前做好废弃物处置规划和各项准备工作；加大科技投入，不断提高处置能力和水平；在政策支持、资金投入、工作协调等方面加大力度；重视医疗机构和处置中心的利益协调，解决好处置中心收费难的问题等意见建议。

（三）视察"扩内需，保增长"相关项目进展情况。在国际金融危机和经济危机的影响下，"扩内需、保增长"是我市今年的重要工作任务，也是政协履职的重点。我们对保障性住房和环保设施建设情况进行了视察，形成了题为《关于视察我市保障性住房建设和污染减排工作情况的报告》。指出保障性住房项目审批手续繁杂；廉租住房建设资金缺口大，实物配租比例较低等问题。同时提出，将廉租住房项目建设纳入全市年度城市建设投资计划；加快保障性住房在用地、规划、建设等手续的审批；科学合理规划保障性住房建设，注重保障性住房建设质量。针对企业效益相对较差，对安装节能减排设施积极性不高的问题，建议进一步加大节能减排工作的奖惩力度，引导和鼓励企业加大环保基础设施建设方面的投入；加大在线监测的投入和减排工作的监督检查力度等。

（四）视察三年跨越式发展重大工程建设情况。在政协统一的安排下，我们积极组织驻郑的国家、省、市三级政协委员对节能减排和生态环境工程进行视察，并形成了《关于节能减排和生态环境工作的视察报告》。报告对27项子工程建设进展进情况进行了具体说明，指出工程建设中存在节能减排工作难度较大；循环经济工作进展滞后；生态水系建设中的截污不彻底；林业生态建设工作有待推进；汽车尾气对生态环境的破坏较为严重；办公保障服务经费不足六个方面的问题。同时提出积极推进循环经济建设项目整体进展；加快推进生态公益林补偿工作；加快推进生态水系工程建设；加大通报、督查、考核、协调力度，搞好服务保障；不断推进节能减排和生态环境保护工作；转变政府职能，做好服务保障工作。

四、克服难点，不断提高履职水平

我们把经济社会发展中遇到的难点，如执法难、协调难、监督难、解决难等做为我们工作的重要内容，力求发挥出委员的作用和政协的优势，积极为党委、政府建言献策。

（一）视察我市土地违法案件查处情况。为促进土地资源的保护和合理利用，维护良好的土地管理秩序，我们与社会和法制委员会组织委员对我市土地违法案件查处情况进行了视察。提出要充分认识违法用地的严峻形势，加强源头控制，加大违法用地的监督力度，建立土地监管的长效机制，把违法用地消除于萌芽状态，减少不必要的损失浪费；完善土地管理信息披露制度，实现土地管理透明化，形成良好的社会监督氛围的建议。

（二）视察我市流动人口计生工作。针对流动性人口计生工作管理难、部门协调难、行政执法难、计生工作人员待遇低的问题，我们组织委员对流动人口计生工作进行了视察。委员们提出六个方面的建议：建立各级人口计生与公安及其他相关部门的定期通报和联系工作机制；积极探索基层公安协管员与人口计生人员职能协作管理的新模式，实现流动人口信息资源共享，计生与治安工作共同发展的良好态势；加强流动人口相对集中的村庄、社区的计生工作建设；不断加大投入和提高计生工作人员待遇；尽快完善我市39个新发展社区的组织和机制，使流动人口计生工作得以顺利开展。

（三）视察再生资源回收利用工作。再生资源回收利用是国家建设节约型社会的重要内容，也是实现我市节能减排目标的现实要求，为促进这项工作，我们对再生资源回收利用工作进行视察。察看了部分资源回收网点和回收利用企业，了解了我市再生资源回收利用状况，指出了我市再生资源利用业存在的主要问题：资源回收利用企业市场竞争能力和抗风险能力弱；回收利用体系不健全，规范的回收点和处理中心数量少，回收利用处理能力弱等。同时提出我市有关部门要大力支持，科学规划，合理布局，在全市增设规范的回收点、规范的分拣中心和集散市场，形成规范有序的回收体系，提高再生资源的回收率；要在政策支持、资金投入、技术开发、税收优惠等方面扶持再生资源回收利用企业，提高企业的竞争力，增加再生资源利用率和附加值；增强公众对再生资源回收利用的社会责任感等，使这项利国利民的"朝阳产业"得到更好更快地发展。

一年来，我们共开展调研、视察8次，委员提出提案86件，意见建议50多条，较好地履行了政协职能，为我市的经济社会发展做出了一些贡献。尽管取得了一定的成绩，但距时代的要求，社会的需求、领导的希望还有一些差距。在新的一年里，我们将在调研视察的选题、意见建议的论证上更深入细致，提高委员会工作成效，在组织委员开展参政议政和联谊活动方面更加丰富和灵活，进一步调动委员的积极性，为我市的经济社会又好又快发展做出应有的贡献。

2009 年
教科文卫体委员会工作概况

一年来，我们在常委会和主席会议的领导下，坚持以邓小平理论和“三个代表”重要思想为指导，贯彻落实科学发展观，按照市政协年度工作安排和专委会的工作职责，紧紧围绕我市经济社会跨越式发展和党委、政府的中心工作，认真履行政协职能，在机关各部门的支持下，在委员会全体同志的积极工作和共同努力下，圆满完成了今年的工作任务。

一、重视学习增强素质，提高专委会履职水平

学习是干好工作的基础，是我们履行好政协职能的前提。今年以来，我们坚持把政治理论学习和业务学习放在重要位置，并结合专委会界别委员的组成特点和专委会的工作，采取集中学习与自学相结合、会议专题学习与座谈讨论相结合的方式，组织界别委员开展了形式多样的学习活动。一是学习了党的十七届四中全会精神；二是组织撰写政协理论论文，参加了政协理论研讨会；三是结合我市开展的“讲党性修养、树良好风气、促科学发展”主题教育活动组织了学习，通过学习和认真总结工作，在查找工作差距的同时，结合专委会工作的实际情况，制定了专委会工作的整改措施；四是积极参加“爱读书、读好书、善读书”活动并送交了读书心得；五是把学习实践科学发展观同学习《中共中央关于加强人民政协工作的意见》、党的统战理论结合起来，进一步学习了科教、经济、文化、卫生等方面的业务工作知识。通过学习，进一步增强了我们专委会履行政协职能的责任感和使命感，提高了履行政协职能的工作水平，促进和活跃了专委会的工作。

二、开展调研视察工作，发挥专委会基础作用

政协专门委员会是履行政协职能的重要基础，专门委员会在政协工作中作用发挥的如何，直接关系到政协组织履行职能的质量和水平。我们按照今年的工作安排和要求，结合工作实际，围绕中心干工作，立足服务做文章，积极为我市经济社会跨越式发展建言献策。

（一）充分调研协商，发挥整体作用。今年是新一届政协开局之年，年初我们积极与教育、科技、文化、卫生、体育等有关对口部门联系协商，主动征求他们的工作意见，了解他们的工作情况，重要工作我们还主动邀请政府有关部门的负责同志前来一同商议，尽可能使我们专委会的工作计划安排与政府和有关部门的工作合拍共振，并最大限度的取得了政府相关部门对我们专委会开展工作的支持。4 月份，我们先后召开了委员会主任会议和委员会全体委员会议，委员们就今年委员会的工作集思广益，积极建言，经全体委员们的讨论研究，确定了全年的工作安排。通过全体委员会议讨论研究委员会的工作，一方面使委员们对全年专委会的工作思路和工作内容有了更全面的认识；另一方面也使专委会工作安排的针对性更强，委员参与面更广，与在委员中开展的争先创优活动结合的更紧，整体作用发挥得更充分。今年以来，委员大多能够积极参加专委会活动，积极建言献策，积极了解和关心社情民意。

（二）组织委员视察，履行民主监督职能。视察是政协委员了解社情民意、建言献策的重要途径，是委员履行职能、开展民主监督的重要渠道。今年我们围绕中心工作，针对人民群众普遍关心，反映强烈，政协委员关注的热点问题，对我市民办高等教育、中小学义务教育、妇女儿童保健、文化建设工程、质量技术监督、体育等方面的工作进行了视察，共提出了 47 条视察意见和建议，并形成视察报告，报送市委、市政府领导和有关部门作决策参考。

（三）开展调查研究，为发展建言献策。调查研究是我们履行参政议政职能的基础和有效的工作方法。今年，我们紧紧围绕常委会议议题，深入调查研究，积极建言献策。为关心支持我市中小学义务教育事业的发展，4 月份，我们组织委员对我市中小学教育工作进行了调研，在深入调研的基础上，为李秀奇主席参加省政协常委会议准备起草了调研报告，并在省政协会议上进行了交流。为推进社会主义新农村的建设，5 月份，我们组织委员深入县（市）区乡镇卫生院（所）对我市农村卫生工作进行了调研，并形成了《关于农村卫生服务体系建设的调查与建议》的调研报告，

提交第三次常委会议。为促进农村经济发展，培养社会主义新型农民，8月份，我们对我市农村科学普及工作进行了调研，并形成了《加强农村科普工作，提高农民科学素质》的调研报告，提交了第四次常委会议。调研工作的开展，为党委和政府及有关部门提出了工作建议，推动了有关工作的开展。

（四）学习交流经验，促进工作开展。今年来，我们充分利用各种机会，注重加强与省内外政协部门间的学习与交流，总结汲取他们的工作经验，推动自身工作开展。如在陪同接待珠海政协考察团时，经过相互交流，我们学习到他们在加强委员管理方面的有关经验和作法；在参加“郑州2009旅游论坛”时，我们利用陪同青岛、广安等外地市政协领导和同志们的机会，不仅搞好接待服务，并且同他们加强业务交流，听取了他们有关加强专委会工作的情况介绍和建议。10月份我们参加了全省政协教科文卫体委员会会议，根据省政协的会议要求，会前进行了调研准备工作并提交了“坚持文化创新，增强发展活力，推进郑州文化建设新发展”的调研报告，报告得到了与会领导和同志们的好评，同时我们广泛地同各地市政协教科委之间进行了经验交流，拾遗补缺、互通有无。我们感到通过不失时机地加强与省内外政协部门间的学习与交流，既增进了感情和友谊，专委会工作经验也逐步得到了丰富和提高。

（五）组织委员活动，丰富委员会工作内容。今年我们还注重精心组织主题活动，紧密联系政协委员，构建委员会与委员之间、委员们相互之间的团结与联谊、共同提高的工作局面。一是为了更好地开展“创建委员之家，树立委员形象”主题活动，我们组织委员召开“建设政协委员之家”学习活动，动员安排创建工作，文学艺术界别牛雷莉委员发挥界别委员优势，由其筹建的委员之家“绿城文苑”顺利成立并开展活动；二是我们组织了书画家和政协委员的书画采风活动，采风活动的开展加强了文学艺术界别委员之间的交流，受到了书画家和委员们的好评；三是围绕纪念节日开展好主题庆祝和联谊活动，今年先后在庆祝人民政协成立60周年、庆祝中国人民解放军建军82周年以及庆祝解放军信息工程学院建院60周年之际，组织委员和书画家举办了丰富多彩的书画笔会，参加了省政协组织的纪念建国60周年暨人民政协成立60周年书画展，元旦前夕我们还参加组织了2009年政协茶话会文艺演出。庆祝联谊活动的开展，为发挥专委会的基础作用，提高工作质量，推动有关方面的工作起到了积极作用。

三、围绕主体切实服务，活跃专委会各项工作

政协委员是政协工作的主体。政协优势和作用发挥得如何，履行政协三大职能的成效如何，很大程度上取决于政协委员主体作用的发挥。只有在精心组织委员调研、视察、学习、争先创优等活动的同时切切实实地做好服务，才能充分调动委员的积极性、发挥委员的主体作用，政协工作才能够生机勃勃。

（一）组织委员学习，提高履职能力。今年，我们分界别先后组织了5次委员学习活动，组织委员们学习了市委、市政府《关于应对金融危机保持经济平稳较快增长的意见》和国务院扩大内需促进增长的十项措施；组织委员传达学习了市政协《关于在全市开展“创建委员之家，树立委员形象”活动的实施意见》和李主席在动员会议上的讲话精神；针对新一届政协新委员较多的情况，我们还组织委员们学习了市政协《关于加强市政协委员管理的规定》、《关于进一步加强调研视察工作的意见》和《对政协委员实施考核的办法》。通过学习，进一步深化了委员们对视察调研活动意义的认识和履职责任意识，增强了委员们参与视察调研活动的自觉性和主动性，激发了委员争做学习型、民主型、务实型、创新型、奉献型委员的积极性。

（二）定期走访委员，关心支持委员的工作和生活。今年，按照政协关于帮助委员所在企业应对国际金融危机的工作部署，我们积极走访和帮扶委员所在企业，如徐全新委员所在的奥克啤酒公司、严峰委员所在的金洲国威环保公司等企业，了解情况、座谈排忧，共同为委员所在企业抵御金融危机的不良影响出主意、想办法，协调和支持相关问题的解决。按照政协关于“创委员之家，树委员形象”实施意见的有关精神，我们通过登门走访、深入委员单位座谈、参加委员之家活动等多种形式，共走访了委员80余人次。在走访委员活动中，我们进一步加强了与委员的联系与沟通，当面听取和收集委员们的意见和建议；为了帮助委员更好地履职，力所能及地协调帮助他们解决一些在实际生活和工作中存在的困难和问题。

（三）丰富工作内容，为委员知情明政服务。今年我们专委会组织委员视察、调研学习活动，走访委员活动、“三下乡”活动、“八一”拥军和教师节等活动21次，内容涉及到科技自主创新、文化工程建设、社会主义新农村建设等12个方面的工作，为委员们知情明政、参政议政提供了广阔的平台，同时增强了委员们在履职过程中的光荣感、责任感、使命感，提升了委员们履行政协委员职责的能力和水平。我们所联系界别委员的提案和委员们在活动中提出的意见及建议也得到了政协和市政府领导的重视和肯定。

（四）发挥委员作用，关心社会公益事业。一是为关心支持我市农村基层医疗卫生服务体系建设，展现新一届市政协委员热心社会公益事业的风采，今年我们联系的医疗卫生界别委员为支援社会主义新农村建设，进行了捐助活动。顶着7月的酷暑，为援助马寨乡卫生院建设，市政协委员、河南杏林大药房有限公司总经理李爱松捐赠了价值15000元的手术台一部；新密市尖山乡楼院村卫生所是一所新建村卫生所，尚未配备医疗物资器械，不能开展诊治工作，市政协委员、郑州市广安中医院院长王祖超向楼院村卫生所捐赠了价值53000余元的医疗物资器械和药品一批。两位委员的慷慨捐赠，既解决了两处卫生院（所）的实际困难，也期望以自身的切实行动唤起政协委员、全社会对农村卫生服务体系建设的关注和支持，将这项民心工程逐步推向深入。二是围绕社会主义新农村建设开展帮扶活动。

11 月 30 日我们组织科技、文化艺术、医药卫生界别的政协委员及我市科技、医药卫生专家和文化工作者 50 余人到登封市少林办事处西十里村开展了“送科技、送文化、送卫生”三下乡活动。在活动中，为村民进行义诊和健康咨询服务 600 余人次，还为村民免费发放了价值 2000 多元的常用药品；市政协委员、二七区文化馆馆长牛雷莉带领的文艺演职人员为村民们表演了豫剧、舞蹈、独唱等十余个群众喜闻乐见的文艺节目；田亚东、马庆洲等科技专家为村民讲授了果树种植和家禽养殖技术并现场解答了村民在生产劳动中遇到的疑难问题，当场还向村民们赠送了畜禽寄生虫防治技术、果品蔬菜储运技术等科普知识书籍 1000 余套。“三下乡”活动不仅关心支持了新农村建设，还丰富了村民们的科技文化生活和医疗保健知识，深受农村群众的欢迎。

回顾一年来的工作，我们虽然取得了成绩，但与政协工作和领导的要求相比，还存在差距和不足。主要是调查研究工作还不够深入，提出的意见和建议的质量还有待提高；组织委员开展活动的深度还不够等。2010 年是我们全面学习贯彻落实党的十七届四中全会精神、全面建设小康社会和构建和谐社会的重要一年。在新的一年里，我们将以邓小平理论和“三个代表”重要思想为指导，贯彻落实科学发展观，贯彻落实中央、省、市经济工作会议精神，围绕市委、市政府的中心工作，开拓创新、与时俱进，充分发挥专委会的基础作用和委员的主体作用，在切实履行政协职能上把文章做好、把工作做实，为促进我市经济社会跨越式发展做出积极贡献。

2009 年
社会和法制委员会工作概况

2009 年，在政协常委会议、主席会议和分管副主席的领导下，按照政协的工作部署，结合本委特点，坚持围绕中心、服务大局，认真履行职责，积极建言献策，在社法委全体成员的共同努力下，较好地完成了委员会本年度的工作任务。现将我委的主要工作汇报如下：

一、围绕热点难点，开展调研

调查研究是委员会的基础性工作。也是政协委员参政议政、建议献策的重要方式。

组织委员围绕中心工作调查研究。根据本年度第二次常委会围绕“扩内需、保增长、调结构、促转型、重民生”主题组织调研的要求，我们组织部分政协委员对我市经济社会发展中所面临的主要矛盾进行了认真的梳理分析，我们认为：发展创意产业，对促进我市的经济增长具有重要的战略意义。

据了解，我市有十余万大学生需要就业，而在传统制造业的产业链上，需要的是大量的劳动力，在这种格局下，高学历人员的就业问题就比较突出。我们认为，新兴的创意产业是一个智力、知识高度密集的产业，涉及行业种类繁多，就业容量大，就业形式灵活多样，特别适合高学历人员的就业和创业。而且创意产业对实现产业结构升级具有重要的推动作用，在传统产业发展逐渐衰退的今天，发展创意产业将是一个切实可行的出路。经过反复讨论和征求意见，我们确定将创意产业作为第二季度常委会的调研题目。为确保调研的质量，我们拟定了详细的调研方案，并赴 20 余家有关企业进行了调研，对一些重点创意产业园进行了实地考察和座谈，在广泛借鉴国内外先进经验并吸取其教训的基础上，形成了《加快创意产业发展，促进我市经济增长》的调研报告，提出了成立创意产业发展领导小组、制定郑州创意产业发展的总体规划、加大知识产权保护力度、构建完善的创意产业公共服务平台、加快创意产业高端人才的培养和引进、建立郑州创意产品交易中心等意见和建议。

扶持委员开展调研活动。我委联系的李瑞霞委员是从事物流业的企业家。她认为，近年来，郑州商贸流通发展迅猛，大市场、大流通格局正在逐渐形成。而我市的物流业正处在起步阶段，企业规模小，多是单一形式的运输企业、仓储企业，缺乏有机的组合；90%的物流企业尚未实现信息化管理；专业化程度低，缺少物流专用设备。与沿海发达城市相比，郑州物流效率低，物流成本高，基础配套设施差，兼容性差，物流技术装备水平低，标准化建设落后，管理体制与机制方面存在障碍。郑州物流业虽然也有一定的优势，如地处中原，交通便利，是全国货物的集散地、中转站等，但是，在发展具有核心竞争力的道路上，仍然面临着重重困难。

我们支持李瑞霞委员进行调研，并提供了一些参考性的意见和建议。李委员在调研后撰写了《郑州物流调研报告》，对我市物流业面临的问题进行了专业性的分析并提出了具有针对性的意见和建议。李瑞霞委员的《郑州物流调研报告》在二季度常委会上作了书面发言。

二、组织参与视察，突出法制特色

通过一系列的视察活动，为发挥政协委员智力密集、人才荟萃的特点和优势，为委员积极参政议政、建言献策提供了知情的平台。同时，视察活动也使委员拓宽了视野，加强了委员之间的沟通与了解，增加了委员会的向心力。

*视察我市道路交通管理工作。*近几年，随着城市的发展，我市机动车快速增加，给道路交通管理带来沉重压力，“行车难、停车难”问题日益突出。通过视察，委员们注意到，虽然近几年交警支队采取了多种积极措施，全力以赴地保障道路畅通，但我市目前的交通管理工作面临的形势仍然非常严峻，尤其是快速公交的开通及地铁建设的施工，给我市交通管理带来更大的困难。对此，委员们提出了充分合理利用现有道路资源；优化快速公交专用车道和原有公交车道；政府对城市重大建设项目进行必要的交通影响评估；对项目施工和道路通行进行统筹考虑；修建停车场；降低我市机动车增加速率等意见和建议。

*视察法院、检察院、公安局。*我们组织机关的政协常委和部分政协委员，在

李主席的带领下分别对法院、检察院、市公安局的工作进行了视察。在对法院工作的视察中，法院院长贾记鑫给我们介绍了法院工作的现状和面临的问题，委员们旁听了案件审理、察看了法院办公、审判庭等地点；在对检察院的视察中，检察长李自民全面介绍了检察院的工作，并强调检察院要认真接受政协的民主监督；在对市公安局的视察中，市公安局领导给我们介绍了我市“万警进社区”、“四严一创”活动开展的情况，并陪同委员实地察看了几个典型社区和派出所。这些视察，使委员们对我市司法系统的工作情况有了较为深入的了解，为委员们继续支持公、检、法、司的工作提供了知情的基础。

视察劳教所。《劳动教养法试行办法》是1982年国务院转发、公安部发布的，“是对被劳动教养的人实行强制性教育改造的行政措施，是处理人民内部矛盾的一种方法”。这次视察，使社法委委员对我国的劳动教养制度有了进一步的了解。委员们认识到，现在，虽然社会各界对我国劳动教养制度有很多不同看法，但在目前社会治安状况比较严峻，在违法与犯罪之间，还没有一个很好衔接机制的情况下，劳动教养还无法很快废止，在维护社会稳定等方面劳动教养仍然发挥着作用。视察中，委员们对从事劳教工作的干警们坚守岗位的敬业精神及劳教所的硬件设施、人性化管理都留下了深刻印象。

视察少管所。年初，我们与共青团市委联合组织了部分政协委员，到省未成年犯管教所参加了与未成年服刑人员面对面帮助活动。委员们为未成年服刑人员送去了300册图书，与他们进行交流，具体了解他们的家庭情况和在少管所中的学习生活情况。为便于政协委员与学员之间保持长期联系，每名委员都留有一份学员的基本情况，对这些学员提供有效的帮助，等学员刑满释放之后，还将会为这些学员的就业提供帮扶。

我们与城建委联合对我市轨道交通建设情况进行了视察。委员们对建设中的体育中心站、黄河东路站、七里河站以及综合枢纽站进行了实地查看并听取了轨道交通有限公司董事长的情况介绍。轨道交通工程是郑州现代化建设的重要标志，不仅将极大缓解城市的交通压力，还将提高我市的城市品味，对我市实现跨越式发展起到重要的推动作用。轨道交通是我市经济社会发展的需要，也是郑州市全体居民盼望多年的事情。委员们认为，轨道交通工程施工期间应该坚持文明施工，在交通量大的地点要加快施工进度，做好分流交通、疏解交通的工作，减少施工区域交通矛盾。要加强宣传工作力度，取得市民对轨道交通建设中出现的暂时性交通困难给予理解和支持，确保我市轨道交通工程顺利完工。

与农业委联合就家电下乡工程进展情况进行视察。“扩内需，保增长”是今年我市面临的一项艰巨任务，全面推进家电下乡是扩内需的重要举措之一。通过视察，委员们认为我市的家电下乡基本上实现了农民得实惠、企业得市场、政府得民心的目标，但也存在着工作经费不足、补贴手续繁琐、下乡产品不能满足不同层次消费需求等问题，应逐步改进和完善。

参与教科委、台港澳委对社会就业问题视察。座谈会上，我们提出：目前，我市社会就业形势十分严峻，扶持创业将是增加就业岗位的有效措施，希望政府职能部门出台相应的政策给予支持。郑州电台对我们的发言进行了录音报道，我们的观点进入市政协扩内需、保增长的专题调研报告，6月18日《郑州市全民创业促进就业实施细则》出台。

参与人资委就我市土地违法案件查处情况的视察。视察中，委员们对我市整治违法用地工作给予肯定，同时对于未执结的违法用地案件多和土地整治过程中阻挠多、难度大，以及造成的社会财富浪费等问题，提出要加强源头控制，加大对违法用地的监督力度；完善土地管理信息披露制度，实现土地管理透明化；提高对土地违法案件的处置水平，发挥震慑示范作用等意见和建议。

我们还组织了委员对市劳动局信息中心、市十项重点工程中的交通枢纽工程等方面工作的视察。

三、关注法制建设，加强民主监督

做好立法协商。9月，按照地方性法规出台前的协商程序，我委根据法规草案协商的内容，组织本委从事法律工作的委员共同就《郑州市城乡规划管理条例(草案)》进行讨论，征求意见。委员们在认真分析的基础上，对条例草案提出了许多有益的意见和建议，我们在梳理汇总后反馈到市人大。

积极协助市依法治市领导小组开展工作。为推动我市依法治市工作的开展，根据市依法治市领导小组的安排，我们带领一个检查组，用半个月的时间，采取听汇报、看资料、法律知识测试等方法，分别对市人事局、财政局、市政局、文化局、广电局、房管局、民政局、地税局八部门2008年普法工作情况、依法治理工作情况逐一进行督促、检查、考核。

严格特邀监督员推荐工作。我们坚持专业对口、参政议政能力强、保证参加活动时间等原则，对符合条件的委员逐一筛选，并与拟推荐人选联系沟通，在得到委员明确赞同答复后，再进行推荐。今年已向市人民法院推荐特邀监督员3名。

通过专业会议履行民主监督的职责。我们先后组织了数十名委员参加市中级法院、检察院、省、市公安系统召开的各种座谈、庭审、评议、审核等活动，为委员建言献策、反映民意，为委员履行民主监督的职责提供了平台和机会。

为法规文件提供建议。为配合我市11月份举行的《郑州市城市综合交通规划》国家级专家评审会议，我们征集并向有关部门提交了数十名委员和机关工作人员对我市交通现状的意见和建议。

做好委员和群众的来信来访工作。根据我委工作特点，我们认真地接待来访人员，耐心细致地倾听，仔细了解说明，并根据具体情况积极商请有关部门妥善处理。我们还坚持做到热情接待委员来访，认真听取委员的意见和建议，尽可能给委员提供帮助，为委员排忧解难体现政协的温暖。如，某委员向我们反映，他在持视察证向某派出所了解情况时，受到该所副所长的粗暴对待。了解这一情况后，我们立即与市公安局有关部门进行沟通，市局有关领导和该派出所所长很快向委员道歉，维护了委员的正当权益。

四、调动积极因素，发挥委员作用

加强理论学习。面对换届后新委员较多的现状，我们配合市政协有针对性地采取措施，组织委员认真学习《政协章程》，全国、省、市会议及文件精神，使委员们对政协工作的性质、地位、作用以及政协委员应尽的权利和义务有了一定的认识和了解。

做好组建委员会的基础工作。按照市政协的要求，十二届政协一次会议结束后，我们即开展委员会组建的基础工作。在分管副主席的指导下，我们根据社法委工作需要，尽可能把熟悉社会法制、专业能力突出、界别代表性强、具有较高研究能力和水平并有一定时间和精力参加调查研究等经常性活动的委员吸收到社会和法制委员会来，以为社法委履行职责奠定坚实的基础。

积极开展委员小组活动。由于我委联系界别的委员较多，我们将委员分为四个组，分别组织开展工作。分组后，各小组按要求及时制定了小组工作计划，根据各自实际情况，安排委员比较关注的专题作为小组活动内容，组织开展视察、座谈、联谊等活动。

加强与委员的联系沟通。针对新委员较多的情况，为提高委员参与专委会工作的积极性，我们加强了与委员的沟通，做到活动前及时通知、活动中及时了解、活动后总结经验，并及时记录委员参与活动的情况，委员们显示出较高的参与积极性。

发挥专业队伍优势。我委现有从事法律工作的委员 9 名，是一支实力较强的法律专业人员队伍，我们还拥有一个实力强大的专业律师顾问团（文丰律师事务所）。一年来，他们多次为机关和委员提供了专业的法律咨询服务。

在总结工作看到成绩的同时，我们也意识到我们的工作与政协的要求，与深入学习实践科学发展观的要求，都还存在着较大的差距。

在明年的工作中，我们将继续深入学习实践科学发展观，继续关注民生、关注弱势群体，围绕促进我市社会发展和民主法制建设建言献策；联系我委工作实际，突出特色，发挥优势，积极探索民主监督形式；发挥委员主体作用，充分调动委员参加委员会工作的积极性，通过形式多样、内容丰富的活动，进一步活跃委员会工作。

2009年 民族和宗教委员会工作概况

2009年，民族和宗教委员会在市政协常委会和主席会议领导下，以邓小平理论和“三个代表”重要思想为指导，认真贯彻落实科学发展观，紧紧围绕市委、市政府工作大局和“民族工作促发展、宗教工作促和谐”的工作主题，积极开展各项工作，较好地完成了全年的各项任务。

一、积极开展培训学习，努力提高委员履职能力

市政协换届后，我们针对人员新、工作内容新这种情况，为了使委员尽快掌握党的民族宗教政策、民族宗教知识和政协理论，更好履行委员职能，开展工作，我们不失时机地开展了委员培训工作。此次培训我们从教材准备、培训内容、授课老师、培训地点等方面做了认真准备，于5月7日在政协机关举办了民族宗教界政协委员培训班，25名新老委员参加了培训。邀请市民委副主任丁四方、市政协提案委主任李献峰、委员管理委员会主任王松涛等领导为委员们进行授课，培训内容主要是民族宗教方面政策法规和基本知识，提案撰写，委员管理与考核等。通过培训学习，使委员们对党的民族宗教政策、民族宗教知识和政协理论有了初步了解，增强了委员的履职意识和工作积极性。

二、积极开展走访活动，努力为委员服务

为及时熟悉、了解新一届委员的基本情况，更好地为委员服务，我们把走访委员作为全年的一项日常工作，建立了走访、联系委员制度，挤出时间，坚持走访。一年来，我们通过坚持走访，努力做到上委员门、晓委员情、帮委员需、解委员困。及时向他们通报委员会活动安排和工作进展情况，为他们参政议政创造良好的条件。我们还建立了工作联系制度：坚持专委会正、副主任（含兼职）每人至少联系4个政协委员，每个委员至少联系4名群众，这样加强了相互联系，相互促进。通过真诚的走访服务，进一步拉近了专委会与委员的距离，增进了与委员之间的感情，调动了委员们参政议政的积极性，营造了良好的工作氛围。

三、认真组织调研、视察活动，积极为我市经济社会发展建言献策

调研、视察是我们了解社情民意、建言献策的重要途径，是委员们履行参政议政、开展民主监督的有效手段，今年我们围绕中心工作和常委会工作议题，结合民族、宗教工作自身特点，积极开展各项调研、视察工作，为促进我市经济社会跨越式发展建言献策。一是围绕“扩内需、保增长”政策落实情况组织视察活动。4月16日，我们会同市政协有关部门，组织政协委员视察了大方桥梁、郑煤机、国美电器三家企业。通过视察，及时了解了有关“扩内需、保增长”政策在我市的贯彻落实情况和存在的问题，督促有关部门主动适应国家宏观调控政策，强化对我市经济运行的分析预测，及时地提出应对政策措施，促进了我市经济发展。二是对少数民族村新农村建设情况进行调研，为促进少数民族地区经济社会发展建言献策。根据市政协第十二届四次常委会议围绕农村改革发展进行专题议政的安排，8月份民族和宗教委员会在牛西岭副主席的带领下，我们组织政协委员对我市中牟县大孟镇万胜村、狼城岗乡南仁村、荥阳市金寨乡北楚楼村三个少数民族村的新农村建设情况进行了调研，并与市民委进行了多次座谈，全面了解了我市少数民族村新农村建设情况，并针对民族村新农村建设状况提出了意见和建议：1、在拓宽民族村农民增收渠道上想点子，想方设法促进农民持续增收；2、进一步加大对民族村新农村建设的扶持力度；3、切实提高民族村两委班子“双带”能力，加强基层班子建设，并形成了《对我市民族村新农村建设的调查与思考》的调研报告，在市政协第三季度常委会作为书面发言材料进行了交流。三是视察我市宗教活动场所，促进社会和谐发展。为进一步优化我市宗教活动场所环境，发挥宗教在构建社会主义和谐社会中的积极作用，我们委员会于6月1日上午，在牛西岭副主席带领下，组织部分委员对我市宗教活动场所管理情况进行了视察。委员们实地视察了巩义青龙山慈云寺并和当地宗教部

门负责人进行了座谈交流。大家普遍认为随着党的宗教政策的贯彻落实和宗教法律、法规逐步完善，我市宗教工作逐步纳入法制化轨道，宗教领域大局平稳，宗教工作对社会稳定和经济发展起到了极大的促进作用，并对宗教场所环境卫生、安全管理和加大宣传以推动宗教旅游业的发展提出了意见和建议。四是视察我市少数民族企业，促进民族经济较快发展。9月17日，在牛西岭副主席带领下，我们组织少数民族界别政协委员，对新密市河南新月实业有限公司进行了视察。通过视察，委员们对少数民族企业取得的成绩给予了充分肯定，对存在的不足，特别是在世界金融危机下企业如何摆脱和解决遇到的困难，大家提出了针对性的意见和建议。企业对市政协视察表示满意和感谢。五是视察现代服务业建设工程，积极为我市经济社会发展建言献策。为进一步贯彻落实郑州市委、市政府《关于加快实施跨越式发展新三年行动计划的意见》精神，确保跨越式发展新三年计划各项目标顺利实现，积极为我市经济社会发展建言献策，12月24日，牛西岭副主席带领部分省、市政协委员（第六组）在郑州市现代服务业建设工程指挥部负责人的陪同下，先后到郑东新区、经济技术开发区，视察了列入我市跨越式发展的现代服务业建设工程部分重点在建项目郑州华丰国际钢铁物流园、国家干线公路物流港、国药控股九瑞医药物流中心，听取了现代服务业建设工程指挥部和相关责任单位负责人的情况汇报并进行了座谈。委员们认为发展现代服务业是促进经济全面快速发展，不断满足人民生活需求，构建和谐社会的客观要求，是全面建设小康社会，实现郑州跨越式发展的战略决策。目前郑州市现代服务业建设发展势头较好，前景广阔，现代服务业工程建设指挥部做了大量扎实有效的工作，成效显著。针对目前存在的资金、土地问题和建立科学合理的现代服务业发展机制等方面视察组提出了较好的意见和建议。

四、积极开展联系企业政协委员活动，为企业排忧解难

根据市政协(2009)3号文件关于开展“扩内需、保增长”政协领导联系委员活动的要求，民族和宗教委员会先后于6月3日、6月15日多次联系走访政协委员张学溥同志，向张学溥董事长介绍了市政协关于开展“扩内需、保增长”政协领导联系委员活动的意义、目的，全面了解了其所在企业的情况。在张学溥董事长的陪同下，实地察看了仁豪实业有限公司在建的两个项目工地，了解仁豪物流港和玉雕城的基本情况，之后又多次到该企业，了解项目进展情况。通过座谈、实地察看，我们对公司的生产经营和项目建设提出了意见和建议。张学溥董事长对市政协领导在当前金融危机企业面临困难的情况下，积极关注政协委员所在企业发展，安排政协部门联系政协委员企业，帮助企业解决面临的困难表示感谢。

五、加强信息交流，相互促进学习

为加强相互之间的学习交流，推动各项工作顺利开展，今年，我们一是主动与省政协民宗委和各县市（区）政协民宗委联系，汇报、通报工作，进行座谈，取得上、下级业务部门的支持；二是建立与省内十八个地市政协民宗委的通讯联系方式，逐步加强工作交流，进一步促进民族宗教工作顺利地开展；三是建立与市民委及政府有关业务部门联系机制。坚持与市民委进行工作沟通，每季度座谈一次，沟通情况，互通信息，促进各项工作顺利开展。

六、努力加强专委会自身建设，积极搭建服务平台

今年，我们针对人员变动比较大，许多同志对民族宗教工作还不熟悉的实际，专委会在建章立制、强化自身建设上狠下功夫。一是及时做好民族宗教委员会的组建工作。换届后专委会认真修订了《政协郑州市十二届委员会民族和宗教委员会工作细则》和委员管理、考核办法，完善了相关规章制度。二是认真贯彻党的十七届四中全会精神，积极开展“讲、树、促”教育活动，全面贯彻落实科学发展观，积极参加政协组织的各项学习活动。通过学习明确了今后的努力方向，进一步强化了宗旨意识、责任意识、纪律意识，转变了思想作风和工作作风，促进了工作开展。三是坚持理论学习制度。抽出时间学习党和国家的民族宗教政策和相关的法律法规，熟悉和掌握民族宗教方面的理论和常识；邀请各宗教派别有关负责人讲解宗教理论，向民族宗教界人士请教，使大家对这方面的知识有了全面、系统地了解。

回顾一年来的工作，虽然取得一定成绩，但这与政协工作和上级领导的要求还存在一定的差距，如调查研究工作还不够深入细致；有些委员参政议政水平不高；对参加活动较少的委员缺乏相应的约束机制等，这些都有待于在今后的工作中加以克服。在新的一年里，我们将继续以邓小平理论和“三个代表”重要思想为指导，全面贯彻落实科学发展观和中央、省、市经济工作会议精神，围绕市委和市政府的中心工作和市政协全年工作目标任务，努力推进民族团结进步事业，加快促进少数民族和民族地域经济社会发展，充分发挥界别特色优势，积极开展各项活动，认真履行政协各项职能，为促进我市少数民族团结和经济社会发展，为我市经济实现跨越式发展做出新的贡献。

2009年
文史资料委员会工作概况

年初以来，文史资料委员会在市政协常务委员会、主席会议和分管主席的领导下，围绕市政协中心工作和目标任务，结合委员会工作实际，认真履行职责，积极开展工作，较好地完成了各项工作任务。

一、主要工作

（一）加强学习，提高素质。学习是提高素质和能力的源泉，是建设学习型社会的迫切要求，是政协委员履行好职能的前提条件，也是加强专委会自身建设、促进工作发展的不竭动力。我们始终把学习放在首位，采取集中学习和自学相结合的方法，学时事政治，学政协文件，学业务知识，努力在提高队伍素质、工作能力和参政议政水平上下功夫。

一是通过向委员下发学习专题，组织文史委委员和无党派界别委员学习。根据新委员成分多的特点，在市政协组织的专题学习日活动基础上，我们采取打电话、发短信、当面讲等形式，向委员布置学习任务，重点学习政协章程和《中共中央关于加强人民政协工作的意见》，深入学习贯彻科学发展观，学习省、市有关会议精神和政协文件，及时掌握上情，为委员参政议政提供理论、政策和政情的指导。据走访委员掌握的情况看，多数委员不仅学习了相关知识，还在网上查找了有关内容，并作了学习笔记。用他们的话讲，不了解政协章程，怎么参政议政，不学习，怎能争做学习型委员。

二是组织文史委的同志学习。根据政协党组和机关党委的学习安排，积极参加中共郑州市委和政协党组组织的“讲党性修养、树良好作风、促科学发展”教育活动，认真学习胡锦涛总书记在第十七届中央纪律检查委员会第三次全体会议上的讲话精神、习近平副主席视察河南时的讲话精神和省、市委领导的重要讲话精神，做了大量学习笔记，交流了学习体会。特别是对照胡锦涛总书记指出的六个方面的问题，针对工作中存在的问题和不足，进行了认真自查和互查。通过学习，强化了学习意识、创新意识、责任意识、道德修养和自律意识，转变了工作作风，促进了科学发展观的贯彻落实。

（二）围绕职能，制订规划。为做好本届政协文史资料工作，党普选副主席在听取文史委工作意见后，就如何做好文史委本届工作做了重要指示。他指出，文史资料工作是政协工作的重要组成部分，文史委要把握职能，准确定位。针对文史资料工作的特殊性，要有一个长、短期相结合的史料征集计划，并要突出重点，把全国政协文史工作座谈会精神特别是全国政协《关于加强文史资料工作的意见》贯彻到工作计划中。我们根据常委会工作要点和党普选副主席指示精神，研究制定了《文史委本届工作计划及2009年工作要点》，该计划坚持新世纪新阶段人民政协文史资料工作的方针和原则，按照征集为主、抢救优先、充分利用、服务社会的要求，确定了史料征集的重点，即继续征集中华人民共和国成立前的史料，重点征集中华人民共和国成立以来政协委员及其所联系的各方面人士的“三亲”史料，征集各民主党派、无党派民主人士、工商联的史料等。在广泛征集的基础上，编辑出版纪念新中国成立和人民政协成立60周年的《郑州文史资料30辑》，为反映我市各民主党派、工商联同中国共产党肝胆相照、真诚合作历程的《风雨同舟》专辑，反映政协委员创业历程的《创业之路》等史料图书。

（三）贯彻精神，明确任务。进入新世纪新阶段，人民政协工作和社会主义文化建设蓬勃发展，文史资料工作面临着前所未有的机遇和挑战。为了进一步探讨做好新时期文史资料工作的新途径新方法，我们于9月8日召开了市政协文史工作会议，认真贯彻落实全国、省政协文史工作会议精神，总结了第十一届政协文史资料工作情况，交流了各县（市）区政协文史资料工作的经验和做法。市政协副主席党普选就如何传达学习全国和省政协文史工作座谈会精神和《政协全国委员会关于加强文史资料工作的意见》作了重要讲话。这次会议，达到了总结经验、研究问题、交流思想、推动工作的目的，必将成为我市文史资料工作的新起点，必将推进新世纪新阶段我市政协文史资料工作的新突破和新发展。

（四）密切协作，广征博采。文史资

料工作是一项社会性很强的工作，离不开各界的大力支持，尤其是在史料征集方面，更需要得到各级政协组织、政协委员、民主党派和工商联以及各有关部门的密切配合。为此，我们加大了协作征集、联合征集的力度。一是我们把征集计划以文件的形式，向十二届市政协委员、各县(市)区政协、各民主党派、工商联及有关政协参加单位下发了开展征文活动的通知，就活动宗旨、征文范围、形式、时间等提出了具体要求。二是举办撰稿人培训班。我们围绕今年的征编主题，于今年4月份举办了一期有关单位撰稿人培训班，文史委主任韩纪中就文史资料的性质、特点、任务、作用和征稿、编写、出版等问题作了辅导，使大家进一步了解和掌握了文史资料征编工作的知识和技巧，交流了经验，明确了任务，增强了做好这一工作的信心和决心。三是加强与有关专业人才联系。我们先后召开了著名作者座谈会、走访了专业人士、邀请了写稿人员等。并就文史资料的征集问题，征求了相关意见，发放了征稿题目，扩大了专业撰稿队伍。四是加强与县(市)区政协的联系。我们继承了十一届政协文史委适时召开负责人参加的协作会，相互交流情况，共同切磋问题，研究合作事项的好传统。采取主动“走出去”的形式，深入6个县(市)就开展文史工作、专题征稿、专题调研、文物保护等议题进行了研讨。五是注重加强了同省政协、党史办、地方志、档案馆、省市图书馆、新闻传媒及有关单位的联系与合作，展现人民政协的团结性。一年来，我们共征集政治、经济、军事、文化、社会等方面的稿件150余万字，图片350余幅；向省政协供稿10余篇；收到县(市)区政协文史稿件40余万字，较好地充实和丰富了文史资料库存，为编辑出版优质图书奠定了稿源基础。

(五)勤练内功，打造精品。根据工作计划，文史委今年的工作重点是开展以“中华人民共和国成立和人民政协成立60周年”为主题的“三亲”史料征集工作，我们坚持“存史鉴今和保质量、出精品”的工作目标，注重史德、史学、史识、史才的培养和提升，严格遵守“征集无禁区、出版要慎重”的工作原则和精益求精的工作态度，努力打造精品图书。

为编辑出版该书，我们于今年3月开始着手史料的征集工作，通过发放征稿函、召开撰稿人座谈会、走访撰稿人等形式广开征集渠道，至7月份就收到稿件103篇、60余万字、300多幅图片。通过逐篇筛选、逐句审编、逐人沟通，经过了五次校勘，在严把“政治关、史实关、文字关”的基础上，从中遴选了具有行业发展代表性的稿件40余篇、图片270余幅，于9月底出版了《郑州文史资料(第30辑)》。该书集中反映我市各级政协委员、各民主党派团体、无党派民主人士、各族各界选择中国特色社会主义道路，为郑州改革开放和经济、政治、文化、社会建设团结奋斗的光辉历程和卓越贡献。用文字镌刻新中国成立60年间，特别是改革开放30年来，郑州的社会变迁、民生嬗变，记录这座城市从工业、农业、商贸、文化教育、卫生到市政建设等领域发生的日新月异的变化。以此激励郑州人民为实现郑州的新崛起、新跨越而努力，为创造出更加灿烂的现代文明而拼搏，为谱写更加辉煌的历史新篇章而奋斗！同时还向300多个省市地政协、市直单位和档案史志部门以及县(市)区政协进行了赠送，有效地发挥了文史资料的社会效益。

(六)围绕中心，参政议政。我们在做好文史资料工作的同时，紧扣政协工作中心，积极组织委员履行参政议政职能，为推动政府相关工作的开展建言献策。

一是围绕市政协十二届四次常委会议的中心议题，对我市繁荣农村文化、提高农民素质情况进行了专题调研。委员们先后到新密市城关镇楚沟特色文化村、袁庄乡文化站、西大街办事处前士郭村文化大院、新密市文化旅游局、郑州市文化局实地调研，并多次与县(市)区文化部门和郑州市文化局联系沟通，形成了《关于我市农村文化建设情况的调研报告》。针对我市农村文化建设投入不足、基层文化管理体制不健全、专业技术人才短缺等困难和问题，提出了各级党委、政府应像抓农村教育、农村卫生发展那样重视农村文化建设；加强培训，建设一支强有力的农村文化骨干队伍；加强指导，充分发挥文化建设的作用；加大投入，切实加强农村文化基础设施建设；以点带面，逐步完善农村文化设施；加大对农村非物质文化遗产的抢救和保护力度等意见和建议。并在常委会议上作了大会发言。

二是积极组织委员视察，扩大委员知情面，为推动政府相关工作的开展建言献策。围绕“扩内需、保增长”参与了政协组织的专题视察。4月20日，在市政协副主席舒安娜、党普选带领下，同人口资源委员会、城市建设委员会一起，组织部分政协委员分别视察了我市保障性住房建设情况和污染减排工作。通过实地考察、听取汇报、座谈交流，在肯定成绩的基础上，委员们提出了加大财政投入的基础上，将廉租住房项目建设纳入全市年度建设投资计划；完善“绿色通道”相关政策措施；科学合理规划保障性住房建设；保障性住房建设要注重质量以及进一步加大节能减排工作的奖惩力度，引导和鼓励企业加大环保基础设施建设方面的投入；针对具体问题加大协调力度；加大在线监测的投入，加大减排工作的监督检查力度等意见和建议。并就有关情况撰写了《关于视察“扩内需、保增长”政策落实情况》的汇报材料，供有关部门决策参考。

围绕年度工作安排，组织委员进行了专项视察。为进一步做好文物保护工作，加强文物队伍建设，加大对文物保护的监管力度，12月4日，我们在市政协副主席党普选带领下，组织部分市政协委员对我市文物保护工作进行了视察。委员们通过实地考察，听取汇报，一致认为，我市文物保护工作领导重视、重点突出、责任明确、成绩显著。特别是第三次全国文物普查，我市新发现6775处文物点，极大地丰富了我市的历史文化资源。同时，针对工作中存在的困难和问题，委员们提出了要加强宣传，全民参与，形成合力；加强业务培训，吸纳专业人才，健全文物队伍；加强对新增文物点的保护，完善相关历史资料；把文物保护纳入财政预算等意见和建议。

按照市政协统一部署，组织委员视察十项重点工程。为了解十项工程的进展情况，12 月 23 日，我们在舒安娜副主席的带领下，组织部分政协委员视察了我市科技自主创新工程。委员们实地考察了郑州威科姆电子科技有限公司和河南汉威电子股份有限公司，听取了科技局关于我市科技自主创新工程的情况汇报。总的感到我市科技自主创新工作领导有力、服务到位、成效显著、地位凸显，总体目标超额完成，工程项目进展顺利，创新意识显著增强，创新能力明显提升。针对存在的困难和问题，提出了进一步加强对科技自主创新工作的领导；正确把握科技自主创新的着力点和突破口；营造有利于科技自主创新的政策环境；建设科技融资平台；加大财政的支持力度；加强对创新型人才的培养和引进工作等意见和建议。

(七)发挥优势，参与活动。一是走访委员，了解企业界委员的生产生活情况。按照市政协"扩内需、保增长"联系委员活动的统一部署，我们先后 2 次走访了郑权委员的河南敬安建材有限公司，通过现场查看和交流，我们得知该企业主要以投资为主，资金充足，只是缺少投资项目。围绕该企业的情况，我们积极出主意，并协助了解目前我市有关的投资项目。同时，我们也注重了与无党派界别其他企业界委员进行了交流。很多委员激动的说，我们刚当政协委员还没有做什么工作，在我们困难的时候，政协组织和领导给了我们这么多的关心和支持，我们一定努力工作，积极参政议政，树好政协委员的形象。二是积极参加政协组织的"创委员之家、树委员形象"活动。政协委员是政协工作的主体，政协工作的核心在委员，潜力在委员，实力在委员，活力也在委员。创委员之家就是给委员提供一个学习交流的园地，聚集各方智慧，让委员的优势得到了充分发挥，激发委员活力的场所。按照政协党组的统一部署，我们与无党派界别委员逐个进行了电话联系，宣传"创委员之家、树委员形象"活动的重要意义，号召委员在不同岗位上建功立业，积极参与公益事业，展示委员独特风采。

二、存在问题

总结回顾一年来的工作，有成绩，也有不足。问题主要表现在两个方面：一是文史资料征集渠道仍需进一步拓宽；二是如何有效地调动委员发挥主体作用的积极性有待探讨和实践。

三、工作体会

回顾一年来的工作，我们感到以下几点是值得在今后的工作中予以重视和发扬的：

(一)必须始终把征集工作放在首位。在文史资料工作中，征集始终是第一位的。没有广泛的史料征集，要全面发挥文史工作的功能作用也就无从谈起。而且，事实证明，越是由于种种原因暂时不能出版的史料，征集工作往往愈显迫切甚至带有抢救性质。因此，作为以征集、出版文史资料为主要任务的政协文史委员会，在任何时候、任何情况下，都应把搞好史料的征集作为自己的一项基本职责。

(二)必须牢牢把握史料出版的正确方向。在史料征集的基础上编辑出版文史书刊，必须符合社会主义先进文化的发展方向。这就要求我们在史料的编辑出版中，既要发扬实事求是、秉笔直书的精神，又要讲政治、顾大局，坚持弘扬主旋律，坚持正确的舆论导向，严格按党和国家对新闻出版工作的有关规定办事。实践证明，只有切实作到这一点，我们所编辑出版的史料，才能具有较高的质量，产生积极的社会效益。

(三)必须大力发扬大协作的优良传统。实践告诉我们，作好文史工作，单靠政协文史工作部门孤军奋战是不行的，必须依靠方方面面的力量。为此，必须采取多种途径和方式，加强与政协系统内外各有关方面的联系，不断拓展协作内容、扩大协作网络、改进协作方式，努力建立起一种科学有效的协作机制。这些年，文史委之所以能够征编出版一些份量较大、质量较好的图书，正是得益于大协作这一有效工作方式。

(四)必须积极争取领导的重视和支持。作好文史工作，离不开政协领导的重视和支持。而要争取领导的重视和支持，首先是文史工作部门自己要"有为"，通过扎实的工作拿出实实在在的成果来，以"有为"去争取"有位"。我们感到，政协主要领导对文史工作给予了高度重视和支持，分管领导不仅亲自参与对文史工作的研究和部署，还亲自参加视察、座谈会、研讨会、审稿会等活动，经常对我们的工作给予具体指导，帮助我们解决工作中遇到的一些难题，从而保证了文史委工作的顺利开展。

2009年
港澳台侨和外事委员会工作概况

2009年,港澳台侨和外事委员会在市政协常委会和主席会议的领导下,加强自身建设,发挥委员主体作用,紧紧围绕市委、市政府中心工作,认真履行政协职能,积极创新工作思路,不断开拓工作新局面,较好地完成了全年工作任务。现将主要工作汇报如下:

一、加强理论学习和组织建设,提高履行政协职能的能力

(一)加强委员理论学习。换届以来,为进一步提高新一届委员的自身素质和参政议政能力,我们组织委员两次集中学习培训,一是组织委员学习《政协章程》、《市政协关于加强委员管理的规定》、《市政协对委员实施考核的办法》以及《郑州市政协提案工作条例》等,使委员特别是新委员对政协工作的基本知识和如何履行政协职能有了较为全面的认识。二是组织委员学习胡锦涛总书记在庆祝中国人民政治协商会议成立六十周年大会上的重要讲话,使委员们对人民政协的历史和新时期政协工作的方针原则、工作要求有了进一步的了解。同时,我们还组织委员积极参加市政协举办的委员培训会和政情通报会等,通过不同形式的学习,增强委员们的责任感和使命感,提高履行政协职能的能力和水平。

(二)加强委员会组织建设。市政协十二届一次全会后,我们积极做好港澳台侨和外事委员会的组建工作,并及时修订《政协郑州市十二届委员会港澳台侨和外事委员会工作简则》,进一步健全了工作制度,使委员会工作有章可循。

二、深入开展调研视察,积极为经济社会发展建言献策

(一)调研旅游业发展情况。为进一步促进我市旅游业快速发展,培育新的经济增长点,5月份,我委就我市旅游业发展情况进行了深入调研。委员们先后实地察看了巩义市康百万庄园和杜甫故里开发与保护工程、新密市打虎亭汉墓、古县衙景区和中原区、惠济区城郊休闲游等,并同部分农家乐项目负责人座谈,听取他们对旅游业发展的建议。6月3日,市政协主席李秀奇、副主席王薇又带领委员们到黄河风景名胜区郑州黄河国家地质博物馆、花园口村农家乐、丰乐农庄等调研,并听取市旅游局负责同志关于我市旅游业发展情况的汇报。在深入调研的基础上,撰写了《关于我市旅游业发展的调查与建议》,针对我市旅游业发展中存在的问题,提出要进一步强化对发展旅游业重要意义的认识,为加快旅游业发展奠定思想基础;加大政府投入力度,制定对旅游企业贷款、融资的政策措施,为加快旅游业发展提供资金支持;加强旅游道路和旅游交通标识系统建设,开通旅游公交环线,为加快旅游业发展创造基础条件;完善协调处理机制,为加快旅游业发展营造良好环境等建议,并在市政协十二届二次常委会上作了大会发言。

(二)视察"扩内需、保增长"政策落实情况。根据市政协统一部署,4月22日,我委与教科文卫体委员会、社会和法制委员会共同组成视察组,在王薇副主席带领下对市人事局、教育局、劳动和社会保障局、卫生局等贯彻落实中央、省、市"扩内需、保增长"政策情况进行了视察。视察组一行先后视察了市医保中心、中原区绿东村社区卫生服务中心、市疾控中心建设工地、郑州财经技师学院(大学生见习基地)和市人才交流中心,听取了四个局负责同志关于"扩内需、保增长"政策贯彻落实情况的汇报,撰写了《关于视察"扩内需、保增长"政策落实情况的汇报》,提出有针对性的意见和建议,供市委、市政府决策参考。

(三)视察台资企业发展情况。为深入了解在郑台资企业在受金融危机影响下的发展现状以及存在的问题,促进台资企业的稳步发展,6月24日,我们组织了对我市台资企业发展情况的视察。委员们实地察看了久芳(郑州)生物科技有限公司和郑州硕达钻石有限公司。在听取了市台办负责同志关于台资企业发展情况的汇报后,委员们建议,要借助2008年以来台资企业陆续来郑入驻的东风,进一步抢抓"台商西进北上"的产业转移机遇,积极引进高、精、尖技术产业。同时,要大力支持在郑台资企业的发展,共同寻求解决问题的途径和办法,帮助他们树立应对危机的信

心和决心等。

(四)视察侨资企业发展情况。9月11日,我们对我市侨资企业发展情况进行了视察。委员们实地视察了蕃麦士农夫超市、富耐克超硬材料有限公司和元通纺织城,并听取了市外事侨务局负责人关于侨资企业发展情况的汇报。委员们认为,侨资企业是外部世界了解我市的窗口,是加强与海外华人联系的桥梁。目前我市总体利用侨资的力度与沿海城市相比,还有很大差距,要进一步加强对侨资企业的管理与服务,不仅要做好企业入驻前的参谋引导工作,更要为落地企业提供快速、便捷、高效的后续服务;要积极主动帮助侨资企业解决好遇到的困难和问题,切实维护侨胞的合法权益,为侨资企业提供优良的投资环境;要充分发挥侨资企业的桥梁纽带作用,加强在郑侨胞眷属、侨资企业与海外侨胞的联系,进一步扩大对侨招商引资,力争引进更多的大企业、大财团来郑投资入驻。

(五)视察文化建设工程进展情况。根据市政协视察跨越式发展十项工程工作安排,12月24日在张冬平副主席的带领下,我们组织部分省、市政协委员对文化建设工程进展情况进行了视察。视察组先后视察了国家动漫产业发展基地(河南基地)、郑州市图书馆新馆建设工地,听取了文化建设工程指挥部负责同志关于文化建设工程进展情况的汇报,委员们就进一步提高思想认识、科学合理调整工程项目、加大资金扶持力度等方面提出了意见和建议。

(六)利用提案形式建言献策。在深入调研视察的基础上,我委向市政协十二届委员会第一次会议提交了《关于在我市全面推广居家养老服务模式的建议》的集体提案。该提案被列入今年市政协领导督办的重点提案,市民政局积极采纳我们的建议,在全市推广金水区居家养老服务的示范经验。目前,二七区、中原区、上街区也都根据本区的实际,开展了各具特色的居家养老服务模式,使我市居家养老服务工作有了较大的进展。今年,我委委员在广泛了解社情民意的基础上,积极撰写提案为政府工作建言献策,提出的29件提案,也都得到了相关部门的重视。

三、创新政协工作载体,成功举办旅游产业发展论坛

为深入贯彻省委、省政府"旅游立省"战略部署,积极推进我市"旅游强市"发展战略,10月18日至21日,我市举办了"2009郑州·旅游产业发展论坛"。这次论坛活动由市政协举办、市旅游局承办,我们委员会承担主要的组织协调工作。本次旅游发展论坛有四个突出的特点:一是专家层次高。出席本次论坛会议的专家层次高,学术性强,都是国家顶尖级的旅游专家,他们代表了当前中国旅游界理论探索与创新的最高水平,他们的讲座理念新、视野宽、针对性强,受到参会人员的一致好评。二是参会城市和人员级别高。这次参会的52个城市中,有直辖市1个,副省级城市12个,其它省会城市13个,重点旅游城市11个,省内地级市15个,参会的嘉宾大都是各地市政协主席和旅游局局长。三是活动内容丰富。论坛期间,除理论研讨外,还安排与会嘉宾考察了我市登封少林寺、巩义康百万庄园、新郑黄帝故里等旅游资源,观看了《禅宗少林·音乐大典》和河南地方戏曲晚会,并参加了黄帝故里拜祖仪式,给与会代表留下了深刻的印象。四是收到效果好。这次论坛活动,在各级领导的高度重视下,在市直各有关单位及政协各部门的共同努力下,会议组织细致严密、活动安排井然有序、接待服务周到热情,受到了与会代表的高度赞誉。杭州、昆明、南昌、广州等12个城市与我市签订了旅游合作协议。这次论坛成功举办不仅是宣传郑州、推介郑州的一次绝好机会,更是政协发挥作用、履行职能、创新工作载体的有效尝试。

四、突出界别特点,广泛开展联络联谊和交流

(一)加强侨台界委员的联系。一是坚持走访委员。今年,我们多次到委员的工作单位走访慰问,了解委员的工作、生活情况,特别是在市政协开展的"扩内需、保增长"联系委员活动中,我们深入到委员企业了解生产经营情况,针对其存在缺乏资金,缺少合作伙伴等困难和问题,积极与有关部门沟通联系,尽力帮助委员寻找解决问题的途径和办法。二是举办侨台界委员中秋联谊活动。通过联谊活动,激发了委员们热爱祖国、积极为推动两岸关系和平发展多做贡献的热情。11月,张利军委员参加郑州市政府赴台商务考察团,积极联系在台中市的亲属,精心安排了考察团在台中市的经贸交流活动,为我市加强与台湾的经贸交流做出了积极贡献。三是召开委员会年终总结会。委员们就一年来履行政协职能情况以及在本职岗位和为社会做贡献等情况进行总结述职。通过总结述职,委员们相互交流,相互学习,进一步增强了履行好政协职能的自觉性和积极性。今年以来,我委委员积极克服金融危机带来的负面影响,化危机为机遇,迎难而上,康玛水委员先期投资2亿元开工建设郑州市固态照明产业化应用示范基地,成为国内首家"LED固态照明产业化应用示范基地";李金裕委员参加由市长赵建才带队的承接产业转移招商活动,积极联络福建莆田商会,签定9个投资项目,为郑州经济发展做出了一定的贡献。一年来,委员们还通过不同渠道向台湾地震、台风灾区和我市慈善事业、农村贫困学校等捐赠善款,为社会公益事业尽一份绵薄之力。

(二)加强港澳台侨和外事工作交流。11月初,省政协召开河南省政协港澳台侨和外事工作座谈会,传达贯彻了全国政协港澳台侨委员会和外事委员会工作会议精神,我委在会上发言,与其他省辖市政协交流了工作经验。12月初,我们及时组织召开我市县(市)区政协港澳台侨和外事工作座谈会,学习贯彻全国政协和河南省政协会议精神,总结交流了我市各县(市)区政协发挥自身优势,广泛开展对外联谊和交流,为经济社会发展服务的工作经验,为促进我市政协港澳台侨和外事工作再上新台阶起到了积极作用。

五、扩大对外交往,增进友谊与合作

2月23日至24日,我们接待了墨

西哥索诺拉州议会议长卡拉西奥率领的参观考察团。客人们参观了新郑奥星实业发展有限公司、宇通客车股份有限公司、郑东新区和嵩山少林寺。渊源流长的中原文化和日新月异的城市建设给客人们留下深刻印象，他们希望能与郑州建立红枣加工合作关系、加强与宇通公司的经贸合作。7 月 16 日，接待了台湾“中国青年大陆研究文教基金会”董事长李钟桂女士率领的大陆参访团，市政协主席李秀奇热情洋溢的欢迎词和会场浓郁的亲情气氛，令参访团成员激动不已。李钟桂女士在讲话中表示，将竭尽全力弘扬中华文化，推动两岸的交流与合作。

一年来，港澳台侨和外事委员会的工作虽然取得了一些成绩，但与市政协领导和新时期政协工作的要求还有一定的距离，如联系的港澳台同胞和海外侨胞范围还不够广泛，对外联谊活动还有待进一步加强等。在今后的工作中，我们将继续深入学习贯彻科学发展观和党的十七届四中全会精神，学习宣传党的港澳台侨和外事工作的方针政策，积极发挥本委员会的优势，为实现我市经济社会跨越式发展的新目标、推进我市“三化两型”城市建设做出更大的贡献。

2009年
委员管理联络委员会工作概况

2009年是市政协十二届委员会的开局之年，也是市政协开展“创建委员之家、树立委员形象”活动，提升委员基本素质、提高委员履职能力关键一年。委员管理联络委员会在主席会议和常委会的领导下，在分管主席的具体指导下，紧紧围绕政协中心工作，充分发挥组织、协调、服务职能，进一步解放思想，开拓进取，扎实工作，较好地完成了年度工作任务。

一、工作完成情况

（一）围绕中心，进一步拓展委员履职的舞台和阵地。2009年，是市政协新一届委员会的开局之年，为进一步联系基层、联系实际，激发广大委员的积极性、主动性和创造性，发挥委员主体作用，围绕中心、服务大局，提升素质、强化能力，履行职能、服务群众。政协党组深思熟虑、审时度势，决定在全市各级政协组织和广大政协委员中开展“创建委员之家、树立委员形象”活动。通过在乡（镇）、街道办事处、社区等基层组织设立“委员之家”，按照委员工作地或居住地，把各级委员划分到相应的“委员之家”，为委员开展学习、履职、联谊等活动提供场所和阵地。委员会紧紧围绕政协这一中心工作，按照李主席建好“五家”、树立“五型”和委员之家要做到“四个坚持”、“发挥四个作用”、“一年奠定基础、两年全部建成、三年巩固提高”的要求，努力工作，积极协调，检查督促，促进落实。自年初以来，委员会先后组织了“创建委员之家，树立委员形象”的前期调研、动员会、座谈会等活动，还适时地对委员之家建设情况进行了跟踪服务，在二七区政协、金水区政协、牛雷莉委员、焦晗韶委员等单位和个人建家过程中，委员会主动靠上，多次提出参考意见，提供书籍等物力和人力的支持；此外，委员会还建立了委员之家建设情况统计汇报制度，做到了随时统计，月月汇总报告，并及时收集整理了已建成委员之家的档案资料。李主席也亲历亲为，多次带队视察了市内五区和巩义市、新密市、登封市政协委员之家建设情况，听取12县（市、区）政协委员之家建设情况的汇报，有力地促进了委员之家建设的深入开展。截止目前，全市共建成了109个功能齐全、特色各异的委员之家。比如，二七区文化馆馆长牛雷莉，利用本单位场地、器材和人才优势，成立了以界别为主体的“绿城文苑”政协委员之家；河南北辰机电工程有限公司总经理焦晗韶，以政协委员中爱好摄影者为对象，成立了点睛民生摄影委员之家；惠济区农业工委为凝聚本系统政协委员力量，发挥本系统政协委员骨干作用，成立了以政府农口为主体的政协农业工委委员之家。这些特色各异、形式新颖的委员之家已经成立，立即得到了广大委员的响应，委员们踊跃参与和积极活动，进一步推动了“创建委员之家、树立委员形象”活动的深入开展，也进一步扩大了“创建委员之家、树立委员形象”在群众中的影响。在筹建市政协机关委员之家过程中，委员会在时间短、任务重、头绪多、经验缺乏、人手少的情况下，不等不靠、不折不扣，克服困难、加班加点，按照要求、精雕细琢，在很短的时间内拿出了设计方案，组织人力对委员活动中心进行了整修，制定了详细的管理规定。市政协委员之家的建成和投入使用，为委员开展活动提供了必要的条件。

（二）加强学习，进一步提高委员履职的能力和水平。加强学习，是人民政协的优良传统，也是政协委员提高履职能力的有效途径。只有牢固树立“终生学习”的理念，才能在工作中站得更高、视野更宽，政策观念和大局意识更强，才能不断更新观念，增长知识，建言献策才能更具有针对性、预见性和实效性。

1、常委异地培训。按照市政协2009年委员培训计划，10月26日至11月1日，市政协常委在中央党校进行了为期一周的学习培训。这次常委培训，是常委异地培训规模最大、层次最高、师资最强的一次。是郑州政协历史上第一次组织委员到党的最高学府学习，同时也是中央党校历史上第一次大规模接收地方党外培训。李主席十分重视这次培训，多次听取汇报，亲自敲定培训方案，并从决策、组织、实施、总结等环节提出了高标准、高质量办班，严纪律、严管理，真正展现郑州市政协委员形象的要求。委员会按照工作计划和领导要求，先后与中央党校、清华大学、北京大学的培训部门取得了联系，在确定培训学校后，又及时与中央党校函授学院就授课内容、授课专家、授课形式、住宿安排等有关事宜进行了沟通，很好地保证了培训班的正常、顺利进行。李主席全程参加了培训，他认为，相比以往学习培训，这次培训的效果体现得实实在在。这次政协常委中央党校培训，无论在培训时机把握、培训形式选择上，还是培训内容确定和学习氛围营造上都很成功。既让大家增长了知识，丰富了脑子，又让大家理清了思路，提高了能力，享受了艺术。他认为，通过培训，常委们学习意识更加强化、思想认识更加深刻、工作思路更加清晰、理论素养更加全面、联系交流更加广泛、精神状态更加振奋。他同时要求，各位常委要继续发扬在中央党校期间树立起来的优良学风，学以致用、用以促学，持之以恒、坚持不懈抓好学习。要带领广大政协委员努力学习贯彻好党的四中全会精神和胡总书记讲话精神，用实际行动影响和带动身边的群众，在维护党的领导，维护人民群众的根本利益，维护自身形象方面做好表率。

2、委员培训。针对市政协十二届委员会换届后，新委员多、政协工作接触少、政协政策理论知识、工作要求和方法了解不多的特点，为尽快向广大政协委员普及政协知识，掌握履职尽责的方法途径，尽早了解郑州市经济社会运行情况。委员会按照集中培训与平时自我学习相结合的原则，先后在黄河饭店、郑东新区会展中心参与组织了新委员培训、十二届委员培训等大型活动，邀请了赵建才市长、李秀奇主席为委员上课。王松涛主任还利用界别活动时机，向民族宗教界别的委员传达了委员管理方面的有关规定和要求。此外，委员会还利用2个月的时间，组织人力编印发放了包含政协章程、政协基本知识、郑州市基本情况和民主党派、工商联情况的《政协委员手册》一书。使广大政协委员随时随地都可以进行自学，提高了对中国特色社会主义和中国共产党的基本路线、方针、政策的认识，加深了对中国共产党领导的多党合作和政治协商这一基本政治制度的理解，明确了人民政协的性质、地位、作用和光荣使命，了解了郑州市经济社会发展情况。

（三）创新思路，进一步提升委员管理的方法和手段。制度化、规范化、程序化建设是政协提高委员履职能力和水平的保证。建立一套有效的管理考核激励机制，能够更好地动员、引导和组织委员参政议政、建言献策。委员管理联络委员会成立以来，按照主席会议和常委会赋予本委员会的：加强对新形势下提高委员履职能力的研究，探索发挥委员主体作用的新方法和新途径，为委员履职尽责提供有效载体；做好委员基础信息和履职情况的收集、整理、分析，建立委员履职档案，负责委员履职情况考评的协调及汇总通报工作；建立有关规章制度，落实政协全体会议、常委会议、主席会议有关政协委员推荐、资格劝辞及撤销等方面事项的职责要求。认真总结政协以往成功经验，积极建立健全规章制度、严格落实述职考评通报制度，完善委员管理考核机制，努力做到了委员管理工作有章可循、有序进行。年初以来，委员管理联络委员会按照主席会议和常委会的要求，经过多次调研、座谈、征求意见，制订了十二届市政协《关于加强市政协委员管理的规定》、《对政协委员实施考核的办法》和《联系委员工作制度》；开发了会议活动考勤电子管理系统；收集整理了新一届委员基本信息，建立了委员信息管理数据库和委员履职档案。从制度制定、过程考勤、结果通报和信息归档等方面入手，把委员履职情况通过量化的数据指标表现出来，给委员描绘出一张准确的“画像”。此外，我们积极和市科技局沟通协调，申报了《关于加强政协委员队伍管理的研究与探索》专项研究课题，旨在通过与大专院校、科研学所的合作，研究制定出新时期加强委员队伍管理与建设的制度性规范，建设一套对委员履职效能进行记录、分析、统计、汇总的现代化数据管理平台。

（四）强化自身建设，进一步增强服务委员的能力和意识。一是深入学习贯彻党的十七届四中全会精神和市委《关于开展“讲党性修养、树良好作风、促科学发展”教育活动的意见》，积极参加市政协党组组织的各项活动，努力增强宗旨意识、责任意识、纪律意识，发扬艰苦奋斗、求真务实、勤政为民和无私奉献的优良作风，全面贯彻落实十二届市政协提出的“贯穿一条主线、突出两大主题、履行三项职能、发挥四个作用、抓好五项建设、夯实六个基础”的工作目标。坚持用新的理念谋划政协工作，用新的思路引领政协工作，用新的机制推动政协工作。二是推进党风廉政建设。积极学习《中共郑州市政协党组加强党风廉政建设的意见》和市委加强党风廉政建设的有关规定，认真填写个人廉政档案，努力打牢抵御“腐朽之风”的思想基础。坚持把党风廉政建设同部门工作紧密结合，努力增强自身的服务意识、忧患意识、责任意识和监督意识。三是召开了委员会全体会议，制订了《委员管理联络委员会工作简则》，规范了委员会工作职责、工作制度和工作程序，使工作开展有章可循。四是积极落实市政协提出的“扩内需、保增长”政协领导（部门）联系委员企业工作，帮助所联系委员企业谋划发展，为企业筹措资金出谋划策，协调解决困难，增强战胜危机的信心。五是努力为委员履职提供服务和保障。市政协十二届委员会换届后，委员管理联络委员会按照要求，积极联系，全面核对，在较短的时间内制作和发放了委员签到卡、委员证、委员视察证、委员通信录等。特别是本届的委员通信录，我们加入了拼音检索和市政协机关及组成单位的联系方式，方便了委员使用。六是努力保障政协各类会议的顺利召开。会议是政协履行职能的主要形式之一，在政协的活动中占有相当的比重。参加政协会议是委员行使权利的主要方式，也是发挥主体作用的最基本要求。委员会在组织会议过程中，重点是在建立会议考勤、请销假、通报制度，在提高到会率、培养良好会风上下功夫，努力用制度来增强与会的内在动力，维护会议的庄严性和权威性。一年来，委员会先后组织或参与组织了全会，常委会议，政情通报会，委员培训会，“创建委员之家、树立委员形象”调研会、座谈会、总结会，“扩内需、保增长”政协领导（部门）联系委员企业座谈会，常委异地培训、新春茶话会等几十次会议。这些会议的顺利召开，使市政协围绕中心，服务大局的各项要求得到有效的传达、贯彻和落实。七是积极参与政协机关举办的各种活动。年初以来，先后向郑州政协、市政协“爱读书、读好书、善读书”读书学习征文活动投递了稿件。在市政协机关运动会上，委员会取得了一项第一、一项第二、二项第三的好成绩。

二、存在问题及明年工作打算

在肯定成绩的同时，我们也清醒地看到，与政协常委会和主席会议的要求和广大委员的期望相比，还有一定的差距和不足，还需要继续改进和加强。一是工作中还有忙乱现象；二是调动发挥委员主体作用不够充分，与委员保持经常性联系工作需要加强；三是委员管理的方法和手段还比较单一，创新意识不强。

2010年，委员管理联络委员会将继续围绕政协的中心工作，结合年度委员会工作目标，按时序进度抓好各项工作的落实。

（一）推动“创建委员之家，树立委员形象”活动的深入开展。按照“一年奠定基础、两年全部建成、三年巩固提高”和“四个坚持、发挥四个作用”的要求，配合相关部门，检查督促落实，协调解决问题，确保“委员之家”建设目标的实现的作用的发挥。做好建成委员之家的评比验收工作，制订有效措施，推动委员之家活动开展的制度化、经常化和有序进行。

（二）做好常委异地学习培训工作。常委异地学习，是市政协提高常委素质，开阔常委眼界的一项长效机制。2010年，委员会在总结历次培训经验的基础上，继续做好这项工作。

（三）加强对委员档案的建设与管理。2010年，委员会在确保委员参加市政协举办的大型会议、活动的档案登记记录外，重点研究解决委员参加政府部门、政协专委会、民主党派举办的小型会议、活动的档案收集整理工作，努力做到时时、事事有记录。

（四）做好委员述职考核工作。按照《政协郑州市委员会对政协委员实施考核的办法》的有要求，及早着手，谋划好委员述职考核工作。

（五）保障各类会议活动的顺利举行。按照市政协的统一部署，配合相关部门做好全会、常委会议和各类报告会、通报会的筹备和保障工作。

2009年 城市建设委员会工作概况

2009年是我市新一届政协工作的开局之年，也是城市建设委员会的伊始之年。一年来，在市政协常委会和主席会议的正确领导下，在分管主席带领和全体委员支持配合下，城市建设委员会紧紧围绕政协中心工作，按照年初制定的工作要点和目标任务，及时进入角色，认真履行职能，迅速开展工作，较好地完成了全年各项工作任务。

一、认真学习，提高认识，增强履行职责的信心和能力

城建委作为新成立的专委会，要开好头、起好步，扎扎实实、卓有成效的开展工作，认真学习、提高认识是关键。一年来，我们以政协深入开展学习实践科学发展观活动、学习焦裕禄精神和“讲、树、促”教育活动为契机，认真学习了党的十七届三中、四中全会精神和《中共中央关于加强人民政协工作的意见》、胡锦涛总书记在庆祝政协成立60周年大会上的讲话、以及省、市关于加强人民政协工作的文件精神和人民政协理论，学习了全国其他城市政协的先进经验。通过学习，进一步领会了科学发展观的深刻内涵、精神实质和根本要求，逐步熟悉了政协和专委会工作的规律和特点，增强了履行职能的责任感和使命感，提高了履行职责的水平和能力，为做好专委会工作奠定了坚实的基础。

二、理清思路，努力工作，全面完成年度目标任务

按照市政协“突出重点、注重精品、量力而行”的工作要求，在积极探索中开展工作并不断总结经验教训，为今后更加经常、更加规范、更加有效开展工作，更好地发挥专委会作用奠定良好基础。

（一）制定专委会工作简则，确定全年工作目标。城建委成立之后，我们在主任到任晚、人员少的情况下，不等不靠，积极主动开展工作。在制定专委会工作简则、确定全年工作目标时，广泛征求有关领导和委员以及相关部门意见，查阅大量资料，深入调查研究，认真制定了城建委工作简则和全年工作目标，保证了专委会工作的有序进行。

（二）组织委员视察，履行民主监督职能。组织政协委员视察是政协及其委员履行民主监督、参政议政职责的重要形式。一年来，城建委坚持以围绕中心、服务大局为宗旨，认真学习和借鉴其他委员会做法和经验，先后组织了9次视察和一项专题调研活动。为了提高视察调研工作质量，注意在实践中积极探索更加有效的实现形式。一是围绕中心，科学选题。城市建设和管理工作不仅是经济社会发展的重要组成部分，而且是为经济社会发展提供保障性服务的重要领域，具有很强的基础性、先导性和公益性，关联度高、关注度高、开放度高、期望值高。面对城市建设和管理工作的繁重任务和特点，我们坚持抓主要矛盾，通过领导点题、委员们出题、各部门报题、专委会选题等多种渠道，按照关注热点、抓住难点、保证重点、宣传亮点的原则和要求，科学选定视察内容，适时组织视察活动。4月份，按照市政协对“扩内需、保增长”政策落实情况进行视察的工作安排，与人口资源环境委员会、文史资料委员会组成第四视察组，对我市保障性住房建设和污染减排工作进行了视察，形成了视察报告；5月份，在我市首条BRT快速公交线路开通前夕，组织委员对快速公交试运行情况进行视察；10月份，根据市政府主要领导的建议和李秀奇主席的要求，组织三级政协委员对我市长期以来存在的“天天挖沟”及架空线缆入地这一老大难问题进行了视察；11月份，为推动我市廉租住房的快速健康发展，李秀奇主席亲自带队，组织委员对该项工作进行了视察。12月10日，李秀奇主席带领部分政协委员对火车站地区综合整治情况进行了视察，并形成了视察报告，供市委、市政府决策参考；按照市政协组织三级政协委员视察跨越式发展十大工程的工作安排，12月23日，组织省市部分政协委员对我市城市建设管理工程及郑州新区规划建设工作进行了视察。二是精心组织，提高质量。工作中，重点把握好三个环节。其一，事前沟通协调，摸清情况，争取理解和支持。特别是针对一些涉及面广、矛盾突出、协调难度大的问题，坚持在视察前主动与政府、与部门、与委员、与视察对象进行沟通，如：对我市架空线缆入地工作的视察，主要涉及省市电力、通讯等垂直管理部门，

协调难度很大。对此，我们首先加强与政府的沟通和联系，与政府五处一起事先召集市发改、财政、规划、建设、市政等相关部门进行座谈，找出问题，分析原因，研究对策。同时主动与省市电力通讯部门沟通协调，做耐心细致的解释说明工作，使他们从开始的不理解、有顾虑、甚至退回视察通知，到消除抵触情绪，精心准备，积极配合，领导全程陪同视察并亲自汇报情况，认真听取委员意见，虚心接受批评和建议，收到了较好效果。其二，精心选择委员，更好地发挥政协委员民主监督、参政议政作用。要确保视察工作质量，视察人员的组成十分重要。实践中，我们适度打破常规，打破界别局限，从实际需要出发，针对不同的视察内容，既考虑人员组成的广泛性、代表性，又注重选择一些熟悉情况、顾全大局、敢说会讲的委员参加视察。如：对火车站地区综合整治工作的视察，我们跨界别选择一些对火车站地区管理高度关注、进行过深入调研和思考并写有提案的委员参加视察。实践证明，这些委员的发言客观实在、针对性强、有深度、效果好。其三，认真拟定视察方案，力争做到全面、准确、严谨、细致。每一次视察方案的制定，都做到不厌其烦、不畏其难、反复推敲、深思熟虑，不因其看似简单而掉以轻心、草率成文，从而保证视察工作顺利进行。

通过一年来组织委员开展视察活动，加强了与政府及其相关部门的沟通和联系，得到了政府的高度关注和支持，仅今年10月份以来，主管城建的副市长就两次全程陪同视察；密切了委员们的联络，增进了相互间的了解和友谊，锻炼提高了委员们参政议政的能力和水平，较好的发挥了委员们的作用；宣传了有关部门取得的成绩和经验，进一步激发了干好工作的热情和信心；通过委员们建言献策，提出了许多改进工作的意见和建议，得到了政府和相关部门的认可和接纳，推动了相关工作健康发展。如：通过对架空线缆入地问题的视察，张建慧副市长当场拍板，立即成立综合指挥部，制定出切实可行的工作方案，彻底解决我市架空线缆入地难的问题。

三、搞好服务，促进和谐，充分发挥委员的主体作用

政协委员是政协工作的主体，只有充分调动委员的积极性，发挥委员的主体作用，政协履行职能才有可靠的保障。我们按照市政协开展“创建委员之家、树立委员形象”的活动要求，结合城建委“两新”（新委员会、新委员）的特点，以“搞好服务，促进和谐”为立足点，主动出击，广泛联系，打造平台，创造条件，充分发挥委员的主体作用，树立新一届委员的良好形象。

（一）组织学习，宣传政策，提高委员综合素质。按照年初制定的工作计划，利用多种形式，认真组织委员参加市政协组织的各种学习活动，深入学习党和国家方针政策、人民政协理论，提高委员的政策理论水平；组织学习政协委员手册、市政协及专委会年度工作要点，进一步增长新一届政协委员的政协知识，规范履职行为，提高委员的政治素质和履职能力。

（二）加强沟通，提供机会，提高委员参政能力。为又快又好的开展工作，我们利用电话、邮箱、传真和政协组织活动等多种渠道，加强联系，培养感情，逐步熟悉，充分体现政协组织的亲和力和凝聚力，让他们感受到“家”的温暖。根据委员特点，利用政协活动，提供机会，让他们展示风采，提高参政能力，做优秀“五型”委员。如：在政协“扩内需、保增长，企业如何应对金融危机”座谈会上，我们根据委员粱嵩巍和李发臣的特点，分别指导，研究发言思路，并推荐大会发言。两位委员对应对金融危机独特的见解和企业发展的新思路博得了与会领导和委员的一致赞扬。

（三）深入实际，走访调研，帮助委员排忧解难。城建委委员60%以上是民营企业的法定代表人，作为我市经济建设主力军的一部分，长期以来为我市经济建设做出了积极的贡献。帮助企业摆脱金融危机的严重影响，是我们义不容辞的责任。按照市政协“扩内需、保增长”工作部署，我们克服委员多、任务重的困难，通过多种形式，深入一线，从企业从业人数、固定资产、销售收入、纳税情况、同比增长以及金融危机情况下部分企业扩大再生产存在的问题等方面，详细了解企业经营状况和困难。重点走访了委员粱嵩巍、白玉强所在的郑州投资集团、郑州一建，针对企业主要存在的“加州工业城项目7000万贷款迟迟得不到解决”和“省粮食仓库拖欠工程款”以及融资难、贷款难等问题，找出解决问题的关键人，利用政协的平台，协调解决问题，尽其所能为委员排忧解难。委员对此感激不已，更坚定了他们战胜困难的决心。

四、服务大局，搞好配合，认真完成领导交办的各项工作

在做好城建委日常工作的同时，牢固树立全局意识、配合意识，积极参与市政协的中心工作和各专委会组织的各类活动，努力完成领导交办的临时性任务。按照第三季度常委会议的中心议题，围绕我市农村改革发展，开展了“我市花卉种植业发展情况”的调研工作，摸清了我市花卉种植业发展情况针对我市花卉种植规模小、科技含量低、缺乏名牌、管理水平低等问题，提出了加快我市花卉种植业发展的意见和建议。组织政协委员参加了《郑州市城市房地产开发经营管理条例》、《郑州市廉租房实物配租管理规定》征求意见座谈会和《郑州市城市综合交通规划》评审会，委员们对此提出了一些很好的意见和建议，得到了主办单位的高度评价；受政协各专委会的邀请，多次参加其组织的委员视察和重点提案督办活动，密切了专委会间的联系与协作，拓宽了视野，增长了见识，学习了其他专委会组织活动的经验和做法。按照政协的工作安排，参与了长春市政协、辽阳市政协、黄石市政协、珠海市政协、济南市政协等5批数十人次来郑考察的接待任务，宣传了郑州，增进了友谊。

回顾一年来的工作，作为一个新成立的委员会，我们在学习中起步，在实践中探索，为履行好职责做出了不懈的努力。但我们所作的工作和取得的一点成绩距离政协和领导的要求，还有很大的差距。在新的一年里，我们要紧紧围

绕市委、市政府、市政协中心工作，加强与相关部门的联系与协作，不断完善自身建设，充分发挥专委会的基础作用，求真务实，开拓创新，为我市跨越式发展做出积极的贡献。

五、明年工作思路

2010年城建委工作的总体思路是，围绕一个中心：市委、市政府、市政协的中心工作；开展两个调研：城市交通、廉租住房；举办三项活动：委员培训活动、联谊活动、考察活动；组织四次视察：市政工程建设、城市防汛、城市交通、地下空间利用；健全五项制度：周一委务会制度、双月主任会议制度、半年全委会会议制度、走访制度、接待来访制度。

第六篇：

大 事 记

2009 年郑州市政协大事记

【一月】

1月6日，市政协召开总结表彰大会，会议由岳喜忠副主席主持，会议总结了本届政协工作，表彰了市政协十一届一次会议以来在各项活动中表现突出的集体和个人。市政协主席李秀奇希望全市各级政协组织和广大政协委员，要以学习实践科学发展观活动为动力，提高服务科学发展的能力；以先进典型为榜样，焕发干事创业的热情；以换届工作为契机，推动政协工作新发展，为把郑州建设成为“三化两型”城市作出新贡献。市政协副主席岳喜忠、王薇、朱专兴、舒安娜、牛西岭、陈西川、党普选，秘书长孙景国和副秘书长刘桂英、赵联邦、张文定、朱润生、崔平、李素坤参加了会议。

1月16日，市政协主席李秀奇来到郑州日报社等市属新闻媒体，看望慰问一线新闻工作者。李秀奇主席在听取了报社整体发展情况汇报后，对郑州日报社的工作给予充分肯定。他说，多年来，郑州日报社“两报一网”充分发挥宣传阵地的作用，认真宣传党的方针、路线和政策，关注热点、难点，反映民生、民情，为郑州经济社会跨越式发展和构建和谐郑州作出了积极贡献。新的一年，希望郑州日报社以科学发展观为指导，围绕中心、服务大局，唱响主旋律，打好主动仗，为把郑州建设成“三化两型”城市作出新的贡献。李秀奇主席一行还看望了我市广电系统新闻工作者。市政协副主席岳喜忠、王薇，秘书长孙景国和副秘书长崔平参加了慰问活动。

1月22日，市政协机关召开深入学习实践科学发展观活动转段会议，全面总结分析检查阶段工作，并对整改落实阶段工作进行动员部署。分析检查阶段，市政协机关按照市委学习实践活动领导小组的工作安排和要求，认真完成各项任务，达到了提高认识、转变作风、创新举措、推动工作的目的。针对整改落实阶段的工作，市政协主席李秀奇强调，要认真制定方案，集中解决突出问题，完善制度建设，扎实推进整改落实阶段工作；要切实加强组织领导、切实掌握活动进度、切实讲求工作实效、切实营造良好氛围、切实做到统筹兼顾，确保活动取得实效。市政协副主席岳喜忠、王薇、牛西岭、党普选，秘书长孙景国和副秘书长谭哲、刘桂英、赵联邦、张文定、朱润生、崔平、汤燕参加了会议。

【二月】

2月5日，市政协主席李秀奇、副主席王薇带领部分市政协委员对黄河科技学院进行了视察。在视察座谈中，李秀奇主席充分肯定了黄河科技学院近年来工作取得的成绩，同时，对黄河科技学院今后的发展提出了希望，最后李秀奇主席要求政协委员要一如既往的关心支持我市高等教育和民办教育的发展，要充分发挥政协优势，为我市教育事业和民办高等教育事业的发展，为我市经济社会的发展做出积极的贡献。市政协秘书长孙景国，副秘书长谭哲、崔平参加了视察活动。

2月10日和2月12日，市政协副主席岳喜忠带领综合调研组，先后到巩义和登封部分受金融危机冲击严重的企业厂矿，察看目前的生产情况，了解企业目前存在的主要困难和问题。市政协副秘书长赵联邦参加了调研活动。2月11日，市政协主席李秀奇、副主席牛西岭带领部分省、市政协委员来到郑州高新区，考察民营企业生产经营情况，并为其发展建言献策。在座谈会上，委员们就民营企业如何积极应对挑战，寻找机遇提出了不少中肯的建议。市政协主席李秀奇希望我市民营企业，认清形势，坚定信心，加快结构调整，不断提高企业核心竞争能力；提高自主创新能力，做创新型企业；抓住时机，化危为机，努力开拓国际、国内两个市场；加强内部管理，提高企业现代化管理水平；为国分忧，为民解愁，积极服务公益事业。他希望政府进一步优化民营企业发展的政策环境和外部环境，搭建融资服务平台，帮助民营企业解决资金、土地等问题。他要求，全市各级政协组织和政协委员要为民营企业应对金融危机出实招、办好事，帮助民营企业渡过难关。市政协秘书长孙景国，党组成员张桂兰，市政协副秘书长赵联邦参加了视察活动。

2月12日，市政协副主席陈西川带领部分市政协委员到登封市察看抗旱浇麦情况。市政协副秘书长张文定参加了视察活动。

2月13日，市政协主席李秀奇、副主席王薇带领部分市政协委员对我市妇幼保健工作进行了视察。在视察中，委员们对我市妇幼保健工作的发展提出了一些意见和建议。在视察座谈中，李秀奇主席对三家医院的工作和对市卫生部门贯彻《两纲要》、《两规划》工作取得的成绩给予了充分肯定，同时，李秀奇主席还指出了存在的一些问题，并对今后我市的妇幼保健工作提出了要求。他要求政协委员要继续关心和支持我市卫生工作和妇幼保健工作，从事医疗卫生工作的政协委员，要在医疗保健方面做出更大的努力，恪守职守，为贯彻落实《两纲要》、《两规划》，为我市妇幼保健卫生工作的健康发展做出积极贡献。市政协秘书长孙景国，党组成员张桂兰和副秘书长崔平参加了视察活动。

2月19日，市政协主席李秀奇，副主席岳喜忠、王薇、朱专兴、舒安娜、邓庆洲、陈西川、党普选带队到郑州市中级人民法院进行了视察。李秀奇主席在讲话中指出，市政协今后要一如既往地关心支持我市法院工作，依法依章程搞好民主监督，要积极向委员们宣传法院工作取得的成绩，同时积极为解决法院工作中遇到的困难和问题鼓与呼；政协中从事法律工作的部门和委员，要认真做好本职工作，为促进我市法治工作和社会和谐进步做出新的更大的贡献。市政协秘书长孙景国、党组成员张桂兰和副秘书长谭哲、刘桂英、赵连邦、张文定、朱润生、崔平、李素坤参加了视察活动。

2月23日，市政协主席李秀奇，副主席岳喜忠带领部分市政协委员到郑州市检察院进行视察。委员一行实地参观了郑州市检察院办公大楼，听取了李自民检察长对检察院工作的情况汇报。在座谈会上，李秀奇主席对全市检察工作给予了充分肯定。同时，他要求市政协要进一步依法、依章程履行好民主监督职能，为我市检察工作建言献策；要进一步理解、宣传、支持我市检察院工作，为我市检察工作献计出力；要进一步加强与检查机关的联系与沟通，相互理解，相互支持，共同为推进我市经济社会跨越式发展，加快建设现代化、国际化、信息化和生态型、创新型城市做出新的贡献。市政协秘书长孙景国、党组成员张桂兰和副秘书长谭哲、张文定、朱润生参加了视察活动。

2月28日，参加市政协十二届一次会议的委员报到并召开了全体委员预备会议，会议听取了大会秘书长关于政协郑州市第十二届委员会第一次会议筹备情况汇报，审议通过了政协郑州市第十二届委员会第一次会议议程，审议通过了政协郑州市第十二届委员会第一次会议主席团、主席团会议主持人和秘书长名单，审议通过了政协郑州市第十二届委员会第一次会议提案审查委员会主任、副主任、委员名单。政协十一届委员会主席李秀奇，副主席岳喜忠、王薇、朱专兴、舒安娜、邓庆洲、牛西岭、陈西川、党普选，秘书长孙景国和副秘书长谭哲、张文定、朱润生、崔平、李素坤、汤燕参加了会议。

2月28日，市政协十二届一次会议召开主席团第一次会议，会议审议通过了主席团常务主席名单，审议通过了副秘书长名单、各次全体会议主持人名单、委员分组办法和小组召集人名单。

【三月】

3月1日，市政协十二届委员会第一次会议隆重召开。会议由大会主席团常务主席岳喜忠主持。大会主席团常务主席李秀奇代表政协郑州市第十一届委员会常务委员会作工作报告；朱专兴副主席代表政协郑州市第十一届委员会常务委员会作提案工作报告。

大会主席团常务主席王薇、舒安娜、牛西岭、陈西川、党普选、张冬平、李新有、张民服，大会秘书长孙景国和副秘书长张桂兰、谭哲、张文定、朱润生、崔平、李素坤、汤燕参加会议。市党政军领导王文超、赵建才、马懿、郝建生、白红战、王鑫、康定军、杨惠琴、李柳身、王璋、姚待献、丁世显、胡荃、高建慧、李建华、王林贺、李公乐、王平、栗培青、魏深义、王旭彤、张发亮、雷志、刘全心、孙金献、薛云伟、黄保卫、刘东，市中级人民法院院长贾记鑫、市人民检察院代检察长杨祖伟及其他市级领导同志在主席台就座。往届市政协老领导应邀出席会议。

3月2日，出席市政协十二届一次会议的委员们列席了市人大十三届一次会议开幕会。听取了市长赵建才代表市政府向大会作的《政府工作报告》。大会主席团常务主席李秀奇、岳喜忠、王薇、朱专兴、舒安娜、牛西岭、陈西川、党普选、张冬平、李新有、张民服，大会秘书长孙景国和副秘书长张桂兰、谭哲、张文定、朱润生、崔平、李素坤、汤燕列席了会议。

3月3日上午，省委常委、市委书记王文超在市政协十二届一次会议主席团常务主席李秀奇的陪同下，与经济、工商联界别的政协委员一起讨论了政府工作报告。王文超书记在听取了政协委员的发言后指出，大家敢于直言，善于研究问题，所提意见和建议很有针对性，我们将认真进行梳理，加以研究吸纳。希望各个党派、各个阶层和全市人民要进一步解放思想，团结一致，积极支持参与大郑东新区建设，实现郑州经济社会跨越式发展。市领导赵建才、马懿、李柳身、王璋、姚待献、丁世显、胡荃、高建慧、王林贺也分别参加了委员小组的讨论。大会主席团常务主席岳喜忠、王薇、朱专兴、舒安娜、牛西岭、陈西川、党普选、张冬平、李新有、张民服和大会秘书长孙景国和副秘书长张桂兰、谭哲、张文定、朱润生、崔平、李素坤、汤燕也同时参加了小组讨论。

3月3日下午，市政协十二届一次会议举行第二次全体会议。会议由市政协十二届一次会议主席团常务主席王薇主持。市委领导马懿、王林贺到会听取了委员们的发言。会上，牛培玲等8位委员分别代表党派、专委会进行大会发言。马懿书记在讲话中指出，有关单位和政协委员们的意见建议内容广泛，大家的发言内容广泛，主题突出，观点明确，针对性强，充分体现了委员们高昂的参政议政热情，展示了政协组织人才荟萃、智力密集的特点和优势。对于委员们在发言中提出的意见和建议，市委、市政府将在今后的工作中认真研究采纳，市直有关部门要结合实际消化吸收，改进工作。大会主席团常务主席李秀奇、岳喜忠、朱专兴、牛西岭、陈西川、党普选、张冬平、李新有、张民服，大会秘书长孙景国和副秘书长张桂兰、谭哲、张文定、朱润生、崔平、李素坤、汤燕列席了会议。

3月4日，出席市政协十二届一次会议的政协委员列席了市人大十三届一次会议第二次全体会议。听取了郝建生主任作市人大常委会工作报告、贾记鑫院长作市中级人民法院工作报告、杨祖伟检察长作市人民检察院工作报告。大会主席团常务主席李秀奇、岳喜忠、王薇、朱专兴、舒安娜、牛西岭、陈西川、党普选、张冬平、李新有、张民服，大会秘书长孙景国和副秘书长张桂兰、谭哲、张文定、朱润生、崔平、李素坤、汤燕列席了会议。

3月5日上午，市政协十二届一次会议举行主席团第一次常务主席会议。会议由大会主席团常务主席李秀奇主持，会议协商审议有关人事问题、选举办法等其他相关事宜。大会主席团常务主席岳喜忠、王薇、朱专兴、舒安娜、牛西岭、陈西川、党普选、张冬平、李新有、张民服，大会秘书长孙景国参加了会议，副秘书长张桂兰、谭哲、张文定、朱润生、崔平、李素坤、汤燕列席了会议。

3月5日上午，市政协十二届一次会议举行主席团第二次会议。会议由大会主席团常务主席李秀奇主持。会议听取了大会秘书长孙景国关于小组讨论审议情况的汇报；听取了市委常委、统战部部长王林贺关于政协郑州市第十二届委员会主席、副主席、秘书长、常务委员候选人建议名单情况的说明；审议了市政协十二届一次会议选举办法(草案)；审议了政协郑州市第十二届委员会主席、副主席、秘书长、常务委员候选人名单(草案)；审议了市政协十二届一次会议选举大会总监票人、副总监票人、监票人名单(草案)；审议通过了市政协十二届一次会议选举大会总计票人、副总计票人、计票人名单；审议了市政协十二届一次会议政治决议(草案)；审议了市政协十二届一次会议关于政协郑州市第十一届委员会常务委员会工作报告及提案工作报告的决议（草案)；审议了市政协十二届一次会议提案审查委员会关于市政协十二届一次会议提案审查情况的报告(草案)。大会主席团常务主席岳喜忠、王薇、朱专兴、舒安娜、牛西岭、陈西川、党普选、张冬平、李新有、张民服，大会副秘书长张桂兰、谭哲、张文定、朱润生、崔平、李素坤、汤燕出席了会议。

3月5日下午，市政协十二届一次会议举行主席团第二次常务主席会议。会议由大会主席团常务主席李秀奇主持。会议听取了大会秘书长孙景国关于市政协十二届一次会议有关人事问题，选举事项及各项决议(草案)酝酿审议情况的汇报。大会主席团常务主席岳喜忠、王薇、朱专兴、舒安娜、牛西岭、陈西川、党普选、张冬平、李新有、张民服出席了会议，副秘书长张桂兰、谭哲、张文定、朱润生、崔平、李素坤、汤燕列席了会议。

3月5日，市政协十二届一次会议举行主席团第三次会议。会议由大会主席团常务主席李秀奇主持。会议听取了大会秘书长孙景国关于市政协十二届一次会议有关人事问题，选举事项及各项决议(草案)酝酿审议情况的汇报。会议通过了市政协十二届一次会议选举办法(草案)；通过了政协郑州市第十二届委员会主席、副主席、秘书长、常务委员候选人名单(草案)；通过了市政协十二届一次会议选举大会总监票人、副总监票人、监票人名单(草案)；通过了市政协十二届一次会议政治决议(草案)；通过了市政协十二届一次会议关于政协郑州市第十一届委员会常务委员会工作报告及提案工作报告的决议(草案)；通过了市政协十二届一次会议提案审查委员会关于市政协十二届一次会议提案审查情况的报告(草案)。大会主席团常务主席岳喜忠、王薇、朱专兴、舒安娜、牛西岭、陈西川、党普选、张冬平、李新有、张民服，大会副秘书长张桂兰、谭哲、张文定、朱润生、崔平、李素坤、汤燕出席了会议出席会议。

3月6日上午，市政协十二届一次会议举行第三次全体会议。会议由市委常委、统战部部长王林贺主持。会议首先通过了本次大会选举办法和总监票人、副总监票人、监票人名单。经过投票选举，李秀奇当选政协郑州市第十二届委员会主席，岳喜忠、王薇、朱专兴、舒安娜、牛西岭、陈西川、党普选、张冬平、李新有、张民服当选政协郑州市第十二届委员会副主席，张桂兰当选政协郑州市第十二届委员会秘书长。大会还选举出政协郑州市第十二届委员会常务委员107人。大会主席团常务主席李秀奇、岳喜忠、王薇、朱专兴、舒安娜、牛西岭、陈西川、党普选、张冬平、李新有、张民服，大会秘书长孙景国和副秘书长张桂兰、谭哲、张文定、朱润生、崔平、李素坤、汤燕出席大会。

3月6日下午，市政协十二届一次会议胜利闭幕。闭幕大会由市政协主席李秀奇主持。会议通过了市政协十二届一次会议政治决议；通过了市政协十二届一次会议关于政协郑州市第十一届委员会常务委员会工作报告及提案工作报告的决议；通过了市政协十二届一次会议提案审查委员会关于市政协十二届一次会议提案审查情况的报告。市政协副主席岳喜忠、王薇、朱专兴、舒安娜、牛西岭、陈西川、党普选、张冬平、李新有、张民服，秘书长张桂兰和副秘书长谭哲、张文定、朱润生、崔平、李素坤、汤燕参加大会。

市党政军领导王文超、赵建才、郝建生、白红战、杨惠琴、王鑫、康定军、李柳身、王璋、姚待献、丁世显、胡荃、高建慧、李建华、王林贺、李公乐、王平、栗培青、魏深义、赵明恩、王旭彤、张发亮、雷志、刘全心、孙金献、薛云伟、黄保卫、刘东、高方斌，市中级人民法院院长贾记鑫、市人民检察院代检察长杨祖伟及其他市级领导同志在主席台就座。往届市政协老领导应邀出席会议。

3月6日下午，市政协召开十二届

一次主席会议。会议由市政协主席李秀奇主持。会议审议通过了市政协十二届一次常委会议议程(草案);听取了市委组织部关于人事安排情况的说明和市政协秘书长张桂兰关于政协郑州市第十二届委员会专门委员会设置情况的说明;审议通过了其他相关事宜。市政协副主席岳喜忠、王薇、朱专兴、牛西岭、陈西川、党普选、张冬平、李新有、张民服,秘书长张桂兰出席了会议,副秘书长谭哲、张文定、朱润生、崔平、李素坤、汤燕列席了会议。

3月6日下午,市政协召开十二届一次常委会议。会议由市政协副主席岳喜忠主持。会议首先审议通过了市政协十二届一次常委会议议程;审议通过了政协郑州市第十二届委员会常务委员会关于设置专门委员会的决定;审议通过了政协郑州市第十二届委员会副秘书长名单;审议通过了政协郑州市第十二届委员会专门委员会主任、副主任名单。李秀奇主席在讲话中要求,要发挥好政协常委会的组织领导作用、专委会的基础作用、委员的主体作用和政协机关的服务作用,解放思想,同心同德,为推动我市政协工作的新进展,为促进我市经济社会发展的新跨越作出新的积极贡献。市政协副主席王薇、朱专兴、牛西岭、陈西川、党普选、张冬平、李新有、张民服,秘书长张桂兰和副秘书长谭哲、张文定、朱润生、崔平、李素坤、汤燕出席会议。

3月17日,市政协机关举行2008年总结表彰暨2009年工作安排大会。会议全面回顾总结了市政协2008年工作,明确了今年的工作任务,并对先进工作者、优秀共产党员等先进个人进行了表彰。市政协主席李秀奇在讲话中提出五点要求:讲学习,注重提高素质;讲政治,找准工作方向;讲协作,形成整体合力;讲奉献,争创一流业绩;讲创新,展现工作特色。为早日把郑州建设成为现代化、国际化、信息化和生态型、创新型国家区域性中心城市作出积极贡献。市政协副主席岳喜忠、王薇、陈西川,秘书长张桂兰和副秘书长谭哲、张文定、朱润生、崔平出席会议。

3月18日,市政协召开十二届三次主席会议,会议由市政协主席李秀奇主持。会议决定,本月31日举行市政协十二届二次常委会会议。市政协副主席岳喜忠、王薇、朱专兴、舒安娜、李新有、张民服,秘书长张桂兰和副秘书长谭哲、张文定、朱润生、崔平、汤燕参加了会议。

3月24日,市政协举行2009年第一季度政情交流会。会议由市政协副主席牛西岭主持。郑州市中小企业发展局通报了全市民营经济发展状况及当前应对金融危机所采取的措施。委员们围绕民营企业如何应对金融危机走出困境,结合自己所在行业受金融危机影响情况,针对目前企业或行业存在的主要问题积极发言。市政府市长助理楚保国听取了委员们的座谈发言并发表了讲话。市政协副主席岳喜忠在讲话中提出了三点意见建议,一要认清形势,坚定应对金融危机的信心;二要齐心协力,迎难而上,确保我市经济平稳较快增长;三要增强责任意识,为应对金融危机献计出力。市政协副主席党普选,秘书长张桂兰和副秘书长谭哲、张文定、崔平、李素坤、汤燕参加了会议。

3月31日,市政协召开十二届二次常委会议。全国政协委员、市政协副主席舒安娜传达了十一届全国人大二次会议和全国政协十一届二次会议精神。委员们学习讨论了《郑州现代化国际化信息化和生态型创新型城市建设纲要(2009～2020)》,并围绕我市“三化两型”城市建设提出了很多有价值的意见和建议。市政协主席李秀奇在讲话中要求,要把学习贯彻全国“两会”精神与学习实践科学发展观结合起来,坚持用科学发展观指导政协工作;把学习贯彻全国“两会”精神与学习贯彻我市“两会”精神结合起来,坚持围绕中心、服务大局;把学习贯彻全国“两会”精神与切实履行政协职能结合起来,坚持用理论创新推动工作创新。要充分认识我市“三化两型”城市建设的重要意义,准确把握我市“三化两型”城市建设的主要任务,积极投身我市“三化两型”城市建设的重大实践。要进一步做好十二届市政协开局之年的各项工作,在提高履行政协职能水平上狠下工夫,在突出特色、打造精品上狠下工夫,在推进政协“三化”建设上下工夫,努力使本届政协工作在开局之年有新的气象、新的面貌,取得新的成绩。市政协副主席王薇、朱专兴、牛西岭、陈西川、党普选、张冬平、李新有、张民服,秘书长张桂兰和副秘书长谭哲、张文定、崔平、李素坤、汤燕出席了会议。

3月中旬,市政协妇委会组织机关女同志集体外出学习考察。

【四月】

4月7日,市政协召开十二届四次主席会议。会议由市政协主席李秀奇主持。会议传达了市委常委扩大会议精神,研究部署市政协4月份的工作。李秀奇主席要求,全市各级政协组织和政协委员要认真组织开展好对我市经济工作的重点视察,紧紧围绕“扩内需、保增长”的议题认真组织调研;要认真总结好学习实践科学发展观活动;积极筹备开展“创建委员之家”活动。李秀奇主席强调,今年是十二届市政协的开局之年,要加强新委员的培训学习,扎实开展市政协“制度建设年”活动,不断建立完善工作机制,积极推进政协工作的“三化”建设。市政协副主席岳喜忠、王薇、朱专兴、舒安娜、陈西川、党普选、张冬平、李新有、张民服,秘书长张桂兰出席会议,副秘书长谭哲、张文定、朱润生、崔平、李素坤、汤燕列席了会议。

4月9日,市政协主席李秀奇、副主席王薇带领部分政协委员,对中原区、管城区政协开展“委员之家”建设情况进行了调研。调研座谈会上,李秀奇主席在充分肯定中原区、管城区政协建设“委员之家”做法同时,对市政协开展“创建政协委员之家,树立政协委员形象”活动提出了明确要求,一是进一步明确开展活动的指导思想和意义;二是进一步总结中原区、管城区政协创建“委员之家”的经验,探索委员履行职能的有效途径;三是进一步加强自身建设,完善制度,健全功能;四是进一步加强领导,切实把“创建政协委员之家,树立政协委员形象”活动作为市、区两级政协本年度工作的要点,作为各级政协委员搭建参政议政平台的重点,通过有效的工作，使之成为政协工作的又一亮点。市政协秘书长张桂兰和副秘书长谭哲、朱润生、崔平、李素坤、汤燕参加了调研活动。

4月13日，市政协主席李秀奇到经济技术开发区调研并督导第二批学习实践科学发展观活动开展情况。在听取了经济技术开发区发展情况和学习实践活动开展情况汇报后，李秀奇对经济技术开发区的工作给予充分肯定。他深入阐述了科学发展观的内涵和重大意义，并与大家交流了学习实践科学发展观的体会。他希望经济技术开发区在学习实践活动中，始终坚持以经济建设为中心不动摇，进一步优化经济结构；始终坚持加大投入、大上项目、上大项目不动摇，进一步发展创业的大好局面；始终坚持解放思想、改革开放不动摇，在思想、经济、人才、管理等方面与国际接轨；始终坚持干部队伍建设不动摇，引导干部学习科技、文化、法律、管理等方面的知识，不断提高干部队伍整体素质，确保学习实践活动取得实效。

4月15日，市政协主席李秀奇、副主席王薇带领部分市政协委员对我市中小学教育工作进行了视察。李秀奇主席在座谈会上对我市中小学教育事业取得的成绩给予充分肯定，同时针对如何加快我市中小学义务教育事业的发展提出了一些意见建议。市政协秘书长张桂兰和副秘书长崔平参加了视察活动。

4月16日，市政协主席李秀奇带领部分市政协委员就中央和省、市“扩内需、保增长”政策在我市的贯彻落实情况进行了视察。李秀奇主席一行深入郑州大方桥梁机械有限公司、郑州煤矿机械集团有限公司，详细了解落实政策情况。在听取情况介绍后，李秀奇主席希望有关部门要坚定不移地贯彻落实好中央、省、市政策，确保实效；要坚定不移地加大对经济发展的投入，努力增长经济发展后劲；要坚定不移地发展高科技企业，加快企业自主创新步伐；要坚定不移地给企业创造良好的发展环境，切实解决企业存在的困难和问题。同时，他希望全市各级政协组织和政协委员发挥好政协优势，推动中央、省、市“扩内需、保增长”政策的贯彻落实。市政协副主席岳喜忠、王薇、牛西岭、党普选，秘书长张桂兰和副秘书长谭哲、张文定、朱润生、崔平、李素坤、汤燕参加了视察活动。

4月23日，市政协召开“讲党性修养、树良好作风、促科学发展”教育活动动员大会。会议由市政协副主席岳喜忠主持。会上，市政协副主席王薇宣读了市政协机关“讲树促”教育活动实施意见。李秀奇在讲话中要求，市政协机关广大党员干部要加强学习，把学习弘扬焦裕禄精神和教育活动落实到强化党性宗旨观念、树立良好作风上来，落实到整改提高上来，落实到促进科学发展上来，落实到开创政协工作新局面上来；要加强领导，落实责任，领导带头，以身作则，联系实际，解决问题，统筹兼顾，相互促进，确保“讲树促”活动取得实效。市政协副主席党普选，秘书长张桂兰和副秘书长谭哲、张文定、朱润生、崔平、李素坤、汤燕参加了会议。

4月29日，市政协主席李秀奇带领政协机关干部和各县(市)、区政协负责人，视察了中原区、管城区的部分“委员之家”。在随后的动员会上，李秀奇主席指出，要充分认识开展“创建委员之家、树立委员形象”活动的重大意义，突出重点，做到抓基层，重心下移；抓制度，提供保证；抓活动，丰富载体；抓结合，形成合力。要通过活动的开展，进一步团结政协委员、凝聚各界力量，共同服务科学发展、和谐发展。市政协副主席岳喜忠、王薇、党普选、李新有，秘书长张桂兰和副秘书长谭哲、朱润生、崔平、李素坤、汤燕参加视察并出席了动员会。

【五月】

5月5日，市政协党组理论学习中心组举行集中学习活动，认真学习胡锦涛总书记在十七届中央纪委三次全会上的重要讲话精神和省委书记、省人大常委会主任徐光春在省纪委八届四次全会上的讲话精神。李秀奇在讲话中指出，要多花时间，深入学习贯彻胡锦涛总书记的重要讲话精神，做到在深刻领会精神实质、准确把握重大意义上多下工夫；在联系思想实际和工作实际上多下工夫；在抓落实、见成效上多下工夫。要充分发挥政协优势，紧紧围绕市委、市政府中心工作，积极建言献策，推动郑州“三化两型”城市建设。市政协副主席岳喜忠、王薇、牛西岭、陈西川、党普选，秘书长张桂兰和副秘书长谭哲、张文定、朱润生、崔平、汤燕参加了学习活动。

5月7日，市政协主席、市科技自主创新工程指挥部指挥长李秀奇到高新技术开发区，对科技自主创新工程所列部分企业及项目实施情况进行调研。在与企业负责人进行座谈后，李秀奇主席希望企业要在确保质量的前提下，加快在建项目建设进度，确保如期投产；加大新产品开发力度，加快科研成果转化，提升产品竞争力，不断扩大市场份额；抓住有利时机吸引人才，为企业今后发展做好人才储备。他希望有关部门要及时帮助企业解决生产经营中遇到的具体问题，为企业发展壮大创造良好环境。

5月7日，市政协民族和宗教委员会在政协机关举办了民族宗教界政协委员培训班，培训内容主要是民族宗教方面政策法规和基本知识，提案撰写，委员管理与考核等。市政协副主席牛西岭参加培训班并作重要讲话。

5月7日，市政协副主席李新有带领农业委员会部分政协委员对我市生态林业建设情况和绿博会准备情况进行了视察。

5月14日，市政协召开企业界委员应对金融危机座谈会，交流企业界委员应对金融危机、带领企业危机之中求机遇促发展的经验，提升大家战胜困难的信心。市政协主席在讲话中指出，要充分认识当前的经济形势，抓住机遇，乘势而上；要积极发挥政协在应对金融危机中的重要作用；要进一步发挥好企业界政协委员的主体作用；要坚定信心，知难而上，在应对危机中树立政协委员良好形象。市政协副主席岳喜忠、王薇、牛西岭，秘书长张桂兰和副秘书长谭哲、李素坤、汤燕参加了会议。

5月22日、23日，市政协主席李秀奇带机关部分同志赴安阳、焦作两地，就政协制度建设、委员履职工作、服务委员工作等方面的先进经验和做法进行交流学习。李秀奇主席在座谈中指出，通过座谈交流，既加强了联系，增进了友谊，又互相学到了很好的工作经验和工作方法，李主席尤其对安阳市政协充分发挥民主党派中政协委员作用的先进经验，焦作市政协在“服务委员年”活动中的得力措施给予高度评价。市政协副主席王薇、张冬平，秘书长张桂兰和副秘书长谭哲参加交流学习。

5月25日，市政协主席李秀奇，副主席王薇陪同驻黑龙江省全国政协委员考察团一行到登封考察我市文化旅游产业发展。

5月27日，市政协召开“扩内需、保增长”市政协领导联系委员座谈会。座谈会上，李香枝、卢天明、梁嵩巍等9名委员先后介绍了所在企业在建项目进展情况及需要协调解决的问题。李秀奇主席要求，参与联系委员的领导干部，要深入企业调研，做好服务，帮助协调解决困难问题，确保“扩内需、保增长”市政协领导联系委员活动取得实效，为促进我市经济平稳较快发展作出积极贡献。市政协副主席王薇、朱专兴、牛西岭、张冬平、李新有、张民服，秘书长张桂兰和副秘书长谭哲、张文定、朱润生、崔平、李素坤、汤燕参加了会议。

5月31日，市政协主席李秀奇，副主席王薇带领机关部分同志看望慰问了郑州师专附属小学和金水区新建幼儿园的师生，为孩子们送去节日的祝福并赠送了丰富多彩的礼物。市政协秘书长张桂兰和副秘书长谭哲、张文定、崔平参加了慰问活动。

5月31日，市政协副主席牛西岭到所联系委员企业郑州布瑞克房地产开发有限公司进行调研座谈。市政协副秘书长李素坤参加了调研活动。

【六月】

6月1日，市政协主席李秀奇到所联系的委员企业郑州兴基实业有限公司进行调研，了解企业项目进展情况，引导企业认清形势、提振信心，为企业解决困难、加快发展出谋划策。市政协秘书长张桂兰参加了调研活动。

6月1日、6月3日，市政协副主席岳喜忠先后到所联系市政协委员李发臣所在的郑州清华园房地产开发公司和市政协委员赵孙立所在的娅丽达服饰有限公司进行了调研座谈。市政协副秘书长张文定参加了调研活动。

6月1日，市政协副主席牛西岭带领民族和宗教委员会部分委员对我市宗教场所管理情况进行了视察。市政协副秘书长李素坤参加了视察活动。

6月2日，市政协召开十二届六次主席会议，会议由市政协主席李秀奇主持。会议传达了市委有关会议精神，部署6月份市政协主要工作。李秀奇主席在讲话中要求，要继续开展好“讲党性修养、树良好作风、促科学发展”教育活动以及“创建政协委员之家，树立政协委员形象”活动；要围绕“扩内需、保增长”这一议题，认真开好市政协十二届三次常委会议；要继续加强新委员培训学习，深入开展“扩内需、保增长”政协领导联系委员活动；继续开展好对科技自主创新工作的调研；要认真筹备，开好“推进郑许经济联动发展”座谈会。市政协副主席岳喜忠、王薇、朱专兴、牛西岭、陈西川、党普选、张冬平、李新有、张民服出席会议，副秘书长谭哲、张文定、朱润生、崔平、李素坤、汤燕列席了会议。

6月3日，市政协主席李秀奇，副主席王薇带领部分委员视察了对我市旅游业情况进行了深入调研。委员们先后视察了黄河风景名胜区郑州黄河国家地质博物馆、花园口村农家乐、丰乐农庄等。李秀奇主席在讲话中要求各级政协组织和委员要积极关注和参与旅游业发展，深入调研、发现问题、建言献策，切实为旅游业发展鼓与呼。要一如既往的支持旅游部门的工作，共同打造好旅游产业，为郑州经济社会发展做出贡献。市政协副秘书长崔平参加了视察活动。

6月4日，市政协主席李秀奇带领农业委员会部分委员对我市2009年防汛工作进行了视察。委员们先后到金水区、惠济区和荥阳市视察了马渡下延控导工程、花园口险工将军坝及桃花峪控导工程。在座谈中，李秀奇主席高度肯定了前一阶段我市防汛准备工作取得的各项成绩，并希望有关部门未雨绸缪，切实在思想认识、物质储备、组织队伍和工程建设等方面做好防汛准备；加快防汛重点工程建设，对险情做到早发现、早处理；加大防汛工程基础设施、车辆等方面的投入，明确任务，强化责任，确保防汛工作万无一失。市政协副主席岳喜忠、陈西川、党普选、张冬平、张民服和副秘书长谭哲、朱润生、崔平、李素坤、汤燕参加了视察活动。

6月5日，市政协主席李秀奇，副主席王薇陪同全国政协副主席、中国文联主席孙家正考察我市文化产业发展情况。市政协秘书长张桂兰和副秘书长崔平参加了活动。

6月5日，市政协副主席党普选带领人口资源环境委员会部分委员对我市流动人口计生工作进行了视察。市政协副秘书长汤燕参加了视察活动。

6月9日，市政协副主席陈西川分别走访了郑州花楼现代农业科技园董事长凌公鹏委员和郑州建海置业有限公司董事长杨海平委员。市政协副秘书长朱润生参加了调研活动。

6月16日，市政协副主席王薇到所联系委员企业生茂光电科技股份有限公司调研。市政协副秘书长崔平参加了调研活动。

6月16日、17日，市政协副主席党普选分别走访了所联系的经济界齐章洪和孔祥平委员，实地察看了他们所在企业并进行了座谈。市政协副秘书长汤燕参加了调研活动。

6月17日，市政协举行“创建委员之家、树立委员形象”座谈会，委员们就创建委员之家，如何做一名“学习型、民主型、务实型、创新型、奉献型”政协委员进行了交流。会上，牛雷莉等7名市政协委员结合各自实际，畅谈了对“创建委员之家、树立委员形象”活动的认识和体会。市政协主席李秀奇在讲话中要求，坚持把树立委员形象作为出发点和落脚点，不断推动活动深入开展；坚持把创建委员之家作为活动的重要内容，营造服务委员的良好环境。市政协副主席王薇、牛西岭、陈西川、党普选、张冬平、李新有，秘书长张桂兰和副秘书长谭哲、张文定、朱润生、崔平、李素坤、汤燕参加了座谈会。

6月18日，市政协召开“扩内需、保增长”服务委员汇报会。市政协主席李秀奇，副主席王薇、朱专兴、舒安娜、牛西岭、陈西川、党普选、张冬平，秘书长张桂兰和副秘书长谭哲、张文定、朱润生、崔平、李素坤、汤燕参加了会议。

6月26日，市政协召开十二届七次主席会议，会议由市政协主席李秀奇主持。会议决定，市政协十二届三次常委会议于7月2日举行。会议讨论并审议了其他有关事宜。市政协副主席王薇、朱专兴、舒安娜、牛西岭、陈西川、党普选、张冬平、李新有、张民服，秘书长张桂兰和副秘书长谭哲、张文定、朱润生、崔平、李素坤、汤燕参加会议。

6月29日，市政协主席李秀奇、副主席王薇到二七区调研“委员之家”建设情况。李秀奇主席对二七区的“委员之家”建设情况给予充分肯定。他希望全市各级政协组织进一步坚定建设“委员之家”的信心和决心，切实按照有关标准和要求，把“委员之家”建成、建好，发挥好“委员之家”在提高委员素质、塑造委员形象方面的平台作用。秘书长张桂兰参加了调研活动。

6月29日，市政协举办了“爱我中华”主题综艺活动。此项活动系统回顾了党的历史以及新中国成立以来经济社会发生的翻天覆地的变化。市政协主席李秀奇充分肯定了举办这次活动的意义，并且希望在今后的工作中，机关各单位、各部门经常组织一些丰富多彩的文体活动，搭建互相学习，互相交流的平台，树立和强化“终身学习、岗位成材”的理念，努力培养和造就一支富有干事创业激情的干部职工队伍，始终保持昂扬向上、奋发进取的精神状态，大家同心协力，为把郑州建设成三化两型城市做出积极贡献。市政协副主席党普选，秘书长张桂兰和副秘书长谭哲参加了活动。

【七月】

7月2日。市政协召开十二届三次常委会议。会议审议通过了市政协十二届三次常委会议议程，听取了市政府关于我市“扩内需、保增长”情况的通报，并围绕“扩内需、保增长”展开专题议政，形成了一批高质量的参政议政成果。会议还审议通过了政协郑州市委员会全体会议工作规则、常务委员会工作规则、专门委员会工作通则、提案工作条例等有关规章制度，审议通过了有关人事事项。市政协主席李秀奇在讲话中希望全市各级政协组织和政协委员牢记使命，再接再厉，更好地发挥职能作用，积极协助市委、市政府全力以赴保增长，千方百计保民生，同心协力保稳定，为我市积极应对金融危机、促进经济平稳较快增长作出更大贡献。市政协副主席王薇、朱专兴、舒安娜、牛西岭、陈西川、党普选、张冬平、李新有、张民服，秘书长张桂兰和副秘书长谭哲、张文定、朱润生、崔平、李素坤、汤燕参加了会议。

7月3日，市政协主席李秀奇赴中牟李国庆常委所在的浙商河南总部基地、李香枝委员所在的河南师范大学新联学院的项目建设情况进行调研，认真了解并协调解决两家市政协委员所在企业项目建设中遇到的问题。市政协秘书长张桂兰和副秘书长谭哲参加了调研活动。

7月10日，市政协主席李秀奇，副主席牛西岭与许昌市政协领导对推进郑许经济联动发展的对接项目进行了调研。市政协秘书长张桂兰参加了调研活动。

7月14日，市政协召开十二届九次主席会议。会议由市政协主席李秀奇主持。会议讨论了《关于我市实行12年义务教育的主席建议案》(征求意见稿)。市政协副主席岳喜忠、王薇、朱专兴、牛西岭、陈西川、党普选、张冬平、张民服，秘书长张桂兰和副秘书长谭哲、张文定、朱润生、崔平、李素坤、汤燕参加会议。

7月14日，市政协主席李秀奇围绕“大力学习弘扬焦裕禄精神，积极推动人民政协工作不断前进”这一主题，为政协机关党员干部上了一次生动的党课。李主席要求广大党员干部要切实把握焦裕禄精神的内涵，实事求是、调查研究，在科学发展上下工夫，做到以实为要，创造焦裕禄式业绩；牢记宗旨、心系群众，在改善民生上下工夫，做到以民为本，争做焦裕禄式干部；坚定信念、永葆本色，在锤炼党性上下工夫，做到以德治政，培育焦裕禄式品格；清正廉洁、实干奉献，在作风养成上下工夫，做到以廉洁身，树立焦裕禄式形象；不怕困难、不惧风险，在应对危机上下工夫，做到以勇闯关，展示焦裕禄式气概。要把学习弘扬焦裕禄精神与服务当前中心工作、政协自身建设和改造主观世界结合起来，切实把焦裕禄精神转化为推动政协工作的强大动力。市政协副主席岳喜忠、王薇、陈西川、党普选，秘书长张桂兰和副秘书长谭哲、张文定、朱润生、崔平、李素坤、汤燕参加学习。

7月15日，市政协主席李秀奇向市各民主党派、工商联负责人通报工作情况，并征求他们对政协工作的意见建议。李秀奇主席通报了市政协上半年工作情况和下半年主要工作安排，并对各民主党派、工商联对政协工作的大力支持表示衷心感谢。他希望各民主党派、工商联继续积极支持和参与政协工作，履行好职能，共同推动郑州经济社会跨越式发展。市政协副主席岳喜忠，民革市委主委刘东，民盟市委主委朱专兴，民进市委主委张民服，九三学社市委主委舒安娜，市政协秘书长张桂兰，民建市委、农工党市委和市工商联有关负责人参加会议。

7月17日，市政协“委员之家”正式挂牌成立。市政协主席李秀奇和副主席岳喜忠为“委员之家”揭牌。市政协副主席王薇、舒安娜、陈西川、张民服，秘书长张桂兰和副秘书长谭哲、张文定、朱润生、崔平、汤燕参加了揭牌仪式。

7月17日，市政协召开离退休老干部座谈会。岳喜忠副主席通报了机关上半年工作情况及下半年工作安排。市政协秘书长张桂兰和副秘书长谭哲参加了活动。

7月21日，市政协主席李秀奇，副主席岳喜忠、王薇、党普选一行视察了登封市政协“创建委员之家，树立委员形象”活动进展情况。李秀奇主席对登封市政协开展“创建委员之家，树立委员形象”活动取得的成效给予了积极评价和充分肯定，他要求在今后的工作中，要不断总结经验，完善思路，修订方案，扎实开展好“创建委员之家，树立委员形象”活动。市政协秘书长张桂兰和副秘书长谭哲、崔平参加了视察活动。

7月28日，市政协举行2009年上半年经济社会运行情况通报会。市政协主席李秀奇主持会议。市委常委、常务副市长胡荃向政协委员通报了我市上半年经济社会发展情况和下半年工作重点。李秀奇主席在讲话中希望全市各级政协组织和政协委员把思想和行动统一到中央、省委、市委对形势的分析判断和对工作的总体部署上来，坚定经济社会平稳较快发展的信心和决心，维护好安定团结的良好政治局面，积极为推进我市跨越式发展和“三化两型”城市建设贡献力量。市政协副主席岳喜忠、王薇、陈西川、张民服，秘书长张桂兰和副秘书长张文定、朱润生、汤燕参加了会议。

7月29日，市政协副主席王薇带领市政协嵩山书画院著名书画家到郑州警备区开展了庆“八一”拥军笔会活动。市政协副秘书长崔平参加了活动。

7月30日，市政协主席李秀奇、副主席王薇到新密市尖山乡楼院村参加市政协医药卫生界别委员王祖超捐助村卫生所建设活动。在捐赠仪式上，王祖超委员向该村卫生所捐赠了价值五万三千余元的医疗物资。

【八月】

8月5日，由省政协主办、市政协承办的郑许经济联动发展座谈会在郑州举行，郑州、许昌两市拟在产业和交通对接、资源共享等方面加强合作。在座谈会上，市政协主席李秀奇代表市政协对推动郑许经济联动发展提出建议。省委常委、市委书记王文超表示，郑州将迅速落实郑许三条快速通道建设，积极谋划产业对接，为兄弟城市培养输送人才，努力形成两市互补互利、互相促进、共同发展的双赢格局。省政协主席王全书指出，推进郑许经济联动发展要制定科学发展规划，打造快捷交通体系发挥产业互补优势；要健全协调联动机制，共同推进郑许经济联动发展、推动中原城市群建设，加快中原崛起。省市领导张大卫、靳绥东、赵建才，许昌市领导毛万春、李亚、董晋平，市政协副主席岳喜忠、牛西岭、陈西川、党普选，秘书长张桂兰和副秘书长谭哲、张文定、朱润生、崔平、李素坤、汤燕参加了会议。

8月6日，市政协和人民政协报社联合举办庆祝人民政协成立60周年理论研讨会。李秀奇主席在讲话中指出，人民政协理论是政治性、政策性、实践性很强的一门科学，要进一步提高对加强人民政协理论研究工作重要性的认识，加强学习，全面了解和把握人民政协理论的科学思想体系；把握方向，坚定不移地走中国特色社会主义政治发展道路；联系实际，密切关注新的实践和新的发展开展政协理论研究；整合力量，努力形成社会各方都来重视和研究人民政协理论的良好氛围；加强领导，不断把政协理论研究工作推向前进，为促进人民政协事业发展、推动“三化两型”城市建设作出新贡献。市委常委、统战部部长王林贺代表中共郑州市委作了发言，人民政协报社社长郧旦生也作了讲话。市政协副主席岳喜忠、牛西岭、陈西川、党普选、李新有、张民服，秘书长张桂兰出席会议，市政协副秘书长谭哲、张文定、朱润生、崔平、李素坤、汤燕参加会议。

8月11日，市政协副主席党普选带领市政协文史资料委员会部分委员对我市农村文化建设工作情况进行了调研。市政协副秘书长汤燕参加了调研活动。

8月18日，市政协副主席牛西岭带领民族和宗教委员会少数民族界别委员赴中牟调研我市少数民族村新农村建设工作。市政协副秘书长李素坤参加了调研活动。

8月21日，市政协主席李秀奇带领部分市政协委员对我市公安工作进行了视察。经过视察和听取有关情况汇报后，李秀奇主席充分肯定了全市公安机关近年来所取得成绩，并希望我市公安部门继续开展好“四严一创”活动，继续坚持“万警进社区”实践活动，共同维护郑州的和谐稳定。市政协副主席岳喜忠、王薇、朱专兴、牛西岭、陈西川、党普选、张民服，秘书长张桂兰和副秘书长谭哲、张文定、朱润生、崔平、李素坤、汤燕参加了视察活动。

8月25日～26日，市政协主席李秀奇带领部分市政协委员对我市农民增收情况进行专题调研。委员们先后来到惠济区花园口镇劳动社会保障服务大厅、荥阳市王村镇西大村、河南雏鹰农牧股份有限公司、新郑市东升养鸡合作社、新郑市佳利奶牛养殖有限公司等处，详细了解我市农村劳动力转移、设施农业发展、畜牧业发展等方面的情况。李秀奇主席希望我市进一步加强设施农业建设，抓好农业龙头企业建设，探索农民土地流转经验，落实好各项惠农政策及农民工就业政策，扎实做好农民工就业工作，为农业现代化发展和农民生活水平提高作出贡献。市政协副主席岳喜忠、王薇、陈西川、党普选，秘书长张桂兰和副秘书长谭哲、张文定、朱润生、崔平、汤燕参加了调研活动。

8月27日，市政协召开专题学习报告会，邀请河北省人民检察院原检察长侯磊，围绕“加强人生能力建设”这一主题，为市政协委员及市政协机关干部作专题报告。大家普遍认为报告内容丰富，事例生动，具有很强的人生启迪性和实践操作性。市政协主席李秀奇在讲话中希望市政协委员及政协机关干部认识到加强人生能力建设的重要性，真正认识自己，管理自己，努力工作，优化人生，发挥好聪明才智，为郑州“三化两型”城市建设作出新贡献。市政协副主席岳喜忠、王薇，秘书长张桂兰和副秘书长谭哲、张文定、朱润生、崔平、汤燕参加了报告会。

【九月】

9月1日，市政协主席李秀奇对市政协离休干部刁文、丁朝显、杨林等7位新中国成立前参加革命工作的老干部进行了走访慰问。市政协秘书长张桂兰，副秘书长谭哲参加了走访慰问活动。

9月10日，市政协主席李秀奇带领部分市政协委员对我市轨道交通建设情况进行视察。李秀奇主席在讲话中希望市轨道交通有限公司解决好施工技术、融资、拆迁等方面遇到的问题，处理好正常施工与城市交通之间的矛盾，抓好安全生产，确保工程优质、高效推进。市政协副主席岳喜忠、王薇、朱专兴、牛西岭、张民服，副秘书长谭哲、崔平、汤燕参加了视察活动。

9月11日，市政协副主席王薇带领港澳台侨和外事委员会部分委员对侨资企业发展情况进行了视察。市政协副秘书长崔平参加了视察活动。

9月15日，市政协举行庆祝人民政协成立60周年书画笔会。省政协副主席靳绥东、市政协主席李秀奇与省会知名书画家一起，以书画寄情怀，以笔墨书春秋，热情讴歌中国共产党领导的多党合作和政治协商制度，庆祝人民政协成立60周年。市政协副主席岳喜忠、王薇、牛西岭，秘书长张桂兰和副秘书长谭哲、崔平、汤燕参加了书画笔会。

9月15日，市政协"爱国歌曲大家唱" 合唱代表队参加了市委宣传部、市直机关工委组织的市直机关庆祝建国六十周年"爱国歌曲大家唱"合唱比赛，并获得此次比赛的金奖。市政协主席李秀奇，副主席岳喜忠、牛西岭、党普选，秘书长张桂兰和副秘书长崔平、汤燕参加了合唱比赛。

9月16日，市政协召开十二届十次主席会议，会议由市政协主席李秀奇主持。会议决定，市政协十二届四次常委会议于9月23日至24日举行。会议讨论并审议了其他有关事宜。市政协副主席岳喜忠、王薇、朱专兴、舒安娜、牛西岭、党普选、张冬平、李新有、张民服，秘书长张桂兰和副秘书长谭哲、朱润生、汤燕参加会议。

9月17日，市政协副主席岳喜忠带领部分政协委员，对"关于让独生子女家庭享有更多奖励优惠政策的提案"、"关于改善郑州市火车站地区交通状况的提案""关于加强全民健身运动工作的提案"三件重点提案进行跟踪督办。

9月17日，市政协副主席牛西岭带领少数民族界别部分委员对我市少数民族企业进行了视察，市政协副秘书长李素坤参加了视察活动。

9月18日，市政协举行庆祝人民政协成立60周年座谈会，邀请部分往届市政协老领导，市各民主党派、工商联负责人，政协委员代表和市直有关单位负责人等欢聚一堂，回顾60年来人民政协走过的光辉历程，总结人民政协所取得的伟大成就和宝贵经验。市委常务副书记马懿作了重要讲话。市政协主席李秀奇总结了市政协在实践中积累的有益经验，指出了今后的工作重点。与会的市政协老领导、民主党派负责人、政协委员、政协机关干部等纷纷畅叙结缘政协、投身统一战线的光荣与收获。市委统战部部长王林贺，市政协副主席岳喜忠、王薇、朱专兴、舒安娜、牛西岭、党普选、张民服，秘书长张桂兰和副秘书长谭哲、张文定、汤燕出席会议。

9月23日至24日，市政协十二届四次常委会议在新郑举行。会议期间，常委们实地视察了新郑市社会主义新农村建设情况，听取了市政府副市长王跃华关于我市农村改革发展情况的通报，听取了市政协农业委员会、人口资源环境委员会等单位的专题发言，并围绕农村改革发展这一主题畅所欲言、坦诚己见，提出了许多好的意见和建议。会议还协商通过了有关人事任免事项。市政协主席李秀奇在讲话中希望我市以农民增收为核心，着力拓展农民增收渠道；以现代农业为目标，着力加快农业转型升级；以基础设施建设为抓手，着力改善农村人居环境；以改善民生为根本，着力推进城乡公共服务均等化；以制度创新为重点，着力增强农村改革发展活力；以平安建设为支撑，着力为农村改革发展创造良好环境。市政协主席副主席岳喜忠、王薇、朱专兴、舒安娜、牛西岭、陈西川、党普选、张冬平、李新有、张民服，秘书长张桂兰出席会议。市人大常委会副主任王平、副市长王跃华应邀参加会议。市政协副秘书长谭哲、张文定、朱润生、崔平、李素坤、汤燕列席会议。

9月25日，市政协副主席牛西岭带领部分市政协委员，就关于"缓解中小企业融资难问题的建议"、"再造郑州非公经济新优势推进机制的建议"、"发展新能源汽车的建议"三件重点提案进行了跟踪督办。市政协副秘书长李素坤参加了督办活动。

9月27日，市政协组织机关党员干部、职工及离退休老干部观看了国庆献礼片《建国大业》。

【十月】

10月10日，市政协副主席党普选带领部分市政协委员，就"关于加强我市农村公路养护管理工作的几点建议"、"关于尽快建立郑州市市政地下管网信息管理系统的建议"、"关于建立科学合理的郑州城市水系网络的建议"三件重点提案进行跟踪督办。市政协副秘书长汤燕参加了督办活动。

10月13日，市政协主席李秀奇带领部分市政协委员，就关于"加强食品安全工作，保障人民身体健康"、"关于如何解决郑州新形势下大学生就业难的建议"、"关于构建郑州沿黄生态文化旅游区的建议"三件重点提案进行跟踪督办。市政协秘书长张桂兰参加了督办活动。

10月13日，市政协副主席陈西川带领农业委员会部分委员针对我市中低产田改造情况进行了专题视察。

10月16日，市政协副主席王薇带领部分市政协委员，就"关于推进郑州12355青少年维权及心理咨询中心建设的建议"、"关于在郑州市加强国学经典教育的建议"、"关于加强我市中小学生灾难逃生教育的建议"三件重点提案进行跟踪督办。市政协副秘书长崔平参加了督办活动。

10月18日，由市政协主办、市旅游局承办的"2009郑州•旅游产业发展论坛"隆重开幕。来自全国55个城市的政协主席、副主席、旅游局长等200余人出席开幕式及有关活动。省委书记、省人大常委会主任徐光春，省长郭庚茂为论坛发来贺信。省政协主席王全书在论坛开幕式上致辞。市委常务副书记马懿代表市四大班子向各位嘉宾的到来表示欢迎。他详细介绍了我市市情和旅游资源，并诚挚邀请各位来宾为我市旅游产业发展传经送宝，广泛开展旅游产业合作，努力实现互利互赢。论坛上，中国社会科学院旅游研究中心研究员魏小安、日本旅游管理专家德村志成、世界旅游组织旅游专家委员会委员徐汎、国务院发展研究中心研究员刘锋分别就旅游业发展趋势、旅游目的地和精品景区打造等主题作了精彩演讲。郑州、昆明、杭州、南昌、张家界、延安等市有关负责人分别介绍了旅游产业发展经验。市领导李秀奇、薛云伟、岳喜忠、王薇、牛西岭、陈西川、党普选,市政协秘书长张桂兰和副秘书长谭哲、张文定、朱润生、崔平、李素坤、汤燕出席了开幕式。

10月19日,市政协副主席陈西川带领部分市政协委员,对"关于在我市全面推广居家养老服务模式的建议"、"关于对我市城市社区居委会专职干部开展职业化教育培训的建议"、"关于坚决取缔电瓶公交车、三轮摩托车在市区运营的建议"三件重点提案进行跟踪督办。

10月20日,为期三天的"2009·郑州旅游产业发展论坛"在丰乐农庄闭幕。18日至20日,来自全国55个城市的政协主席、副主席,旅游局长等200余人会聚绿城,共同探讨旅游产业发展新趋势、新思路。郑州丰富的旅游资源给与会嘉宾留下深刻印象,他们纷纷表示,郑州交通位置优越,旅游资源非常丰富,旅游产业发展前景广阔,今后将进一步加强与郑州的旅游合作。闭幕式上,市政协主席李秀奇在致辞中说,此次论坛探讨了世界及国内旅游业发展现状及新趋势、新思路、新方法,实现了通过发展旅游产业促进带动社会经济发展和区域经济合作这一会议主旨,为进一步加强郑州与全国各城市间的交流合作、更好促进旅游产业发展奠定了坚实基础。今后,郑州还将继续加强与兄弟城市的联系,开启旅游区域合作新篇章。市政协副主席岳喜忠、王薇,秘书长张桂兰和副秘书长谭哲、张文定、朱润生、崔平、李素坤、汤燕出席了闭幕式。

10月22日,市政协主席李秀奇带领部分市政协常委、经济界委员对我市在建重点项目建设情况进行视察。在座谈会上,李秀奇主席对经济技术开发区的工作进行了充分肯定,并希望项目单位进一步加快建设进度,进一步加大融资力度,进一步加大项目、技术、人才引进力度。同时,李主席要求政协委员要认清形势,统一思想,充分发挥政协的优势和作用,围绕推进重点工程建设建言献策,为保持我市经济社会平稳健康发展做出贡献。市政协副主席岳喜忠、王薇、牛西岭、党普选,秘书长张桂兰和副秘书长谭哲、张文定、李素坤、汤燕参加了视察活动。

10月25日至11月1日,市政协在中共中央党校举行常委集中培训,市政协主席李秀奇,副主席王薇、朱专兴、牛西岭、陈西川、党普选、张冬平、张民服,秘书长张桂兰和副秘书长张文定、崔平、汤燕、李素坤参加了培训活动。

【十一月】

11月5日,市政协主席李秀奇到郑州市经济技术开发区对第三批学习实践科学发展观活动进行调研指导。李主席先后视察了河南龙工机械制造有限公司、河南九州通医药有限公司、河南进出口物资公共保税中心,了解有关企业单位生产经营情况,并在联系点进行了座谈。在座谈中,李主席对经开区、明湖办事处学习实践科学发展观活动给予了充分肯定,针对今后学习实践科学发展观活动,李主席指出两点,一是要充分认识科学发展观的地位、重要性和内涵;二是学习实践科学发展活动关键在抓落实、求实效。市政协秘书长张桂兰和副秘书长谭哲参加了调研活动。

11月6日,市政协副主席舒安娜带领市政协科技、文化艺术、医药卫生界别的政协委员及我市科技、医药卫生专家和文化工作者50余人到登封市少林办事处西十里村开展了"送科技、送文化、送卫生"三下乡活动。

11月17日,市政协副主席牛西岭召集所联系的政协常委召开座谈会,听取委员的意见和建议。市政协副秘书长李素坤参加了座谈会。

11月18日,市政协副主席牛西岭带领部分经济界委员,视察绿色中原集团。市政协副秘书长李素坤参加了视察活动。

11月20日,市政协副主席岳喜忠走访了所联系的政协委员,并到所联系委员企业进行了实地察看。市政协副秘书长张文定参加了走访活动。

11月10日和24日,市政协副主席党普选分别走访了所联系的政协常委,并与常委们进行了座谈交流,了解他们的工作和企业发展情况,询问工作和生活上的困难,听取对政协工作的意见和建议。市政协副秘书长汤燕参加了走访活动。

11月26日,市政协主席李秀奇陪同省政协主席王全书带领的省政协常委视察团对郑州新区开发建设情况进行视察。市政协副主席岳喜忠、王薇、朱专兴,秘书长张桂兰和副秘书长谭哲陪同视察。

11月26日,市政协副主席党普选带领人口资源环境委员会部分政协委员对我市医疗废弃物处置工作进行了视察。市政协副秘书长汤燕参加了视察活动。

11月26日,市政协副主席党普选带领人口资源环境委员会部分委员对我市再生资源回收利用工作进行了视察。市政协副秘书长汤燕参加了视察活动。

11月27日,市政协主席李秀奇,副主席党普选带领城市建设委员会部分委员对"我市廉租房建设情况"进行了视察。在座谈会上,李秀奇主席对我市廉租住房保障工作取得的成绩给予了充分肯定。他希望各级党委、政府切实提高对廉租住房保障工作的认识,加大廉租住房建设力度,要在保障性住房政策体系研究上下功夫,注重探索保障性住房管理的新经验、新模式、新方法。李主席要求全市各级政协组织和政协委员要围绕解决中低收入家庭住房问题积极建言献策,为我市廉租住房建设工作作出自己应有的贡献。市政协秘书长张桂兰、副秘书长谭哲参加了视察活动。

11月27日,市政协副主席王薇带领市政协委员对我市质量技术监督工作进行了视察。市政协副秘书长崔平参加了视察活动。

【十二月】

12月2日,市政协召开十二届十三次主席会议。会议由市政协主席李秀奇主持。会议研究部署了三级政协委员视察跨越式发展十大重点工程、十二届五次常委会议、第四季度政情通报会等有关事宜。市政协副主席岳喜忠、朱专兴、陈西川、党普选、张冬平、李新有、张民服，秘书长张桂兰出席会议，副秘书长谭哲、张文定、朱润生、崔平、李素坤、汤燕列席会议。

12月7日至12月11日，市政协举办了市政协及各民主党派、工商联机关运动会。本次运动会共设10个比赛项目，共200余名运动员参加了比赛。市政协领导及各民主党派、工商联负责同志亲力亲为，作为运动员亲自参加了各项比赛。

12月8日，陈西川副主席与所联系的政协常委进行了座谈，了解情况，帮助解决困难。

12月9日，市政协副主席党普选带领城市建设委员会部分委员对我市占道经营综合治理工作进行了视察。市政协副秘书长汤燕参加了视察活动。

12月10日，市政协主席李秀奇，副主席党普选带领部分市政协委员对我市火车站地区综合治理情况进行了视察。在座谈会上，李秀奇主席对近期火车站地区管委会开展的工作给予了充分肯定，并就进一步巩固和发展综合整治成果，努力实现火车站地区的长治久安提出了要求。李主席希望通过这次视察，对火车站地区的管理工作真正起到推动作用，使火车站地区综合治理再上一个新台阶。

12月11日，市政协机关召开专门会议，传达贯彻郑州市妇女第十五次代表大会精神。市政协主席李秀奇，秘书长张桂兰及副秘书长崔平、李素坤、汤燕参加了会议。

12月15日，市政协主席李秀奇，副主席岳喜忠一行对金水区、惠济区政协“创建委员之家，树立委员形象”活动开展情况进行了调研。自今年4月底“创建委员之家、树立委员形象”活动动员会召开以来，全市目前已建立“委员之家”109个，为政协委员履职提供了新的平台，也搭建起党委、政府联系群众的新的桥梁和纽带。在座谈会上，针对如何进一步搞好“委员之家”创建活动，李秀奇主席要求，要不断总结经验，认真查找差距，务必把“创建委员之家、树立委员形象”活动顺利开展下去；不断创新活动载体，进一步激发委员参与活动的积极性和创造性；不断坚持、完善、健全“委员之家”的各项规章制度，以形成长效机制；广泛动员委员参与，充分发挥“委员之家”的作用，更好促进郑州城市建设。市政协副秘书长崔平参加了调研活动。

12月17日、18日，市政协主席李秀奇，副主席岳喜忠一行对巩义市、新密市政协“创建委员之家，树立委员形象”活动开展情况进行了调研。在座谈会上，李秀奇主席希望我市各县(市)区在“委员之家”建设上要坚持因地制宜，实事求是，分类指导；培养典型，总结经验，查找不足，不断提高创建水平；着力创新活动载体、方法和形式，不断丰富活动内容，增强“家”的吸引力；完善各项规章制度，建立长效机制；切实发挥作用，务求实效，把“委员之家”建成委员围绕中心、服务大局的平台，听取民声、联系群众的场所，加强自身建设、提升综合素质的阵地；加强领导，使“创建委员之家，树立委员形象”活动沿着健康方向发展。市政协副秘书长崔平参加了调研活动。

12月22日，全市政协提案工作座谈会在荥阳召开。我市各县(市)区政协主管主席，各民主党派、工商联有关负责人和部分提案承办单位有关负责人共聚一堂，交流提案工作经验。市政协主席李秀奇出席会议并讲话，他希望我市各级政协组织、政协委员、政协各参加单位和提案承办单位进一步提高认识，增强责任感、精品意识，提高提案质量、办理实效，推进政协提案工作实现新突破。市政协副主席岳喜忠传达了省政协提案工作座谈会主要精神，秘书长张桂兰和副秘书长张文定出席了会议。

12月30日，市政协举行2010年新年茶话会，茶话会由市政协主席李秀奇主持。省委常委、市委书记王文超发表了热情洋溢的讲话。他指出，一年来，全市各级政协组织和广大政协委员高举爱国主义和社会主义伟大旗帜，紧紧围绕全市工作大局，充分发挥自身优势，认真履行职能，广泛听取民意，积极参政议政，做了大量卓有成效的工作，为推进全市经济社会跨越式发展，构建和谐郑州，发挥了不可替代的作用，作出了积极贡献。同时，希望在新的一年里，全市各级政协组织和广大政协委员坚定正确的政治方向，围绕中心、服务大局，认真履行政治协商、民主监督、参政议政职能，积极投身到推动科学发展的实践中，为促进经济社会又好又快发展作出新的更大贡献。民建郑州市委主委张冬平代表市各民主党派、工商联和无党派人士致辞，表示将以中共十七大，十七届三中、四中全会精神为指导，坚持和完善中国共产党领导的多党合作和政治协商制度，同心同德，和衷共济，共建美好郑州。茶话会上，省会文艺工作者还表演了精彩的文艺节目。市政协副主席岳喜忠、朱专兴、舒安娜、牛西岭、陈西川、党普选、张冬平、李新有、张民服，秘书长张桂兰和副秘书长谭哲、张文定、朱润生、崔平、李素坤、汤燕参加了会议。

第七篇：

县(市)区政协2009年工作总结

巩义市政协

郑州市政协主席李秀奇视察巩义市政协“委员之家”建设情况

巩义市政协召开四届三次全会

郑州市政协副主席王薇视察“委员之家”建设情况

巩义市政协主席王双圈看望慰问困难群众

市政协委员在委员之家召开座谈会

市政协委员视察经济适用房和廉租房建设情况

巩义市政协委员之家揭牌仪式

新密市政协

郑州市政协主席李秀奇在新密市委书记王铁良、市政协主席卢国旗、副市长姚志伟陪同下在新密古县衙视察

新密市委书记王铁良、市政协主席卢国旗在青屏街办事处调研城市建设工作

新密市政协主席卢国旗、市委常委统战部长刘月楼等慰问老红军

新密市政协主席卢国旗带领部分委员在副市长郭占鳌陪同下视察食品安全工作

登封市政协

登封市政协在嵩山影剧院召开三届四次全会

郑州市政协副主席牛西岭在登封市政协领导陪同下视察旅游项目建设情况

登封市政协领导视察我市工业经济运行情况

登封市政协组织委员到市人民医院视察卫生工作情况

登封市政协领导深入煤矿生产一线调研安全生产工作

登封市政协机关参加全市义务植树活动

登封市政协领导参加护士节活动

新郑市政协

全国政协副主席王刚在郑州市市长赵建才，市政协主席李秀奇、秘书长张桂兰，新郑市政协主席陈莉的陪同下参观黄帝故里

省政协主席王全书、副主席靳绥东，郑州市政协副主席王薇、新郑市政协主席陈莉陪同黑龙江政协主席王巨禄一行参观黄帝故里后留影

新郑市政协主席陈莉陪同江丙坤夫人陈美惠一行参观黄帝故里

荥阳市政协

荥阳市政协委员之家成立仪式

荥阳市政协中秋节慰问移民

荥阳市政协主席李建东视察超市食品安全情况

荥阳市政协召开庆祝人民政协成立60周年政协知识集中答题活动

荥阳市政协经济界委员之家委员召开座谈会

荥阳市政协副主席闫红举带领委员视察国电建设情况

中牟县政协

中牟县领导看望出席会议的政协委员

中牟县政协主席王根成参加委员分组讨论

中牟县政协县领导参加委员讨论

中牟县政协主席王根成调研行政审批服务中心新办事大厅工作

中牟县政协视察重点项目落实情况

中牟县政协开展捐资助学活动

中牟县政协组织政协委员积极参与献爱心活动

金水区政协

市政协主席李秀奇、金水区政协主席刘建峰到金水区柳林镇政协委员之家指导工作

金水区政协副主席孙鲜龙、党组成员赵海叶视察创文工作

市、区政协领导参观政协经八路街道工委教育社区委员之家

金水区政协副主席左进军、王庆豪带领委员视察文教卫生工作

政协郑州市金水区七届十一次常委会议在柳林镇委员之家召开

金水区政协副主席王居良带领政协委员视察招商工作

政协金水区北林路街道工委
举办政协委员民主评议活动

二七区政协

二七区政协举办《二七区名景名居名人集》发行式

二七区政协主席汪爱英参加选举投票

市政协主席李秀奇、副主席王薇，二七区政协主席汪爱英视察二七区委员之家建设情况

《二七区文史资料第五辑——二七区改革开放三十年风云人物》发行式

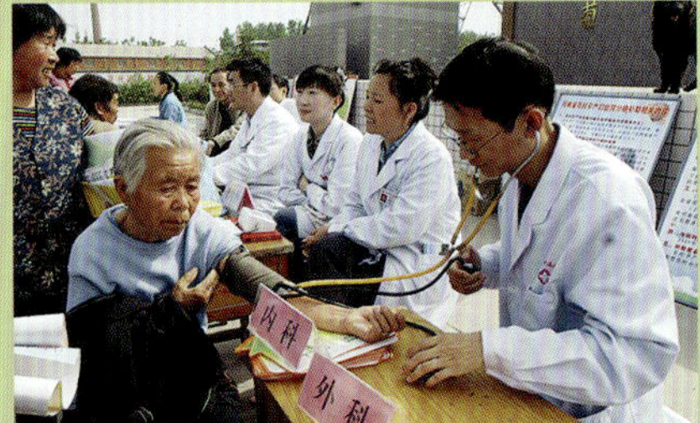

二七区政协组织"三下乡"活动

政协二七区第七届委员会领导合影

汪爱英主席带领区政协常委到火车站西广场工地慰问施工人员

管城区政协

省政协主席王全书带领政协委员视察管城区城中村改造工作

市政协主席李秀奇、副主席王薇，管城区政协主席郭桂琴带领委员视察东大街委员之家建设情况

市政协主席李秀奇、副主席王薇，管城区政协主席郭桂琴视察尚膳荷风委员之家建设情况

市政协主席李秀奇、副主席王薇，管城区政协主席郭桂琴视察金色港湾委员之家建设情况

市政协副主席牛西岭带领政协委员调研我区民族宗教工作

市内五区政协创建文明城市工作在管城区召开

中原区政协

郑州市政协主席李秀奇、副主席王薇等领导在区委书记王贵欣的陪同下观摩委员之家建设情况

郑州市政协副主席王薇一行观摩一中社区委员之家建设情况

中原区政协主席乔秀花带队视察航海西路街道政协工委委员之家建设

中原区委书记王贵欣、区长王东亮、区政协主席乔秀花参加“五帮一促”帮扶就业活动

中原区政协委员在开展的“五帮一促”活动中慰问困难户

中原区政协全会期间委员们围绕政府工作报告展开热烈讨论

惠济区政协

惠济区政协举办学习贯彻十七届四中全会精神报告会

惠济区政协走访慰问困难群众

郑州市政协主席李秀奇、副主席岳喜忠带队视察惠济区“委员之家”建设工作

惠济区政协视察创建卫生城市工作

惠济区政协视察疾病防控及食品安全工作

惠济区政协举办政协委员“扶贫助残”活动捐助仪式

惠济区政协视察道路建设情况

上街区政协

郑州市政协主席李秀奇视察上街区南部山区建设情况

上街区政协主席张福祥到企业视察

区政协机关举办业务知识培训

上街区政协召开庆祝人民政协成立60周年暨上街区政协成立25周年座谈会

巩义市政协 2009年工作总结

2009年，是我市深入学习实践科学发展观，积极应对金融危机，确保经济稳步发展的一年。一年来，在巩义市委的领导下，和上级政协的指导下，政协常委会坚持以邓小平理论、“三个代表”重要思想和科学发展观为指导，深入贯彻十七大、十七届四中全会精神，自觉坚持中国共产党领导的多党合作和政治协商制度，牢牢把握团结和民主两大主题，依靠广大政协委员，紧紧围绕全市工作中心，切实履行政治协商、民主监督、参政议政职能，为全面推进我市经济社会持续快速健康发展和全面建设小康社会作出了新的贡献。现将2009年工作总结如下：

一、把握大局，突出重点，通过政治协商服务发展

一年来，政协常委会进一步完善协商议政格局，充实协商内容，丰富协商形式，提高协商成效。我们通过全委会、常委会、主席办公会、专题座谈会等形式，按照“民主、求实、团结、鼓劲”的方针，对全市的重要事务进行广泛、认真的协商，郑重地提出意见和建议，取得一批新的成果，为我市的全局性工作提供了广泛的民主支持。

全体会议全面协商有了新面貌。常委会非常重视协商议政功能的发挥。四届三次全会前，常委会开展调查研究，广泛征求意见，协商议政主题，为全会各项议程的顺利进行，做了充分的准备。会议期间，全体委员围绕政协常委会工作报告、提案工作报告、“一府两院”工作报告以及财政计划工作报告，通过专题座谈和分组讨论，进行全面协商议政，坦诚发表意见建议。市党政领导出席了大会，并分头参加小组讨论，直接听取委员的意见建议，提高了全会协商的有效性。会议之后，对整理报送的政协委员的意见和建议，市政府和有关部门积极采取措施，认真落实。全体会议协商做到了会前充分准备、会中积极协商、会后认真落实。

常委会议专题协商有了新成效。我们围绕市委、政府的中心工作，选择我市经济社会中的重要问题，召开了五次常委会。为积极应对金融危机，常委会听取了市统计局关于我市经济运行情况的分析报告、市发改委关于我市经济形势的分析报告、市经委关于应对金融危机、保持工业经济增长情况的报告，通过协商一致认为，要辩证看待金融危机，既要看到金融危机给我市经济带来的影响，又要看到危机中蕴含着新的发展机遇，建议全市上下增强危机忧患意识，狠抓任务落实，建立中小企业担保体系，解决中小企业融资难问题，为市委、市政府应对危机科学决策提供了参考。在经济形势取得初步好转的情况下，针对如何抢抓机遇，上好项目，政协常委听取了发改委、三产办、科技局的工作汇报，通过协商，建议要密切关注经济形势，充分发挥部门职能，打造巩义品牌，发挥科研成果的经济效益，助推巩义产业发展。这些建议的提出推动了我市经济社会的健康发展。进入冬季后，我们针对部分民生问题进行了专题协商，听取了2009年10件实事工程进展情况汇报、物价管理情况汇报以及安居工程进展情况汇报。通过协商，政府加大了实事工程的资金支持力度，进一步稳定了物价，确保了供暖。总之，委员们在协商讨论过程中，敢于指出问题和不足，并立足实情谋划对策、提出建议，为推动全市工作给予了有益的帮助。

对口协商工作有了新进展。各专委会加强了同相关职能部门的联系，积极开展对口协商，促进了政协整体作用的发挥。提案委员会加强了同各提案承办单位的联系与协商，社会法制委员会就加强我市法律服务等问题与司法部门进行了全面探讨，财贸经济委员会就财政收入问题与财政局进行了认真讨论，科教文卫委员会就全市用药安全问题与药监局开展深入研讨，学习文史委员会对文物保护、旅游开发与文物局、旅游局进行了前瞻性的探讨。通过各专委会的对口协商，为有关职能部门的决策提供了有益的参考意见。

二、贴近社会，关注民生，通过民主监督加快发展

一年来，常委会从注重民主监督实效、拓宽民主监督渠道和活跃民主监督形式等方面进行了积极探索，组织委员通过视察、行风评议等形式开展民主监督，积极推进了和谐巩义的建设。

注重实效，视察监督的力度逐步加

大。常委会针对部分热点问题以及市委全会提出的项目建设、结构调整、城乡一体化、改善民生等重点工作开展了一系列针对性强、有一定深度的专项视察。一年来，我们共组织大型视察活动9次，概括起来，可以分为三个类别：一是围绕全市的中心工作，组织视察活动。为应对金融危机，根据市委、市政府在全市开展“企业服务年”活动的部署，我们及时组织委员视察了农业银行应对金融危机、服务三农、支持县域经济发展情况，实地察看了农业银行扶持的旭安隆物流园区的发展情况，提出了增强信心、争取资金、加大贷款力度、建立和谐银企关系等建议，为解决中小企业融资难，支持企业发展做出了应有的贡献。为加快文明城市创建步伐，我们对文明城市创建工作进行了视察，在视察中不但提出了许多有价值的意见和建议，而且在全市起到了增强共识的作用，使创建工作变成了全市人民的共同行动。煤矿安全问题一直是各级领导十分关心的问题。在入冬前的关键时期，我们对煤炭安全生产情况进行了视察，委员们提出要从人本、人权的高度来认识煤炭安全生产工作，从强化制度、落实责任入手确保“产量要上、事故要下”的目标，有效的推进了我市煤矿安全生产工作上水平。二是围绕人民群众关心的热点问题，组织开展专项视察。基本医疗卫生服务关系广大农民幸福安康，根据国家的政策和群众的呼声，我们对农民就医工作进行了视察，实地察看了白河卫生所、站街卫生院、市医院，提出了加大资金投入、完善硬件建设、提高服务水平、全面实施新农合医疗等建议，使全市人民有了一个更加方便、快捷、舒适的就医环境。此外，经济适用房、廉租房是近年来市民普遍关注的问题，为防止党的好政策在落实中出现漏洞，我们逐一进行了实地视察，为缓解部分市民买房难、租房难提出了切合实际的建议。三是加大对重点部门和行业的民主监督力度。一年来，先后对业务量大、服务范围广的市工商局、财政局等部门进行了视察，通过视察，使他们的管理方式、服务水平进一步提高，使群众的愿望要求得到了表达，真正实现了监督到位、服务透明、群众满意的效果。同时，我们积极探索视察成果的转化形式。视察结束后，我们及时形成视察报告，送市委、市政府供领导决策参考。一年来，报送了《关于我市基层司法所和村级调委会工作开展情况的视察报告》、《关于我市城市管理行政执法工作情况的视察报告》、《关于我市社区和农村警务建设工作情况的视察报告》、《关于法院为“保增长、保民生、保稳定”提供司法保障和法律服务的调研报告》等6篇报告，市委、市政府主要领导对视察报告分别做出了重要批示，为视察成果的转化提供了保障。

创新形式，经常性监督成果凸显。一是对法律法规的实施情况进行监督。组织委员对法院、公安局、司法局等单位就法律法规的实施情况进行视察。二是以改善发展环境为切入点，充分发挥政协委员中的督导员和特邀监督员的作用，对有关局委的工作进行经常性监督。同时，我们配合纪检监察机关，组织委员参加行风评议活动，通过明察暗访、监察评议，督促职能部门不断加强行风建设。三是注重发挥新闻媒体的作用，把舆论监督与民主监督结合起来，加大了对视察活动、提案办理情况的宣传报道力度，使监督更加及时，成效更加明显。

三、广征提案，科学办理，通过参政议政促进发展

市政协四届三次会议以来，委员们以饱满的政治热情和高度的政治责任感，围绕市委、市政府中心工作和群众关心的“热点”、“难点”问题，共提出提案120件，经提案委员会审查立案113件，作为委员来信转有关部门参考的有7件。这些提案分别由市委、市政府所属部、委、局共35个单位办理。经过各承办单位的积极努力，已全面办复完毕。

认真做好提案征集工作，不断提高提案质量。征集高质量提案是做好提案工作的基础。为了“精品”提案的大量涌现，一是“早发动”。在全体会议前，通过召开会议，走访委员，印发通知，让委员早做准备。二是“多知情”。将市委、市政府的中心工作和工作重点告知委员，使其胸怀全局。三是“严审查”。全会期间，邀请市政府提案办理人员参加大会提案组，按照政协提案工作条例，坚持二次审查立案制度，对不符合立案标准的提案作为委员来信处理，切实保证提案的严肃性、科学性和可行性。会议之后，及时把提案汇编成册，转交市委、市政府主要领导批阅。

运用各种形式，切实提高提案办理质量。一是及时召开提案工作办理会。历年来，市政府都十分重视提案的办理工作，在提案的交办过程中，及时召开市长办公会，研究提案办理工作。分管副市长逐件批阅，各承办委局主要领导亲自办理。二是主席分包督办重点提案。根据主席分工，对主席办公会确定的重点提案，实行主席领衔督办、承办单位定期汇报制度，采取提案正式答复前包案主席签字的方式，提高提案督办的权威性，促进了重点提案的办理。三是专委会联合视察督办提案。专委会结合各自工作实际，采取“听、看、谈”的方式，督办提案落实，对承办单位取得的成绩给予充分肯定，对不足之处提出切实可行的建议。四是认真收集委员对提案办理结果的反馈意见。对立案的113件提案，寄发了“巩义市政协提案办理答复意见表”，对委员反映不满意的提案，要求承办单位重新办理，直至委员满意为止。从委员们反馈的意见看，委员们对提案办理满意率达到了90%以上。

四、弘扬主题，加强合作，通过民主团结凝聚力量

长期以来，我们认真贯彻“长期共存、互相监督、肝胆相照、荣辱与共”的方针，充分发挥民主党派、工商联和各族各界人士的积极作用，广泛开展联谊活动，进一步巩固和发展了新时期的爱国统一战线。

民主党派、工商联和无党派人士的作用更加突出。常委会积极加大与各民主党派、工商联和无党派人士的团结合作。市政协领导经常走访市民主党派、工商联，认真听取意见建议。进一步健全了协商议事制度，及时沟通信息、交流情况。重视发挥民主党派、工商联和无党派人士在政协组织中的作用，鼓励民主党派、工商联和无党派人士在政协

全委会议、常委会议和其他重要会议上积极发言，重要调研视察、重点提案督办、重大议政活动都邀请他们参加，积极支持他们参政议政。民主党派、工商联和无党派人士在政协中的作用得到了充分发挥。

台侨台属与政协的联系更加密切。常委会以联谊活动为载体，通过举行迎春茶话会等形式，为台侨台属了解巩义创造条件。利用重大节日，我们通过信息、邮寄等多种形式，积极宣传巩义的资源特点、产业优势、发展潜力和投资环境，不断扩大我市的知名度和影响力，引导和组织他们积极参与巩义经济建设，吸引他们来巩义观光旅游，努力为他们投资兴业搭建平台。

五、创建委员之家，搭建履职平台，通过创新载体发挥委员主体作用

政协委员既是各界别的代表，又是社会的精英，只有确立其委员的主题地位，充分发挥他们的聪明才智，使其形成合力，才能够围绕中心服务大局，贡献社会促进发展，为此，在过去的一年里，我们以“创建委员之家、树立委员形象”为切入点，积极搭建履职平台，努力为委员作用的发挥创造条件。

根据郑州市政协在全市开展“创建委员之家、树立委员形象”活动的安排部署，我们组织了部分镇、办主要领导到郑州市区参观学习，在对全市各镇、街道进行深入调研广泛座谈的基础上，结合我市实际，成立领导小组，制定活动方案，采取主席分包、试点先行的办法，成功创建了回郭镇、西村镇、夹津口镇、永安街道办、米河镇、河洛镇6个委员之家。通过多方努力，创建的委员之家全部实现了“五有”，即有组织、有场所、有设施、有制度、有活动，并通过“一带一”的办法，即一个委员之家带一个相邻镇办的委员，使委员之家活动面覆盖到12个镇、办。活动中，委员们提出了加快310国道、S314道路巩义段的升级改造、提高市区电视信号质量、逐步推进新农村建设等24条意见和建议，被市委、市政府采纳，分解到相关职能部门并得到逐步落实。在镇、办领导的大力支持和全体政协委员的积极参与下，委员之家真正成为了学习之家、民主之家、履职之家、温暖之家和联谊之家。政协委员已逐渐成为凝聚人心、聚集民智、维护团结、促进稳定、共建和谐的桥梁和纽带。郑州市政协主席李秀奇、副主席岳喜忠一行专程对我市政协创建委员之家活动进行了视察，对我市委员之家的成功创建给予了充分肯定，对我市政协结合农村文化大院创建委员之家的做法给予了高度赞扬。

六、完善机制，开拓进取，通过加强自身建设提升形象

在新的形势下，政协常委与时俱进，深入思考政协工作新思路，不断谋划政协工作新方法，努力推进政协工作新发展。

理论建设工作进一步提升。常委会围绕市委、市政府的中心工作，联系政协工作的职能、任务，立足为民参政、参政为民，坚持开展政协理论建设工作。总结了近几年来的调研工作，围绕提高调研工作成效，进行交流和研讨，深化了调研工作理论建设和制度建设。在总结我市政协视察工作经验的基础上，就进一步改进委员视察工作提出了新要求，加强了我市政协视察工作的理论研究。为庆祝人民政协成立60周年，积极参与郑州政协的理论研讨工作，就基层政协如何发挥委员主体作用，进行了探索和研究。

调查研究工作进一步深入。常委会的调研工作紧扣中心，服务大局，精心选题，科学组织，充分论证，注重质量。一年来，立足巩义经济社会发展实际，撰写了《认真履行政协职能 助推巩义科学发展》、《关于做好政协提案工作的几点思考》、《发挥委员优势 提升财贸工作水平》等调研报告和启示性文章，特别是《发挥委员主体作用 开创政协工作新局面》这篇论文，在郑州政协理论研讨会上得到一致好评。

文史工作成效进一步提高。常委会重视发挥文史资料“存史、资政、团结、育人”的积极作用，认真做好文史资料的征集、编辑和出版工作。在史料征集范围广、时间跨度长、征集难度大的情况下，克服困难，想方设法挖掘和整理史料，完成了《巩义地名选编(上集)》的编辑工作。

扶贫济困工作进一步落实。常委会积极响应市委、市政府的号召，积极参与扶贫济困和结对帮扶工作，认真开展驻村帮扶活动，通过多方努力解决了省级贫困村——涉村镇郭峪村的群众吃水难问题。认真开展领导联系农户活动，通过走访、座谈，为他们寻找致富途径，协调贷款资金，帮助他们脱贫致富。积极开展送文化、送医药、送科技下乡活动，组织有特长的委员到农村开展有针对性的技术指导和服务，为广大群众排忧解难。

政协机关的工作机制更具活力。按照市委的统一部署，市政协机关认真开展学习实践科学发展观活动。通过活动的扎实开展，我们进一步加强了自身建设，相继修改完善了《政协委员管理办法》、《政协委员会议请假制度》等一系列规章制度，为政协工作的制度化建设提供了保障，促进了政协机关整体工作效率的提高。政协系统的工作，专委会是个重要环节，所以，我们不断强化专委会的作用，采取不同形式，促使其工作上台阶、服务上水平，社法委设立了活动小组，文史委组建了撰稿员队伍，科教文卫委制定了活动规则，提案委完善了提案办理机制，财经委建立了责任目标机制。同时，我们加强对外学习交流，一年来我们共接待外省、市、县政协学习考察二十多次，交流文史资料300余份，通过交流，对促进我市政协工作起到了积极作用。

2009年工作取得的成绩，离不开市委、市政府的大力支持，更离不开上级政协的积极指导。2010年，市政协将以开展“创建委员之家，树立委员形象”活动为契机，不断拓宽委员参政议政渠道，为巩义又好又快发展积极建言献策。

新密市政协 2009年工作总结

2009年，是我市在应对全球金融危机冲击中保发展、保民生、保稳定取得显著成绩的一年，也是市政协工作取得新突破、新成效的一年。一年来，在市委的正确领导和市人大、市政府的大力支持下，市政协围绕中心、服务大局，凝心聚力、建言献策，各项工作扎实推进，亮点纷呈，为保持我市经济社会平稳较快发展做出了积极贡献。

一、高度重视，周密部署，学习实践科学发展观活动扎实开展

开展深入学习实践科学发展观活动，是中共中央做出的用中国特色社会主义理论体系武装全党的重大战略决策。按照市委开展学习实践科学发展观活动的总体部署，市政协把“团结、和谐、聚智，促进科学发展；敬业、创新、奉献，提高履职水平”作为开展学习实践活动的总要求，精心组织实施，确保了政协机关学习实践活动的扎实有效开展。一是加强领导，周密安排。市政协成立了领导小组，制定了实施方案，按照要求有序开展工作，做到“规定动作”不走样，“自选动作”有特色。二是领导带头，深入学习。各位领导带头参加学习活动，带头诵读规定篇目，积极为全体党员上党课、作辅导。市政协党组和政协机关党支部加强监督检查，要求集体学习有考勤、有记录，个人学习有资料、有笔记。三是征求意见，查找不足。市政协把“如何发挥委员主体作用”和“如何促进经济社会可持续发展”作为主题，召开政协机关干部、各政协联络组负责人、社会各界人士座谈会，广泛征求意见，查找工作中存在的不足，形成了《市政协贯彻落实科学发展观情况分析检查报告》，并制定了整改方案，对市政协如何贯彻落实科学发展观，切实履行政协职能作出了部署。通过开展学习实践活动，提高了思想认识，解决了突出问题，创新了体制机制，促进了科学发展。

二、着眼全局，拓宽内容，政治协商范围更加广泛

一年来，市政协着眼全市工作大局，不断拓宽内容，完善机制，规范程序，进一步推进政治协商的深入开展。

*着眼工作全局，开展整体协商。*全体会议是开展政治协商的最高形式。在市政协三届三次会议期间，委员们以饱满的政治热情和高度的责任意识，认真听取并讨论了《政府工作报告》、法检两院报告及其他工作报告，就我市政治、经济、文化和社会生活中的重大问题进行了充分协商，提出了意见建议。会议期间，委员们还围绕我市如何应对金融危机冲击、加强城市管理、统筹城乡发展、构建和谐社会等问题与市领导面对面协商交流，建言献策，得到了领导的充分肯定。

*围绕重点工作，开展专题议政。*充分发挥常委会议、主席会议的协商议事作用，围绕全市重点工作，在专题调研的基础上开展专题议政。一年来，共召开12次主席会议、4次常委会议，分别围绕“清洁家园、美化乡村”百日行动、新型农村合作医疗等工作进行了专题议政，提出意见建议40多条。“清洁家园、美化乡村”百日行动是2009年市委、市政府重点工作之一。为了推动该项工作深入开展，在充分调研的基础上，市政协三届十二次常委会议就该项工作进行专题议政。市“百日行动”领导小组办公室负责同志到会通报工作情况，各位常委认真讨论，积极献策，提出“要加强宣传动员、强化督促检查、完善长效机制”等10多项意见建议，得到市委、市政府的重视和采纳，为“百日行动”的顺利推进发挥了积极作用。

三、选准角度，勇于探索，民主监督作用更加有效

围绕市委、市政府重大工作部署和人民群众普遍关心的热点、难点问题，通过专题视察、民主评议、特邀监督等形式，在参与中监督，在监督中服务，不断提高民主监督实效。

*委员视察知情问效。*一年来，围绕全市重点工作进展情况、重要决策的落实情况，积极组织委员开展视察活动，推动相关工作开展。先后就甲型流感防控、采石场治理整顿、安全生产、公路建设、政府十件实事落实情况等重点工作，组织委员开展了10多次专项视察，知情问效，建言献策，推动了工作开展。

*民主评议强化监督。*民主评议是政协组织开展民主监督的重要形式。2009

年，市政协对市人口计生委、市教体局、市民政局、市卫生局、市文化旅游局、市农业局、市林业局、市水利局、市粮食局、市物价局、市农机局、市畜牧局12个涉农和民生部门的工作情况进行了评议。在评议活动中，市政协始终把立足点放在促进被评单位工作上，以负责的态度广泛听取民意，认真开展评议。民主评议历时三个多月，共开展调研视察活动12次，召开座谈会15场次，发放调查问卷3800多份，收到网上投票7863张，收到社会各界意见建议近百条。市政协把收到的意见建议认真整理，及时向被评部门进行了反馈。各被评部门高度重视，把民主评议作为推动工作、促进队伍建设的重要契机，主动接受监督，虚心听取意见，切实抓好整改，受到社会各界的好评。

特邀监督献计出力。市政协积极支持政协委员中的政风行风评议员、特邀监督员、廉政监督员等，参与市委、市政府组织的政风行风评议和各种执法检查、监督活动，对有关部门及其工作人员履行职责、遵纪守法、为政清廉等方面的情况进行经常性监督，为加强政风行风建设、优化经济发展环境作出了积极努力。

四、关注民生，服务发展，参政议政成效更加显著

开展调研活动，促进党政科学决策。调查研究是政协建言立论的基础。一年来，我们先后围绕基础教育工作、新型农村合作医疗工作开展了两次专题调研，形成了调研报告，提出了意见建议，受到有关部门的重视。如去年4月份，为了促进我市教育工作的发展，我们组织政协委员，深入10多个乡镇、30多所学校，就基础教育工作进行了调研，形成了《关于我市基础教育工作的调研报告》，针对教育工作中存在的问题，提出了要“加强教育管理队伍建设，提高管理水平”、“理顺管理体制，规范教学秩序”、“加大教育投入，改善办学条件”、“整合教育资源，促进教育均衡发展”、“加强教师队伍管理，激发工作热情”5项建议，受到市委、市政府的高度重视。在市委、市政府出台的《关于进一步推进教育工作发展的意见》中，一些意见建议得到采纳。

加强提案工作，解决民生问题。市政协把提案办理作为为民办实事的重要途径之一，通过实地视察、面对面协商、现场办理、主席带队督办、舆论宣传、常委会议评议等办法，加强提案办理，保证提案办理质量。市政协三届三次会议以来，共收到委员提案258件，经审查立案216件。截止2009年12月底，216件提案已全部办复，委员满意和基本满意率达89%。在提案办理中，各单位高度重视，加强与提案人沟通联系，听取委员意见建议，认真研究办理方案，使委员所反映的问题得到了很好地解决。如在办理《加大保障性住房建设，解决低收入困难家庭住房问题》的提案中，市建设局科学论证规划，积极筹措资金，克服各种困难，全市第一批经济适用房顺利建成并开始发售，受惠群众达200多户。在办理《加大古城开发力度，打造新密文化旅游品牌》的提案中，市文化旅游局深入研究，请名家规划，听各界建议。新密古城开发已纳入市委、市政府重点工程，目前正在加紧实施之中。

参与中心工作，尽心尽力服务发展。一年来，我们自觉地把政协工作融入市委、市政府的总体部署之中，努力做到在参与中议政、在议政中服务、在服务中建言。如市政协主席卢国旗负责新密古城开发工作，他经常深入建设一线，督促拆迁，了解规划，协调问题，解决困难，使古城开发工作起步快、行动好；市政协其他副主席积极参与新农村建设、项目招商、采石场治理整顿、税收治理整顿等中心工作，推动了各项工作的开展。

五、加强联谊，凝聚力量，团结民主氛围更加浓厚

一年来，我们牢牢把握团结和民主两大主题，充分发挥政协组织的独特优势，扩大交往，广泛联系，把各方面的力量凝聚到推进我市经济社会跨越发展、和谐发展的目标上来。

多方凝聚社会力量。2009年初，由主席、副主席带队，深入到委员所在单位、企业，走访了近百名委员，了解他们工作、学习及企业发展情况，帮助协调解决实际问题，极大地激发了政协委员履职尽责积极性。加强与各人民团体、党外人士、新社会阶层人士的交流和沟通，为他们参政议政创造条件、搭建平台，鼓励和支持他们发表意见和建议。

努力促进民族团结、宗教和睦。常委会组成人员注重同少数民族和宗教界代表人士的联系，主动参加少数民族和宗教界的重大节日、活动，利用传统节日走访民族宗教界政协委员和知名人士，积极宣传党和政府的民族宗教政策，认真听取他们的意见建议，积极帮助他们解决实际困难。重视发挥少数民族和宗教界委员的作用，经常邀请他们参与调研视察活动，为他们知情明政、议政建言搭建平台，促进了我市民族团结、宗教和睦和社会稳定。

六、创新载体，发挥优势，委员主体作用更加突出

一年来，市政协紧紧抓住“三联三促一争创”活动这一有效载体，积极为委员履职搭建平台。委员主体作用充分发挥，涌现出了一批本职工作的带头人、经济发展的领头雁、先进文化的传播者、公益事业的热心人。

立足本职创一流。政协委员是各行各业的优秀代表。工作中，他们立足本职岗位，争创一流业绩，积极发挥先锋模范和表率作用。市政协常委、矿区公安分局局长杨鸿光，为保卫国庆60周年社会安全稳定，积极开展社会治安整治行动，共组织出动警力300多人次，清查流动人口6300多人、单位120多个，确保了矿区社会和谐稳定；市政协常委、水利局副局长闫建亭发扬“不怕磨烂车轮子”、“不怕磨穿鞋底子”、“不怕磨破嘴皮子”的“三不怕”精神，跑“部”进“厅”，联络市“局”，争取到中央、省、郑州市水利资金2700多万元，保证了我市十大重点工程之一的双洎河城关段治理工程顺利实施；市政协常委、京密高级中学校长杨爱远从教50载，暮年志不渝，一心扑在教育事业上，为新密教育发展做出了突出贡献，被评为2009年度“感动新密、建设新密”新闻人物。

加快发展谱新篇。我市经济界各位委员，充分发挥自身优势，积极参与招

商引资，发展新项目，扩大生产规模，壮大企业实力，为加快我市经济发展谱写新篇章。市政协常委、北京三吉利河南分公司总经理李明全身心投入裕中电厂建设上，想尽千方百计，费尽千辛万苦，终于使裕中电厂2×100万千瓦项目获得国家批准并于9月正式动工。项目建成后，将成为新密经济发展的重要支撑，拉动经济增长的新龙头；市政协常委、郑州真金耐火材料有限责任公司董事长宋金标，面对危机，沉着应对，加大技改投入，改进生产工艺，提高产品质量。企业在危机中实现逆势增长，综合效益比2008年翻了一番，为我市经济发展做出了积极贡献。

*捐资助教扬美名。*政协委员是社会精英，他们致富不忘乡邻，捐资助学、扶危济困，用真情回报社会。在我市捐资助教工作中，广大委员发挥自身优势积极参与。据统计，政协委员共捐助资金2000多万元，为学校购买电视、空调、投影仪等教学器材，积极改善办学条件。如巩炎州委员捐资80万元为来集镇一所学校建宿舍楼；许金法委员拿出资金30多万元，为黄固寺学校购置空调10多台，配备了电视、DVD等器材；另外，广大政协委员积极主动开展资助优秀大学生活动，共有47名委员主动资助了91名学生，资助金额达52万多元。政协委员崔江涛一人出资15万元，资助7名大学生完成学业，在当地引起强烈反响。

*服务大局做贡献。*一年来，广大政协委员始终牢记使命，自觉服从和服务于全市工作大局，为市委、市政府各项中心工作顺利推进做出了积极努力。在“清洁家园、美化乡村”百日行动中，广大委员主动参与，出钱出力，表现十分突出。如市政协委员、超化村支部书记钱新国出资80多万元，粉刷墙壁2000多平方米，硬化路面1000多平方米，建设绿地600平方米。在采石场治理整顿中，董战富、郑志宏、陈俊卿等委员从大局出发，宣传政策，化解矛盾，率先垂范，带头拆除机器设备，推动了工作开展。

*履职尽责当表率。*广大政协委员积极参加市政协组织的各种活动，履行委员职责，争当履职表率。张治有、徐文新、李宗寅、马改凤、岳遂群、魏三寿等牢记委员责任，撰写提案不但数量多而且质量高；樊二民、刘铁成、张锦霞等委员重视调查研究，会议发言积极主动，意见建议切实可行；虎伟东、王旭康、吕新中、郑旭耀、刘书强、杨国安、钱泰莱等委员无论单位工作有多忙，即使事先出差外地，也准时赶回参加市政协的会议和活动。多数委员都能做到全年活动不缺席。

七、完善机制，增强活力，政协工作更加规范有序

*委员队伍建设得到加强。*加强委员学习培训，提高整体素质。一年来，先后多次举办专题报告会，组织全体委员学习实践科学发展观、学习中共中央十七届三中、四中全会公报等内容。健全各项制度，并严格委员管理。建立了常委会议缺席通报制度，完善了常委会议事规则，修订了政协委员管理办法，并严格落实制度规定，对3名不合格委员进行了辞退。

*机关工作更具活力。*按照市委的统一部署，市政协机关认真开展了“讲党性修养、树良好作风、促科学发展”学习教育活动，增强了机关干部弘扬“牢记宗旨、爱岗敬业、不怕困难、勤政廉政、务实为民”的焦裕禄精神的自觉性。认真落实岗位责任、考勤考核等内部管理制度，改进了机关作风。加大干部培养、选拔、交流工作力度，为政协机关补充了新鲜血液，提升了工作活力。

*信息宣传再上台阶。*宣传形式更加多样，宣传内容更为丰富。“新密政协网站”日渐成熟，栏目设置、信息更新趋于规范。组织编印了《新密政协2008》一书，全面展示了2008年工作成果，宣传了优秀政协委员事迹；编辑《政协工作通讯》26期，较好地发挥了“信息传递、动态交流、学习互动”作用；在省政协《协商论坛》和《郑州政协》上发表论文和稿件10余篇，扩大了政协影响。

*委员活动再添新平台。*为适应新形势、新任务的要求，在全市各政协联络组开展了“创建委员之家，树立委员形象”活动。各政协联络组和政协委员大力支持、积极参与，共创建“委员之家”21家，在委员和群众之间架起了一座沟通的桥梁。目前“委员之家”已成为政协委员知情明政的看台，建言献策的讲台，展示爱心的舞台。

登封市政协 2009年工作总结

2009年，是我市积极应对金融危机、经济社会保持平稳较快发展的一年，也是我市人民政协事业取得明显成效的一年。一年来，市政协在中共登封市委领导下，在社会各界的关心支持下，坚持以邓小平理论和“三个代表”重要思想为指导，深入贯彻落实科学发展观，高举爱国主义和社会主义伟大旗帜，团结依靠广大政协委员和社会各界人士，牢牢把握团结和民主两大主题，紧紧围绕市委、市政府工作重心，切实履行政治协商、民主监督、参政议政职能，为促进我市经济社会发展作出了积极贡献。

一、切实履行政协职能，为推进科学发展建言献策

一年来，市政协坚持把促进登封发展作为履行职能的第一要务，围绕全市经济社会发展的重大决策和人民群众普遍关心的热点、难点问题，进行协商议政，积极建言献策，为推动我市的经济发展和社会全面进步发挥了重要作用。

*参政议政成效显著。*一年来，围绕党政决策，通过全体委员会议、常委会议、主席会议等多种形式，广泛开展政治协商，提出了大量富有建设性的意见和建议。市政协三届三次全体会议上，委员们认真听取一府两院工作报告，进行了深入的协商讨论，就政府工作和群众普遍关心、关注的社会热点问题，提出了很好的建设性意见，对进一步完善政府决策发挥了积极作用。全年共召开四次常委会，先后围绕应对经济危机、城乡居民饮水、城市建设管理、重点工程项目等议题进行了专题协商，提出了推进产业结构调整进程、加强饮水工程规划建设、促进城市管理工作、加强土地综合利用等建议30余条。同时，每月一次的主席办公会紧紧围绕市委、市政府的阶段性工作进行重点协商，及时向市委、市政府建言献策，有力地推进了决策的科学化、民主化、规范化进程。

*视察调研成果丰富。*2009年是我市面临重重困难、经受重大考验的一年，面对严峻的国际金融危机，市政协紧密结合我市实际，精心选择课题，先后围绕煤炭企业复工生产、规模以上企业运行、新农村建设、人畜饮水工程、城乡公路建设等工作，组织委员开展视察、调研、考察活动16次，提出了在经济下行中努力保增长、在抵御风险中加快调结构、在破除制约中突出抓项目、在收支矛盾中优先惠民生等40余条建议，得到了市委、市政府和有关部门的高度重视。如在深入调研基础上形成的《关于我市规模以上企业运行情况的调研报告》，紧密结合当前经济形势和我市实际，提出加快产业结构调整步伐等6点建议。为促进我市景区及宗教场所管理工作，2009年8月，市政协组织部分政协委员，协同嵩管委、统战部、公安局、宗教局、旅游局等有关单位，赴浙江等地对其景区及宗教场所管理工作进行考察，提出了加强景区管理队伍建设，加强僧人和宗教活动场所管理等12条建议，对进一步提高我市景区管理水平，起到了有力的促进作用。

*提案工作规范有序。*坚持以提高提案质量为基础，以增强提案办理实效为目标，不断健全提案工作机制，形成了政协领导重点督办、提案委员会跟踪督办、相关单位具体承办的工作格局，进一步强化了提案工作的落实效果。三届三次会议上，市政协对荣获提案工作先进单位的委局和提案工作先进个人的政协委员进行了表彰，进一步提高了提案工作的质量和效果。三届三次会议共收到委员提案161件，经审查立案129件。目前，这些提案已经办理或答复完毕。如“加大对中小企业扶持力度”的提案，市政府高度重视，研究出台政策措施，市财政出资2800万元组建登封市博奥投资担保有限公司，有效缓解了中小企业的融资困难；市政府安排专项引导资金，鼓励中小企业调整结构、健康发展；进一步优化经济发展环境，千方百计减轻企业负担，为企业发展创造了较好条件。再如“抓紧解决市区居民供水紧缺问题”的提案，市政府多次召开专题会议研究协调，水利部门采取“远引近打”措施，实施券门水库引水等工程，缓解了城区居民饮水困难问题，取得了良好的社会效果。

*民主监督形式多样。*积极探索政协民主监督新形式，通过视察、调研、提案、反映社情民意等方式，对政府有关部门工作落实情况、行政效能和服务质

量进行民主监督，促进了政府职能部门工作作风的进一步改进。11月，组织政协常委和委员开展行风评议活动，对80多个部门进行了行风评议。同时，受聘担任特约监督员、人民陪审员等职务的政协委员，积极参加聘任单位的有关活动，监督有关部门依法履行职能，促进了我市经济发展环境的进一步优化。

二、坚持团结民主两大主题，为构建和谐社会凝聚力量

坚持把促进社会的广泛团结作为政协工作的重中之重，以促进社会大局稳定、打造和谐社会为目标，多层次、多渠道开展各项活动，努力为推动发展凝聚力量。

以纪念改革开放30周年为契机，召开各界人士座谈会，回顾我市30年来改革开放取得的丰硕成果，进一步坚定了贯彻落实改革开放政策的信心和决心。2009年9月21日，为庆祝建国60周年和人民政协成立60周年，市政协隆重召开座谈会，回顾建国以来取得的巨大成就，畅谈人民政协在新中国建立、建设和改革发展中发挥的重大作用，进一步坚定了全市各界坚持社会主义道路、建设更高水平小康社会的信心和决心。积极参与"论道中岳、祈福中华"活动，弘扬了嵩山道教文化。配合郑州市政协，认真组织开展科技、文化、卫生"三下乡"活动，同时各界政协委员还积极参与捐资助教、扶危济困等各项社会公益事业，得到了社会的广泛赞誉。

在文史工作方面，经多方争取，在《纵横》杂志全国"两会"专刊开辟了登封专栏，全面反映我市60年来经济、文化、城建、科技、教育、旅游、体育、农业、交通等各项事业取得的光辉成就。通过广泛征集，深入研究整理，编辑了登封文史资料第十辑《光辉历程》，作为庆祝建国60周年暨人民政协成立60周年专辑，由中国经济文化出版社出版。全书27万字，100余幅图片，集中反映我市60年发生的巨大变化，充分展示了我市60年来取得的辉煌成就，对于激发全市人民干事创业、再创辉煌的激情，充分调动各界人士宣传登封、建设登封的积极性，起到了有力的促进作用。同时，创新文史资料编纂方式，先后在登封电视台编制播出大型文史专题片《千古岳秀》50多期，以新的形式和视角全面展示了登封八千年来的历史文化，进一步激发了全市人民对嵩山文化的自豪感和认同感，有效发挥了政协文史资料"存史、资政、团结、育人"的社会功能。

按照市委、市政府的工作部署，不断加强海内外联系，通过开展"六个一"活动等形式，积极宣传我国对外开放和祖国统一的方针政策，宣传我市改革开放以来经济和社会持续、健康、协调发展的大好形势，密切与港澳台同胞及海外侨胞的联系和交往，激发他们及其眷属的爱国爱乡之情，把海外联谊同招商引资、文化交流结合起来，为发展登封经济牵线搭桥。平时，坚持深入基层、参加少数民族重大节日和宗教界的重要活动，组织视察宗教活动场所，加强与民族、宗教界人士的联系和交流，沟通思想，增进共识，促进了全市各族各界群众的团结合作。

三、深入开展学习实践活动，为促进科学发展尽职尽责

深入开展学习实践科学发展观活动，是中央从全局和战略高度作出的重要决策。市政协按照市委部署，把握加快推进登封跨越式发展主题，坚持以提高履职能力、加强自身建设为着眼点，认真搞好学习实践活动，取得了明显成效。

在学习实践活动中，市政协制定了活动实施方案，成立领导小组及办公室，及时召开动员会，对学习实践活动进行部署。在学习调研阶段，坚持抓好理论学习和专题调研，撰写调研报告，其中《以科学发展观为指导 谱写政协工作新篇章》一文收入《中国政协六十年》一书。在分析检查阶段，认真撰写分析检查报告，组织召开专题民主生活会，发放征求意见表300余份，广泛征集改进政协工作的意见和建议。在整改落实阶段，针对发挥委员主体作用、加强委员管理等课题，研究制定方案，建立健全制度，推动了政协工作的制度化、规范化、程序化。

通过学习实践活动，政协围绕中心、服务大局的意识进一步增强，服务科学发展的能力进一步提高。在我市跨越式发展新三年行动计划实施中，市政协主席、各位副主席配合市委的工作部署，按照各自的分工，积极做好协调和督导工作，有力促进了新农村建设、城建城管、全民创业、企业上市、供水工程、优化经济发展环境、产业集聚区建设、土地综合利用等重点工作。市政协各位主席还与市委、市政府领导一同实行包乡镇、包稳定、包重点工程，坚持下访、接访制度，协调解决疑难问题；按照市委要求，做好后备干部下基层工作，协助解决农村信访问题，促进了农村社会的稳定和发展。一些企业界委员发扬团结互助精神，在努力克服困难、调整企业发展思路、确保本企业稳定发展的同时，积极交流发展经验，帮助其他企业度过难关，为应对危机、促进发展发挥了推动作用。

四、强化自身建设，为做好政协工作提供保障

坚持以提高政协履职能力为目标，以学习提高、工作创新、健全制度为重点，不断推进自身建设，保证了政协各项工作顺利开展。

*一是加强学习培训，不断提高委员素质。*坚持把加强学习培训、提高委员整体素质放在重要位置。在三届三次会议期间，市政协会同市委统战部，对新增补的委员进行了集中培训，使他们尽快熟悉政协业务，进入角色，发挥作用。坚持订阅《人民政协报》、《纵横》、《协商论坛》和《郑州政协》等报刊，向常委、委员发放，为委员学习提供了丰富素材。继续组织委员参加"新世纪干部素质讲坛"，接受专家学者的培训，进一步提高了政协委员履行职能的能力和水平。

*二是加强委员之家建设，为履行职能搭建有效平台。*按照郑州市政协要求，把"委员之家"建设作为创新工作机制、搭建履职平台、丰富委员活动、树立委员形象的重要载体，健全制度、规范运作，搞好试点、逐步推进，先后在部分乡镇和卢店汇联公司建成6个委员之

家，研究制订了《政协委员履职档案制度》、《政协委员收集和反映社情民意制度》、《政协委员述职和考核管理制度》等7项制度。目前，各“委员之家”活动已有序开展，定期倾听社情民意，围绕当地的民生问题开展视察调研，参与信访问题的协调解决等等，已经真正成为委员履行职能、建言献策的工作载体。7月份，郑州市政协主席李秀奇来我市视察，对我市“委员之家”建设给予了充分肯定和高度评价。

三是加强政协机关自身建设，不断提高服务水平。按照市委统一部署，在政协机关扎实开展了“讲党性修养、树良好作风、促科学发展”主题教育活动，机关干部的理论水平和工作效能明显提高。不断健全和落实机关各项管理制度，进一步强化大局意识、团结意识、服务意识、学习意识，为政协全委会议、常委会议的成功召开，为委员视察、考察、调研等各项工作的顺利开展提供了高效服务和有效保障。

2009年，我市政协工作取得了一定成绩，在履行政治协商、民主监督、参政议政职能方面有了新突破，在推进登封经济社会又好又快发展中做出了新贡献，在自身建设上有了新加强。在看到成绩的同时，我们也深刻认识到政协当前的工作与上级的要求还有一定差距，工作中还存在一些不足。在新的一年来，我们要进一步贯彻落实科学发展观，在市委正确领导下，同心同德，群策群力，与时俱进，开拓进取，奋力开创政协工作新局面，为夺取全面建设小康社会新胜利做出新的更大的贡献！

新郑市政协 2009年工作总结

2009年是我市政协工作取得较大进展的一年。市政协及其常委会按照中共新郑市委的工作部署，牢牢把握团结和民主两大主题，坚持围绕中心，服务大局，求真务实，开拓进取，切实履行政治协商、民主监督、参政议政职能，努力为我市经济社会发展贡献力量。

(一)运用多种形式，助推科学发展

坚持把助推科学发展作为履行职能的第一要务，注重通过例会、视察、调研、提案、反映社情民意等经常性工作，积极建言献策，进一步增强了参政议政实效。

*深入开展视察调研。*市政协紧紧围绕事关经济社会发展全局和人民群众切身利益的突出问题，统筹安排视察调研活动。为了优化我市发展环境，促进经济社会又好又快发展，4月中下旬，由陈莉主席亲自牵头，有关委室负责人参加，深入到乡镇、社区、工地，采取查看、访问、听取汇报等方式，对我市经济发展环境进行了调研，向市委提交了《关于我市发展环境的调研报告》。新郑市委书记吴忠华批示："此调研报告查找的问题和不足很到位，提出的意见和建议很诚恳，请市委办将此报告发至各乡镇、街道办事处和市直各单位。也请市优化环境领导小组认真听取好的意见和建议，在全市五月份发展环境集中整治月活动中采纳并抓出实效。"这次有针对性的调研，对我市经济环境的优化，起到了有力的促进作用。《人民政协报》对此予以报道。同时，关注农业发展和新农村建设，组织了对我市农田水利建设、农村饮水安全工作、新农村电气化建设的视察；关注教科文卫事业的发展，先后组织了对我市村级文化大院建设、控辍保学工作的调研以及对我市公共卫生服务体系建设工作的视察，形成了有情况、有分析、有对策、有建议的调研、视察报告，都受到了各有关部门的高度重视。如《关于我市公共卫生体系建设的视察报告》所提出的"强力推进医疗改革，加大投入；注重宣传，防治并举；吸引人才，改善环境，整顿医风；理顺体制，因地制宜，完善网底"等建议，进一步推动了我市卫生体制改革的深入和发展。

*悉心组织协商议政。*通过全体会议、常委会议、主席会议、专门委员会会议，围绕市委、市政府的重要决策部署和全市经济社会发展中的重大问题进行协商讨论。在年初召开的市政协三届三次全体会议上，委员们认真听取政府工作报告，精心参加小组讨论，为促进全市经济社会发展提出了许多富有见地、颇有价值的意见建议。市政协三届十三次常委会，听取了市政府上半年"战危机、保增长"暨工作运行情况的通报，委员们提出了"统筹城乡发展、产业布局，优化经济发展环境，解决中小企业融资难、做好环保工作"等意见建议。市政协三届十四次常委会，围绕我市交通基础设施建设工作进行了专题议政。会议之前，与会政协常委视察了全市农村公路建设及危桥修护工程。委员们畅所欲言，提出了"做好公路养护、治理公路上打场晒粮、加强评比检查"等意见建议。这些委员意见和建议得到了市委、市政府的高度重视，有力促进了相关工作的改进和开展。

*大力开展委员创业活动。*为响应新郑市委关于全民创业的要求，市政协召开了政协委员全民创业动员会，下发了《市政协关于开展委员创业活动的意见》，为促进委员创业活动的开展，市政协在委员企业开展了调查问卷和走访等活动，帮助委员解决创业中存在的问题和困难。在电视台开辟了委员创业专栏，先后宣传了十位创业活动中涌现的先进典型，为委员创业营造良好氛围。在市政协三届十三次常委会上，专门听取了各界别委员代表创业活动情况的汇报，并对委员创业活动进行了再部署。在市政协号召下，委员们积极投入创业活动，引资金，上项目。常文杰委员的万佳量贩有限公司新投资近2000万元，投入扩建了中华路样板店，扩建了配送中心，新建农家店86家。朱东喜委员投资3000多万元，新建了丰达陶瓷厂。一年来，市政协委员新上项目16个，总投资2亿多元，市政协及政协委员共招商引资4亿多元，为我市经济发展做出了较大的贡献。《人民政协报》以"河南新郑政协献策助推全民创业"为题进行了报道。

（二）发挥政协优势，促进社会和谐

为办好提案尽心尽力。市政协积极探索提案工作的新思路、新方法、新机制，通过委员培训、发放提案参考资料、优秀提案评比等措施，加大提案征集力度。选择政府重视、群众关注的提案作为重点提案，由各位副主席分别牵头督办，促进了重点提案和提案工作整体质量的提高，使一批与群众生活息息相关的热点难点问题得到了解决。张江循委员提出的《关于加快廉租房建设》的提案，促成市政府将廉租房建设列入2009年新郑市跨越式发展三年行动计划十大重点项目。目前，9幢廉租房主体工程已完工。岳卫东等委员提出的《支持中小企业发展》的提案，促成我市成立了市中小企业担保公司，为企业提供贷款担保，大力支持企业发展。一年来，共收到委员提案191件，立案188件，已全部办理完毕，委员满意率在96%以上。

为社会稳定献计出力。组织了对我市预防和减少青少年犯罪工作的调研，详细分析了我市青少年犯罪的特点及其主要原因，提出了“家庭预防、学校预防、家庭社会联动预防、强化综合治理”等建议。组织了对我市人民调解工作的视察，提出了“做好‘三调联动’、改善人民调解办公条件、加大经费投入、提高调解员素质”等建议。市政协领导率领机关有关委室主任，部分政协委员，坚持每月15日到乡镇、街道下访，了解社情民意，督促解决群众反映的问题。协助所分包乡镇、办事处做好信访案事件的处理工作，为我市社会稳定做出了贡献。

为民生改善呼吁献力。为使“我市60周岁以上老年人免费乘坐市内公交车”这一民心工程更得民心，确保这件好事办好、实事办实，市政协会同市交通局、民政局，组织部分政协委员，采取随机抽查、跟车暗访、部门了解等方式，对我市60岁以上老人免费乘车情况进行了调研，提出了“健全监督机制、完善保险机制、加强宣传教育”等意见建议。为保持我市物价总水平基本稳定，组织了对物价工作的视察，对加强市场价格监测，大力关注民生，提出了很好的建议。一年来，市政协还组织文化、科技、卫生三下乡活动13次，参与委员232人次；组织委员为修路建校、扶贫济困、拥军优属等捐款近10万元。如2009年2月份，市政协机关捐款，为辛店镇马沟村购置了抗旱设备，解了该村群众的燃眉之急。

（三）注重团结联谊，营造奋进氛围

广泛开展联谊联络活动，积极营造民主团结、和衷共济的社会氛围，努力形成促科学发展、促社会和谐的强大合力。

充分发挥党派作用。进一步巩固与各民主党派、工商联和无党派人士的团结合作，经常向他们通报情况，听取意见，邀请他们协商讨论政协工作中的共同性事务，参加视察、调研等重要活动。尊重和保障各民主党派、工商联和无党派人士在政协各种会议上发表意见的权利，对他们形成的提案重点办理，对他们提出的意见建议重点报送。

广泛团结港澳台胞。通过拜祖大典活动，看望慰问和举办中秋节各界人士座谈会等方式，加强与港澳同胞和海外侨胞的联系，宣传党的方针政策，宣传新郑优良的发展环境，为他们来新郑投资、探亲、旅游提供了力所能及的服务，动员他们为新郑的发展多做贡献。先后接待了台湾海基会董事长江丙坤夫人和香港政协委员联谊会妇委会到黄帝故里参观，得到了他们好评。

密切联系各界人士。热情为宗教界委员和少数民族群众办实事，发挥市政协少数民族和宗教界的作用，大力宣传党和国家的民族宗教政策，维护民族团结、宗教和睦。

切实加强联谊协作。共接待全国政协、省政协和郑州市政协及河南外地市、外省市政协的视察、调研、考察、会议等活动29次。陈莉主席亲自带领机关干部多次到省内外县市政协学习考察，宣传了我市的投资环境，交流学习了政协工作经验，开阔了政协工作的思路。

（四）加强自身建设，提升履职水平

全面加强委员队伍建设。按照郑州市政协的要求，大力开展“创建委员之家、树立委员形象”活动，建立了党政群界、农林科技界、侨台民族宗教界、工商联界、教体卫生界、文化艺术界、经济界7个“委员之家”。注重把“委员之家”建设与界别活动相结合，经常性、制度化地组织委员学习，开展交流联谊，收集社情民意，进行视察调研，积极建言献策，有力提高了委员素质，促进了政协各项工作的开展。

激励委员履职行权。尊重和维护委员的各项权利，努力营造民主和谐的参政议政氛围。通过走访等方式，及时了解和帮助委员解决工作生活中的困难和问题，让委员体会到政协这个大家庭的温暖。通过新郑电视台《委员风采》栏目和《政协信息》、黄帝故里网站，宣传了27位优秀政协委员的先进事迹。编好《政协信息》，让委员知情明政。发动机关干部通过各级各类新闻媒体，对市政协的各项重要活动进行广泛宣传报道。年终根据平时掌握的委员履职情况，对工作积极、表现突出的委员在全会上进行表彰。通过以上措施，有力提高了委员履职行权的积极性、主动性、创造性。

大力转变机关作风。以扎实开展“讲党性修养、树良好作风、促科学发展”活动为契机，积极推进“学习型、服务型、创新型、和谐型”机关建设。按照市委“讲、树、促”活动统一部署，认真完成了活动各个阶段的工作任务，针对存在的问题，注重整改提高，加强和改进了机关的学习，修订了各项工作制度，机关办公条件得到了改善，机关精神面貌发生了较大变化，机关的文秘、后勤、接待和老干部等各项工作得到了提高。

在回顾一年来政协工作的时候，也要清醒地看到，用新形势新任务的要求和人民政协肩负的职责来衡量，我们的工作还存在一些差距和薄弱环节，我们将认真分析原因，制定改进措施，不断研究解决新问题，探索总结新经验，努力把政协工作提高到一个新水平。

2010年市政协工作的总体要求是：以邓小平理论和“三个代表”重要思想

为指导，深入学习实践科学发展观，全面贯彻落实中共十七大、十七届四中全会和市委三届十次全会精神，牢牢把握两大主题，切实履行三大职能，充分发挥好协调关系、汇聚力量、建言献策、服务大局的重要作用，为全市经济社会又好又快发展做出新的贡献。

(一)要在加强学习上狠下功夫，更好地围绕中心，服务大局

组织委员认真学习市委三届十次会议精神，把委员的思想和行动统一到市委新一年的决策和部署上来。要把学习市委三届十次全会精神同深入学习胡锦涛总书记在庆祝人民政协成立60周年大会上的重要讲话结合起来，同学习科学发展观结合起来，同学习统一战线、人民政协理论和政协章程结合起来。继续大力创建学习型政协，坚持和完善有效的学习制度和形式，营造浓厚的学习氛围，使委员进一步增强对中国共产党领导的多党合作和政治协商制度的认识，自觉坚持党的领导，强化围绕中心、服务大局的意识，积极围绕市委、市政府的工作中心，富有成效地开展政协的各项工作，不断提高工作水平。

(二)要在助推发展上狠下功夫，围绕贯彻落实科学发展观献计出力

要切实把政协各参加单位和广大政协委员的思想和行动统一到市委"强化中心城区、打造特色板块，为早日把新郑建设成为现代化新型城区而努力奋斗"的战略部署上来，聚精会神搞建设、一心一意谋发展。在当前应对危机保增长的过程中，市政协要增强大局意识和责任意识，注意选择具有综合性、全局性、前瞻性的重大课题开展专题调研和协商议政活动，重点围绕市委提出的"融入大郑州，增强中心城区辐射带动力；经济调结构，增强板块经济基本竞争力；城乡抓统筹，增强一体化发展联动牵引力；文化塑形象，增强对外开放品牌影响力；商贸活市场，增强现代服务业综合承载力；为民办实事，增强协调发展和谐推动力"等六大重点任务，深入调查研究，提出对策建议，为保增长、保民生、保稳定贡献智慧和力量。继续在委员中开展创业活动，发动鼓励委员引资金，上项目，为我市经济社会发展多做贡献。

(三)要在促进和谐上狠下功夫，维护我市稳定和谐的政治局面

要坚持把发扬民主、增进团结、协调关系、化解矛盾作为履行职能的重要着力点，努力促进政党关系、民族关系、宗教关系、阶层关系、海内外同胞关系的和谐。要认真贯彻党的民族政策和宗教政策，充分发挥民族、宗教界代表人士在人民政协中的作用，协助党和政府做好民族工作和宗教工作，鼓励各阶层人士共同致力于中国特色社会主义事业，促进民族团结、宗教和睦、社会稳定。要广泛团结港澳台同胞、海外侨胞，动员他们支持我市现代化建设。

(四)要在关心民生上狠下功夫，努力为广大人民群众排忧解难

要坚持以人为本，履职为民，始终重视民生，关心民生，倾听群众呼声，做到知民所思、想民所虑、察民所忧、解民所困。广大委员要发挥各自的优势，时刻关心人民群众的安危冷暖，有力出力，有智出智，有钱出钱，热心帮助群众解决生产生活中的实际困难。要建立健全社情民意收集、整理、传递、催办、反馈等工作机制，丰富信息渠道，拓展信息来源，及时反映社会各界和全市人民群众最关心、最现实、最直接的利益问题，协助党委政府实行学有所教、劳有所得、病有所医、老有所养、住有所居，形成广大人民群众共享改革发展成果、共促社会和谐稳定的良好氛围。

(五)要在完善创新上狠下功夫，提高履行职能的水平和实效

要不断完善政治协商格局，积极开展多层次的政治协商工作。举办专题协商会，搞好全会和常委会闭幕期间的政治协商。开展无陪同视察、政协委员与职能部门面对面咨询答辩等活动，切实推进民主监督。面向社会公开征集提案线索，就重点课题向有关委员预约提案。实行政协提案媒体公示制度，对提案内容、提案责任单位及办理情况通过媒体向社会公示。由政协提案委直接就提案复文向有关委员征求意见。调研工作要坚持少而精。进一步改进专题调研的形式和方法，坚持委员调查和专家论证相结合，本地调研和外出考察相结合，专题调研和跟踪视察相结合。

(六)要在自身建设上狠下功夫，努力推进政协履职的制度化规范化程序化

深入开展创建"委员之家"活动，使活动制度化、规范化。同创建"委员之家"活动相结合，进一步探索开展界别活动的方式和内容，建立健全界别工作机制。加强对委员的管理，采取建立委员档案，定期考核、评比、表彰等措施，督促、激励委员参加活动，最大限度地推动委员履行职能。加强专委会建设，通过目标考核、定期述职、常委评议等方式，促使专委会不断提高工作水平，把提案、信息、调研、视察、联谊、公益、宣传、委员之家等活动有计划、经常性地开展起来，努力形成活跃有序的工作局面。做好政协宣传工作。进一步办好《政协委员信息》，为委员知情明政创造条件。继续办好《委员风采》栏目，扩大政协的参政影响。以建设学习型、服务型、创新型、和谐型政协机关为总体要求，加强政协机关的制度建设，完善各项制度，提高工作效率。加强政协机关的组织建设，努力造就一支政治坚定、作风优良、学识丰富、业务熟练的高素质干部队伍。

荥阳市政协
2009年工作总结

2009年是新世纪以来我市政协工作最不平凡的一年。一年来，常委会在中共荥阳市委的正确领导下，动员广大政协委员团结全市各阶层、各界别人民群众迎难而上，和衷共济，为“战危机、促发展”作出了应有的贡献。同时，坚持重心下移的工作思路，认真学习实践科学发展观，牢牢把握团结和民主两大主题，切实履行政治协商、民主监督、参政议政职能，努力加强自身建设，大力推动工作创新，充分发挥委员主体作用，各项工作都有了新的进展，取得了较好的成效。

一、突出政协特色，扎实开展学习实践科学发展观活动

常委会按照市委统一部署，着力从“提高思想认识、激发内在活力”，“突出政协特色、提高履职能力”，“创新体制机制、推进各项工作”等方面入手，扎扎实实地开展了学习实践科学发展观活动，取得了阶段性的成果。

（一）提高思想认识，增强了学习实践科学发展观的自觉性和坚定性。科学发展观是我国经济社会发展的重要指导方针，也是政协服务科学发展、实现自身科学发展的强大思想武器。常委会把深入学习实践科学发展观活动作为重要的政治任务和促进政协事业发展的难得机遇，从3月份开始，历时半年时间，紧密结合政协工作的实际，组织和推动政协机关干部和全市政协委员，采取不同层次、不同方法，认真开展了学习实践活动。共组织集中学习48次，撰写学习笔记45万余字、心得体会90余篇、调研报告30篇，邀请有关学者、领导进行专题辅导3次，开展“解放思想”大讨论2次，发放征求意见表1200余份，召开各类座谈会7次。通过深入系统的学习，政协机关干部和全市政协委员深刻领会并准确把握了科学发展观的科学内涵、精神实质和根本要求，进一步增强了学习实践科学发展观的自觉性和坚定性。

（二）明确工作思路，提升了政协服务我市经济发展的能力和水平。经济发展靠群众，民生工作在基层，政协活力在委员。政协只有深入一线，服务大局，才能增强服务发展的实效性；只有深入基层，体察民情，才能提高建言献策的科学性；只有深入委员，激活主体，才能调动委员履职的积极性。为此，常委会紧紧围绕市委政府中心工作，提出了重心下移的工作思路，坚持“贴近大局、贴近民生、贴近委员”的工作原则，深入基层，深入群众，摸实情，讲真话，建诤言，献良策，求实效，使政协工作始终做到了“协商有据，监督有理，参政有方，议政有道”。政协用扎实的工作作风和显著的工作成效，赢得了社会各界的普遍赞誉和广泛认可。

（三）解决实际问题，推进了政协事业科学发展的体制机制创新。在学习实践活动中，常委会着力构建“体现时代性、把握规律性、富于创造性”的政协工作机制，在完善制度建设上取得了新的突破。如针对基层群众和多数委员反映的“加强委员队伍管理”、“加强与委员的联系和沟通”等问题，出台或完善了《荥阳市政协委员履职考核办法》、《荥阳市政协领导联系委员制度》等6项制度和措施，为政协进一步提升履职能力和服务水平提供了重要保障。

二、紧扣第一要务，积极为促进荥阳经济发展献计出力

常委会坚持“围绕中心、服务大局”的工作原则，把促进发展作为履行职能的第一要务，紧扣市委、市政府在各个阶段的工作重点和中心任务，从大政方针、宏观决策上为市委、市政府当好参谋，在经济运行、群众生活的细微处为市委政府分忧补缺，为促进我市经济平稳较快发展做出了积极贡献。

（一）紧扣中心工作，谋大局议大事，当好参谋助手。发展是永恒的中心，服务发展是政协履行职能的永恒主题。“保民生、保稳定、保增长”是去年我市最重要的中心工作，也是政协履行职能的重中之重。年初，我市绝大多数企业受国际金融危机风暴冲击和影响，产业发展面临严峻挑战，企业开工严重不足，生产经营困难重重，银行存款大量增加，固定资产投资滞缓，社会稳定压力加大。为此，常委会及时采取行动，由主席、副主席带领政协机关干部和部分委员，分组对除环翠峪管委之外的14

个乡镇、办事处辖区内企业生产经营情况进行了调研。采取走访摸底、实地察看、座谈研讨、沟通交流、咨询论证等方式，全方位了解企业困难，帮助企业研究对策、把握形势，鼓励企业树立信心、振奋精神、沉着应对挑战，引导企业加快经济转型步伐，提高产业升级速度。在此基础上，及时向市委、市政府呈送了《关于全市企业“促开工，保增长”的调研报告》，针对多数企业共同反映的融资难问题，提出了“搭建担保融资平台、出台私募股管理办法和动产抵押贷款风险减持办法”等对策和建议，受到市委、市政府主要领导的充分肯定和高度评价，市委书记杨福平批示：“市政协组织的‘促开工，保增长’调研主题鲜明，情况翔实，非常难得。请印发每位常委、副市长阅研，建议中属于自己分管的，要认真采纳，从荥阳发展大局出发，解决好实际问题，并请督查办就此报告反映问题的解决情况定期形成专题报告。”在市委、市政府的强力推动下，各有关方面通力合作，我市主要经济指标和部分工业行业生产经营状况趋于好转，企业开工率大幅回升，停产、半停产企业数量明显减少，不少企业生产经营状况开始回暖。此外，在全会期间，邀请书记、市长等党政主要领导分组参加“推进新农村建设”和“实施工业兴市战略”专题议政会以及政协常委会上形成的“抗危机，促增长”和“适应转型发展，促进经济增长”等专题议政报告，也对市委、市政府完善相关政策、推动中心工作产生了重要作用。

(二)围绕重点工作，抓协调搞服务，破解发展难题。一是深度参与了企业服务年活动。开展企业服务年活动是市委政府为应对国际金融危机、促进我市经济平稳较快发展做出的重要决策。常委会紧紧围绕市委统一部署，采取调研摸底、现场察看、走访座谈、电话联系、问卷调查等方式，想方设法为企业办实事，千方百计为企业解难题。一年来，共深入少林汽车股份有限公司、康泰制药集团公司等130家规模以上企业600多次，积极协调解决了一些企业在融资贷款、土地审批、项目对接、政策咨询、交流合作、产销协调、法律维权等方面的困难。比如，帮助郑州龙基铝业有限公司贷款200万元，为企业拓宽了融资渠道，破解了融资难题；帮助一些企业协调解决了排水、供电、招工、技术改造、科技创新等生产难题。比如，帮助河南辉龙铝业有限公司协调解决了久拖不决的废水改道排放问题；在优化企业发展环境方面，充分发挥政协位置超脱的优势，耐心帮助企业向周边群众解疑释惑，做了许多协调厂群关系，化解厂群矛盾的工作，及时促进了一些问题的解决，为企业一心一意谋发展创造了良好的外部环境，用实际行动支持配合了市委政府的重点工作。二是认真开展了政协委员定位监督活动。常委会按照市委部署，高度重视，认真负责，组织部分委员深入各被监督督查单位查问题、找不足、提建议，取得了明显成效。一年来，共对全市20个单位承担的71项市定重点工作、重点工程建设项目的进展情况，开展了4批28次定位监督活动，累计向被监督单位提合理化建议和可行性意见46条，为市委政府提建议11条，促进了我市重点工作的顺利开展。

(三)聚焦热点问题，建诤言献良策，推动科学发展。常委会紧紧抓住市委、市政府高度重视、人民群众关心关注的热点问题，认真组织委员开展视察、调研活动，积极为推动荥阳科学发展建言献策。一年来，分别围绕我市农产品质量安全、食品药品安全监督管理、企业节能减排、韩凤楼故居保护修缮、中小学校推广普及苌家拳、公安局科技强警以及索河路和万山路路灯改造等工作进行了视察，形成并上报7篇视察报告，提出了许多具有较强针对性的意见和建议，引起了市委、市政府的高度重视，有关部门都及时进行了整改，促进了相关问题的解决；分别针对居民基本养老保险、工业企业科技创新、文物保护管理、爱国宗教团体自身建设、石榴种植合作社、农村科普示范工程、社区卫生服务、农村饮水安全工程、乡镇集体企业产权制度改革、五龙工业园区发展等课题开展了专委会陪同调研和常委领衔调研，撰写调研报告30余篇，结合荥阳实际提出了许多具有科学性、可行性、前瞻性的对策和建议，得到了市委、市政府的充分肯定，多数建言已被有关部门及时采纳，推动了我市经济社会全面协调可持续发展。

三、坚持“三贴近”原则，工作重心下移搞好服务

常委会坚持“贴近大局、贴近民生、贴近委员”的工作原则，不断强化服务意识，拓宽服务渠道，提高服务水平，增强服务效果，推动了我市经济社会各项事业的又好又快发展，塑造了政协组织的新形象，开创了政协工作的新局面。

(一)贴近大局，服务发展，切实提高提案工作水平。常委会坚持把提案工作的出发点放在服务大局上，把着力点放在提高质量上，把切入点放在重点提案的督办上，把落脚点放在为民办实事上，开展了一系列的提案宣传、办理、督促、落实工作，使提案质量和办理质量不断提高，促使一大批党政重视、群众关心关注的热点、难点问题得到了妥善解决。如《关于实现城乡公交一体化的建议》、《关于我市老年人免费乘车的建议》、《创新机制，搭建平台，发挥大学生村官积极作用》、《建立乡村道路养护机制》等提案，契合了我市当前发展的迫切需要，在我市经济社会发展中产生了积极的影响，市领导高度重视，承办单位认真落实，为促进全市经济社会全面发展，发挥了积极而重要的作用。

(二)贴近民生，服务基层，积极开展扶贫助困活动。常委会采取“领导包乡镇、机关包村组、干部包农户，委员献爱心”的方式，开展了多种形式的帮扶活动，取得了显著成效。如在开展送科技下乡活动中，组织政协委员中的20多名农技、林业、果业、水利等方面的专家和技术人员，到刘河乡官顶村生产一线，通过集中授课、集市宣讲、发放农林科技资料、深入田间地头现场指导等形式，把经济实用的林下食用菌种植技术传授给农民朋友，为农民增收，农业增效拓宽了渠道。这次活动，共发放农业科技手册3000多份，为农民朋友解答农技难题200多个，咨询群众达1000多人，受到农民朋友的一致好评，市委政府主要领导给予了高度评价；在移民搬迁安置工作中，政协机关克服时间紧、人员少、任务重、压力大的困难，圆

满完成了东魏营村2户移民搬迁安置任务，并组织部分经济界委员捐资，为东魏营和西魏营2个移民新村380多户村民送去了价值3万多元的中秋慰问品，为移民乡亲送去了温情爱意，为稳定民心作出了微薄贡献，同时也彰显了政协委员的爱心义举；在结对帮扶孤儿工作中，政协机关长期为豫龙镇楚寨村和宴曲村2名孤儿提供思想、教育、生活、医疗等方面的帮扶和资助；在“荥阳儿童福利日”活动中，政协机关干部捐款数万元。此外，还鼓励引导委员积极参加慈善捐助、光彩事业、爱心助教、结对帮扶、无偿献血、捐献干细胞等社会公益活动，以实际行动扶贫助困、回报社会。比如，冯保生、陈新安等委员帮助高村乡宋村、刘河镇架子沟村等村庄修建公路、维修校舍、创建文化设施等，捐款达30余万元；在全民慈善活动中，全市政协委员共捐资170余万元，捐助价值20多万元的物资，丁永林、张建德等委员荣获“慈善之星”荣誉称号，荥阳电视台《委员风采》栏目对他们的先进典型事迹做了专题报道。

（三）贴近委员，创优服务，努力发挥委员主体作用。常委会坚持“继承、借鉴、探索、创新”的工作方针，采取“创新载体搭建平台”、“丰富活动增强活力”、“完善制度优化服务”等措施，在发挥委员主体作用方面取得了较好的成效。一是创新载体，搭建平台，委员之家优势日益凸现。按界别建设委员之家是我市政协为发挥委员主体作用而进行的一次有益尝试。常委会坚持“因地制宜，量力而行，就近就便，注重实效”的原则，先后建成了经济界委员之家和工青妇界委员之家。委员之家的各项活动以界别为特色有序开展，各具特色，亮点纷呈。如经济界委员之家围绕“保增长、促就业、扩内需、调结构”等问题，进行探讨交流，开展协商论证，提出了“提高自主创新能力，推进产业结构调整，增强企业核心竞争力”等具有较强操作性和针对性的意见和建议，对市委、市政府完善相关政策，进一步推进我市经济结构调整和经济增长方式的转变产生了重要作用；工青妇界委员之家围绕“关注弱势群体”、“化解矛盾纠纷”、“保障职工权益”等问题，深入孤寡老人、残疾人、低保户以及下岗职工等家庭走访慰问，帮助他们解决生活中遇到的实际困难，并协调有关部门做好救助帮扶工作，对进一步解决弱势群体基本生活保障问题起到了积极的促进作用。郑州市政协李秀奇主席来我市调研时，对我市“尝试按界别建设委员之家”这一做法给予了充分的肯定和高度的评价，并作为先进典型在其他兄弟县（市）区政协进行了推广。二是丰富形式，注重实效，委员小组活动更具活力。常委会本着“自主、多样、灵活”的原则，采取多种形式构建界别活动载体，创新界别活动方式，提高活动的吸引力，扩大活动的参与面，调动了委员参加小组活动的积极性和主动性，增强了小组活动的凝聚力和生命力。如医药卫生界对防控甲型H1N1流感以及手足口病工作开展专题视察活动，着力解决群众关心、关注的焦点问题；教育界开展了“关爱贫困学生，构建和谐校园”活动，为20余名贫困学生提供生活补助，为他们缓解生活压力，让他们能安心地学习；民族宗教界根据形势发展需要，适时组织召开加强民族团结维护社会稳定专题座谈会，积极宣传党的民族政策，帮助少数民族群众解决实际问题和困难，用实际行动维护民族团结；法律界在电视台开辟《法制栏目》专栏，推动法制宣传教育进一步贴近社区、贴近群众，深受广大人民群众欢迎。除此之外，其他界别也分别开展了丰富多彩、各具特色的学习、联谊和考察活动，均收到了良好的效果。三是完善制度，优化服务，委员履职热情更加高涨。完善政情通报制度，邀请市委政府主要领导参加政协常委会通报工作，为委员知情参政创造了条件，邀请部分委员列席常委会，扩大了委员的知情权；完善学习制度，举办报告会和辅导讲座，开展庆祝人民政协成立60周年政协知识竞赛活动，激发了委员的学习积极性，为提高履职能力与水平奠定了基础；完善管理制度，开展述职活动，加强对委员履职情况的评价考核，调动了委员履职尽责的自觉性和主动性；完善联系委员制度，开展“心连心”活动，约谈、走访、慰问委员200多人次，帮助委员解决生产生活、工作学习中的难题40多个，增强了政协组织的凝聚力和向心力。政协机关热情高效的服务，为委员履行职能创造了优良的环境，进一步激发了委员的履职热情，使委员履职尽责的自觉性、主动性进一步增强。

据统计，2009年，全市政协委员共撰写提案166件，撰写调研报告30余篇，反映社情民意390多条，为民办实事好事530余件，为财政贡献税收2.83亿元，提供信息帮助引进项目6个，领办或创办民营企业9家，安置就业人员3881人，获省、市、县三级表彰和奖励的有41人（次）。

此外，还认真完成了第10辑《荥阳文史资料》的挖掘、征集、编审、出版工作，有效地发挥了政协文史资料“存史、资政、团结、育人”的社会功能；同时，认真抓好了政协机关的自身建设，不断推进政协工作的规范化、制度化、程序化，逐步形成了政协工作“职能强化、机制有力、运转有序、功效提升”的良好格局。

同时，我们也清醒地看到，常委会的工作还存在着一些差距和不足：政协履职的体制机制有待于进一步创新；调研工作机制还不够完善；个别委员的作用发挥的还不够充分等等。这些都需要我们在实践中深入研究，认真加以解决。

中牟县政协2009年工作总结

2009年，是深入学习实践科学发展观、积极应对金融危机，全力“保增长、保民生、保稳定”的重要一年，也是政协各项工作不断迈上新台阶的一年。一年来，在县委的正确领导和市政协的指导下，坚持以邓小平理论和“三个代表”重要思想为指导，高举爱国主义和社会主义伟大旗帜，牢牢把握团结和民主两大主题，认真贯彻落实十七大和十七届三中、四中全会及胡锦涛总书记在庆祝人民政协成立60周年大会上的重要讲话精神，紧紧围绕全县工作大局，全面履行政治协商、民主监督、参政议政职能，各项工作取得新进展，为促进我县经济社会平稳较快发展做出了积极贡献。

一、坚持围绕中心、服务大局、促进发展，履行政协职能取得新成效

围绕中心，服务大局，是人民政协履行职能的重要原则。一年来，县政协常委会围绕县委、县政府中心工作，积极建言献策，服务发展大局，有力促进了全县经济平稳较快发展。

*一是深入开展专项调研。*调查研究是政协参政议政的重要方式，只有切实做好调查研究，建言献策才有深度。一年来，我们先后围绕农业种植结构调整、平安建设、农村土地调整和新型农村合作医疗开展了专项调研。为确保调研实效，每次调研活动都由一名副主席带领有关专委会，安排相关方面有专长的委员和部门负责人参加，力求反映情况实事求是，建言立论有的放矢，提出建议科学合理、切实可行。通过各调研组的努力，撰写了4篇质量较高的调研报告，共提出意见建议40多条，并以政协《调查研究》的形式送县四大班子领导和有关部门，其中不少意见、建议受到县委、县政府主要领导同志的肯定。如：为全面提升我县农业竞争力，实现农业持续发展，农民持续增收，县政协对大蒜生产和蔬菜种植进行了全面、深入、详实地调研，提出了科学引导、典型引路，转变群众种植观念；搞好信息、技术服务，叫响品牌；给予资金、用地、招商方面政策支持等建议。县委书记崔绍营同志在调研报告上做出重要批示，要求“将该调研报告印发各乡镇及有关委局，希望各单位结合学习实践科学发展观活动，实事求是推进我县农业现代化进程，为农民增收服务。县政府要根据上级农村工作会议精神，拿出实施意见，确保我县农民能够持续增收。”县委办公室、县政府办公室根据崔书记批示精神，将调研报告以“两办”文件形式全文印发给各乡镇和县直各单位，有力加快了我县农业结构调整的步伐。

*二是精心组织专题视察。*视察是政协履行职能、发挥作用的重要途径。我们精心选择事关经济社会发展、社会各界关心的课题，组织委员开展专题视察。一年来，我们先后对抗旱浇麦、农田水利建设、文化大院建设、企业发展环境、社会治安综合治理、县直三小和三幼建设、网吧管理、殡葬改革、农村公路养护、重点项目及创建国家级卫生县城长效机制落实情况等工作进行了视察。我们注重改进视察方式，加强视察前的调研，让委员充分了解和掌握情况，在此基础上进行实地察看，提出有针对性地意见和建议，收到良好效果。如：网吧管理是社会各界普遍关心的热点、难点问题，政协委员对此给予了持续关注。我们先组织委员进行了无陪同视察，对网吧管理情况进行了暗访和摸底调查，掌握了真实情况。随后召集文化、公安、工商、联通公司等部门，听取他们的工作汇报，实地察看网吧管理情况，并根据群众举报，对青年路一个位置明显、规模较大的黑网吧进行现场取缔，执法人员当场查扣电脑主机260多台。取缔黑网吧的活动在社会上引起了强烈反响，群众对此拍手称赞，我县网吧经营秩序也得以好转。

*三是提案工作质量稳步提高。*提案是政协富于传统、独具特色的履行职能方式。一年来，我们着力在加强领导、完善机制、提高质量、增强实效上下功夫，使提案工作质量稳步提高。为确保提案具有广泛代表性，充分反映民意，我们提前一个月通过电视媒体、电子信箱、短信平台向社会各界征集提案线索，为提高提案质量打下了良好基础。县政协八届三次会议以来，共收到提案174件，立案155件，截止2009年底，提案已全部办复。县委书记崔绍营同志、县长马锁文同志、县政协主席王根成同志分别就提案办理工作作出重要批示，要

求分管领导和各承办单位认真落实政协提案，千方百计完成任务，给委员和全县人民交上一份满意的答卷。在县主要领导的高度关注下，提案办理工作出现了前所未有的良好局面，承办单位和政协委员之间形成了良性互动。我们还创新形式，通过领导领衔督办、委室协办、委员视察督办等有效形式，加大提案督办力度，收到明显成效。如："关于开通大学路下水道的提案"，县长马锁文同志和县政协主席王根成同志深入调研，现场办公，明确财政投资和承办单位，王根成同志又亲自主持召开由相关部门和政协委员参加的协调会，研究办理事宜，促使工程如期开工。在办理过程中，县委常委、常务副县长李雪生同志和县政协副主席石小书同志还带领委员多次进行现场督办。目前，此项工程稳步推进。去年10月份，我们还与县政府联合召开重点提案督办会，委员和承办单位面对面协商办理工作，由委员提问，承办单位现场解答，并拿出解决方案，使重点提案得到了较好地落实。

*四是反映社情民意工作扎实有效。*了解和反映社情民意，为县委、县政府决策提供信息依据是政协履行职能的重要环节。我们将反映社情民意工作摆在重要位置，充分发挥社情民意反映民意诉求、促成民生问题解决的重要作用，使社情民意工作开展得扎实有效。一年来，我们共收集社情民意289条，采用49条，编印《社情民意》14期，所报送的多条意见建议得到县委、县政府领导的重视和采纳。其中《社情民意》第五期《打击农村低俗文化刻不容缓》，县长马锁文同志批示，要求"宣传、公安及文化部门认真研究，制定切实可行方案，加大打击力度，杜绝低俗文化传播。"各成员单位按照领导批示精神相互配合，开展了杜绝低俗、提倡文明的专项整治行动，有力打击了一批非法演出团体，使农村低俗文化的传播得到有效遏制，我县文化环境得到进一步净化。《人民政协报》以《采纳政协建议，河南中牟县政协编织文化环境净化网》为题作了专题报道。

*五是民主监督迈出新步伐。*一年来，我们积极探索新形势下民主监督的新途径，加大监督力度，围绕群众关心的一些重要问题，积极开展监督活动。县政协八届十次、十一次常委会议上，我们分别听取了法院、检察院和公安局工作汇报，并提出了强化自身建设，进一步提高执法水平，维护司法公正和社会公平正义，提升群众安全感和满意度等建议，得到法检两院和公安部门的采纳。我们还积极支持政协委员担任民主监督员，促使相关部门改进工作，提高群众对部门工作的信任度。去年，政协委员应邀对大学生村干部选聘工作进行了全程监督，还按照省市要求对职能部门政风行风进行了民主评议，得到社会各界的肯定。

二、创新工作思路，充分发挥委员主体作用，委员风采得到新展现

政协委员是政协工作的主体，政协工作的实力在委员，潜力在委员，活力也在委员。一年来，我们创新工作思路，积极探索委员活动的有效形式，进一步调动了委员参与政协活动的积极性、主动性和创造性。

*一是"委员进百家、履职促和谐"活动深受群众欢迎。*为进一步引导委员发挥自身专业优势和特长，关注民生、体察民意、奉献社会，为构建和谐中牟贡献力量，我们对委员活动形式进行创新，在全体委员中广泛开展"委员进百家、履职促和谐"活动。委员们积极响应，纷纷按照活动安排，与帮扶家庭结成活动对子，通过定期和不定期走访，宣传法律法规和县委、县政府重要部署，提高群众法律意识，同时了解和反映社情民意，广泛开展化解矛盾、理顺情绪的工作。委员们还通过送资金、送技术、送知识、送健康、送温暖等多种方式，为帮扶家庭解决实际问题，得到群众一致好评。如：天邦农产品开发有限公司经理孟庆江委员，带动周边300多户群众种植蔬菜，并帮助解决销售问题，为群众增收80多万元，他还常年帮扶狼城岗镇瓦坡村两个脑瘫患儿，累计出资近5000元。华兴玻璃制品公司经理马会增委员，研究先进技术，提升产品质量，壮大企业实力，为九龙镇450名群众提供了就业岗位，他还为九龙镇太平庄村自来水工程捐资5万元，帮助解决该村群众的安全用水问题，受到该村群众的普遍好评。活动开展以来，委员共帮扶286户，开展帮扶活动672人次，送资金28.74万元，帮助协调贷款16万元。为全面展示委员风采，发挥先进典型的示范作用，我们在电视台开辟"委员风采"专栏，对活动中涌现出的李珍、段淑梅、孟晓冬等11名优秀委员的先进事迹进行宣传报道，充分展示了委员风采，激发了委员的履职热情。"委员进百家、履职促和谐"活动还受到了各级新闻媒体的关注，《人民政协报》、《协商论坛》、《郑州日报》和中原网均对此项活动作了报道。

*二是捐资助学活动得到各界赞誉。*一年来，我们继续在全体委员中开展"扶贫济困献爱心"活动。为了让更多寒门学子享受政协大家庭的温暖，帮助他们克服困难，完成学业，我们利用委员爱心捐款继续开展捐资助学活动。经过教育部门推荐和县政协考察，我们对考入高等院校的单群发等10名品学兼优的寒门学子给予每人5000元的资助。在捐资助学活动仪式上，受助学子们表示决不辜负委员的期望，到校后努力学习、报效祖国。委员们的爱心和善举赢得了社会各界的赞誉。

*三是委员界别活动丰富多彩。*我们把界别活动摆上重要议事日程，委员活动内容不断丰富，委员活动领域不断拓宽。为进一步优化我县经济发展环境，更加积极有效地应对金融危机，我们组织经济界委员召开优化经济发展环境座谈会，为"战危机、保增长"建言献策。为进一步加强师德教育，规范教育行为，促进我县教育和谐发展，我们组织教育界委员召开师德教育座谈会，共同研究探讨强化教师职业道德教育，创造和谐师生关系、和谐校园的有效途径。重阳节前夕，我们组织卫生界委员组成专家医疗队，携带医疗器具，到县光荣院和乡镇敬老院为老人们进行义务体检和疾病诊治，并向他们赠送了价值3000余元的常用药品，深受他们欢迎。我们还组织委员到乡镇中学开展了送

法律进校园活动。通过举办普法讲座，教育引导学生学法、守法，自觉抵制各种不良行为和违法犯罪行为的引诱和侵害，共有3000余名师生参加了报告会，活动受到师生们的一致好评。师生们表示，“政协关心学校的法制教育，让我们深受鼓舞，今后要努力学习法律知识，做守法公民”。郑州市政协“创建委员之家、树立委员形象”活动开展以来，我们按照要求，建立了经济、教育、卫生、文化四个界别的“委员之家”，为委员学习交流、联系群众打造平台、创造条件，并力求将“委员之家”建设成学习之家、民主之家、履职之家、温暖之家、联谊之家，把委员培养成学习型、民主型、务实型、创新型、奉献型委员。通过活动的开展，团结政协委员、凝聚各界力量，共同服务我县政治、经济、社会各项事业协调发展。

三、坚持团结民主，在凝心聚力、共建和谐中牟上取得新进展

一年来，我们牢牢把握团结和民主两大主题，调动一切积极因素，广泛凝聚各方力量，共同为促进和谐中牟建设献计出力。

*一是凝聚社会各界人士力量。*我们加强同各界人士的联系与协作，在政协工作中着力营造民主协商、平等共事、合力履职的良好氛围。同时，鼓励和支持他们提出提案，反映民意，尽力帮助他们解决工作中的困难和问题。我们还主动邀请他们参加调研视察活动，为他们参政议政、发表意见搭建平台。

*二是凝聚民族宗教界力量。*我们重视加强与民族宗教界代表人士的联系，主动参加少数民族和宗教界的重大节日活动，利用传统节日走访民族宗教界政协委员和知名人士，积极宣传党和政府的民族宗教政策，认真听取他们的意见和要求，积极帮助他们解决实际困难。我们重视发挥少数民族和宗教界委员的作用，组织委员举办基督教圣经学习班和佛教仪规培训，视察宗教活动场所，努力促进民族团结、宗教和睦。

*三是凝聚港澳台侨胞力量。*一年来，我们认真贯彻落实“和平统一、一国两制”基本方针，加强与三胞及其眷属的联系。我们举行了三胞眷属中秋节座谈会，与来自全县的三胞眷属共庆中秋佳节，共话祖国统一，畅谈我县发展的大好形势。三胞眷属纷纷表示，要发挥自身优势，积极牵线搭桥，服务招商引资，为中牟经济发展贡献力量。

*四是文史工作活跃有序。*去年，我们编辑出版了文史资料第十四辑《中牟民俗文化》专辑，该辑文史资料共征集稿件70多篇，计16万字，经认真筛选，共入书63篇12.8万字。此书的出版，对挖掘中牟传统文化和外界了解中牟起到了积极的推动作用。

四、以科学发展观为指导，加强自身建设，履行政协职能水平得到新提高

一年来，我们积极适应新形势新任务对政协工作的新要求，以改革创新精神和求真务实的作风，努力加强自身建设，履职水平不断提高。

*一是加强理论学习。*我们始终把学习摆在突出位置，对委员和机关学习常抓不懈。第二批学习实践科学发展观活动开展以来，我们把学习实践科学发展观作为一项重要任务，强调用科学发展观统揽政协工作，认真抓好各项工作的落实。我们还以人民政协成立60周年为契机，系统学习政协工作知识和统战理论，认真学习胡锦涛总书记在庆祝人民政协成立60周年大会上的重要讲话精神，强调用讲话精神指导政协工作，推进政协工作不断创新。

*二是加强制度建设。*一年来，我们不断完善各项制度，并狠抓落实，着力提高机关工作效能。我们制订了机关各委室工作职责和工作人员岗位职责，进一步明确了机关委室及每一名工作人员的分工和责任，在工作中要求各司其职、各负其责，同时统筹兼顾、协调配合，确保每项工作落到实处。我们还对已有的制度进行了系统回顾和梳理，编印了《政协工作制度汇编》。通过加强制度建设，机关工作效能进一步提高，各项工作更加规范有序、富有成效。

*三是加强作风建设。*一年来，我们注重加强机关作风建设，增强机关干部工作责任感，提高机关干部工作热情。我们印发了《关于加强政协机关干部作风建设的意见》，要求全体工作人员切实改进思想作风、工作作风和生活作风，把每一项工作做实、做细、做好。通过加强作风建设，政协机关形成了“团结、紧张、认真、求实”的工作氛围。

*四是信息宣传工作成效显著。*信息宣传是扩大政协工作影响力的有效途径。一年来，我们充分发挥信息宣传工作在体现委员履职成果、展示委员形象中的积极作用，全年在国家、省、市级报刊上发表署名文章、信息55篇，其中在《人民政协报》、《纵横》等国家级报刊上发表15篇，在《河南日报》、《协商论坛》等省级报刊上发表27篇，在《郑州日报》、《郑州政协》等市级报刊上发表13篇，信息宣传工作质量、信息数量均取得重大突破。此外，我们重视现代网络媒体的重要作用，全年在中原网上发表工作信息22篇，进一步扩大了政协工作的社会影响力，提升了政协社会形象。

各位委员，常委会一年来所取得的成绩，是县委正确领导的结果，是县政府和有关部门大力支持的结果，是政协各参加单位、全体政协委员和政协工作者共同努力的结果。在此，我谨代表县政协常委会向所有关心支持政协工作的各位领导、各位委员、各界朋友，表示衷心的感谢和诚挚的敬意！

总之，2009年，我们的工作取得了一定的成绩，但我们也清醒地看到，对照科学发展观的要求，与新形势下政协所肩负的使命相比，政协工作中还存在着一些差距和不足。主要表现在：政治协商的制度不健全，协商还不够到位；参政议政、建言献策的工作还有待进一步深化；履行职能、服务发展的能力和水平有待进一步提高等等。这些问题，我们将予以充分重视，并切实加以改进，从而为实现中牟经济腾飞、为构建和谐中牟做出新的更大的贡献！

金水区政协 2009年工作总结

2009年工作回顾

刚刚过去的2009年，是新世纪以来我国经济发展最为困难的一年，也是全区上下深入学习实践科学发展观、积极应对国际金融危机、实现经济社会平稳较快发展的特殊一年。一年来，区政协在中共金水区委的坚强领导下，在区政府及社会各界的大力支持下，高举爱国主义、社会主义伟大旗帜，牢牢把握团结和民主两大主题，动员和组织全区政协委员、政协各参加单位和各族各界人士，围绕"保增长、保民生、保稳定"目标，认真履行政治协商、民主监督和参政议政职能，为实现全区经济形势回升向好、社会大局和谐稳定做出了积极贡献。

一、以战危机、保增长为主线，履行职能的成效进一步提高

2008年第四季度以后，世界经济形势险象环生，国际金融危机持续扩散蔓延，世界经济严重衰退。受国际金融危机严重冲击，我区经济社会发展遇到严重困难。面对严峻复杂的经济形势，区政协适时调整工作思路，把"保增长、保民生、保稳定"作为履行职能的首要任务，与区委、区政府同心协力，共克时艰，在应对国际金融危机思路上，在保持经济平稳较快增长上，在保障和改善民生上，在促进社会和谐稳定上积极建言献策，做到尽职不越位，帮忙不添乱，切实不表面。

*积极开展政治协商，为战危机、保增长建言。*政治协商是人民政协的首要职能，也是促进党委、政府科学、民主决策的重要环节。一年来，区政协紧紧围绕战危机、保增长这一事关全区科学发展、率先发展、跨越发展、和谐发展的中心议题，组织开展整体协商、专题协商、对口协商、工委协商等多层次协商15次，委员们对我区战危机、保增长的各项工作给予了持续的关注和支持，提出危机应对之策100余条，受到党委、政府及其各部门高度重视和认真采纳，为全区经济逆势回升、企稳向好提供了有力的智力支持。特别是区政协七届三次会议期间，区委、区政府、区政协主要领导分别深入各委员活动组，广泛听取委员意见，共同探讨危中求机、转危为机的思路和措施，通过协商的方式丰富和完善了我区的"一一二二三四五八"发展战略，为做好战危机、保增长的各项工作确立了方向。

*不断深化课题调研，为战危机、保增长立论。*专题调研是人民政协履行职能的基础性工作，也是政协提高履行职能水平和建言献策质量的"必修课"。2009年，我们继续发挥政协委员专家团队的咨政建言作用，着力在出成果、出精品、出实效上下功夫，为战危机、保增长贡献智慧力量。以刘勇、谷建全、陈守民、刘云等委员为课题代表的课题工作组，在广泛调研、深入论证、反复推敲的基础上撰写了《金水区廉租房建设问题研究》、《打造河南现代服务业核心区》和《关于加快杨金产业园区发展的意见和建议》等3篇具有较高科学性、实用性、可行性的专题调研报告。由于报告契合了"保增长、保民生、保稳定"这一中心任务，很快转化为党委、政府研究部署有关工作的重要参考，产生了较好的现实效用。

*充分运用政协提案，为战危机、保增长献计。*提案是人民政协履行政治协商、民主监督、参政议政职能最直接、最经常、最有效的方式之一。区政协七届三次会议以来，共收到提案89件，审查立案80件。这些提案大都经过细致的调查研究和充分论证，有情况、有分析、有具体可行的意见建议，具有较高的应用价值。尤其是1号提案《新形势下金水区经济发展的若干应对之策》、2号提案《关于优化结构、转变经济增长方式，确保经济稳定增长的建议》、4号提案《关于在新形势下加快我区经济调整的建议》、6号提案《关于在杨金产业园区建立科技成果转化基地的提案》、7号提案《关于我区进一步扩大对外开放的建议》等五个重点提案，从宏观、中观、微观多个层面，从理论、政策、实务多个视角，提出了应对国际金融危机冲击、保持经济平稳较快发展的金点子、好点子、新点子，为区委、区政府谋划部署全盘工作和加快推进关键领域各项改革发展带来了许多启迪和思考，许多提案建议被党政部门采纳实施后产生了很好经济和社会效益。如区商务局采纳

《新形势下金水区经济发展的若干应对之策》所提建议，出台措施推动现代服务业和传统服务业齐头并进、加快发展，引导和鼓励商家拓展新兴消费领域和消费市场，扩大市民消费，既促进了特色街区经济、商圈经济、夜经济的兴起和发展，又提升了市民的生活质量和生活品味。

及时组织委员视察，为战危机、保增长出力。视察是委员了解情况、研究问题、建言献策的重要途径，是督促工作落实的有效手段。一年来，我们围绕特色街区经济发展情况，奥克集团异地迁建等重点工业项目推进情况，工商、税收、行政审批等优化经济发展环境情况，交通、城建等基础设施建设情况，组织常委会视察、专委会视察、工委会视察、纵向横向联合视察等不同层次和形式的视察30多次，提出工作建议400多条。在视察我区重点工业项目建设情况时，委员们针对融资难这一制约企业发展的重要因素，提出了争取中央和省市重大投资资金、搭建银企合作平台、成立金水区投资担保公司等3条建议，受到党委、政府及企业的重视和采纳，通过各有关单位的共同努力，达到了预期效果。据统计，2009年，全区共争取到中央和省市各级资金支持9699万元；组织银企洽谈会1次，帮助2户企业同2家金融机构达成2项合作意向；成立金水区投资担保中心，以国有资产作担保，支持企业瞄准符合国家产业政策、蕴含巨大发展潜力、具有较好成长性的项目大干快上，不仅帮助企业顺利“过冬”，而且积蓄了做强做大的充足后劲。

这里需要特别提出的是，广大政协委员和委员所在企业在战危机、保增长中，继续发挥生力军作用，累计引进项目资金5亿多元，上缴利税1亿多元，新增就业岗位1000多个，对全区经济社会平稳较快发展形成了强有力的支撑。

二、以创建委员之家活动为载体，委员履职平台进一步拓展

政协委员是政协工作的主体，政协职能作用的发挥要通过委员活动来体现。去年以来，区政协在各镇、街道广泛创新开展“创建委员之家、树立委员形象”活动，拓展了政协委员知情出力、施展才华的平台，树立了政协组织和政协委员的良好形象，收到了很好的效果。

因地制宜，突出特色，抓好委员之家的基础建设。创建“委员之家”是一项创新实践。各镇、街道工作委员会结合各自区位特点、委员构成特点和资源禀赋特点，因地制宜，创建了各具特色的“委员之家”。庙李、柳林、南阳新村、东风路、北林路等5个镇、街道工委将创建“委员之家”与建设“红色家园”紧密结合起来，使党的建设与政协建设有机结合起来，既共享了资源，又相互促进了工作。祭城路、未来路、花园路等街道工委将“委员之家”建在社区，便于委员联系群众、服务群众。全区17个“委员之家”总面积达6432平方米，每个“委员之家”都分别设置有委员接待室、居民联络室、委员活动室、委员图书室、委员议事堂、委员风采长廊等功能室廊，并配备有电脑、电视、打印机、桌椅等等较为完备的办公设施。“委员之家”既突出了政协工作主题，又质朴自然、简约实用，政协委员和辖区群众都乐于到“委员之家”议政事、话和谐，为委员履行职能、发挥作用创造了良好条件。

履行职能，服务群众，发挥委员之家的阵地作用。“委员之家”是政协委员履行职能、发挥作用的经常性活动场所。“委员之家”建成后，各工作委员会不断加强“委员之家”内涵建设，组织委员广泛开展各类主题活动，使政协委员的履职积极性得到充分调动，作用得到充分发挥。经八路街道工委发挥辖区政协委员中的医疗卫生人才优势，创设“知名专家工作室”，为委员施展才华、服务群众搭建了平台，赵玉兰、丁金玲等委员所作的健康知识讲座受到了辖区居民群众的一致好评，树立了良好的公众形象；北林路街道工委将辖区14名政协委员分成7个小组，每周五上午安排一组委员接待来访群众，察民情、听民意、解民忧。柳林镇工委在“委员之家”设立“家教咨询处”，每周二下午由鲁桂红委员为辖区群众提供教育、家教等方面的讲解咨询，并利用“委员之家”举办书画展、收藏展，邀请政协委员及社会各界人士参观学习，丰富了大家的文化生活，扩大了政协组织和政协委员的社会影响；花园路街道工委“委员之家”落成不久，高爱华委员便率先在这里教授街道干部练习舞蹈，在她的精心编排下，花园路办事处的国庆献礼节目《和谐中国》先后在市、区庆祝建国60周年文艺汇演中成为压轴节目，引来好评如潮；祭城路、龙子湖等街道工作委员会依托“委员之家”实施帮扶计划，向辖区群众提供就业信息、致富技术和创业资金，帮助困难群众增加收入，改善生活。“委员之家”不仅成为委员的学习之家、民主之家、履职之家，更日渐成为政协委员和辖区群众共同的联谊之家、温暖之家、和谐之家。委员们以“委员之家”为平台，累计接待群众500多人，收集反映重要社情民意信息150多条，帮助群众解决疑难生产生活问题80多件，已成为政协组织开展活动的主要阵地。

三、以团结、民主为永恒主题，人民政协在构建和谐社会中的作用进一步凸显

人民政协在组织上具有广泛的代表性，在政治上具有最大的包容性，在促进社会和谐方面有着独特的优势。一年来，区政协坚持团结、民主两大主题，注重加强同社会各界别、各阶层的广泛联系，积极开展形式多样的谋和谐、促和谐活动，调动一切积极因素，努力为构建和谐金水减少阻力，增加助力，凝聚合力。

团结联谊创出新局面。2009年是新中国成立60周年，也是人民政协成立60周年。区政协敏锐地抓住举国上下大庆大联欢的重要契机，加强与新经济阶层、新社会阶层的沟通对话，加深彼此了解，扩大共识，减少分歧。大力宣传“和平统一、一国两制”方针，积极开展小型、专型、多层次的联谊交友活动，增进了同港澳台侨界人士的互信与合作。花园路街道工委倡导和发起“涉台教育进社区、进校园”活动，通过宣讲会、报告会、小学生绘画比赛等多种形式宣传党的对台政策，吸引了辖区数万名群众

关注的目光，产生了良好的社会反响。曹耀武委员发挥与两岸书画名家结交广泛、情谊敦厚的优势，组织海峡两岸书画展，以书画为媒，达到了以沟通消弥隔阂、以亲情融化坚冰的良好效果。

民族宗教工作呈现新气象。加强与少数民族和宗教界代表人士的联系，主动参加少数民族和宗教界的重大节日庆典活动，利用传统节日走访民族宗教界政协委员和知名人士，积极宣传党和政府的民族宗教政策，认真听取他们的意见和要求，积极帮助他们协调解决生产生活中遇到的各种困难和问题。重视发挥少数民族和宗教界委员的作用，组织他们对民族宗教政策落实情况，民族社区生活情况，教堂、清真寺、佛学社等宗教场所规划建设情况，信教群众开展宗教活动情况等进行视察，嘘寒问暖，拾遗补缺，督促有关问题尽快得到妥善解决，促进了民族团结和宗教和睦，巩固和增进了社会多样化条件下的大团结、大联合。

公益行动奏出时代最强音。政协委员是社会公益行动中一支不可忽视的重要力量。一年来，全体政协委员以高度的责任感和崇高的悲悯情怀，积极倡导和参与各种形式的社会公益活动，受到各界瞩目。陆咏歌、王登巍、高歌、司琳辉等委员踊跃参加义务法律咨询、公共法制讲座和法律援助活动；李卓杰、宋敏、王艳青、刘建珍、陈增华、王祥麒、张凤梅等委员长年活跃在社区、乡村，开展义诊服务，举办健康讲座；李欣、刘营敏、赵社军、周宝荣、郇玉峰等委员积极开展支农支教活动，以实际行动参与社会主义新农村建设；杨楠、杨思皇、潘道荣、章琳卿、李政军等委员慷慨解囊，无私资助数十名贫困家庭学子完成学业……无论在慈善日活动中，还是在志愿者队伍中，政协委员已成为一支不可忽视的中坚力量。

四、以创新机制、增强活力为目标，政协自身建设进一步加强

创新是人民政协事业发展壮大的源泉。一年来，区政协坚持以创新增活力，以活力强实力，积极探索，锐意创新，把政协自身建设提高到了一个新的水平。

委员进退机制进一步确立。七届政协以来，我们在借鉴外地先进经验的基础上相继建立了委员管理制度、委员履职考核制度和委员述职制度，从一定程度上较好地调动了委员履行职能的积极性、主动性、创造性，使委员的主体作用得到了较好发挥。但由于各种原因，委员在届中只增不减、出口不畅的问题一直没有很好解决。2009年，根据政协章程的有关规定，区政协会同区委，共同研究制定了《关于区政协委员届中工作职务发生变化的调整原则》。根据这个调整原则，我们在区政协七届十次常委会上，增补委员14人，免去委员职务20人，在补充新鲜血液、增强整体活力的同时，使今后的委员增补、辞免工作有章可循、有据可依。

干部交流力度进一步加大。政协干部是做好政协工作的重要力量，政协干部的选拔、培养、使用事关政协事业的兴衰成败。2009年是区政协干部调整交流力度较大的一年。区政协机关干部先后调整8人，调整工作委员会主任6人，优化了政协干部队伍的年龄结构和学历层次，增强了政协机关的生机和活力，为做好履行职能的各项工作奠定了坚实基础。

委员的专业引领作用进一步彰显。政协委员队伍人才荟萃，专家学者云集，在各自的领域都有一定的影响。2009年，区政协在开展履职活动中更加注重发挥政协委员的专业引领作用，提高了履职实效。如在对我区科技工作进行视察时，请省科技厅的吕华山委员担纲视察活动的策划者和视察报告撰写人，使视察活动更具针对性，视察报告更具专业性、实用性和可行性。在对我区计生工作进行视察时，特意约请省计生委的全诚委员来主导安排整个视察活动，以优异的表现赢得了被视察单位和政协委员的一致称赞。

机关工作效能进一步提升。按照区委统一部署，切实抓好深入学习实践科学发展观活动和“讲党性修养、树良好作风、促科学发展”活动，通过学习教育提高了机关干部的思想政治素质和政策理论水平，通过建章立制规范约束了机关干部的言行，促进了机关工作效能的全面提升和干部作风的积极转变，向着打造学习型、创新型、服务型、节约型、和谐型机关的目标迈出了新的一步。

各位委员、同志们，一年来，区政协各项工作成效明显，在原有的基础上取得了新的进展。这些成绩的取得是区委坚强领导的结果，是区人大、区政府大力支持的结果，是全体政协委员共同团结奋斗的结果，也是社会各界和全区各单位积极配合的结果。在此，我代表区政协常委会向大家表示衷心的感谢和崇高的敬意！

在总结成绩的同时，我们也清醒地认识到，与新形势、新任务和科学发展观的要求相比，我们的工作还存在许多不足。如政治协商工作还不够经常化，民主监督的形式还有待丰富，参政议政、建言献策的水平还需进一步提高，专委会和工委工作发展还不够平衡，等等。这些都需要我们在今后的实践中不断总结探索，逐步加以改进。

关于对2010年工作的建议

2010年是实施“十一五”规划的最后一年。做好今年各项工作，对夺取应对国际金融危机冲击全面胜利、保持经济社会平稳较快发展、为“十二五”规划启动实施奠定良好基础具有十分重要的意义。今年区政协工作的总体要求是：以邓小平理论和“三个代表”重要思想为指导，深入贯彻中共十七大和十七届三中、四中全会精神，继续深入学习实践科学发展观，高举爱国主义和社会主义旗帜，牢牢把握团结和民主两大主题，动员和组织广大政协委员、政协各参加单位和各族各界人士，紧紧围绕推动实施“一一二二三四五八”战略和建设“三化两型”城市，全面完成“十一五”规划各项目标，进一步履行好政治协商、民主监督和参政议政职能，为促进我区经济社会发展实现新跨越，做出新的更大贡献。

一、牢固树立学习意识，努力在理论指导实践上有新

进步

加强学习是人民政协的光荣传统，也是履行政协职能的客观需要。要继续发扬理论联系实际的马克思主义学风，做到学有所思、学有所获、学有所用。

*抓学习，统一思想。*随着经济社会快速发展，新的理论热点问题不断涌现。惟有坚持不懈、持之以恒地抓好学习研究，才能适应形势的发展和实践的需要。要健全政协常委会、主席会、专委会以及政协机关的学习制度，创新学习研究方式，运用举办培训班、专家讲座、专题研究、参观考察等方法，多层次、多渠道地开展学习研究活动。政协各参加单位和全体政协委员要进一步增强学习的紧迫感和自觉性，多读书，多积累，不断提高自身素质，进一步适应本职岗位的要求。认真学习领会十七大和十七届三中、四中全会精神，认真学习领会中央和省市区各级经济工作会议精神，认真学习领会胡锦涛总书记在庆祝人民政协成立60周年大会上的讲话，自觉把思想和行动统一到中央关于国际国内政治经济形势的科学判断上来，统一到中央和省市区委关于当前各项工作的决策部署上来，努力成为保持经济平稳较快发展的促进者、改革创新的支持者、社会和谐稳定的维护者，为实现既定的奋斗目标凝心聚力。

*重实践，学以致用。*要认真把握中央和省市区委关于明年工作的总体要求和主要任务，紧密结合政协工作实际，找准履行政治协商、民主监督、参政议政职能的着力点，围绕中心、服务大局，建睿智之言，献务实之策，为推动科学发展献计出力。要联系新的实践，不断推进人民政协理论创新、制度创新和工作创新，努力在新一年的工作中不断有新思路、新举措、新作为。

二、牢固树立中心意识，努力在促进我区经济平稳较快发展中有新贡献

围绕中心、服务大局，是人民政协履行职能必须遵循的原则。在应对国际金融危机冲击取得阶段性胜利、经济回升向好、但国内外经济环境仍然十分复杂的新形势下，保持经济平稳较快发展仍然是今年全区工作的中心任务。区政协要牢牢把握这个中心和大局，积极履行职能，多建发展之言，多献发展之策，多做促进发展之事。

*一是政治协商工作要有新进展。*要完善制度、规范程序，进一步增强政治协商的计划性、开放性、互动性和实效性。要着眼大局、服务大局，自觉把政治协商工作融入区委、区政府的全局工作之中，会同区委、区政府及时制定出详细具体的年度协商计划，积极主动、认真负责地参与全区重大决策、重大事项、重大问题和重要人事安排的协商讨论。要做足做细做实协商前的调研考察工作，努力把问题想在前面，工作做在前面，点子出在前面，切实做到情况明了，心中有数，言之有物，有的放矢。要重点围绕坚持“三保”、突出转型、强化态势，通过组织召开政协全会、协商议政会、政情通报会等形式进行多角度、多层次、全方位的整体协商、专题协商、对口协商，确保协商成果建立在广泛的调查研究、充分的民主协商和认真的集体讨论之上，最终达到统一思想、形成共识、凝聚力量的目的。要积极探索协商成果跟踪问效机制，促进协商意见的落实转化，使协商成果真正发挥作用、产生效益。

*二是民主监督工作要有新形式。*要进一步探索和完善人民政协民主监督机制，创新民主监督载体，丰富民主监督形式，强化民主监督力度。要牢固树立“监督就是服务，监督就是支持”的理念，以推进工作、改进作风、提高效率为目标，重点围绕国家宪法、法律和法规的实施，重大方针政策的贯彻执行，党政机关及其工作人员依法行政，市场经济条件下依法守法、普法教育，尤其是关乎民生的“三农”、医疗、住房、教育、社会保障等热点难点问题，充分利用提案监督、视察监督、巡视监督、特约监督、评议监督等民主监督形式，实施有效监督，注重监督实效。要不断增强参与意识，在参与中充分体现监督理念，进一步提高政协民主监督的权威性和影响力。

*三是参政议政工作要有新成效。*要选择事关金水科学发展的重大课题开展视察调研，积极为创新发展模式、破解发展难题、提高发展质量建言献策。要选准角度，把视察调研工作的着力点放在对后危机时代经济发展形势的分析上，放在调整经济结构、转变发展方式、扩大内需、改善民生等重大问题的思考上，放在“十二五”规划制定等大事要事的对策研究上。深入实际、深入基层，努力在求真、求实、求精、管用上下功夫，提出的措施和办法切实可行，便于操作。要注重建言献策成果的运用，将视察调研报告适时报送有关部门，及时进入党政决策程序，或转化为改进工作的具体措施；要加强跟踪、协调、反馈和宣传工作，促进成果的落实转化，发挥视察调研报告的实践价值，切实把人民政协智力密集的优势转化为生产力优势，把潜在优势转化为现实优势。

*四是围绕“第一要务”要有新服务。*着重围绕“十二五”规划的制定，做好前期服务工作。从专题协商的选题到专题调研课题的制订，都要依据“十二五”规划的制定需要来安排开展；着重围绕科学发展理念履行职能，做好科学发展观承载区的建设性研究，适时推进我区经济社会全面发展；着重围绕建设“两型”社会、围绕绿色经济、低碳经济、循环经济对我区经济发展的影响，搞调研、作论证、摸实情、出实招，为党委、政府及时调整发展战略、抢占发展先机提供重要参考；着重围绕“两个平台、两个跨越”的工作主题，发挥好政协的独有优势，为人才聚集出力，为科技创新献计，为实现现代服务业强区立论，为实现文化教育强区聚智；着重围绕提升我区产业发展的层次和水平，助推以金融服务业、贸易服务业、IT和创意产业为代表的现代服务业在我区集聚发展；着重围绕我区企业发展面临的困难和问题，充分发挥政协的人才智力优势，为企业发展提供各种咨询服务。

三、牢固树立和谐意识，努力在构建和谐社会建设中有新作为

人民政协是最广泛的爱国统一战线组织，是大团结大联合的象征，在构建社会主义和谐社会中具有特殊重要

的作用。我们要发挥优势，把团结和民主两大主题贯穿于政协工作的各个方面，不断增强感召力、凝聚力，在构建社会主义和谐社会中做出应有的贡献。

*畅通民意反映渠道，为和谐金水建设集中民智。*尊重民意，关注民情，维护民利，改善民生，是党的执政所需，也是人民政协的履职之本。全体政协委员要加强与界别群众的联系，广开民生言路，畅通民意渠道，架起党和政府与人民群众紧密联系的桥梁。要察民情，深入群众倾听呼声，吃透上情，了解下情，掌握实情，汇总民意，形成有情况、有分析、有分量的民情快报；要呼民声，“把脉”热点“诊断”，破解难点“开方”，带着感情为老百姓的安危冷暖鼓与呼；要谋民生，对各方面的民众利益问题深入思考，超前研究，提出郑重而不敷衍、深刻而不肤浅、全面而不零碎、前瞻而又鲜活的建议。

*聚焦社会热点难点，为和谐金水建设咨政建言。*社会关注、群众反映强烈的热点难点问题，是民之所忧，也是党委、政府着力解决的重要问题，更是人民政协履行职能的核心内容。全体政协委员要争做民生“代言人”、“发言人”，高度重视民生，时刻关注民生，紧紧围绕劳动就业、社会保障、医疗卫生、教育文化、环境保护、城市管理、交通疏导等热点难点问题议政建言，协助党和政府做好问政于民、问需于民、问计于民的工作，解决好关系群众切身利益的问题，努力使辖区居民学有所教、劳有所得、病有所医、老有所养、住有所居。

*助推民生事业发展，为和谐金水建设贡献力量。*建设社会主义和谐社会是一项系统工程，必须坚持以人为本，始终把最广大人民的根本利益作为一切工作的出发点和落脚点。要关心困难职工和群众的生产生活，组织委员开展经常性的社会公益和科技、文化、卫生“三下乡”活动，切实为党和政府分忧解难；要组织委员经常深入基层，深入实际，深入群众，充分利用自己的特长指导群众工作和生产，帮助他们解决工作、生活中的各种难题；要发挥委员联系广泛的优势，大力组织开展联谊宣传活动，为推动经济发展招商引资、建功立业，为化解民生问题想实招、出实力；要鼓励政协委员中的非公有制经济人士积极承担社会责任，努力做到企业不裁员、不减薪、不欠薪，构建和谐劳动关系。

四、牢固树立基础意识，努力在政协自身建设方面有新提高

政协自身建设是政协工作之基。政协组织只有不断加强自身建设，才能为履行职能提供坚强保证，才能担负起时代赋予的重任。今年的政协自身建设要重点抓好以下四个方面：

*一要抓各项制度的落实。*区七届政协高度重视制度建设，在“三化”建设、常委会建设、专门委员会建设、工作委员会建设、委员队伍建设、政协机关建设等方面建立了一整套科学完备、切实可行的规章制度，为政协各项工作的顺利开展提供了制度保障。今年要在补充完善有关制度的同时，着力抓好各项规章制度的贯彻落实，使各项制度严起来，规定硬起来，效果显出来，切实维护制度权威，确保政协各项工作协调统一、规范有序、精干高效地运转。

*二要抓主体作用的发挥。*要注意整合不同界别委员的人才资源，充分利用政协委员在不同领域的专业优势，探索建立发挥委员主体作用的平台和机制。要不遗余力地为委员的实践活动提供服务、创造条件，引导和组织不同界别的委员，面向机关、面向社区、面向社会，不定期地开展几次不同形式、不同内容、不同层次的时势政策讲解、经济形势分析、健康理念传播、法律知识普及等活动，最大限度地发挥政协委员的专业特长，丰富居民群众生活，推动区域经济发展，树立政协委员的良好社会形象，为人民政协增光添彩。

*三要抓活动阵地的巩固。*各镇、街道工作委员会要积极探索、大胆尝试“委员之家”行之有效的运行方式，把“委员之家”利用好，把政协委员的作用发挥好。要以“委员之家”为依托，密切政协委员与辖区群众的联系，进一步完善科学高效的社情民意工作机制，定期开展委员接待日活动，倾听群众呼声，疏导群众情绪，多办利民之事，多行乐民之举，及时、快速、准确地将民生民意民愿提供给决策机关，力所能及地为辖区居民提供贴心服务，切实把“委员之家”建成社情民意的“收集站”、辖区居民的“服务部”。

*四要抓先进典型的表彰。*我区的政协委员队伍是一支优秀的团队、光荣的团队。区政协七届一次会议以来，广大委员在建言献策、凝聚力量、推动发展、公益慈善等诸多方面做出了突出贡献，涌现出了一大批优秀分子和先进典型，但也有一定比例的委员满足于“差不多”、习惯于“随大溜”，履行委员职责的积极性不高、主动性不强、创造性不足。今年要培育、挖掘、表彰、宣传一批先进典型，通过典型带动、舆论鼓动、督促推动，最大限度地发挥先进典型的旗帜作用，最大限度地调动全体政协委员履行职能的积极性、主动性和创造性，向社会展示人民政协的蓬勃朝气、昂扬锐气和浩然正气。

二七区政协 2009年工作总结

2009年在中共二七区委的正确领导下，在上级政协的指导和有关部门的大力支持下，二七区政协坚持以党的十七大、十七届四中全会精神为指导，高举爱国主义和社会主义伟大旗帜，全面贯彻落实科学发展观，牢牢把握团结和民主两大主题，广泛动员和组织广大政协委员，团结各族各界人士，围绕中心，服务大局，认真履行政治协商、民主监督、参政议政职能，为打造商贸强区，升级产业集群，壮大经济实力，着力改善民生，建设魅力二七做出了积极努力。

一、围绕中心，发挥优势，为服务大局做贡献

一年中，区政协坚持把围绕中心、服务大局放在工作的首位，按照区委、区政府总体发展思路，推进各项工作。牢固树立大局意识，组织带领广大政协委员和各界人士，以全新的思维、饱满的热情，做到了认识到位、工作到位、行动到位、作风到位，为促进二七区经济社会又快又好发展发挥了积极作用。

*积极推进重点项目建设。*围绕中共二七区委“战危机、保增长、促发展”的中心工作，区政协领导勇挑重担，在负责我区重点项目建设工作中精心组织、积极协调，做了大量工作。特别是在城乡路网建设、建设路精品街改造、“一站一桥一路”建设、高砦城中村改造、二七区轨道交通拆迁、滨河新区规划、土地规划保障、二马路机电市场升级等重大项目建设中，区政协的领导和政协机关的同志按照区委、区政府的总体要求，充分发挥自身优势，深入一线解决问题，较好地完成了各项工作任务。同时，政协委员时刻关注着项目进展，他们及时了解工程的质量、进度、安全、工人保障等方面的困难及问题，向有关部门反馈、协助开展工作，有力地推动了各项重点项目的顺利建设。

*认真开展“三新奖”争创活动。*二七区政协围绕加快推进二七区跨越式发展，深入开展以“建言献策新成果奖、招商引资新项目奖、建功立业新贡献奖”为主要内容的“三新奖”争创活动，引导广大政协委员热爱二七、建设二七、为振兴二七做贡献。政协领导和机关各委办深入基层、深入委员，主动为委员干事创业搭建平台、创造条件，充分激发和调动了广大委员的积极性和创造性。经济、科技和工商界的委员积极应对金融危机带来的困难，寻求发展思路，大胆投资、创新技术，取得了显著成绩。市、区政协常委、郑州大方桥梁机械有限公司总经理张志华，投资2100万元开发大型风电安装成套技术，研制高速铁路900吨桥梁施工装备，打破了发达国家20多年的垄断，创建了10多项中国第一，填补了20多项国内空白，获得了河南省、郑州市科学技术特别贡献奖。区政协常委、河南省现代医学研究院院长郭宏昌是享受国务院政府特殊津贴的专家，近年来，他在管理好医院、为患者服务的同时，还承担着两项省科委立项的国家科技攻关医学课题。他主持完成的国家科研攻关项目《磁化中药结合微量元素治疗心脑血管病临床研究》课题，已达到国际领先水平。他主持研制的30余种药品、制剂、医疗器械等先后获河南省和河南省卫生厅及郑州市科技成果二等奖，其中3项已被批准拥有国家专利。申双勤委员引进的连栋智能温室蔬菜新品种，荣获2009年河南省科技进步二等奖。

一年来，政协各级组织和政协委员在二七区招商引资、旧城改造、新农村建设等方面做了大量工作，共引进大项目11个，引进资金14.48亿元。完成固定资产投资8.52亿元，上缴税金1.79亿元，安排就业4565人，为促进全区经济发展做出了积极贡献。

二、履行职能，发挥作用，为促进发展建言献策

一年中，区政协紧紧围绕团结和民主两大主题，继续探索履行职能的新方式、新途径。把“为科学发展而谋、为群众利益而为、为建设魅力二七而做”作为履行职能的核心内容，认真履行政治协商、民主监督、参政议政职能，并逐步实现制度化、规范化、程序化、科学化。

*政治协商有序推进。*区政协按照抓大事、议重点、求实效的原则，把握履行职能与服务大局的最佳结合点，充分发挥全体会议、常委会议、主席会议、专委会议的作用，围绕区委、区政府重点工作，对我区经济社会发展的重大问题进行广泛、深入的协商，促进了决策的科

学化、民主化。区政协七届三次全会期间，政协委员针对我区实际，提出了有关经济建设和民生方面的6条建议，得到了区委、区政府的高度重视，在今年的重大项目建设和民生事业发展中被采纳，如李玲委员提出的《关于我区南部建物流园区专业市场的建议》，郝明等委员提出的《关于促进服装产业发展，打造特色品牌园区的建议》，李青等委员提出的《关于增强空巢老人社区护理的建议》，李顺乾等委员提出的《关于加快我区旅游业发展的建议》等，均在2009年区政府的工作中得到了落实。

强化监督提高实效。围绕人民群众普遍关注的热点、难点问题，区政协积极探索民主监督的新路子，通过民主评议、委员视察、重点提案督办和推荐特邀监督员等形式，进一步加大民主监督力度，增强民主监督实效，取得了良好效果。全年，区政协共推荐13名省、市、区政协委员分别担任了郑州市齐礼闫劳教所、石佛劳教所和我区司法局的警风行风廉政监督员。参加区推荐选拔领导干部、招聘大学生村官、招聘事业单位人员、小学升初中等项工作并进行全程监督。组织委员参加行风评议和区检察院"阳光检务日"活动，对区法院案件审理进行监督，促进了职能部门的作风转变。

开展视察是政协履行民主监督的重要形式。一年中，区政协常委会就重点提案办理情况、新农村建设、非公有制经济发展、文化旅游产业开发、重点项目等领导关心、群众关注的问题，组织委员开展视察5次，参加委员164人次，提出建议13件，解决问题11个。

在推进全区决战第二季度活动中，区政协组织政协常委、委员视察了火车站西出站口工地、中原百姓采博城、侯寨乡樱桃沟环线二期道路建设等重点工程，并向奋战在一线的同志们送去了价值两万元的慰问品。

政协各界别组、乡(镇)街道政协工委针对辖区情况，适时组织政协委员开展各种视察调研活动，收集反映民情民意200多条，建言献策445件。如铭功路机电产业街的建设、一马路"地一大道"集中整治、汝河路小学周边环境的治理等，都是在政协委员视察、调研后提出意见和建议，受到有关部门高度重视后得到了解决。

加强提案办理是推动民主监督的重要途径。按照提高质量、规范程序、讲求实效的提案工作方针，采取领导督办、现场办理等多种形式，着力打造精品提案、努力促进提案成果转化，有效地提高了提案办理质量，取得了显著成果。七届三次会议以来收到经审查立案的委员提案103件，这些提案调研充分、建议务实，得到了区政府和有关部门的高度重视，在规定时间内全部办理完毕，办复率100%，政协委员的满意率达97.8%。

参政议政建言献策。专题调研是政协委员履行职能、参政议政的基础工作。为掌握实情、建好真言，区政协精选涉及我区经济和社会发展中的4个重要课题，进行了为期3个月的专题调研，邀请专家、学者参与论证，先后完成了《我区非公有制企业如何应对金融危机》、《关于我区司法所建设情况的调研报告》、《二七区现存文物状况调查报告》等高质量调研报告，为区委、区政府知情决策提供了重要参考和依据。

履职为民关注民生。区政协常委会始终把为民服务作为政协工作的出发点和落脚点，把了解和反映社情民意、关注民生、扶贫济困作为履行职能的着力点。

积极开展"五个一"连心活动。一年中，全区各级政协组织和政协委员共捐资228.54万元，资助贫困大学生69名，帮扶贫困儿童55名。"六一"期间，各界别组、乡(镇)街道政协工委组织开展了多种帮扶活动，为49户困难户、15名残疾人解决了困难，得到了社会和广大群众的好评。

积极开展委员"三下乡"活动。2009年全年共组织活动两次，参加委员126名，为群众义诊近200人次，发放宣传资料5700份，书籍3400册，宣传品3000份，发放药品、药具14000多支。聘请专家为侯寨乡红花寺村的葡萄种植户和养鸡专业户进行病虫害防治专题讲座、技术指导，让百姓真正得到了实惠。

在今年的手足口病和甲型H1N1疫情的防治工作中，区政协领导班子以高度的社会责任感，组织广大政协委员为防病治病做贡献。卫生界别组在疫情发生后，立即组织委员到学校、商场等重点防治单位进行视察、指导、防控。李爱松委员连续4个月熬制中药免费送给居民群众。许多委员也积极捐助药品和医疗器械价值约6万元。委员们顾全大局、爱国爱民的奉献精神受到了社会各界的赞扬。

为了解民情、反映民意，市、区政协委员共建立了12个委员信箱，全年共收到意见建议30多件，反馈到有关部门后引起了高度重视，这些意见和建议均得到了采纳，委员信箱得到群众的支持和信赖。

三、合作联谊，广泛交流，为民主团结凝聚力量

区政协常委会遵循团结和民主两大主题，充分发挥人民政协的独特优势，多形式、多层次开展联谊活动，努力营造和谐稳定、合作共事的政治氛围，广泛团结社会各界人士为构建魅力二七贡献力量。

区政协加强与省、市政协的联系，积极参与接待省、市政协组织的各项视察活动，加强与外省、直辖市42个城区政协的学习、沟通、联谊与友好往来。及时向他们传递二七发展的信息，学习外区的先进经验，促进我区政协的工作。组团参加全国二十一城区政协联系会及全国十五城区政协工作理论研讨会。一年中，先后接待省、市政协考察团、新疆和硕县政协、湖北省秭归县政协及郑交会合肥代表团等共12批260人次来我区考察。同时，通过工作信息交流、文史资料交流等形式，在联谊交友中推介二七、宣传二七、扩大了二七区在全国范围内的影响与知名度。

充分发挥政协联系面广、代表性强的优势，为创建和谐二七做贡献。政协常委会认真贯彻《中共中央关于加强人民政协工作的意见》，加强人民政协与各民主党派、工商联和民族宗教界人士的团结合作，充分发挥他们在政协组织中的作用。区政协领导坚持定期走访委

员，上门了解他们的工作、学习、生活情况，听取他们对政协工作和我区经济发展、社会稳定及民生事业建设的意见和建议；推荐非中共委员担任特邀监督员，邀请各民主党派、工商联、民族宗教界人士参加全区中秋、新春联谊会等重要活动，为二七发展凝心聚力。

加强与台胞和海外侨胞的联系，推介二七投资项目，引荐他们来二七观光旅游、投资发展。积极开展台侨工作进社区和"六个一"活动，全年共接待海外亲友团回乡探亲、观光旅游14批66人次，向海外发送信件2800余封，传递可利用信息80余条。积极配合区委、区政府做好社会稳定工作。

四、提高素质，强化管理，自身建设不断完善

加强政协机关和委员队伍建设，是政协履行职能的重要保证。2009年，区政协常委会把加强自身建设作为基础性工作常抓不懈，完善工作机制，强化委员管理，不断提高机关工作人员素质、工作质量、机关效能和服务水平。

继续推进建立学习型政协。坚持做到学习时间有规定，内容有计划，考勤有制度，效果有考核。深入学习中共十七大、十七届四中全会精神，认真学习科学发展观及当代政治、经济、科技知识和法律法规，定期向全体委员通报全区经济社会运行情况，为委员订阅《协商论坛》、《郑州政协》和《纵横》杂志。通过报告会、座谈会、研讨会、委员活动日、集中培训、参观考察等多种形式，加强委员对国情、省情、市情、区情的了解，提高了委员的素质和参政议政能力。

区政协常委会本着民主有序、严谨有度的工作原则，修订和完善了《政协郑州市二七区委员会关于区政协委员的考核办法》、《政协郑州市二七区委员会全体会议工作规则》、《政协郑州市二七区委员会常委会工作规则》、《政协二七区委员会提案工作条例》等制度。加强和完善了为委员服务的机制。通过在委员中开展各种争先创优活动，落实委员填报工作实绩卡制度，提高委员的责任感和履行职能的自觉性。对违法违纪、不履行职责的委员，按照《政协章程》和区政协《关于加强政协委员管理的有关规定》及时做出处理。

区政协把学习实践科学发展观放在自身建设的首位，从健全完善制度、强化工作人员服务意识，规范内部管理，严肃工作纪律，提高工作效率入手，完善了区政协会议制度，专委会主任、乡（镇）、街道政协工委主任向常委会报告工作制度，为打造勤奋好学、开拓创新、服务高效、风清气正、和谐有序的政协机关奠定了基础。

区政协"委员法律顾问团"取得显著成效，一年中共接待委员及委员企业咨询106人次，帮助起草（审核）合同19份，有效维护了委员及企业的切身利益。

不断加强政协宣传工作，全年共在全国、省市报刊杂志上刊登文章19篇，其中《发挥政协优势、共建和谐二七》一文首次在全国"两会"专刊《纵横》杂志上登载；向市政协提供文史资料8篇，全部被采用。全年共编发政协简报18期，扩大了二七区和政协工作在社会上的影响。

五、突出重点，开拓思路，创新开展政协工作

为了使政协工作体现时代性、把握规律性、富于创造性，区政协坚持求真务实，开拓思路，突出重点，创新开展工作。2009年，政协领导班子带领机关和各乡（镇）街道政协工委及广大政协委员呕心沥血、努力工作，在区委、区政府的高度重视和大力支持下，做了三件大事：

一是在全区建立了16处政协"委员之家"。委员之家建成后，共举办各种委员活动、学习50多次，收集社情民意60余件，解决问题36件。市政协主席李秀奇、省政协《协商论坛》杂志社的领导专程来我区调研委员之家建设并给予表扬。山东省枣庄市政协、中原区、金水区、新郑市等兄弟政协，市民建支部，市102中学等单位的领导也到我区参观学习"委员之家"。省、市政协杂志及郑州日报先后刊登了我区"委员之家"的建设经验，"委员之家"为委员干事创业、委员联谊、参政议政、开展活动、发挥作用搭建了新的平台。

二是为向祖国60华诞献礼，编辑出版了《二七区名景名居名人集》精品图书。《二七区名景名居名人集》于9月22日举行首发式正式向社会发行。全书共27万字，图录680余幅，是二七区有史以来第一次将本辖区的悠久历史、璀璨文化和文明史进行了系统的梳理并编撰成书，是具有里程碑意义的较大工程。此书从2009年4月份区委研究确定，制定编撰工作方案、完成详细大纲，到资料征集、实景拍摄、全书编制、出版，前后历时6个月，编辑人员行程数千里，走遍全国相关省、市、区300多个单位，收集了50万字的文字资料和1600多张图片资料，先后召开了20余次座谈会和论证会，12次易稿，6版修改样书，5次专业校对；多次向区委常委会汇报，征求了50多位领导和10多位专家的意见建议，由6家专业设计单位设计封面、版式、纪念邮票、纪念封，工作量和图书的质量都是前所未有。省政协主席王全书、全国书法家协会主席张海、市政协主席李秀奇为此书题词。该书发行后，以学术性、知识性和可读性而深受社会各界广泛好评，反响巨大，省、市政协对此书给予了高度的赞誉。此书被国家、省、市各大文博单位收藏，并作为交流宣传礼品赠送给全国30多个省、市政协和60多位来我区调研的专家学者。对于进一步巩固二七区商贸强区、历史文化名区的地位具有较大的影响，对增强二七区人民的自信心和自豪感、凝聚力和向心力都起到了巨大推动作用。中共二七区委于2010年1月5日对区政协宣教文卫体史资委集体及吉中玉等9名同志进行了通报表彰。

三是为纪念改革开放30周年，编撰出版了《二七区文史资料第五辑——二七区改革开放三十年风云人物》。全书共收录了27名在30年改革中成绩突出、贡献较大的人物，整理出20万字的资料，100余张图片。通过回顾这些先进模范人物艰苦奋斗、勇于创新的创业经历，集中反映了我二七人民在党委的领导下，解放思想、开拓进取的伟大精神，启迪二七人民秉承优良革命传统，立足本职、面向未来，为继续推进改革开放、深入发展做出新贡献。

管城区政协 2009 年工作总结

2009 年工作回顾

2009 年，是新中国暨人民政协成立 60 周年，又是全区人民应对金融危机、保持经济平稳增长、实现管城新一轮跨越式发展的关键之年。一年来，区政协在区委的正确领导下，在区政府和社会各界的大力支持下，深入贯彻党的十七大和十七届三中、四中全会精神，全面落实科学发展观，高举爱国主义和社会主义两面旗帜，牢牢把握民主和团结两大主题，紧紧围绕区委、区政府"战危机、保增长"和大力实施"一二三四五"发展战略的中心工作，认真履行政治协商、民主监督、参政议政职能，各项工作取得了较好成绩，为促进管城经济社会又好又快发展做出了积极贡献。

一、认真履行政协职能，推动管城科学发展

2009 年，我们坚持围绕中心、服务大局，把促进科学发展作为履职的第一要务，切实履行政协职能，积极为管城经济社会发展献智出力。

（一）着眼全局，政治协商广泛深入。区政协紧扣全区经济社会发展大局广泛深入的开展政治协商。在区政协七届三次会议上，委员们就调整产业结构、统筹城乡发展、加快城市建设、着力改善民生等重大问题，提出了切实可行的意见和建议。区政协七届十九次常委会议围绕"扩内需、保增长"进行了专题议政，听取了区政府关于全区经济运行情况的通报，提出了"正确分析形势，找准发展定位，实现跨越发展"、"建立科学完善的督查、考核管理体系"等针对性较强的建议。委员们还先后围绕新农村建设工作、加大企业科技自主创新力度、培育委员企业新的经济增长点等议题进行协商讨论，提出了 32 条意见和建议，为区委、区政府决策的科学化、民主化提供了有益参考。

（二）关注民生，民主监督作用突出。区政协以关注民生为"着眼点"，以推动工作为目的，积极组织委员开展多种形式的视察活动，坚持把民主监督贯穿政协履行职能的全过程，不断提高民主监督的效果。全年组织开展视察活动 18 次，参加活动的委员 320 人次。主要围绕党和政府关心、百姓关注的入学、就业、求医、安居等热点难点问题，视察了义务教育均衡发展、医疗卫生、劳动就业保障、廉租房建设等工作；围绕提案工作的落实，视察了城市建设、教育、卫生、行政执法等工作；围绕重点工程项目，视察了商城遗址拆迁、城市拆迁安置、新农村建设等工作。同时，推荐了 38 名政协委员担任行政部门、司法机关的政风行风评议员、社会监督员，先后组织 200 人次参与政风行风评议和各种执法监察活动；组织政协委员旁听区法院庭审办案，对法庭调查、法庭举证、法庭辩论等环节进行了监督，切实履行了政协民主监督的职能，取得了良好的社会效果。

（三）解决问题，参政议政成效显著。提案是政协委员履行参政议政职能最直接、最有效的方式，也是解决问题的"着力点"。区政协七届二次会议以来，共收到提案 139 件，审查立案 103 件。区政府领导高度重视提案办理工作，召开了提案交办会，对承办单位提出了明确要求，并选择了事关全区经济社会发展和群众关注的焦点问题的提案进行现场办理，取得了良好效果。区政协根据提案内容，确定了 10 件重点提案，分别由政协领导牵头督办，定期跟踪督查，及时通报办理进展情况。在提案办理工作中，积极推进协商办案，承办单位和委员面对面协商，悉心听取委员的意见和建议，保证了提案办理工作的顺利进行。2009 年，所有提案已经办理完毕，提案办理的满意率和基本满意率为 100%。

二、充分发挥政协优势，着力促进社会和谐

区政协始终坚持团结、民主两大主题，把"促和谐"作为履行职能的重要任务，广泛联系社会各界，加强沟通协调，凝聚各方力量，在构建和谐管城中发挥了积极作用。

（一）加强与社会各界联系。认真贯彻"长期共存、互相监督、肝胆相照、荣辱与共"的方针，完善与各民主党派、工商联、无党派人士交流沟通机制，营造团结共事的浓厚氛围。加强基层调研，广泛走访联系委员，了解广大委员和各界群众的呼声，征求委员们对政协工作的意见和建议，帮助委员解决实际困

难。在重大传统节日,看望慰问社会各界人士,在"大尔代节"、"圣纪节"等宗教节日,深入辖区宗教活动场所,看望信教群众,并向广大穆斯林群众宣传党的民族宗教政策,增进了民族团结。

(二)扩大对外联谊和交流。去年年初,区政协组织了新春茶话联谊活动,社会各族各界人士共聚一堂,畅所欲言,同谋发展,进一步加强了政协工作的纵向指导和横向联系。在广大港澳台侨属中继续开展"六个一"活动,加强同海内外有关人士的联络,广泛宣传管城、展示管城、推介管城。积极参加省政协新闻宣传工作座谈会、市政协组织的人民政协60周年理论研讨会、民族宗教港澳台侨工作座谈会、提案工作座谈会等,配合省、市政协视察调研13次,接待兄弟政协单位学习交流15次,增进了友谊,推动了工作。

(三)精心组织庆祝活动。为庆祝新中国成立暨人民政协成立60周年,在基层政协组织和全体政协委员中组织开展了"我们一同走过——我和政协"征文、"政协发展巡礼"图片展、政协委员书画摄影作品展、登山比赛等一系列庆祝活动,全面回顾了人民政协与共和国一起成长的光辉历程,展现了管城回族区政协组织的成就和政协委员的风采。尤其是2009年9月9日举办的管城回族区迎国庆暨纪念人民政协成立60周年"忆激情岁月、享幸福人生"大型庆祝活动,邀请了60名曾经为管城经济社会发展做出过积极贡献、现已(离)退休的各级领导代表,和在职领导干部代表以及政协委员代表夫妇双方参加,突出了团结、联谊的主题,达到了联络感情、加深友谊的目的,激发了全区干部职工和政协委员干事创业的热情。活动取得了良好效果,市、区主要领导对此次活动给予了高度评价。

三、突出政协工作特色,树立委员良好形象

区政协以"提高委员素质、树立政协形象、发挥委员作用、更好参政议政"为目的,积极打造工作亮点,深入开展各类活动,以创新增加工作活力,以奉献树立政协形象。

(一)"委员之家"作用明显。过去的一年里,我们在"委员之家"试点建设初见成效的基础上,全面推进"委员之家"建设工作。在区委、区政府及社会各界的大力支持和广大政协委员的积极参与下,全区共建成"委员之家"16个,打造了政协委员学习提高的课堂、参政议政的平台、服务群众的窗口,有力地促进了委员作用的发挥。北下街"代书胡同社区黄殿坑一带安装天然气"、东大街"博爱街社区增设健身活动中心"等一系列有关群众衣、食、住、行的切身问题,通过"委员之家"的积极协调,得到了有效的解决,受到了社区群众的称赞。航海东路美景天城社区"委员之家"开展委员接访活动,倾听群众的意见建议,并妥善解决了群众的难题。"委员之家"建设工作得到了上级领导和各方面的充分肯定,市政协主席李秀奇先后多次带领市政协机关和县(市)、区政协主要领导到我区视察调研,并在我区召开了"委员之家"建设工作现场会,推广管城的经验和做法。中牟、登封、金水、二七、中原政协等兄弟单位专程到我区参观学习,均给予了高度评价。在全市"委员之家"建设工作年度评选中,我区荣获"先进组织"称号。

(二)委员活动丰富多彩。政协各乡(镇)、街道工委在政协工作中发挥着独特的作用,他们结合辖区实际,不断丰富和充实工作内涵,利用"委员之家"这个平台,围绕中心工作开展了各具特色的调研视察、扶贫帮困、学习座谈等各类活动48次。如:十八里河镇在委员中开展"四比四看"活动,号召委员比发展、看规模大小,比创新、看科技含量,比效益、看利税多少,比奉献,看服务质量;南关街道办事处政协委员自发集资买来米、面、油等慰问品,对辖区40户特困居民进行走访慰问;城东路街道办事处组织委员参加"迎国庆红歌会"、"龙脉健身球培训班"等;西大街、二里岗、陇海马路街道办事处分别组织委员对辖区经济发展、社会保障、人居环境等进行了视察调研;南曹乡、圃田乡、紫荆山南路街道办事处分别组织委员对城中村改造、卫生工作、重点工程等进行了视察调研,并提出了有价值、操作性较强的意见建议。

(三)委员履职争做贡献。2009年全区政协委员立足本职做贡献,履行职责献良策,使政协作用充分发挥,活力不断增强。广大委员积极参加各类视察、调研、座谈活动,对全区经济社会发展提出意见建议269条;面对金融危机的不利影响,努力为项目建设找信息、为客商落户牵红线、为企业发展当保姆,全年新上项目15个,总投资达到43.5亿元;心系群众,情系社会,通过结对帮扶、捐资助学、慈善日活动等方式,在各类社会公益事业中捐款捐物达130余万元。

四、切实加强自身建设,提升整体工作效能

区政协主动适应形势发展的需要,坚持与时俱进,加强自身建设,委员整体素质和机关服务工作水平不断提高。

(一)重学习 促进委员素质提高。为全体政协委员订阅了《协商论坛》、《郑州政协》等刊物。建立了委员自学和逢会必学制度,利用常委会议、主席会议、工委主任例会等形式,组织各类学习培训52场(次)。学习全国"两会"精神,组织收看了"庆祝中国人民政治协商会议成立60周年大会"实况转播,认真学习了胡锦涛总书记的重要讲话精神。同时组织委员参加市政协组织的学习考察和我区组织的学习培训136人次。多形式、多渠道的学习培训,开阔了委员的眼界,提升了委员的素质,提高了履职的水平。

(二)重活动 强化机关队伍建设。以深入开展学习实践科学发展观活动和"讲、树、促"教育活动为契机,全面推进机关的思想建设、组织建设、作风建设;认真开展"爱读书、读好书、善读书"活动,机关读书学习氛围日益浓厚;积极组织区政协领导和机关干部开展为企业贫困职工"送温暖"活动,密切与群众的关系;重视老干部工作,组织老干部外出参观考察,老干部管理工作更加规范有序;搞好专委会之间的协调配合,形成政协工作的整体合力,营造了和谐、活跃的工作氛围,机关队伍建设进一步加强,政协机关服务水平和工作质量得到新的提升。

(三)重宣传 扩大政协知名度。注

重加强与新闻单位的联系，强化“一报（管城政协报）一网（管城政协网）”建设，及时做好政协全会、常委会及调研、视察等活动的宣传报道，反映全区政协工作动态，着重反映委员参政议政成果，努力扩大政协工作影响。全年共印发《管城政协报》12期，编发简报20期，先后在中央和省、市新闻媒体投稿10余篇，进一步扩大了政协的影响力和辐射力，荣获“2009年度河南省政协宣传工作先进单位”称号。

各位委员、同志们，过去的一年，区政协各项工作取得了一定的成绩，这是区委正确领导的结果，是区政府大力支持的结果，也是全体政协委员、社会各界密切配合和共同努力的结果。在此，我代表政协常委会向大家表示衷心的感谢和崇高的敬意！

在肯定成绩的同时，我们也应清醒地认识到工作中还存在有参政议政的成果有待进一步转化，反映社情民意的渠道有待进一步拓宽，部分委员履职的主动性和能力有待进一步提高等薄弱环节。对这些问题，我们将在今后的工作实践中加以认真研究和切实改进。

2010年工作展望

2010年是我区实施“十一五”规划的最后一年，也是实施跨越式发展新三年行动计划和“一二三四五”发展战略的关键之年。做好今年的各项工作，对于应对金融危机、巩固经济企稳回升的良好态势、为“十二五”规划编制启动奠定良好的基础，具有十分重要的意义。新的一年里，区政协工作的指导思想是：以邓小平理论和“三个代表”重要思想为指导，深入实践科学发展观，认真学习党的十七大和十七届三中、四中全会精神，全面贯彻落实省市区经济工作会议精神，在省市政协的关心指导和中共管城回族区委的正确领导下，突出团结、民主两大主题，把科学发展作为履行职能的第一要务，把改善民生作为日常工作的重要内容，把开拓创新作为推动工作的内在动力，认真履行政协职能，充分发挥协调关系、汇聚力量、建言献策、服务大局的作用，为推动管城经济社会的跨越式发展做出积极贡献。

一、加强政治理论学习，为更好履行职责增智

加强理论学习，是统一思想，增进共识，坚持政协工作正确方向的重要前提。一要强化学习意识。要自觉地把加强学习作为一项重要而紧迫的任务抓紧抓好，继续深入学习中共十七大和十七届三中、四中全会精神，学习掌握科学发展观的精髓，进一步学习贯彻胡锦涛总书记在庆祝中国人民政协成立60周年大会上的重要讲话这一新形势下指导人民政协工作的纲领性文献。二要丰富学习形式。要继续落实各项学习制度，有效利用常委会议、主席会议、专委会会议、界别小组活动等形式进行学习，在委员中开展“读好书”活动，有重点、有层次地组织委员走出去，到先进地区和高等院校集中学习，适时举办专题报告会、政情通报会和开展学习交流等活动。三要增强学习实效。要把握区委、区政府总体工作部署和要求，加强委员对区情的认识和研究，把委员学习与参观考察、视察调研、协商监督等活动有机结合起来，学以致用，努力把学习活动与工作实践相结合，与提高履职能力相结合，与增强做好新时期人民政协工作的责任感和使命感相结合。

二、认真履行政协职能，为推动科学发展建言

要把促进科学发展作为政协履行职能的第一要务，立足于全区经济社会发展大局，选准政协工作与中心工作的结合点和切入点，做到顺时而谋、应势而动、适时而为，抓大事协商、抓关键监督、抓重点参政，切实支持发展、参与发展、促进发展。一是政治协商有新高度。紧贴区委提出的“一二三四五”发展战略，围绕新农村建设、产业结构调整、城中村改造、招商引资、发展社会事业等事关我区经济社会发展全局的问题，深入调查研究，提出具有前瞻性、建设性、可操作性的意见建议。二是民主监督有新力度。把提案工作作为一项重要工作来抓，进一步提高提案工作的质量。把区政府2010年为民承诺10件实事作为民主监督的重要内容。继续做好向党政部门和政法机关推荐民主监督员工作。三是参政议政有新深度。围绕区委、区政府中心工作和人民群众关心的问题，组织委员精心开展调研视察活动，打造“调研年”，多出“精品”报告，积极主动地向区委、区政府提出有建设性的意见和建议，采取专题协商、专题议政、主席建议案等方式，促进调研成果的转化利用。四是服务中心有新举措。认真贯彻落实区委2010年经济工作会议精神，为实现保增长、促发展的目标多做凝心聚力的工作，多做统一思想的工作，多做促进科学发展的工作。主动投身经济建设主战场，坚持区政协领导联系重点项目和企业制度，认真开展视察调研，为破解发展难题、提高发展质量献计献策，为实现管城经济社会又好又快发展再立新功。

三、高度关注民生问题，为维护群众利益献策

要坚持以人为本，高度关注民生，把实现好、维护好、发展好广大人民群众的根本利益作为政协工作的出发点和落脚点。一是关注民生有新作为。进一步加大为民建言力度，时刻把群众的安危冷暖挂在心上，围绕教育、就业、社会保障、医疗、环保等问题，通过提案、委员信箱、委员热线等方式，积极议政建言、献智出力。积极组织委员开展扶贫帮困、捐资助学等社会公益活动，为社会多办实事，为群众排忧解难，努力使改革发展的成果更多地惠及人民群众，切实做到情为民所系、政为民所议、利为民所谋。二是理顺关系有新思路。进一步密切与人民群众的联系，积极反映社情民意，使不同阶层、不同界别群众的合理诉求得到充分表达。积极协助区委、区政府做好协调关系、理顺情绪、团结鼓劲、凝聚人心的工作。

四、突出团结民主主题，为构建和谐管城出力

把发挥政协优势的着力点放在构建和谐管城上，广泛联系社会各界，一心一意谋发展，同心同德促和谐。一是团结各界有新贡献。认真贯彻“长期共存、互相监督、肝胆相照、荣辱与共”的方针，进一步加强同民主党派、人民团体、工商联和各界人士的团结合作，努

力营造宽容和谐、生动活泼的良好氛围；密切与社会各阶层人士的联系，增强政协工作的社会开放度，扩大各界群众有序政治参与的范围，广泛了解民情、听取民意、集中民智；认真贯彻落实党的民族宗教政策，进一步发挥少数民族和宗教界政协委员的作用，促进民族团结、宗教和睦；切实做好海内外联谊工作，加强交流与合作，为发展外向型经济牵线搭桥。二是内外交往有新影响。立足政协工作的拓展与延伸、政协组织的整体联动，进一步加强与省市和兄弟县市区政协的联系沟通。积极参加各级政协工作研讨会，拓展工作新视野，扩大政协新影响。

五、努力抓好自身建设，为提高整体效能强基

自觉适应新形势新任务的要求，全面加强自身建设。一是主体作用有新发挥。继续开展走访委员活动，全面了解委员的学习、工作和生活情况，了解委员所在单位、企业关心和支持委员履行职责的情况，进一步强化委员的主体意识，引导他们积极为经济社会发展建铮言、献良策。二是界别活动有新突破。认真探索发挥界别作用的方法和途径，进一步增强界别意识，切实突出政协会议、活动的界别特点，积极开展界别调研视察、座谈联谊等活动，充分调动各界别参政议政的积极性。三是制度建设有新推进。进一步完善政协调研和视察制度，探索建立政协委员履行职能考评机制，以制度来推动委员参政议政活动。四是机关建设有新风貌。进一步增强服务意识，切实提高服务质量，把政协机关建设成为党性强、作风正、业务精、效率高的集体。

中原区政协2009年工作总结

2009年，是新中国和人民政协成立60周年，是深入学习实践科学发展观，积极应对国际金融危机冲击、推动经济实现平稳较快发展的重要一年。一年来，区政协全面贯彻落实中共十七大和十七届三中、四中全会精神，在中共中原区委的正确领导和区人大、区政府的大力支持下，团结带领广大政协委员坚定信心、迎难而上、共克时艰，努力化挑战为机遇，充分发挥政协优势，围绕中心、服务大局，战危机、保增长，为实施“工业立区、三产兴区、教育强区”战略作出了重要贡献。

一、应对金融危机，尽心尽力推动科学发展

围绕中心、服务大局是政协履行职能遵循的重要原则。一年来，区政协紧紧围绕区委、区政府的中心工作，特别是面对国际金融危机的严重冲击，切实为保增长、保民生、保稳定工作献计出力，为全区经济实现总体回升向好作出了积极努力。

提高协商实效，议政建言商大计。一年来，区政协高度关注全区经济发展态势，紧紧围绕区委、区政府确定的工作目标，针对不同的发展阶段，切实履行职能，认真建言献策。七届三次全会期间，委员们认真讨论政府工作报告、计划和财政报告，特别是就国际金融危机对全区的影响，以饱满的政治热情议政建言，商议战危机、保增长大计，提出有价值的意见建议100余条，为区委、区政府制定应对危机的科学之策，发挥了积极作用。常委会议是政协议政建言的重要平台，七届十三次常委会议上，区政府主要领导通报政府工作情况，让委员知情明政，与委员进行互动协商，共同探讨发展的良策，为推动全区经济实现平稳较快发展发挥了重要作用。

围绕中心工作，服务发展上水平。面对危机和挑战，区政协顺势识局，号召和引导广大委员坚定信心、迎难而上，形成共渡难关、共促发展的强大合力。年初，以“企业服务年”为契机，由主席、副主席分别带领相关委室主任，走访委员企业20余家，为应对危机鼓劲助力。广大委员变压力为动力，化挑战为机遇，充分发挥智力密集、联系广泛的优势，建应对危机之言，身体力行助推全区发展。尤其是经济界的委员，在危机中大力开展招商引资，拓宽融资渠道，加大自主创新力度，提高产品技术含量，巩固传统市场，拓展新兴市场，不断提高企业竞争力，实现了企业的转型升级和可持续发展。一年来，广大委员共引资5.38亿元，委员创办的企业纳税9000多万元。钟波、李相如等委员加大企业引资、研发、技改力度，在危机中发展势头不减、逆势上扬。特别是钟波委员走出国门，扩充企业实力，在美国纳斯达克成功上市，首发融资2500万美元，开创了全区民营企业上市的先河，得到市委、市政府的重奖；许景林、张新许、刘秋珍、冯二勇等委员创办的企业，在应对危机的特殊时期，缴纳税款均超过200万元。区政协机关也充分发挥优势，全年招商引资1.5亿多元。事实表明，广大委员为推动全区经济发展做出了突出贡献。

深入扎实调研，建言献策出精品。调查研究是政协参政议政重要的基础性工作。为应对危机、促进发展，区政协从分析宏观形势和研究全区发展实际入手，围绕与国家、省、市各项政策相对接，以及降低金融危机带来的不利因素等，大力开展调查研究工作，全年形成调研报告10余篇。特别是围绕“工业立区、三产兴区、教育强区”所做的五个方面的调研，立意高、调研深、建议实、效果好，受到区委、区政府主要领导的充分肯定。为扎实做好调研工作，区政协精心组织，成立五个课题组，由分管副主席主抓、委室具体负责，同时吸纳有关委员、专家学者、相关部门负责人参与，配齐配强调研力量，深入基层，获取和掌握第一手资料，认真起草调研报告，精雕细刻、反复论证、修改完善。其中，《关于对我区中小企业发展状况的调查与建议》、《关于打造我区文化产业亮点、建全国一流的图书批发市场》、《教育强区的几点思考》等3篇调研报告，区委、区政府主要领导作了重要批示，要求认真采纳和落实所提建议，为全区在应对危机中迎难而上、化危为机，抓住机遇实现更大的发展产生了积极影响。《关于我区发展休闲观光农业的思考》、《从我区企业科技人员及科技水平的现状谈我区实施工业立区任务

的艰巨性》等调研报告，也为区委、区政府的科学决策提供了重要参考。

二、加强民主监督，多种形式提升监督实效

民主监督是我国社会主义监督体系的重要组成部分，开展民主监督是政协的一项重要职责。区政协切实增强民主监督的积极性和主动性，工作中敢于监督、善于监督，采取多种监督形式助推党委、政府工作更好地落实。

*找准履职重点，大力开展民主评议工作。*为进一步推动区委、区政府支持经济发展各项政策的落实，区政协以“企业服务年”为切入点，组织对区优化局、商务局、行政执法局、环保局、工商分局、质监分局的优化经济发展环境工作进行民主评议。精心制定评议方案，成立四个评议组，采取实地察看、座谈、走访、专题视察调研等形式，充分了解和掌握情况，在区政协七届十三次常委会议上进行民主评议，会后进行整理归纳，形成评议意见，提出加强宣传、突出服务、强化管理等12条建议。各评议组及时向被评议单位进行了反馈，并报送区委、区政府，推动了全区经济发展环境的进一步优化。

*推进“三化”建设，切实增强提案办理实效。*提案是民主监督的有效方式，是推进党委、政府工作的重要载体。全年征集提案221件，立案203件。积极推进提案办理的制度化、规范化、程序化建设，征集重质量、交办重时效、督察重效果、验收重落实，同时采取主席、副主席督办重点提案，专题听取提案办理汇报，视察走访提案办理成果等措施，有力地促进了提案建议的落实。区委、区政府领导对提案办理高度重视、大力支持，区政府分管领导对口听取提案办理情况汇报，区政府办公室加大督办协调力度，各承办单位认真办理。经过各级共同努力，提案办结率达100%，满意和基本满意率达100%。越来越多的提案建议转化为工作成果，特别是加快发展楼宇经济、推进居家养老、建设农村区域性垃圾中转站、加强社区卫生服务、建设农家书屋等提案，得到了很好地落实，实现了政协提案办理与促进党委、政府中心工作的共赢。

丰富工作方式，广泛深入进行民主监督。一是发挥政协委员信箱作用，畅通渠道，及时收集和反映社情民意，通过《中原政协信息》进行呼吁，推动问题解决。二是深入社区或以座谈会的形式，了解基层群众的意见和建议，集思广益，向党委、政府建真言、献良策，使建言献策与民主监督相得益彰。三是扩大监督范围，委员们以高度的责任感，参与政风行风评议、区域经济发展环境调查、检察开放日、旁听法院案件审理等活动，较好地发挥了民主监督作用。

三、切实关注民生，凝心聚力促进社会和谐

心系群众，千方百计服务民生，促进社会和谐，是政协履职的着力点和落脚点。一年来，区政协充分发挥优势，真诚关心群众疾苦，真心解决群众困难，协助党委、政府在保障和改善民生上做出了卓有成效的工作。

*倾力帮扶就业，深化“五帮一促”活动。*坚持深化开展“五帮一促”活动是区政协关注民生的重要举措。应对危机，关注民生，就业为先。区政协组织和引导委员勇担社会责任，倾力帮扶就业，去年6月份，在区人劳社保局、各政协工委的配合下，组织47家委员企业提供1200多个岗位，举办“心系民生、帮扶就业”招聘会，达成就业意向700多人，落实就业200多人。各政协工委也大力开展帮扶就业活动，广大委员力所能及地提供就业岗位。航海西路街道、建设路街道、秦岭路街道等政协工委，分别组织开展了送岗位、促就业活动，王晓民、王瑞强、邓胜利、战卉等委员积极提供岗位，优先招聘下岗失业及待业人员。一年来，广大委员共帮扶就业2200多人，受到人民群众的广泛赞誉。

*勇于承担责任，积极参与公益事业。*广大委员牢记社会责任，热心公益事业，慷慨解囊，积极参与捐资助学、扶贫帮困等活动，竭力为群众办实事、做好事。据统计，2009年广大委员办实事、做好事467件，帮扶贫困户382户，捐款捐物价值100多万元。尤其是贾莉、冯新立、程元国、焦胜强等委员，或与贫困学子结成帮扶对子，或捐款捐物资助弱势群体，或做一些对社会有益的事情，用实际行动诠释了政协委员倾情履职、关注民生的高尚情怀。

*发挥政协优势，维护社会和谐稳定。*政协汇聚力量的优势具有不可替代的作用。广大委员在联系群众、增进团结、维护稳定、促进和谐中，做了大量富有成效的工作。杨万里、李连忠等民族宗教界委员，发挥独特优势，帮助化解影响社会稳定的不和谐因素；王振翔、杨惠岭等医药卫生界委员，广泛宣传“甲流”的预防和控制工作，受到群众的好评；赵广全、杨爱梅等经济界委员，在应对金融危机中彰显社会责任，做到不裁员、不减薪、不欠薪；侯宏章、邱学金等其他界别委员，结合交通治理年活动，积极宣讲法律法规等；还有许多委员发挥自身优势，服务和谐社会建设，肩负起了一名委员应尽的责任，树立了委员的良好社会形象。

四、搭建履职平台，开拓创新建设委员之家

创新是提升政协工作水平的不竭动力，是实现大有作为的基石。区政协大胆探索履行职能的新方式，大力推进政协“委员之家”建设，让委员的履职触角深入到基层、延伸到社区，架起党委和政府联系人民群众的桥梁，推动政协工作再上新台阶。

*创新平台，大力建设“委员之家”。*为探索拓展委员履职、交流、联谊的新平台，区政协以林山寨街道政协工委为试点，在全市率先建设“委员之家”，引起广泛关注，受到市政协领导和区主要领导的充分肯定。通过认真总结，随之全面铺开，高标准建设了13个政协“委员之家”。2009年4月份，市政协组织11个县(市)区政协，观摩了我区一中社区、豫花园小区的“委员之家”建设。随后，又有9个友好区政协120余人前来参观考察。在“委员之家”工作推进中，区委书记王贵欣、区长王东亮高度重视和大力支持，王贵欣书记亲自指导，多次视察工作开展情况。区政协加强指导，各镇、街道办事处党政领导密切关注，从人、财、物等方面全力支持，各政

协工委带领广大委员充分发挥优势，齐心协力地做好“委员之家”建设工作，形成了上下联动、共创“委员之家”的生动局面。焦晗韶、史龙超委员利用自身优势，分别建立了颇具特色的“点睛民生摄影委员之家”、“咱家小院委员之家”，成为我区“委员之家”建设工作的一大亮点。

*着眼效果，注重开展履职活动。*活动是“委员之家”的生命，委员是“委员之家”活动的主体。各政协工委根据辖区特点，组织委员选择不同的侧重点，创新履职方法，把“委员之家”工作开展得富有成效。航海西路街道工委利用“委员之家”这一阵地，举办如何推进城乡一体化建设、新农村建设论坛；建设路街道工委协作路社区“委员之家”，将20名委员分组，分别联系8个社区，更好地让委员深入社区联系群众；桐柏路街道工委城开社区“委员之家”，组织委员了解和反映社情民意，为群众办实事好事10余件，国家信访局领导在辖区调研时给予高度评价。焦晗韶委员组织“点睛民生摄影委员之家”的委员，先后举办了摄影展和摄影采风活动。特别是在2009年12月份，区政协号召各界人士以“委员之家”为平台，充分发挥政协“人才库、智囊团”的优势，为谋划我区及政协2010年工作建言献策，收到良好效果。

*建章立制，确保活动长效运行。*机制是保持工作长效开展的强力保障。在“委员之家”建设之初，区政协紧抓机制建设，探索建立了反映社情民意、交流联谊、委员述职等八项制度，并在实践中不断完善。在不断推进工作中，区政协又进一步加以总结提炼，制定了《“委员之家”工作实施细则》，市政协主席李秀奇批示，“中原区政协在‘委员之家’制度化、规范化、可操作化方面先行了一步，适时向全市推广”。机制的建立，为开展工作增添了动力，确保了工作的长效运行。实践证明，“委员之家”为委员提供了施展才华、交流联谊、服务群众的广阔舞台，为政协工作注入了新的生机和活力。

五、强化宣传交流，不断扩大政协社会影响

宣传和交流是树立政协形象、拓宽政协工作视野的重要举措。区政协坚持牢抓宣传和交流不放，不断创新方式，进一步扩大政协社会影响，吸纳和借鉴好经验好做法，为开创政协工作的崭新局面发挥了积极作用。

*创新载体，搭建宣传交流平台。*积极与时代接轨，大力推进政协信息化建设，在区委、区政府的支持下，创新建立了政协网站，并开通运行，为委员了解情况、掌握政策提供了便利条件，成为宣传政协的有效窗口和展示委员风采的良好平台。以庆祝新中国和人民政协成立60周年为契机，搭建委员交流联谊的新平台。去年9月份，在咱家小院举办了首次“政协委员活动日”，100多名委员参加了活动，活跃了身心，增进了友谊，凝聚了力量。精心组织委员参加市政协举办的征文比赛，13篇论文入选市政协论文集，18篇诗、词、歌、赋选送市政协。通过一系列活动的开展，进一步激发了广大委员的自豪感和光荣感。

*强化交流，密切对外友好交往。*交流是提升工作的有效手段。继续坚持“请进来、走出去”的办法，大力开展对外交流。坚持每年参加两次全国十四城区政协工作研讨会，去年5月份、10月份，先后赴大连市西岗区、武汉市江岸区政协交流工作，作了题为《以学习实践科学发展观为统领，围绕中心服务“三保”》和《创新政协工作载体》的发言。先后接待了浙江省温岭市、山东省枣庄市、安徽省淮北市杜集区等10余个外地政协，来我区考察交流。通过广泛学习和借鉴，开阔了视野，加深了友谊，进一步拓展了政协工作的广度和深度。

*拓宽渠道，不断加大宣传力度。*全方位探索政协宣传形式的多样化，既坚持采取报刊、电台、广播等传统的宣传方式，又注重运用网络等新兴的宣传方式，加强了对政协创新性工作、委员先进事迹、理论研讨成果的宣传。一年来，在《人民政协报》、中国新闻网、《协商论坛》、《大河报》、《郑州日报》等市级以上媒体，发表稿件30余篇，全年编发《中原政协信息》18期，营造了浓厚的宣传舆论氛围。

六、注重自身建设，激发政协工作生机和活力

加强自身建设是开展政协工作的根本保证。区政协积极适应新形势，以深入学习实践科学发展观活动为契机，不断加强和完善自身建设，进一步推动了政协工作高效有序运转。

*注重实效，切实开展好学习实践科学发展观活动。*在第二批深入学习实践科学发展观活动中，严格执行规定动作，大力创新自选动作，坚持把学习实践科学发展观活动与学习焦裕禄同志先进事迹相结合，与开展“讲、树、促”活动相结合，与开展“一竞双争”活动相结合，扎实开展学习调研、分析检查、整改提高等每个阶段的工作，进一步增强了用科学发展观指导政协工作的自觉性和坚定性，进一步明晰了政协工作的主导方向。

*规范管理，加强常委会和委员队伍建设。*区政协把常委会和委员队伍建设摆在重要位置，抓紧抓实，抓出成效。一是抓制度规范。进一步修订和完善了《区政协常委、委员参加政协活动的若干规定》，严格参加政协会议和活动纪律，建立常委会议参会情况通报制度。二是抓学习培训。坚持集中性培训，去年3月份、11月份，先后邀请省财经学院和省委党校教授作经济形势报告，使委员认清经济发展的趋向，进一步增强发展的信心。创新培训方式，6月份，组织部分政协常委赴江西行政学院进行实地培训，进一步提高政协常委的履职能力和水平。三是抓动态管理。完善委员严进能出机制，适时调整充实委员队伍，根据工作需要，先后辞去12名政协委员和增补13名政协委员，同时继续坚持委员述职制度、表彰奖励制度，委员队伍更加充满活力。

*夯实基础，加强政协组织建设。*进一步修改和完善了政协工委工作测评机制，年初定目标、年中查进度、年末重调研，充分调动了工委工作的积极性和主动性，工委工作呈现出力争一流、奋力争先的良好局面。政协机关建设进一

步加强，修订和完善了机关党支部工作制度，机关干部队伍的政治和业务素质得到明显提升，服务水平和工作作风得到明显转变，政协机关工作更加富有生机。

盘点一年来的工作，区政协的一些工作还需要进一步加强和改进。比如，履行职能的实效还需要进一步增强；委员主体作用和界别作用的发挥还需要进一步深化；专委会的工作还需要进一步加强；政协机关的服务能力和水平还需要进一步提高等，这些都需要在今后的工作中加以改进。

惠济区政协 2009年工作总结

刚刚过去的2009年，是全区团结奋进、加快赶超，取得显著成绩的一年。一年来，在中共惠济区委的正确领导下，在区政府的大力支持和各有关部门的积极配合下，政协惠济区一届委员会，充分发挥广大政协委员的主体作用和政协人才荟萃、联系广泛的优势，紧紧围绕区委、区政府的中心工作，牢牢把握团结和民主两大主题，深入学习实践科学发展观，认真履行政治协商、民主监督、参政议政职能，为促进我区经济社会又好又快发展、维护社会和谐稳定做出了积极贡献。

一、围绕中心，服务大局，政治协商有序推进

我们充分利用政协全体会议、主席会议、常委会议和专题座谈会，广泛开展整体协商、专题协商、对口协商，为区委、区政府决策的民主化、科学化提供了依据。

（一）着眼全局工作，进行整体协商。区政协一届三次全体会议期间，组织委员认真听取和讨论了政府工作报告和其他报告，围绕我区经济社会发展目标开展了总体协商讨论，并邀请区委、区政府领导深入各讨论组参加协商，听取委员意见和建议。针对政府工作报告，委员们围绕项目建设年、推进“一区、两中心、三个产业”建设、城乡一体化等进行了深入的协商讨论，提出意见、建议12条，为区委、区政府完善工作思路提供了重要参考。

（二）围绕重点工作，实施专题协商。2009年，区政协共召开主席会议33次，常委会议5次，着重围绕全区经济社会发展中重点、难点的问题，进行了认真的讨论和探讨，不少意见和建议通过简报、调研报告、社情民意等形式向区委、区政府及有关部门反映，得到区委、区政府的重视和采纳。如去年7月，我们召开常委(扩大)会议，邀请区委常委、副区长王雅伟通报区政府上半年工作情况，并就全区经济运行情况与下步重点工作进行了座谈，提出了“利用第二轮土地规划修编的机会，搞好全区土地储备工作”、“打造路域经济，规划建设道路沿线经济带”、“加大项目建设力度，推进基础设施建设，发挥产业平台优势”等意见建议。9月中旬，听取了区计划统计和发展改革局关于今年以来经济运行情况汇报，分析了当前经济形势，针对重点项目推进、工业经济发展等问题，提出了“全力推进项目建设年和企业服务年活动”、“继续深入开展大招商活动，解决好经济结构、产业升级问题”、“保障全区旅游和消费市场繁荣，有力拉动经济增长”等对策及建议。

（三）针对部门工作，开展对口协商。我们通过召开情况通报会、座谈会等形式，有重点的了解部分职能部门工作，深入开展对口协商，切实加强了同党政部门的联系和沟通。如去年6月，组织委员们相继听取了区经委、区审计局、区安监局工作情况汇报，由其局委一把手参加汇报、参与讨论，促使委员们当面协商的意见、建议被有关部门理解和采纳。10月下旬，针对我区赶超战略主要经济指标完成情况及目标运行、考核、督察等问题，召开了由区考评办、财政局、政法委、环保局等单位主要负责同志及镇办主管领导、部分委员参加的系列座谈会，围绕如何实现目标考核与区域经济社会发展的良性互动等问题展开了充分的协商和互动交流，形成了可操作性较强的意见、建议。

二、探索方式，拓展领域，民主监督力度加大

民主监督是社会主义监督体系的重要组成部分。一年来，区政协牢固树立“监督就是支持、监督就是服务”的理念，加强民主监督，为我区构建社会主义和谐社会发挥了重要作用。

（一）提案工作力度加大。区政协一届三次全会以来，全体委员共提出提案134件，立案124件，其中重点提案4件，提案办复率100%，委员满意率96.8%，基本满意率3.2%。这些提案，涉及我区经济、科技、教育、文化、卫生、市政、法制建设等各个方面，代表了广大人民群众的愿望和呼声，充分体现了委员们履行职能、参政议政的强烈社会责任感。提案办理过程中，我们在实行主席领衔督办重点提案的基础上，充分发挥各承办单位的主体作用、交办督办单位的主导作用和提案委员的监督作用，对提案办理情况专题视察，切实提高提案的落实率，促使一些热点、难点问题

得到了解决。如李福顺等委员提出的“关于防止村民主监督委员会流于形式的建议”，鄢保国委员提出的“关于在各行政村建设垃圾中转站的建议”，李国英、王艳霞、弓建霞委员提出的“关于沿黄河建设高层次旅游景区的建议”等提案，都取得了较好的办理效果，对改进政府工作、解决实际问题、促进全区经济社会发展起到了良好的推动作用。

（二）社情民意贴近民生。我们实行委员信箱、定期走访委员和政协网站社情民意直通车“三位一体”的社情民意收集机制，把每位委员反映1-2条社情民意作为履职的考核内容之一，进一步畅通了社情民意反映渠道。对于社情民意信息反映的个性问题，区政协及时出面解疑释惑、理顺情绪；对于苗头性、倾向性的社情民意，通过主席签发《社情民意》专刊，及时、准确的向党委、政府反映解决。一年来，区政协通过各种渠道收集社情民意158件，委员信箱收到群众来信17封，设立信箱的委员得到群众口头反映意见46条，其中“辖区内市政交通设施应定期排查维护”、“农村环境污染问题不可忽视”、“依托大学城教育资源打造我区名校”等9件社情民意，经筛选整理后直接反映给区有关领导及部门督促办理。如“关于修整黄河迎宾馆铁路专用线公铁交叉口道轨路面的建议”，区市政局高度重视，多次与市铁路局桥工段协调，投资92.6万元，将我区开元路、天河路、文化路铁道口共计144米进行了整体翻修，消除了安全隐患。

（三）民主评议卓有成效。去年7月—9月，区政协开展了民主评议公安工作活动。评议中，我们把民主评议与深入了解公安工作、增进交流、共同查找存在问题及提出建议有效结合，通过集中调研、实地察看、走访座谈等形式，广泛征求了社会各界的意见和建议，形成评议意见，提出整改要求。区公安分局对此高度重视，按照评议要求逐项进行了整改落实和答复，在促进公安工作的同时，加强了委员同公安部门的联系和沟通。另外，我们还多次组织委员参与对省、市、区等相关部门的行风评议和座谈，促进了有关部门的作风转变和效能提升。

（四）日常监督广泛开展。先后开展了对地税局、社保局、交通局、卫生局等部门的专项视察活动，加强了对有关执法执纪部门的民主监督。另外，按照委员专业特长和被监督部门职能相对应原则，我们选派部分委员分别担任了政法、纪检、税务、教育、卫生等部门的监督员，并多次组织委员们参加法检两院案件跟庭监督、检察公开日、法院座谈会等活动，在维护司法公正、促进依法行政、维护群众利益等方面发挥了积极作用。

三、献计出力，推动发展，参政议政积极有为

2009年，区政协充分发挥“人才库”、“智囊团”优势，集发展之智，谋发展之策，开展了一系列调研、视察活动。

（一）深化课题调研，为助力赶超发展集民智。我们围绕赶超战略发展目标，把加快区域经济和社会发展作为政协主攻课题，就产业园区建设、城乡一体化、重点项目建设等八个方面下发了39个调研课题，并先后两次以“生态经济强区建设”及“项目建设年”为专题向委员们征集调研报告，组织和带领全体委员深入开展调查研究活动。如去年5月，区政协组成两个调研组，通过走访座谈、实地调查等方式，形成了《关于我区城乡一体化项目建设情况的调研报告》及《关于郑州农业高新技术产业示范区建设情况的调研报告》。区委书记张俊峰、区政府原区长黄卿先后做出批示，要求有关部门尽快拿出解决问题的办法，推动工作健康发展。7月上旬，我们以“生态经济强区建设”为主题，精选调研文章11篇，举办了首期“政协论坛”，邀请区委、区政府、高新农业示范区、惠济经济技术开发区的有关领导及区农经委、旅游局等局委负责同志，以听取主题发言形式，与委员们展开研讨与交流。《人民政协报》、《郑州日报》先后进行了报道，区委书记张俊峰同志给予了高度评价，有关意见、建议也被区委、区政府采纳。一年来，区政协及各工委共组织调研活动27次，撰写调研报告196篇，提出有价值的意见、建议468条，评选出的优秀文章汇编成册，发给区委、区政府及相关部门的领导，为区委、区政府民主决策、科学决策提供了参考。

（二）组织委员视察，为推动重点工作建良言。我们坚持以委员为主体，围绕经济建设、城市化进程、和谐民生、信访稳定等问题，开展主席、专委会、工委等形式的视察。针对视察中发现的问题，提出建设性意见和具体建议180余条，部分意见和建议被采纳和实施，推动了工作的进展。如2009年4月，对我区信访基层基础工作进行了视察，提出了“创新方法，增强信访工作的整体合力”、“切实规范信访秩序，引导群众理性表达利益诉求”、“在解决问题上下功夫，营造支持信访工作的良好氛围”等意见和建议；5月21日，对郑州农业高新技术产业示范区工作情况进行了视察，提出了“科学规划，推进园区有序发展”、“提高园区管理水平和科技创新能力”、“加强协调，加大对外宣传力度”等意见、建议；6月25日，就手足口病、甲流等疾病防控及食品卫生工作开展了委员视察，并针对视察中发现的乡村医生医疗水平不高、管理不规范、疾控中心位于居民区等问题，提出了“通盘规划建设区人民医院、疾控中心等公益性设施”、“强化乡村医疗机构软硬件建设”、“引导速冻食品企业建立原料生产基地，从源头上杜绝食品污染”等意见、建议；9月22日，我们对惠济经济技术开发区建设情况进行了视察，实地察看了包装印刷产业园、信息创意产业园、动漫产业基地建设情况，提出了“积极协调，加快项目建设”、“优化环境，提高服务水平”、“强力招商，形成产业基地”等意见和建议。

四、突出主题，凝心聚力，社会联谊广泛开展

（一）增进同委员间的交流。为给委员搭建学习、沟通、交流的平台，去年3月，我们专门开通了《惠济政协网》(http://www.zhjqzx.cn)，设立了政协要闻、视察调研、委员视窗等栏目及委员信箱、网上留言等特色专题，委员们可以通过委员信箱、网上留言或电子邮

箱(zzhjqzx@163.com),发表自己的意见和建议,也可网站上报提案、调查报告、信息,反映社情民意。在坚持区政协主席、副主席参与各工委活动同时,实施了专委会联系工委制度,开展了委员走访月活动,各工委也通过委员互访、集中活动、外出考察等形式,增进政协与委员、委员与委员间的交流。一年来,区政协各位主席、副主席共计走访委员128人次,各工委开展活动61次,区政协参与各工委活动116人次,委员互访95人次,政协全会参会率达98.2%,区政协组织活动参与率97.6%,为创建和谐政协奠定了良好基础。

(二)加强与各界人士的联谊。加强了与区委统战部门的协调配合,共同做好市、区政协委员的推荐工作,共提名推荐市政协委员9名,调整、增补区政协委员15名。协同开展了庆祝新中国成立60周年暨多党合作和政治协商制度确立60周年征文比赛、书画比赛、成果巡展及文艺汇演等一系列纪念活动,发挥了政协统战的整体效能。注重引导工商联界别的政协委员发挥参政议政作用,全年共收集社情民意20余条,撰写调研报告11篇,为党委政府决策提供了科学依据。协助政府加强民族宗教管理,积极推动少数民族地区发展,开展"和谐寺观教堂"创建活动,进一步深化了民族团结、宗教和睦的社会局面。关注台胞台属的政治待遇问题,积极推荐一名台胞台属界代表人士当选为市政协委员,为其参政议政创造了有利条件。一年来,不断密切同民主党派、无党派人士和非公有制经济人士的联系,加强同少数民族、宗教界人士、港澳台侨及新的社会阶层人士的沟通,巩固和发展了民主、团结、平等、互助的社会关系,推进了全区的民主政治建设。

(三)广泛开展对外联谊活动。2009年,先后接待了全国、省、市政协等10个政协团体来我区的考察调研,承办了郑州市政协"旅游发展论坛",并组织委员们到中原区政协参观学习。其中市政协主席李秀奇先后4次到我区调研劳动力转移及农民增收情况、旅游产业发展、委员之家建设,对我区各项工作,特别是政协工作给予了充分肯定。在接待交流中,积极宣传全区生态经济建设中的好经验、好做法,进一步提升了惠济对外形象。

五、强基固本,务实创新,自身建设不断加强

(一)强化管理,整体效能进一步提升。一是抓机关建设,认真开展学习实践科学发展观和"讲树促"活动。以开展学习实践科学发展观活动为契机,主席、副主席带头,认真参加党组安排的各阶段学习活动,把整改落实作为活动目的,认真解决了政协机关思想、作风、工作上存在的突出问题。对老干部工作,坚持每月16日集中活动日,"双节"及老干部生日都组织人员进行慰问,举办了健康知识讲座,并组织老干部视察全区重点项目建设,到洛阳龙门和巩义康百万庄园参观,让老干部老有所为、老有所乐。二是抓素质提升,适时举办专题讲座。相继邀请了中国工程院院士金鉴明、中共河南省委十七大讲师团成员赵琳副教授为全体委员做专题讲座,就科学发展与生态经济建设、十七届四中全会精神解读为全体委员做辅导。三是抓目标管理,深入开展评优表先活动。继续开展"两有两积极五必须"活动,将各工委、各专委会工作及每位委员履职情况纳入目标管理,拟定考核细则,并实行了半年初评、年度总评,对先进工委、委员及委员撰写优秀调研文章在全会上给予隆重表彰,增强大家提升素质、争先创优的荣誉感。2009年,区政协机关及各工委共组织学习活动54次,建立笔记157本,撰写心得573篇,评出优秀调研文章22篇,先进工委8个,优秀委员35人,先进工作者19人,政协宣传报道先进单位4个,创建委员之家先进单位5个,政协宣传报道及创建委员之家先进个人22人。

(二)建"家"树"形",工委工作进一步规范。按照市政协统一部署,去年5月,区政协开展了"创建委员之家、树立委员形象"活动。通过会议动员、观摩学习、现场指导等措施,促使创建工作有序开展,据统计,各工委已投入资金31万余元,建成委员之家11个,建立健全了有关制度,设立了委员公示栏、图书室,制作了委员之家建设专题片,确保委员之家有组织、有场所、有设施、有制度、有活动,使各工委工作更加规范,通过开展各项活动收到了明显效果,得到市政协李秀奇主席的高度评价。

(三)发挥优势,委员主体作用进一步凸显。首先,在参与经济建设上,助推发展尽心力。深入开展了"我为项目建设年做贡献"活动,区政协主要领导身先士卒,主席、副主席直接参与了刘砦、下坡杨、金洼村的城中村改造,南王村综合整治,怡园、森林湖、英才苑、森吧乐园、商专"专升本"等重点项目建设的领导工作,在推动我区城乡一体化、新农村、重点项目建设等方面发挥了重要作用,并带动委员们在全区经济建设主战场上奋发有为。据统计,在"我为项目建设年做贡献"活动中,委员企业完成固定资产投资2.68亿元,企业实现年产值36.8亿元,创税6726万元,招商引资7083万元,引进项目21个。其次,在回报社会上,扶贫济困赢赞誉。积极组织和带领广大政协委员发挥自身特长,改善民生,服务群众,踊跃投身各项公益活动。2009年,区政协各级组织共开展公益活动32次,办实事、好事167件,扶贫济困、助教帮残捐资65.89万元,吸纳安置劳动力3286人。

一年来,委员们把履行政协职能与搞好本职工作紧密结合,在惠济赶超发展的前沿勇立潮头,在构建和谐惠济的基层争做楷模,在自身行业发展中奋勇争先,展示了委员风采,树立了政协形象。郑州市嘉亿混凝土有限公司总经理刘子中委员,在不断做强做大自身企业同时,把"以政协为家、政协事为重"的使命切切实实的埋在心底,无论是区政协,还是街道工委组织的活动,总是积极参与,从不缺席。他除积极提交提案、反映社情民意外,还时时关注着区情民生,大到引资千万元的项目,小到对街头标语的纠正,为区域经济社会发展竭忠尽智;郑州克钢磨料磨具制造有限公司总经理楚长明委员,以质量和口碑占领市场,在2009年金融危机的冲击下,企业也是逆市冲高,实现年产值2505.4万元,同比增长256.8%,产销率100%,并在我区大河工业园区征地38亩,规

划新建厂房8600平方、公寓式综合楼4000平方、办公楼3500平方；惠济区肿瘤医院院长单国英委员，致力于用中医中药攻克肿瘤防线，先后被授予“巾帼建功标兵”、“三八红旗手”、“郑州十大女杰”、“世界名医”等荣誉称号，并坚持尽己所能回报社会，仅2009年就为就医的困难患者减免费用12万元；郑州瑚风眼镜批发市场董事长王保龙委员，不断扩大市场经营，市场商品辐射山东、山西、陕西、安徽等省份，月销售额1000多万元，市场年税收达120多万元，并以商招商，引进资金500万元；河南海润实业公司总经理胡迎利委员，长期实践、服务在畜牧业生产经营和科技推广第一线，带领企业先后获得“中国驰名品牌”、“中国优质产品”、“河南省免检产品”、“河南省消费者协会同行业唯一推荐商品”等荣誉称号，并坚持走“公司＋农户”的共荣共赢发展模式，带动5600多户农户靠科学养殖走上了致富之路。另外，区行政审批服务中心主任张克文、郑州可意食品厂厂长张庆斌、郑州黄河金沙泥研究所所长王玲、郑州邙山特种粘合剂公司经理朱建生等委员，坚持立足自身，发挥优势，为政府分忧，为社会担责，充分展现了政协委员的社会责任感和拳拳爱心，为惠济区经济发展、社会进步做出了积极贡献。

一年来，区政协各项工作取得了明显的成效，在全区经济社会发展中发挥了积极作用。这些成绩的取得，是中共惠济区委高度重视、正确领导的结果，是区人大、区政府大力支持、积极配合的结果，是全体政协委员共同团结奋斗的结果，也是社会各界多方关心和全区各单位协调配合的结果。

在肯定成绩的同时，我们也清醒的看到，与新形势、新任务的要求和各界人士的期望相比，我们的工作还存在着差距和不足。如：各种会议和活动在“三化”建设上需进一步规范；政协民主监督的意识、方式和工作力度需进一步强化、探讨；专题调研选题准确性还不够，还需进一步增强调研的深度和建议的可行性、前瞻性、科学性；委员的履职意识和能力有待进一步提高等等。这些都需要我们在今后的工作中认真加以改进和解决。

上街区政协 2009 年工作总结

2009 年，在区委的正确领导下，区政协常委会高举中国特色社会主义伟大旗帜，以邓小平理论和“三个代表”重要思想为指导，深入贯彻落实科学发展观，坚持中国共产党领导的多党合作和政治协商制度，高举爱国主义、社会主义两面旗帜，牢牢把握团结和民主两大主题，紧紧围绕全区工作中心，切实履行政治协商、民主监督和参政议政职能，为促进我区经济社会发展做出了积极贡献。

一、围绕中心，服务大局商大计

一年来，我们紧紧围绕发展这个第一要务，牢固树立科学发展观，坚持做到“区委想什么，政协议什么；区委做什么，政协帮什么”，为我区的社会进步起到了重要作用。

全体会议协商有了新面貌。七届三次全会期间，全体委员围绕政协常委会工作报告、提案工作情况报告和“一府两院”工作报告等，进行了充分讨论，针对上街经济社会发展的重点问题和群众关注的热点问题，提出了许多建设性的意见和建议。会议之后，政府各有关部门积极行动，采取措施，使委员提出的意见和建议得到了很好的落实。

常委会议协商有了新成效。去年召开的 4 次政协常委会，每次都选定一个事关全局的重大问题进行讨论。如七届十次常委会，我们认真听取了区政府关于我区上半年国民经济运行情况的通报，大家从优化经济发展环境、加快调整产业结构、加大招商引资力度、大力发展第三产业等方面提出了意见和建议，为区委、区政府的决策提供了科学依据。

专题对口协商有了新进展。各专委会加强了同相关部门的联系，积极开展对口专题协商，促进了政协整体作用的发挥。提案委员会加强了同各提案承办单位的联系与协商；经济委员会就“我区财政预算执行情况”与财政部门进行了全面探讨；港澳台侨和民族宗教委员会就“我区宗教场所及宗教工作”与对应职能部门进行了认真讨论；教科文卫体委员会就“教师队伍结构性缺编问题及职业教育情况”与教育行政部门开展了深入研讨。各专委会的对口专题协商，为有关部门开展工作提供了有益的参考意见。

二、强化监督，注重实效促发展

民主监督是人民政协的主要职能之一，是发扬社会主义民主不可缺少的重要渠道。过去的一年，区政协牢固树立“监督就是支持、监督就是服务”的理念，积极探索民主监督的有效途径，加大民主监督力度，创新民主监督载体，丰富民主监督形式，促进了上街经济社会的健康发展。

提案监督的实效不断提高。七届三次会议以来，共收到委员提案 89 件，立案 86 件。全会结束后，及时会同区委办、区人大办、区政府办联合召开提案交办会，并通过领导分包重点提案、跟踪督办、带案视察、老案跟踪、面对面答复等措施，使“关于更加合理管理路灯照明的建议”、“加强企业家培训的建议”、“关于建立和完善社区医疗机构的建议”等一批重点提案得到重视和解决。提案办复率、委员满意和基本满意率均达 100%。

视察监督的力度逐步加大。2009 年，我们先后组织政协委员开展了“三产服务业发展情况”、“南部山区扶贫搬迁及开发建设情况”、“人口与计划生育工作”等一系列专项视察。参与视察活动的省、市、区政协委员达 150 多人次。委员们在实地考察的基础上，对事关经济社会发展的重大问题提出的意见和建议，大部分已被政府有关部门采纳和落实。

评议监督的影响日益增大。一是通过听取部门工作汇报进行民主监督。去年 9 月份，政协常委会专门听取了区公安局工作情况汇报。大家针对我区社会治安存在的问题提出了“要加强教育培训，进一步提高广大干警的素质”、“要进一步加大对大案要案的侦破力度，使全区人民有安全感”、“要加强社会治安防范工作，组织社区群众参与治安管理，预防各类案件的发生”等意见和建议，促进了我区公安工作的开展。二是通过行风评议进行民主监督。组织部分委员积极参与对政府职能部门的行风评议活动，督促这些单位不断提高工作效率，转变工作作风。三是通过委员受聘特邀监督员进行民主监督。政协委员受聘担任监督员是对政府部门及其工作人员开展日常监督的有效途径。目前，有20多名政协委员应邀担任司法机关和政府有关部门的特邀监督员、廉政监督员，他们认真行使民主监督权利，积极参与有关执法检查，在防止和纠正权力异化方面发挥了重要作用。

三、关注民生，聚集民智献良策

一年来，区政协紧紧围绕全区经济建设和社会发展中的问题，充分发挥“人才库”、“智囊团”优势，认真开展视察调研和建言献策活动，在履行参政议政职能中当好参谋。

大力发展现代服务业是我区经济社会发展的必然要求。为促进我区三产服务业的发展，去年8月份，我们组织部分经济界委员对全区三产服务业发展情况进行了视察，听取了区商务局的工作汇报。针对我区第三产业发展中存在的问题，委员们提出：要进一步加强管理，完善第三产业发展规划；加快对外开放步伐，推动服务业快速发展；大力发展工业地产和商业地产；搭建招商引资平台，优化发展环境，形成发展现代服务业的合力等意见和建议，为加快我区第三产业发展起到了促进作用。

南部山区扶贫开发是全区的一项重点工作。去年10月份，我们组织部分委员视察了我区南部山区扶贫开发建设工作情况。委员们提出了“要对南部山区开发进行科学合理的规划”、“要不断加大投入力度，进一步加快开发进度”、“要进一步加快道路、水、通讯等基础设施建设步伐”、“要进一步加大对南部山区开发建设的宣传力度”、“要解决好搬迁群众的安置和社会保障问题”等意见和建议，促进了南部山区扶贫开发建设工作的顺利开展。

区政协历来十分重视教育工作。几年来，我区教育工作取得了可喜的成绩，并在全市率先普及了高中阶段教育，率先免除了义务教育阶段学生的学杂费和书作费。但目前还存在着学校布局不尽合理，学校建设标准不高，学科教师结构性缺编等问题。去年10月份，我们到教育体育局调研，并就上述问题提出意见和建议，得到了政府领导的认可。

积极参与中心工作，促进和谐发展。在区委、区政府的中心工作中，区政协积极参与，主动当好参谋和助手。区政协主席张福祥担任了上街区跨越式发展领导小组副组长，各位副主席也都分别担任了上街区各重点工程指挥部副指挥长，为推动全区各项工作做出了积极贡献。南部山区搬迁是我区的一项重点工作，也是一项环节多、程序繁、涉及面广的难点工作。在搬迁工作中，主席张福祥、副主席武家寅积极参与并具体组织了峡窝镇杨家沟村的搬迁工作，圆满完成了工作任务。

四、把握主题，凝聚力量促和谐

团结和民主是政协工作的主题。一年来，政协积极发挥联系面广、包容性强的优势，不断加强同各民主党派、无党派人士、工商联、各族各界人士的团结合作，做好鼓劲、凝心、聚力和拾遗补缺的工作，为我区的社会稳定发挥了不可替代的作用。积极组织政协委员和机关干部到兄弟市县政协考察学习，热情接待外地政协来我区参观交流，为宣传上街、发展上街起到了积极的促进作用。

积极参与中心工作，促进和谐发展。在区委、区政府的中心工作中，区政协积极参与，主动当好参谋和助手。政协主席张福祥担任了上街区跨越式发展领导小组副组长，各位副主席也都分别担任了上街区各重点工程指挥部副指挥长，为推动全区各项工作做出了积极贡献。南部山区搬迁是我区的一项重点工作，也是一项环节多、程序繁、涉及面广的难点工作。在搬迁工作中，主席张福祥、副主席武家寅积极参与并具体组织了峡窝镇杨家沟村的搬迁工作，圆满完成了工作任务。

五、厚文重史，广征博采显特色

文史资料工作是政协工作的重要组成部分，具有鲜明的政协特色和统战特色。在“存史、资政、团结、育人”等方面发挥着独特的作用，日益受到党委、政府及社会各界的关注和重视。为了促进我区文化事业与经济社会的协调发展，展示文化特色，启迪教育后人，使广大群众知上街、爱上街，我们把挖掘、传承传统文化作为一项重要工作来抓。一年来，在区广播电视局和区文化馆的支持配合下，经过收集、整理和编辑，完成了《上街文史资料》第一辑的出版工作。共征集各种文字资料近22万字，图片资料近百份，为今后文史资料编纂工作打下了扎实的基础。

六、求真务实，自身建设上台阶

我们始终坚持与时俱进，不断加强政协自身建设，在学习中探索，在探索中创新，在创新中发展，努力造就一支政治坚定、作风优良、学识丰富、业务熟练的政协干部队伍，不断提高工作能力和水平。

积极开展“创建委员之家、树立委员形象”活动。我们积极响应郑州市政协的号召，坚持因地制宜和“有组织、有场所、有设施、有制度、有活动”的原则，依托各委员联络小组，认真开展“创建委员之家、树立委员形象”活动，为政协委员更好地履行职能、增长知识、加强联谊、共同进步、促进发展搭建了平台。截至目前，已在各街道办事处建成“委员之家”4个，力争今年上半年全部完成建家任务。

认真开展“讲党性，树良好作风、促科学发展”及“领导干部读书竞赛”活动。在活动过程中，坚持不走形式，不走过场，顺利通过了各阶段验收，取得了良好的效果。通过这些活动，政协全体人员的工作作风进一步转变，理论素质进一步提高，业务能力进一步增强。

精心组织纪念人民政协成立60周年暨区政协成立25周年活动。隆重召开了由各民主党派、工商联、无党派人士、各人民团体和各族各界人士代表及政协历届主席、副主席参加的纪念人民政协成立60周年暨区政协成立25周年座谈会，大家从不同侧面回顾了人民政协60年来和区政协25年来的光辉历程,由衷地表达了对政协组织的热爱之情。同时,组织政协委员参加了郑州市政协组织的纪念人民政协成立60周年征文活动,共征集稿件20余篇。

切实加强机关建设。我们坚持以思想作风建设为主线,以工作制度建设为保障,以干部队伍建设为重点,致力于学习型、服务型、创新型、务实型和廉洁型机关建设。强化管理,注重效能,使政协工作的制度化、规范化、程序化建设得到进一步落实,工作质量和服务水平进一步提高。

在总结成绩的同时,我们清醒地看到,政协工作与区委的要求和人民政协肩负的历史使命相比,还存在一些差距。如民主监督的方式不够多样;各委员联络小组工作开展得不够均衡;履行职能的制度化、规范化、程序化建设有待于进一步加强。所有这些问题和不足,我们要在今后的工作中认真研究,逐步改进。

政协郑州市第十二届委员会委员名单

（共566人，按姓名笔画排序）

丁永林 丁金玲（女，回族） 万国语 于 珊（女） 于文彪 马喆 马瑞（女） 马长林 马利强（回族）马杏梅（女，回族） 马郑生 马金营 马彦锋（回族） 马桂霞（女） 马爱琴（女） 马培明（回族） 马维奇 马新海 丹 虹（女，回族） 孔祥平 尹春 尹宏黎（女） 尹明理 尹新江 巴遂海（回族） 文广轩 方建印 毛鸿雁（女） 牛西岭 牛志军 牛学斌 牛培玲（女） 牛雷莉（女，回族） 王伟 王健 王莉（女） 王雪（女） 王锋 王新 王瑜（女） 王薇（女） 王巍 王小伟 王中朝 王书军 王从亭 王凤山 王凤兰（女） 王文浩 王月玲（女） 王水龙 王永智 王玉荣（女） 王合生（女） 王庆国 王红梅（女） 王利（女，回族） 王利民 王利星 王宏杰 王志民 王志坚 王秀荣（女） 王秀霞（女） 王进发 王进平 王国强（满族） 王建中 王建伟 王明德 王杰民 王松伟 王松涛 王林贺 王泽新 王青安 王俊杰 王祖超 王胜坤 王晓民 王晓辉 王根成 王素珍（女） 王晨阳（女） 王淑勤（女） 王银玲（女） 王景战 王源海 王霄鹂（女） 王璐凡（女） 邓庆洲 邓和平 韦传彬 付建峰 代建民 兰维娜（女） 冯新立 冯德平 包洪凯 卢天明 卢国旗 史广敏 史根周 田涛 白勇 白玉强 石晓妹（女） 石聚彬 乔来军 乔秀花（女） 仲胡周 任长山 全玉（女，朝鲜族） 刘云（女） 刘宁 刘林 刘柳（女） 刘标 刘虹（女） 刘卫东 刘卫光 刘五一 刘月楼（女） 刘本彩（女） 刘白雪（女） 刘军岭 刘华兴 刘丽娜（女） 刘花明（女） 刘国胜 刘宝琦（回族） 刘建勋 刘建峰 刘忠明 刘招伟 刘放军 刘昌东 刘奎勇 刘清江 刘善松 刘献志 吕安民 吕庆捷（女，苗族） 孙林 孙黎（女） 孙中党 孙东辉 孙玉香（女） 孙仲垒 孙晓恩 孙晓辉（女） 孙景国 孙景莉（女） 安书卷 安惠萍（女） 师贵鑫 曲连文 朱广辉 朱专兴 朱仙霞（女） 朱建学 朱青山 朱保民 朱润生 汤燕（女） 纪东平（女） 许睿（女） 许巍 许天资 许信才 贠德军 邢永杰 邢学军 邢建新 闫琪（女） 闫玉明 闫国文 闫浩天 齐林（女） 齐宗建 齐章洪 严峰 严璐（女） 何世尊 何瑞欢（女） 吴大伟 吴广兰 吴广灿 吴予红（女） 吴云霞（女） 吴月香（女） 吴建忠 吴晓君（女，满族） 吴爱芬（女） 吴营昌 吴聚财 宋丰强 宋长峰 宋福林 张 阳（女） 张英 张茂 张玲（女） 张原 张峰 张强 张一帆 张二周 张万一 张卫民 张卫华（女） 张之鹏 张允久（女） 张文定 张文郑 张冬平 张可欣 张帅旗 张民服 张玉笋 张伟光 张全利 张合聚 张成文 张自福 张作旺 张利军（女） 张志华 张志勇 张志强 张灵芝（女） 张京祖（女） 张学溥 张建玉（女） 张建坤 张松正 张思忠 张春香（女） 张秋峰（女） 张要齐 张晓红（女） 张晓盈 张根山 张桂兰（女） 张继洲 张艳华（女） 张铁秀 张喜枝（女） 张惠民 张道库 张新庆（女） 张新杰 张新旗 张煜华（女） 张福祥 张群保 张慧云（女） 时永顺 时振宇（女） 时跃华 李伟 李华（女） 李杰 李枫 李柏 李倩（女） 李鸿 李琳 李辉（回族） 李群 李大文 李广顺 李云鹏 李元中 李凤芝（女） 李开军 李文凡 李文侠（女） 李长新（俄罗斯族） 李占龙 李发臣 李四辈 李永刚 李玉玲（女） 李刚毅 李自新（彝族） 李西海 李利英（女） 李宏坤 李志强 李秀奇 李秀枝（女） 李迎霞（女） 李国庆 李国健 李建云（女，回族） 李建东 李建政 李建涛 李建捷 李松山 李金裕 李勇伟 李宪召 李政军 李春丽（女） 李春锋 李树生 李洪太 李秋红（女） 李顺兴 李香枝（女） 李振平（女） 李海波 李海宾 李海铁 李爱松（女） 李留宪 李祥钟 李素坤（女） 李艳玲（女） 李高阳 李银良 李雪莉（女） 李富玲（女） 李新有 李献峰 李瑞霞（女） 李蝴蝶（女） 杜娟（女，回族） 杜红伟 杜雪萍（女） 杨娜（女） 杨荃 杨辉 杨二立（回族） 杨兴旺 杨安民 杨志鹏（回族） 杨松科 杨郑安（回族） 杨金军 杨保成 杨修德 杨海平 杨惠岭（女） 杨惠春 杨惠琴（女） 汪 威 汪成江 汪俊玲（女） 汪爱英（女） 汪得勇 沙俊军（回族） 花姝红（女）连海涛 邱宗勋 陈飞 陈卿 陈莉（女，满族） 陈斌（女） 陈乡南（女） 陈卫华（女） 陈书策 陈开碇 陈巧华（女） 陈西川 陈观壤 陈来运 陈灵予（女）

陈新安 陈新有 单祖生 周平(女) 周为国 周可义 周晓光(女) 周根生 周海立 周朝晖 周雅洲 尚书亭 尚建国 岳喜忠 帖增敏(回族) 庞贞燕(女) 林智(女) 林从芝 武国瑞 武拥军 英瑾(女,回族) 范杰 范秋菊(女) 虎云峰(回族) 虎伟东(回族) 郑权 郑金泉 郑科健(回族) 郑勤妞(女) 金全福 侯明 侯秋平 姚峰 姚志伟 姜辉 娄志光 宫银峰 柳娥(女) 段晓伟 洪文泽 祖松臣 祖英姿(女) 胡宁武 胡华敏(女) 胡桂平(女) 荆东风(女) 荆自力 荆秋生 费占军 费永道 贺湘 贺福利 赵 洁(女) 赵梅(女) 赵天顺 赵文瑛(女) 赵永录 赵伟胜 赵孙立 赵安波 赵庆新 赵克新(回族) 赵宏伟 赵宏桥 赵京辉 赵国民 赵国安 赵国卿 赵学庆 赵建贞 赵建春(女) 赵联邦 郜振国 郝伟(女) 郝宏伟(女) 钟波 钟海涛 钮延军 骆效黎(女) 倪启明 党普选 凌公朋 唐海 姬霞敏(女) 徐平(女) 徐滟(女) 徐全新 徐军安 徐宏杰 徐鸿飞 徐惠娟(女) 栗进朝 栾世平(女) 海 波(回族) 海秀英(女,回族) 秦志华 秦培丰 耿景盛 聂磊 袁小五 袁小杰 袁文卿(回族) 袁文福 袁巧珠(女) 袁鲜丽(女) 贾莉(女) 贾增运 郭良 郭书战 郭合亮 郭旭娟(女) 郭玲莉(女) 郭桂琴(女) 钱波 钱正一 钱晓坤(回族) 顾万发 高宏 高歌 高天翼 高方斌 高兴武 高建军 高松理 高新宾(女) 高增禄 崔平(女) 崔鸿(女) 崔小方(女) 崔学晨 崔建强 崔振兴 崔素琴(女) 常水镇 康玛水 康俊国 曹冬冰 曹建华 梁伟刚 梁守海 梁嵩魏 盛光耀 盛紫林 阎飞 阎书刚 麻喜仓 黄海碧 龚首鹏 傅建军 彭学敏(女) 曾平 温荣丽(女) 游学伟 焦建章 焦晗韶(女) 程元国 程绍南 舒安娜(女,土家族) 董亮 董有路 董建光 董胜利 董桂林 蒋蒙宁 谢建国 谢述新 谢淑芳(女) 释永乾 释延超 韩二保 韩广亮 韩纪中 韩依芸(女) 韩菊红(女) 訾建军 路凯(女) 路至明 雷从芳 鲍红伟(女) 廖义芝(女) 翟明玉 臧娜(女,满族) 蔡红(女) 蔡前勇 裴俊(女) 谭伟 谭哲 樊胜武 潘道荣(女) 潘福彦 冀秀君(女) 薛定海 薛明月(女) 薛桂枝(女,回族) 魏 红(女) 魏新潮

政协郑州市第十二届委员会主席、副主席、秘书长、常务委员

主　席:李秀奇

副主席:岳喜忠 王 薇(女) 朱专兴 舒安娜(女,土家族) 牛西岭 陈西川 党普选 张冬平 李新有 张民服

秘书长:张桂兰(女)

常务委员(共107人,以姓名笔画为序):

马金营	马新海	文广轩	毛鸿雁(女)	牛培玲(女)	王水龙	王志民
王志坚	王秀荣(女)	王秀霞(女)	王进平	王明德	王杰民	王松涛
王 健	王 锋	王源海	冯德平	史根周	石聚彬	刘五一
刘花明(女)	刘宝琦(回族)	刘 林	刘献志	孙东辉	孙 黎(女)	朱润生
汤 燕(女)	纪东平(女)	闫玉明	吴予红(女)	吴爱芬(女)	吴营昌	宋丰强
张之鹏	张文定	张玉笋	张全利	张自福	张志华	张松正
张 英	张艳华(女)	张铁秀	张慧云(女)	李大文	李发臣	李 伟
李刚毅	李利英(女)	李国庆	李建云(女,回族)	李宪召	李政军	李树生
李顺兴	李 倩(女)	李海波	李海铁	李留宪	李祥钟	李素坤(女)
李富玲(女)	李 琳	李献峰	李 群	李蝴蝶(女)	杨郑安(回族)	杨保成
杨 娜(女)	杨海平	杨惠岭(女)	陈观壤	周可义	周晓光(女)	周雅洲

虎云峰(回族) 郑金泉 胡华敏(女) 胡桂平(女) 赵文瑛(女) 赵学庆 钟　波
倪启明 唐　海 徐　平(女) 徐鸿飞 袁小杰 高方斌 崔　平(女)
康玛水 曹冬冰 曹建华 阎书刚 黄海碧 龚首鹏 傅建军
曾　平 温荣丽(女) 谢建国 谢淑芳(女) 韩纪中 雷从芳 廖义芝(女)
翟明玉 谭　哲

市政协第十二届委员会
副秘书长、办公厅、调研室、专委会主任名单

副秘书长：谭　哲 张文定 朱润生 崔　平 李素坤 汤　燕

办公厅主任：谭　哲(兼)

调研室主任：张　英

提案委员会主任：李献峰

经济委员会主任：李海铁

农业委员会主任：周可义

人口资源环境委员会主任：吴爱芬

教科文卫体委员会主任：史根周

社会和法制委员会主任：周雅洲

民族和宗教委员会主任：郑金泉

文史资料委员会主任：韩纪中

港澳台侨和外事委员会主任：周晓光

委员管理联络委员会主任：王松涛

郑州市县(市)区政协领导名单

中原区政协主席：乔秀花

二七区政协主席：汪爱英

金水区政协主席：刘建峰

管城区政协主席：郭桂琴

惠济区政协主席：梁守海

上街区政协主席：张福祥

巩义市政协主席：王双圈

登封市政协主席：孟永瑞

新密市政协主席：卢国旗

荥阳市政协主席：李建东

新郑市政协主席：陈　莉

中牟县政协主席：王根成

2009年政协提案目录

编码	提案人(团体)	案　由	审查意见
0900001	张新旗	关于政府支持中小企业、民营经济发展的建议	建议市中小企业局会同市财政局研究办理
0900002	共青团	关于推进郑州12355青少年维权及心理咨询中心建设的提案	建议市财政局会同市编办研究办理
0900003	共青团	关于制定少先队辅导员专业职级评定制度的建议	建议市教育局、市人事局分别研究办理
0900004	张新旗	关于加大对低收入群体帮扶的建议	建议市劳动和社会保障局研究办理
0900005	张新旗	关于加强未改造都市村庄建筑规划和质量监管的建议	建议市建委研究办理
0900006	张新旗	关于依法拆除违章门面房还路于民的建议	建议市市政管理执法局会同市规划局研究办理
0900007	张新旗	关于尽快在花园路刘庄村与邵庄村口设置交通信号灯的建议	建议市公安局研究办理
0900008	汪得勇	打造中部会展之都,全面提升郑州会展业水平	建议市商务局办理
0900009	港澳台侨委	关于在我市全面推广居家养老服务模式的建议	建议市民政局研究办理
0900010	经济委	关于缓解中小企业融资难问题的建议	建议市中小企业局会同市财政局研究办理
0900011	九　三	加强食品安全工作,保障人民身体健康	建议市卫生局、食品药品监督管理局办理
0900012	科教文卫体委	关于扩建郑州市儿童医院的建议	建议市卫生局会同市财政局研究办理
0900013	科教文卫体委	关于扩建郑州市妇幼保健院的建议	建议市卫生局会同市财政局研究办理
0900014	农　工	关于建立扶持农民工就业创业培训及社会保障长效机制的建议	建议市劳动和社会保障局、市农业局分别研究办理
0900015	农　工	促进郑州市农村土地经营权流转,加快土地适度规模经营的调查与建议	建议市农业局研究办理
0900016	农　工	郑州市农村沼气建设情况的调查与建议	建议市农业局研究办理
0900017	农　工	落实科学发展观深入推进农业产业化经营	建议市财政局会同市农业局研究办理
0900018	农　工	落实科学发展观 创新城市管理机制——郑州市城市管理存在问题及对策建议	建议市市政管理执法局研究办理
0900019	农　工	进一步加强郑州市农产品质量安全监管工作的建议	建议市农业局研究办理
0900020	农　工	加快农村实用人才队伍建设,为新农村建设提供人才支撑	建议市农业局研究办理

0900021	农　工	调整蔬菜生产结构 促进蔬菜产业发展 ——加快郑州市蔬菜产业发展的调查与建议	建议市农业局研究办理
0900022	民　盟	关于进一步发挥我市公共财政在新农村建设中支持保障作用的几点建议	建议市财政局会同市农业局研究办理
0900023	民　盟	关于加强我市农村公路养护管理工作的几点建议	建议市交通局研究办理
0900024	民　盟	关于促进我市农业产业化龙头企业发展的意见和建议	建议市农业局研究办理
0900025	雷从芳	在我市实行禁酒令的建议	建议市监察局研究办理
0900026	雷从芳	培训科技知识让返乡农民工在家乡创业的建议	不予立案
0900027	雷从芳	建议林科路的指示牌应尽快纠正	建议市公安局、市政管理执法局分别研究办理
0900028	雷从芳	加强社区建设，指导成立业主委员会的建议	建议市房管局研究办理
0900029	雷从芳	二七广场廊桥电梯应健康运行	建议市政管理执法局研究办理
0900030	雷从芳	村村通公路后应加强管理养护	建议市交通局研究办理
0900031	雷从芳	议议农村节能减排	建议市农业局研究办理
0900032	王晓辉	关于物业收费菜单式服务的提案	建议市房管局研究办理
0900033	王晓辉	关于杜岭街道路整治问题的提案	建议市建委研究办理
0900034	王晓辉	关于简化成立小区业主委员会程序的提案	建议市房管局研究办理
0900035	耿景盛	关于尽快搬迁二环路果品市场的提案	建议市市场发展局研究办理
0900036	耿景盛	关于取消黄河沿岸道路及简易景区收费的提案	建议市旅游局研究办理
0900037	耿景盛	关于制止城中村乱建房屋的提案	建议市建委研究办理
0900038	陈卫华	省会郑州应尽快建立法律援助服务办事大厅	建议市直机关事务管理局研究办理
0900039	陈卫华	关于取消固定电话座机费的建议	建议联通郑州分公司研究办理
0900040	陈卫华	关于解决郑州市交通拥堵状况的建议	建议市市政管理执法局研究办理
0900041	陈卫华	关于加快郑州产业集聚区建设的建议	建议市发改委、市规划局分别研究办理
0900042	张自福	关于加大治理公车私用力度的建议	建议市监察局研究办理
0900043	刘本彩	关于加强临街停车场卫生管理工作的建议	建议市公安局、市政管理执法局分别研究办理
0900044	李凤芝	加大健康教育力度 提高农民健康素质	建议市卫生局研究办理
0900045	纪东平	关于让独生子女家庭享有更多奖励优惠政策的建议	建议市计生委研究办理
0900046	秦培丰	关于在街心公园等公共场所要合理规划建设公共厕所的建议	建议市规划局、市政管理执法局分别研究办理

0900048	张春香	关于将自救互救知识纳入机动车驾驶员岗位培训的提案	建议市公安局、交通局研究办理
0900049	秦培丰	开展并加强应对金融危机研究保持我市经济社会健康持续发展	建议市发改委研究办理
0900050	秦培丰	关于合理规划增设人行过街地下通道提高道路通行量缓解和解决我市中心城区交通问题的建议	建议市规划局、市公安局分别研究办理
0900051	秦培丰	关于完善航海东路与中州大道立交设施的建议	建议市公安局、规划局办理
0900052	秦培丰	关于解决我市中心城区建成区规范停车问题的建议	建议市公安局、规划局研究办理
0900053	秦培丰	关于安装“电子警察监管”提示牌的建议	建议市公安局研究办理
0900054	吕庆捷	关于新修好的道路尽快通上公交车的提案	建议转为社情民意办理
0900055	吕庆捷	关于打通断头路——文化宫路的提案	建议市建委办理
0900056	王进发	关于治理街道路面非法经营小广告的建议	建议市市政管理执法局研究办理
0900057	刘本彩	关于提高环卫临时工待遇的建议	建议市财政局、市政管理执法局研究办理
0900058	纪东平	建立我市110应急联动系统的建议	建议市长电话室研究办理
0900059	纪东平	提高我市城镇职工医疗保障水平调整扩大门诊慢性病种审批报销范围	建议市劳动和社会保障局研究办理
0900060	白　勇	关于取缔人民路三角公园马路招聘市场的提案	建议市体育局、市劳动局、市政管理执法局分别研究办理
0900061	董胜利	关于尽快拓宽改造建设西路的提案	建议市园林局研究办理
0900062	周朝晖	关于选址设立郑州市北顺城街牛羊肉批发市场，取缔占道经营的提案	建议市市场发展局研究办理
0900063	张新庆	建议取消和减免企业退休职工社会化管理服务费的提案	建议市劳动和社会保障局研究办理
0900064	闫　琪	郑州市区交通存在的主要问题及建议	建议市政府办公厅五处研究办理
0900065	闫　琪	郑州市在建筑节能发展过程中存在的问题及建议	建议市政府办公厅五处研究办理
0900066	闫　琪	建议市政府将节水工程“三同时”及中水工程建设手续审批设置在建筑规划审批的前置条件中	建议市政府办公厅秘书三处研究办理
0900067	闫　琪	建议市政府尽快出台相应政策降低医疗废物集中处置收费	建议市物价局、市卫生局、环保局分别研究办理
0900068	闫　琪	建议市政府尽快出台道路修建责任问责制	建议市建委、交通局研究办理
0900069	闫　琪	建议城市建设规划应具科学性前瞻性	建议市规划局研究办理
0900070	闫　琪	加强对城中村建筑安全管理工作	建议市金水区、惠济区、二七区、中原区、管城区政府分别研究办理
0900071	牛雷莉	关于在我市“两会”期间开闭幕式“奏国歌”改为“唱国歌”的建议	建议市委办公厅研究办理

0900072	石晓妹	关于增加郑州市区通往郑州东区公交线路的建议	建议市市政管理执法局研究办理
0900073	朱建学	关注交通隐患，建设平安郑州 -- 建议尽快在金水东路架设人行天桥	建议市规划局、市建委分别研究办理
0900074	李群	关于将微波发射基站建设纳入集约化发展的提案	建议市政府办公厅五处研究办理
0900075	王中朝	关于郑州市市场发展局存在问题的提案	不予立案，供参考
0900076	王中朝	关于使用财政手段在全市创建两万个就业岗位的提案	建议市财政局、劳动局研究办理
0900077	赵永录	关于在规划小区立项时必须要求将水、电、气、暖实行一户一表的提案	建议市规划局、市政管理执法局研究办理
0900078	赵永录	关于提高我市物业收费政府指导价收费标准的提案	建议市物价局研究办理
0900079	赵永录	关于加紧落实物业管理用房配套建设的提案	建议市规划局、市房管局分别研究办理
0900080	赵永录	关于成立郑州市搬家运输协会的提案	建议市交通局研究办理
0900081	赵永录	关于重视郑州市小区无主管单位或小区物业管理公司撤离后的物业管理工作的提案	建议市房管局研究办理
0900082	赵永录	关于对办事处、社区物业分管人员培训的提案	建议市房管局办理并答复委员
0900083	赵永录	关于将办事处、社区的物业管理领导小组实行专人负责、统一归口管理的提案	不予立案
0900084	赵永录	关于解决我市部分区房管局政企不分、落实改制的提案	不予立案
0900085	马　瑞	关于我市现代服务业提速发展的建议	建议市发改委研究办理
0900086	马　瑞	关于加强农业技术推广体系建设的建议	建议市农业局研究办理并答复委员
0900087	马　瑞	关于贯彻落实《义务教育法》，促进义务教育均衡发展的建议	建议市教育局研究办理并答复委员
0900088	赵永录	关于降低物业行业营业税税率的提案	建议市地税局办理并答复委员
0900089	骆效黎	建立郑州市青少年大病救助基金的建议案	建议市红十字会、劳动保障局办理
0900090	港澳台侨委	关于将在郑台商纳入我市城镇基本医疗保险的建议	建议市劳动保障局研究办理
0900091	李爱松	“坚决取缔庭院式 -- 非法赌场”的建议（二）	建议市公安局办理并答复委员
0900092	李爱松	“加快都市村庄拆迁改造在建工程的进度、尽快安排好回迁入住工作”的建议（一）	建议市建委办理并答复委员
0900093	李春锋	关于郑州市创建和谐拆迁环境的建议	建议市建委办理并答复委员
0900094	王秀荣	对提高农民健康素质的建议	建议市卫生局、体育局分别办理并答复委员
0900095	张晓盈	金融危机的背景下 政府应关注大学生与农民工就业难题	不予立案
0900096	张晓盈	加快商业性担保融资平台建设 促进非公中小企业又好又快发展	建议市政府金融办、财政局、中小企业局办理

0900096	张晓盈	加快商业性担保融资平台建设 促进非公中小企业又好又快发展	建议市政府金融办、财政局、中小企业局办理
0900097	石晓妹	关于给行道树松绑，促使其茁壮生长，还绿城之美名的建议	建议市园林局、市政管理执法局分别研究办理
0900098	于　珊	加强优秀传统文化教育 提高青少年人文素质	建议市教育局办理并答复委员
0900099	于　珊	规范、推进郑州市社区商业发展	建议市商务局研究办理
0900100	杨　辉	关于切实简化中小企业贷款手续及相关工作的提案	建议市金融办、中小企业局办理
0900101	李顺兴	关于我市民办高校以收费许可权质押贷款融资的建议	建议人行、发改委、财政局答复委员
0900102	民　革	关于加强我市食品安全监管的建议	建议市卫生局、市食品药品监督管理局分别研究办理
0900103	民　革	关于取消我市辖区内黄河沿线 “自然景区”门票的建议	建议市旅游局、市政管理执法局分别研究办理
0900104	民　革	关于在我市各级人民法院认真落实错案责任追究制的建议	建议市政法委研究办理
0900105	民　革	关于采取综合措施改善我市道路交通拥堵状况的建议	由于涉及单位太多，建议分别提，最好一事一议
0900106	民　革	关于我市尽快实行 12 年义务教育的建议	建议市教育局研究办理
0900107	陈　卿	中牟县有关政府职能部门应该立即取缔大学路北边三家网吧	不予立案，转社情民意
0900108	陈　卿	中牟县水利局应该立即停止对民办高校乱收费乱罚款	建议中牟县政府办理并答复委员
0900109	陈　卿	中牟县建设局应该尽快铺设中牟县大学路下水管道	
0900110	陈　卿	请求中牟县人民政府加大对郑州电子信息职业技术学院支持力度再给予征地 500 亩尽快使其建成本科大学造福人民	不予立案
0900111	张　强	增强自主创新能力进一步提升郑州市动漫产业实力的建议	建议市发改委和市文化局办理
0900112	张　强	关于提高郑州市农业应对重大灾害天气能力的建议	建议市气象局研究办理
0900113	张　强	关于进一步加强我市乡镇文化站建设的建议	建议市委宣传部、市文化局、市财政局分别研究办理
0900114	张　强	关于加强超市监管的建议	建议市食品药品监督管理局分别研究办理
0900115	张　强	关于集成郑州科普资源的建议	建议市科技局、市科协分别办理
0900116	张　强	关于提升公共就业服务，促进高校毕业生就业的建议	建议市人事局研究办理
0900117	汪成江	关于推广建筑施工新工艺、新材料的建议	建议市建委办理
0900118	王源海	郑州市国土资源局有关职能部门应当履行职责为典当行业向中小企业贷款提供抵押登记服务	建议市国土资源局研究办理并答复委员
0900119	王源海	关于解决二七区法院长期不能依法执行问题的提案	建议市政法委研究办理并答复委员

0900120	王源海	关于加快郑州市航海东路建设的提案	建议市政府办公厅秘书五处研究办理并答复委员
0900121	王俊杰	关于提高节能意识,降低资源损耗的提案	建议市发改委研究办理
0900122	韦传彬	关于设立银行营业网点内卫生间的提案	建议人行郑州中心支行办理并答复委员
0900123	周朝晖	加快建设郑州奥林匹克体育中心,推进大郑东新区发展	建议市体育局研究办理
0900124	杨修德	解放路立交桥东边应建一个转盘的提案	建议市规划局研究办理
0900125	杨修德	关于取缔或迁走沿河路马路市场的提案	建议二七区政府研究办理
0900126	杨修德	关于开通星光宽带业务的建议	建议市广电局研究办理
0900127	杨郑安	关于郑州市集贸市场建立食品安检准入机制的提案	建议市卫生局研究办理并答复委员
0900128	杨修德	关于公园夜晚路灯应通宵照明的提案	建议市园林局研究办理
0900129	李秀枝	关于在郑州市加强国学经典教育的建议	建议市教育局研究办理
0900130	李秀枝	关于加快郑州文化产业进一步发展的建议	建议市文化局研究办理
0900131	冯新立	尽快开通中原西路与杭州路交叉口信号灯的提议	建议市公安局研究办理并答复委员
0900132	冯新立	将陇海西路向西延伸至西四环的建议	建议市建委、规划局、公安局研究办理并答复委员
0900133	张煜华	建议成立第三方医疗纠纷处理机构缓解医患矛盾维护健康医疗执业环境	建议市公安局、市卫生局办理
0900134	张煜华	创建文明城市必须重视科学化规范化管理一火车站周边地区占道经营成顽疾?	建议二七区、管城区政府办理并答复委员
0900135	刘军岭	关于郑州市出租车内禁止吸烟及规范标准的提案	建议市政管理执法局研究办理
0900136	张根山	关于尽快建立郑州市市政地下管网信息管理系统的建议	建议市市政管理执法局、市规划局分别研究办理
0900137	王　瑜	解决我市60岁以上空巢行动不便老人洗浴难的提案	建议市民政局研究办理并答复委员
0900138	王　瑜	关于加快出台“郑州市家庭服务业管理条例”的提案	建议市劳动局研究办理
0900139	张根山	继续加大科技投入,加快我市高新技术企业发展	建议市科技局研究办理
0900140	张利军	关于整顿婚姻介绍所的提案	建议市民政局研究办理
0900141	杨海平	关于建设郑州市南部城区体育活动中心的建议	建议市体育局、发改委分别研究办理
0900142	李大文	关于进一步优化公交夜班车线路的建议	建议市政管理执法局研究办理
0900143	李大文	关于郑尉公路加装路灯的建议	不予立案
0900144	李大文	关于进一步提升郑汴公交服务的建议	建议市交通局研究办理
0900145	李大文	关于延长公交车晚上收车时间的建议	建议市政管理执法局研究办理
0900146	李大文	关于东西大街道旁增加停车位的建议	建议市公安局、规划局研究办理

0900147	李蝴蝶	关于在218公交车国产汽配市场终点站设置公厕的建议	建议市市政局研究办理
0900148	李蝴蝶	关于优化环城快速路，提高通行能力的建议	建议市公安局、市政局研究办理
0900149	张铁秀	关于尽快打通国基路西段的建议	建议市规划局、惠济区政府研究办理
0900150	闫　琪	建议合理调配公交车资源 减轻城市交通压力	建议市政管理执法局研究办理
0900151	张铁秀	建议简化农民贷款、中小企业贷款手续，保持经济平稳快速发展	建议人行、市中小企业局研究办理
0900152	张志华	关于尽快出台对民营企业科技人员相关政策的建议	建议人事局研究办理
0900153	袁小五	关于加快北四环道路尽快整治的建议	建议市交通局、惠济区分别研究办理
0900154	民　革	金融危机下切实保护我市中小企业的建议	建议市商业银行、中小企业局、国税局、地税局分别研究办理
0900155	王秀霞	关于在河南科技市场建立行人过街天桥的建议	建议市规划局研究办理
0900156	安惠萍	关于整治七里河附近非法营运车辆	建议市交通局研究办理
0900157	安惠萍	城市河流管理	不予立案
0900158	张之鹏	关于整合市内二环路水果市场和纬三路海鲜市场的提案	建议市市场发展局研究办理
0900159	张之鹏	关于郑州市所辖信息、创意产业统一入驻中国郑州信息创意产业园的提案	建议市商务局研究办理
0900160	马　喆	关于做好引导，支持我市西区夜经济消费的建议	建议中原区政府研究办理
0900161	王　锋	关于在洗车行业推广使用中水的建议	建议市交通局研究办理并答复委员
0900162	侯秋平	关于禁止城建制企业层层转包的建议	建议市建委、市劳动和社会保障局分别研究办理
0900164	高　歌	关于加强郑州市道路交通管理，建立道路交通管理长效机制的提案	建议市公安局、市政管理执法局研究办理
0900165	张　强	关于禁止十八岁以下未成年人吸烟的建议	建议市卫生局、市法制局分别研究办理
0900166	程绍南	在我市中小学统一校服的提案	建议市教育局研究办理
0900167	高　歌	关于人民法院应当严格依照法律规定按期审结案件的提案	建议市中级法院研究办理
0900168	程绍南	有关居民楼下开饭店、占道经营政策的执行力度问题的提案	建议市政管理执法局、金水区政府研究办理
0900169	民　建	关于对我市城市社区居委会专职干部开展职业化教育培训的建议	建议市民政局研究办理
0900170	马　喆	关于在我市推行“朝九晚五”作息制度的再建议	请市长电话室研究办理
0900171	王　锋	关于无证摊贩合法化的建议	建议市工商局、市政管理执法局办理
0900172	张允久	关于沿京广铁路线（农业路以北至东风路以南地段）建设群众休闲娱乐活动场所的提案	请市规划局研究办理
0900173	马　喆	关于我市价格听证会代表产生的几点建议	请市物价局研究办理
0900174	张允久	关于对城市道路和住宅小区合理规划的提案	建议市规划局研究办理

0900175	牛培玲	关于加强郑州市人民政府教育督导机构建设的建议	请市编委、市教育局研究办理
0900176	刘本彩	借鉴北京做法，建议我市对所有机动车按尾号每周“轮休”一天	建议市公安局研究办理
0900177	李海波	关于郑州市自来水公司行业收费不合理的提案	建议市政管理执法局研究办理
0900178	费占军	关于大力建造过街天桥缓解交通拥堵状况的建议	建议市规划局研究办理
0900179	费占军	关于加强对文学艺术创作投资以带动旅游产业发展的建议	建议市旅游局、市文化局分别研究办理
0900180	马　喆	创造良好经营环境，解决我市出租车司机“三难”问题	建议市政管理执法局、市公安局研究办理
0900181	师贵鑫	关于严厉打击“办证”小广告，还市民一个整洁的市容的提案	建议市市政管理执法局、市公安局分别研究办理
0900182	时永顺	关于尽快开通郑州 -- 新郑机场公交路线的建议	建议市交通局研究办理
0900183	师贵鑫	关于公交公司的空调车应按季节“按需”开放的提案	建议市市政管理执法局研究办理
0900184	时永顺	关于对市区电动车限速，切实维护行人安全的提案	建议市公安局研究办理
0900185	谢淑芳	关于进一步规范出租汽车管理，提高城市水平的建议	建议市政管理执法局研究办理
0900186	牛雷莉	关于提升企业“内退”人员的工资待遇问题的建议	建议市劳动和社会保障局研究办理
0900187	牛雷莉	关于建立健全创建文明城市长效机制的建议	建议市文明办研究办理
0900188	牛雷莉	关于呼吁合同制（临时）与在编护士同工同酬的建议	建议市卫生局研究办理
0900189	民　进	推广高效节能灯在道路照明中的应用促进我市绿色照明工程事业发展	建议市财政局会同市市政管理执法局研究办理
0900190	民　进	关于建立科学合理的郑州城市水系网络的建议	建议市规划局、市水利局、市市政管理执法局分别研究办理
0900191	民　进	充分发挥期货市场功能，做大做强郑州农业	建议市商务局研究办理
0900192	徐鸿飞	关于发展现代烟草农业，增加烟农收入的提案	建议登封市政府、市烟草局分别研究办理
0900193	单祖生	尽快出台相关政策，促使民间融资渠道合法化	建议市金融办、市工商局分别研究办理
0900194	尹新江	关于郑州城市立交桥增建隔音设施的提案	建议市建委研究办理
0900195	尹新江	关于增加郑州市楼顶绿化工程的提案	建议市房管局、市园林局研究办理
0900196	尹新江	关于提高郑州市各县市区公共图书馆利用率的提案	建议市文化局研究办理
0900197	尹新江	关于取消郑州市公交车非暑期收取空调费的提案	建议市政管理执法局研究办理
0900198	尹新江	关于禁止在郑州饮用水源地游泳的提案	建议市水利局、市政局研究办理
0900199	尹新江	关于定期减免郑州市旅游景点门票刺激经济拉动内需的建议	建议市旅游局研究办理
0900200	沙俊军	关于要求拓宽郑新公路的提案	建议市交通局研究办理

0900201	王进平	关于火车站地区周边停车点问题	建议二七区政府、市公安局研究办理
0900202	谢淑芳	应提高市直学校退休教师退休费的增资幅度	请市人事局会同教育局、财政局研究办理
0900203	吴广兰	关于为郑州市新城区、城乡结合部老年人办理公交乘车优待证(卡)的提案	建议市政管理执法局研究办理
0900204	吴广兰	关于中州大道与南三环立交桥交汇处，南五十米堵车的提案	建议市公安局研究办理
0900205	傅建军	关于如何解决郑州新形势下大学生就业难的提案	建议市人事局研究办理
0900206	张可欣	关于建立水质督查公示制度,确保人民群众身体健康的提案	建议市政管理执法局研究办理
0900207	张可欣	关于加大节能减排工作力度保护水源 确保城市供水安全的提案	建议市环保局、市水利局分别研究办理
0900208	张可欣	关于科学谋划南水北调受水城市供水工程建设的提案	建议市水利局研究办理
0900209	张可欣	关于制定《郑州市城市生活饮用水二次供水管理办法》的提案	建议市政管理执法局研究办理
0900210	郑　权	关于在石化路增加公交车线路的提案	请市政管理执法局研究办理
0900211	郑　权	关于“七里河”及“十八里河”的综合治理的提案	请市水利局办理
0900212	王　瑜	郑州市家政行业主要问题及建议	建议市劳动和社会保障局、人事局研究办理
0900213	韩依芸	关于加强我市中小学生灾难逃生教育的建议	请市教育局研究办理
0900214	郑金泉	关于急需修复新密市曲梁乡牛角湾村至新郑市龙湖镇刘口村跨市(县)断头路的建议	请市交通局研究办理
0900215	李云鹏	关于加快我市既有建筑节能改造步伐的提案	请市建委研究办理并答复委员
0900216	赵文瑛	关于进一步规范我市交通信号标志的建议	建议市公安局、交通局研究办理
0900217	许天资	关于解决我市沿黄村庄饮用水安全问题的提案	建议市政管理执法局、市水利局分别研究办理
0900218	吴予红	关于建立乡村医生社会养老保险制度的建议	建议市劳动和社会保障局研究办理
0900219	吴予红	关于加快对郑州市养老机构建设的建议	建议市民政局、教育局研究办理
0900220	孙景莉	关于加强学校周边小商小贩流动摊点监管的建议	建议市教育局、市卫生局分别研究办理
0900221	孙景莉	提高农民生活质量 解决洗浴难的问题	不予立案
0900222	花姝红	关于方便盲人行走,整顿盲道的提案	请市政管理执法局、市残联研究办理
0900223	石晓妹	关于进一步改善城际公交乘车环境方便居民出行加快“融城”步伐的建议	建议市交通局研究办理
0900224	李玉玲	关于切实解决市民市区入厕难问题的建议	请市政管理执法局、市规划局分别办理
0900225	李玉玲	关于进一步开创大学生村官新局面的建议	请市委组织部研究办理
0900226	李玉玲	关于进一步提高居民消费能力的建议	请市劳动和社会保障局研究办理
0900227	臧　娜	关于规范二马路劳务市场的建议	建议市劳动和社会保障局研究办理
0900228	高新宾	关于降低餐饮业银行卡刷卡手续费的提案	超权限不立案

0900229	王凤兰	关于增加中小学校编制的提案	建议市编委会同市教育局研究办理
0900230	李金裕	关于规范房地产商诚信交易行为，整顿市场秩序，促进房地产健康发展的提案	建议市房管局研究办理
0900231	张玉笋	关于加强城市新区规划的提案	建议市规划局研究办理
0900232	张玉笋	关于稳定房地产市场的提案	建议市房管局研究办理
0900233	金全福	关于治理乔家门道路交通不畅的提案	建议市公安局、市交通局、市政管理执法局、建委分别研究办理
0900234	巴遂海	关于打通东里路司家庄段的建议	建议市建委研究办理
0900235	韦传彬	关于在火车站地区建立立体停车场的提案	建议市规划局、火车站地区管委会研究办理
0900236	尹　春	关于加强节能执法主体建设的提案	建议市发改委研究办理
0900237	吴广灿	关于提高乡镇集贸市场档次的提案	建议市商务局研究办理
0900238	李金裕	关于在郑东新区增设道路标志、方便群众出行的提案	建议郑东新区管委会办理
0900239	齐宗建	关于促进中小型企业协调发展尽快做强做大的提案	请市政府金融办、市科技局、市人事局、中小企业局研究办理
0900240	崔振兴	关于整合郑州市高等教育资源建立一所综合性高职本科院校的提案	请市教育局研究办理
0900241	崔振兴	关于规范农业路称呼的提案	建议民政局研究办理
0900242	崔振兴	关于高等职业教育应加强工学结合的提案	请市教育局办理
0900243	郭合亮	关于加强电子眼的管理	建议市公安局研究办理
0900244	许　睿	关于在郑州市公交车内设立电子滚动屏幕及公交站牌的功能改进方案	建议市政管理执法局研究办理
0900245	许　睿	关于城中村改造事宜的建议	建议市建委研究办理
0900246	许　睿	关于调整紫荆山公园大屏幕的建议	不予立案
0900247	许　睿	关于加强对用人单位规模性裁员管理制度的提案	建议市劳动保障局研究办理
0900248	许　睿	关于解决紫荆山立交桥堵塞问题的建议	建议市公安局、规划局、市政管理执法局分别研究办理
0900249	许　睿	加强交通管理提高城市道路通行能力	建议市公安局研究办理
0900250	许　睿	采取有力措施依法取缔市区内非法载客三轮、电瓶观光车	建议市公安局、市政管理执法局、市残联研究办理
0900251	许　睿	关于小学生上、放学途中安全问题的建议	请市市政管理执法局牵头，市教育局、公安局协同办理
0900252	许　睿	关注与解决中小学生午托问题	请市教育局研究办理
0900253	许　睿	建议市政府作出“郑州市实行中招考试独立命题——不使用河南省中招统一命题试卷”的决定；建立适合省会城市教育发展的基础教育新课程改革评价体系	请市教育局研究办理
0900254	闫玉明	关于建立民营企业信息化服务平台的建议	建议市中小企业局研究办理

0900255	工商联	关于建立商会组织与政府有关部门联席会议制度的建议	
0900256	李瑞霞	关于取消固定电话月租费的提案	请市物价局研究办理
0900257	李瑞霞	关于规范幼儿园收费标准的提案	建议市教育局研究办理
0900258	刘丽娜	关于创办“郑州市放心早餐工程”的提案	建议市商务局办理
0900259	李建云	关于加强对流动妇女培训教育及管理的建议	无法确定,供参考
0900260	李建云	关于对城镇计划生育家庭实施奖励扶助的建议	建议市计生委研究办理
0900261	工商联	关于政府有关部门出台相应政策措施应对金融风暴对地方经济的冲击的建议	不予立案,供参考
0900262	张根山	郑州轨道交通工程建设中应注意的几个敏感问题	不予立案,供参考
0900263	李永刚	关于进一步关注残疾人社会保障的提案	建议市残联会同市建委、市劳动和社会保障局研究办理
0900264	张根山	对郑州轨道交通建设进行基础参数研究的建议	不予立案,供参考
0900265	时振宇	支持返乡农民工创业 提高我省千人创业率	不予立案,供参考
0900266	时振宇	关于减轻企业负担应对全球金融危机的提案	建议市中小企业局、市地税局分别研究办理
0900267	刘招伟	关于郑州市轨道交通建设的提案	建议市轨道办研究办理
0900268	李　倩	关于充分发挥省(部)属高等学校在地方经济建设中科技创新作用的提案	建议市科技局研究办理
0900269	聂　磊	采取有效措施,切实推行职工带薪休假制度	请市劳动和社会保障局、市法制局研究办理
0900270	曾　平	关于治理郑州市商业、服务行业假发票,加强税收监管工作的提案	请市地税局、国税局分别研究办理
0900271	侯　明	关于加强经济适用房房源及销售透明化的提案	请市房管局研究办理
0900272	毛鸿雁	与时俱进,以科学发展观来促进文化发展关于增加郑州美术馆书画收藏、展览策划、办公经费的提案	请市财政局研究办理
0900273	郭　良	关于加快推进离退休职工进社区的建议	建议市劳动和社会保障局研究办理
0900274	王永智	促进郑州市房地产业发展的提案	建议市房管局研究办理
0900275	工商联	关于再造郑州非公经济新优势推进机制的建议	建议市中小企业局研究办理
0900276	王利民	关于减免和退还原国有改制的工商企业为退休人员缴纳过渡性基本医疗保险费的提案	请市劳动和社会保障局研究办理
0900277	王青安	关于发展郑州市化工行业经济议案	请市工商联、安监局研究办理
0900278	曾　平	借国家政策之势 拯民族企业之生	请市财政局研究办理
0900279	曾　平	郑州市优化发展环境的几点建议	建议市监察局研究办理
0900280	陈新有	关于培育建立郑州花卉产业基地的提案	请市园林局研究办理
0900281	陈新有	加强燃放烟花爆竹管理	建议市公安局研究办理

0900282	阎国文	开放旅游资源 促进经济发展	请市旅游局研究办理
0900283	张志华	关于城市规划预留中小学校、幼儿园建设用地的建议	建议市规划局会同市教育局研究办理
0900284	曾　平	关于搬迁郑州市垃圾综合处理场周边遭受污染村组的建议	建议市发改委研究办理
0900285	汪爱英	关于建设郑州市南部城区体育活动中心的建议	建议市体育局、二七区政府研究办理
0900286	曲连文	关于提高水源涵养林工程补偿标准，改善林占地农民生活状况的建议	请市林业局研究办理
0900287	李　倩	关于以行践言，培养和提高市民文明素养的提案	建议市文明办办理
0900288	宋福林	关于房地产行业健康、持续、稳定发展的提案	请市房管局、国土局、地税局分别办理
0900289	李　辉	关于解决北陈伍寨村生产羊头肉黑作坊的议案	建议市工商局、市公安局、市民委分别研究办理
0900290	王建中	关于解决金水河、熊耳河水源的提案	建议市环保局研究办理
0900291	陈卫华	关于对郑州人民广播电台星光网络广播加大投入的建议	建议市广电局会同市财政局研究办理
0900292	虎伟东	关于建立清真食品管理专业执法队伍的提案	建议市民委会同市卫生局、市食品药品监督管理局研究办理
0900293	刘宝琦	关于加强对清真食品管理的提案	建议市民委会同市财政局研究办理
0900294	帖增敏	关于加快少数民族地区新农村建设的提案	建议市农业局会同市民委研究办理
0900295	李国庆	关于加快“大郑东新区总部经济”核心项目建设的建议	请市发改委研究办理
0900296	谢淑芳	关于打通长江路至未来大道的提案	请市建委研究办理
0900297	刘宝琦	关于回族村建立“公墓”的提案	建议市民政局会同市民委研究办理
0900298	帖增敏	关于发展新能源汽车的提案	请市发改委研究办理
0900299	刘宝琦	关于成立“郑州回族敬老院”的提案	请市民政局会同市民委研究办理
0900300	刘宝琦	关于保护文物尽快对北大清真寺古建筑维修的提案	请市发改委研究办理
0900301	全　玉	关于加强动物交通管理的提案	建议市公安局、市政管理执法局分别研究办理
0900302	全　玉	关于采取有效措施坚决制止未经允许在公共场所涂写和张贴信息的提案	建议市政管理执法局研究办理
0900303	徐全新	关于加快杨金产业园区配套设施建设的提案	建议金水区政府研究办理
0900304	张志勇	尽快贯通东风路与梧桐街，提升高新区的区位优势	建议市建委研究办理
0900305	杜　娟	关于推动我市信息化建设的提案	建议市发改委研究办理
0900306	路至明	关于庙观土地问题的提案	不予立案
0900307	丁金玲	关于康复医疗纳入医保范围的提案	建议市劳动和社会保障局研究办理

0900308	冯德平	关于提高我市扶贫工作质量的提案	建议市扶贫办研究办理
0900309	冯德平	关于邀请专业城市发展策划机构为大郑东新区编制未来发展战略的提案	建议市规划局研究办理
0900310	王景战	安装农村健身设施 提升农民生活品质	建议市体育局研究办理
0900311	常水镇	关于密杞公路新郑薛店段与京广铁路交汇处新建跨铁路立交桥的提案	不予立案
0900312	刘　虹	关于稳步推进城中村改造的提案	请市建委研究办理
0900313	孙中党	关于大学就业创业提案	建议市人事局研究办理
0900314	孙中党	关于加快推进生态市建设建议的提案	请市发改委研究办理
0900315	王晓民	关于走进社区加强居民道路交通安全意识宣传的建议	建议市公安局研究办理
0900316	孙中党	关于树立忧患意识，建立市级财政储备制度的建议	建议市财政局研究办理
0900317	孙中党	关于加大力度，认真做好预防和整治地质灾害工作的建议	
0900318	王晓民	关于对我市老旧社区天然气安装安全报警装置的建议	建议市市政管理执法局办理
0900319	孙中党	关于落实"一保四抓"，促进中小企业发展若干的提案	请市中小企业局研究办理
0900320	孙中党	关于充分发挥省(部)属高等学校在地方经济建设中科技创新作用的提案	请市财政局研究办理
0900321	李　枫	关于政府各个部门每年确定执政为民的实事和好事的提案	请市劳动和社会保障局、市法制局研究办理
0900322	孙中党	关于改善公共交通无障碍服务的提案	请市政管理执法局研究办理
0900272	孙中党	关于建立废旧光源处理中心的提案	请市环保局办理
0900324	时跃华	关于延长11路公交车至上街区的提案	请市政管理执法局、交通局研究办理
0900325	孙中党	关于我市特色商业街建设与发展提案	请市市场发展局、商务局分别研究办理
0900326	李　枫	关于进一步规范管理个体诊所和严打非法行医的提案	建议市卫生局研究办理
0900327	孙中党	关于推进老城区集中供热改造提案	建议市政管理执法局研究办理
0900328	李　枫	关于改善金水河等市区河流生态环境的提案	请市市政管理执法局研究办理
0900329	孙中党	关于强化郑州市对外籍人才吸引力的提案	请市人事局、市科技局、市公安局研究办理
0900330	孙中党	关于严禁中学生抽烟的提案	建议市委宣传部、市烟草专卖局、市教育局分别研究办理
0900331	栾世平	加快建立经理人机制的建议	请市经委、人事局研究办理
0900332	孙中党	关于大力整治城中村消防隐患的提案	建议市建委、市公安局分别研究办理
0900333	孙中党	关于分步推行垃圾分类、分时段收集的提案	建议市政管理执法局研究办理
0900334	孙中党	建立独生子女伤残死亡家庭扶助制度提案	建议市计生委研究办理

0900335	孙中党	关于重视外来人口计划生育管理的建议	建议市计生委研究办理
0900336	张玉笋	关于规范学校食堂管理的提案	建议市教育局会同市物价局研究办理
0900337	孙中党	关于高度重视农村留守儿童存在的问题与建议	建议市妇联、市共青团分别研究办理
0900338	孙中党	加大对无公害蔬菜生产扶持力度	建议市农业局研究办理
0900339	孙中党	城乡统筹要高度关注劳动力的双向流动的提案	建议市劳动和社会保障局研究办理
0900340	孙中党	开设短信报警系统的提案	建议市公安局研究办理
0900341	孙中党	建议政府重视对"双向转诊"建章立制的提案	建议市卫生局研究办理
0900342	尚书亭	关于改善郑州市火车站地区交通状况的提案	建议火车站地区管委会、市公安局、人防办分别研究办理
0900343	李凤芝	加大健康教育力度 提高农民健康素质	请市卫生局研究办理
0900344	闫　琪	建议充分发挥数字化城市管理系统在行政执法考核中的作用	建议市市政管理执法局研究办理
0900345	李政军	抓住"郑台"直航历史机遇,促进郑州经济发展	建议市台办研究办理
0900346	钱正一	关于解决郑州市早期离职人员养老保险的提案	建议市劳动和社会保障局研究办理
0900347	张卫华	关于设立民营企业管理机构的提案	请市中小企业局、劳动和社会保障局研究办理
0900348	民　建	关于促进我市文化创意产业发展的建议	建议市委宣传部研究办理
0900349	王秀荣	郑州地铁的出进口位置和数量建议公开论证	建议市规划局研究办理
0900350	费永道	关于整改310国道巩义钟岭至水地河段频发交通事故的提案	建议市交通局、巩义市政府分别研究办理
0900351	王秀荣	对大型会议提前培训唱国歌的建议	建议市委办公厅研究办理
0900352	赵国卿	推进信息化建设 实现跨越式发展	请市政府信息办研究办理
0900353	赵国卿	关于解决郑州市高校老校区置换问题的建议	建议市教育局研究办理
0900354	袁文卿	关于引白沙水库的水源以解登封市区百姓严重缺水的建议	建议市水利局研究办理
0900355	赵文瑛	关于进一步打造郑州公交示范城市的建议	建议市政管理执法局研究办理
0900356	荆东风	关于规范郑州市家政服务行业的提案	请市劳动和社会保障局研究办理
0900357	李迎霞	建议政府为农民工修建廉租房	建议市房管局研究办理
0900358	臧　娜	关于保障新建小区社区综合用房建设的建议	请市民政局、房管局分别研究办理
0900359	李迎霞	关于在医保中提高中医药报销比例的提案	请市劳动和社会保障局研究办理
0900360	薛明月	关于免费开放郑州市体育场的建议	请市体育局研究办理
0900361	贾　莉	关注民生 建立食用植物油储备	建议市粮食局研究办理
0900362	李迎霞	关于给予乡村中医特殊补贴的提案	请市卫生局研究办理
0900363	张一帆	关于做好2009年全国秋季糖酒会东道主的提案	建议市商务局办理
0900364	王景战	加快农村寄宿制学校建设步伐 促进义务教育均衡发展	建议市教育局研究办理

0900365	阎　飞	关于加大郑州市"中华瓷源文化"宣传力度的提案	建议市文化局研究办理
0900366	张　玲	如何优化消费环境	不予立案
0900367	汪得勇	关于农民工就业的提案	建议市劳动和社会保障局、市公安局分别研究办理
0900368	汪得勇	关于大学毕业生就业难的提案	请市人事局研究办理
0900369	齐宗建	关于提升居民生活质量的提案	不予立案,供参考
0900370	高增禄	食品安全问题——我的看法	建议市卫生局、市食品药品监督局研究办理
0900371	孙景莉	关于在郑州市内五区设立食品药品监管分局的建议	建议市编办研究办理
0900372	程元国	关于在我市逐步实施"居家养老服务"的提案	建议市民政局研究办理
0900373	孙景莉	关于恢复郑州市食品药品检验所的建议	建议市编办研究办理
0900374	程元国	关于彻底处理"金运大厦"烂尾楼的提案	建议市建委研究办理
0900375	徐　滟	精品街设施维护要及时跟进	建议市政管理执法局研究办理
0900376	徐　滟	关于义务教育阶段民办学校学生享有公办学校学生同等权益的提案	建议市教育局研究办理
0900377	徐　滟	关于成立"农民工协会"的建议	建议市劳动和社会保障局研究办理
0900378	徐　滟	关于银行加强 ATM 机的管理的提案	请人行郑州中心支行研究办理
0900379	李　倩	关于通过多种渠道实现教育公平的提案	建议市教育局研究办理
0900380	魏　红	关于在郑州市建立"治未病"中心的建议	不予立案
0900381	刘五一	关于加强对新郑市古枣树保护的建议	建议新郑市政府研究办理
0900382	张允久	关于由民政部门统一管理"两案"人员的提案	建议市民政局会同市司法局研究办理
0900383	樊胜武	关于将豫菜打造成河南名片的提案	请市商务局研究办理
0900384	樊胜武	关于降低餐饮业银行卡刷卡消费费率的提案	请市政府金融办办理
0900385	樊胜武	关于打造豫菜美食街(城)的提案	请市商务局研究办理
0900386	樊胜武	关于加强放心早餐工程的提案	请市商务局研究办理
0900387	樊胜武	关于餐桌食品安全的提案	建议市卫生局、市食品药品监督局、市商务局分别研究办理
0900388	张一帆	关于郑州市德化步行街区提升改造的建议	建议市发改委、商务局分别研究办理
0900389	刘善松	关于"灵活掌握路灯关闭时间"的建议	建议市政管理执法局研究办理
0900390	陈乡南	关于加快西流湖公园建设的提案	建议市建委、市公安局分别研究办理
0900391	杨兴旺	建立预防和减少青少年犯罪联动机制	请市团委、司法局、教育局、文化局研究办理
0900392	杨兴旺	关于刑事被害人司法救助基金的配置	建议市法院研究办理
0900393	许信才	关于建筑住宅不用或少用加气混凝土砌块的建议	建议市建委研究办理
0900393	李文凡	关于搭建民间资本投资平台,缓解中小企业融资难的提案	请市政府金融办、中小企业局研究办理

0900394	汪得勇	关于创建郑州节能环保科技园区的建议	请市发改委研究办理
0900396	张道库	关于交通警察职责不明确的提案	建议修改
0900397	贾　莉	加大社区社会组织发展 为构建和谐社区创造宽松环境	请市民政局研究办理
0900398	张道库	关于制止不规范网络行业开网吧的提案	建议市公安局、市文化局、市工商局分别研究办理
0900399	刘花明	关于建立完善郑州市社区戒毒机制的提案	建议市法制局研究办理
0900400	吴月香	加强对小饭店的卫生检查力度	建议市卫生局研究办理
0900401	牛学斌	关于解决中原区友爱路沿街积水问题的提案	建议市政管理执法局研究办理
0900402	刘五一	舍小我扬大我让全球华人关心我们共有的精神家园	建议新郑市政府研究办理
0900403	刘五一	切实支持中小企业发展 专利融资破冰迫在眉睫	建议市政府金融办研究办理
0900404	吴健忠	关于省、市、区、铁路医保数据联网的提案	建议市劳动和社会保障局研究办理
0900405	王宏杰	关于民办教育享受两免一补和部分纳入公办教育体系的建议	建议市财政局、市编办、市教育局分别研究办理
0900406	张帅旗	调整中等职业教育格局,整合办学资源,促进我市职业教育的发展	建议市教育局研究办理
0900407	英　瑾	关于提高儿童购票标准线的建议	建议市物价局研究办理
0900408	英　瑾	关于关注城区学校,消除安全隐患的建议	建议市教育局办理
0900409	张灵芝	关于在我市进一步推行仲裁法律制度的提案	建议市人大办公厅、市司法局、市法制局分别研究办理
0900410	孙　林	关于强力推进医疗责任保险,从根源上防范医疗纠纷、化解社会矛盾,促进和谐建设的建议	请市卫生局研究办理
0900411	孙　林	关于大力开展农业保险、构建农村金融和风险保障体系的建议	建立市财政局研究办理
0900412	孙　林	关于充分发挥国有保险公司主渠道作用、促进郑州地区保险业健康发展的建议	请市政府金融办研究办理
0900413	刘忠明	关于跨区迁建企业税收问题的建议	建议市地税局、财政局研究办理
0900414	赵孙立	关于推进郑州女裤申报"中国名牌""中国驰名商标""中国免检产品"的提案	请市工商局研究办理
0900415	马杏梅	关于申请保护我市非物质文化遗产(包括少数民族)的提案	请市文化局研究办理
0900416	马杏梅	关于建议申请少数民族敬老院的提案	请市民政局、国土局研究办理
0900417	严　璐	关于规范市内交通标志标线的建议	建议市公安局办理
0900418	严　璐	关于加快城市居民区垃圾中转站设备更新改造的建议	建议市政管理执法局研究办理
0900419	赵国民	有关居民小区规划应该更加合理化的提案	建议市规划局、市房管局分别研究办理
0900420	赵国民	有关对发展大东区应对重点商业项目给予政策优惠的提案	请郑东新区管委会研究办理
0900421	周朝晖	关于恢复举办中国郑州国际少林武术节的提案	建议市体育局研究办理
0900422	王建中	关于保障城市电网健康发展的提案	建议市规划局、市国土局、市电业局分别研究办理

0900423	李春锋	关于如何解决中小型企业生产场地的建议	建议市中小企业局研究办理
0900424	康俊国	关于为郑东新区失地农民安置房办理房屋所有权证的提案	建议郑东新区管委会办理
0900425	丹　虹	武警河南省总队急需地方党委政府帮助解决的困难和问题	建议市人事局研究办理
0900426	丹　虹	加强中学生在校午餐的安全管理	建议市教育局研究办理
0900427	崔建强	关于实施"放心早餐"工程，解决我市当前早餐就餐难问题的建议	建议市商务局研究办理
0900428	崔建强	建议政府加强对食品安全问题的监管	建议市食品药品监督局研究办理
0900429	邢学军	建立解决农民工与承包商、承包商与业主经济纠纷快速通道的建议	建议市劳动和社会保障局、市建委分别研究办理
0900430	高　宏	扩大路口常黄灯使用范围，提高道路通过能力，使道路更加通畅	建议市公安局研究办理
0900431	李自新	关于落实解决中央驻郑科研设计单位离休干部医药费，参加社会统筹的建议	建议市劳动和社会保障局研究办理
0900432	张伟光	关于大力支持民营经济发展的建议	建议市中小企业局、财政局、统计局分别研究办理
0900433	顾万发	关于制定"大郑东新区"文化遗产保护和利用专项规划的提案	建议市规划局、郑东新区管委会、市文化局分别研究办理
0900434	王国强	关于如何提高市民文明素质的提案	建议市委宣传部研究办理
0900435	王国强	关于加强农民工培训的提案	建议市劳动和社会保障局研究办理
0900436	白　勇	关于在郑州市社区住宅增加建设暖气站的提案	建议市政管理执法局研究办理
0900437	王晓辉	关于改善农村中小学教师工作生活条件的提案	建议市教育局、市人事局分别研究办理
0900438	温荣丽	关于取缔北闸口宠物市场的建议	建议市政管理执法局、二七区政府分别研究办理
0900439	温荣丽	关于拓宽煤厂北拐(影视路)的建议	建议市建委研究办理
0900440	李　倩	关于提倡基础教育要重视创新意识和创新能力培养的提案	建议市教育局研究办理
0900441	曹冬冰	关于增加农民收入的建议	建议市农业局研究办理
0900442	曹冬冰	关于解决就业供需矛盾的建议	建议市劳动和社会保障局、市人事局研究办理
0900443	陈　斌	关于搞好信用体系建设，促进郑州科学发展的提案建议	建议市统计局研究办理
0900444	顾万发	关于建设郑东新区祭伯城遗址保护展示馆的提案	建议郑东新区管委会会同市文化局研究办理
0900445	顾万发	关于尽快解决郑州文庙复建工程遗留问题的提案	建议市文化局会同市财政局研究办理
0900446	潘道荣	关于对长期为郑州经济建设作贡献的农民工或外地人进行购房补贴的建议	建议市房管局研究办理
0900447	游学伟	如何解决火车站北出站口广场交通混乱的提案	建议火车站地区管委会研究办理
0900448	李银良	关于大力培育发展肉鸭产业的建议	建议市畜牧局研究办理
0900449	吴营昌	关于迅速发展畜牧业，提高畜牧业在农业总产值中比重的建议	建议市畜牧局研究办理
0900450	潘道荣	关于把住房货币化分配政策落到实处，刺激内需的建议	建议市房管局、市财政局分别办理

0900451	王　伟	关于解决大学生就业难问题的提案	建议市人事局研究办理
0900452	汪得勇	关于成立“人民听审团”的建议	建议市法院、民政局分别研究办理
0900453	工商联	关于建立商会经济与政府有关部门联席会议制度的建议	建议市政府办公厅六处研究办理
0900454	刘清江	关于对我市奶牛养殖小区和生鲜奶收购环节加强监管的提案	建议市畜牧局研究办理
0900455	杨松科	关于在郑州市创建工业产品品牌形象工程的建议	缺少解决办法，不是提案形式
0900456	赵学庆	关注家庭教育，培育好祖国的下一代	建议市教育局研究办理
0900457	赵学庆	关于向低保群众发放消费券的建议	建议市财政局研究办理
0900458	赵学庆	关于发放旅游消费券的建议	建议市旅游局会同市财政局研究办理
0900459	赵安波	均衡城乡教育，大力发展农村义务教育	建议市教育局研究办理
0900460	马利强	关于进一步加强农民工培训投入的建议	建议市劳动和社会保障局、市财政局分别研究办理
0900461	凌公朋	关于优化治理我市区县结合处治安环境的建议案	建议市公安局研究办理
0900462	杨保成	关于通过改善交叉口通行能力，从而缓解我市交通拥堵状况的建议	建议市公安局研究办理
0900463	马长林	关于尽快整修东大街福华大厦门前道路的提案	建议市政管理执法局研究办理
0900464	吕庆捷	关于加强对燃放烟花爆竹的管理提案	建议市公安局研究办理
0900465	王泽新	关于对郑州市养老服务机构进行“整编”，组建若干“养老集团”的提案	建议市民政局研究办理
0900466	阎书刚	关于对郑州市大型宗教活动场所进行安全检查治理整顿的提案	建议市公安局、市宗教局研究办理
0900467	吕庆捷	关于大力打击、取缔“礼品”回收店的提案	建议市工商局研究办理
0900468	杨保成	关于促进我市民办教育发展的建议	建议市教育局研究办理
0900469	王青安	关于汽车占人行道问题	建议市公安局研究办理
0900470	尹明理	关于加强郑州市大型仪器设备资源共享工程的建议	建议市财政局研究办理
0900471	林　智	关于建立“和谐创富中心”的提案	本提案涉及单位太多，建议分开提，最好一事一议
0900472	林　智	关于异地商会维权问题的提案	建议市商务局研究办理
0900473	吴广兰	治理南三环与南四环之间新郑路段交通秩序刻不容缓	建议市规划局、市公安局分别研究办理
0900474	张新庆	关于将市属工商企业部分退休职工的地区差补贴纳入统筹基金发放的提案	建议市财政局、市劳动保障局分别研究办理
0900475	吴广兰	关于将南三环与金岱工业园区道路联通及协调公交线路延长进入的提案	建议市园林局、市政管理执法局分别研究办理
0900476	马培明	关于提高我市非在编环卫职工待遇的建议	建议市政管理执法局研究办理
0900477	张喜枝	郑州市都市村庄民房建设存在的问题及建议	建议市建委研究办理
0900422	杨保成	关于建议在公共场所推广使用再生纸的提案	修改建议
0900479	王庆国	有关“职业教育”的提案	建议市教育局研究办理

0900480	林　智	关于保障司法公正的提案	司法案件，不予立案
0900481	张喜枝	关于建设现代化领先型专业批发市场的建议	建议市发改委研究办理
0900482	吕庆捷	关于治理市内小锅炉污染的提案	建议市环保局研究办理
0900483	白玉强	关于城中村改造的提案	建议市建委研究办理
0900484	牛学斌	关于郑州市中小学外聘教师入编问题的提案	建议市人事局、市编办分别研究办理
0900485	马桂霞	关于在上下班高峰期增设市区到高新技术开发区公交专线的建议	建议市政管理执法局研究办理
0900486	凌公朋	关于在市三院门前设置斑马线或其他警示标志的建议	建议市公安局研究办理
0900487	白玉强	关于城乡结合部非法占地复耕复绿的提案	建议市国土资源局研究办理
0900488	高松理	拓宽大学生就业创业渠道	建议市人事局研究办理
0900489	高松理	事故问责要实行长效机制	建议市监察局研究办理
0900490	高松理	关于我市现代服务业提速发展的建议	建议市商务局研究办理
0900491	李雪莉	建议高校毕业生进社区志愿者服务	建议市人事局研究办理
0900492	高松理	关于坚决制止各种车辆闯红灯现象的建议	建议市公安局研究办理
0900493	高松理	关于加强占道停车场管理的建议	建议市政管理执法局研究办理
0900494	高松理	关于加强全民健身运动工作的建议	建议市体育局研究办理
0900495	赵国卿	市内主、次干道应保证基本平整	建议市建委、市政管理执法局分别研究办理
0900496	王　健	治理小区家装市场，确保广大百姓权益	
0900497	高松理	关于改进调价听证会代表产生办法的建议	建议市物价局研究办理
0900498	高松理	关于彻底整治郑州火车站地区交通、治安和环境卫生，重塑河南省会窗口形象的提案	建议市公安局研究办理
0900499	释永乾	关于完善郑州市区内佛教寺院建设的建议	建议市民委、市规划局分别研究办理
0900500	孙晓辉	关于增加门诊慢性病病种提高报销费用的建议	建议市劳动和社会保障局会同市卫生局研究办理
0900501	张　原	应进一步规范市区大众体育健身设施的建设与维护	请市体育局研究办理
0900502	唐　海	关于加强道德教育的建议	请市委宣传部、市教育局研究办理
0900503	张　原	关于建立政协委员履职报告制度的建议	请市政协办公厅研究办理
0900504	唐　海	为了孩子管好网吧	请市文化局研究办理
0900505	刘　柳	建议政府给毕业一年内未就业大学生发放基本生活补贴	请市人事局研究办理
0900506	唐　海	加强先进文化的推广宣传促进社会和谐	请市委宣传部研究办理
0900507	刘　柳	建议书法走进中小学课堂中去	请市教育局研究办理
0900508	唐　海	食品添加剂必须按规定使用	请市食品药品监督管理局研究办理
0900509	毛鸿雁	关于正确使用民间资金为地方文化服务的提案	请市地税局研究办理
0900510	毛鸿雁	定羲“中原书派”突出河南特色打造文化新品牌的提案	请市委宣传部研究办理

0900511	尚书亭	关于改善郑州市铁路沿线环境的提案	请市创建办、市园林局研究办理
0900512	唐　海	为了人民的健康	请市食品药品监管局研究办理
0900513	汪俊玲	构建文明郑州应严禁在公共场所吸烟，保护不吸烟者的健康权不受侵犯提案人	建议市爱卫办研究办理
0900514	张　茂	加大种植农业龙头企业扶持力度，提供更多返乡农民工的就业岗位	请市农业局研究办理
0900515	王淑勤	关于将中原西路向西延伸至上街区的建议	建议市交通局研究办理
0900516	王淑勤	关于在我市中小学校推行素质教育，从中小学生抓起培养创新型人才的建议	建议市教育局研究办理
0900517	文广轩	关于将《全民科学素质行动计划纲要》的实施工作纳入我市目标考核的建议	建议市发改委研究办理
0900518	王建中	关于独生子女父母奖励费由政府统一发放的建议	建议市计生委研究办理
0900519	王淑勤	关于对我市科普宣传专用车辆免征车辆购置税的建议	市管范围以外，不予立案，供参考
0900520	孙玉香	关于改善郑州市曲剧团工作环境的提案	请市文化局研究办理
0900521	张之鹏	关于东风渠水源工程建设的建议	建议市水利局、市政管理执法局、建委研究办理
0900522	王璐凡	关于加强全民国防意识增强防灾自救能力的提案	请市人防办、市教育局研究办理
0900523	王璐凡	关于提高郑州市小学生副课质量的提案	请市教育局研究办理
0900524	齐　林	关于解决医闹问题的建议	请市卫生局、公安局研究办理
0900525	赵宏伟	关于我市高校毕业生就业问题的提案	请市人事局研究办理
0900526	齐　林	关于新建妇女儿童医院的一点建议	请市卫生局研究办理
0900527	齐　林	关于防止城市建设千篇一律，呼吁恢复有旅游经济价值的名城：古都－宋城开封	请市规划局研究办理
0900528	郝宏伟	尽快完善区级医保，实现市区两级联网	建议市劳动保障局研究办理
0900529	郝宏伟	关于构建郑州沿黄生态文化旅游区的建议	建议市旅游局、市政管理执法局研究办理
0900530	袁鲜丽	尽快落实提高学校班主任费的问题	建议市教育局研究办理
0900531	郝宏伟	关于改善郑州市16路公交运营环境的提案	建议市政管理执法局研究办理
0900532	陈书策	改革中招招生制度，实施划片招生	建议市教育局研究办理
0900533	宋福林	关于加快主干道旁背街小巷建设施工的提案	建议金水区、二七区、中原区、管城区、惠济区政府研究办理
0900534	李春丽	关于郑州市政府机关事业单位实行“朝九晚五”工作制的建议	建议市长电话室研究办理
0900535	胡华敏	增加林荫道，建适宜步行城市的建议	建议市园林局研究办理
0900536	胡华敏	关于加强对市树法桐保护的建议	建议市园林局、市政管理执法局研究办理
0900537	张建玉	关于尽快为郑州市农药经营户办理营业执照的建议	建议市工商局研究办理
0900538	陈书策	关于取消公交卡押金的提案	建议市政管理执法局研究办理
0900539	闫　琪	数字化城市管理建设存在的相关问题与建议	建议市市政管理执法局、人事局、财政局办理
0900540	董桂林	关于郑州市人民政府尽快出台“促进民办医院发展意见”的提案	请市卫生局研究办理

0900541	赵　梅	关于尽快对东风渠上游惠济区段进行生态治理的建议	建议市水利局、惠济区人民政府分别研究办理
0900542	鲍红伟	关于调整“已转企”事业单位养老保险基金征拨基数的建议案	建议市劳动和社会保障局、人事局研究办理
0900543	袁鲜丽	关于提高郑州市护理人才素质，加速创建郑州高级护理学院的提案	建议市卫生局会同市教育局研究办理
0900544	张　阳	建设服务型政府要加强公务员职业培训	建议市人事局研究办理
0900545	张　阳	建设高架桥有效解决郑州市区交通堵塞	建议市规划局、市公安局分别研究办理
0900546	张　阳	预防传染病尽快加强宠物狗的管理	建议市政管理执法局研究办理
0900547	谢淑芳	关于郑州市有线电视台开通中央9套电视节目的提案	建议市广电局研究办理
0900548	农　林	关于取缔郑州河务局花园口段黄河大堤收费站的建议	建议郑州河务局研究办理
0900549	张文郑	关于加强道路施工开挖管理的建议	建议市建委、市政管理执法局办理
0900550	黄海碧	关于加大文化事业专项经费投入的提案	建议市发改委、市财政局分别研究办理
0900551	万国语	关于解决高峰时段市民打车难的提案	建议市市政管理执法局研究办理
0900552	张建玉	关于开展农村宅基地整理,加快推进新农村建设的建议	建议市国土资源局、市农业局分别研究办理
0900553	徐惠娟	普及素质教育要家长和孩子一起参加	建议市委宣传部、市教育局分别研究办理
0900554	裴　俊	关于加强郑州市郊区土地集约利用的提案	建议市国土资源局研究办理
0900555	包洪凯	关于解决登封市区居民吃水问题的提案	建议市水利局研究办理
0900556	韩广亮	关于金水路(未来路以东－中州大道立交桥以西)交通车辆和行人安全隐患的提案	建议市公安局研究办理
0900557	张松正	扰民汽修门市仍需治理	建议市环保局、市工商局分别研究办理
0900558	马利强	关于对我市出租车行业进一步加强管理的建议	建议市政管理执法局、市公安局分别研究办理
0900559	黄海碧	建议清剿整顿社区内“麻将室”等非法经营店户的建议	建议市工商局、市地税局、市公安局分别研究办理
0900560	赵　洁	关于中小企业贷款难问题的提案	建议市中小企业局研究办理
0900561	薛明月	建议加强重症监护单元（ＩＣＵ）的人性化管理	请市卫生局研究办理
0900562	姚　峰	关于构架城市社区卫生服务“三合一”管理体系，解决看病难看病贵问题的提案	请市卫生局研究办理
0900563	薛明月	建议合理解决建设路与文化宫路北段交叉口的拥堵问题	请市公安局会同市规划局研究办理
0900564	包洪凯	关于加快煤矿复工复产验收的提案	建议市爱卫会、市市政管理执法局研究办理
0900565	鲍红伟	关于改善人居环境，提升郑州市城市品位层次方面工作的提案	请市经委(办事大厅)、工商局研究办理
0900566	张卫华	关于发放针对纳税人的政府部门职能告知书的提案	请市教育局研究办理
0900567	骆效黎	关于立交桥头路面钢板磨毛的建议案	请市政管理执法局研究办理
0900568	李　鸿	关于加强郑密路张仙至郭小寨路段管理的建议	请市交通局办理
0900569	焦晗韶	关于促进大学生就业的提案	请市人事局研究办理

0900570	姚　峰	关于城市社区卫生服务机构用房的提案	建议市卫生局研究办理
0900571	焦晗韶	关于出台电动车管理制度的提案	请市公安局研究办理
0900572	焦晗韶	关于我市自学考试增加考试次数的提案	请市教育局研究办理
0900573	冀秀君	关于建立城乡统筹医保制度，整合有效利用政府资源的提案	建议市劳动和社会保障局研究办理
0900574	张松正	退休金呼唤公平！	不予立案
0900575	鲍红伟	关于如何建设郑州市为国际旅游名城的提案	请市旅游局、火车站地区管委会研究办理
0900576	尹宏黎	关于解决改善商城遗址周边环境问题的建议	建议管城回族区人民政府研究办理
0900577	张松正	关于提高社区工作人员工资待遇问题的建议	建议市民政局研究办理
0900578	马新海	关于兴建兴华南街航海路街头游园的提案	建议市规划局研究办理
0900579	张松正	关于每年春节举行“郑州市民间文艺大巡游”的建议	请市文化局研究办理
0900580	袁鲜丽	关于建设“郑州生命科学馆”的提案	建议市科技局研究办理
0900581	钟　波	着力打造非公经济发展的环境，加快非公经济创新和转型	建议市中小企业局研究办理
0900582	安惠萍	实现南三环路与金岱工业园区道路连接，公交线路延至园区	建议市建委、市市政管理执法局分别研究办理
0900583	钟　波	化解金融海啸风险，为我市经济实体发展服务	建议市商务局、发改委办理
0900584	郜振国	关于煤炭价格调节基金征收的提案	建议市物价局研究办理
0900585	钟　波	夯实纺织产业园政策，为产业园入驻企业发展服务	建议市经委研究办理
0900586	闫　琪	建议有关部门加强对洗浴中心等娱乐场所的治安管理	建议市公安局研究办理
0900587	张群保	关于推进我市国有经济快速发展的意见	请市国资委研究办理
0900588	安惠萍	建立河南省粮食生产安全保障数据快速测报与服务系统的提案	建议市农业局研究办理
0900589	张帅旗	关于建立国际性的汽车零部件制造加工园区的建议	请市发改委研究办理
0900590	张帅旗	关于坚决取缔电瓶公交车、三轮摩托车在市区运营的建议	请市公安局研究办理
0900591	李　柏	关于改善经济技术开发区市容市貌的提案	建议市经济技术开发区管委会研究办理
0900592	崔建强	“屋顶花园”提上日程 有望扮靓郑州“天空”	建议市园林局研究办理
0900593	翟明玉	关于处理郑州市医疗机构医闹问题的提案	建议市法制局、市卫生局分别研究办理
0900594	高　歌	关于加强民间户外救援团队管理的提案	建议市体育局研究办理
0900595	高　歌	关于进一步关心青少年心理健康的提案	建议市共青团研究办理
0900596	高　歌	关于在行政诉讼中政府部门负责人应当出席法庭审理的提案	建议市法制局研究办理
0900597	张新杰	关于加大对县级高中投入，加快普及高中教育步伐的提案	建议市教育局、财政局研究办理
0900598	李　柏	关于制定经济适用房建筑安装工程等费用标准的提案	建议市物价局研究办理

0900599	海　波	关于郑州市曲剧团亟待摆脱困境的提案	建议市财政局办理
0900600	路　凯	关于打造我市高品质导游队伍的建议	建议市旅游局办理
0900601	崔素琴	关于被安置在企业单位的军转干部的待遇问题	建议市人事局办理
0900602	钟海涛	关于建立郑州文学院的提案	建议市编办研究办理
0900603	钟海涛	关于加大对文学艺术事业资金投入力度,繁荣全市文艺创作的提案	建议市财政局办理
0900604	郭玲莉	关于加强造林后续管理的几点建议	建议市林业局办理
0900605	胡华敏	关于加强外墙外保温材料市场管理的建议	建议市建委办理
0900606	胡华敏	关于大力发展屋顶绿化，改善城市生态环境的建议	建议市园林局办理
0900607	崔学晨	建立产学研互助机制，提高科研机构的产出能力,发挥高级科技人才的潜能	建议市科技局办理
0900608	崔学晨	落实国家对自主创新产品的政府采购政策	建议市科技局办理
0900609	徐惠娟	关于开办办事处或社区家庭教育培训中心和心理咨询室的建议 ——平衡“三教”体系,关注家长心理健康	建议市教育局、市文明办办理
0900610	钟海涛	关于建立郑州六区(金水、中原、二七、上街、惠济、管城)文学艺术界联合会的提案	建议市编办办理
0900611	代建民	关于拓宽、改建新郑路的建议	建议市建委办理
0900612	曾　平	关于维权中心的建议	建议市经委、劳动局办理
0900613	朱青山	关于加强外阜肉产品监管的建议	建议市畜牧局办理
0900614	杜雪萍	关于加强和推进社区托老站的建设提案	建议市民政局办理
0900615	牛雷莉	关于失业职工(特别是女职工)的退休年龄和养老保险费的缴纳问题	建议市劳动保障局办理
0900616	牛雷莉	关于将抑郁症患者纳为大病医疗范畴的建议	建议市劳动保障局办理
0900617	彭学敏	建议搬迁南三环钢材市场解决严重堵车问题案	建议管城区政府、市公安局办理
0900618	汪得勇	打造旅游服务体系　做强休闲旅游产业 ——关于郑州旅游业发展的建议	建议市旅游局办理
0900619	汪得勇	关于加强学校安全的几点建议	建议市教育局办理
0900620	王源海	关于尽快为郑州市中原东路市直机关家属院居民办理土地使用权证的提案	建议市国土资源局、市房管局办理
0900621	潘道荣	关于充分利用快速公交专用道的提案	市市政管理执法局办理
0900622	马金营	落实安全生产主体责任　促进我市经济安全发展	市安全生产监督管理局办理
0900623	曾　平	关于郑州火车站地区管理有关问题的建议	市编办办理
0900624	彭学敏	建议搬迁沙隆达郑州农药有限公司　解决环境严重污染问题	管城回族区政府办理
0900625	牛雷莉	关于规范我市电子眼抓拍查处违章与车辆年审制度的建议	建议市公安局办理
0900626	人口与资源委	关于进一步开发郑州市凤湖风景区的集体提案	

第八篇：

委 员 风 采

耿景盛委员：

新农村建设的领路人

耿景盛，大专文化程度，高级经济师职称，郑州市第十一届、第十二届政协委员。现任郑州市宋砦工贸苑区管委会主任、宋砦村党总支副书记，郑州市青联委员和省民营经济研究会副会长。

耿景盛自从2003年当选郑州市政协委员后，多年来认真履行委员职责，在环保、民生、新农村建设等方面积极建言献策，先后撰写了50多份提案，提交的《关于加快农村剩余劳动力转移的几点建议》提案，在郑州市政协十一届四次全会上被评为优秀提案。

耿景盛一直认为只要真心实意为乡亲们着想，为乡亲们谋利益，就能实现发展与稳定、富裕与和谐。宋砦村的今天印证了他的话。现在，宋砦村民的福利逐年提高，村里建起了现代化的幼儿园、小学、中学、村民夜校、卫生院等，设施齐全的村民新居清静幽雅，物业管理完善，道路纵横，绿树掩映。村民每家每户都有1000多平方米十几套带产权的住房，为了让村民安居乐业，又建设了丰乐五金机电城，让每家每户都有一个经营场所，现在村民人均拥有100多万的资产，每年人均收入达10多万元。如今的宋砦已成为名副其实的“百万富翁”村，已成为社会主义新农村建设的一个标竿。

在发展的过程中，宋砦坚持以科学发展观为指导思想，以“强村富民，追求文明”为目标，让宋砦的经济走上了良性循环和可持续发展的轨道。根据市场的需求，大力发展以餐饮娱乐为主的第三产业，先后建成了北方大砂锅、保龄球馆、丰乐园大酒店、弘润华夏大酒店等具有国际、国内先进水平的休闲娱乐场所，在宋砦形成了融观光、娱乐、度假、休闲、商贸、文化、健身为一体的旅游服务格局。

宋砦村的发展成就使宋砦先后获得“市小康村”、“纳税大户”、“省明星示范村”、“省优秀党支部”、“全国文明村”和“全国十佳小康村”等称号，吸引了诸多领导和专家前来参观考察。耿景盛也因其杰出成就先后获得全国农村基层干部十大新闻人物、省优秀青年、省十大新闻人物、中原先锋榜先锋人物，市十大杰出青年、优秀企业家、优秀共产党员、优秀“双强”党支部书记、新长征突击手、文明市民、“我为郑州发展献良策”先进个人和郑州市优秀政协委员等三十多项荣誉。

全国人大常委会副委员长布赫在北京亲切接见耿景盛

全国政协副主席周铁农亲切接见耿景盛

全国政协常委（原国家农业部部长）陈耀邦与耿景盛亲切握手

耿景盛（右一）陪同河南省原副省长王明义（右二）视察宋砦金苑面粉厂

郑州弘润华夏大酒店

宋砦村的小游园

钟波委员：

让"神阳"光照万家

省政协副主席龚立群与钟波合影

郑州市神阳科技有限公司创立于1992年，是集广播电视网络的设计和施工，卫星地面接收设备、有线电视器材经营销售以及数字电视机顶盒等相关产品的研发、生产和销售；计算机系统集成，安防监控工程的设计和施工；GPS卫星定位导航系统产品的研发、生产和运营的高科技民营企业。公司注册资金2亿6千万元人民币，于2009年10月在美国纳斯达克成功上市。

公司成立以来，坚持科技创新，坚持"诚信、专业、服务、人性"的经营理念和"厚德载物、与时俱进"的企业精神，以高科技产品为依托，充分发挥民营企业的灵活机制和人才优势，以市场为导向，实行现代企业管理，形成了一支从事信息科技研发、销售生产、技术服务、科学高效的管理团队。公司先后参与建设和提供技术服务的有线电视台（站）达400余座，业务覆盖河南省90多个县市、乡（镇）和企业。公司投资数百万元进行了有线电视网络产品的研发，生产的"神阳"牌有线电视光接收机、干线放大器、数字电视机顶盒等产品相继投入市场，在河南省广电系统中得到广泛应用。

公司坚持科学发展、自主创新，自2008年以来，专业从事卫星导航及GPS全球卫星定位系统的研发、生产、销售、推广营运与服务。成功研制出卫星定位、卫星导航、车载终端、道路车辆电子摄像、超速/超载提示系统等五个系列50多种高技术产品，形成了完善的软硬件开发、生产、销售、运营、服务管理体系，是河南省实力雄厚的卫星导航技术应用、生产和运营为一体的高新企业之一。目前，公司已与河南省交通厅合作共建"河南省重点营运车辆GPS联网联控信息平台，确保对我省重点营运车辆的监控。公司的技术服务和产品先后通过国家信息产业部颁发的"计算机系统集成三级资质"、"通信用户管线建设企业资质"、"河南省安全技术防范工程三级资质"、GPS产品的3C认证、防爆认证、广电数字电视产品3C认证和产品入网证、"ISO9001:2000质量体系认证"以及河南省政府颁发的"高科技产品和高科技企业"证书等各种认证。

展望未来，在"团结拼搏，务实开拓、科技领先、与时俱进"的企业精神引领下，公司将继续坚持科技创新，占据行业制高点，利用自身积累和资产重组，把广播电视行业和GPS汽车定位导航业务做大做强，迅速向成为一个集广电和GPS产品研发、生产和销售，网络工程设计和技术服务，影视制作和传媒为一体的国际化高新技术企业目标挺进。

市政协副主席张冬平与钟波合影

中原区政协主席乔秀华在神阳公司调研时听取钟波汇报工作

钟波与公司高层管理人员

焦晗韶委员：

用智慧诠释美丽

焦晗韶，河南北辰机电工程有限公司总经理，郑州市政协第十二届委员，中原区政协第六、七届委员会委员，郑州市中原区总商会副会长，先后获得中原区政协2005年度优秀政协委员、中原区政协2007年"我是一名政协委员"事迹报告会优秀奖、中原区政协2007年度政协优秀提案、中原区政协2007年度先进政协委员、中原区政协2008年度先进委员、郑州市政协2009年度先进个人、郑州市政协2009年优秀委员提案、中原区政协2009年度先进政协委员、2009年度第三届中原区"十大杰出女性"、2010年《关于出台电动车管理制度提案》优秀提案、2010年郑州市第二届优秀中国特色社会主义事业建设者等荣誉称号。

自2009年2月市政协决定在全市政协组织和政协委员中开展"创建委员之家，树立委员形象"活动后，焦晗韶于2009年9月积极组织筹建了"点睛民生摄影委员之家"，并组织委员帮扶贫困小学一所，并获2009度"创建委员之家，树立委员形象"优秀委员之家。在2009年度"创树"活动中成绩突出，焦晗韶被评为先进个人。

在市政协主办的"和谐之春"摄影展中选送的《流光溢彩》获得二等奖，《秋染》获得优秀奖，《山花烂漫》、《山居》获得纪念奖。

河南北辰机电工程有限公司（原名为郑州市北辰机电工程有限公司）创建于1996年5月，为机电设备安装工程专业承包壹级施工企业。公司注册资金1500万元，现有职工288人，高级技术职称15人，中级技术经济职称60人。公司已顺利通过ISO9001质量管理体系认证，ISO14001环境管理体系认证、GB/T28001职业健康安全管理体系认证。近年来，公司先后多次被评为郑州市守合同重信用单位。

康玛水委员：高新技术的领航者

康玛水，1995年移居美国加州圣地亚哥市，持中华人民共和国护照，是美国永久居民，现侨居郑州市高新技术产业开发区。美国西南国际大学工商管理硕士、工民建高级工程师。自1974年参加工作以来，历任福建省惠安县第七建筑工程公司总工程师、总经理，海南生茂集团总裁，海南生茂工业有限公司董事长等职。现任河南生茂集团有限公司董事长、生茂光电科技股份有限公司董事长、上海生茂投资有限公司董事长等。同时兼有多个社会职务：十届河南省政协委员，市政协十、十一届常委，市海外联谊会副会长、泉州外商投资协会副会长、美国世界贸易中心协会理事(WTCA)、美国世界贸易中心泉州地区执行主席、美国泉州科教工商促进会会长、美国南加州反独促统(和平统一)委员会召集人、美国圣地亚哥市荣誉市民、美国南加州著明的侨领之一。

生茂光电科技股份有限公司是一家专业从事LED智能交通及系列产品开发、生产、销售的高新技术企业，现已在LED器件封装、LED智能交通、LED信息显示、LED照明等领域形成开发、生产和系统集成、实施的一体化。被评为全国守信企业、中国驰名商标、国家免检产品、省级企业技术中心、省50家高成长型高新技术企业、市级企业技术中心、市级LED光源工程技术中心、高新技术企业、发光材料产业基地等多项荣誉。公司研制开发“LED交通信号灯”等多款产品被认定为“高新技术产品”，多项产品获国家专利认证，被知识产权局授予专利工作示范单位，拥有较好的声誉。

大功率公共照明

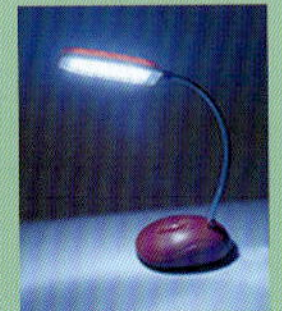
民用照明

信号显示

全彩显示屏

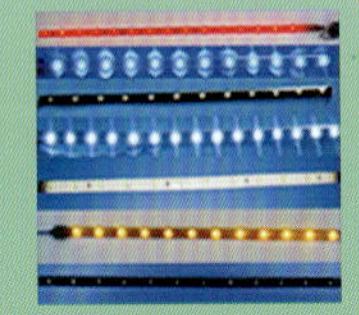
LED亮化

王爱斌委员：

剑胆赤心铸伟业

王爱斌，工商管理硕士，新密市政协委员，郑州创新耐火材料有限公司董事长。

多次参加社会公益活动，2000年被新密市政府评为“抗洪救灾”先进标兵，近年来多次向灾区捐款捐物累计达50多万元。救助本企业贫困职工5名，救助特困户16家，关爱社会残疾人及失学儿童累计资助13名贫困大学生。倡导国家政策，2005-2010年间先后多次为超化、牛店、米村、杨岗村等乡镇“村村通”公路建设捐款捐物达180多万元，为牛店村、米村及杨岗村村支部建设捐款捐物达10万元改善了三个村部的基础设施。

郑州创新耐火材料有限公司（原郑州豫华高铝分厂），注册资本1000万元，公司拥有一流的耐火材料生产技术，且有近30年的生产经验和专业的技术队伍。属于集耐火材料研究、生产、销售、工程服务为一体的高科技民营股份制企业。公司拥有职工166人，其中高级职称5人，中级职称16人，公司拥有全自动电子上料、配料、混料系统、建有环保型煤气发生炉、环保型高温节能隧道窑并配有全自动控制系统、全自动磨砖及除尘系统等先进设备，资产总值达4500万元。

完全按照美国ASTM标准，专业生产各种系列莫来石隔热砖、热风管道砖、热风管道组合砖及炼钢、炼铁、有色金属行业用各种牌号不定型耐火材料。年设计生产各种耐火材料3万吨（莫来石系列砖20000吨，氧化铝空心球及莫来石刚玉隔热砖3000吨，不定型材料7000吨）。先后被授予河南省高新技术企业、河南省重合同守信用企业、ISO9001-2008国际质量体系认证企业并于2009年通过了ISO14001，2004环境管理体系认证及GB/T28001-2001职业健康管理体系认证，形成三证一体。

公司产品主要销往我国著名大型钢铁集团太钢、梅钢、沙钢、重钢、首钢、本钢，并且远销韩国、巴西、印度、荷兰、日本、伊朗、津巴布韦、哈撒克斯坦等国家和地区，深受用户的青睐。

巴遂海委员：

十年磨一剑

巴遂海，河南紫鼎实业总公司总经理，郑州市政协委员，郑州市管城回族区北大街村村主任。

巴遂海担任北大街村村主任已20多年了，由于北大街村地处老城区，村里的土地先后被国家机关和企业征用，村里靠村办企业发展。巴遂海先后任民族饭店、民族大厦总经理。进入21世纪，北大街村发生了翻天覆地的变化，紫荆山路的拓宽建设，给北大街村的经济发展带来了机遇，于是紫鼎商务、易初莲花购物中心都是经他手建起来的，他为北大街村的发展作出了巨大的贡献。

河南紫鼎实业有限成立于2006年元月1日，是由郑州市管城回族区北大街村村民委员会整体转制成立的股份制企业，总部位于郑州市紫荆山路和城北路交叉口的郑州紫鼎商务大厦。

为实现跨越式发展的目标，巴遂海把目光由市区转向市郊，在管城区金岱工业园区内新购置土地500多亩，此项决策使公司有了新的发展空间。他先后投入3.9亿元建成了紫鼎物流园区，与中博物流、万里物流、广州德立物流（中外合作）、武汉万友物流（日资）等企业实现了强强联合，现已完成建筑面积250000平方米，形成了货物吞吐量5000万吨，年商品交易额40亿元的商品仓储物流集散地和食品加工基地。整个项目仅用了3年时间。

十年沧桑，十年巨变。巴遂海总经理每天站在紫鼎商务自己的办公室，俯瞰着宽阔通畅的紫荆山路，欣赏着那靓丽的街景，品味着她的沧桑巨变，可谓感慨万千，心中充满了成就感和自豪感，因为他曾为此付出了太多的心血和代价，也从中受益匪浅。如果说北大街是紫荆山路的路基，他就是紫荆山路上的基石。

涂秀文委员：

巾帼创业 铿锵玫瑰

徐秀文，经济师、政工师。中共党员、民建会员。现任郑州金迪商贸有限公司董事长、总经理，河南省商业经济学会副会长，河南山东商会常务理事、河南省物流协会副会长。曾任郑州市第九、十、十一届市政协委员。

在国有商业企业改制过程中，克服重重困难，带领员工将原郑州市五金交电公司于2005年4月成功改制为郑州金迪商贸有限公司，实现了体制转变。原公司所有职工全部都得到了妥善安置。经过艰苦努力，遗留问题均已全部得到合理解决。目前员工收入不断提高，已参加了各项社会保险，员工思想稳定，企业步入了健康的发展轨道。2006年度被郑州市总工会、财贸金融工会评为“大力主持工会工作的党政领导”。在担任政协委员期间，积极参政议政，履行职能，建言献策。深入调查研究，撰写提案，反映社情民意，其中有两个提案被评为优秀提案；在市政协组织的“我是一名政协委员”的演讲活动中荣获二等奖；两次被市政协评为优秀政协委员。

阴淑芳委员：

担起西区商业复兴大任

阴淑芳，郑州市中原商贸城有限公司董事长。2000年，在碧沙商圈处于萧条凋敝之际，阴淑芳提出以商业为龙头，复兴碧沙商圈，振兴西区经济，拉开了碧沙商圈商业复兴的序幕。2002年，担任中原商贸城董事长的阴淑芳，投资3700万元兴建公益事业——碧沙岗商业步行街；中原商贸城位于郑州市最繁华的三大市级商业中心之一——碧沙商圈。该商圈东临嵩山路，南临友爱路，西靠百花路，北面毗邻商业大厦，注册资金1000万元人民币，总经营面积48000平方米，是目前郑州西区投资最多、经营面积最大的超大型集百货、量贩、餐饮、休闲、娱乐、健身为一体的零售企业。商场借鉴台湾太平洋百货和SOGO百货及其他大型知名商场先进的管理经营和经营模式，引进具有多年国外同行业专业人士经营管理，打造郑州乃至中原地区百货零售业的超级航母。中原商贸城的开业运营，安排下岗就业人员近3000名，直接拉动了西区消费，提升了西区商业品位。中原商贸城开业第一年即销售近亿元。近年来，销售直线上升，纳税达千万元，一度成为中原区商业纳税大户。

在碧沙岗旧城区改造中长城公司先后兴建长城花苑、长城商务、长城锦绣花庭等多处商住楼，裙楼均为商业，中原商贸城相继引进大型超市、酒店等多种商业项目，运营东之杰休闲广场、又一村餐饮、艾搏健身等错位商业业态，使碧沙商圈进一步走向繁荣。

中原商贸城曾先后被省市授予诚信单位、商业项目特别奖、供货商最信任的十大商场、消费者最信赖的十大商场、市民营企业局直管企业及经济贡献奖的称号，并授予阴淑芳为市、区优秀民营企业家等荣誉称号。

阴淑芳带领的中原商贸城，不仅年年被中原区表彰为经济突出贡献企业，而且在担任政协委员期间，积极参加公益事业、慈善及教育事业，年年被市政协评为优秀政协委员。

刘柳委员：

文化战线上的坚守者

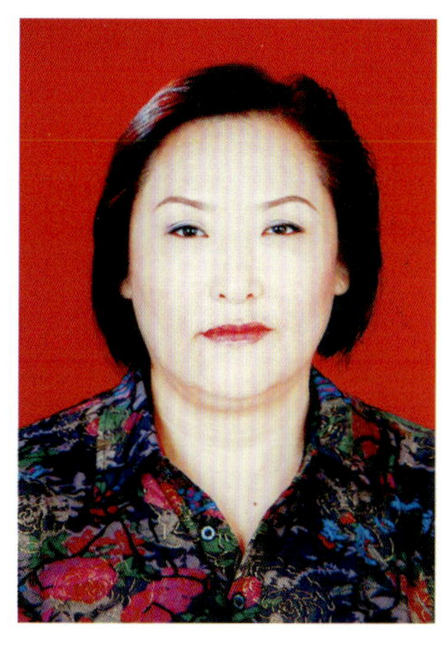

刘柳，郑州市政协委员，司法部书画艺术司法鉴定执业资格，中国收藏家协会理事，河南省黄河书画艺术交流中心主任。

刘柳积极响应省委提出“加快文化资源大省向文化强省跨越”的战略目标，立足本职，锐意进取，致力于弘扬民族优秀文化。在担任河南省黄河书画艺术交流中心主任以来，刘柳先后成功组织举办六次大型书画收藏展览，三次参与并主持了中国美术家协会与河南省知名企业联办书画家展览，多次成功接待并组织来自全国各地的书画名家的艺术交流活动，使河南省黄河书画艺术交流中心成为荟萃灿烂艺术、传播优秀文化、广泛联系海内外艺术家名流的“艺术之家”，在推动文化强省战略的具体落实上产生了很好的效果。

作为一名曾经的军嫂、军人母亲，刘柳委员对人民军队有着深厚的感情，多年来，她坚持利用自身所长，积极开展文化拥军活动。先后多次组织书画艺术家群体到解放军信息工程大学、武警河南总队、济南军区政治部、54集团军等部队和军事院校举行义务笔会，慰问部队，宣传和普及艺术知识，在驻豫部队机关、基层军营和社会上引起强烈反响。

刘柳委员有着一颗炽热爱心和强烈的社会责任感。十几年来，满腔热情投入社会慈善事业和坚持帮助社会弱势群体，得到了河南省慈善总会的高度评价并颁发证书予以表彰。近年来，她多方筹资，并自己拿出了近20万元为家乡三个自然村铺设了马路，解决了家乡百姓行路难的问题，受到父老乡亲的交口称赞。

中国书法家协会主席张海与刘柳合影

副省长秦玉海在刘柳的陪同下到中心指导工作

省政协副主席王平与刘柳、中心副秘书长史晓曜在观看书画展览合影

刘柳与济南军区首长探讨书画艺术

李秋红委员：

巾帼女将演绎时代风采

李秋红，本科学历，北京师范大学教育学硕士，审计师。郑州高新区管委会财政局局长。在高新区管委会财政局工作期间，李秋红为推动高新区融资近二十亿元，保障了高新区经济、社会持续高速发展。参与组织创办郑州中学，构建高新区教育体系，为省、市深化办学体制改革提供成熟经验。1996年5月起草并制定郑州市第六十四中（现郑州中学）的建设方案，成功探索出了一条“公办民助”的办学模式——郑州中学模式。主持的会计服务中心工作连年被评为先进集体。2003年以来，连年被评为高新区先进工作者，2007年被评为郑州市财政系统先进工作者。2010年3月，高新区管委会授予个人三等功。

李秋红非常注重学习现代经济管理知识，增强创新意识和创新能力，不断提高个人综合素质，撰写了《加强郑州高新区财政专项资金监管 提高财政专项资金使用效益》、《走进郑州中学》等论文，发表了《创新教育理念在高新区的探索与实践》、《浅谈公办民助下的“双法人制”》、《规范企业内部审计的思考》等系列论文和理论文章。2010年撰写的《如何加强政府采购档案管理工作》在郑州市政府采购调研文章评比中荣获三等奖。

主要业绩：

1. 高新区财政局在2009年市级考核目标中，承担的一般预算收入增幅达30.58%，增速位居全市第一。
2. 在高新区管委会2009年目标考核中获优秀单位；并连年被高新区管委会评为先进集体。
3. 出色完成了乡财县管工作，为其他县区创造了成功的经验，多次被其他县区借鉴。
4. 圆满完成高新区融资任务，为高新区城建工作提供了资金保证。2003-2009年，连年被市财政局评为城建资金土地资金管理先进单位。
5. 积极组织和培植税源，2004-2009年获市财政收入超收奖励。
6. 积极组织企业所得税税源调查工作，2004-2009年获税源调查先进单位。
7. 圆满完成2004—2009年高新区对种粮农民的直补工作并获先进单位。
8. 圆满完成2004-2009年农税工作并连年获得先进单位。

胡华敏委员：

创造奇迹的女强人

胡华敏，河南农业大学园林系硕士研究生，郑州市政协委员，河南育林绿化工程有限公司董事长兼总经理，河南融亿投资担保有限公司董事长，中国治理荒漠化基金会河南办事处副主任。

2007年一个偶然的机会，胡华敏了解到中国治理荒漠化基金会，是专门解决目前国内有些地区土地沙化、荒漠化的治理改良，并且是国务院温家宝总理亲批的一个公益性组织，在看到祖国还有那么多地方由于气候条件，造成环境退化，感慨万分，于是加盟到这个行列中，策划成立了中国治理荒漠化基金会河南办事处，决心为国家的公益事业再注一把力。

河南育林绿化工程有限公司，成立于1998年2月，注册资本金2030万元，是中国治理荒漠化基金会的常务理事单位，河南省建设厅首批通过考核的国家二级企业，近期又通过省建设厅壹级企业考核，已上报建设部，壹级企业资质正在办理中。

为使企业做大做强，从公司的发展战略考虑，加强了与金融资本市场的联系。2009年4月注册成立了河南融亿投资担保有限公司，郑州银行已授信5000万元人民币，目前，浦发银行、民生银行预授信5亿元人民币。2010年5月入股了民生银行。为公司的发展奠定了良好的资本基础。

公司成立12年来，2000年首批获得国家园林绿化企业贰级资质，在园林绿化、市政工程施工方面，内抓管理，外树形象，以高质量、高层次的施工能力，承接过省内近百项施工项目，其中济焦高速项目2009年通过交通部和建设部验收获得“鲁班奖”。在管理方面，公司在“以人为本，从业升值”的理念下，沉淀了一大批工程、设计、施工的技术人员和管理人员，优秀的管理团队为企业创造了一个又一个奇迹。

办公区

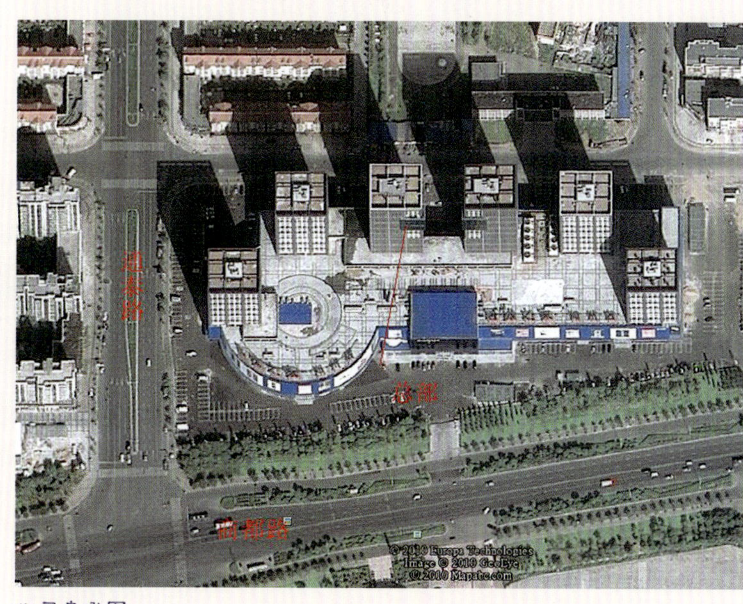

公司鸟瞰图

李艳玲委员：

服务人民是我的责任

李艳玲，2006年担任中原区总工会主席后，在上级工会和中原区委的领导下，以邓小平理论和"三个代表"重要思想为指导，深入贯彻落实科学发展观，认真学习党的十七大，十七届三中、四中全会精神，按照全总"组织起来，切实维权"的工作方针，带领区总工会一班人，以"为民、务实、廉洁、勤政"为准则，着力在"围绕中心，服务大局，突出特色，创出品牌"上下功夫。她把以人为本作为工会工作的根本理念，把围绕中心、服务大局作为工会工作的主线，把不断创新作为工会工作的活力源泉，把加强组织建设作为工会工作的坚实基础，坚持以建会为重点，以活动为载体，以维护为中心，以帮扶为纽带，切实履行工会职能，实现了全区工运事业的蓬勃开展。截至目前全区共组建工会2560家，发展会员57520人，11个镇（街道）工会全部达到"六好"标准，区直机关1300余名党员干部与贫困家庭结对帮扶，为推动中原区经济又好又快发展和社会和谐做出了积极贡献。于2008年荣获河南省五一劳动奖章，工会2010年被评为河南省工会工作先进县（市区）。

市长赵建才视察中原区桐柏路街道开元社区

日本三重县代表团视察中原区总工会组织建设工作

谢述新委员：

黑金岁月绽放煤海情怀

谢述新，河南太康人，中共党员，硕士研究生学历，高级工程师，现任河南煤化集团永煤控股公司副总经理，兼任河南中美铝业有限公司董事长、河南永登铝业有限公司董事长等职务。

用心履行岗位职责，积极践行集团文化。在郑州市及登封市政府的大力支持和河南煤化集团的正确领导下，谢述新领导着河南中美铝业有限公司和河南永登铝业有限公司4500余名干部职工，用心做事，努力工作，克服铝行业金融危机影响的各种不利因素，较好地完成了各项生产经营指标，企业呈现出健康向上的良好发展态势，逐步向科学化、制度化、规范化迈进。

树立安全第一方针，坚持安全零理念。谢述新经常深入一线，深入基层，现场协调处理问题。所任职公司几年来杜绝了轻伤以上安全生产事故，实现了“从零开始、向零奋斗”的安全目标。

牢记企业发展使命，推进企业快速发展。谢述新秉承用心做事、追求卓越的企业核心价值观，坚持“快、好、省”的建设方针，所带领的中美铝业氧化铝项目建设工期之短突破了行业先例，中美铝业一期年产40万吨氧化铝项目2006年5月开工建设，2007年12月建成投产，2008年6月份实现达产达标，氧化铝质量达到一级品，且各项指标优于国家一级品标准。坚持弹性组织生产，积极克服危机对企业的影响，并坚持努力回报社会。2009年，中美铝业和永登铝业实现产值50多亿元，且践行了河南煤化集团提出的“不裁员、不减薪”承诺，为促进地方经济发展和社会稳定做出了应有贡献。

辛勤的努力结出了丰硕的果实。2009年获得河南煤化集团优秀党务工作者称号，同年获得郑州市五一劳动奖章荣誉称号，2010年获得河南煤化集团2009年度“劳动模范”光荣称号，同年获得商丘市五一劳动奖章荣誉称号等。

郑州市招生考试
综合服务大厅

赵宏伟委员：

情系教育 心系考生

赵宏伟，郑州市政协第十二届委员，郑州市教育局党委委员、郑州市招生考试办公室主任。

曾被郑州市委、市政府评为郑州市人民满意的公务员，郑州市人民政府记三等功一次。

郑州市招生考试办公室是市政府负责国家教育类统一招生考试工作的办事机构，是郑州市教育局领导的副县级事业单位。2007年底由事业单位转为参照公务员管理。现有综合科、普通高等学校招生科、中等专业学校招生科、成人教育招生科、自学考试科5个科室。主要负责贯彻执行国家、省关于招生考试工作的方针政策，执行国家、省下达的高校、中专招生计划；编制中专招生来源计划方案；负责研究生、普通高校、中专、成人高校、高等教育自学考试和社会考试。

郑州市招生考试试卷安全保密室

监控值班室

保密室走廊

自1977年恢复高考以来，市招办业务范围不断扩大，由负责普通高招考试扩大到负责普通高招、成人高招、普通中专、自学考试、大学英语四六级、全国计算机等级考试、研究生考试等22项国家教育类统一考试。每年组织考生80余万人。市招办秉承“关爱考生、服务社会”的工作理念和“务实、高效”的工作作风，强化招生考试组织管理，严肃考风考纪，加强试卷安全保密工作，推动我市招生考试事业向科学化、规范化、制度化、信息化深入发展。多年来，我办先后荣获全国成人高校招生考试工作先进集体、全国普通高等学校招生考试工作先进集体、全国高等教育自学考试工作先进集体、河南省高等学校招生工作先进集体、河南省教育系统先进集体、河南省招生考试工作综合考评先进单位、河南省招生考试宣传工作目标考评优秀单位等多种称号。

任长山委员：

创新铸就事业辉煌

任长山，郑州市第十一届政协委员，市青少年宫主任。

2003年10月担任郑州市青少年宫主任以来，任长山带头推进理论创新、技术创新、体制创新、文化创新、管理创新，为促进青少年社会教育事业的发展注入新的活力，把创新精神体现到具体的工作中，在工作中充分体现自己的人生价值。2005年成功地进行了青少年宫事业单位全员聘用制的改革工作，同年郑州市青少年宫被评为郑州市事业单位改革先进集体。2006年在中办、国办4号文的指引下，任长山带领班子和中层骨干多方奔走努力，郑州市青少年宫的财政运行体制转变为财政全额预算管理，为青少年宫更好的发挥其社会公益职能打下了坚实的基础。

任长山把最美好的青春时光奉献给了社会教育这一神圣事业，他本人也获得了许许多多的荣誉和快乐。2007年12月，从北京第二届中国青少年社会教育最高奖项“银杏奖”颁奖晚会现场传来捷报，郑州市青少年宫主任任长山被评为“银杏奖”终身成就奖，同时，郑州市青少年宫被评为“银杏奖”优秀团队奖，2006年、2007年郑州市青少年宫连续两年摘得“全国优秀青少年宫”桂冠。

郑州市青少年宫建于1980年，隶属于共青团郑州市委，位于郑州市行政、文化中心，占地18084平方米，是省会规模最大的青少年社会文化教育机构，是青少年学习科技文化知识、健康成长的重要场所，是郑州市爱国主义教育基地、青少年思想道德教育基地。郑州市青少年宫现有事业编制55人，领导职数3人，内设综合管理科、社会活动科、艺术教育科、潜能开发科等8个业务科室，拥有专兼职教师数百名。

李建涛委员：

新时期优秀企业家的风采

李建涛，大专文化程度，经济师，1994年7月参加工作。现任新密注意力电器销售有限公司董事长和郑州安耐克实业有限公司副董事长。

1994年7月，李建涛毕业于河南商业高等专科学校，并进入郑煤集团东风电厂工作，先后在电厂生产技术科、设备科工作。1997年为了实现更大的人生价值李建涛离开单位下海经商，并于1999年成功创立新密注意力电器销售有限公司。2003年9月，携手新密耐材销售状元李富朝先生创办郑州安耐克实业有限公司，经过几年来的不懈努力"安耐克"已经成为河南耐材行业的一面旗帜。李建涛同志具有现代化的管理知识和理念，是新时期优秀企业家的代表，他以睿智的眼光、独特的人格魅力引领企业迈向更高的发展目标，为家乡的经济发展做出更大的贡献！

郑州安耐克实业有限公司公司位于河南省新密曲梁科技产业园区，毗邻京珠、连霍高速公路，距郑州机场10公里，古刹少林寺、龙门石窟和黄帝故里等世界著名人文景观环绕四周，占地面积21万平方米，总资产23713万元，下属三个全资子公司，一个技术中心，拥有各种生产设备1000台（套）和完备的检测化验设备60多台（套）。年设计生产能力12万吨，2009年纳税2300余万元。依靠科学管理和持续创新，公司与国内各大设计研究院建立了长期稳固的合作伙伴关系，初建之日起，公司就高起点、高标准确立了"永做耐材专家、引领耐材发展、占据高端耐材"的战略目标，生产的高效优质的产品不仅获取了众多客户的高度信赖，而且得到了社会各界的广泛认可，并先后获得中国质量、服务、信誉AAA级企业、中国杰出科技创新企业、河南省高新技术企业、河南省诚信民营企业、河南省高成长型民营企业、河南省优秀耐火材料企业、郑州市环境保护工作先进集体、郑州市出口创汇先进单位、郑州市制造业信息化示范企业、郑州市50家重点科技民营企业、郑州市环境友好型企业和河南省工业节能减排成效显著单位等多项荣誉。公司奉行"客户满意，员工满意，股东满意"的经营宗旨，信守"以诚信为根本，以质量求生存，以科技促发展"的经营策略，努力建设生态环保型的现代企业。

孙虹委员：

让“友谊”天长地久

孙虹，河南友谊旅业股份有限公司董事长兼总经理。2002年在以法治商工作中，被评为领导干部学法用法先进个人，2003年被郑州市政府评为“郑州市创业企业家”，同年荣获郑州市劳动模范称号。

孙虹担任企业领导以来，致力于企业和谐发展，积极开拓创新思路，根据企业发展的需要，提出明确奋斗目标，引进竞争激励机制，遵循市场规律，找准切入点，大力组织实施一系列有力措施，效果非常明显。在深化国有企业改革的过程中，孙虹认真学习政策精神，积极探索国有企业的股份制改造工作，2001年通过国有资产出售改制，组建了河南友谊旅业股份有限公司，在郑州市商业企业中，率先完成了企业的股份制改造，实现了转变企业机制的一次跨越。在孙虹为首的领导班子带领下，公司努力按照现代企业管理框架，实行科学管理，形成了以“五三四三四”为核心的企业文化建设，全力推动公司稳步向前发展。企业政通人和，两个效益持续攀升，企业分别荣获中国商业名牌企业、全国商业服务业先进单位、河南省最受消费者喜爱的十佳宾馆、河南之星最佳企业、郑州市文明单位等多项荣誉。

河南友谊旅业股份有限公司是2001年经资产重组改制设立的股份制企业，现有三星级的郑州市友谊宾馆、郑州市华联广州大酒店；二星级的友谊之星酒店（连锁）和月旺食品分公司等经营实体。公司拥有大批的各类人才，既有在国家和省、市级的大赛中摘金夺银的冠亚军、技术状元，还有国家烹饪大师，省烹饪名师、服务名师，高级评判员；有省、市级劳动模范、五一劳动奖章获得者，还有一批三八红旗手，新长征突击手，十佳营业（服务）员等，各项技术能手更是不断涌现，形成了鲜明特色的企业文化氛围，有效促进了两个文明建设的发展！

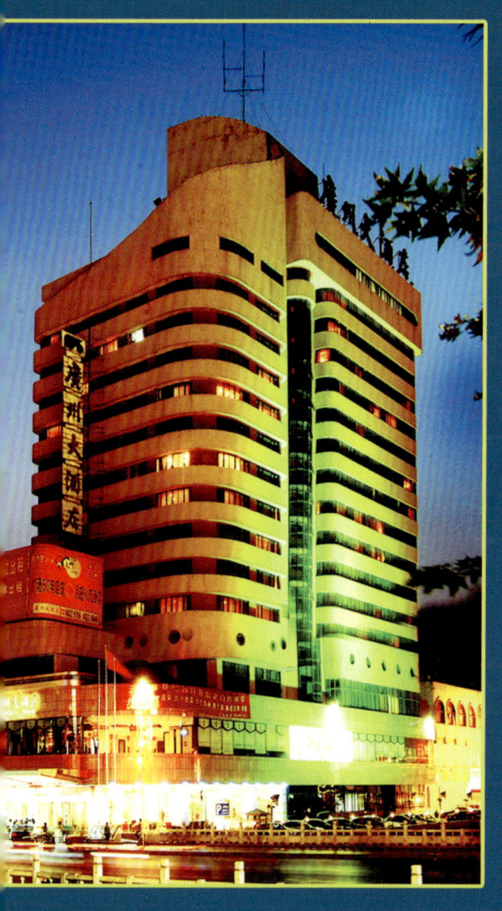

吴营昌委员：

为了大地的丰收

吴营昌，研究生毕业，获硕士学位，郑州市植保植检站站长、推广研究员，政协郑州市第十二届委员会委员。自参加工作以来，吴营昌在农业新技术推广、农作物病虫草害大面积防治等方面取得了显著成绩，为我市农业增效、农民增收、农村稳定做出了积极贡献，多次被评为郑州市农业系统先进工作者，1999年被评为郑州市文化科技卫生“三下乡”活动先进个人，2007年被中共郑州市委员会、郑州市人民政府命名为“郑州市专业技术拔尖人才”。农业科研方面，获全国农牧渔业丰收奖一等奖一项、二等奖一项，获省政府科技进步二等奖一项、三等奖一项，省农业厅科技改进一等奖一项，二等奖一项，郑州市科学技术进步三等奖一项。在国家级和省级刊物上发表论文十余篇，参加编写科技著作九部。

广场绿化与铺地

李永刚委员：

做经典家具的领军航母

Lingjun hangmu

李永刚，河南省浙江商会常务副会长，河南天润装饰工程有限公司、傲森德林香港家俱有限公司、河南傲森德林家俱有限公司董事长、总经理，曾担任河南省室内装饰协会副秘书长，平顶山市室内装饰协会秘书长等职。

河南天润装饰工程有限公司成立于2000年5月，公司始终坚持以“质量、信誉”为服务宗旨：以“全面质量保障、绿色环保装修”为经营方针，从诚信出发，以高质量的服务赢得了广大消费者的好评。

傲森德林家俱有限公司是一家专业从事中、高档实木家具及板式家具设计、生产、销售的大型企业。尤其在酒店及办公家具的制作上具有丰富的经验和雄厚的技术力量。2005年在香港登记注册为傲森德林香港家俱有限公司。企业依托多年从事家具设计、生产、销售、品牌推广及全国连锁发展的优势，成功推出“欧式新古典系列、纯实木系列，板木结合系列、板式系列。傲森德林人始终相信，这个穿越于森林之中的“天之骄子”在不久的将来一定会成为经典家具的领军航母。

张作旺委员：

用文化元素浸润建筑

张作旺，河南省物资学校财务会计专业、中央党校函授学院经济管理专业、武汉大学“高级工商管理研修班EMBA”，河南五建混凝土有限公司总经理，河南省建筑业协会混凝土分会副会长、副秘书长，中国建筑业协会混凝土分会第四、五届理事会理事，郑州市政协委员，郑州市青联委员。连续数年张作旺被评为河南省混凝土行业先进工作者，优秀厂长（经理）和企业所在地优秀工作者及集团公司优秀经营者。

河南五建混凝土有限公司的前身是河南省第五建筑安装工程（集团）有限公司砼供应分公司，成立于1995年，是河南省惟一一家利用建设部砼基金、并经郑州市建委批准生产商品砼的企业之一，也是郑州市最具实力和规模的预拌商品混凝土生产企业。

公司管理科学，技术力量雄厚，现有职工102人，其中高级职称3人，中级职称19人。拥有4条搅拌生产线，生产能力达200万立方米/年。郑上路站生产线的主机分别采用四川现代集团生产的HZN90搅拌站、上海华建产的HZS150型搅拌站，中原西路站生产线的主机采用上海华建产的两套HZS150型搅拌站，均具有很高的搅拌质量和可靠性。公司拥有大容量砼运输车辆60余辆，日本原装泵车1PE85B型3辆，固定式砼泵5台和其他相关配套设施，如GPS车辆生产调度管理系统，柴油发电机组等，能同时满足多个大中型建设项目的混凝土供应要求。配套的混凝土试验室有原材料和混凝土检验设备若干台，通过试验室，对进入公司的各种品牌的水泥、外加剂、粉煤灰，各种规格的砂、石料按照国家现行的标准进行检测、筛选，严格控制原材料的质量；并针对不同的原材料，通过大量的混凝土试配试验，科学合理地确定了每种强度等级的混凝土配合比。在生产流程上，公司采用微机控制的全自动电子称量系统，通过电脑可以对每种强度等级的混凝土配合比进行分级处理和储存。公司坚持以市场为导向，以科技为后盾，不断研制开发新产品，能够产出各种强度等级普通砼、防水砼、商品砼、抗渗抗冻砼、泵送、流态砼、快硬性砼、钢纤维砼、膨胀砼、低碱砼、粉煤灰轻集料砼、组颗粒砼、耐酸耐碱砼以及自流平砼等多功能型的特种混凝土，加大特色砼技术项目的研发，并成功设计开发出耐热砼，促进了砼生产技术的升级换代。

使用过公司产品的郑州绿城大厦工程荣获2003年度中国建筑工程鲁班奖（国家优质工程），在“四桥一路”、郑州环城快速路立交桥、郑东新区、地铁、下穿隧道等重点大型工程施工中发挥了重要作用。

盛光耀委员：

勇攀医学科研高峰

006年到濮阳县西辛庄村义诊与村党委书记李连成同志（右）在一起

大一附院合唱团夺得郑州大学庆祝建国60周年教职工合唱比赛第一名

盛光耀，研究生学历（硕士），郑州市政协第十一届、十二届委员，二七区第十二届人大代表，河南省劳动模范，河南省高校教学名师。现任郑州大学第一附属医院党委书记，儿科学教授，主任医师，博士生导师，享受国务院特殊政府津贴。现任中华医学会儿科专业委员会常委、中华医学会儿科血液专业学组委员、河南省医学会儿科专业委员会主任委员、河南省医师协会儿科分会会长，河南省抗癌协会儿科专业委员会主任委员，河南省红十字会临床输血专业委员会主任委员，河南省司法鉴定人协会副会长，《中国小儿血液和肿瘤杂志》副主编，《实用儿科临床杂志》副主编，卫生部规划教材《儿科学》第六版、第七版编委。

郑州大学第一附属医院（原河南医科大学第一附属医院），创办于1928年古都开封，1958年迁至郑州。历经80多年发展，现已成为国内规模较大、影响力较强的集医疗、教学、科研、预防、保健、康复为一体的综合性"三级甲等"医院。

尤其是2008年以来，医院适时调整发展战略，坚持科学发展，整体规模、综合实力和社会效益大幅提升，2008年、2009年连续两年荣获河南省行风评议工作第一名，并获得河南省卫生系统先进集体，全国医院管理年先进单位，全国医院文化建设先进集体等荣誉称号。

医院现有临床、医技科室59个，专业病区95个，床位4350张，年门诊量160余万人次，年手术例数6万余台，年出院人数12万人左右。全院在职职工3957人，正高级职称329人，副高级职称377人，博士268人，硕士生导师340人，博士生导师74人，享受国务院特殊津贴专家19人。

拥有国际先进的64排螺旋CT、3.0核磁共振、全自动生化分析仪等一大批医疗诊断设备。以内、外、妇、儿、眼、耳鼻喉、肿瘤等优势学科为支撑的疾病综合诊治技术一直处于全省首位，并在人体器官移植、辅助生殖、介入治疗等诸多领域达到国内领先水平。

承担着郑州大学五年制、七年制学生和博士研究生的临床教学任务，拥有河南省唯一的1个临床医学一级学科博士学位授权点（涵盖18个二级学科）、博士后流动站2个、研究所11个、实验室33个。承担各级各类科技攻关项目900余项，其中国家自然科学基金资助项目31项。每年在国家级及国外重要杂志、期刊上发表学术论文1000多篇。

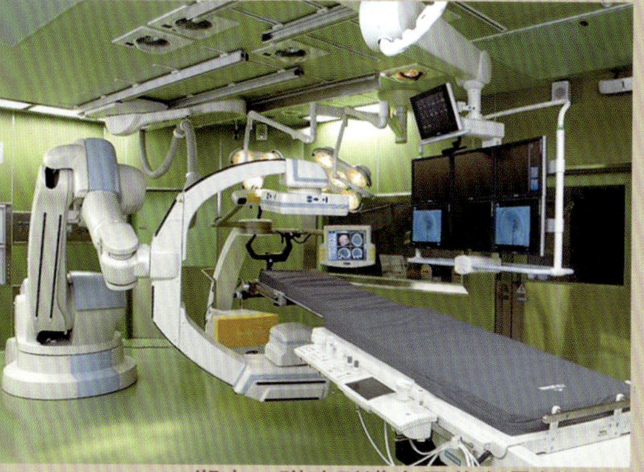

郑大一附院专家团正在义诊群众

郑大一附院引进全国首台最新型DSA

郑大一附院远景图

李润民委员：

医者有大爱

李润民，1963年出生，中共党员，1985年毕业于河南中医学院中医系，先后任登封市卫生学校教师，登封市人民医院办公室主任、院长助理、副院长、党总支副书记、书记、院长等职务。曾经荣获郑州市五一劳动奖章、郑州市卫生系统行风建设先进个人等荣誉称号。

2005年10月任登封市人民医院院长、党总支书记以来，勤奋工作，锐意创新，使医院取得了快速发展，技术水平不断提高，业务量成倍增长，业务收入以每年30%的速度增长，医院净资产由2005年的2千万元增加到2009年的1.2亿元，成效显著，达到了社会满意、员工满意、政府满意。

一、深化干部人事制度改革，基本实现全员聘用制。用三年的时间实现了“全员岗位聘任制”，打破了干部终身制和分配的大锅饭制度，极大的调动了员工干事创业的积极性。

二、积极推行全成本核算及预算式管理，实现医院良性发展局面。在医院实行企业化管理，建成了一套行之有效的成本控制及绩效考核体系，上任第一年就扭转了医院连续多年亏损的局面，结余逐年增加，职工福利逐步改善，实现了医院的可持续发展。

三、全面加强和完善医疗质量控制体系和安全控制体系，取得明显成效。2008年医院质量管理年活动，我院被评为“河南省先进单位”；2009年代表河南省县市级医院接受卫生部“医疗质量万里行”检查，荣获了“河南省卫生系统先进集体”、“河南省医疗质量万里行先进集体”、“河南省五大工程建设先进集体”三项荣誉。成立了中心ICU和4个专科ICU，强力推行特殊病人管理制度，特别是“见诊制”，明显提高了危重病人的抢救成功率。

四、加强基础设施建设，加大医疗设备投入。筹资8700万元新建2.8万m²病房大楼一栋，改造老病房楼9000m²，有效的改善了住院条件，住院病区由12个扩展到24个，医院床位数从400张扩展到850张，门诊诊室由19个增加到33个。为加大医疗设备投入，除自己筹资1000余万元增加设备100多台件外，还获得美中慈善基金会捐赠飞利浦超导1.5T核磁共振一台，获得中国工业和信息化部“数字化医院”建设项目重点扶持单位。在这些设备支持下，共开展新技术项目50多项，极大提高了医院的技术水平。

五、建设“爱心医院”，奉献社会。开展以关爱病人、奉献爱心为主旨的“爱心医院”建设活动，免费发放爱心补贴卡4万张，已经为1.2万人优惠费用61万元，把党和政府的关爱送给病人。

周根生委员：

一路跋涉　一路歌

周根生，高级经济师、高级职业经理人。郑州欧亚空气炮有限公司董事长、郑州市政协委员、中国郑州市海外交流协会理事、全国化工热工设计技术中心站技术委员会委员、国家建筑材料工业机械标准化技术委员会特约委员、中国石油和化工勘察设计协会热工设计专业委员会委员、中国颗粒学会颗粒制备与处理专业委员会委员、河南省豫商文化交流协会常务理事、河南省中小企业质量管理协会副会长、郑州市企业协会理事、上街区企业家协会副会长，多年来，周根生多次被郑州市、荥阳市评为优秀共产党员、劳动模范。1992年，他主持研制开发了KTS-160空气炮，获郑州市人民政府优秀新产品二等奖、省乡镇企业局科技成果二等奖、河南省人民政府优秀成果三等奖、农业部科技成果二等奖，并获国家发明专利（ZL92112375.2）和实用专利（ZL92203225.4），2002年获得“河南省百名一线技术英杰”称号；

郑州欧亚空气炮有限公司创建于1984年，是国内首家生产空气炮清堵器的专业公司。公司位于郑州市上街区，占地3万多平方米，有6个生产车间，7个处室，100多名员工，科技人员30余人，各种专用设备100多台。公司注册资金1000万元，年产值可达5000-6000万元，先后研制出KL、KT、KZ-K型等空气炮，形成系列产品，可适应不同场合和用户的需要，目前已在全国30个省市自治区电力、化工、煤炭、水泥、冶金、钢铁焦化、铸造等行业应用，并且出口越南、泰国、马来西亚、伊朗、加拿大、印度、津巴布韦、巴西、沙特、印度尼西亚、老挝、厄立特里亚、巴基斯坦、日本等国，深受国内外用户和专家的好评。

中国科学院工程热物理研究所
郑州欧亚空气炮有限公司

空气炮联合实验室

张灵芝委员：

但求正义张 敢坐是非问

张灵芝，刑法学研究生毕业。1984年到郑州妇联工作。先后担任妇联干事、权益部副部长、部长、办公室主任，郑州外经贸局纪委书记、党委委员，郑州市招商局副局长，商务局党委委员，郑州仲裁委员会副主任、秘书长、仲裁办主任，郑州市第十二届政协委员等职。

自参加工作以来，张灵芝先后荣获郑州市“三八”红旗手、河南省维护妇女儿童合法权益先进工作者、全国妇联系统“二五”法制宣传教育先进工作者和郑州市“优化经济发展环境工作”先进个人等称号。

2007年12月到郑州仲裁委办公室主持工作后，根据仲裁工作特点，结合郑州仲裁发展实际，确立了“居中止争、昭法致和”的仲裁理念，明晰了发展思路和奋斗目标，并遵循“推行仲裁法律制度是根本，融入市场经济是关键”仲裁事业发展的客观规律，从制定和完善各项制度、建设一支精湛的仲裁队伍、培育良好的仲裁市场、确保仲裁案件质量、全力维护市场主体权益，打造郑州仲裁品牌着手，带领全办人员沿着科学发展、团结进取、公正廉洁、务实高效、立足中原，辐射全国一流仲裁机构的目标前进，取得了可喜的业绩。截止目前，全办受理案件5594件，标的额近60亿元，尤其是2008年以来，郑州仲裁实现了快速发展，在全国200多家仲裁机构中综合排名由原来的100多位次上升到第10位次，为建设和谐郑州做出了应有的贡献。

林智委员：

中原温商的佼佼者

林智，北京大学MBA，现任郑州温州商会会长、河南省国际商会副会长、河南省外地驻豫经贸机构协会常务副会长、浙江省平阳县在外企业家联合会执行会长、郑州市政协委员、温州市平阳县政协委员，郑州市二七区人民法院司法公正监督员、中国科社民间经济与社会发展常委会温商联盟立席委员；她还曾当选为“第二届温州市十大杰出在外创业青年”、被推选为“中国风云温商百人榜”……

2002年中，林智创建了“河南省富立达实业有限公司”，把自己的事业从单一的手机销售（通信器材经营）逐步转向科技含量高的软件设计和网络开发。通过兴办经济实体促进公司多方位的发展，公司也从初期仅有十几名推销员的个体经营模式发展到拥有大专学历以上各类专业技术人才103人，总数超过130人的中型企业。

2006年末，林智带领商会筹建了温商在河南的第一个产业集聚平台——温州特色工业园。她对该项目十分重视，在项目的方方面面基本都要亲历亲为。在项目的规划上始终坚持“善待土地资源，承担社会责任”的建设理念，通过科学严谨的调研，以官督民办的创新招商模式，重点突出“传统企业集聚”和“精选配套龙头”的特色，实现了经济效益和社会效益的双赢，并使其成为郑州工业地产品牌化经营的一面旗帜。

2008年，为了更好地将温州籍经营者进行整合，林智专门构建了专家协作的创新机制，组建了由国内一流管理与营销专家组成的项目团队，并将这一专家机制，命名为——中邦智业、温商联盟。

李金裕委员：

驰骋商界 惠泽百姓健康

李金裕，香港友康集团医院管理投资有限公司董事长，郑州莆田商会会长，郑州市政协委员，郑州市工商联（总商会）副会长。

李金裕委员投身于医药医疗改革，创办香港友康集团医院管理投资有限公司，在江西南昌、吉安、九江、宜春、樟树、上高及河南郑州、周口、漯河、信阳、驻马店、平顶山、禹州、中牟等地投资兴办民营医院，服务百姓、服务社会，提升当地的医疗条件，保障人民健康。李金裕一方面领导公司发展，一方面又要投入商会工作。在紧抓商会队伍建设上，关心会员、服务会员，把商会办成在郑莆商之家。在李金裕的带领下，郑州莆田商会沿着“沟通、发展、和谐、共赢”的方向前进，为两地的社会发展和经济建设作出相当的贡献。

李金裕热心致力于公益事业、慈善事业的发展，在家乡带领发起倡议并亲自组织修建了老人协会中心，莆秀路秀屿段公路，大象村水泥路，村水渠及大象村小学的扩建；捐款给秀屿区埭头镇小学修校舍，捐赠图书给东庄小学；捐款给郑州“爱我母亲河”数万元；捐款郑州拜祖大典十万元……

汶川“5.12”大地震后，郑州莆田商会捐款近百万多元。玉树地震，当场捐款十六万多元，郑州莆田商会会员所在企业捐款又达近百万人民币。

李金裕积极履行政协委员职责，撰写提案反映社情民意，为两地的社会事业和经济建设建言献策。他本人荣获2009年度郑州市政协委员提案工作先进个人。郑州莆田商会荣获2009年郑州市商会工作先进单位；支持和关心下的中共莆田市驻郑州支部委员会荣获2009年度先进党支部。

杨保成委员：

做一所对学生最负责任的新型大学

黄河科技学院创办于1984年10月，是全国第一所经国家教育部批准的民办普通本科高校。学校现有两个校区，校园占地面积2106亩，校舍建筑面积60万平方米；拥有工学、文学、管理学、经济学、法学、教育学、医学、理学等8个学科门类；开设有64个本、专科专业；建有13个二级学院。学校师资队伍雄厚，现有专职教师1183人，兼职教师559人，外籍教师17人，70%以上具有副教授以上职称，40%以上具有硕士以上学位。图书馆藏书275.3万册，设15个书库和阅览室，自建特色数据库3个，中外文数据库8个。校园网与中国教育和科研计算机网光纤连接，实现了“千兆进楼宇，百兆到桌面”的数字化校园建设，被评为“河南省高等学校数字化校园示范学校”。

黄河科技学院在26年的办学实践中，走出了一条中国民办高校特色发展之路，取得了显著的办学成绩。目前已发展成为一所面向地方，服务基层，以应用学科为主，多学科协调发展的教学型本科高校，得到了党和政府的充分肯定以及社会各界的广泛赞誉。学校曾荣获“全国诚信自律先进单位”、“黄炎培优秀学校”、“全国三八红旗集体”、“全国优秀高等教育研究机构”、“河南省文明学校”、“河南省普通高等学校先进党委”、“河南省高等学校数字化校园示范学校”等多种荣誉称号。

张志勇委员：

执着中求发展 拼搏中竞风流

张志勇，连续两届郑州市政协委员，河南省青联委员。

1998年起，张志勇先后创办了“河南启明星生物技术有限公司”和“河南沛泽保健品开发有限公司”。2007年至今成立“郑州祝福房地产开发有限公司”，并任董事长，积极参与郑州市城中村改造工作。

在企业发展的同时，张志勇积极回报社会，热心公益事业。2005年经省总工委、宋庆龄基金会向全省部分铅中毒少儿捐赠价值20余万元的“新新人排铅口服液”；2006年，建立“沛泽”贫困学生助学基金，帮助处境困难的学子；2008年汶川大地震，向灾区捐款4.5万元；2009年，向郑州慈善总会捐赠了20万元；2010年，向河南红十字会捐赠了50万元。

郑州祝福房地产开发有限公司是由河南沛泽保健品开发有限公司、河南黑眼睛生物技术有限公司等几个不同行业的子公司共同投资组成的一个集团公司，注册资本6000万元。

河南沛泽保健品开发有限公司成立于2003年，其主打产品“新新人排铅口服液”，主要针对因汽车尾气、大气污染及各种原因的铅中毒儿童的康复保健。经过几年的发展，“沛泽保健”已成为国内排铅市场的领袖企业。

“黑眼睛”是一家全球性的视力保健连锁机构，黑眼睛以其科学的经营理念，神奇的产品功效，创新的按摩疗法，独特的视力训练以及亲情式的售后跟踪服务，其连锁工作室已达数千家，给数以百万计的视力不良的青少年们带来了令人惊讶的康复效果！

崔振兴委员：

耕耘精彩人生 播撒职教辉煌

崔振兴，高级工程师，郑州职业技术学院党委副书记、院长，郑州市第十二届政协委员。他带领师生积极地探索“教育、科研、生产、经营”四位一体的办学模式和工学结合的育人模式，国务委员陈至立视察学院并给予高度评价。曾荣获全国“五一劳动奖章”；被授予中国高校杰出校长、全国优秀教育工作者、勤工俭学先进个人、河南省劳动模范、河南省优秀共产党员、河南省职业教育先进工作者等荣誉称号；被评为建国60周年“感动中原60人”之一。著有《机电一体化基础》、《空气等离子弧切割不锈钢》、《空气等离子切割及应用》等。他主持研制的9大系列、40多种高效节能机电产品，其中五种被评为省优，两种填补国内空白，研制的LG-空气等离子弧切割机和ZXR-双气体燃料发生器获河南省科技进步二等奖，郑州市科技进步一等奖，并列入国家高科技“火炬计划”项目。

郑州职业技术学院是经河南省人民政府批准、国家教育部备案的一所公办普通高等职业院校，是国家高技能人才培训基地，国家紧缺人才数控技术应用培训基地，设有国家职业技能鉴定所，全省“五好”基层党组织，是河南省文明学校，花园式学校，河南省最具特色的十佳职业院校，首批河南省诚信规范招生示范院校。

学院创建于1976年，位于郑州市郑上路与郑州西南绕城高速交汇处，占地1004亩。现有10个教学系部，开设28个专业。建有信息技术教育中心和机械、电子、生物等专业实验室114个，图书馆藏书67万册，建有功能齐全的电子阅览室。教学楼、实验楼、办公楼、信息图文中心、学生公寓、运动场等可满足教学、生活等需要。

学院现有教职工816人，其中副高级以上职称131人，博士12人，硕士268人。学院按照“教育、科研、生产、经营”四位一体的办学模式和工学结合的人才培养模式，以就业为导向，先后与65家企业建立了长期稳定的实习实训基地，与全国300多家企事业单位签订人才聘用协议，为毕业生就业开辟了畅通的渠道。

师贵鑫，郑州市政协委员，郑州师范学院附属小学校长兼支部书记，本科学历，中学高级教师，河南省教育教学专家，河南省学术技术带头人，郑州市优秀教育工作者。河南省小班化教育研究会副理事长，河南省小学德育研究会副秘书长，郑州市小学语文研究会副理事长，河南省小学语文研究会常务理事，河南省九年义务教育六年制小学语文教材编写组成员，一直从事小学语文教学、研究、教材编写工作，为提高河南省的教学质量及小学语文教学作出了突出的贡献。

郑州师范学院附属小学创办于1951年1月，现有24个教学班，1850名学生，在职教师75人。自建校以来，学校始终坚持全面贯彻党的教育方针，深化教育教学改革，深入开展素质教育，强化教育管理，造就了一支思想素质好、业务能力强、精于教书、乐于育人的教师队伍，“团结　创新　务实　高效”成为历届领导班子的工作作风，学校确立了“一切为了师生的发展”的办学理念和“办家长满意学校，走特色品牌之路”的办学宗旨，形成了“尊重　友爱　勤学　健美”的校风和“责任　爱心　民主　参与”的教风以及“乐学　善思　合作　探究”的学风。如今学校是国家级外语实验学校、北京师范大学生命教育实验学校、河南省首批基础教育实验学校、河南省小学德育实验学校、河南省文明学校、郑州市教育工作先进单位、郑州市教科研工作先进单位等。

师贵鑫委员：

一切为了师生的发展

学校综合大楼

环境优美的教学楼

学校一角

特色长廊

郑科建委员：

耕耘在希望的田野上

郑科建，郑州市政协委员，郑州市第五十一中学校长。

郑科建始终坚持“抓不好教学质量的校长不是好校长”的原则，贯彻“课堂大于天”的宗旨，认认真真的提高学校的教育教学质量，学校质量近年来显著提高。先后获得河南省优秀教师、河南省劳动模范、郑州市优秀教育工作者、郑州市首届十佳青年教师园丁、郑州市教育管理先进个人、郑州市德育工作先进个人、郑州市优秀共产党员、郑州市安全工作先进工作者、郑州市五讲四美为人师表先进个人、郑州市优秀大队辅导员、郑州市优秀少先队总辅导员、郑州市三育人先进个人、郑州市优秀工会工作者、优秀工会干部、初中教学管理优秀教育工作者、连续七年考核优秀等荣誉称号。

郑州51中创建于1963年，是一所市教育局直属的普通初中，目前学校有教师130余人，其中国家特级教师1人、省级骨干教师8人，省市级学术技术带头人15人，高级教师近50人，一级教师近50人，具有硕士学位和在读教育硕士的教师有16人，取得研究生课程进修合格证的有30余人。学校校深入学习和贯彻落实党的十七大精神，牢固树立和全面落实科学发展观，以“以人为本，狠抓常规，规范发展，提高质量”为工作思路，重点抓好学校管理、德育育人、教学质量、学科特色三方面工作，使他们相辅相成，努力做到“教师发展，学生发展，学校发展”，致力于建设人民满意的学校、建设经济社会发展需求的学校。连续9次获得郑州市普通初中教育教学质量先进单位，连续5年获得市教育局目标管理先进单位，2008年获得郑州市人民满意学校评选先进单位，这些沉甸甸的奖牌和荣誉，既是学校近几年来办学成果的展示，更是实现“中原名校”的厚重积淀。

王凤兰委员：

让每一位学生成才 让每一位教师成长

王凤兰，研究生学历，中学高级教师，现任郑州市第三十一中学校长。

河南省优秀教师、河南省依法治校先进个人、郑州市劳动模范、郑州市专业技术拔尖人才、郑州市学术技术带头人、郑州市优秀教育工作者、郑州市先进德育工作者，郑州市政协委员、金水区人大代表，兼中国中西部地区教育顾问、中国陶行知研究会理事，郑州市教育协会理事。

承担有全国教育科学“十五”、“十一五”重点课题和多项省级重点课题，十多项教育科研成果和论文获得国家、省市级奖励。

郑州三十一中是市教育局直属的完全中学，始建于1965年，位于郑州市群英路15号，占地近30000平方米。校内松柏挺拔，棕榈婆娑,紫藤摇曳，鲜花怒放。现为河南省教育科研规划先进单位、郑州市教育工作先进集体、郑州市示范性高中。

学校高中、初中连年荣获郑州市“教育教学先进单位”，连年被市教育局授予“目标管理先进单位”、“教育科研先进单位”、“艺术教育先进单位”，被郑州市市委、市政府授予“教育工作先进集体”、“文明单位”，荣获郑州市“人民满意学校民主评议先进单位”。尤为可喜的是学校高中、初中自2000年以来，连续十年双双荣获郑州市教育教学先进单位，成为省会郑州教育一道亮丽风景。

学校有一支高素质的优秀教师队伍，国家级骨干教师、省市学术技术带头人、省市级骨干教师、省市优质课一等奖、高级教师占专任教师总数的50%以上，专任教师学历本科率100%，且全部参加研究生课程学习，承担有多项国家、省级重点科研课题。

学校坚持“让每一位学生成才，让每一位教师成长”办学理念，遵循教育规律，深化课堂教学改革，以学案教学为载体，注重培养学生自主学习、合作学习、探究学习能力，尊重学生发展的个体差异，使不同层次学生都能得到成长与发展，形成了“先学后教，以学定教”的“高效课堂”教学模式，体音美特长生专业成绩连年上线率100%，连续多年荣获郑州市“教育教学先进单位”。

学校建有多媒体双向教学系统、计算机教室、语音室、多功能报告厅、数字化办公和教学系统，设有美术室、形体室、多功能训练室，图书馆拥有各类藏书8万余册，首批被命名为“河南省中小学校园网示范学校”。设有标准塑胶跑道、篮球场、足球场、排球场、地下停车场等多项现代设施。现代化的教学大楼、现代化的教学设备、现代化的运动设施为学生健康成长、和谐发展提供了坚实保障。

李文凡委员：

帮助他人 成就自己

李文凡，大学文化（金融专业），EMBA，高级经济师，现任河南邦成投资担保有限公司董事长。

李文凡同志一直致力于通过市场化手段缓解中小企业融资难问题。2003年，他带领邦成担保与光大银行郑州分行联合成立“金融超市”，在全国开辟了担保公司与商业银行战略合作、优势互补的先例。在他的主持和带领下，先后开发出“民间借贷投资担保”、“民间借贷融资担保”、“中小企业主综合授信”等11种金融创新产品。这些担保融资产品大大丰富了河南省的金融产品市场，成为银行贷款业务的有益补充，也较好地缓解了中小企业的融资难问题，深受广大中小企业主的欢迎。

在长期的经营实践中，李文凡同志根据国家鼓励民间资本缓解中小企业融资难的政策导向，逐步建立了专业投资担保公司，通过开展规范化的民间借贷担保业务，规模化解决中小企业融资难的金融创新模式，即“邦成模式”。“邦成模式”的形成， 在全国担保行业产生重要影响,为中小企业开拓了一条通过民间资本解决融资难的新路，为担保行业探索了一个新的可持续发展的新型商业模式，为我国金融生态的丰富和成熟做出了贡献。

因工作成绩突出，李文凡当选郑州市十二届政协委员和郑州市优秀中国特色社会主义事业建设者。并先后被授予“中国信用管理协会常务理事”、“中国投资协会民营投资专业委员会常务理事”、“河南省信用担保协会副会长”、“郑州市工商联总商会副会长”等荣誉称号。

2001年成立的河南邦成投资担保有限公司是河南省第一家规范化运作的商业性担保公司，也是河南省最早与商业银行合作，开展企业、个人贷款担保业务的专业投资担保公司，至今已有9年多的中小企业和个人小额贷款服务经验。

截止目前，邦成担保共服务投融资客户11270位，为中小企业和个人提供投融资担保37亿多元，连续3029天实现了服务零投诉和投融资担保零逾期安全运行，成为河南省历史最久、客户最多、业务规模最大的民营担保机构。

陈新安委员：

创业路上 汗水与荣誉并行

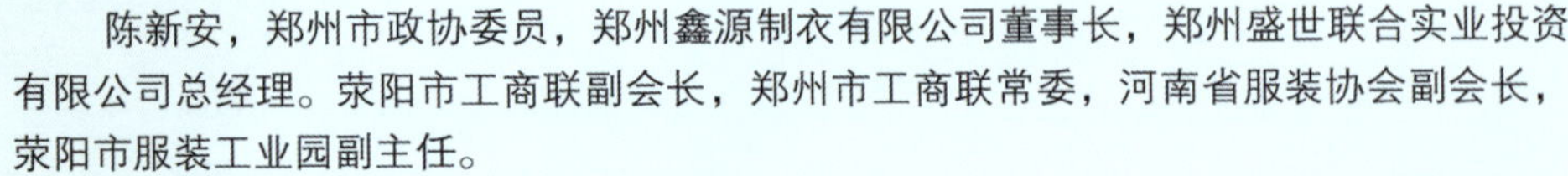

陈新安，郑州市政协委员，郑州鑫源制衣有限公司董事长，郑州盛世联合实业投资有限公司总经理。荥阳市工商联副会长，郑州市工商联常委，河南省服装协会副会长，荥阳市服装工业园副主任。

2000年3月，陈新安辞去公职，凭着军人磨练出来的执着和刚毅，白手起家创办郑州鑫源制衣有限公司，决心通过自身的努力实现更大的人生价值。十年来以道立身，以承担社会责任为己任，在风险中抢抓机遇，跻身于外贸服装行业，迅速抢占了南美、非洲、北欧国际市场。企业从零起步，到拥有自主产权的2万平米的高楼和标准化厂房，固定资产原值达到8000万元，员工发展到500人，并带动周边服装加工业56户，从业总人数达1500多人，年出口服装600多万件，被河南省服装协会命名为十大服装出口企业。

2009年，面对经济危机的严重冲击，锐意创新，去危存机，联络上海、洛阳、郑州品牌企业，投资10亿元，成立郑州盛世联合实业投资有限公司，在中国和省服装协会及地方政府的大力支持下，征地1500亩，规划了中国服装产业转移（荥阳）基地，成立了荥阳服装工业园，为此，荥阳市被中国服装协会正式授予全国第一个“服装产业转移试点地区”，陈新安被荥阳市政府任命为荥阳服装工业园副主任。至2010年10月，基地入驻企业已达14家 。

坚定不移的发展品牌战略，为改变出口产品单纯的生产加工模式，提高产品的技术含量和附加值，2010年9月，公司和台资杭州海峡服饰有限公司联合投资1.6亿元，组建河南海峡服装有限公司，开始投产中羽集团国内知名品牌运动服装，目前首批‘李宁’订单已如期交货。

连年来，公司荣获河南省服装协会十大服装出口企业、创汇先进单位、河南服装诚信企业、重合同守信誉企业、荥阳市慈善企业。陈新安本人被评为郑州市优秀政协委员、郑州市光彩事业先进个人、荥阳市劳动模范。

刘华兴委员：

榜样的力量

刘华兴，本科学历，经济师，郑州市价格成本监测所所长，民建会员，政协郑州市第十、十一、十二届委员，郑州市交通警察支队廉政监督员。

2003－2009年连续获得公务员考核优秀，同时荣获全市价格工作先进工作者，2007年受到市政府嘉奖一次。2000年、2002年、2003年、2005年、2006年荣获全国成本工作先进个人。所领导的价格成本监测所连续15年荣获全国成本工作优秀集体。

郑州市价格成本监测所前身是郑州市农产品成本调查队，成立于1984年底，是郑州市物价局下属单位。现有在编人员14人，设所长一人，副所长二人，下设综合科、调查科、监审科三个科室，属正科级全供事业单位。连续15年荣获全国成本工作优秀集体。

主要职能是：按照国家下达的农副产业和重要工业上项目工展常年定点成本调查，共130个调查户和20家企业；郑州市管理权限的和收费项目的调定价成本监审，农副产品和重要农业生产资料的市场价格监测。负责制定工业、农业及第三产业价格成本调查监审的原则和方案；审查、核算、汇总工业、农业及第三产业成本调查数据；调查研究主要农副产品的生产成本、收益及供求变化趋势；对本市副食品供求情况及价格进行监测，为“菜篮子”工程决策提供依据；围绕政府中心工作开展行业专题调研；对国家管理的产品及收费项目进行定、调价格和收费标准的成本监审工作；组织开展农村物价及农民负担问题调查；指导各县（市）、区和有关部门开展价格成本工作。

马喜德委员：

用科技成就企业未来

巩义市德顺炉料有限公司北依邙山，南面是全国三大陵区之一北宋皇陵，东边是全国十大名窟之一巩县石窟寺；西边是著名的康百万庄园。连霍高速、310国道、陇海铁路、郑西高铁临境而过，焦桐高速、巩温公路在此相汇。郑州、洛阳机场相距各五十公里，交通便捷，四通八达。

董事长马喜德是巩义市政协委员。八年的军旅生涯，树立了为国为民的思想，练就了坚强、坚韧的性格。十几年来克服重重困难，历尽千辛万苦，坚持改革开放，坚持科学发展，以诚信为本，以科技为先导，以市场为导向，以新产品为优势，实行规范化管理，企业已具一定的规模。现有职工120人，其中高中级职称30人，固定资产1200万元，企业通过ISO9001:2000标准质量体系认证，被评为3A诚信企业，郑州市“重合同、守信用”企业，年产值3800万元，实现利税500万元。

公司与包头钢铁设计院联合，投资100万元建起了郑州市质检中心认可的理化检测室，先后开发研制出适用钢铁冶炼炉用硅碳质、铝碳质、碳化硅质、镁质、刚玉质等五十余种浇注料、喷涂料、捣打料及无水炮泥，销往全国各地钢铁企业，并且出口俄罗斯、印度等国家。为满足工业炉节能、降耗、环保作出了贡献，被社会誉为炉料大全。

马喜德牢记共产党员的先锋模范作用，担当社会责任，把“共创财富、公益社会”作为使命，想群众之所想，急群众之所急，帮群众之所需，十年来为当地群众修路、饮水、医保、抗震救灾慷慨解囊，共捐助35万元，受到了了各界群众的高度好评。

王保卿委员：

为企业发展尽职尽责

王保卿，巩义市恒昌冶金建材设备厂厂长，巩义市政协四届委员，巩义市工商联执委，巩义市机械行业协会副会长，巩义市孝义办工商联合会副会长，巩义市孝北工商业联合会会长。

巩义市恒昌冶金建材设备厂是一家专业生产选矿、型煤、选煤、压球机系列成套设备的厂家，企业资产总额3000余万元。产品广泛应用于选矿、冶金、建材、化工、电力、石油、煤炭、交通以及化肥、煤气等行业。

建厂二十多年来始终坚持“科技创新、质量第一、用户至上”的经营理念，与鞍山钢铁研究院、广西南宁有色金属设计研究院、河南理工大学等多家科研院所结成协作单位。并聘请多位高级工程师到厂工作。

以科技为先导，不断开发新产品，提高产品质量，完善售后服务，企业已通过ISO9001：2008质量管理体系认证，成功设计出日处理10～5000吨系列选矿设备生产线，每年5～50万吨工业型煤生产线。选煤浮选机已在平煤集团推广应用，压球机系列成套设备，可将铁、铜矿粉、氧化铁皮、含铁尘泥、硅锰合金、焦粉、煤粉、脱硫石膏等粉状物料一次强压成球，直接冶炼和应用。

近年来，在王保卿的带领下，恒昌企业以振兴巩义机械行业为己任，把打造“百年恒昌”企业作为毕生追求的目标，把企业的发展与行业的振兴结合起来，把实现企业宏伟愿景和担当社会责任结合起来，兢兢业业、踏踏实实地践行着建设中国特色社会主义事业的伟大历史使命。并且在企业发展壮大的同时，大力弘扬中华民族乐善好施、扶贫济困的传统美德，激发企业和员工回报社会。企业被农业部评为质量管理达标企业，连续7年被郑州市工商局评为“守合同、重信用”企业，被河南省和郑州市评为“诚信民营企业”，被市技术监督局评为“质量信得过”单位，是巩义市机械行业协会会长单位，巩义市委、市政府重点扶持的30家重点企业之一，产品远销全国20多个省、市、自治区，并出口到哥伦比亚、马来西亚、埃塞俄比亚等国家，深受国内外用户好评。他本人也荣获巩义市委市政府“肝胆杯”先进个人、投资教育先进个人、连续2年巩义市光彩杯获得者等称号。

张晓龙委员：

充满激情的创业者

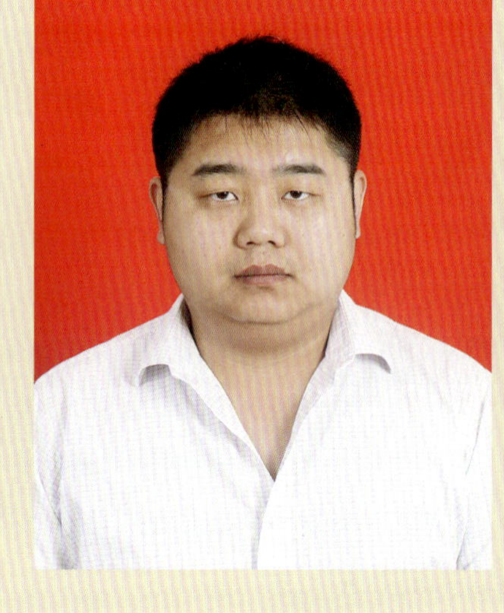

佛山公司的前身是耐材企业，创建于上世纪90年代，经过近20年的发展壮大，现拥有巩义市佛山特耐有限公司和巩义市佛山特新科技有限公司两个子公司。主要生产各种新型特种耐火材料及铝板、铝带、铝箔等产品。

公司现占地面积60000平方米，固定资产8000万元，各种生产及检测设备500余台套，员工600余人，其中中高级专业技术及管理人员120人，年生产各种耐火材料2万余吨，铝板、铝带、铝箔等铝制品5万吨，年销售收入8亿元。

公司始终坚持以科技为先导，以市场为导向，广泛开展与各大科研院所的技术合作，开发新型产品，产品的质量和技术含量不断提高，随着企业管理机制逐步完善。2002年企业顺利通过了ISO9002质量体系认证，全面提升了公司的整体管理水平。2009年被评为郑州市科技创新先进企业。

目前，巩义市佛山特新科技有限公司（佛山铝业）已是生产、加工各种铝板、带、箔材的专业厂家。总投资6000万元，现有铸轧生产线两条，冷轧生产线一条，横剪机组、厚箔剪机组各一条，各项化验检测设备100余台件，年生产能力40000吨。销售收入8亿元，年实现利税3600万元。市场前景广阔，公司产品供不应求。2008年完成产值3亿元，2009年可实现产值5亿元，月生产能力超过设计生产能力。已成为本地区规模最大的企业，是巩义市骨干企业。

在公司项目建设中，从选厂址，筹资金，定设备，打基础，跑合同到安装调试，张晓龙带领企业团队艰苦奋斗，倾注了大量心血，使工程进度大大加快，缩短了建设周期，原计划建设时间18个月，一年时间就投入了正常生产。

在经营管理中，张晓龙把“用户满意就是我们的成功”贯穿于用户服务的全过程，重合同，重承诺，使公司销售市场很快覆盖全国。他始终把产品质量，科技创新放在第一位，建立完善质量管理体系，2008年通过了ISO质量体系认证，生产出了用户满意的产品。他兼任公司技术中心主任，组建起了实力雄厚的技术团队，进行了多项技术改造和技术创新，2009年开发新产品8个，获得了“郑州市认定技术中心”称号。

致富以后，张晓龙不忘回报乡里，尽力为群众办好事，办实事。先后捐资150万元，协助村委投资兴建了文化广场，新建了文化大院，架通了闭路电视，活跃了农村的文化生活。同时，修通两条水泥公路，为村民安装无塔供水器，进行农户庭院改造和户户通工程，节日为群众发福利，每年为年老村民发放养老补助，为改善村容村貌，加快新农村建设做出了贡献。

李勇伟委员：

梦有多大舞台就有多大

李勇伟，河南新郑人，大学学历。现任郑州创域商贸有限公司董事长、郑州市政协委员。

1993年-1996年成立郑州创域商贸有限公司期间，李勇伟扎根基层，深入市场，自学市场营销相关课程，通过对河南皮具市场的调研作出“走高端皮具销售”的道路。1998年，先后到北京、上海等一线城市调研学习品牌皮具的运作方法，结合河南市场的实际情况作出“选择适合品牌做差异化销售”的经营方针，在组建销售团队的同时，争取上游国际知名品牌公司的合作，从1998年起，先后与FION、希伯来、明治等十余个国际品牌牵手合作，经过十几年的运作，这些品牌的销售额稳居河南皮具销售的前列。

郑州创域商贸有限公司是一家从事A国际一线皮具代理和销售的零售企业，也是河南省最早从事国际一线皮具的代理和销售企业之一。公司创立于1996年，现有员工200余人，销售网络覆盖河南、山西两个市场。

郑州创域经过十多年的艰辛创业，潜心研究奢侈品牌的销售和经营。公司以专注如一、做到极致为宗旨，以职业化专业团队和优质服务为口号，打造了良好的营运平台和专业化销售团队。目前旗下拥有COBO、FION、BOSS、希伯莱、诺贝达、明治等十余个国际一线品牌，其中FION和希伯来品牌已经成为河南、山西市场皮具销售的龙头品牌。率先在皮具零售行业里推行ERP系统，实现了资源整合和资源利用的最大化。

公司秉承“为顾客创造价值，为员工创造机会”的经营理念，不断致力于顾客的细节服务和员工潜能的开发；公司以“喜欢、勤奋、悟性、德性”八字方针为用人原则，重视员工品德教育，造就创域人“做人在先，做事在后”的良好形象，为零售行业培养和塑造了大批优秀人才和抵柱。

在公司快速发展的同时，创域人也在开拓以西式快餐为代表的第二产业，建立拥有自主品牌的产品组合和产品线。营销模式从区域负责制向品牌负责制转变，决心把郑州创域品牌打造成国际化的知名品牌，这也是创域人为之奋斗的目标。

汪得勇委员：

把印刷行业做到极致

汪得勇，1975年生，1995年毕业于郑州大学法律系，1997年先后创办郑州市日兴设计有限公司、郑州市豪强广告有限公司，随着企业的不断发展壮大，又创办了郑州日兴实业（集团）有限公司。2007年当选为河南商城县政协委员，同年加入中国国民党革命委员会，2009年当选郑州市第12届政协委员、郑州市港澳台侨委员会委员。2007年，被民革郑州市委员会评为“社会服务先进个人”，2009年，在庆祝新中国成立60周年和多党合作制度确立60周年征文活动中荣获优秀奖；2010年被政协郑州市委员会评为“先进个人”。

郑州日兴实业有限公司是一家集印刷业、广告业、会展业、汽车产业为一体的综合性龙头企业。

公司现拥有世界一流的印刷机群：海德堡速霸102V对开四色、罗兰全开6+1UV印刷机等高端印刷设备。拥有员工300多人，占地面积40000多平方/米。专业的设计印刷及生产团队能为客户提供完美的印刷服务。经过多年的发展，现已成为中西部地区集设计、印刷、装订等完整服务体系的专业商务印刷服务商。

公司引进德国先进的管理经验及技术，采用进口原材料，专业从事高档画册、VI设计、期刊杂志、产品画册、精美包装、挂历台历等印刷业务。公司凭借先进的设备、精湛的技术和专业团队的服务赢得了省内外诸多知名企业的赞誉，并建立了长期、稳定的合作关系。

为打造河南文化强省做出更多的重大贡献，日兴实业集团全体同仁将秉承“开拓创新，服务社会”的企业宗旨，竭诚为社会各界提供优质周到的印刷服务。我们真诚希望与您精诚合作，打造双赢，共创美好未来！

汪得勇与全国人大常委会副委员长周铁农合影

汪得勇与全国政协副主席厉无畏、河南省政协副主席李英杰合影

日兴企业新厂房

汪得勇和他的印刷机群